U1019776

编委会名单

"云南民族医药系列丛书"

学术顾问：林超民　郭家骥　王正坤　方文才　张纯德　师有福　马双成
郑　进　钱子刚　郭增军　范　兵　李海山　茅向军　郑　健
扎　巴　达　娃　邓　都　明全忠

总 主 编：徐士奎

《云南民族医药文献目录编纂研究》

主　　编：戴　翥　祁苑红

副 主 编：蔡碧波　蔡云海　常傲冰　陈守聪　陈　宇　董　莉
付　润　胡婵娟　李清林　吕　峰　罗　罡　卜德艳
熊洪艳　熊金富　杨　军　杨　磊　章涤凡　张雪冰
张　禹　周红黎　宗丽香

编　　委：岩　说　岩温罕　陈柏君　陈丽芳　陈文斌　邓俊蕊
邓琁文　高玉玺　韩艳丽　何梅光　何秋燕　和兆宁　黄培东
吉木哈学　金毓梅　李建梅　黎静梅　李启勇　李维宇
李晓云　刘　裴　陆海燕　马金珠　莫景莹　潘雪玲　浦仕通
祁天培　秦雨冬　秦建军　宋　波　宋紫琳　唐学锋　王宪东
王选榕　王　红　王仕奇　闻　馨　夏　丽　肖　林　谢羽璐
杨剑南　杨若俊　杨　莎　杨　威　杨悦苹　玉　哈　于　洋
于清泓　岳崇俊　曾睿林　张从斌　张海青　张丽苗　张　平
张顺贞　张　伟　赵丽梅　赵雪莲

云南民族医药系列丛书

国家“十三五”少数民族语言文字出版规划项目
民族文字出版专项资金资助项目
云南省哲学社会科学学术著作出版专项经费资助项目
国家哲学社会科学基金项目研究成果
国家中医药管理局“十二五”重点学科中医人类学建设成果
国家中医药管理局中医药古籍修复能力建设项目成果
云南传统医药交往交流交融研究创新团队建设成果

总主编 徐士奎

云南民族医药文献目录编纂研究

YUNNAN MINZU YIYAO WENXIAN MULU BIANZUAN YANJIU

戴翥 祁苑红 主编

云南大学出版社
YUNNAN UNIVERSITY PRESS

·昆明·

图书在版编目（CIP）数据

云南民族医药文献目录编纂研究 / 戴翥，祁苑红主编. -- 昆明 : 云南大学出版社，2024
（云南民族医药系列丛书 / 徐士奎主编）
ISBN 978-7-5482-4233-8

Ⅰ. ①云… Ⅱ. ①戴… ②祁… Ⅲ. ①民族医学－医学文献－图书目录－编辑－研究－云南 Ⅳ. ①G257.36

中国版本图书馆CIP数据核字(2020)第261771号

策划编辑：蔡红华
责任编辑：范 娇
民文审校：阿错（藏文） 岩温龙（傣文） 吉克曲日（彝文） 赵庆莲（东巴文）
装帧设计：刘 雨

云南民族医药系列丛书

总主编 徐士奎

云南民族医药文献目录编纂研究

YUNNAN MINZU YIYAO WENXIAN MULU BIANZUAN YANJIU

戴 翥 祁苑红 主编

出版发行：云南大学出版社
印 装：昆明理煜印务有限公司
开 本：889mm×1194mm 1/16
印 张：38.75
字 数：843千
版 次：2024年6月第1版
印 次：2024年6月第1次印刷
书 号：ISBN 978-7-5482-4233-8
定 价：215.00元

社 址：昆明市一二一大街182号（云南大学东陆校区英华园内）
邮 编：650091
电 话：0871-65033244 65031071
网 址：http://www.ynup.com
E-mail：market@ynup.com

若发现本书有印装质量问题，请与印厂联系调换，联系电话：0871-64167045。

开题专家咨询会

调研培训会

在中国中医科学院咨询专家

走访藏族医生

迪庆州藏医院制剂室盛放藏医药丸的药柜

古籍文献信息采集方法培训会

到迪庆州藏医院调研

到丽江古城图书馆调研

藏医药唐卡

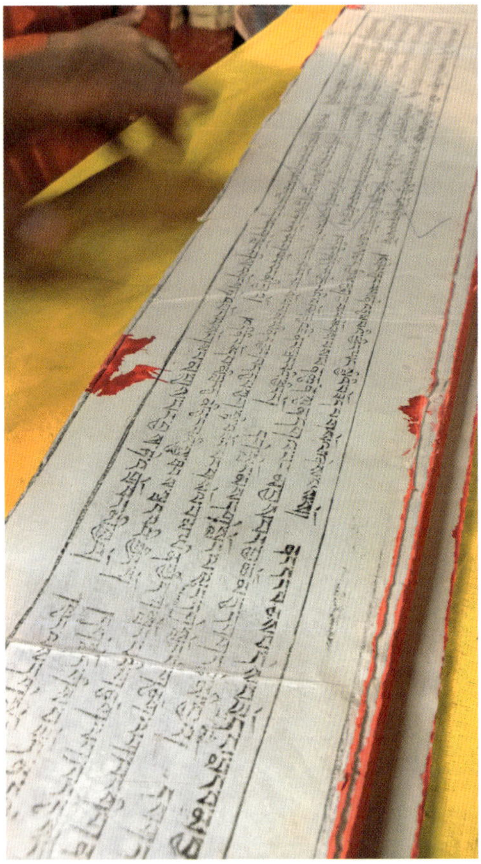

藏医药经书（1）

迪庆州藏医院姚晓武院长在讲解唐卡

藏医常用植物药

藏医药经书和部分现代文献

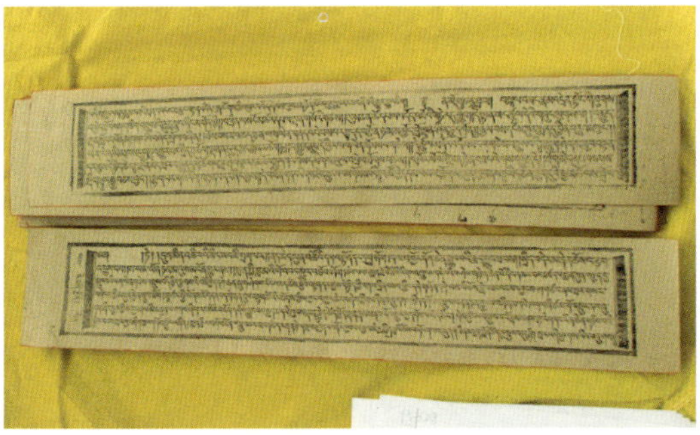

藏医药经书（2）

傣医药文献（纸板经）

《档哈雅滚当来》（纸板经）

傣医药古籍（纸板经）

傣医医院收藏的古籍文献（纸板经）

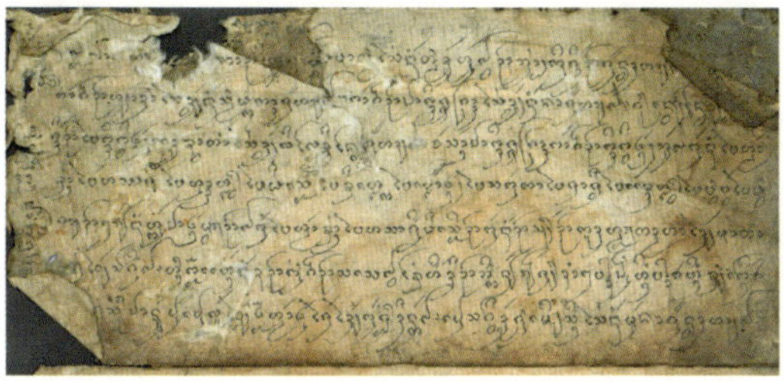

《档哈雅波叶》（纸板经）

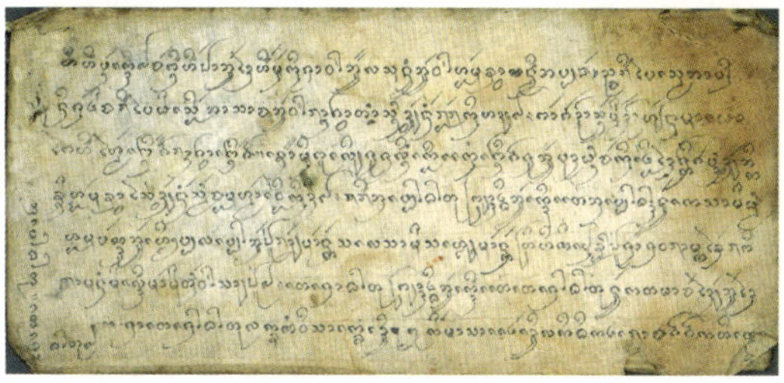

《档哈雅嘎拢》（纸板经）

傣医传统经书

《档哈雅麻》（纸板经）

《达沙赞》(1)

《达沙赞》(2)

《玛哈呢板》(1)

《玛哈呢板》(2)

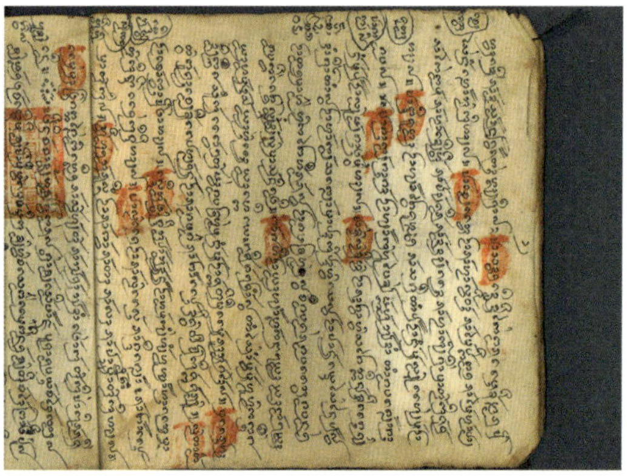

《档哈雅沙巴塔》

《达沙维玛腊》

调研傣医药古籍文献信息

迪庆州藏医院据藏医经典药方研制的成药

总 序

构建民族医药知识体系的创新路径

党的十八大以来，以习近平同志为核心的党中央对中医药传承与发展、全民健康、乡村振兴等工作高度重视，陆续作出“中医药学是中国古代科学的瑰宝，也是打开中华文明宝库的钥匙”，“切实把中医药这一祖先留给我们的宝贵财富继承好、发展好、利用好”，“没有全民健康，就没有全面小康”，“人民对美好生活的向往，就是我们的奋斗目标”，“建立健全城乡融合发展体制机制和政策体系”，“推动人才、土地、资本等要素在城乡之间双向流动和平等交换”，“要遵循中医药发展规律，传承精华，守正创新……为建设健康中国、实现中华民族伟大复兴的中国梦贡献力量”等重要指示，中医药工作受到社会各界广泛重视，并表现出与健康中国、大健康产业、乡村振兴、国际合作、公共医疗卫生体系建设等工作融合发展的良好态势。民族医药作为中医药的重要组成部分，迎来了千载难逢的发展机遇并逐渐步入良性发展的轨道。

中医药文化由中华民族的不同民族医药文化组成，表现出“多元一体，和而不同”的总体特征，云南民族医药文化历来是中医药文化不可分割的重要组成部分。云南民族医药从概念上说，应该有两个层面的界定：从地理层面界定，就是指产生于云南这片土地上的医药；从主体属性层面界定，就是指生活在云南的各民族群体所创造的医药。这就使云南民族医药在概念上具有广义与狭义之分。广义概念是指云南所有民族（包括汉族在内）所创造的医药，与《中华人民共和国中医药法》所规定的“中医药”属局部与整体的关系；而狭义概念则指云南人口在5000人以上的25个世居少数民族所创造的医药，是从发生学与原创角度对云南民族医药的概念界定。本套“云南民族医药系列丛书”所说的“云南民族医药”自然是以狭义概念为主，指云南各世居少数民族所创造的医药，包括彝族、白族、哈尼族、壮族、傣族、苗族、回族、傈僳族、拉祜族、佤族、纳西族、瑶族、景颇族、藏族、布朗族、布依族、阿昌族、普米族、蒙古族、怒族、基诺族、德昂族、水族、满族、独龙族等民族创造的医药。

云南地处中原文化、南亚文化、东南亚文化、青藏高原文化的接合部与交汇地带，历来是古人类发祥地与多民族聚居区。云南上古时期的各种文化遗存异常丰富，可追寻到数千年前与人类生存生活息息相关的衣饰文化、稻作文化、建筑文化、交通文化、医药文化等文化遗迹或形态①，独特的地理区位优势与多民族的特点使得云南民族医药的文化景观呈现出“多元复合”的结构特征。目前针对中医药的研究包括以临床为导向对药材等自然资源的开发利用与可持续发展，以及对人文资源的开发利用与保护传承这两个方面的内容。这就要求研究者与政府部门要正确处理好突出经济效益的开发利用与关注社会效益的保护传承两者间的关系，做到开发利用与保护传承两者并重。作为以民族医药群体及其文化为研究对象的云南民族医药研究者，面对“脱贫攻坚”“乡村振兴”“中医药传承精华、守正创新”“健康中国建设”“一带一路”“文化强国”等一系列前所未有的宏伟规划，如何充分有效地认识与发掘云南各民族医药的价值与功能，构建“传承精华、服务当代、接续未来”的民族医药知识体系，使其在中国传统医药传承与发展中发挥积极作用，也就成为当代民族医药界高度关注的现实问题与首要任务。

自20世纪80年代中期以来，云南民族医药研究者就针对各民族医药知识传承与发展陆续开展过探索性研究。研究者除直接为国家、为当地政府部门就云南中医药经济发展事项献计献策外，还撰写了一些与云南民族医药有关的学术著作，并取得了初步的成果。从民族医药学学科体系角度看，各民族医药资源的保护传承与开发利用研究不仅表现形式不同，研究视域与着眼点亦各不相同。既有从原创思维、主导观念、认知方式等角度对各民族医药理论体系进行的全新构建，如《彝医理论溯源》《彝医揽要》等，亦有从基原考证、生态环境、植物形态、主治功效等角度对分散在民间与古籍中的药物知识的系统梳理与总结，如《迪庆藏药》《哀牢本草》等；既有针对民族医家特色诊疗方法与适宜技术的整理之作，如《彝医理论与应用》《藏医尿诊》等，亦有从古籍文献或口述资料中发掘民族医学原理者，如《傣医四塔五蕴的理论研究》等；既有对民族医药古籍的系统搜集整理与分类研究，如《彝族医药古籍文献总目提要（汉彝对照）》《傣族医药古籍调查研究与提要编纂》《傣族医药古籍调查研究与总目提要》等，亦有对民族医药古籍进行的校勘、注释、辑录、类编研究，如《哀牢山彝族医药》《元阳彝医书》等；既有对民族医药古籍进行的翻译、标注、索引研究，如《布朗族医药古籍文献翻译整理

① 王懿之．云南上古文化史［M］．昆明：云南人民出版社，2013.

研究》，亦有针对临床病症开展的专题研究，如《藏医精要》。各种研究成果虽然外在表现形式不同，但都有一个共同目标，那就是要讲清楚云南民族医药的内涵与价值。然而，在肯定所取得的成绩的同时也应该承认，目前有关云南民族医药研究的成果仍处于零散、单一、粗浅的初级阶段，在学术界尚未形成大的气候和突出的优势，远远适应不了“乡村振兴”“中医药传承精华、守正创新”“健康中国建设”“一带一路”“文化强国”等一系列宏伟规划对民族医药知识挖掘整理与开发利用的客观现实需求。

各民族医药传承并非对某个要素或某个层次的局部传承，而是针对该民族医药领域的整个知识体系的传承，需要构建体现各民族医药原创思维的知识体系。然而，有的民族医药理论有专书记载，如藏族医药、傣族医药等，就比较容易被人们认识和接受[①]；有的民族医药理论分散记载于各类典籍之中，尚未形成系统著述，但用药经验有专书记载，如彝族医药、白族医药、纳西族医药等，研究起来有一定难度；有的民族原没有文字，他们的各种医药理论、医药知识与实践经验等主要依靠口耳相传的方式代代相传，如傈僳族、怒族等，这些民族的医家多各承家技，自成体系，其民族医药以经验知识为主，尚未总结概括为系统的理论知识，不仅研究难度大，而且很容易造成传承断裂。当前，各民族医药虽存在发展参差不齐的状况，但各具特色，各有所长，势必需要有一种兼容并蓄的胸怀和气度，贯彻百家争鸣、百花齐放的方针，尊重任何一个民族的医学成果，承认客观存在，重视实践经验，善于去粗取精，强调当代应用，体现学术平等，注意协调发展，以各民族医药不同的侧重点为切入点，构建体现自身发展规律的民族医药知识体系。

当前，国家提出并实施“建设优秀传统文化传承体系，弘扬中华优秀传统文化”的文化强国战略。民族医药学是中华优秀传统文化的重要组成部分，是“打开中华文明宝库的钥匙”，因“独特的卫生资源、潜力巨大的经济资源、具有原创优势的科技资源、优秀的文化资源、重要的生态资源”而备受关注。要实现当代世界语境下民族医药文化回归民间、走向世界的传播使命，势必要构建一个符合其自身发展规律的知识体系，既能促进该民族医药活态传承，立足于传统、服务于当下，又能建立历史与现实之间的联系，深入阐发其医药学理论精髓，实现传统知识的价值表达和现代转换。对于各民族医药知识体系的构建，许多研究者提出，“对民族医药理论发掘整理工作，即使付出艰辛努力亦只能学到一方一技，很难形成自己的知识结构，所开展的研究工作经常出现‘为文献整理而整理’‘理论学不会，临床用不上’而囿于‘知其然不知其所以然’的尴尬境遇”。事实上，这些问题不仅广大研究者经常遇到，而且是制约各民族医药知识体系构

① 诸国本. 中国民族医药散论［M］. 北京：中国医药科技出版社，2006：105.

建的瓶颈。对于各民族的医药文化来说，无论是有专书记载，还是分散记载，甚至没有文字记载，知识体系的构建都是一个全新课题。要知道，过去的古籍不是拿来就用的，历代医家都不是“拿来主义”者，而是需要推陈出新，进行创新性发展和创造性升华，梳理出该民族固有的医药学理论并使之系统化，且为当代服务，方能古为今用。[①]同时也要意识到，民族医药知识主要是以物质载体和口碑相结合的形式实现传承与传播，仅以古籍整理方式获取信息和知识是远远不够的，还需要将古籍整理与田野调查相结合，与医家学术思想整理相结合，与人用经验挖掘相结合，将概念、判断、推理、假说、猜想等思维形式及理论、经验等组成的结构体系各个环节进行梳理、考证与阐发，提炼该民族医药的原创性思维模式，明确相关核心概念，进而构建知识体系。基于此目的，研究团队希望通过本系列丛书的研究与总结，开创一种“以文献学为主，同时又与民族医学和人类学等学科交叉渗透的民族医药知识体系建设路径”的研究思路，即“古籍与医家学术思想相结合、本草考证与人用经验相结合的互参式整理——提炼原创思维，明确核心概念，构建知识体系——临床验证，在实践中总结新理论”。通过践行此路径，对云南各少数民族的生命知识、养生知识、疾病知识、诊法知识、疗法知识、针灸知识、方剂知识、药物知识等进行系统挖掘与整理，实现传统医药知识防御性保护与积极性保护的有机结合，以此探索出一条理论与实践相结合的创新发展与活态传承之路。这有助于将民族医药文献、医药学理论和临床研究紧密结合起来，使其为构建有完整知识体系的民族医药传承体系服务，达到有效地传承学术和延续传统的目的，并促进传统知识的价值表达和现代应用。

与国内其他同类书籍相比，本丛书在研究对象、学术取向和研究思路等方面具有以下几个鲜明特点。

（一）重视古籍整理与医家学术思想整理相结合，为云南民族医药发展奠定坚实基础

古籍整理是构建民族医药知识体系的重要基础工作，是梳理理论范畴、考证理论概念的重要途径和方法，是传承学术、延续传统的专门之学和必由之径。没有文字的民族可以通过对口述资料的整理来实现这一目标。如果认识不到文献学对民族医药理论阐释、临床实践和科学研究的重要指导作用，民族医药的继承与发展也就无从谈起。发挥文献学正本清源、回溯历史、尊重传统的功能，可以有效解决目前各民族医药发展过程

① 徐士奎，罗艳秋．彝族医药古籍文献总目提要（汉彝对照）［M］．昆明：云南科技出版社，2016：4.

中所存在的思维弱化、技术退化、特色优势淡化等诸多问题。同时也要意识到，知识体系由系列知识和实践经验所构成，是各民族医药传承体系得以构建的核心和主体，是经得起实践检验的、相对稳定的网状结构体系，可以交流与传递给下一代而成为人类共同的精神文化财富。知识体系不是生来就有的，需要借助一定的语言文字形式与分类体系来实现由经验知识到理论知识的转化。理论体系并不会主动呈现，需要研究者对医学典籍和医家经验实现互参式整理研究，条分缕析，以凝练其科学内涵。民族医药古籍一方面是对古籍文献和口述资料的系统整理，另一方面是医者在临床实践过程中获取的临证经验的记录和总结，是理论的高度概括和对人体生命活动普遍规律的系统认识。深化民族医药文献的搜集整理研究并将临床实践中形成的医学共识进行高度凝练，从而整合成的该民族医药的理论表达，对于该民族的医药知识体系构建至关重要。民族医药古籍通常有以下特点：（1）有些民族的医药古籍载有多种文字。如彝文虽然具有统一性，但由于方言的差别，彝文中的异体字很多，不同方言区的彝族医学古籍会因文字的差别而不能互通，从而导致医学古籍的传播和使用受到限制，许多医学知识理论化的层次则只能停留在地方层面。（2）医药专书数量少。专门记录医药内容的专书数量少，医药内容分散记载于其他类别的古籍之中的情况较多。（3）内容简洁，缺乏引证资料。相互传抄，但不注明来源，有的甚至抄自数家文献，从而导致无法追溯理论发展的源流，不同记载各执一词，无法形成系统化、集大成性的著作。（4）只记录现象，不阐述原理。如彝文古籍《哎哺啥呃》曰："气之路三条，先之路一条，心白之中经；次之路一条，体之喉上经，七门之上升；后之路一条，肺肝上之生，肾水中之生。"对其所记载的"气三条路"在临床上如何指导实践，读后完全一头雾水。（5）记载的药名与实物对照难以考证。对药物名称的记录多为当地土名、俗称，没有形态描述，这些药名被翻译为汉文后更不知其基源。（6）处于"自然凋亡"困境。由于民族医药古籍文献本身材质老化或保存、使用不当等因素，许多宝贵的医药知识因古籍"自然凋亡"而流失。许多古籍因得不到保护与誊抄，破损严重，字迹无法辨认。更严峻的问题是，有的民族医药古籍虽得以流传至今，但其所记载的相当一部分诊疗方法和医药知识已不为当前医生所使用，成为无法破解和使用的"天书"。除此之外，民族医药古籍还具有所在地域边远、时间跨度大、载体形式多、传播范围小、成书著者杂（许多书多以相互传抄的形式流传，难以形成对某个医家学术思想和发展源流的全面研究）等特点。民族医药古籍的以上特点决定了其知识体系构建的复杂性、困难性和长期性。虽然民族医药古籍文献整理工作任重而道远，但是可以通过"古籍与医家学术思想互参式整理"达到挖掘知识的效果。

1. 建立民族医药古籍文献分类体系

在把握传统分类情况的基础上，民族医药古籍文献分类体系的建立首先是要符合该民族的医药知识结构。分类必须基于该民族传统医药知识思想秩序的再现，体现其独特的历史文化和传统的知识体系。按照各民族医药的学科属性和文化特征，将相关学者对民族医药古籍分类体系进行等级划分，综合考察中图法、科图法、古籍普查分类法、中华古籍总目编目规则、《中国中医古籍总目》、历代学者对医药古籍的分类方法以及实地调查情况，并结合其内容特征，将相同类目进行合并、上下级类目进行归类后，分为上级类目和所属下级类目。① 有了类目结构，相当于为该民族医药的知识体系勾勒出基本的框架。如笔者将发掘的222种彝医药古籍文献分为医经、医理、诊治、本草、病症用药、调护、医史、作祭献药、医算、综合十大类，基本上就能建立彝医药知识体系的雏形。②

其次是要对各民族医学古籍进行版本比较，从各个类目中找出源头性文献，梳理出清晰的文献传承脉络，厘清各类古籍文献之间的学术关联。确定各个类目的底本，对其进行深入研究，挖掘概念术语含义及其相互关系，揭示概念术语含义变迁及流传特点。同一概念的含义在不同时代、不同书籍中经常会产生各种变迁或异释，概念与概念间的语义关系亦经常表现出其特有的历史时代性与学科流传特性，需要通过考证、对比等方式给予揭示，而这一切均依赖于文献整理和理论研究两方面的保证。③ 如彝医理论中的“气浊三条路”在医经类古籍《土鲁黎咪数》《哎哺啥呃》《宇宙人文论》中能够找到相关记述，通过对这三本古籍进行比较和考证后发现，三者虽然在文字表述上略有差别，但均将轻清的、向上升的物质称为“气”，气在人体中主要有三条通路，称为“气三条路”，发挥首、萌、长的功能，也就是将气血供应到全身的作用；与之对应，将重浊的、向下降的物质称为“浊”，浊在人体中有三条通路，称为“浊三条路”，发挥退、遍、藏的作用，也就是将气血转化为浊精储存备用的作用。④

2. 古籍与医家学术思想整理相结合

许多民族医生在记录医药知识和诊疗方法时，往往省略对诊断过程和药物功效的记录，只记载病症名称和药物名称。要想掌握其中的诊疗方法就必须结合当地民族医生的临床实践经验，只有通过参与式整理，结合民族医生对古籍内容的理解和实践，以学术

---

① 罗艳秋，徐士奎，郑进．少数民族医药古籍文献分类体系构建研究（下）——民族医药古籍文献的分类体系研究［J］．中医学报，2014（12）：1851-1854.

② 徐士奎，罗艳秋．彝族医药古籍文献总目提要（汉彝对照）［M］．昆明：云南科技出版社，2016：1-4.

③ 朱玲，崔蒙．文献·理论·信息——试论中医古籍语言系统构建的三个重要维度［J］．世界科学技术：中医药现代化，2009（4）：586.

④ 徐士奎，罗艳秋．彝医理论溯源［M］．昆明：云南科技出版社，2019：83.

研究为导向，深入揭示古籍的内容特征，提炼理、法、方、药的各个环节，对古籍的内容才能“讲得清、用得上”。这种互参式的“比较—梳理—溯源”与“挖掘—整理—验证”研究步骤，正是医药类古籍与其他类别古籍的整理方法的区别所在，我们将这种方式称为“古籍与医家学术思想互参式整理”。要知道，名老中医的独到之处就是善于把中医理论与临床实践相结合，从细微之处抓住事物的本质，巧妙的构思，严谨的思维，准确的遣方用药，在长期的临床实践中形成自己独特的观察问题、分析问题的视角。[①]对医家学术思想的整理有助于从该民族的生境条件、生活经验、知识背景来理解和阐释医理、药理之间的内在逻辑关系。只有找到这些逻辑，才能明白该民族医药知识体系所遵循的医学原理和哲学思想是什么。医理、药理之间的内在逻辑关系蕴含于医家的诊疗活动之中，来源于点点滴滴的经验积累，需要全面继承和归纳总结。如彝族医经古籍《哎哺啥呃》所说的“气之路三条，先之路一条，心白之中经”是什么意思呢？彝医名老专家张之道常使用樟木根治疗胸内出血病症。樟木根是彝医常用药物之一，具有通心脉、行气的作用。行气之药为什么能止血呢？作为气路的第一条循环线路由心经过，说明心主血亦主气，为气血之大主。“主”有主导、主宰的含义，对于各种出血症都要从心主气主血这个功能入手。有人可能会产生疑问，肝和脾在出血症的治疗过程中不是也很重要吗？特别是脾统血的功能，能统摄血液不外溢；肝藏血的功能，能贮藏血液，人卧血归，调节血量，分配体内血液在各个部位的多少。为什么主要应该考虑心主气主血的功能呢？从气和血的关系来讲，气为血帅，血为气母，气能统血，气能行血，血能载气，气统则血统。通过服用行气的药物，能够打通心力，使心主气主血的功能得以恢复正常，血就不会外溢经外。[②]这足以说明医家学术思想整理对民族医药理论内涵阐释的重要性和必要性了。

（二）重视本草考证与人用经验相结合，使云南民族医药资源优势与特色得到充分展示

博物学与以实验方法为特征的数理学虽是相对立的认知系统，但二者是近代以来世界科学史上非常重要的两大研究范式，均对中国传统医药学产生过重大影响，并导致了经典中医药学与近现代中医药学两大学科体系群的分化。所谓博物学就是人类与大自然打交道的一门古老学问，指对动物、植物、矿物、生态系统、宇宙星空等做宏观层面的观察、描述、分类。其作为自然科学研究的四大传统之一，包括了当今意义上的天文

① 李振吉，贺兴东，王思成，等．名老中医临床经验、学术思想传承研究的战略思考［J］．世界中医药，2012（1）：1–4.

② 徐士奎，罗艳秋．彝医理论溯源［M］．昆明：云南科技出版社，2019：186.

学、地质学、地理学、生物学、气象学、人类学、生态学、动物行为学、保护生物学等学科的部分内容。中国古代历来倡导“博物多识”的优良传统，形成了地志学、本草学、名物学、农学、理学、图符学、天文学、修辞学等众多学科，极大地促进了中国传统知识累积而形成中国特色的博物学学科体系。[①]中国博物学非常重视考据学研究，与西方博物学学科体系具有根本性区别。基于中国博物学学科体系所构建的中医药学知识体系，在思维方式与认知方法上均体现了对宏观宇宙、自然万物的认知与比拟，体现了“人与天地同”的医学思想，这一医学思想一直根植于中华民族的血脉中。

近现代以来，伴随着新学与旧学之争、学校与科举之争、西学与东学之争、传统文化与新文化之争等，中国社会面临巨大的动荡与变革，曾引领“科学时尚”的博物学在科学前沿中几乎销声匿迹，而以物理学、化学、环境科学、分子生物学等为代表的数理科学却异军突起，在这种大背景下的中医药学经历“研究方法的求新与理论体系异化”洗涤而呈现与经典中医药学明显不同的面貌[②]，出现了“医药分离式”的教育框架，这其实是西方数理、控制实验、数值模拟等自然科学传统与西方医学教育模式对经典中医药学改造、重构与规范的结果，通常称为中医药学科学化或中医药学现代化。这样的后果就是汉族医药（即狭义中医药学）在研究方法与研究思路上发生巨大嬗变，具体表现为“以西医学为参照，运用近代科学方法对中医理论体系进行整理与研究；通其所通、存其互异的中西合璧、外部比附式研究成为中医理论研究的主要方式；中西并用，初步形成了辨病与辨证相结合的临床诊疗模式。而中医内部结构‘科学化’、外部形式‘现代化’的重要表现形式之一，是为了顺应近代教育学制、教材、教学计划统一等要求，建立起一个以西医模式为参照的近代中医学科体系”[③]，其所表达的中医药学思维模式及相关概念、术语、词汇等已与经典中医学大相径庭，很难再准确表达原初意思，核心理论也不断被所谓“科学化”“现代化”等所解构而产生各种异化。其后果就是现代中医已经不知不觉在使用异化的思维模式理解、阐释甚或曲解历代典籍所记载的中医药理论、各种药物知识与各种诊疗技法，自然在临床无法收到应有疗效。[④]中医药理论嬗变所导致的思维模式、认知方法与评判标准等的转变甚或出现扭曲，对包括汉族医药与各少数民族医

① 王振国，张冰，等.中医药理论的近代嬗变及其影响——以本草诠释方法为视角［J］.山东中医杂志，2019（1）：1-8.

② 王振国，张冰，等.中医药理论的近代嬗变及其影响——以本草诠释方法为视角［J］.山东中医杂志，2019（1）：1-8.

③ 王振国，张冰，等.中医药理论的近代嬗变及其影响——以本草诠释方法为视角［J］.山东中医杂志，2019（1）：1-8.

④ 王振国，张冰，等.中医药理论的近代嬗变及其影响——以本草诠释方法为视角［J］.山东中医杂志，2019（1）：1-8.

药在内的医药体系发展道路影响如何，各民族医药学该如何“守正”而实现自我创新，各民族医学未来发展方向该如何抉择？这一系列问题不能不引起我们深深的反思。

中医药学经过数千年实践与累积，已形成体系独特、理论完整、成果辉煌、多元并存的多民族医药学学科体系群。传统中医药虽然受到“科学化”“现代化”等的冲击而产生巨大嬗变，甚或异化，但仍以强大的生命力在人民群众中代代相传而成为一种社会现实，即几千年来中华民族不断追求幸福、追求健康的智慧结晶。这一智慧结晶以日月运行为坐标，通过观察万物随季节交替而表现出不同的动静涨落节律，反观人体气血运行之升浮降沉，形成一种人们利用自然界的事物与规律对身心进行培育和调节的文化与科学，亦形成一种顺应宇宙和自然规律的认知而具有“社会整体”和“共同社会”的特性。这是中华民族一种活态的、整体的生活方式，既不会因为“科学化”而变味，亦不会因为“现代化”而变质。只要日月运行规律不变，中国传统医学的定律就不会过时。可以说，中国传统医学是一种超越医药本身的活着的存在，是不断发展的文化形态与生活方式。从这个角度来看，民族医药更能为理解中国传统医学的这种特质提供“横看成岭侧成峰”的多元视域。在不同的生存环境、地理气候、族群体质、民族文化对不同医药形态进行模塑的过程中，各个民族的医学在开放共享、相互交流中形成了“和而不同、美美与共”的精神品格和兼容并蓄的文化特性，为全面、系统理解中国传统医学全貌，体现“人类只有一个地球，各国共处一个世界”的人类命运共同体所蕴含的深刻哲理而积极贡献力量，为全人类带来了基于大生态观的健康理念和精神福祉。显然，在此背景下挖掘整理与研究云南各少数民族医药学知识就显得十分重要且具有现实意义。

民族医学植根于各民族传统文化土壤中，具有不同文化背景的民族从本民族的自然环境、经济生活、体能素质等实际出发，其传统用于预防、治疗和保健的天然药物以及应用这些药物防病治病的系统理论知识或经验知识在起源、形成和发展过程中与本民族文化、信仰、民俗、生态环境等密切相关，因此云南少数民族医药是在特定自然环境条件和历史文化背景下人类社会与自然界相互作用的产物。其理论规范、思维方式、技术手段等都蕴含着各民族传统文化的特征，以此形成了丰富的诊断和治疗系统，积累了丰富的临床经验，具有突出的民族性、地域性和历史传承性。笔者调研前期根据云南各少数民族的文化类型及其生存生境的植被、地理、气候等特征，将云南民族医药文化分布划分为滇南滇西南低热带民族医药区、滇东南低热带民族医药区、滇中中暖带民族医药区、滇东北中暖带民族医药区、滇西滇西北高寒带民族医药区五个区域，可统称为“云南民族医药文化类型区”。云南民族医药“和而不同”的特性要求研究者从纵向的历史文献与横向的人用经验相结合的角度深入挖掘与阐释各民族的医药理论、本草知识、临床应用、用药经验等。如果说对历史文献的解读是“着眼过去（体现民族医药的历史传承性）”，那么对人用经验的总结就是“立足当前（体现民族医药的临床有效性）”，两者结合则能够充分体现云南民族医药文化的历时性与共时性特点。

考据学作为治学方法，也被称为考证学，主要工作是对文献古籍加以整理、校勘、注疏、辑佚等。明清之际的学者顾炎武等主张“经世致用”，开创考据学之先河。对考据学，梁启超在《清代学术概论》中将其扼要概括为：其治学之根本方法，谨遵“实事求是”“无证不信”，其研究范围以经学为中心而衍及小学、音韵、史学、天算、水地、典章制度、金石、校勘、辑佚等诸多领域。祝尚书谈到考据学时说其理解的学术研究就是“拼接历史，复原历史，解读历史，认识历史”。民族医药古籍的保存研究具有收藏分散、民间流散、涉及范围广、类目庞杂、年代久远、文义古奥、理论深邃、阅读难度大等问题，严重制约了研究者与传承人对古籍内容的释读、理解与应用。从人用经验总结方面讲，无论是经典名方的追溯，还是临床经验的整理，本草考证始终伴随左右。但目前本草考证研究主要基于“二重证据法”而开展，常苦于史料匮乏而停滞不前，而在民族医药研究方式中具有大量鲜活经验的田野调查则是弥补“二重证据法”不足的重要切入点。王国维首倡的“二重证据法”是据“地下之新材料”以补正“纸上之材料”。[①]出土文物作为历史文物收藏与考察的证据实物，具有重要学术资料价值，弥足珍贵，是各版本传世古医籍远不能比拟的。[②]但出土文物与文献资料相比较更显凤毛麟角，能得以辗转保存而流传下来者更是少之又少。加之出土医药文献绝大多数破损严重，书名多有缺失，不同收藏单位的编号方式亦各异[③]，这在客观上削弱了“二重证据法”在各民族医药研究领域的实际应用效果。

如何使历代古籍或传承人以口碑文献形式进行承载的医药学知识得以服务于当代社会，我们认为在开展民族医药研究时始终要遵循三大原则：现代没有的，问问古人（古籍）；书中没有的，看看地下（出土文物）；地下没有的，看看田间（鲜活的口述资料）。古籍文献、出土文物、口碑文献能够从不同角度、不同层面为各民族医药知识体系构建提供证据，这种研究方法我们称为“三重证据法”。古籍可提供经典引申式的逆向追溯而实现探源查流；出土文物不仅能弥补古籍资料缺乏的问题，而且能再现古人生活场景、意识形态与文明特征；口述资料亦称口碑文献，通过口耳相传方式流传至今，事关生命的认识、防病治病的各种医学知识与经验，多是各民族历代沿袭下来的、鲜活的、正被广泛使用的医药学遗存，其虽未“书之于册”却能流传至今，足以说明生命力之强大。

---

① 傅杰．王国维论学集［M］．北京：中国社会科学出版社，1997：38-39.
② 马继兴．出土亡佚古医籍研究［M］．北京：中医古籍出版社，2005：38.
③ 马继兴．出土亡佚古医籍研究［M］．北京：中医古籍出版社，2005：39.

各民族的医学原始知识体系历来是以民间普通常识形式存在并流传至今，而一切正式意义上的科学认识与活动都是从民间普通常识发展而来[①]，人用经验的总结就是在文献整理基础之上对实践经验与普通常识的挖掘与深化。

2019年10月出台的《中共中央国务院关于促进中医药传承创新发展的意见》提出改革完善中药注册管理，加快构建中医药理论、人用经验和临床试验相结合的中药注册审评证据体系，优化基于古代经典名方、名老中医方、医疗机构制剂等具有人用经验的中药新药审评技术要求，加快中药新药审批。2020年9月与12月，国家药品监督管理局依次发布的《中药注册分类及申报资料要求》《国家药监局关于促进中药传承创新发展的实施意见》再次强调人用经验的重要性，对具有人用经验的中药新药审评技术要求进行了明确规定。显然，国内已相当认可利用“人用经验”来支持中药新药的研发上市。[②]从美国《植物药新药研究指南》规定的“申请者必须提交在研药物以前的人用经验”看，西方植物药的人用经验主要从应用历史方面规定，包括制备加工和配制的方法、服药途径、给药方案、剂量、适应证、禁忌证以及人和动物应用所出现的不良反应事件、该植物药以往临床应用的传统地域和人群、拟用的临床配方和传统制剂异同之处的比较说明等信息。[③]

医学上的人用经验，是指在长期医疗实践中积累的用于满足临床需求，具有一定规律性、可重复性的关于临床诊疗认识的概括总结[④]；而中医药学上的人用经验，如依照《中华人民共和国中医药法》则可简单定义为通过中医药学来认知人类生命、维持人类健康、治疗人类疾病的，具有规律性、可重复性的各种诊疗经验与规律的总结。中医药学的人用经验应该包括中药人用经验、诊疗技法人用经验等类别，这些类别在中药研发中具有重要价值。民族药人用经验信息主要来源于古籍记载的医案与医说、医疗机构的民族药制剂、名老民族医经验方及民族习用药等。从这方面来讲，云南省已经在民族药人用经验开发方面积累了不少成功经验与案例。如根据白族药用动物美洲大蠊的特性，开发出主治心血管病的“心脉隆”、外用药“康复新”、治疗肝病的“肝宝”等；根据红河哈尼族彝族自治州医疗机构和驻军医院使用青叶胆临床治疗急性黄疸型肝炎的经验，开发出青叶胆片；根据白族、纳西族常用药物青阳参的特性，开发出治疗癫痫的青阳参片；根据彝族、苗族、白族、纳西族、藏族常用药物灯盏细辛治疗偏瘫的经验，开发出治疗脑病的注射剂、片剂、胶囊剂、颗粒剂、胶丸剂、含片和薄膜等多种剂型；根

① 王亚南．口承文化论——云南无文字民族古风研究［M］．昆明：云南人民出版社，2011：89.
② 魏仲义，谢雁鸣．人用经验挖掘为中药研发赋能［N］．中国中医药报，2021-01-07（05）.
③ 蔡仲德．中药研究论文集［M］．北京：中医古籍出版社，2002：528.
④ 魏仲义，谢雁鸣．人用经验挖掘为中药研发赋能［N］．中国中医药报，2021-01-07（05）.

据哈尼族药用植物火把花根的特性，开发出治疗风湿性关节炎的昆明山海棠片；根据景颇族药用动物胡蜂的特性，开发出治疗风湿病的胡蜂酒；等等。数不胜数的民族药成方制剂无不来源于对人用经验的挖掘整理与开发利用。同时我们也要意识到，各民族习用药材在流传过程中容易因品种或产地变迁而出现“同名异物”“异物同名”等问题，从而造成药材运用的混淆。这是自《神农本草经》诞生以来就始终存在的现象[①]，特别是部分民族古籍对药物仅记录药名与对应病症，通常没有形态描述、气味归经等内容，且药材名称多为当地民族医生习用的别名或称谓，极大地增加了药物研究的难度。习近平总书记在有关传承与发展中华优秀传统文化的讲话中反复强调要“创造性转化，创新性发展”。究竟该如何使古代医籍所记载的药物高效服务于临床与科学研究？显然，民族药领域的任何科学研究、临床应用、价值研判等均离不开对药物的本草考证研究。综观历代中医药学著作，我们会发现本草考证工作由来已久，但“本草考证”作为专业名词术语出现却并不久远。古代本草学者在考证药物基源品种时尚未形成相对独立的研究领域，常用“考据”概言之。如1931年本草学家赵橘黄出版《中国新本草图志》时就将每味药物列在“考据”项下，而其在1956年对当归原植物品种进行考据时则使用术语“本草学研究”，这些工作的性质事实上就是现代意义的本草考证。[②]“本草考证”作为专业名词术语是谢宗万在1963年提出并为广大本草学者在学术交流中采用，这标志着“本草考证”在中医药学研究中已形成相对独立的领域与研究方法。承载民族医药精粹的历代民族医药古籍虽尚未出现“本草考证”这样的专业术语，但各医学流派在传承中将辨药、识药作为很重要的技能，重视对易混淆药物的基源品种及名称、气味功效、临床主治、用法用量、原植（动）物形态、药材性状等的区别与沿革研究，如藏医的《晶珠本草》、彝医的《哀牢本草》等。这实际上就是“本草考证”学术思想在民族医药临床与传承中具体运用的体现。得益于历代医家在持续的古籍整理、田野调查、反复考证和临床验证过程中系统深入地总结出各类药物知识，民族医药才得以不断推陈出新而延续传统，实现古为今用。

总之，民族医药知识体系构建是一个复杂的新鲜事物，不仅需要研究者综合运用校勘学、训诂学、方言学、古文字学、历史学等考据学方法对古籍中悬而未决、聚讼不已的各类问题进行分门别类、系统深入的考据研究，还需对临床使用、民间流传、古籍记载的各种人用经验进行挖掘整理，使两者有机结合，达到“辨章学术、考镜源流”之目的。

---

① 张瑞贤，张卫，刘更生. 神农本草经译释［M］. 上海：上海科学技术出版社，2018：651.

② 张瑞贤，张卫，刘更生. 神农本草经译释［M］. 上海：上海科学技术出版社，2018：652.

（三）提炼原创思维，构建知识体系，为进一步认识云南民族医药诊疗方法提供总体思维模式与分析框架

构建知识体系可为民族医药传承体系的建设创造必要条件。通过知识体系的构建，可以得出该民族医药的医学体系、学科门类、学术思想和基础理论等重要内容，是民族医药学科学研究的关键节点问题。

1. 提炼原创思维

民族医药知识体系构建要体现原创思维特色和优势。原创思维的提炼需要研究者熟练掌握民族医药经典所表达的医学思维和价值取向，通过对历代文献梳理、分类、汇总并对历代医学家学术经验归纳与分析，在哲学、思维科学的指导下提炼思维方法的特点，为临床诊治提供最佳思维方法和路径。[①] 唯有如此才能将古籍所表达的思维方式内化为研究者对本民族传统知识的自觉意识，形成符合民族医药自身发展规律的治病思路和诊疗经验。

思维模式是对思维活动主导思想的高度概括，即用最精练的语言勾画出该思维活动基本规律的框架，往往能够反映出思维的主要特征，具有相对的独立性和稳定性，是一门学科理论体系的灵魂，是在长期的临床实践过程中形成的相对稳定的抽象化解释性系统，蕴含着相对稳定的世界观、认识观和方法论。[②] 原创思维模式指的是不同于其他民族的、具有原创性特点的对生命与疾病的认知方式，是构成每个民族医药理论与实践的关键所在。提炼原创思维模式需从问题境域、认识基础、逻辑起点、根本特征四个方面入手。

明确问题境域。传统医学主要通过主体对生存环境的体验、经验来把握人体的生命活动规律以及健康与疾病的转化规律，并借助大量哲学术语来建构其理论体系。对生存环境的体验与经验决定了某一民族认识疾病与健康问题的境域。该民族医生经常用在生存环境的体验、经验中形成的已知概念去描述人体体内看不到的生理和病理变化的未知概念。人体自身的功能是人类最想弄清楚的问题，但由于人类的认知能力受到时间、空间以及自身感知器官的限制，只有通过借助已知的概念和概念系统，并将此隐喻映射到未知的领域，才能获得新的知识和理解。[③] 如彝族先贤在乾阳运年时期制定太阳周天历法，提出以 360 度圆周天为基本变化单位，将一年分为四时、八节、二十四气、七十二候，并以此作为人体气浊运行的变化单位，表现为首、萌、长、遍、退、藏的六气变化

① 王琦．中医原创思维研究十讲［M］．北京：科学出版社，2015：16.

② 王琦．中医原创思维研究十讲［M］．北京：科学出版社，2015：4.

③ 郭瑨，贾春华，赵勇．基于隐喻结构理论的中医水代谢分析［J］．世界中医药，2016（11）：2241.

节律。其中气三条路降而已升，浊三条路升而已降，从而得出日月在天地运行的周期性运动变化规律是决定人体气浊浮沉升降圆运动正常与否的重要影响因素这一结论。[①]由此可见，彝医无论是在概念的阐发上，还是在判断和推理等各个逻辑层面上，都将主要精力放在生命与时空关系的观察与研究之中，而这一关系范畴是异常丰富的。

归纳认识基础。“天人合一”是中华文化认识和对待世界的基本立场与态度。[②]中国传统医学是研究宇宙与生命关系的智慧之学，是各民族共同的智慧结晶，以“天人合一”观为认识基础。对这一认识基础的认知，各个民族有各自不同的角度。对人体疾病的认识无论是藏医的“隆”“赤巴”“培根”三大因素，还是傣医的“四塔五蕴”，都是将人体分为几个功能系统，而其“分”为的是强调它的“合”，强调整体生命状态下的恒动观，并且这些元素失调而致病的原理表达的都是无形的、超形态的功能作用。例如，藏族医药认为人体内有三大因素，即“隆”“赤巴”“培根”，三者失调则为病；纳西族医药认为“精威”有木、铁、水、火、土五元质，五元质的偏斜为生病，崩裂为死；傣族医药认为土、水、火、风四塔失调则为病；佤族医药认为自然界有天、地、风、水、木、火、石、气八种物质，每种物质都有自己的特性和规律性，如果这种规律性有所改变则会导致各物质与人的平衡失调而致病。[③]中医药学作为中华民族原创的医学科学，注重时间演进、整体认知，从宏观、系统的角度揭示了人的健康和疾病的发生发展规律，深刻体现了中华民族的世界观、价值观和认识论，成为人民治病祛疾、强身健体、延年益寿的重要手段。[④]这一根本特征亦是对我国各个少数民族医药自身发展规律的高度概括，体现了我国少数民族医药深厚的文化土壤和历史积淀。

凝练逻辑起点。中国传统文化形成了以“关系”，即事物的相关性和相对性为中心的思想，与以现代科学、数学和逻辑学为基础的关系实在论有相通之处。[⑤]例如，彝医药以气升浊降的二元运动作为逻辑起点，展开了对宇宙起源、生命起源的认识探索。气与浊作为宇宙万物产生、发展、变化之本源，是一种古老的彝族二元观哲学思想，体现了彝医学“以太阳论生命，以时空论疾病”的思维特点，体现了升降相因、寒热互果、阴阳互根的思维理念，其核心观念包括气浊流行与气浊对待两种关系。在彝医这种二元观的原创思维模式下，生命活动的物质性与功能性在“气升浊降”的二元范畴中达到圆满

---

① 徐士奎，罗艳秋．彝医理论溯源［M］．昆明：云南科技出版社，2019：166–180.

② 邢玉瑞．关于中医原创思维方法体系的初步研究［J］．中医杂志，2012（1）：9.

③ 罗艳秋，郑进，李玉娟．在中华民族发展整体性下的云南民族医药［J］．云南中医学院学报，2006（A1）：31–32.

④ 王国强．以高度文化自信推动中医药振兴发展［N］．人民日报，2017–02–24（07）.

⑤ 邢玉瑞．关于中医原创思维方法体系的初步研究［J］．中医杂志，2012（1）：9.

结合与统一。[①]所谓气浊二元，在于强调宇宙与生命由两种属性截然不同的物质共同构成，即气与浊，两者作为宇宙生命的本源物质，缺一不可。

把握根本特征。民族医药是以少数民族的传统文化为背景，以当地自然药物为资源，采用适合本民族生产生活的行医方式，以本民族人民为服务对象的传统医学。[②]文化是一个民族对其赖以生存的自然环境和社会环境的适应体系，是各民族通过社会实践活动创造的，不仅体现在生产活动方面，也体现在精神活动、观念形态和生活方式中。[③]要把握民族医药的根本特征，就必须深入了解该民族的文化习俗和价值理念。彝文典籍《恒特数》所载太阳周天历法提出：戊己属土，居中央，主四季月的活动时令数，即从春、夏、秋、冬的季月中减出前后 9 天作为活动时令数属于戊己土，因此龙、狗、牛、羊兼属中央戊己土，也就是说每时节的 90 天当中丑、辰、未、戌四个季月的前后 9 天，共 18 天是活动时令数，4 个 18 天就是 72 天，是属戊己土的占有数。[④]（参考图 1）基于此，彝医药提出土主万物的观念，并将此观念引入医学理论中，形成“脾胃为轴，四象为轮”的理论认识。从彝族太阳周天历法所表达的文化内涵的角度看，彝族对“土生万物，万物归土”这一核心观念进行的诠释和表达，体现了彝医原创思维的根本特征。

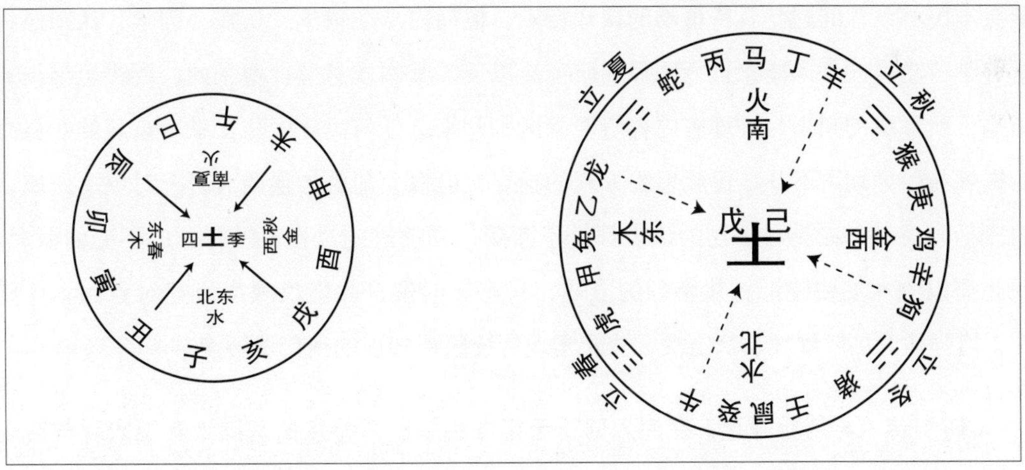

图 1　彝文典籍《恒特数》的地支配属五行图

---

① 徐士奎，罗艳秋 . 彝医理论溯源［M］. 昆明：云南科技出版社，2019：85-87.

② 诸国本 . 中国民族医药散论［M］. 北京：中国医药科技出版社，2006：83.

③ 徐士奎，罗艳秋 . 论民族医药文化学的构建［J］. 中华中医药学刊，2011（1）：103.

④ 龙正清 . 精气易发微：彝文献精气易八卦历法数理研究［M］. 成都：巴蜀书社，2011：537.

2. 明确核心概念

张效霞在谈到如何重新认识中医基础理论现有体系时说道："将中医理论的一个个概念，一条条理论，一项项学说，回置于其产生、发展的特定历史条件下，放在其得以产生、发展的具体历史环境的哲学、文化、宗教、伦理道德等背景下，运用文献学、史学、文字学、哲学、社会学、逻辑学、发生学等综合方法，进行理论范畴梳理、理论概念考证、理论内涵阐发。"[①] 说到底，就是要用本民族医药原创思维去理解和阐释各种理论、各个概念和各项学说。

概念是人们对事物本质的认识，是逻辑思维的最基本单位与形式，任何学科的形成和发展都必须有一定的基本概念作为它构建理论的前提。[②] 概念是思维的基本形式之一，它反映客观事物的一般的本质特征。人类在认识过程中，把所感觉到的事物的共同点抽出来，从感性认识上升到理性认识，概括出事物的本质属性，形成概念；概念随着历史的发展和认识的深化而不断变更。[③] 知识体系构建的最根本问题就是解决概念所反映的概貌、含义和本质属性。

如果对该民族医药理论体系基本概念的认识含混不清，就谈不上对其进行深层次的开发与利用。随着对研究对象的认识不断深化，还需对概念赋予新的知识内涵，此过程被称为"概念转变"。民族医药在发展过程中虽然形成了自己的思维方式与概念系统，带有本民族认识问题、看待事物的认知特点，但尚需从逻辑学、认知心理学、认知语言学等学科角度对基本概念进行阐释和研究，以反映其本质意蕴。鉴于此，要将思维模式影响下所形成的判断与推理等内容与概念区别开来。任何民族医药文献所承载的对概念的提炼与研究均离不开该民族思维方式的指导，但概念却更加强调对研究对象本质属性的概括与总结。人类对事物的认识都是不断深化和前进的过程，没有一成不变的概念，因此需以临床实践验证古籍整理的成效，只有与时俱进才能反映出研究对象的本质属性，增强概念的解释性与稳定性，才能实现传统医药知识的现代性转换。

（四）传承与创新并重，在深入剖析云南各民族医药特点的基础上实现宏观与微观相结合的整体研究

知识体系的构建事关该民族医药能否形成现代化的医疗、教学、科研、产业体系。

---

① 张效霞，王振国．如何重新认识中医基础理论现有体系［J］．医学与哲学：人文社会医学版，2006（2）：70.

② 谷浩荣．基于范畴理论的中医风邪概念隐喻研究［D］．北京：北京中医药大学，2011：22.

③ 商务印书馆辞书研究中心编．古今汉语词典［Z］．北京：商务印书馆，2000：439.

这个体系的构建一方面要坚持民族医药的基本理论，另一方面要将其原创思维与现代科技结合，产生为当代服务的原创性成果。归根结底，民族医药理论与实践的结合就是要走标准化研究道路。传统医学的基础标准蕴含在经典文献之中，一方面要在经典文献中挖掘用传统概念表达的医药理论的科学内涵，另一方面要吸纳一切有利于自身发展的先进科学成果，将民族医药原创思维与现代科技相结合，加强民族医药原创理论创新及现代传承研究，从而建立符合自身特点和规律的科学、客观、权威、具有公信力的疗效评价方法和标准体系。① 标准化工作必须开发和建立能体现民族医药知识体系自身特色和属性的分类方法和类目，并结合当前国际疾病诊疗发展的需要，在临床实践和实证研究中摸索出与国际标准接轨的各项技术方法和标准规范体系。这是一项长期、复杂的系统工程。如果仅停留在文献整理上而不实现新的发展和突破，长此以往，民族医药的自我“造血功能”将会一点点退化。

“古籍与医家学术思想互参式整理，本草考证与人用经验相结合——提炼原创思维，明确核心概念，构建知识体系——临床验证，在实践中总结新理论”这一民族医药知识体系构建的创新路径的实践过程，是民族医药理论升华、学术水平提高、特色优势发挥的过程，其将加强民族医药传统经验与现代医疗需求、文化传承、产业发展对接，为民族医药标准化、规范化建设奠定坚实的基础，特别是在保证民族医药原创思维的导向作用方面具有重要的意义。此创新路径还需结合实践中涌现出的新问题，不断地深化、修正、调整和完善，在各界专家学者的共同努力下，把民族医药的传承和发展提高到一个新的水平。

综上所述，目前学术界尚未针对云南各民族医药从知识体系构建角度进行系统研究，本丛书从该角度进行研究，不仅可以最大限度地保护与传承各民族宝贵的医药文化遗产，亦可给云南各民族医药以准确的历史定位，使其为文化强国、乡村振兴、脱贫攻坚等国家战略贡献积极力量。本套丛书被列入国家“十三五”图书出版规划之后，其下各册图书又相继得到国家民族文字出版专项资金资助。全套书的编辑和出版得到了有关方面的大力支持和帮助。其中，云南大学出版社副社长蔡红华最早提出了编写这套丛书的构思，并在具体策划和编审过程中付出了辛勤的劳动，对丛书出版给予了全力支持。各分册的责任编辑皮晓易、严永欢、范娇、李平、谭丽娜为图书的编辑出版倾心尽力，郭家骥、林超民、王正坤、马双成、郑进、方文才、钱子刚、郭增军、师有福、王继超、张纯德、范兵、李海山、茅向军、郑健等诸位专家与前辈多年来无私地为团队从事云南民族医药研究及本套丛书的编写提供诸多帮助、支持与咨询；在此一并表示感谢！

① 李振吉．中医标准体系构建研究［M］．北京：中国中医药出版社，2010：8.

本丛书在研究与出版过程中得到了云南省食品药品监督检验研究院、云南中医药大学、云南省各地州县市政府部门及当地的药检部门、民族医药研究所、中医院、卫生院、文化馆、图书馆、档案馆、民宗委等单位领导、专家与同行的大力支持，在此表示衷心的感谢！

徐士奎

2021年9月20日于昆明呈贡

徐士奎，“云南民族医药系列丛书”总主编，云南省食品药品监督检验研究院副主任药师，兼任全国药检系统民族药专业委员会副秘书长、中国中药协会中药数字化专业委员会委员、中国民族医药学会科普分会专家委员会委员、中国民族医药学会彝医药分会理事、中国民族医药协会理事、云南省民族民间医药学会彝医药文化专业委员会常务副主任委员。2016年云南省中医药管理局成立彝医药古籍文献及名老专家学术经验整理研究工作小组，担任彝药与方剂整理组组长。被云南省中医药管理局和云南中医药大学聘为彝医学本科教材《彝药学》《彝医经典选读》主编，《中国中医药年鉴（学术卷）》民族医药方向撰稿人。主持或参与国家社科基金项目3项，省部级、地厅级等项目十余项；相关研究成果获得省部级奖一等奖2项、二等奖2项、三等奖2项。致力于将民族医药知识体系构建应用与传承创新的相关理论与理念融入中药民族药质量控制、监管研究、产业开发等领域，旨在阐明少数民族医药在中国传统医药学的地位及其贡献，促进民族医药的产业开发与品牌培育。

前　言

文化是人类独特的社会现象。习近平总书记指出，文化是一个民族的魂魄，文化认同是民族团结的根脉。除一些特殊的现象外，任何系统文化的形成都与特定的民族习性联系在一起。我国是一个多民族国家，在漫长的历史发展过程中，各少数民族创造了优秀的民族文化。云南是多民族聚居的边疆省份，各族人民在开拓和建设西南边陲的漫长岁月中，创造了悠久灿烂的民族历史文化。

文献是物质和精神文明的结晶，是人类社会进步的主要标志，是传承文化最有效的载体。云南的少数民族如傣族、彝族、藏族、纳西族等民族的先民创造了本民族的古老文字，并写下了卷帙浩繁的文献典籍，白族、瑶族、布依族、壮族等民族的先民则采用方块汉字及其变体记录本民族语言，传承历史文化，留下了上万卷册的古籍文献。这些古籍是各民族智慧和文明的结晶，是中华文化的重要组成部分，也是中华民族共有的宝贵精神财富。

在云南数量众多的少数民族中，有些民族是没有古老文字的，如佤族、景颇族、哈尼族、傈僳族、拉祜族、苗族、普米族、阿昌族、布朗族、怒族、基诺族、独龙族、德昂族、水族等，他们往往通过“口碑文献”以口耳相授、代代丰富的方式继承和保存本民族的历史文化。所以，口碑文献也是少数民族文献的重要组成部分。另外，在有古老文字的民族中也有大量口述古籍在流传。

医药文化源远流长，是中华文化的重要组成部分。在不同的历史时期，由于每个民族所处的自然环境、社会形态、生产方式、生活习俗和文化背景不同，各自有着独特的医药创造和积累，形成了丰富多彩、各具特色的传统民族医药实践体系和理论体系，并以文字记载或口述文献等方式传承至今。许多少数民族用汉字或本民族的文字记录了本民族政治、经济、文化的发展，产生了种类繁多、数量庞大的少数民族文献，其中就有大量的民族医药文献[①]。

党的十八大以来，围绕传承和弘扬中华优秀传统文化，习近平总书记发表了一系列重要论述。国务院总理李克强在国务院政府工作报告中指出，“要积极发展中医药和民族医药事业”。2018 年，国家中医药管理局、国家民族事务委员会等 13 部委局联合发布《关于加强新时代少数民族医药工作的若干意见》，推进少数民族医药全面协调发展，提出到 2030 年，要在民族地区建立较为完善的少数民族医药健康服务网络，提高健康服务能力，完善人才培养体系，提高产业化水平，健全标准化体系，加强国际交流，全面传承保护少数民族医药。可见，我国民族民间医药的地位和价值得到了党和国家领导人与有关政府部门的重视和肯定。扶持发展民族医药，是对少数民族传统文化的认知和尊重，也是保护和发扬医药文化遗产必须承担的历史责任。目前，民族医药以其各具特色的医学理论和诊疗方法在中国乃至世界医坛占据了一席之地。

在民族医药世代相传、不断创新的过程中，民族医药文献是民族医药文化传承与发展的原始记录和重要载体。民族医药文献记录保存了包括民族宗教信仰、哲学、风俗习惯、生态环境、社会活动、医学理论、药物功效、诊断治疗、祝由口功、祭祀祛病等诸多丰富的医药内容，客观记载了各族人民生产生活中的医药实践，反映了各族人民的医疗水平和医学成就，是各民族传统医药学建立和延续的文化根基。它植根于深厚的民族医药文化之中，蕴藏着特色鲜明的民族医药内涵，记录着各少数民族医药领域的智慧硕果，也是该民族医药文化的重要载体，是民族医药宝贵文化遗产的重要组成部分。民族医药文献是一道靓丽的风景线，展现了绚丽多姿的民族医药文化，是人类共有的一笔不可再生的文化遗产，其不仅为我国医药研究提供了宝贵资料，还带动了民族地区经济、文化的发展，具有深远的历史价值和现实意义。

这些民族医药古籍浩如烟海，内容极为丰富，大多数散存于民间，现在正以每年上千册（卷）的速度在流失，现状堪忧，民族医药文献调研、整理、编目、研究的工作任重道远。本课题组就发掘云南少数民族医药文献的存藏佚情况，展开了较广泛的基础调研，并编撰《云南民族医药文献目录提要》，以求忠实反映客观现状，补充这一领域目录学研究中的不足，为民族医药研究同行们提供较准确的民族医药古籍和现代文献目录信息，以此促进研究和应用，为政府制定民族医药开发利用相关政策提供第一手资料。

① 张桂民．民族医药古籍文献研究价值述论［J］．黑龙江史志，2014（3）．

目 录

第一章　民族医药文献的含义及界定

第一节　民族文献的界定

“民族”是一个含义相当广泛的名词，从广义而言，指“历史上形成的、处于不同社会发展阶段的各种人的共同体”，如中华民族；从狭义上讲，特指“历史上形成的有共同语言、共同地域、共同经济生活以及表现于共同文化上的共同心理素质的人的共同体”，如各少数民族[①]。中南民族大学图书馆的罗德运先生在《少数民族文献及其界定》中将少数民族文献归纳为：“第一，用少数民族文字撰写或出版的文献；第二，反映少数民族问题的各种非少数民族文字的文献；第三，少数民族籍作者撰写的有关少数民族知识内容的文献；第四，少数民族籍作者创作的文学作品。”少数民族文献除了具备一般文献的特性外，一定要有民族性特征。历史价值与学术价值同样是民族文献的生命力，地方特色和民族特色则是民族文献强大的价值表征。

第二节　民族医药的界定

在开展民族医药文献资源调查与研究时，首先需要对“少数民族医药”的概念进行界定。

“医药”可解释为“医术”和“药物”。“民族医”的提法见于1951年12月实施的《全国少数民族卫生工作方案》：“对于用草药土方治病之民族医，应尽量团结和提高。”1977年版的《中华人民共和国药典》开始收载少数民族药材和成药，第一次采用“民族药”的概念。20世纪80年代开始，“民族医药”这一称谓普遍出现，被广泛用于

① 张桂民，郭凌云，李敏．中国少数民族医药文献研究［M］．北京：世界图书出版公司，2014.

我国各种文件中。

目前，国内所称的“民族医药”是对中国各少数民族传统医药的统称，它与国际上统称的“Ethnopharmacology”（民族医药）的意义有所不同。国际上统称的“民族医药”与国内所说的“传统医学”同属一个概念范畴，是指各民族在长期的医疗、生活实践中，不断摸索、积累、总结、发展起来的，具有本民族独特理论体系的，各民族从古至今、土生土长的医学，不是现在所说的“民族医药”，更有别于现代医学（西医）[①]。《中华人民共和国中医药条例》将发展传统医药写入宪法，为保护、发展中医药和民族医药提供了强有力的法律保障。我国宪法明确规定：“国家发展医疗卫生事业，发展现代医药和我国传统医药。”这里所指的“传统医药”，包括两个部分：一是中医药学（汉族医药），它是我国从古代社会到现代社会的主流医学，是我国传统医学的代表；二是各个少数民族的传统医学，被称为“民族医学”（民族医药）。

“民族医药”即中国“少数民族医药”的简称，通常指的是除汉族医药（狭义中医药）以外的中国各少数民族所创造的、具有民族特色的、符合本民族人民需要的特殊的“医术和药物”[②]。民族医药作为民族文化的重要组成部分，与民族哲学、宗教、教育、风土民情、地域、地理沿革等密切相关，因而具有鲜明的民族性、地域性和传承性。医疗实践活动和医药学知识与人类社会的萌芽和进步同步，随着我国古代民族的不断迁徙、交往、同化、融合，最终形成了汉族医药和55个少数民族医药并存的现代格局。每个民族都具备自己特有的民族特质，包括文化历史、风俗习惯、宗教礼仪、语言文字等，而民族医药是其中不可分割的重要组成部分。这些根据生存环境和对常见病症、特殊病症的治疗而创造、总结出来的本民族特殊的医药理论和治疗方法，就是该民族的民族医药[③]。

一、民族医药的类型

民族医药是我国各少数民族医药的统称，中国的历史文化是多民族文化共生共荣的结晶，然而相同文化背景下的各民族医药理论规范、思维方式和技术手段依然相对独立、自成体系、特色鲜明，如傣医的四塔理论、藏医的触诊和尿诊、彝医的二气六路学说和手诊法、朝医的四象医学等。

民族医药理论体系在其形成和发展的过程中，吸收了不少中医药的理论和经验，如傣医的四塔理论、藏医的脉诊、彝族的八卦和十二尼能、彝医的彝族五行、朝医的四象

① 张桂民，郭凌云，李敏.中国少数民族医药文献研究［M］.北京：世界图书出版公司，2014.

② 张桂民，郭凌云，李敏.中国少数民族医药文献研究［M］.北京：世界图书出版公司，2014.

③ 张桂民.民族医药古籍文献研究价值述论［J］.黑龙江史志，2014.

医学等，无不与中医药血脉相通。

因各民族所处的自然环境、经济背景，人们的教育水平和传承能力不完全相同，各少数民族传统医药的发展不平衡，其民族医药传承的方式也不同。根据少数民族医药发展的情况和现阶段发掘整理的情况，大致可以将其分为四大类：

其一，有丰富的实践经验基础，有文字记载，形成了大量的历史文献、专著，建立了完整的医学理论体系并上升到学科的水平的称为民族医药学。目前有藏医学、蒙医学、维吾尔医学、傣医学和壮医学。

其二，有医药文献、丰富的医疗经验和一定的理论体系，但理论体系尚不够完整，需要通过进一步整理使其完整化，将来能上升到学科水平的一类称为民族医药。如彝医药、苗医药、朝医药、侗医药、土家医药、畲医药等。

其三，有一定的实践经验，在民间广泛应用和流传，虽有一定的理论内容但缺乏理论体系，或者仅有极为粗放或原始朴素的理论萌芽，无文字史料。后来经过发掘整理，其民族医药得到基本恢复和表述，形成了理论体系，但尚未成为一门完整的学科。有些民族没有本民族的文字，但其医药理论或经验仍以言传口授的“口碑文献”传承于民间，如布依医药、仫佬医药、佤医药等。还有一些民族医药基本上源于中（汉族）医药的理论与医技[①]，但也有本民族的医药特色，如白族医药。

其四，传统医药知识尚处于零散状态，只有一些零星的或被称为本民族“独门绝技”的单方验方和医疗经验。属于这一类型的有土家族医药、锡伯族医药、普米族医药、裕固族医药等。这类医药多为人口较少、居住偏远，与其他民族或地区经济、文化交往不多的民族所有。

二、民族医药突出的地域特色和理论特色

受历史、社会、政治、经济等多种因素的影响，我国形成了少数民族众多、西南地区少数民族与汉族“大杂居、小聚居”的地域分布格局，故少数民族医药的起源、发展、分布和理论体系等方面都带有明显的地域特色。

在我国，同一个地区多个民族毗邻而居或者杂居，他们的文化背景和经济发展虽有一定的差异，但由于生存环境相同，人们所患疾病大多相似，就地采集的治病药材也相似，治疗方法也相近。有学者根据民族医药的地域共性，按照地理区域将民族医药主要分为以下三种：

一是东北三省和内蒙古东部的民族医药。主要有满族医药、朝鲜族医药、蒙古族医

① 秦路平.民族植物学或民族药物学［A］// 中国商品学会.第一届全国中药商品学术大会论文集［C］.中国商品学会，2008.

药、达斡尔族医药、鄂伦春族医药等。

二是西北边疆的民族医药。主要有回族医药、哈萨克族医药、维吾尔族医药、裕固族医药、东乡族医药、土家族医药、锡伯族医药等。

三是西南边疆的民族医药。主要有藏族医药、彝族医药、傣族医药、壮族医药、苗族医药、白族医药、拉祜族医药、景颇族医药、基诺族医药、普米族医药、佤族医药、纳西族医药、瑶族医药、仡佬族医药、侗族医药、水族医药、羌族医药、毛南族医药等。

这种分类法根据各少数民族主要的地理分布划分，不可能涵盖所有的民族医药和所有民族医药特点。

新中国成立以来，国家对民族医药事业非常重视，对民族医药的继承和发展给予了极大的关注。2005 年 5 月，国务院颁布的《实施〈中华人民共和国民族区域自治法〉若干规定》第 26 条指出："各级人民政府加大对民族医药事业的投入，保护、扶持和发展民族医药学，提高各民族的健康水平。"2006 年 10 月，《中共中央关于构建社会主义和谐社会若干重大问题的决定》指出，要"大力扶持中医药和民族医药发展"。2012 年，党的十八大报告中又特别强调"要扶持中医药和民族医药事业的发展"。随着相关政策的逐步落实，民族医药也有了进一步的发展。

第三节　民族医药文献的界定

"文献"一词演化至今，外延拓展了很多，其在我国颁布的国家标准《文献著录总则》(GB37921-83) 中的定义是"文献是记录有知识的一切载体"，即文献是人们借助文字、符号、图形、声音、图像等多种技术手段记录、积累和传播知识的一种载体。随着社会的进步和科学文化的发展，文献的含义也发生了变化。文献是人类社会活动的产物，是传承文化的载体，少数民族文献是中华民族文献的一个组成部分，而少数民族医药文献是少数民族文献的一个重要组成部分。

我国少数民族众多，几乎所有的少数民族都有自己的医药。各民族医药文化背景深厚、历史久远、资源丰富，除汉族外的用汉文字记载的 55 个少数民族用于预防、治疗疾病和保健的系统理论等知识经验的文献典籍，均属于民族医药文献。其中珍贵的民族医药古籍真实记录了传统民族医诊疗疾病的经验、心得和特色，揭示了特定地域、特定人群与自然环境、社会生活、文化习俗之间的关系，具有鲜明的历史传承性、民族性和地域性。作为我国少数民族历史文化遗产和研究成果的民族医药文献，是民族医药发展的根基所在，因此对民族医药文献的发掘、整理、研究和推广工作具有重要的现实意义。

卷帙浩繁的民族医药文献是民族医药文化最重要的组成部分，它不仅是关于医药本身的研究成果，同时也是传承民族文化、维系民族精神的重要根脉，是中华民族发展的历史见证，是一部民族医药发展史，也是民族发展史的缩影，对于了解本地区民族发展沿革和社会发展起着非常重要的作用①。云南丰富的民族医药古籍和现代文献蕴藏着云南各族人民千百年医药文化的医药历史文献和档案，数量丰富，种类繁多，价值珍贵。

在本次调研中，须明确界定“民族医药文献”。基于以上对少数民族文献的认识，本课题组认为“民族医药文献”可以表述为：用少数民族语言或文字、汉文字、外国文字记录的具有保存参考价值的我国各时期少数民族的医学成果、药理知识文献，均属于“民族医药文献”。

我国是一个统一的多民族国家，55 个少数民族分布的地域广泛，总人口超过 1 亿。我国少数民族语言文种多、语种多，其中 30 个有文字的民族共有 55 种现行文字，53 个民族有自己的语言，数量超过 80 种。我国还拥有丰富的民族医药资源和民族药资源，在 12800 余种药物资源中，75% 属于民族医药资源，记载有民族医药和民族药的著作非常丰富；整理出传统医学资料的就有 36 个民族，这些医药文献应当界定为这个民族的医药文献。例如，《中华本草・藏药卷》收载藏药 396 种，《中华本草・蒙药卷》收载蒙药 421 种，《中华本草・维吾尔药卷》收载维吾尔药 423 种，《中华本草・傣药卷》收载傣药 400 种，《中华本草・苗药卷》收载苗药 391 种，《中国壮药学》收载壮药 500 种，《中国瑶药学》收载瑶药 970 种，《彝药本草（第一卷）》收载彝药 200 种，《土家族药物志》收载土家药 2172 种，《朝药志》收载朝鲜药 200 种。此外，1743 年成书的藏药学经典著作《晶珠本草》收载药物 2294 种，去掉一物多用和一物多名者外，实数为 1167 种。新疆维吾尔自治区维吾尔医医院研制了内部制剂 100 多种，其中 36 种被收入《中华人民共和国卫生部药品标准・维吾尔药分册》。

对“民族医学人物”的概念也需要进行厘清，主要以该人物所从事的医药工作的属性来界定，以文献内容的属性来判断其是否是民族医药医家和文献。对缺少本民族专用文字的民族医药，则有待本民族的学者对该民族的口述文献等做深入、长期的细致工作，才能使它提高到理论的高度②。

例如，《四部医典》是藏药经典文献、《甘露之泉》是蒙医学文献、《东医寿世保元》是朝医学著作，这些著作主要是从内容来判断其属性，而不仅仅以作者的族别属性为判断的标准。例如，元代《瑞竹堂经验方》作者为沙图穆苏（又译萨里弥实、萨得弥实），作者的族别尚有蒙古族或回族之争论，该书曾被认为是回族医著或蒙古族医药文献，书中虽有少数民族地区特点的内容，但全书的主要内容是汉族中医，因此，《全国中医图

① 张桂民．民族医药古籍文献研究价值述论［J］．黑龙江史志，2014（3）．

② 蔡景峰．论“民族医学”的界定和民族医药文献的整理［J］．中国民族医药杂志，1999（4）．

书联合目录》把它收入汉族中医书目。就一部医药文献而言，主要以其主要部分的属性来判断其是否为民族医药著作，如《千金要方》《本草纲目》中包含着大量的民族医药的药材和方剂，但不能将其归为民族医药文献，也不能只依据作者的族别而不考证其著作的内容来判定医著的民族属性[①]。

开展课题研究前，对少数民族医药文献等概念进行界定有利于对该类文献的收集、发掘、整理、研究和开发利用，以及相关文献资源建设。

第四节　民族医药古籍文献的界定

一、民族古籍的界定

我国55个少数民族的社会历史发展进程不同，文化发达程度也不一致，各少数民族的古籍存世情况有很大的差异，所以少数民族古籍的含义比汉族古籍的要宽泛，界定的时间范围也有所不同。国家民委和国务院古籍整理出版规划小组（现全国古籍整理出版规划领导小组）规定，汉族古籍文献和现代文献的划分以1911年为界限，即1911年以前编著的古代文献和1911年以后影印、排印或以其他方式整理出版的，如汇编本、笺释本、点校本、今译本等古代文献均属古籍范畴；1911年以后出版的各类文献，属于现代文献的范畴。1984年，国务院转发了《国家民委关于抢救、整理少数民族古籍的请示》，对少数民族古籍范围做了详细的界定：少数民族古籍，包括有文字类和无文字类。其时间范畴与汉文古籍一样，以1911年为下限，但“因族而异”[②]，有的民族由原始社会直接进入社会主义社会，称为“直过民族”，部分可延伸到1949年。鉴于云南少数民族文化的特殊现象，以及为避免新中国成立前不重视民族医药文献的情况，普遍观点认为，以1949年为下限来整理云南少数民族医药文献目录更为客观且更有价值。

2010年，中华人民共和国文化部、国家民族事务委员会主持制定了中华人民共和国文化行业标准——《中国少数民族文字古籍定级标准》（由民族文化宫负责起草）。该标准对“中国少数民族文字古籍”进行了界定：“主要指1912年以前在中国及其历史疆域（含少数民族历史上建立的地方辖区）内用少数民族文字书写或印制的传本。考虑到少数民族文字古籍与汉文古籍在产生、发展、流传过程中客观存在的差异和复杂性，本标准有条件地将少数民族文字古籍的时代下限延至1949年（含1949年）……”[③]，“其规则

① 蔡景峰．论“民族医学”的界定和民族医药文献的整理［J］．中国民族医药杂志，1999（4）．

② 甄艳，胡颖翀．对民族医药古籍目录编纂的探讨［J］．中华医史杂志，2013，43（4）．

③ 民族文化宫．中国少数民族文字古籍定级标准［S］．2010：5.

指以少数民族文字抄写、印制，以传统方式著述、装帧，并具有重要历史、学术、艺术价值及传承意义的书籍。1949 年以后抄写或翻印的这类书籍中具有特别重要价值的传本亦应加以保护，但不属于古籍概念范畴。1912 年至 1949 年产生的与本民族传统文化无直接关系的书籍，也不属于古籍概念范畴”[①]。

二、民族医药古籍文献的界定

中共中央下发的《关于整理我国古籍的指示》指出：“整理古籍是一件大事，得搞上百年。”这大大提振了相关研究整理人员对民族医药古籍整理工作的信心，此项工作始于 20 世纪 80 年代，目前已取得了相应的成果。

按历史年代划分，云南少数民族医药文献可以划分为少数民族医药古籍文献和少数民族医药现代文献。其时间范围的界定可参照以上云南古籍文献界定标准执行。少数民族医药古籍是少数民族医药文献的重要组成部分，根据云南各民族的实际情况，民族医药古籍文献可以定到 1949 年以前。故“民族医药古籍文献”可理解为：中国 55 个少数民族在历史上形成的古代书册、文献典籍、口碑古籍及碑刻铭文等医药文献[②]。从广义而言，是指我国少数民族在历史上遗留下来的以本民族语言、文字或其他民族文字记录少数民族医药科技，以文字、图形、声频、视频、口碑等形式呈现，具有保存价值的古代文献。从狭义来说，仅指用少数民族语言、文字著述传承下来的古代文献资料。

“民族医药古籍文献”是各少数民族医药历史的记录者和见证者，从目前发掘整理的情况来看，大致可分为以下两类：其一，有文字记载的古籍文献。这类民族医药文献相当多。它们有的刻于戈兰树的叶片上，被称为贝叶经；随着造纸业的发展，又出现了纸板经、手抄本、印刷本等载体形式。其二，没有文字记载的口碑古籍，即口头资料，又称为“口述文献”，是指各少数民族在历史上依靠口耳相传的方式流传下来的具有一定价值的各种医药资料。没有文字的少数民族对本民族医药文化的继承和发展如侗族歌谣所唱，“古人讲，老人谈，一代一代往下传”。这些口传史料成为少数民族丰富的口碑文献，即口碑古籍，也有人称之为“口承民族医药文献”。这些民族的医药学虽无典籍可循，但民间多有流传。目前，这些口碑古籍正在不断流失和消亡，近几年来经过不断的抢救、发掘，学者们用汉文表述其医药学理论和经验，整理出版了一些民族医药学的奠基性著作[③]。在传统医药大会上，有关专家明确提出了“口承民族医药学”这一概念，肯定了少数民族口碑医药文化在少数民族传统医药中的客观存在和应有地位。任何一个

① 王珍，兰宇．古籍整理，为少数民族传统文化建档［N］．中国民族报，2008-07-15.

② 张桂民．民族医药古籍文献研究价值述论［J］．黑龙江史志，2014（3）.

③ 张桂民．民族医药古籍文献研究价值述论［J］．黑龙江史志，2014（3）.

民族的古籍都是在口碑古籍文献积累的基础上产生和发展起来的，在少数民族医药的知识宝库中，由本民族世代口传心授的口碑医药古籍文献占据了重要的部分，有的民族虽有文字文献，但口传资料依然是他们传承医药文化的重要部分，甚至有的口耳相传的内容和范围超过了文字的记载。目前，有不少口碑医药文献经过收集、整理、归纳形成了文字类文献，如《土家族医药学》《苗族医药学》《白族医药学》《佤族医药学》《水族医药》《侗族医学》以及《基诺族医药》等。

第二章 云南民族医药文献研究概况

民族医药的学术发展不能抛开文献，而且必须依赖文献的支持。由于受各种自然和人为因素的影响，少数民族医药古籍文献损毁现象比较普遍，再加上流失、流传错漏以及持有人秘而不传等原因，少数民族医药古籍文献存世数量较少。并且，随着民族传统医药文化的变迁和现代医药的迅速推广，以及为数不多的传统名老民族医相继逝世，民族医药发展后继无人的情况日益严重，如不及时开展和高度重视少数民族医药文献的收集和研究工作，少数民族医药古籍文献将更多地成为“研究者构想的影像”，而不是它本身[①]。学者们针对云南省民族医药存在的主要问题指出，民族医药文献发掘、整理研究和推广工作薄弱，尚待进一步加强对民族医药，特别是对我省具有优势的傣族医药、彝族医药、藏族医药等民族医药的古籍文献的发掘、整理、研究和推广工作，采取必要的措施，进行更全面、更完善的发掘、收集、翻译、整理编写工作。此外，进一步加强对民族医药文献，包括古籍文献、口碑文献、现代文献资料（和民族民间单、验、秘方，传统经方及用药经验）的挖掘、整理、研究、总结，编写出版有关专著，提高民族医药的影响力和地位，丰富民族医药的内涵，进一步促进民族医药的继承与发展工作[②]。

第一节 民族医药古籍整理研究概况

近年来，民族医药事业在各级政府的大力扶持下，得到了迅速发展。民族医药学的发掘整理、学术研究、成果推广与应用、人才培养等受到高度重视。整理和出版民族古籍是一项长期而重要的工作，是社会主义精神文明建设的重要组成部分。挖掘整理少数民族丰富的医药文化遗产，推陈出新，吸收精华，剔除糟粕，继承优良传统并超越传

① 张桂民．民族医药古籍文献研究价值述论［J］．黑龙江史志，2014（3）．

② 金锦，方路．云南民族医药基本情况与发展建议［J］．云南中医中药杂志，2005（3）．

统，[①] 发挥民族医药古籍的作用与功能，促进民族医药研究的开展，是每一个民族医药古籍研究工作者所肩负的责任和使命。

对此，国家相继出台《中国古籍整理出版“九五”重点规划》（1996—2000）以及《国家古籍整理“十五”重点图书出版规划（草案）》（2001—2005）。在古籍整理出版规划的指导下，在国家财政划拨的古籍整理出版专款的支持下，全国的古籍整理出版，包括民族医药古籍的整理研究，得到了有效的管理和调控，基本走上了有领导、有规划、有竞争、有协调的轨道[②]。

医药学古籍作为少数民族古籍的一部分，在少数民族古籍中占有特殊地位，它们是民族传统医药学知识的载体，也是民族医药学继承和发展的基础。因此，民族医药古籍文献的整理工作也开始为相关主管部门所重视，各项整理工作陆续展开。少数民族古籍整理始于1982年，时任教育部高教一司副司长纪啸风等两次到中央民族学院（今中央民族大学），听取各民族专家学者对整理少数民族古籍的意见，提出“救书、救人、救学科”的原则[③]。1983年，第一次全国性的少数民族古籍整理工作座谈会召开，少数民族古籍保护、抢救、搜集、整理、翻译、出版、研究工作就此展开[④]。同年7月，卫生部、国家民委印发了《关于继承发扬民族医药学的意见》，说明了“民族医药学的历史发展情况”，指出了“新中国成立以来民族医药工作的发展和目前存在的问题”及“今后工作的意见”，提出“要加强民族医文献的整理、翻译、出版、追访工作，有关省、区要于1983年底以前制订出1984至1990年民族医古籍整理出版工作计划”。1984年3月，国家民委将《关于抢救整理少数民族古籍的请示》呈送国务院办公厅。1984年9月，根据《国务院办公厅关于进一步加强古籍保护工作的意见》（国办发〔2007〕6号）的要求（1986年之前，民族医药的业务主管部门是中华人民共和国卫生部），全国第一次民族医药工作会议在内蒙古自治区呼和浩特市召开，会议讨论并制定了《民族医药事业“七五”发展规划的意见》，其中提出“努力挖掘整理民族医药学遗产”，要“做好民族医药古籍文献的搜集、整理、翻译、出版工作，完成1985年至1990年民族医药古籍整理出版工作计划”[⑤]。1986年国家中医药管理局成立以来，民族医药古籍文献的整理工作一直是民族医药工作的重点之一。仅1984年到1996年间，全国的24个省、自治区、直辖市及地、州（盟）、县（旗）就设立了130多个组织机构开展抢救民族古籍的工作。随后，

① 杨牧之.新中国古籍整理出版工作的回顾与展望［J］.中国编辑研究，2004（2）.

② 杨牧之.新中国古籍整理出版工作的回顾与展望［J］.中国编辑研究，2004（2）.

③ 梁黎.中国少数民族古籍总目提要［J］.中国民族，2009（C1）.

④ 王珍，兰宇.古籍整理，为少数民族传统文化建档［N］.中国民族报，2008-07-15.

⑤ 国家中医药管理局.中医工作文件汇编（1984—1988年）［M］.北京：中国医药科技出版社，1990.

国家民委 1997〔114〕号文又颁布《中国少数民族古籍总目提要·编写纲要》，提出相关要求。在此期间，该项工作取得一些重大发现，如云南楚雄的彝文医书成书比《本草纲目》还早 17 年，轰动一时。这段时间是少数民族古籍整理的黄金时期，被人们称为“盛世修典”的 10 年。此外，一些民族院校和民族地区先后建立古籍研究所开展少数民族古籍整理研究工作。作为少数民族古籍整理研究工作重要组成部分的民族医药古籍文献的整理工作也取得了突破性进展[①]。国家中医药管理局于 1997 年发布《关于进一步加强民族医药工作的意见》，在 2009 年发布的《国务院关于扶持和促进中医药事业发展的若干意见》中，更是从国家层面提出要“加快民族医药发展”，要“支持重要民族医药文献的校勘、注释和出版”工作，从国家政策的层面大力支持民族医药的继承与发展。与此同时，还于 2001 年、2002 年先后组织实施了两批“全国民族医药文献整理工作”，出版了“国家中医药管理局民族医药文献整理丛书”，不仅对民族医药领域重要的古籍文献进行了整理，还对部分民族医药特有的医技医法及方药等进行了总结。2007 年 7 月，在国务院的关怀下，国家民委成立了第一个抢救、保护少数民族古籍的机构——全国少数民族古籍整理出版规划小组，下设办公室（1989 年称全国少数民族古籍整理研究室）。研究整理人员在全国少数民族古籍整理出版规划小组的领导下开展民族古籍发掘整理工作，全国进入了统筹规划、协作开展的新阶段。同年 12 月，由国家中医药管理局、国家民委、卫生部、国家发改委等 11 个部委联合制定的《关于切实加强民族医药事业发展的指导意见》指出发展民族医药的重要性和指导性，为民族医药的发展指明了方向[②]。在小组领导下，中国大部分省（自治区、直辖市）建立了民族古籍整理与研究机构和专门的少数民族古籍工作部门，无数古籍整理和搜集工作者开始了大量艰辛的劳动。

从 2007 年开始，全国组织开展古籍普查登记工作，对我国现存古籍的保护现状进行全面普查，并对古籍的保护和管理提出了明确要求。文化部颁布的《古籍特藏破损定级标准》对古籍破损程度进行定级，对破损册数、破损类型、破损级别、定级依据、修复建议等情况都做了详细说明。普查不仅抢救了大量的民族医药古籍文献，还公开出版了一些有价值、有影响力的少数民族医药文献精品，一大批民族医药古籍文献，诸如蒙医药古籍《甘露四部》《蒙药正典》、维医药古籍《姆帕日库路普》、壮医药古籍《发掘整理中的壮医》因编撰出版而得到了保护、发掘、整理和开发利用。时任国家民委副主任丹珠昂奔介绍说，20 多年来，特别是在“十一五”时期，我国保护、抢救、搜集、整理、翻译、出版了一大批濒临消亡的少数民族古籍，从口传到碑铭、石刻，从文史到医

① 张桂民．民族医药古籍文献研究价值述论［J］．黑龙江史志，2014（3）．

② 张桂民．民族医药古籍文献研究价值述论［J］．黑龙江史志，2014（3）．

药、美术，从契丹文、女真文到现行的各民族文字古籍，品种繁多，包罗万象①。全国已有28个省（区、市）、100多个市（县）建立了少数民族古籍工作机构，少数民族古籍工作专兼职人才达5000多人。随着中央西部大开发战略决策的进一步实施，民族医药研究渐成热点，民族医药迎来了又一个发展的春天，民族医药的发展已成为时代的要求②，民族医药古籍文献整理研究的黄金时期已来临。

国家民委在开展民族医药古籍文献整理研究的同时，还培养了一支高质量的民族古籍人才队伍。1996年，第二次全国少数民族古籍工作会议确定编纂《中国少数民族古籍总目提要》，全面汇总20年来少数民族古籍工作所取得的成果。30年来，少数民族古籍工作者抢救、保护了一大批濒临消亡的少数民族古籍，并对一些因年深日久而纸质脆变、虫蚀蠹蛀的少数民族古籍进行了保存技术处理，包括从结绳记事、说唱口碑到碑铭、石刻，从贝叶经文、竹木简策、丝帛素书到活页函本，从契丹文、女真文、吐蕃文、西夏文到我国现行的各民族文字古籍。近年来抢救、整理散藏在民间的少数民族古籍约百万种（部、件、册）（不含馆藏及寺院藏书），其中包括许多珍贵的孤本和善本③。

发掘和继承是民族医药发展创新的基础，民族医药科研工作首先应从全面继承开始。对于一部分历史上有文字、有医学文献的民族医药如藏族、蒙古族、维吾尔族、傣族、哈萨克族、彝族、朝鲜族等民族的医药文献进行收集整理，将其中一些重要著作译成汉文，这部分称为“文献整理”。对于一部分历史上无文字或无通行文字，因而没有医药文献的口传心授的民族医药如壮族、苗族、瑶族、土家族、侗族、畲族等民族的医药，在田野调查的基础上，收集了大量的医药方技，总结了基本经验，整理表述了它的医药历史和理论框架，这部分称为“发掘整理”。在“十五”期间，文献发掘和整理都取得了不少成绩。国家中医药管理局在“十五”期间投入300多万元设立了全国民族医药文献整理研究专项，对藏族、蒙古族、维吾尔族、傣族、壮族、回族、朝鲜族、苗族、彝族、布依族、瑶族、哈萨克族、土家族、羌族、侗族、仫佬族、毛南族、满族等民族的83种医药文献及口述资料进行发掘和整理，内容涵盖民族医药发展史、基础理论、临床医学、药物方剂等方面，凡立项者大部分已完成整理、编撰、汉译和出版工作④。

近现代民族医药工作者按国家古籍整理出版规划对古籍文献进行搜集、抢救和整

---

① 新闻中心．国家民委：我国少数民族古籍出版物超过5000种［EB/OL］.http://www.tibet.cn/.

② 张桂民．民族医药古籍文献研究价值述论［J］．黑龙江史志，2014（3）．

③ 李冬生．少数民族古籍的抢救、整理与发展［J］．中国民族，2006（5）．

④ “九五”以来民族医药发展报告二、文献整理和经验整理［A］// 国家中医药管理局科技司“九五”以来中医药学科发展报告（1996—2007年）［C］．中国中西医结合学会，2008.

理，继承和发展了民族医药宝贵理论，通过实践丰富了诊疗用药体系，编撰出版了一系列少数民族医药文献，主要有傣族、藏族 、彝族、壮族、纳西族、白族、拉祜族等的民族医药文献，包含翻译、整理民族医药古籍并于近年出版发行的现代民族医药图书等，具有鲜明的历史传承性、民族性和地域性。各民族地区先后出版了 200 多部少数民族文字版的民族医药著作，截至目前已有 36 个少数民族发掘整理了本民族医药资料。例如，西藏藏医药研究所整理和编写出版了一批具有很高价值的论著——《藏传天文历算大全》《甘露本草明镜》《四部医典八十幅曼唐释难 · 蓝琉璃之光》《晶境本草》《藏族历代名医略传》《梵文五种拼合读本注释》《四部医典总册本集新注》《四部医典要注》《四部医典大详解》等，其中 2006 年出版了《藏药方剂大全》，书内记载了 3500 个藏药处方的来源、配方和功效；青海省"十五"期间整理藏医药古籍文献 78 部，出版 20 余部；甘肃省 10 年来先后收集了藏医药古籍共 1700 多册，整理研究并出版 20 余部；新疆维吾尔自治区整理出版了 150 余种维吾尔医药书籍，其中包括维医药古籍《卡农且（小医典）》《代司土如力意依吉（治疗指南）》《提比阿孜克（高明医生指南）》等；广西民族医药研究所重点发掘整理壮、瑶医药，编著了《壮族医药史》《中国壮医学》《中国壮药学》《中国瑶医学》《壮医内科学》等著作，使口头的、无形的非物质文化遗产有了表述和载体。此外，湖南湘西、湖北恩施等地的土家族在大量调查的基础上编著出版了《土家族医药学》《土家族医药史》《土家族医学概论》《土家族药物志》等著作。另外，国家组织了《中华本草》藏族、蒙古族、维吾尔族、傣族、苗族 5 种民族药卷的编纂工作，其他民族药本草的发掘整理和开发利用成绩也比较显著。

民族医药文献整理和发掘整理的成果主要反映在图书出版方面。1996—2005 年间出版的民族医药图书（汉文）名录 96 种，为 1996 年以前出版的民族医药图书（汉文）40 种的两倍以上，从中可见民族医药发掘、整理、总结工作的一斑[①]。

吉林省延边民族医药研究所对朝鲜医学古籍《东医宝鉴》和《东医寿世保元》的研究，新疆阿勒泰地区哈萨克医医院对乌太波依达克 · 特列吾哈布勒（1388 年生于今哈萨克斯坦的杰特苏）所著的《哈萨克医药志》的研究和汉译，都为我国民族医学和世界传统医学史的研究提供了十分重要的资料[②]。

党的十七大提出"做好文化典籍整理工作"和 2008 年国家民委、文化部发布的《关于进一步加强少数民族古籍保护工作的实施意见》实施以来，少数民族文献研究工作得到政府和学术界的广泛重视。

2019 年，新中国成立 70 年，开展了规模巨大的古籍整理出版工作。正是在国家的

① 近十年民族医药学术进展［EB/OL］.http://www.gxminzuyy.

② 近十年民族医药学术进展［EB/OL］.http://www.gxminzuyy.

重视和支持下，民族医药的文献整理工作取得了一定的成绩。近10年来，民族医药的继承发展全面展开，专业科研队伍逐步形成，文献整理、临床研究和药物研究取得较大进展。迄今为止，除了民族医药综述类文献之外，涉及藏族、蒙古族、维吾尔族、傣族、壮族、瑶族、苗族、彝族、侗族、土家族、朝鲜族、回族、畲族、拉祜族、水族、哈尼族、基诺族、仡佬族、布依族、羌族、毛南族、纳西族、鄂伦春族等30多个民族的医药内容的民族医药相关出版物，数量达1500余种。其中，除了整理出版的古籍外，还有现代学者对本民族医药挖掘和总结的成果，充分体现了中国传统医药内容的多样性与丰富性，而云南民族医药文献的整理和发掘研究也成果颇丰。

第二节　云南民族医药文献研究概况

云南省是一个多民族的省份，也是少数民族大省，人口在6000人以上并有一定聚居区域的少数民族有25个——彝族、白族、哈尼族、傣族、壮族、苗族、傈僳族、回族、拉祜族、佤族、纳西族、瑶族、景颇族、藏族、布朗族、布依族、普米族、阿昌族、怒族、基诺族、德昂族、蒙古族、水族、满族、独龙族。云南是全国特有少数民族最多的省份，其中有15个少数民族是云南省特有的，他们是白族、哈尼族、傣族、傈僳族、佤族、拉祜族、纳西族、景颇族、布朗族、普米族、阿昌族、基诺族、怒族、德昂族、独龙族。云南省各民族有着灿烂的历史和丰富的民族文化，并且民族医药资源丰富，少数民族先民在长期利用地域性的各种草药、动物药来治疗疾病的实践中，积累了大量的单方、验方及丰富的治疗经验和知识，在特定的区域内，基于当地特殊的自然环境和资源背景，逐步形成了自成体系的民族传统医学和药学。多民族医药文化长期互相交流、融合形成了以傣族、彝族、藏族医药为主，哈尼族、纳西族、白族、佤族、壮族、苗族、蒙古族、瑶族、水族、回族、拉祜族、基诺族、普米族等多民族的医药并存与多元一体的云南民族医药体系，创造了独具特色、绚丽多彩的云南民族医药文化。云南世居民族中有文字记载的民族医学有藏医学、蒙医学、傣医学、彝医学、回医学，经过近几十年的发掘、整理、研究，我们发现具有历史传统和民族特色诊疗方法的民族医药，在防病治病中发挥了其特殊的不可替代的作用，为边疆各民族人民的身体健康和繁荣昌盛，为各民族的团结及边疆的稳定作出了重要的贡献[①]。

无文字文献的民族医学有拉祜族医药、布依族医药、基诺族医药、水族医药、壮医学、苗医学、瑶医学等。新中国成立以来，在党和政府的高度重视和支持下，各兄弟民族结合民族习惯创造了少数民族现代文字对少数民族医药口碑文献等进行记录，这些少数民族才有了自己的文字和民族医药文献。

云南省积极开展民族古籍工作，抢救保护了一大批民族古籍，据不完全统计，抢救保护3万余册（卷）文献古籍和1万多种口述文献。在民族古籍机构不断建立和完善、

① 金锦，方路．云南民族医药基本情况与发展建议［J］．云南中医中药杂志，2005（3）．

古籍工作顺利开展的同时，云南省有组织地吸引和带动一批社会和学术界的研究力量投入民族古籍事业中。与此同时，加强民族古籍专业人才的培养，举办定期和不定期的民族古籍人才培训，从而提高了民族古籍工作的整体水平。云南省民族古籍工作，坚持“取其精华，去其糟粕”的原则，在抢救挖掘民族古籍的同时，择优整理出版了一大批民族古籍精品。截至2016年，云南省翻译注释、整理出版民族古籍达600多册。在出版的民族古籍中，相当数量的出版物获得了国家图书奖等奖项。民族古籍的研究工作向全方位、多角度方向发展，从单个人和单一的研究行为向群体行为发展，从局部地区向全国范围扩展①。

云南民族医药是我国民族医药的宝贵财富。云南省近年来大力发展民族医药，开展民族医药相关科研工作，文献研究成果丰富。如云南省民委、云南民族大学、云南大学、云南省彝医医院、西双版纳州傣医医院、迪庆州藏医医院、云南中医药大学（原云南中医学院，于2019年更名为云南中医药大学）民族医药学院、西双版纳州职业技术学院、云南省中医中药研究院民族医药研究室、西双版纳州民族医药研究所、普洱市传统民族医药研究所、怒江州民族医药研究所等民族医药临床、科研和教学机构，均承担了各级各类科研项目，使得民族古籍研究、文献研究向纵深发展。

在民族医药文献整理研究方面，云南省整理出版了《傣族医药学》《嘎牙山哈雅》《档哈雅龙》《傣族传统医药方剂》《迪庆藏药》《藏医临床精要》《云南藏医药》《纳西东巴医药研究》《中国纳西东巴医药学》《彝药志》《彝族医药学》《哀牢本草》《云南佤族医药》《怒江流域民族医药》《香格里拉民族药图鉴》《彝族医药》《布依族医药》《中华本草傣药卷》《云南白族医药》《云南民族药志》等一批民族医药权威书籍共30余种，云南中医药大学联合西双版纳州傣医医院出版了“21世纪傣医本科教育系列规划教材”等。此外，云南玉溪地区药品检验所通过深入哀牢彝家山寨，先后在古哀牢属地发掘到古彝文医药典籍（手抄本）数本。据考证，这些资料酝酿于元代，成书于明代，流行于清代，转抄于民国初年，后世未发现汉译本②。课题组将发掘的抄本翻译、考证，沿用《哀牢本草》书名，交由山西科技出版社出版发行。彝族医药文献的发掘整理研究，对弘扬民族优秀文化、丰富祖国传统医药宝库具有重要意义。该研究课题组获得了1993年度国家中医药管理局中医药科技进步三等奖③，主要科研人员为王正坤、周明康、李学恩，这是在云南省首次由地区级单位完成的获国家级奖项的项目。

云南少数民族医药文献的研究正在有序展开，我们的课题也将为之添砖加瓦。

---

① 王丽萍．建国以来云南省少数民族古籍工作述论［D］．昆明：云南大学，2010.

② 王丽萍．建国以来云南省少数民族古籍工作述论［D］．昆明：云南大学，2010.

③ 加强民族工作，促进民族团结——党的十四大以来云南民族工作大事记（上）［J］．今日民族，1997（9）.

第三章　民族医药古籍文献目录编纂研究综述

第一节　民族古籍目录编纂概况

自民族古籍整理工作在全国民族古籍整理领导小组的领导下有组织、有计划地开展以来，全国有二十几个省、自治区、直辖市成立了民族古籍整理研究机构，整理出版了千余种民族古籍，培养了一批民族古籍整理的专门人才，编制了一批有质量的民族古籍的目录，如《全国蒙文古旧图书资料联合目录》《北京地区满文石刻拓片目录》《全国满文图书资料联合目录》《北京现存彝族历史文献部分书目》《彝文典籍目录·贵州毕节地区卷》《傣文古籍见知录》《纳西象形文字谱》《纳西象形文东巴目录》《维吾尔·乌孜别克·塔塔尔古籍目录》《吐蕃简牍综录》《藏文典籍目录》等[①]，发表了许多有关民族古籍分类著录、规范化标引的论文，积累了大量的民族古籍整理经验，这些工作经验和成果为民族古籍整理工作的现代化奠定了基础[②]，值得在编撰民族医药专科古籍目录时借鉴。

第二节　民族医药古籍目录编纂概况

在国内外编撰的少数民族文献书目和联合目录中，综合性书目《中国民族文献理论导读》(李晓菲等，1999 年)、《中国少数民族古籍总目提要》(2006 年)、《红河彝族文化遗产古籍典藏总目》等关于民族医药文献的著录相当有限。2007 年，国家中医药管理

① 蔡景峰.民族医学古文献概述［J］.中国民族医药杂志，1998(4).

② 李晓菲.关于我国民族古籍整理工作现代化的思考［J］.西南民族学院学报(哲学社会科学版)，1998(1).

局提出继续做好民族医药文献整理发掘工作，并在“十五”期间设立了全国民族医药文献整理研究专项，对傣、彝、藏、蒙古等19个民族的83种文献进行了发掘和整理。

1949年至今，我国曾多次开展对全国民族医药文献信息的调查工作。1990年8月，在内蒙古呼和浩特市召开的全国首届民族医药图书情报工作研讨会上，与会者商讨并成立“全国民族医药图书情报工作委员会”，委员会的工作内容包括编写“全国民族医药文献目录索引”，重新审视少数民族医药文献中蕴藏的宝贵价值。1992年10月，全国民族医药图书情报专业委员会成立大会在云南省昆明市召开，决定将原来的“全国民族医药图书情报专业委员会”更名为“全国民族医药信息文献工作委员会”，内蒙古中蒙医研究所被选为主任委员单位。至此，曾经拟定编写“全国民族医药文献目录索引”的工作一直未开展。2003年，国家中医药管理局与国家民委共同启动了全国民族医药基本情况调研工作，于2006年完成了该项目的调查和总结，但未公开出版调查报告，因此，现存民族医药文献尤其是古籍文献的数量以及整理情况并不清楚[①]，任务之艰巨可见一斑，有待共同、继续努力工作来弥补。

2010年10月，《中国少数民族古籍总目提要》编纂出版工作已完成“纳西族卷”“白族卷”“哈尼族卷”等19个民族卷，全部完成后有60余卷，约110册，收录书目30余万条。2010年12月14日，第三次全国少数民族古籍工作会议通报，我国大力推进少数民族古籍的抢救和保护工作，古籍文献整理取得重要进展，少数民族古籍出版物已达5000余种[②]。此外，民族医药文献研究的相关课题也在积极申报和深入开展中。

在已出版的各种目录类著作中，收录的民族医药古籍以藏族、蒙古族、维吾尔族3个民族为主，尤其是藏族文献居多，但至今尚无一部能全面反映民族医药古籍整体状况的目录类著作[③]。目前，也没有出版过一部反映云南民族医药文献收藏与存佚状况的目录工具书。

与中医药古籍目录不同的是民族医药古籍目录有其特殊性，在编纂时虽然可以借鉴既往的工作经验，但仍面临着一些特殊问题。例如，民族医药古籍的界定、信息著录时民族文字和汉字的对应、民族医药古籍的分类以及医药古籍的民族归属等更多细节性的课题，有待在课题中继续深入研究。

一、著录有民族医药古籍的医学目录

经查，国内文献资料掌握的包含民族医药古籍的医学目录主要有《新中国六十年中

① 甄艳，胡颖翀．对民族医药古籍目录编纂的探讨［J］．中华医史杂志，2013，43（4）．

② 新闻中心．国家民委：我国少数民族古籍出版物超过5000种［EB/OL］.http://www.tibet.cn/.

③ 甄艳，胡颖翀．对民族医药古籍目录编纂的探讨［J］．中华医史杂志，2013，43（4）．

医图书总目（1949—2008）》《中国藏医药文献目录索引》《甘珠尔所载之医药部分》（藏文）、《医药学选编》（1—4）（藏文）、《丹珠尔藏医药学文献精要》（藏文）、《藏医药典籍目录》（藏文）、《古今藏医药文献书目编制》（藏汉英对照）①。

《新中国六十年中医图书总目（1949—2008）》由中国中医科学院中医药信息研究所编纂，裘俭、何远景、段青担任主编，于2010年由人民卫生出版社出版。该目录收录了1949—2008年间公开出版的中医药著作共37572种，其中民族医药方面的出版物730种，涉及藏族、蒙古族、维吾尔族、傣族、苗族、彝族、壮族、瑶族、朝鲜族、满族、鄂伦春族、哈萨克族、哈尼族、佤族、纳西族、拉祜族、德昂族、普米族、布依族、水族、仡佬族、侗族、土家族、畲族、黎族、毛南族、基诺族共27个少数民族的医药，著录的信息有书名、文种、著者、著者朝代（针对古籍）、版本（针对古籍）、版次、出版地、出版者、出版年份、页数或册数、尺寸、丛书书名、国际标准书号和价格。该目录所收录的均为民族医药的现代出版物，包含1949年后整理的、以现代著作形式出版的民族医药古籍96部，故而难以真实、全面反映民族医药古籍整体情况。

《中国藏医药文献目录索引》，由黄福开主编，2003年由中国藏学出版社出版。该书收录了1949—2001年间与藏医药相关的论文题录、著作名录2000多种，其中藏医药专著178种，涉及古籍整理出版文献102种（数量增加60种，原因同上）。著录信息包括书名、编著者、出版地、出版者、出版年月、页码。全书仅以名录的方式罗列藏医方面的论文（包括新闻报道）、论著的主要信息，没有附内容提要，除文献基本信息外，读者难以了解更多的内容。

《甘珠尔所载之医药部分》（嘎玛赤热整理，拉萨：西藏人民出版社，1988年）、《医药学选编》（北京：民族出版社，1989年、1992年、1992年、1996年）、《丹珠尔藏医药学文献精要》（九西加、本考、旦正加选编整理，兰州：甘肃民族出版社，2007年）②，是3本辑选藏文大藏经中有关藏医药内容的著作，并不是专门的藏医药古籍文献目录著作。但这3本著作的内容均反映了藏传佛教经典中收录的藏医药古籍文献的情况，对于了解藏医药古籍的整体状况有所帮助。

《藏医药典籍目录》（藏文，拉玛加编，兰州：甘肃民族出版社，1997年），收录了150位历代藏族医学家近1200部藏医药学著作目录，并附有其中1101部著作的作者简介。该目录除著录目录外，还附有部分作者的简介，信息量较大。全书以藏文字母顺序编排，没有进行分类，读者无法从宏观上掌握藏医药古籍文献的基本情况，且全书以藏文著成，对于推广应用该书有一定的限制。

---

① 甄艳，胡颖翀．对民族医药古籍目录编纂的探讨［J］．中华医史杂志，2013，43（4）．

② 甄艳．对藏医古籍文献目录编制的几点思考［J］．青藏高原论坛，2013（2）．

《古今藏医药文献书目编制》(藏汉英对照，西藏自治区藏医院编纂，索朗措姆、拉珍主持整理，拉萨：西藏人民出版社，2006年)为“国家中医药管理局民族医药文献整理丛书”之一，全书以藏、汉、英3种文字对531种藏医药古籍文献的书名、著者、年代、版本、收藏处所、备注以及内容摘要进行了介绍①。其中，390种为西藏自治区藏医院所藏。这是截至目前为止编纂得最为系统的一部藏医药古籍文献目录，唯一的缺憾是没有涉及除西藏自治区外的其他4个省区所藏的藏医药古籍文献②。

二、著录有民族医药古籍的综合性书目

据有关学者的研究统计，包含民族医药古籍文献的综合性目录主要有《中国藏学书目》、《西藏藏医学院馆藏典籍目录》(1、2册)(藏文)、《医学与文学著作目录(1951—2005)》(上、下册)(维吾尔文)、《内蒙古自治区蒙医药博物馆馆藏古籍文献图解》。其中,《中国藏学书目》编辑委员会分别于1995年、1997年和2001年编辑出版了《中国藏学书目(1949—1991)》《中国藏学书目续编(1992—1995)》和《中国藏学书目三编(1996—2000)》3部藏学目录。这3部目录收录了1949年10月至2000年近200家出版社(该统计不含港、澳、台地区)正式出版的藏学方面的图书共计3169种，与藏医药相关的藏、汉文出版物共131种，其中涉及藏医的古籍有93种(因《帝玛·丹增彭措医著选集》一书集结了公元17世纪著名学者帝玛·丹增彭措一生的医学著述共61篇，故而将它们看成独立的文献比较合适)。著录的信息包括书名、编著者、出版地、出版者、出版年月、页码、尺寸、丛书项、统一书号或国际标准书号、装帧情况，并附内容提要。藏文图书附汉、英译文，汉文图书附英译文，英文图书附汉译文③。这3部目录收录的内容涵盖整个藏学研究，收录文献的形式为现代出版物，其中藏医古籍占3%。该目录的优点是附有每部著作的内容提要，有助于读者了解其基本内容。随着文献数据库的出现和发展，对于2000年之后出版的藏学著作，尚未有续篇出版④。

《医学与文学著作目录(1951—2005)》(1、2册)(维吾尔文，艾则孜·阿塔吾拉·萨尔特肯主编，乌鲁木齐：新疆人民卫生出版社，2006年)是一部综合性目录著作，收录了新中国成立以来新疆地区数十种杂志发表的约108135篇论文摘要，以及新疆各出版社出版的2594种书籍目录，其中维吾尔医药学专著约100种、论文2725篇，涉及医学史、古籍与古典、民间医学、民俗与健康、医学论文写作、名医介绍、兄弟民族医学

① 甄艳.对藏医古籍文献目录编制的几点思考[J].青藏高原论坛，2013(2).

② 甄艳，胡颖翀.对民族医药古籍目录编纂的探讨[J].中华医史杂志，2013，43(4).

③ 甄艳.对藏医古籍文献目录编制的几点思考[J].青藏高原论坛，2013(2).

④ 甄艳，胡颖翀.对民族医药古籍目录编纂的探讨[J].中华医史杂志，2013，43(4).

等内容。著录的信息包括书名、论文篇目、著者、出版者、杂志名称、出版地点、出版年月。该书收录的论文及专著均为现代出版物，未涉及维吾尔医学古籍，但提供了大量有关维吾尔医学古籍的各类信息，对维吾尔医药古籍文献的收集、编目、整理和研究具有一定的参考价值。

《西藏藏医学院馆藏典籍目录》（西藏藏医学院编纂，拉萨：西藏人民出版社，2008年）收录了西藏藏医学院收藏的古籍，其中医学类古籍56种，天文历算类古籍17种。著录的信息包括登录号、章节、书名、著者、著作时间、页数、印经院、版本以及规格。该目录是一部高等院校图书馆的工具书，其目的是便于教师及学生查找阅览①。从这个角度来说，这是一部很实用的目录书。但是，因为馆藏藏医古籍较少，这本书仅反映了西藏藏医学院图书馆藏医古籍的总体状况。

《内蒙古自治区蒙医药博物馆馆藏古籍文献图解》（毕立夫主编，呼和浩特：内蒙古人民出版社，2009年）收录了蒙医药博物馆收藏的1680部古籍中摘选出来的经典著作148部，重点介绍了39部，其中蒙医药古籍文献著作20部，阿育吠陀医学著作7部，藏医学古籍文献著作12部②。全书按成书年代先后排列，对重点介绍的39部医药著作的书名、著者、版本、收藏等级和内容梗概进行了介绍，对其余109部古籍则介绍了书名、著者、版本、备注、藏品等级。全书以蒙古文、汉文2种文字编写，并附有彩色图片。该书除了收录蒙医药古籍文献外，还收录了部分藏医古籍文献和古印度阿育吠陀医学的著作，充分体现出藏蒙文化圈中传统医学间的互相影响。遗憾的是，全书仅针对蒙医药博物馆中所藏的古籍文献，并不能反映蒙医药古籍文献的全貌。

综上可知，当前出版的民族医药古籍文献目录的主要特点是：藏医古籍文献目录的编纂相对比较成熟；蒙医、维医和傣医等其他有本民族文字和医学古籍的民族医学，还没有完整的本民族医药古籍文献目录面世；尚没有一部综合性的民族医药古籍文献目录③。

作为民族种类众多、民族人口数量巨大、民族医药资源和文献特别丰富的大省，云南省内更是缺乏一本系统编撰云南本土少数民族医药古籍和现代文献的目录，云南民族医药文献的存藏佚情况从来没有得到过全面系统的呈现，故而课题组的工作是有价值的。

2010年7月29—30日，国家中医药管理局在广西召开民族医药文献整理和适宜技术筛选推广项目启动会。时任国家中医药管理局副局长的李大宁出席会议并作了讲话。

---

① 甄艳．对藏医古籍文献目录编制的几点思考［J］．青藏高原论坛，2013（2）．

② 罗朝淑．我国大力推进民族医药文献整理及适宜技术推广［N］．科技日报，2010-08-12.

③ 甄艳，胡颖翀．对民族医药古籍目录编纂的探讨［J］．中华医史杂志，2013，43（4）．

根据《国家中医药管理局关于印发2010年中医药部门公共卫生专项资金项目管理方案的通知》(国中医药规财发〔2010〕35号文)要求，到2012年底，国家投入7480万元建成民族医药古籍文献基础数据库“全国民族医药古籍文献总目”，出版150部民族医药文献，筛选推广140项民族医药适宜技术，培训4200名民族医技术人员，并使21万患者享受到安全、有效的民族医药适宜技术服务。该项目覆盖内蒙古、吉林、湖北、湖南、广西、四川、云南、西藏、宁夏、青海、新疆等11个民族医药分布集中、民族医药工作基础较好的中西部省、自治区。这是当时中央财政投入经费强度最大、直接用于民族医药文献整理及适宜技术筛选推广的公共卫生专项资金项目。李大宁强调，民族医药以其鲜明的特色和相对低廉的服务价格，受到民族地区群众的欢迎。该项目对民族医药来说是一件大事、好事，要组织好、实施好，使民族地区、基层民族医药工作者受益，使民族医药水平得到提升，使民族医药传承和发展有新跨越、新亮点和新的发展空间。李大宁要求各项目承担单位总结民族医药文献的学术思想和价值，赋予历史文献鲜活的生命力[①]。

三、云南民族医药文献目录的状况

按照中医药管理局《关于切实加强民族医药事业发展的指导意见》的要求，云南省整理出版了一些少数民族古籍著作，但总体来说民族医药文献目录体系尚未建立，书目编撰者受信息技术、地域、学科背景等限制，编撰的目录型工具书以综合性为主，对民族医药典籍文献的著录不足，没有提到资源建设、开展价值研究等重要问题。例如，《中国云南德宏傣文古籍编目》(尹绍亭，2002年)收录了德宏傣族医药古籍文献16种，较系统地呈现了所收古籍的外部特征，但是缺乏对其主要内容、学术价值的研究;《彝族古籍文献概要》(黄建明，1993年)对彝族古籍文献的起源、种类、形式等进行了阐释，为全面系统认识彝族古籍的属性、特征奠定了基础，其中提到16种彝族医药古籍，但没有对其外部特征和内部特征进行描述，无法判断这些古籍的价值和保存情况;《彝族古文献与传统医药开发国际学术研讨会论文集》(李联会，2002年)对彝族古文献中的医药典籍进行了评价，侧重于对彝族医用药品种、临床治疗、基础理论的价值分析，忽略了目录组织工作的指示性作用;《纳西象形文东巴目录》属综合性书目，编撰年代较早，且著录的民族医药文献仅30余种，不能反映文献存佚保护情况。

云南少数民族医药文献资源挖掘整理较为有限，主要集中于对已发掘整理的少数文献内容等内部特征的揭示研究，全面、系统的少数民族医药文献存佚收藏状况不明，对少数民族医药文献外部特征及目录学、版本学的研究还很欠缺，这根源于云南省少数民

① 罗朝淑.我国大力推进民族医药文献整理及适宜技术推广[N].科技日报，2010-08-12.

族医药文献资源底数不清、存藏状况不明、价值评估体系缺乏等多方面的原因。民族医药文献学相关研究工作方兴未艾，有待理清脉络，其文献目录学、信息情报学研究应成为重点，以奠定坚实的基础。

本课题组与云南民族医药文献整理及适宜技术筛选推广项目专家团队联合开展调研工作，以期通过较全面的民族医药文献的调查和整理工作来摸清云南民族医药文献存藏情况，编纂好《云南民族医药文献目录提要》，以便更好地对云南少数民族医药古籍文献实施保护和利用。如此，不仅能弘扬民族医药文化，保护文化的多样性，还能继承民族医药传统，完善、创新民族医药理论体系，传承民族医药文献和医药理论，为民族医药临床科研打下基础，以满足临床治疗和民族医药基层服务的需要。

第四章　云南民族医药文献目录编纂研究概况

云南省第三次文物普查从2007年6月开始，到2011年12月结束，历时4年7个月。云南中医药大学按照《云南省第三次文物普查工作手册》重点对民族医药文物文献等进行了调查，也包含对民族医药古籍的调研。普查采取一般调查、专题调查与重点调查相结合，分为3个阶段进行，主要通过宣传访问，查找线索，深入乡村、街道、部队、厂矿，进行实地调查，认真做好普查的文物点的测绘、照相、表格填写等工作。这一阶段获取了很多文物文献的重要信息，注重信息的真实性、完整性、科学性[①]。工作人员经过努力，收集了大部分民族医药文物和文献，将其保存于云南中医药大学民族医药博物馆，为编撰民族医药文献联合目录提供了一些资源和大量信息基础，其他更多的数据则来源于各地州民族医院、医生的直接调研和采集。

第一节　云南民族医药文献目录研究的特点和不足

以上简略文献回顾表明，民族医药古籍文献资源丰富，但收藏分散，流散民间，未经整理编目，破损严重，不利于开发利用，严重制约着民族医药遗产的继承和发展，故亟须开展调查整理、目录组织等工作。诸多少数民族医药研究论著虽然指出民族医药古籍文献资源对于民族医药文化和技术挖掘整理的重要性和紧迫性，但没有提到其资源建设如何开展、其价值如何揭示等重要问题[②]。学术界对少数民族医药文献价值和资源建设

① 云南省人民政府贯彻国务院关于开展第三次全国文物普查文件的通知［J］. 云南政报，2007（15）.

② 徐士奎，罗艳秋. 编纂《少数民族医药文献总目提要》的意义及方法［J］. 中华医学图书情报杂志，2014（1）.

问题，特别是少数民族医药文献目录的编纂十分有限，缺少一部全面反映云南民族医药古籍整体状况的目录著作，主要突出表现为以下问题：

第一，迄今为止没有开展民族医药古籍、现代文献的专业化、特色化资源建设工作，忽略了民族医药文献的目录组织编撰工作的指示性作用，缺乏民族性、文献性、学术性都很强的综合性目录型检索工具，特别是联合目录及提要的编纂。民族医药文献资源现状不明，底数不清，严重制约着少数民族医药古籍文献资源的整体规划建设和群体集合优势发挥①。

第二，存在对民族医药文献收集不完整、文字上存在识读障碍、现有文献利用率低等问题。目录提要的编纂以知识发现的功能服务学术研究为目标，方便人员检索与阅读，为少数民族医药学术研究提供有力的参考凭证依据，促进对其内容特征的揭示，正本清源，为古籍的挖掘整理、知识发现、知识重组提供基础。

第三，历史学、文献学等学科专家对医药知识十分陌生，只能从文献学角度来研究民族医药文献，获得的文献信息未全面展示现状，无法揭示其蕴含的医药理论与少数民族社会、历史、文化之间的相互关系。

第四，民族医药学领域专家对民族医药古籍文献的研究侧重于医药理论研究，获得的文献信息未全面反映资源现状，对文献学特征归纳研究较欠缺，未采用大视角、全方位的文献学研究模式进行系统揭示，未对古籍文献资源及其价值进行比较全面系统的揭示和研究。

第五，民族医药古籍文献的研究较零散，系统性差，读者无法鉴别文献的价值，民族医药古籍文献资源开发和建设的力度、速度远远不能满足其医药资源可开发利用的需求。

第六，云南少数民族医药文献建设急需建立供科研人员检索和利用的信息学体系，研究编撰检索工具有利于学者对文献利用与研究向纵深发展。

第七，缺乏为政府制定文献保护挖掘抢救政策提供科学依据的支持。

总的来说，抢救民族医药古籍文献的目的一方面在于保存文化遗产，更重要的另一方面则在于开发利用。随着云南民族医药古籍整理工作的开展，不难发现，目前仍存在着许多制约该项工作的因素，如对云南现有民族医药古籍的数量、类别、分布及收藏状况缺乏准确的了解；对整理、出版民族医药古籍缺少总体规划；各地区民族医药古籍文献整理工作基本上处于封闭式的状态，地区间信息闭塞，研究人员之间沟通不足等实际

---

① 徐士奎，罗艳秋．编纂《少数民族医药文献总目提要》的意义及方法［J］．中华医学图书情报杂志，2014（1）．

问题[①]。

第二节　“云南民族医药文献目录编纂研究”的主要内容

国家社科基金课题“云南民族医药文献目录编纂研究”的主要内容有：

第一，掌握云南少数民族医药文献资源建设现状。利用现代信息技术收集整合文献信息资源，深入调查云南少数民族医药古籍文献资源、近现代文献出版发行情况，摸底收藏分布情况、保存现状、载体形式、分类构成和著录基本情况等，了解目前文献资源建设的发展现状和趋势，思考开发利用的可行方法和手段。

第二，少数民族医药古籍文献的普查、医药文献联合目录的著录和编纂。考察、实践前辈整理的揭示民族医药文献资源的方法，探求最佳途径和方法；修改、完善、确定著录格式和标准，反复论证。分步骤、分层次对民族医药文献进行分类研究，从目录学角度系统认识和揭示云南少数民族医药文献价值，编纂有特色价值的目录提要；积累经验，不断完善联合目录体系，并研究其价值。

第三，云南少数民族医药文献目录编撰的历史学、社会学、医学、文献研究学价值分析与阐述，阐释其基本情况、内容特征、发展历史和社会功能。

第四，分步骤、分层次对民族医药文献分类研究，先编撰能体现云南民族医药文献特色价值的重要目录，再以成熟的经验收集、整理、编撰其他民族医药文献目录，不断完善联合目录体系。

第三节　“云南民族医药文献目录编纂研究”的基本思路

“云南民族医药文献目录编纂研究”的基本思路如图 4–1 所示：

① 李晓菲．关于我国民族古籍整理工作现代化的思考［J］．西南民族学院学报（哲学社会科学版），1998（1）．

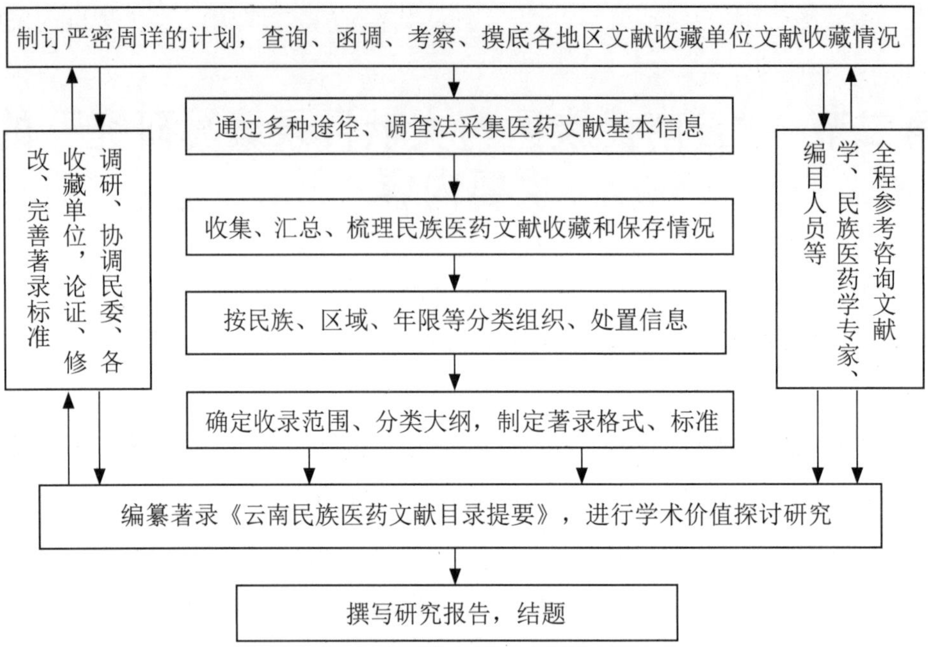

图 4-1 “云南民族医药文献目录编纂研究”的基本思路

第四节　编纂《云南民族医药文献目录提要》的意义

以上论述呈现了民族医药文献资源挖掘整理、分类编目的重要性、紧迫性。书目分类科学化、文献著录标准化、检索手段多样化方面，均有大量工作要做[①]。开展好“云南少数民族医药文献目录编纂研究”课题，呈现云南省民族医药文献收藏地图，清晰反映文献存、佚、藏的情况，为政府制定古籍文献保护（原生性和再生性）政策和抢救方案提供决策参考，且有利于深度挖掘和保护民族文化遗产。

本课题在现有研究的基础上，将历史学、文献学的相关理论与少数民族医药学结合起来，集众学科之长做好云南民族医药文献目录提要的编纂工作，为挖掘出这些古籍文献的价值奠定基础，故编纂《云南民族医药文献目录提要》（以下简称《目录提要》）具有重要意义：

（1）傣族、彝族、藏族等民族医药古籍文献绝大多数是抄本、孤本，必然随着岁月的流逝而最终湮灭，对其保存情况摸底，能获得准确可靠的文献收藏保护信息，有利于对医药文献本身价值、民族医药文化价值的揭示，为建立文献资源保障体系和发掘民族医药文献的宝贵价值奠定基础。

① 戴翥．试论傣医药文献的文献目录学研究［J］．中国民族医药杂志，2012（11）．

（2）本课题编纂的目录可填补空白。《目录提要》的编纂有助于最大限度为民族医药正本清源提供检索依据，为民族医药研究提供参考，有着重要的学术意义。

（3）“民族医药文献目录提要编纂研究”将体现目录型检索工具在历史学、民族学、医药学、文献学方面的价值。

（4）对民族医药古籍文献的研究，不仅在民族学科研究的各个方面占有极其特殊的地位，而且在少数民族医药文献研究中也显示出其独特性与重要性[①]。相关调查研究、编纂工作能起到积极的示范性作用，为其他省份或全国性的民族医药古籍文献研究提供可借鉴的思路和方法。

（5）实现民族医药文献资源共享。《目录提要》能帮助读者扩大视野、了解民族医药文献内容概况，准确选择文献，提高民族医药文献利用率，鉴别考证民族医药文献及其源流，使分散的文献打破时间、空间的限制，为建立文献资源保障体系奠定基础；有利于辅助广大学者全面了解云南民族医药的医疗卫生情况，提炼“简、便、验、廉”的适宜技术，惠及民众，维护民族团结，为解决西部大开发中存在的缺医少药等社会问题提供重要的突破口和途径。

故编纂《目录提要》具有重要意义。《全国中医古籍总目》《全国蒙文古籍总目》这类专科性古籍联合目录在操作实践方面取得的宝贵成熟经验、方案，具有很好的借鉴价值。方法学上也可借鉴冯骥才《中国民间文化遗产抢救工程普查手册》的具体做法，通过努力实践，并运用现代信息技术辅助。故而，编纂《目录提要》是可行的。

① 艾赛丽古丽·吐尔迪．试论西部大开发中的民族文献开发［J］．甘肃科技纵横，2012（3）．

第五章 云南民族医药文献调查研究工作的开展

第一节 明确研究任务

本课题开展的研究任务主要分为三大阶段：

第一阶段：摸底与调查。

制订周详严密的计划，并在实施过程中不断修正和完善。加强与民委、民族地区图书馆、档案馆等文献收藏单位的合作，通过信函问卷、电话采访、实地调查、检索和核实工作，采用多种手段和方法包括民间走访等形式，摸底与调查云南省民族医药文献收藏情况，获得第一手文献资料信息。民族医药调查方法采用重要人物深度访谈法、集中调查法、追访调查法、融入式调查法、留种调查法等多种方法。

第二阶段：分类与编目。

对云南民族医药文献信息进行分类、组织、处理（包括翻译、校对、数字化、审核等多种手段），编撰联合目录。对相关文献按照《中国图书馆分类法》《中国少数民族文献目录学》等做科学归类，建立“民族医药文献分类体系”，进行目录组织工作，进一步探析民族医药文献研究的特点、趋势和薄弱环节。

第三阶段：编纂与研究。

研究编纂目录的科学性，核实、分类、组织好文献信息，编纂好《云南民族医药文献目录提要》。

第二节 拟订计划，厘清研究思路

中国医史文献研究所所长柳长华指出，只有真正认识到古籍整理的价值，才能“辨章学术、考镜源流”。2011年12月，课题组在前期查阅参考大量文献和检索综述的基础上，参考借鉴民族文献文物普查的经验，以及国家中医药管理局公共卫生专项资金项目“民族医药文献整理及适宜技术筛选推广项目”中收集分类整理民族医药文献编撰《全国民族医药古籍文献总目》、建设民族医药古籍数据库的共性技术和工作方法，结合云南民族医药文献自身的特点设计拟订详细的研究计划。

一、制订计划

民族医药文献调查是一个系统工程，必须计划周详才能得到系统、全面、有价值的第一手资料。计划的制订是在分析、研究和充分酝酿的基础上形成的，主要包括调查布点、调查时间的确定、调查线路的拟订、调查内容及要求，等等①。调查中，课题组形成了一系列文件和表格，并不断完善。调查布点具有普遍性和代表性；调查时间则根据民族的生活规律和作息特点安排，如考虑农闲季节、气候交通等多种因素；调查的线路选择便捷、顺道的线路，并调配相对熟悉情况的人员等以提高工作效率②；调查内容的设计尤其重要，因而课题组设计了统一的调查表和调查要求，并进行了专门培训和实践操作，以便多个调研小组的调查工作保持同一性和可对比性，内容设计比较全面，不仅突出重点，并对关键性问题进行细化和深入研究。研究中，课题组严格按计划执行，并按实际情况及时调整。

二、配备人员

调研民族医药及民族医药文献涉及多方面的知识。在民族医药调查中，调查和研究人员的组成和配备相当重要，主要联络熟悉当地传统观念、风俗习惯、语言文化等情况的人员，熟悉少数民族医学的人员、地州民族医药机构的工作人员、当地具备民族医药知识的民族医生、本民族中威望较高的族长和祭司、熟悉民族药的当地人员等，以及各地图书馆专业人员，熟悉和了解当地民族医药文献收藏情况的具有交叉学术背景的人

① 杜江．民族医药调查的基本方法［J］．中国民族医药杂志，2008（6）．

② 杜江．民族医药调查的基本方法［J］．中国民族医药杂志，2008（6）．

员。通过多学科的配合，尽量达到调研深入、理解清楚和表达准确，以提供价值较高的调研资料、整理编撰出高规格检索工具[①]。

三、对调研工作的要求

准备工作完成后，便开始实施调查工作了。本课题在实施中主要注意以下几个方面的问题：第一是本调研工作调查的对象虽是文献信息，但必须依托相关的人员，所以调研中尤其注意感情的沟通、气氛的融洽、尊重民族习惯等，使工作得以顺利开展。第二是方法灵活，注意启发。比如课题组事先准备的问题对方不一定能理解，调研中采取从多个角度、多个侧面，用多种方式来启发、挖掘以获得所需信息，甚至是附带的相关的信息也一并采集。第三是注意深入和系统，找到相关文献线索，追索更多信息，做好藏书人的思想工作，尽量采集到原文献的图像信息，并准确翻译成汉语，把每一项信息详细著录在信息采集表中，以备查考。切忌蜻蜓点水，一晃而过。第四是注意信息的延伸，每一个民族医生所掌握的信息是有限的，但通过挖掘可以得到延伸。比如一民族医生收藏的民族医药文献，是由其父或村里的其他民族医生转赠的，通过这些关系了解其“上线”的使用情况，通过他所介绍的使用者追访更加详细的情况，等等。工作中还有很多的技巧和细节，本课题组在不断摸索交流中，同时将以上要求一丝不苟落到实处并注重细节，以保障获取的数据准确、真实。

第三节　编制调研文件、调查表和召开开题论证会

课题组在大量的文献检索和利用的基础上，参照“民族医药文献整理及适宜技术筛选推广项目共性技术修订会”介绍的方法和其他检索工具编纂的经验，编制了《云南民族医药文献信息采集表》，初步拟订《云南民族医药文献目录提要》编纂规范，建立了“民族医药文献信息采集表填表说明”等文档。在课题小组工作研讨时，课题负责人对《民族医药文献整理工作方法》的修订稿逐条讲解，对《民族医药文献信息采集表》的各项内容进行着重讲解。整个《云南民族医药文献目录提要》编纂研究过程中所使用的《民族医药古籍文献基本信息调查表》及其他工作文件，均坚持两个原则：①可操作性，便于填写者使用；②能够反映出民族古籍的原貌和特征。同时，课题组在古籍文献调研时制订项目说明文件，争取相关单位和个人的配合，以利于古籍调查工作的顺利开展。

① 杜江．民族医药调查的基本方法［J］．中国民族医药杂志，2008（6）．

一、编制调研文件

（1）制定《云南民族医药文献信息调查与目录编纂工作实施方案》（见附件：001）。

（2）编制《国家社科基金项目“云南民族医药文献目录编纂与研究”课题云南民族医药文献信息采集表》（见附件：002），对每一篇文献（或古籍）以个体为单位进行全方位信息采集。

（3）草拟《〈国家社科基金项目“云南民族医药文献目录编纂与研究”课题云南民族医药文献信息采集表〉填表说明》（见附件：003），对各信息采集项进行定义和说明，以便准确采集信息。

（4）对单位或个人文献收藏较多的情况，编制《云南民族医药文献收藏情况统计表》（见附件：004）。

（5）草拟《〈云南民族医药文献收藏情况统计表〉填表说明》（见附件：005），以配套使用。

（6）草拟《〈云南民族医药文献目录提要〉编纂与信息采集任务说明函》（见附件：006），以便对调查对象进行课题概况说明及任务解析，更准确地交流沟通，促进课题目的的实现。

（7）撰写开题报告书，聘请4位民族医药学科及文献信息学专家参加开题论证会，对以上课题实施的文件和开展研究的工作方法等进行论证，并提出相关意见。随后，课题组根据专家意见和建议对上述文本进一步推敲研判、论证和修改，最终经两个地区的预调研，对文献目录信息的尝试性采集和民族自治地州文献收藏单位实际调研操作，修改表格内容设置。

二、开展预调研

民族医药调查和文献整理是民族医药继承和发展的重要基础工作。民族医药调查是民族医药工作收集基础资料的重要方式，尤其对于没有民族文字或没有历史医药文献的民族来说更是最主要的方式。这项工作不仅有相当的面和量的要求，而且由于居住地的边远性和分散性、民族习惯的差异性、语言交流的困难性和传统的保守性等诸多因素，导致这一工作困难而艰巨。但是，其对于抢救性地继承民族医药文化，挖掘、发展民族医药，造福患者、促进民族和谐及民族经济的发展都具有重要意义①。

进行民族医药文献联合目录编撰，必须建立在全面掌握全省民族医药文献情况的基础上，其涉及的工作量相当巨大，开展科学研究的方法是否具有科学性和可操作性将决

① 杜江．民族医药调查的基本方法［J］．中国民族医药杂志，2008（6）．

定调研结果的准确性和普遍性，直接影响《目录提要》的科学性。故为了更好地总结经验，及早预判调研过程中可能遇到的困难，更好地修正计划，课题组开展了两个民族地区的民族医药文献信息采集预调研。邀请云南省民族医药学专家、云南中医药大学原副院长、云南省卫生厅副厅长、云南省中医药管理局局长郑进教授的两名在读民族医药学专业研究生熊金富、施剑平，分别选取云南最具代表性、民族医药文献收藏较丰富的两个地区楚雄彝族自治州、迪庆藏族自治州作为调研点，开展民族医药文献目录收集研究，调研结束后总结经验方法，并把调研心得和注意事项制作成PPT课件，在第一期"国家社科基金项目'云南民族医药文献目录编纂与研究'课题"调研培训会上做交流，他们的工作在调研细节上作出了很好的示范。调研组成员集思广益，共同进步，保证了调研活动的统一性和规范性。

三、开题论证会

2011年11月28日，召集课题组全部成员及参加调研工作的研究生举行开题论证会，就课题设计的研究步骤、方法和实施困难情况等向院内外专家进行咨询。课题组向专家组提交与《开题报告书》相关的6个工作文稿，汇报了课题前期工作、预调研的情况和收获、项目的主要研究内容和方法、调查研究重点和范围、研究计划、项目小组人员及其分工、预期研究成果形式、《目录提要》的编撰提纲和样式等。专家们对项目实施的具体程序和文档等进行了审议，对《目录提要》的体例、著录项的选择、著录标准的设定等都做了多方位的探讨，对课题开展研究的工作方法等进行论证。专家们均认可工作计划和方案，对调查统计表格个别项目提出了修改意见，对课题实施的具体步骤给出了好的建议，帮助完善了课题的相关设计。

当时中医药管理局民族医药适宜技术项目也刚启动，专家组建议该课题与《云南民族医药古籍文献总目》的编纂共同开展。经多方联络和协调，取得相关领导和民族医药学院领导的大力支持和肯定后，两个项目联合开展相关调研，及时沟通信息，共享资源。后期课题实施过程中获得了一些经费支援，在此也特别感谢各位老师和该项目负责人民族医药学院吴永贵教授、张超教授等给予的帮助、指导和支持。

项目开题论证之后，为有序、有效地开展本项目调查研究，根据专家意见，结合预调研的经验，进一步修订调查表格和相关文件内容。

2012年1月，课题组组织课题组成员和参与调研的有一定民族医药、文化背景的研究生和本科生开展系统的培训，培训内容包括按专家意见修改后的调研表格的信息采集、内容填写、调查方法等，并根据工作文件提出相关要求，请前期进行预调研的研究生进行示范讲解和经验交流，对完成课题需要注意的全部事项作了培训。培训完毕，课题组正式与调研小组签订相关协议。从这个时候起，整个课题调查研究的实际操作工作才算正式启动。为了按时、按质、按量地完成工作，调查研究期间，课题组不断地跟踪每个成员的工作，其间多次进行工作进度检查，并针对所遇问题召开研究、讨论会，在中期总结中，向课题主管部门如期汇报工作进度。同时，向课题组成员通报工作进度，根据工作的时间和进度提出不同阶段的要求。总而言之，该项目研究从正式立项到调查、写作、完稿，整个工作过程做到了严密组织、认真规划、细致分工、艰苦调查、讲求信誉、认真梳理、分类统计、统一编纂。此外，因数据调查和整理的工作量巨大，故而时间有所推迟，对此深表歉意。

第四节　组织举办专题调研培训会

课题组精心组织挑选云南中医药大学民族医药学院2010级民族医药定向班的30名同学，于2012年1月12—13日开展为期2天的“国家社科基金项目‘云南民族医药文献目录编纂与研究’课题”专题调研培训，详细讲解调研技能和任务，统一标准和操作规程，以确保采集数据的可靠性和一致性。

培训内容包括：

（1）介绍项目。

（2）讲解《云南民族医药文献信息调查与目录编纂工作实施方案》（见附件：001）。

（3）分项讲解《国家社科基金项目“云南民族医药文献目录编纂与研究”课题云南民族医药文献信息采集表》（见附件：002）。

（4）讲解《〈国家社科基金项目“云南民族医药文献目录编纂与研究”课题云南民族医药文献信息采集表〉填表说明》（见附件：003）。

（5）分项讲解《云南民族医药文献收藏情况统计表》（见附件：004）。

（6）讲解《〈云南民族医药文献收藏情况统计表〉填表说明》（见附件：005）。

（7）讲解《〈云南民族医药文献目录提要〉编纂与信息采集任务说明函》（见附件：006）。

（8）讲解《云南民族医药文献目录编纂课题培训会议程表》（见附件：007）。

（9）讲解《云南省县级以上行政区划一览》（见附件：008），并以生源地就近为原则，结合个人兴趣和社会阅历等多种因素分配调研区域。2—3人为一组，分成13个调研小组，按地域和分组分派任务。第一批重点提供了各地州、县级图书馆的地址和联系方式，以图书馆系统调研为主，博物馆、社会科学院民族研究所、社会科学院民族文学研究所、古籍整理办公室民族学校图书馆、文化局（文化站）、县文史研究室、县民族古籍办公室、民族文化研究所、地区（县）民族事务委员会、县民族文字古籍翻译组、州群众艺术馆、州民族研究所、县语委、民族学会、医院为辅，开展地毯式调研普查。

（10）《各地州部分县级以上图书馆信息表》（见附件：009）。

（11）《安全告知书》（见附件：010）。

（12）工作注意事项（见附件：011）。

（13）租用 13 台数码照相机，配发调研用电池、U 盘、尺子、笔记本、笔等工具和上述文件、调查表格若干，利用整整一个假期连续进行约 30 天的调研，并且为每位同学购买了为期 1 个月的人身意外保险。

附件：001

云南民族医药文献信息调查与目录编纂工作实施方案

一、目标

调查云南民族医药文献收藏情况，采集目录，编纂《云南民族医药文献目录提要》（以下简称《目录提要》），建立书目数据库。

二、内容

1.民族医药文献目录采集：对全省民族医药文献开展摸底调查，系统调研文献保存、挖掘、整理和出版情况，并按要求采集文献目录信息，分类整理。

2.在各地文献目录调研情况整理的基础上，采用文献目录学方法，梳理和分类信息，编纂《目录提要》。

3.建设民族医药文献目录数据库，以便对民族医药文献整理工作进行统计分析、分类指导，便于查询和应用文献，利于文献的保护、利用和传承。

三、工作原则

民族医药文献目录编纂工作遵循广泛收集、科学编目、集中建库的原则开展。

四、工作实施细节

1.工作程序。

专家咨询会 → 确定《目录提要》编目设计 → 培训人员。

分发《云南民族医药文献信息采集表》→ 民族地区调研 → 回收整理《云南民族医药文献信息采集表》→ 建立数据库 → 编纂《目录提要》→ 总结研究。

2.确定收录范围：年代、地域及文献形式等。

年代：古籍为1949年以前的出版刊行本或手抄本，现代文献为新中国成立后的出版刊行本。

地域：云南省境内各州、县（区），具体单位包括各地文化局、档案馆、大专院校、科研院所、图书馆、出版社、寺庙以及私人收藏等。

文献形式：出版刊行本、手抄本。

3.开展民族医药文献整理方法培训。

对承担民族医药文献整理工作的技术人员开展民族医药文献整理方法培训，培训工作由云南中医药大学承担。

（1）培训内容。

民族医药文献整理的共性技术及《民族医药古籍整理方法参考手册》（以下简称《参考手册》），文献收集整理方法，项目实施及内容管理。

（2）确定培训人员，开展培训。

培训对象为项目承担单位的管理人员、项目负责人、骨干人员以及其他从事民族医药文献整理的技术工作者。

组织专家在《参考手册》的基础上，结合文献整理书目，编写民族医药文献整理材料，包括文献价值的评价、文献资料收集、文献校勘、文献注释、文献翻译、文献数字化保存、文献的综合等。

前期培训2批次，每次30人。第一次培训的对象为项目承担单位的管理人员、项目负责人，第二次培训的对象为项目骨干人员及其他从事民族医药文献整理的技术人员。

4.《目录提要》编目设计：包括书名、卷数、别名、作者、成书年代（著作年代）、内容提要、文献类别、文献外观描述、版本及考证、出版形式、出版者、出版地、出版时间、页码、主题词、关键词、是否有误、备注、核查人等内容。

5.文献目录信息的采集：在对云南省文献整理情况进行梳理的基础上，系统开展调研，收集文献目录，收集整理和尚未整理的民族医药古籍文献目录，汇编成册；收集民族医药古籍文献目录和现代文献目录。通过多种方式宣传，组织医疗机构、团体、个人提供各种民族医药文献资料，运用广播、电视、报纸、宣传海报等多种媒体广泛宣传民族医药文献收集工作，市、县级卫生管理部门召开座谈会，根据线索进行重点访问、动员。按照《云南民族医药文献信息采集表》进行登记、汇总、反馈。

6.按照云南民族医药文献特点分类编目设计，进行《目录提要》编纂。

7.建立云南民族医药文献目录数据表：包括民族医药古籍文献数据表和民族医药现代文献数据表（参考中国中医科学院中国医史文献研究所信息采集表组织设计完成）。成立数据表项目组，由分项目承担单位的项目负责人组成，云南中医药大学为牵头负责单位，承担对收集的文献信息的分类整理，按照数据表设计进行数据录入。

（1）数据表设计：明确数据项，如书名、卷数、别名、作者、成书年代（著作年代）、内容提要、文献类别、文献外观描述、版本及考证、出版形式、出版者、出版地、出版时间、页码、主题词、关键词、是否有误、备注、核查人等。

（2）目录录入：组织人员对收集文献信息进行分类整理，按照数据表设计进行数据录入。

（3）后期研发数据表，并更新和使用：数据表作为动态表，长期存在，随着工作中文献目录的收集，不断增添新的资料；数据表在有限范围内对有关单位部门开放。

五、工作计划

第一阶段时间：2011 年 7 月—2011 年 11 月

任务：制订本工作实施方案等，咨询专家组。

第二阶段时间：2011 年 12 月—2013 年 9 月

任务：召开动员工作会、培训会；调研、收集；表格调研、田野调查、实地收集、媒体征集汇总、分类整理。其中，古籍文献包括已经整理的和尚未整理的文献，现代文献包括已经整理的和需要整理的文献。

第三阶段时间：2013 年 10 月—2014 年 2 月

任务：建立民族医药文献目录数据表，包括数据表结构设计、录入数据建表；编纂《目录提要》。

第四阶段时间：2014 年 3 月—2015 年 6 月

任务：总结报告。

六、参加人员及分工

云南中医药大学为项目牵头负责单位，云南省中医中药研究院、西双版纳州傣医医院、云南省彝族医药研究所和普洱市民族传统医药研究所为项目承担单位。

《云南民族医药文献目录提要》编纂项目组

2011 年 12 月 20 日

附件：002

国家社科基金项目“云南民族医药文献目录编纂与研究”课题云南民族医药文献信息采集表

调查日期：__________年______月______日　　地域：______________　顺序号：______________

书名（题名）	文献正书名全称				
	民族语言题名				
	简要书名				
	并列书名				
	其他题名信息	附注：			
题名语种	□汉 □彝 □藏 □傣 □壮 □苗 □纳西 □白 □拉祜 □基诺 □佤 □蒙古 □景颇 □哈尼 □傈僳 □瑶 □回 □满 □水 □普米 □独龙 □布依 □怒 □阿昌 □德昂 □布朗 □外文 □多种文字 □其他（具体说明）：				
丛编卷册（数）	册/包/本/套	卷/章/门	本册为第　卷/册/本　卷/册/本		
分册（子目）名			分册号		
其他题名信息					
分册丛编题名语种	□汉 □彝 □藏 □傣 □壮 □苗 □纳西 □白 □拉祜 □基诺 □佤 □蒙古 □景颇 □哈尼 □傈僳 □瑶 □回 □满 □水 □普米 □独龙 □布依 □怒 □阿昌 □德昂 □布朗 □外文 □多种文字 □其他（具体说明）：				
原有分类号		原有编号		字数（千字）	
民族或其他分类法（具体描述）					
普通主题词			中图分类号		
第一责任者		其他责任者			
第一责任者出生地		第一责任者生卒年	公元纪年：　民族传统纪年：		
团体第一责任者					
著作方式	□撰（著） □编 □辑 □注释 □校 □评述 □修 □纂 □抄 □译 □其他（具体说明）：				
成书年代		刻抄年代		刻抄地点	
ISBN 号、CN号			价格（人民币：　CNY）		
出版社（单位）		出版地			
出版时间	年　月（　　　　）	版次说明			
文献类型	□纸质 □竹简 □贝叶 □金石 □甲骨 □羊皮 □树皮 □其他（具体描述）：				
版本类型	□铅印 □影印 □石印 □稿本 □写本 □抄本 □刻本 □雕刻 □铸造 □其他（具体描述）：				
尺寸	长：　mm　宽：　mm	收藏复本数	□1 □2 □3 □4 □5 本及以上		

续表

页数	目录____页，正文___页，后记____页，其他____页。总共_____页				
序跋：□否　□有		插图：□否　□有		评注、按语：□否　□有	
装订	□左侧 □右侧 □其他（具体描述）：				
附件	□否 □有	附件 题名	1. 2.		
装帧形式	□平装　□精装　□简装　□线装　□套装　□绳串联　□卷轴　□函装 □覆膜　□其他（具体描述）：				
图书保存现状	□良好　□一般　□差	保存环境	□优　□良　□中　□差　描述：		
缺存情况	□保存完好　□缺损（据实描述）：				
正文语种	□汉　□彝　□藏　□傣　□壮　□苗　□纳西 □白　□拉祜 □基诺 □佤　□蒙古 □景颇 □哈尼 □傈僳 □瑶　□回　□满 □水　□普米 □独龙 □布依 □怒　□阿昌 □德昂 □布朗 □外文 □多种文字　□其他（具体说明）：				
拉丁文文字	□否　□有　□药物名　□篇名　□其他（具体描述）：				
正文内容	□医学理论类　□药物类　□医方类　□诊法类　□医技类　□医史类 □养生保健类　□医案类　□专科类　□星算类　□综合类　□其他类 其他类具体说明：				
普查情况	□否　□是（具体说明）：				
出版情况	□否　□是（具体说明）：				
整理情况	□否　□是（具体说明）： 项目、课题名称：				
文献基本内容： 1.文献封面 2.版权页 3.内容提要 4.作者生平 5.各章节目录 6.内容提要页 7.正文样张 8.序 9.跋 10.学术价值 11.版本及流传情况等	□照片（编号或文件名）： □电子文档（编号或文件名）： □其他（具体说明）： □复印件　□手抄文档　内容（可粘贴或另附页）：				
收藏单位、个人		手机号码		E-mail	
收藏单位或收藏者签章		通讯地址			
备注					

调查人：______________手机：______________QQ 号：______________

审表人：______________手机：____________审表时间：__________年____月____日

附件：003

《国家社科基金项目“云南民族医药文献目录编纂与研究”课题云南民族医药文献信息采集表》填表说明

本表用于采集云南民族医药文献基本信息，请按项目认真如实填写，以反映文献收藏保存的基本情况。本课题文献收录范围主要是手写、刻版或雕版印刷的文献，也包括其他载体形式（如贝叶、纸板经等）的文献，以1949年以前的民族医药书籍为重点，现代出版发行的医药文献为辅。

要求调查员到各个县市的文化局、卫生局、县志馆、史志办、博物馆、科研院所、学校、图书馆、情报所、资料室、文化馆、医院及其他单位或部门调查收集，以及通过私人访谈等多种途径获得书目信息。

注意：此表各栏不应有空项，若无相应内容，则画一斜杠“/”；若内容不明确，尚待考证，填“待考”；需日后补充，填“待补”。

“调查日期”填写采集信息当日的原始日期；“地域”填写采集地所属云南行政区划名称（见附件材料）；“顺序号”为每位采集员按采集文献的顺序给本信息采集表标示的流水号，格式为“0001”。

一、正书名的著录

“书名（题名）”项：以原文献所题全名为准。

“文献正书名全称”：文献的正书名、主要题名。正书名包括异名，但不包括并列书名和其他书名信息。

书名按原文献首卷（页）端所题书名全称进行客观著录，著录语言与原文献所题一致。如只有民族语言题名则直接填写在下一栏“民族语言题名”项中。

“民族语言题名”：以原文献所题民族语言题名全名为准，如抄写有难度，尽量用照片或复印件备注。

各卷端所题书名详简、次序不同者，按第一卷所题著录。若卷一缺者，取卷二首端所题书名著录，以此类推。

卷端所题书名不能代表全书或未题书名时，应从本文献的规定信息源部分选择适当的书名著录。若由参考其他资料查考得出，依查考所得书名著录。以上情况需在附注项中说明，并注明出处。

“简要书名”：如规定信息源提供的书名冗长，还提供有简要书名的可照录于此项中。

“并列书名”：文献书名有异名者，需逐一填写。

“其他题名信息”：规定信息源中未提供适当书名，亦未见于其他资料的，可根据书中内容和著者情况拟订书名著录，在“附注”项中注明“自拟”。

书名前后所附的解释性文字著录在书名“其他题名信息”和“附注”项中。

“题名语种”：分列了26种民族语言供选择，在使用到的语言分类前的“□”内打勾，可多项选择。例:《藏族医药……》一书著录书名的语言文字有汉语、藏语，并配有汉语拼音，为多种语言合璧著录的图书书名，应在选项栏中勾选：□汉　□藏　□多种文字　□其他（具体说明）：后填写“汉语拼音”或需要说明的内容。

二、合订文献（丛书等）的书名著录

同一版本的几种著作合订为一种文献，应集中著录。将总书名作为正书名著录在上面第一部分“书名（题名）”项中，合订本套内图书以每本书为一个单位按“分册（子目）名”作为子目依次著录，每本书著录一张本表格。无总书名时，只著录各书子目。汉译书名有多个时，取其通用译名。原无汉文书名者，依据各民族医学翻译规则进行翻译，力求统一规范。

依次填写以下项目：

“丛编卷册（数）”：填写合订或套装本的总体卷册情况，并勾选或填写“册/包/本/套”“卷/章/门”“本册为第　　卷/册/本　　卷/册/本”“分册（子目）名”“分册号”等。“册”以中国传统装帧方式（如线装、包背装等）装订古籍的数量计量单位，“包”属于藏蒙医学古籍的数量计量单位，“本”指非特殊装帧方式装订古籍的数量计量单位。各民族古籍文献可依据本民族古籍的物理装帧方式参考著录。

“卷/章/门（数）”：其中“卷”是中国传统古籍特有的计量单位，卷数是整部书的重要特征，应依据文献目录和内容细心计算，准确著录。各民族古籍文献可依据文献内容的划分形式参考著录。如文献内容未有划分，则填“/”。

“其他题名信息”：如有其他文字题名，请著录。

不同版本的几种著作合订后，经后人批校、题跋等整体性加工，已结成一体，可视为合订文献，应集中著录。著录方法同上。

不同版本的几种著作合订后，未经整体性加工的，不可视为合订文献，需分别著录。

“分册丛编题名语种”：著录方法同上面第一部分“题名语种”项。

三、著者信息部分的著录

“原有分类号”：填写原文献上所使用的分类号。

“原有编号”：填写原文献上各收藏单位自己对文献标注的编号。

“字数”：有明确字数的照版权页填写，如没有，以正文每页字数估算，填写“约 ×（千字）”。

“民族或其他分类法（具体描述）”：如有该民族自己的分类法，或者其他体系分类法的请据实描述。

“普通主题词”：选择可以表达文献主题（概括主要内容）的规范词或词组 3 个填写。

“中图分类号”：填写该书上标注的按《中国图书馆图书分类法》给其分配的类目号。

责任者部分著录内容包括著者姓名、出生地、生卒年等。著者是对古籍文献中的内容进行创造、整理以及负有直接责任的个人或团体。

“第一责任者”：一部古籍有几个著作方式不同的著者时，依据著者之间的逻辑顺序，著录居于首位的著者姓名。

“其他责任者”：第一著者以外的著者。著者为多人的，应全部录入，名字间用“,”隔开。

著者姓名按文献原题名称的形式和顺序著录，籍贯、职衔或字号等信息可以不予著录。一般按首卷（页）端所题作者姓名著录，著录姓名与原文献所题一致。

卷（页）端所题著者不完整、不规范的，照录。

卷（页）端未题著者姓名时，应从该文献（信息源）的其他部分选择适当的著者进行著录，并在附注项中注明来源。

规定信息源中未提供著者说明，但可由其他资料查考出时，以查考出的著者进行著录，置于“[ ]”内，并在括号中注明来源。无法确定文献著者时，填“不详”。

“第一责任者出生地”：填写第一著者出生地点。著录著者的原出生地、古今地名不同者，需在括号内注明对应的现代地名。

“第一责任者生卒年”：使用民族传统历法与对应的公元纪年分别记录第一著者出生与逝世的时间，同时记录其“公元纪年”和“民族传统纪年”，并注明是何种民族的何种纪年法。没有确切的生卒年，应确定其大致的生活年代。

“团体第一责任者”：填写该文献的集体著者名称，一般按该文献中所题团体名称著录，如 ×× 编写组……

官方修撰的书，作者选取总纂官或主持官姓名。

文献信息源部分中未涉及著者，并无法从其他资料中查考的，填“不详”。

原书作者有汉文名者，直接采用已有汉文名，汉译人名不止一个的，取其通用译名。

原无汉文人名者，依据各民族人名译名规则进行翻译，力求统一规范。

“著作方式”：著者对文献内容进行创造、整理的方式分为以下几类：

撰（著）：作者就问题全面、系统地阐述自己的观点和意见。

编：将以往多种文献典籍加以汇编整理，另成一书。

辑：对佚失或散见的文献典籍进行恢复或辑录。

注释：对文献典籍中冷僻、令人费解或具有特定含义的字词、术语进行解释。古人的传、注、解、疏、章句皆属注释范围。

校：利用古籍的不同版本和其他相关资料，通过对比分析、考证推理，指出古籍在流传过程中出现的各种字、句、篇、章等方面的不同和错误。

评述：围绕文献古籍的字、词、句、篇、章进行提示、评论、阐发和补充说明，表明评述者观点、态度的一种著述体裁。

修：政府主持编纂书籍的人，常题“修”。

纂：一般对奉命编、著的书，负实际责任者常题“纂”。

抄：对已存文献典籍的抄录。

译：对文献典籍的翻译。

成书年代：指该文献最初形成的年代，填写时使用公元纪年。

刻抄年代：指刻印或抄录的具体时间或年代，填写时使用公元纪年。

刻抄地点：指刻印或抄录文献的地点。

四、文献特征部分的著录

文献特征项是对文献基本特征的记录，包括版本类型、材质、规格、数量、特征页等内容。

ISBN号：国际标准书号，一般位于近现代文献的版权页上，摘录填写即可。

统一书号（CN号）：有的书只有统一书号，摘录即可。

价格：该文献的价格，在近现代文献的版权页或封底上，单位为人民币“元”。

出版社（单位）：一般位于近现代文献的版权页上，摘录填写即可。

出版地：一般位于近现代文献的版权页上。

出版时间：出版发行该文献的时间，一般位于近现代文献的版权页上。

版次说明：第几次出版或再版的信息，一般位于近现代文献的版权页上。

文献类型：有纸质、竹简、贝叶、金石、甲骨、羊皮、树皮等，其他请具体描述。

版本类型：主要有稿本、写本、抄本、刻本、石印本、铅印本、拓片、雕刻、铸造等，如有其他类型，请具体描述。

稿本：著者亲自书写或组织誊写的著作原件。

写本：是指缮写的书籍。一般指宋代以前唐人写经和其他手写文献，以及宋代之后朝廷编纂缮写或名家缮写的文献（如《永乐大典》《四库全书》），也包括用特殊材料（如泥金、朱墨）缮写的文献。

抄本：依据某一底本手工抄录而成的文献。

刻本：指雕版印刷的书籍。

活字本：是活字印本的简称。即将木、泥、铜等活字摆成印版，再覆墨纸印成的书籍。

影印本：指使用照相技术复制某一既存版本的图像，再将此图像制成印版印刷而成的书籍。

石印本：未使用照相制版技术，用石板印刷机印成的本子。

铅印本：使用铅活字制成印版，再利用机械印刷而成的书籍。

尺寸：指页面的长 × 宽，单位为毫米（mm），用阿拉伯数字填写。

收藏复本数：填写该收藏单位收藏该文献的数量。

页数：文献的页码数。针对合订文献，以每本书为单位单独填写各子目书籍的页数。分别填写“目录”几页，“正文”几页，“后记”几页，“其他”几页。如无法细分，则填写该文献总页数。

五、结构件的著录

序跋：有无序跋。

插图：有无插图。

评注、按语、眉批：有无评注、按语、眉批。

装订：确定左侧或右侧填写，如有其他请具体描述。

附件：有无《大事纪年表》《天干地支表》等各种附件，如有，请将名称填写在右面“附件题名”项。

附件题名：如《大事纪年表》《天干地支表》等，据记载填写。

装帧形式：有平装、精装、筒装、线装、套装、绳串联、卷轴、函装等形式，如有其他请具体描述。

图书保存现状：按图书破损情况严重、一般、无破损，分别勾选对应状况描述。

保存环境：按古籍文献保存、收藏的外界条件是否利于保护文献勾选优、良、中、差，并客观描述环境情况。

存佚情况：指文献是否佚失，如有佚失请据实描述。

六、正文部分的著录

正文语种：文献主体正文部分所使用的语言种类有几种则勾选相应选项，注意外文和多种文字等的著录情况，如有其他未尽项请具体说明。同前面第一部分“题名语种”的著录方法。

拉丁文文字：文献中若有拉丁文文字著录的内容，请勾选出具体是哪一部分内容使用了拉丁文，如为其他请具体描述。

正文内容：根据文献内容，并依据各民族医学古籍文献的分类体系，对文献进行初步判断，分类勾选文献类别。有“医学理论类”“药物类”“医方类”“诊法类”“医技类”“医史类”“养生保健类”“医案类”“专科类”“星算类”“综合类”“其他类”，如为其他类需具体说明内容。

七、古籍整理出版情况著录

普查情况：该文献是否参加了各级各类普查，如有，请详细填写项目、课题名称。

出版情况：该文献是否已出版发行，出版的情况如何，请如实填写。

整理情况：该文献是否已被各级部门组织整理，是否已完成或是否有计划等，请具体说明项目、课题名称。

请咨询文献管理人员。

八、文献基本内容著录

文献基本内容：对文献基本内容的介绍，包括以下几项：

1. 文献封面。

2. 版权页。

3. 内容提要。

4. 作者生平介绍（包括名号、籍贯、职官、民族、时代背景等）。

5. 各章节目录。

6. 内容提要页。

7. 正文样张。

8. 序。

9. 跋。

10. 学术价值。

11. 版本及流传情况等。

几个相关概念：

版本：同一种文献因编辑、传抄、刻印、排版及装订或制作形式的不同而产生的不同本子。

底本：古籍整理过程中，作为工作基础的版本。

主校本：校勘时作为主要依据的版本，也称“通校本”，即全书从头到尾与底本核校的版本。

如调查的文献为古籍或抄本等非现代出版物时，填写文献信息调查表的同时，另需采集该文献的封面、扉页（含书名页）、正文（不少于2页）、序、跋等结构部件的书影，制成数字文档和打印文档（A4纸）上交。（数字文档要求使用扫描仪对结构部件页面进行平扫，图像分辨解析度不低于全彩600dpi。）

照片：填写该文献所拍照片的编号或文件名。

电子文档：填写该文献所附电子文档的编号或文件名。

其他：其他具体说明内容的附件请具体说明。

复印件、手抄文档：该文献所获取到的复印件或手抄内容，可粘贴于此或另附页订合。

九、文献收藏情况著录

收藏单位、个人：收藏文献的单位或个人，单位填全称，个人填全名。

手机号：填写完整的联系电话。

E-mail：填写电子邮箱地址。

收藏单位或收藏者签章：由收藏单位或收藏者签章。

通讯地址：填写完整的邮政编码与地址。

备注：著录过程中各著录项，需要特别说明或补充的部分或未尽事宜。

十、调查人备查信息著录

调查人：填写采集信息、填写表格人员姓名，不得空缺，并填写手机、QQ号。

审表人：调查小组分工，调查人填写信息后，由审表人对信息进行复核，并签署审表人姓名。填写审表人“手机号码”“审表时间”项。

“云南民族医药文献目录编纂与研究”课题组

2012年1月8日

附件：004

云南民族医药文献收藏情况统计表

统计日期：________年_______月_______日　　流水号：__________

调查地域：______（地级）市、自治州______县、市（辖区）______乡镇（街道）

<table>
<tr><td colspan="2">收藏单位或个人名称</td><td colspan="2"></td></tr>
<tr><td colspan="2">收藏单位属性</td><td colspan="2">□文化局 □卫生局 □县志馆 □史志办 □博物馆 □科研院所 □学校
□图书馆 □情报所 □资料室 □文化馆 □私人
□其他</td></tr>
<tr><td rowspan="10">汉语语种少数民族医药文献</td><td colspan="3">共　种　册</td></tr>
<tr><td rowspan="3">按年代划分</td><td colspan="2">1911 年以前的古籍：　种　册</td></tr>
<tr><td colspan="2">1911—1949 年期间的文献：　种　册</td></tr>
<tr><td colspan="2">1949 年以后现代的文献：　种　册</td></tr>
<tr><td rowspan="4">按载体形式分</td><td colspan="2">纸质文献：　种　册</td></tr>
<tr><td colspan="2">竹简文献：　种　册</td></tr>
<tr><td colspan="2">贝叶文献：　种　册</td></tr>
<tr><td colspan="2">其他　（载体）文献：　种　册</td></tr>
<tr><td>需补充说明的内容</td><td colspan="2"></td></tr>
<tr><td rowspan="13">少数民族语种医药文献</td><td colspan="3">共　种　册</td></tr>
<tr><td rowspan="3">按年代划分</td><td colspan="2">1911 年以前的古籍：　种　册</td></tr>
<tr><td colspan="2">1911—1949 年期间的文献：　种　册</td></tr>
<tr><td colspan="2">1949 年以后现代的文献：　种　册</td></tr>
<tr><td rowspan="4">按语种划分</td><td colspan="2">族语种文献：　种　册</td></tr>
<tr><td colspan="2">族语种文献：　种　册</td></tr>
<tr><td colspan="2">族语种文献：　种　册</td></tr>
<tr><td colspan="2">族语种文献：　种　册</td></tr>
<tr><td rowspan="4">按载体形式划分</td><td colspan="2">纸质文献：　种　册</td></tr>
<tr><td colspan="2">竹简文献：　种　册</td></tr>
<tr><td colspan="2">贝叶文献：　种　册</td></tr>
<tr><td colspan="2">其他　（载体）文献：　种　册</td></tr>
<tr><td>需补充说明的内容</td><td colspan="2"></td></tr>
<tr><td colspan="2" rowspan="2">附件：文献目录
（粘贴在本表背面）</td><td colspan="2">□ 电子文档 □复印件 □照片 □手抄文档 □其他：</td></tr>
<tr><td colspan="2">目录编号或文件名：</td></tr>
</table>

单位联系人		职务		职称	
通讯地址				邮政编码	
手机或座机		QQ号		E-mail	

调查人：____________手机：____________QQ 号：____________

附件：005

《云南民族医药文献收藏情况统计表》填表说明

此表为针对单位收藏情况设计的初步统计表，一个单位填写一份。调研采集完一个单位立刻统计此表。

“统计日期”：填写调查后做该单位信息统计的日期。

“流水号”：为整理统计各单位文献信息采集表时标注的顺序号。

“调查地域”：要求填写调查的书目信息源所在的州、市、县、区、乡镇（街道）等，逐项填写。

“收藏单位或个人名称”：填写采集书目信息所在的单位，如为个人收藏则填写个人姓名。

“收藏单位属性”：按照各个县市被调查单位的属性勾选合适项，有文化局、卫生局、县志馆、史志办、博物馆、科研院所、学校、图书馆、情报所、资料室、文化馆及其他单位或部门，以及通过私人访谈等获得书目信息的多种途径。

按语言语种分别对所获得的书目信息进行分类统计“汉语语种少数民族医药文献”和“少数民族语种医药文献”的“种”“册”数。

按年代划分：以 1911 年、1949 年为节点的时间段统计所得书目信息。

按载体形式划分：按文献载体形式分类统计所得书目信息。

需补充说明的内容：填写未尽事宜。

“附件”：手抄或打印在该单位所统计的文献的目录表，粘贴或附于本表背面，或勾选相应“附件”形式，并做说明，填写“目录编号或文件名”。

“单位联系人”“职务”“职称”“通讯地址”“邮政编码”“手机或座机”“QQ 号”“E-mail”：填写该单位联系人姓名、职务、职称、通讯地址、邮政编码、手机或座机号、QQ 号、E-mail 等基本信息。

“调查人”“手机”“QQ 号”：填写做调查的人员及审查人的姓名、手机号、QQ 号。

“云南民族医药文献目录编纂与研究”课题组

2012 年 1 月 8 日

附件：006

《云南民族医药文献目录提要》编纂与信息采集任务说明函

尊敬的同人：

您好！

首先向您介绍下云南中医药大学的民族医药学科特色：

近年来，云南中医药大学已逐步发展成为“云南民族医药保护与产业发展研究基地”，形成了以民族医药基础理论及文献整理研究、民族医药临床研究、民族药新药开发研究等特色和优势方向的“民族医学学科”，承担国家级社科规划办、中医药管理局的科研项目和课题多项，对云南民族医药进行了深入的调查和研究，学科力量雄厚，多位学者已经编著和出版了很多民族医药学的著作和在各级学术期刊上发表了大量论文，经过前期的工作和积累，结合云南民族医药文献信息中心的建设，课题组已拥有大量民族医药文献信息，在开展民族医药文献的深入研究和文献信息整理利用方面具备扎实的基础和优良条件。

课题组正在开展的工作：

课题组的课题是国家社科基金课题“云南少数民族医药文献联合目录编纂与研究”项目，同时也是国家中医药管理局《云南民族医药古籍文献总目》的编纂项目任务，课题负责人是云南中医药大学图书馆副研究馆员 ×× 和民族医药学院副院长 ××× 教授。

课题组已做了大量前期工作，对云南省各级、各地州、县（市）部分公共馆、图书馆、大专院校及云南中医药大学图书馆、博物馆、民族医药文献特藏室、民族医药学院民族医药文献收藏的情况做了摸底和调研，已采集了大量民族医药文献目录信息，但还未能全面地著录每一本的文献信息。课题组以“踏实、求真、精确”的工作原则为指导，旨在将编目工作尽量做到全面和完善，故课题组将尽最大力量、尽可能联系到民族医药文献收藏单位和个人，以进一步准确掌握民族医药文献的收藏和存佚情况，采集文献的目录和版本信息。课题组将于 2013 年在完成大部分书目数据采集的基础上，按图书编目原则组织撰写《云南民族医药文献目录提要》（以下简称《目录提要》）初稿。再经数据审核和论证，编纂修改好《目录提要》，并拟由云南大学出版社出版，成果将为民族医药文献的管理者和研究者提供丰富可靠的文献信息交流，实现数据共享、互通有无，促进共同探讨民族医药的研究课题，为深入发掘民族医药宝库提供可靠的参考工具，将为云南乃至国内外从事民族医药文献研究的科研人员和民族医药学工作者提供一本较准确和有价值的重要参考工具书。这是一件很有意义的事情。

工作方法和任务：

1. 查找所在单位和地区区域内民间民族医药文献，按课题组编制的《〈云南民族医药文献信息采集表〉填表说明》填写《云南民族医药文献信息采集表》(电子或纸质版)基本信息；采集云南少数民族医药文献目录信息，以古籍为主，包括近现代非正式出版的册子、资料或社会团体、个人自编的民族医药文献等，形式、体裁不限，内容涉及和反映云南少数民族医药状况的所有文献均属收录范围。对文献的名称、作者、收藏地和基本情况进行信息记录，填写信息采集表，并拍照附上照片（数码）。

2. 按课题组要求按时间、保证质量提交相关数据和资料。

3. 如有需要，文献保管按课题组要求参与《目录提要》部分编纂工作。

您的权利：

您可以“参加馆（院、社、学会等）”集体或（和）“个人”身份参加此项工作。

1. 按要求提供贵单位民族医药文献信息数据，填写《云南民族医药文献信息采集表》的单位均列为该《目录提要》的“参加馆（或参加单位）”。

2. 参与此项工作，认真完成书目数据采集、图片采集工作的老师均为编委会成员。

3. 待书目数据汇总后，参与此项工作的单位和个人可通过各种方式查询文献数据资料，课题组将长期为您提供专业的参考咨询和书目数据查询业务。

数据汇总后期，根据各参加馆和人员的工作认真程度、提供数据的准确性、提供数据量等因素，综合评价在《目录提要》编撰工作中发挥的作用，另外致谢。

民族医药文献研究的事业不能离开您的支持，故特发此函，邀请您与课题组通力合作，争取共赢，共同完成好《目录提要》的编纂工作。编撰该《目录提要》的过程也是课题组共同学习、进步的过程，希望能得到您的热情指导和帮助，课题组会不断积累经验，与您共谋事业，为云南民族医药学的发展作出努力和贡献！

未尽事宜请联系课题组！

课题组的联系方式：

民族医药文献目录编纂课题专用QQ：

民族医药文献目录编纂课题专用邮箱：

课题负责人电话：

课题组成员：

课题组成员：

请回函、回短信或回电完善您的资料以确认参加此项工作，课题组将给您发送相关工作文件、填表说明和表格，如网络不畅通也可邮寄纸质文件给您。

期待您的回复，谢谢！

参加课题工作的回函

姓名	
性别	
年龄	
工作单位	
职务	
职称	
QQ号	
电子邮箱	
通讯地址	
邮编	
手机号码	
座机号码	

国家社科基金项目“云南民族医药文献目录编纂与研究”课题组

2012年6月16日

附件：007

云南民族医药文献目录编纂课题培训会议程表

（2012年1月12—13日）

一、项目负责人介绍课题背景、任务和工作情况。

二、课题负责人讲解少数民族医药文献书目信息的采集方法、填表说明和注意事项。

三、预调研小组经验介绍：由前期外出调研的两个小组组长分别汇报交流。

四、参加调研的人员分组与路线分配，并分发相机、SD卡、电池等设备。

五、课题组人员说明照片拍摄要求和相机使用方法及电子文档的存档和归档。

六、课题负责人按工作要求（自愿参与、报告家长、分组指导、注意安全、工作时间、每日一报）签署《安全告知书》。

七、分配直接对口指导的课题组成员和学生调研组。

八、分工。

成员一：人员签到，填写《〈云南少数民族医药文献目录编纂〉项目培训学生名单》。

成员二：发放资料、表格及记录本等用品，填写《〈云南少数民族医药文献目录编纂〉项目培训学生调查意向表》。

成员三：负责发放投影器材、安放桌椅、协调联络。

成员四：现场照相，协调联络。

成员五：协助老师发放照相机。

附件：

1.《云南少数民族医药文献目录编纂》项目培训学生名单

2.《云南少数民族医药文献目录编纂》项目培训学生调查意向表

3.《云南少数民族医药文献目录编纂》项目相机使用登记表

4.《云南民族医药文献信息采集表》填表说明

5.《云南民族医药文献收藏情况统计表》填表说明

6.《云南省县级以上行政区划一览》等参考资料

7.《安全告知书》

国家社科基金项目“云南民族医药文献目录编纂与研究”课题组

2012年1月12日

附件：008

云南省县级以上行政区划一览

云南简称“云”（别称“滇”），全省总面积39.4万平方千米，截至开展调研工作时2011年10月28日人口4596.6万人（六普）。全省共有16个地级行政区划单位（8个地级市、8个自治州），129个县级行政区划单位（13个市辖区、11个县级市、76个县、29个自治县）。省会昆明市，省政府驻五华区华山南路135号。全省行政区划参考中国国情网中国行政区划[①]。（本书稿内行政区划、政府驻地等信息均以调研时采集的名称来记录。）

2011年，《国务院关于同意云南省调整昆明市部分行政区划的批复》（国函〔2011〕58号）：一、同意撤销呈贡县，设立昆明市呈贡区，以原呈贡县的行政区域为新设呈贡区的行政区域。呈贡区人民政府驻三台路。二、同意昆明市人民政府驻地由昆明市盘龙区东风东路迁至昆明市呈贡区锦绣大街。2014年12月16日，《民政部关于同意云南省撤销香格里拉县设立县级香格里拉市的批复》（民函〔2014〕375号）：经国务院批准，同意撤销香格里拉县，设立县级香格里拉市，以原香格里拉县的行政区域为香格里拉市的行政区域，香格里拉市人民政府驻建塘镇金沙路22号。到2014年底全省合计为:16个地级市和自治州（8个地级市、8个自治州）；129个县级行政区划单位（13个市辖区、13个县级市、74个县、29个自治县）；合计1455个镇乡街道区划（567个镇、677个乡、155个民族乡、56个街道）。

昆明市（呈贡区） 辖6个市辖区、4个县、3个自治县，代管1个县级市。市政府驻呈贡区。

五华区（华山街道） 盘龙区（拓东街道） 官渡区（关上街道） 西山区（西苑街道） 东川区（铜都街道） 呈贡区（龙城街道） 安宁市（连然街道） 晋宁县（昆阳街道） 富民县（永定街道） 宜良县（匡远街道） 石林彝族自治县（鹿阜街道） 嵩明县（嵩阳街道） 禄劝彝族苗族自治县（屏山街道） 寻甸回族自治县（仁德街道）

曲靖市（麒麟区） 辖1个市辖区、7个县，代管1个县级市。市政府驻麒麟区文昌街。

麒麟区（南宁街道） 宣威市（宛水街道） 马龙县（通泉街道） 陆良县（中枢街道） 师宗县（丹凤街道） 罗平县（罗雄街道） 富源县（中安街道） 会泽县（古城街

① 中国行政区划［EB/OL］.http://zhongguoguoqing.cn.

道） 沾益县（西平街道）

玉溪市（红塔区） 辖1个市辖区、5个县、3个自治县。市政府驻红塔区红塔路。

红塔区（玉兴街道） 江川县（大街街道） 澄江县（凤麓街道） 通海县（秀山街道） 华宁县（宁州街道） 易门县（龙泉街道） 峨山彝族自治县（双江街道） 新平彝族傣族自治县（桂山街道） 元江哈尼族彝族傣族自治县（红河街道）

保山市（隆阳区） 辖1个市辖区、4个县。市政府驻隆阳区。

隆阳区（兰城街道） 施甸县（甸阳镇） 腾冲县（腾越镇） 龙陵县（龙山镇） 昌宁县（田园镇）

昭通市（昭阳区） 辖1个市辖区、10个县。市政府驻昭阳区。

昭阳区（凤凰街道） 鲁甸县（文屏镇） 巧家县（白鹤滩镇） 盐津县（盐井镇） 大关县（翠华镇） 永善县（溪落渡镇） 绥江县（中城镇） 镇雄县（乌峰街道） 彝良县（角奎镇） 威信县（扎西镇） 水富县（云富街道）

丽江市（古城区） 辖1个市辖区、2个县、2个自治县。市政府驻古城区福慧路。

古城区（西安街道） 玉龙纳西族自治县（黄山镇） 永胜县（永北镇） 华坪县（中心镇） 宁蒗彝族自治县（大兴镇）

普洱市（思茅区） 辖1个市辖区、9个自治县。市政府驻思茅区思茅镇月光路。

思茅区（思茅镇） 宁洱哈尼族彝族自治县（宁洱镇） 墨江哈尼族自治县（联珠镇） 景东彝族自治县（锦屏镇） 景谷彝族傣族自治县（威远镇） 镇沅彝族哈尼族拉祜族自治县（恩乐镇） 江城哈尼族彝族自治县（勐烈镇） 孟连傣族拉祜族佤族自治县（娜允镇） 澜沧拉祜族自治县（勐朗镇） 西盟佤族自治县（勐梭镇）

临沧市（临翔区） 辖1个市辖区、4个县、3个自治县。市政府驻临翔区凤翔街道南屏西路。

临翔区（凤翔街道） 凤庆县（凤山镇） 云县（爱华镇） 永德县（德党镇） 镇康县（南伞镇） 双江拉祜族佤族布朗族傣族自治县（勐勐镇） 耿马傣族佤族治县（耿马镇） 沧源佤族自治县（勐董镇）

楚雄彝族自治州（楚雄市） 辖1个县级市、9个县。州政府驻楚雄市。

楚雄市（鹿城镇） 双柏县（妥甸镇） 牟定县（共和镇） 南华县（龙川镇） 姚安县（栋川镇） 大姚县（金碧镇） 永仁县（永定镇） 元谋县（元马镇） 武定县（狮山镇） 禄丰县（金山镇）

红河哈尼族彝族自治州（蒙自市） 辖4个县级市、6个县、3个自治县。州政府驻蒙自市。

个旧市（城区街道） 开远市（乐白道街道） 蒙自市（文澜镇） 弥勒市（弥阳镇）

屏边苗族自治县（玉屏镇） 建水县（临安镇） 石屏县（异龙镇） 泸西县（中枢镇） 元阳县（南沙镇） 红河县（迤萨镇） 金平苗族瑶族傣族自治县（金河镇） 绿春县（大兴镇） 河口瑶族自治县（河口镇）

文山壮族苗族自治州（文山市） 辖1个市、7个县。州政府驻文山市。

文山市（卧龙街道） 砚山县（江那镇） 西畴县（西洒镇） 麻栗坡县（麻栗镇） 马关县（马白镇） 丘北县（锦屏镇） 广南县（莲城镇） 富宁县（新华镇）

西双版纳傣族自治州（景洪市） 辖1个县级市、2个县。州政府驻景洪市。

景洪市（允景洪街道） 勐海县（勐海镇） 勐腊县（勐腊镇）

大理白族自治州（大理市） 辖1个县级市、8个县、3个自治县。州政府驻大理市。

大理市（下关镇） 漾濞彝族自治县（苍山西镇） 祥云县（祥城镇） 宾川县（金牛镇） 弥渡县（弥城镇） 南涧彝族自治县（南涧镇） 巍山彝族回族自治县（南诏镇） 永平县（博南镇） 云龙县（诺邓镇） 洱源县（茈碧湖镇） 剑川县（金华镇） 鹤庆县（云鹤镇）

德宏傣族景颇族自治州（芒市） 辖2个县级市、3个县。州政府驻芒市。

瑞丽市（勐卯镇） 芒市（勐焕街道） 梁河县（遮岛镇） 盈江县（平原镇） 陇川县（章凤镇）

怒江傈僳族自治州（泸水县） 辖2个县、2个自治县。州政府驻泸水县。

泸水县（六库镇） 福贡县（上帕镇） 贡山独龙族怒族自治县（茨开镇） 兰坪白族普米族自治县（金顶镇）

迪庆藏族自治州（香格里拉市） 辖1个县级市、1个县、1个自治县。州政府驻香格里拉市。

香格里拉市（建塘镇） 德钦县（升平镇） 维西傈僳族自治县（保和镇）

附件：009

各地州部分县级以上图书馆信息表

首批调研的文献收藏单位以县级以上图书馆为主，调研方法包括咨询图书馆编目人员或管理人员、直接查询馆藏目录、借阅读古籍等重要文献。此外，重点围绕各组调研的地区多咨询、收集各种可能收藏有文献的单位或个人信息。

各地州有相应分支机构，同时扩展调研其他系统文献收藏单位。（被调研单位信息以调研时采集的信息来记录。）

	图书馆	地址	电话
曲靖市	会泽县图书馆	会泽县钟屏镇南内街	0874-5122814
	宣威市图书馆	宣威市榕城镇城双路 10 号	0874-7123154
	富源县图书馆	富源县中安街 279 号	0874-4612206
	师宗县图书馆	师宗县丹凤镇漾月东路 3 号	0874-5757611
	曲靖市麒麟区图书馆	曲靖市麒麟区麒麟东路 80 号	0874-3122925
	曲靖市图书馆	曲靖市麒麟区文化路 48 号	0874-3122551
	陆良县图书馆	陆良县中枢镇春光东路 161 号 中枢镇北大街中段	0874-6261211
	沾益县图书馆	沾益县西平镇龙华南路 211 号	0874-3166504
	罗平县图书馆	罗平县罗雄镇文笔路	0874-8212768
	马龙县图书馆	马龙县通泉镇环城西路	0874-8880914
玉溪市	玉溪地区图书馆博雅书社	玉溪市文化路 6 号	0877-2025344
	玉溪市红塔区图书馆	玉溪市东风中路 40 号	0877-2051664
	华宁县图书馆	华宁县宁州镇宁阳东路 4 号	0877-5011852
	新平彝族傣族自治县民族图书馆	新平彝族傣族自治县富新路 88 号	0877-7011858
	峨山彝族自治县图书馆	峨山彝族自治县双江镇练江南路峨峰街	0877-4011177
	元江哈尼族彝族傣族自治县图书馆	元江哈尼族彝族傣族自治县澧江镇凤凰路 4 号	0877-6011868
	澄江县图书馆	澄江县凤麓镇环城北路 8 号	0877-6911578
	江川县图书馆	江川县大街镇湖滨路中段 7 号	0877-8011227
	易门县图书馆	易门县龙泉镇新建街 14 号	0877-4961864
	通海县图书馆	通海县秀山镇延龄路 19	0877-3012192
	玉溪市图书馆	玉溪市文化路 6 号	0877-2026908

续表

	图书馆	地址	电话
保山市	保山市隆阳区图书馆	保山市隆阳区永昌镇正阳北路	0875–216000
	保山市图书馆	保山市隆阳区永昌镇隆阳路	0875–2228932
	腾冲县和顺图书馆	腾冲县和顺镇水堆	0875–5150182
	龙陵县图书馆	龙陵县龙山镇文化路 5 号	0875–6121532
	腾冲县图书馆	腾冲县腾越镇凤山南路 19 号	0875–5133433
	昌宁县图书馆	昌宁县右甸镇新城路	0875–7130159
	施甸县图书馆	施甸县甸阳镇施甸街文化路	0875–8121832
昭通市	绥江县图书馆	绥江县金江街 10 号	0870–7621714
	永善县图书馆	永善县景新镇新华街 24 号	0870–4124721
	镇雄县图书馆	镇雄县乌峰镇人民巷 58 号	0870–3120444
	巧家县图书馆	巧家县新华镇新华路	0870–7120457
	大关县图书馆	大关县翠华镇龙洞路	0870–5621317
	昭阳区图书馆	昭通市昭阳区公园路 89 号	0870–2132297
	威信县图书馆	威信县扎西镇九龙路	0870–6124724
	盐津县图书馆	盐津县盐井镇文兴街	0870–6620077
	水富县图书馆	水富县云富镇人民路	0870–8637458
	昭通市图书馆	昭通市昭阳区迎丰路南段	0870–2157403
楚雄彝族自治州	武定县图书馆	武定县近城镇文化路	0878–8711065
	楚雄彝族自治州图书馆	楚雄市鹿城镇鹿城东路	0878–3122048
	南华县图书馆	南华县龙川镇西街 93 号	0878–7221948
	牟定县图书馆	牟定县共和镇西街	0878–5223291
	楚雄市图书馆	楚雄市鹿城镇中大街 280 号	0878–3126805
	大姚县图书馆	大姚县金碧镇新大街	0878–6221507
	姚安县图书馆	姚安县栋川镇西街	0878–571277
	永仁县图书馆	永仁县永定镇建设路	0878–6711244
	元谋县图书馆	元谋县元马镇龙川街 70 号	0878–8212511
	禄丰县图书馆	禄丰县金山镇北门	0878–4122987
	双柏县图书馆	双柏县妥甸镇妥甸村委会	0878–7711844
红河哈尼族彝族自治州	红河哈尼族彝族自治州图书馆	蒙自县天马路 63 号	0873–3723251
	绿春县图书馆	绿春县大兴镇小新寨	0873–4221362
	建水县图书馆	建水县临安镇小西庄 40 号	0873–765250
	泸西县图书馆	泸西县中枢镇环城东路 101 号	0873–6622923
	屏边苗族自治县图书馆	屏边苗族自治县玉屏建设路 73 号	0873–3224927
	蒙自市图书馆	蒙自市文澜镇环城南路 51 号	0873–3642624
	红河县图书馆	红河县迤萨文庙街 2 号	0873–4624084
	个旧市图书馆	个旧市宝华路 1 号	0873–2123569
	河口县民族图书馆	河口瑶族自治县河口镇人民路 91 号	0873–3422652
	石屏县图书馆	石屏县异龙北正街 2 号	0873–4857885
	开远市图书馆	开远市灵泉东路 188 号	0873–7223159
	弥勒县图书馆	弥勒县弥阳镇冉翁西路 86 号	0873–6122583

续表

	图书馆	地址	电话
文山壮族苗族自治州	文山州图书馆	文山县开化镇学海巷 20 号	0876-2122043
	丘北县图书馆	丘北县锦屏镇东正街 1 号	0876-4122029
	文山县图书馆	文山县开化镇南桥路 37 号	0876-2123804
	广南县图书馆	广南县莲城镇莲城西路 168 号	0876-5150397
	马关县图书馆	马关县马白镇板子街村民委员会	0876-7122365
	富宁县图书馆	富宁县新华镇玉泉路 19 号	0876-6122542
	砚山县图书馆	砚山县江那镇振江路	0876-3122701
	西畴县图书馆	西畴县西洒镇金玉路 50 号	0876-7623957
	麻栗坡县图书馆	麻栗坡县麻栗镇文麻路 7 号	0876-6622568
普洱市	宁洱哈尼族彝族自治县图书馆	宁洱哈尼族彝族自治县宁洱镇街	0879-3232423
	澜沧拉祜族自治县图书馆	澜沧拉祜族自治县勐朗镇城关	0879-7222964
	镇沅彝族哈尼族拉祜族自治县图书馆	镇沅彝族哈尼族拉祜族自治县恩乐镇	0879-2812182
	景谷傣族彝族自治县图书馆	景谷傣族彝族自治县威远镇文明路	0879-5222440
	思茅区公共图书馆	思茅区思茅镇振兴大道 51 号	0879-2122332
	西盟佤族自治县图书馆	西盟佤族自治县勐梭镇勐梭村	0879-8342971
	景东彝族自治县图书馆	景东彝族自治县锦屏镇文化街 17 号	0879-6221841
	孟连傣族拉祜族佤族自治县图书馆	孟连傣族拉祜族佤族自治县孟连镇	0879-8727552
	江城哈尼族彝族自治县图书馆	江城哈尼族彝族自治县勐烈镇勐烈大街 104 号	0879-3721520
	墨江哈尼族自治县图书馆	墨江哈尼族自治县武庙街 95 号	0879-4232473
西双版纳傣族自治州	景洪市图书馆	景洪市景洪镇嘎兰中路 6 号	0691-2123035
	西双版纳傣族自治州图书馆	景洪市景洪镇南路 11 号	0691-2122142
	勐腊县图书馆	勐腊县勐腊镇正街腾龙广场小区东南侧	0691-8125577
	勐海县图书馆	勐海县象山镇南海路 36 号	0691-5122266
大理白族自治州	祥云县图书馆	祥云县祥城镇西街 44 号	0872-3120019
	弥渡县图书馆	弥渡县弥城镇青螺公园内	0872-8162563
	云龙县图书馆	云龙县石门镇四街	0872-5520611
	洱源县图书馆	洱源县玉湖镇玉湖村委会	0872-5122368
	宾川县图书馆	宾川县牛井镇街道居委会中心街 23 号	0872-7141750
	鹤庆县图书馆	鹤庆县云鹤镇南大街	0872-4122045
	大理白族自治州图书馆	大理市下关镇下关苍山路 296 号	0872-2125801
	永平县图书馆	永平县老街镇新华街 1 号	0872-6524999
	漾濞彝族自治县图书馆	漾濞彝族自治县上街镇新建街 25 号	0872-7520031
	南涧彝族自治县图书馆	南涧彝族自治县南涧镇振兴南路 17 号	0872-8521143
	大理市图书馆	大理市复兴路 321 号	0872-2670405
	剑川县图书馆	剑川县金华镇拓新路 3 号	0872-4521903
	巍山彝族回族自治县图书馆	巍山彝族回族自治县文华镇大水沟街 15 号	0872-6123954

续表

	图书馆	地址	电话
德宏傣族景颇族自治州	梁河县图书馆	梁河县遮岛镇南甸路 126 号	0692–6161294
	芒市图书馆	芒市斑色路 1 号	0692–2122069
	陇川县图书馆	陇川县章凤镇同心路	0692–7172571
	瑞丽市图书馆	瑞丽市勐卯镇勐卯路	0692–4141792
	盈江县图书馆	盈江县平原镇永胜路北牌 16 号	0692–8189263
	德宏傣族景颇族自治州图书馆	芒市镇青年路 11 号	0692–2121307
丽江市	丽江市图书馆	丽江市古城区中济路 100 号	0888–5170611
	华坪县图书馆	华坪县中心镇东街	0888–6124055
	丽江市古城区图书馆	丽江古城区玉福路	0888–5112400
	永胜县图书馆	永胜县永北猿门路	0888–6525872
	宁蒗彝族自治县图书馆	宁蒗彝族自治县大兴镇赤格阿龙路 96 号	0888–5521219
怒江傈僳族自治州	兰坪白族普米族自治县图书馆	兰坪白族普米族自治县金顶镇江头河	0886–3212071
	泸水县图书馆	泸水县六库镇江东	0886–3626444
	福贡县图书馆	福贡县上帕镇	0886–3411329
	贡山独龙族怒族自治县图书馆	贡山独龙族怒族自治县茨开镇满孜村委会	0886–3511409
	怒江傈僳族自治州图书馆	泸水县六库镇渡口路 10 号	0886–3622268
迪庆藏族自治州	维西傈僳族自治县图书馆	维西傈僳族自治县保和镇杆香村	0887–8627205
	德钦县图书馆	德钦县升平镇南坪街	0887–8412213
临沧市	永德县图书馆	永德县德党镇德党村	0883–5211254
	临沧市图书馆	临沧市临翔区缅宁大道 425 号	0883–2122222
	凤庆县图书馆	凤庆县凤山新市场 60 号	0883–4212203
	镇康县图书馆	镇康县凤尾镇	0883–6623848
	双江拉祜族佤族布朗族傣族自治县图书馆	双江拉祜族佤族布朗族傣族自治县勐勐镇	0883–7627931
	云县图书馆	云县爱华镇东大街 54 号	0883–3211639
	沧源佤族自治县图书馆	沧源佤族自治县勐董镇	0883–7121071

注：本表信息为实施课题调研期间所采集，后因行政区划变更等原因，少量信息与目前不符，仅供参考。

附件：010

安全告知书

亲爱的同学：

你好！

1.报告家长，向监护人说明参加课题的内容、工作方法、工作时间等，征得家长的同意。

2.外出行程、调研、餐饮和住宿均须结伴同行，增强安全防范意识和自我保护能力，不酗酒、不打架斗殴、不到危险的地方、不做与课题信息采集无关的事，否则产生意外后果自负。

3.调研期间工作时间为每日上午9：00到晚5：00。

4.每组人员由本课题组老师直接分组指导，师生手机均24小时开机，保证通信畅通，遇到问题困难及时沟通。

5.每组人员每晚8：00以前向指导老师发短信或打电话报平安一次。

被告知人（签字）：

告知人："云南民族医药文献目录编纂研究"课题组

2012年1月12日

（本告知书一式二份，分别由参加调研的同学和课题组各执一份。）

附件：011

工作注意事项

一、感谢参与，锻炼自己，学习做科研的方法是好的开始。

二、各地州部分图书收藏单位地址及电话（略），不是只需要调研以下单位哦！

这只是课题组目前能尽量提供的一些信息（略），不完全准确，仅供参考！

同理查找其他图书收藏单位的地址和电话信息（略）。

三、假期可重点针对自己调研的地区，利用人脉圈多咨询、收集各种可能收藏有文献的单位信息，并做好记录。进一步安排行程，深入调查，采集信息。带上学生证、身份证及调查用品前去，态度谦虚，认真严谨，勤学好问。

节前恶补！利用春节前期学习相关资料，补充知识，还可上百度查相关知识点。

四、在民族县区、乡镇采集文献信息时应注意民族生活习俗和细节（略），谦虚请教。

如文献为古傣文等难以识别的民族文字不能即时了解文献内容时，请文献保管人解说文献内容，拍照（尽量全）并做好记录，回来研究。

五、古籍图书或抄本、刻本、拓本等非现代出版文献，需要拍照时，注意按周老师的讲解操作，如有不能拍照的可以复印资料，可能会收取费用，遇到任何问题可发短信或打电话给分组负责的老师，及时沟通解决。

六、课题组指导老师：××

QQ：××　手机：××

七、按要求签署《安全告知书》一式两份，注意安全。

预祝取得圆满成功！

预祝大家春节快乐！合家欢乐！

国家社科基金项目“云南民族医药文献目录编纂与研究”课题组

2012年1月12日

第五节　云南民族医药文献收藏情况的摸底、普查、搜集、整理

通过前期古籍文物普查工作的大力宣传，奠定了较好的群众基础，课题组得以借助各地区少数民族古籍工作机构、专兼职人员以及覆盖全区的古籍工作机制联络各古籍办，开展了广泛的少数民族医药古籍文献调查工作。大家统一了思想，厘清了思路，对少数民族医药古籍文献信息收集工作的重要性、紧迫性有了明确的认识，并克服困难，积极开展民族医药文献信息调研，努力采集民族医药文献的基本信息。课题组运用实地调查法（包括关键人物深度访谈法、集中调查法、追访调查法、融入式调查法、留种调查法）、信函问卷、电话采访问答、检索和核实信息以及民间走访等多种调查方法，摸底与调查云南省民族医药文献收藏情况，以获得第一手文献信息资料。

一、云南民族医药文献调研采用的方法

我们在广泛收集民族医药文献信息的过程中，主要采用了以下几种调研方法：

1. 实地调查法

经过集中培训和严密组织，2012 年 1—2 月派出 13 个调研小组，由课题组老师指导分赴 13 条线路。按照调研和信息采集要求，调研小组分别对楚雄彝族自治州楚雄市、双柏县、南华县、元谋县，红河哈尼族彝族自治州开远市、蒙自市、建水县、石屏县，丽江市古城区，普洱市思茅区、景东彝族自治县、景谷彝族傣族自治县、镇沅彝族哈尼族拉祜族自治县、孟连傣族拉祜族佤族自治县、澜沧拉祜族自治县、西盟佤族自治县，临沧市凤庆县、云县、永德县、镇康县、双江拉祜族佤族布朗族傣族自治县、沧源佤族自治县，曲靖市陆良县、师宗县、罗平县，大理白族自治州大理市、漾濞彝族自治县、宾川县、巍山彝族回族自治县、永平县、剑川县，德宏傣族景颇族自治州梁河县，怒江傈僳族自治州福贡县、贡山独龙族怒族自治县、兰坪白族普米族自治县，迪庆藏族自治州香格里拉市、德钦县、维西傈僳族自治县等近 40 个县份的文献收藏单位，如民宗局、博物馆、图书馆、县文史研究室、卫生局、医院、学校和民间等进行走访和采集，都或多或少收集到各年代的民族医药文献书目信息，并完成信息采集表填写和部分文献的拍照工作。此次调研填写并收回表格 600 余份，包含稀少的民族医药古籍文献和大部分民族医药现代文献，也有少数不属于收录范围的文献信息。与收藏保管者沟通，征得同意

后，课题组按调研要求，对大部分文献的外观、封面、版权页、作者简介页、目录页、正文部分、后记等部分进行了拍照，并汇总分类编目照片资料，容量达10G，为今后在此基础上开展更多方向的研究积累了丰富的原始资料，为将来建设云南民族医药文献图文数据库奠定了基础。

课题组用Execl表格对采集到的信息进行一一录入、整理和校对。

2. 关键人物访谈法

关键人物访谈是最重要的研究方法之一，主要是对一地享有较高声望、医药经验丰富或对当地情况非常熟悉的人士进行专题访谈。根据课题组的文献调研目的选择各地州民族医院院长、民族医药文献资料室专家、民族医诊所医生、民族药专家、乡村医生、民间民族医生等作为访谈对象，如跟随西双版纳州傣医医院林艳芳主任、岩罕单主任药师深入勐腊地区寻访佤族民间医生和傣族医生等。这些闻名乡里的民族医生给课题组提供了比较丰富、系统和全面的本民族医药知识和民族医药文献信息。这项工作是课题组在做了大量耐心细致的思想工作和进行充分的沟通并取得充分信任的基础上，才取得顺利进展的。这种方式耗费的人力、物力较多，但效率不高[①]。课题组努力利用各种关系寻访民间民族医生，请当地民族医药工作者利用便利条件深入寺院藏经楼对僧人进行访谈，了解民族医药文献收藏情况。

3. 学科专家咨询法

课题组在调查研究过程中及时咨询学科专家。课题组在进行文献检索的同时，关注学科专家的信息，有的专家是课题组成员多年的老师和朋友，可以直接打电话咨询；有的专家是本省本校的学者，也方便进行访问和咨询；对于外省的专家学者，课题组尽量利用出差的便利预约访问，进行课题实施的咨询。专家们除了分析讲解研究要点外，还介绍了其他相关业内学科专家，给予课题组大量的专业指导，在此感谢专家们的无私帮助。

研究的过程中，课题组针对遇到的问题有目的地咨询文献学、民族医药学专家以及编目人员等，以寻求解决问题的方法。咨询的专家包括云南大学、云南民族大学长期研究云南民族史、民族档案学、少数民族古籍档案管理、民族历史档案、民族医药口述文献、民族医药文献数字化的资深专家，云南省民委民族古籍整理出版规划办主持或参与编撰多部民族古籍文献提要和其他民族古籍研究著作的专家，国内长期从事文献信息检索和古籍整理研究的权威教授，研究敦煌医学及文献保护整理研究的文献专家，以及高校图书馆多年从事古籍管理研究的学者们。此外，约访中国中医科学院中医药信息研究所从事中医药古籍整理和文献编目研究多年，编著出版过大部头医药图书文献目录和大

① 杜江.民族医药调查的基本方法[J].中国民族医药杂志，2008(6).

型联合目录的编撰者。他们很多都是曾经或正在主持国家社科基金、各级各类科研项目，有着丰富科研经验和较高水准，或在本专业有深厚学科功底的业内专家学者。例如，本民族医药学院多年从事民族医药文化、文献研究的教授专家对云南民族医药或文献研究深入，成果丰硕，颇有建树，观点权威。还有地州少数民族医疗机构、研究机构中熟练掌握本民族医药文化和资源、能深入民族地区并与民间民族老医生成为朋友、熟悉民族医药田野调查和研究方法、懂本民族文字或语言和汉语言文字的交叉学科人才，以及掌握民族医药古籍文献分布和收藏情况的民族医药学专家等。课题组虚心请教这些人，向他们收集或委托他们收集民族医药相关文献信息。

有的专家近年来主持或参与“云南傣族”“彝族医药古籍文献总目提要编纂”“云南傣族医药古籍文献整理及其基础数据库建设研究”“云南民族医药古籍目录编撰”等项目，研究的热点集中于云南民族医药资源、民族医药文献资源的收集、信息数据库建设和应用研究方面，积累了大量宝贵的工作经验和资料，通过咨询他们，课题组少走了不少弯路，提高了工作效率，获得了很多第一手资料和重要线索。

4. 集中调查法

集中调查法是集中调查当地有一定代表性的民族医生群体。调查组依托当地有工作来往的民族医药工作者，对他们进行以采集文献收集信息为目的的短期的集中访谈。这种方法的工作效率高，能在短期内获得较多资料。例如，课题组依托西双版纳州傣医医院召集民族医生座谈时，由于前期做了大量基础工作，从民族医生那间接或直接获得大量资料，或购买、复印古籍文献，采集到近200条民族医药古籍文献信息。通过这种方式，民族医生们可以相互印证、相互交流和启发，因而所获调研资料比较切实，并具有一定代表性。通过这种方式获得的原始资料虽然较为零散，但形式多样，反映了医药文献在民间收藏的原始面貌，真实地反映了文献的存佚收藏情况，可为下一步制订开发利用方案等提供决策依据。同时，也可能因民族医生之间相互忌讳而出现“泛泛而谈”或“半谈不谈”的情况。西双版纳州傣医医院采取不同形式做了很多工作，他们深入民间，走村串寨，个别寻访，收集文献，工作艰辛程度不言而喻。

5. 追访调查法

追访调查法是对民族民间医生等人员进行访谈，或得到文献提示后对于民族民间医生所介绍的有深入研究价值的文献信息进行跟踪访问调查。考虑到民族民间医生的文化水平或习惯等因素，对于其所介绍的医药文献书目信息、文献的保存收藏情况等都需要对文献收藏者使用追访调查法，方能得到较为明确的结论。这也是对基础调研资料进行印证的最直接和最客观的方法之一。课题组对个别的民族医药信息使用了此方法，但工作量较大，成本亦高，成效不显著。例如，由傣医学专家林艳芳老师、傣药学专家岩罕单老师团队带领，课题组追访傣族民间治疗癌症的高手“白医生”，全程体验了民族医生在村寨日常行医的点滴。遗憾的是，由于时间限制，没有采集到民族医药实物文献信息，只了解了一些口述医药知识，所获取的信息比较零散，故未能做系统整理。

6. 融入式调查法

这种方法是研究人员深入某一地区，与民族医生长期生活在一起，通过感情的联络，建立起良好的互信关系。这是一种研究人员置身于医生们的医疗活动中，亲自观察和感受其医疗过程和实际治疗效果的调查方法。这种方式最为深入、翔实和客观，价值也最高，但是也最耗费经费、时间、人力和物力的方法，一般是在调查有较强的针对性时进行①。课题组先后3次派出调研人员与当地民族医生共同工作，研究和采集书目信息，单次调研周期达2月，合计近4个月，采集到近300条民族医药古籍文献信息，收效较佳。今后采集民族医药文献信息并做深入的文献整理研究时可采用此法，当然前提是在普遍调研的基础上已初步掌握民族医药文献的收藏情况。

7. 留种调查法

留种调查法是在调研过的有代表性的地区有选择性地聘请信息员，信息员需按要求继续在当地进行长期的调研和资料收集，然后定期或不定期地向课题组提供新的资料和信息。本调查法是一种比较经济而又能长期获取信息的有效方式，因而，信息员的选择相当关键。首先，要求信息员具有良好的素质和较牢固的民族医学文化基础，还要具备相应的民族医学药学知识以及文献信息的处置能力；其次，信息员对本项工作要有浓厚的兴趣和较强的责任心②。例如，对迪庆藏族自治州藏医院等文献收藏单位进行调研时，课题组采用了此方法。课题组前后3次对该点实施了调研，第一次预调研时大概了解到当地民族医药文献多为藏文或梵文手写或刻印，考虑到没有懂得藏文的当地藏族医生是没有办法采集信息的，故经与该院院长姚晓武主任医师商谈并取得同意后，由其安排专人负责翻译和信息采集工作，配合课题组派出的研究人员，两次驻扎在高寒地区，进行了长达2个月的信息采集、图像采集工作，著录信息完整准确，收集到上百部藏族医药文献信息，还有极为珍贵的14条唐卡信息，收获相当丰厚，为云南民族医药古籍文献信息的汇集和编撰联目提供了重要的资料。在此也要感谢姚院长的开明和支持，感谢当地协助工作的鲁茸江次、阿安姆、初诚和不知名的藏族医生们。

8. 历史研究法

云南少数民族具有不同的文化背景，其特有的医药古籍文献往往有深厚的历史渊源，因而要具体分类研究其发生发展和演变的历史等，根据各民族医药文献的保存情

① 杜江 . 民族医药调查的基本方法［J］. 中国民族医药杂志，2008（6）.

② 杜江 . 民族医药调查的基本方法［J］. 中国民族医药杂志，2008（6）.

况、特征，综合评价和处置。历史研究法，即查询史志、县志等文献中的线索，追本溯源查找文献。此法贯穿研究的全过程，课题组利用了大量文献检索功能，查阅了云南省档案馆、云南省图书馆及多家高校图书馆收藏的史志文献，使用泛读和精读相结合，查找和摘录民族医药文献的相关信息，再进行验证核实。这种方法虽然耗费了研究人员大量的时间和精力，但也小有收获。例如，研究报告和《目录提要》中标注为“存目古籍”的文献即此方法查找到的云南本土曾经流通过，但现今已亡佚，只在志书中有记载的民族医药文献。为了客观反映文献的情况，课题组也对其进行著录，以供查考。

9. 文献研究法

开展文献研究时，对于有本民族文字的民族医药古文献，则从古代存留下来的文献资料中，选辑医药方面的著作进行内容梳理和分析。有些民族不一定有专门的医药著作，那就需要从综合性的著作中，去摘录其医药方面的资料，这也是比较费时费力的[①]。很多现代民族医药专著或综合性著作中，均有民族医药古籍文献信息的提示，对此，课题组通过大量的文献检索和利用，汇集和摘录云南民族医药文献的相关信息，然后再对数据进行核实校对，属于收录范围的则收录入数据表。

课题组通过综合运用历史研究法、文献研究法等，开展民族医药史文献研究。这些丰富的民族医药史文献资料展示了民族医药形成和发展的本来面目，是民族医药工作者获取信息的宝藏，为进一步深入开展学术研究提供了客观对象和现实基础。

30 多年来，关于民族医药史的研究，国内专家学者取得了可喜的成果，使得众多少数民族拥有了自己的医学史专著。例如：张实著的《云南藏医历史与文化》，依专、吴永贵主编的《傣医药学史》，李耕冬、贺延超著的《彝族医药史》，黄汉儒、黄景贤、殷昭红编著的《壮族医学史》，王智森著的《基础藏医学史》，强巴赤列著的《藏族历代名医略传：藏文》，格桑陈来著的《藏族医学史》，措如·罗追加措主编的《藏医学史总论：藏文》，王镭著的《西藏医学史》，蔡景峰著的《藏医学通史》，王弘振主编的《安多藏蒙医药学史研究》，巴·吉格木德著的《蒙医学史》，伊光瑞主编的《内蒙古医学史略》，杜江、田华咏、张景梅主编的《苗医药发展史》，田华咏、杜江主编的《中国苗医史》，王柏灿主编的《历代壮族医药史料荟萃》，田华咏主编的《土家族医学史》，张文宣主编、延边朝鲜自治州民族医药研究所编纂的《中国朝鲜民族医学史》，徐万君主编的《湖南民族医药发展史》，单于德主编的《回族医药学简史》等。民族医药史的研究成就还体现为一批民族医药史研究论文的发表，如《傣族历史文化与傣医药的历史渊源》《广西民族医药史略考》《壮医养生习俗初探》《蒙医药学史概述》《论战国秦汉时期壮族医药的成就》等。通过对这些民族医药史料的研读和信息提取，验证和补充了课

① 蔡景峰．民族医学古文献概述［J］．中国民族医药杂志，1998（4）．

题组通过其他途径收集到的民族医药文献信息。

经过实践，课题组认识到民族医药文献调查工作总体上来说需要做到“周密计划，精心准备，耐心虚心，深入细致，方法多样”① 才能取得较好的成绩。从事民族医药调查的同行们的宝贵经验和体会都给了课题组很多启发。在实际调查中，课题组综合运用多种调研方法，其中关键人物访谈法和集中调查法是比较常用的方法。课题组通过摸索、总结、借鉴和归纳，基本能熟练运用各种方法，交叉使用各种方法，并根据各种方法的优缺点和工作要求而有所侧重。

二、收集民族医药文献信息的阶段分析

近年来，课题组依托云南中医药大学民族医药博物馆、云南省第三次民族医药文物文献普查等平台，与全国少数民族医药文献整理及适宜技术推广项目组人员联合开展广泛调研。此外，云南中医药大学于 2009 年被评为第二批云南省哲学社会科学研究基地——“云南省民族医药保护与产业发展研究基地”，并且和各地少数民族医院、研究所等合作开展民族医药文献研究。云南中医药大学和西双版纳傣医医院合作开展傣族医药文献的研究，完成了傣族医药本科高等教育规划教材的编写，所完成的“傣医学理论体系的研究”于 2009 年荣获云南省科技进步二等奖；云南民族医药研究中心在民族医药文化研究方面积累了丰富的方法，为开展多民族医药文化研究打下了坚实基础。与楚雄州彝族医院、彝族医药研究所合作开展了彝族医药的整理研究工作，专著《云南彝医药》已由云南科技出版社出版。课题组的调研和信息采集建立在此基础上，根基牢靠。课题组相信，通过向基层纵深扩展的调研，可以查缺补漏，补充更多的文献信息，使掌握的民族医药文献信息更加全面和准确，更具查考性。

截至 2012 年底，通过第一期的调查工作，课题组收集到了 69 部傣族医药古籍文献，46 部彝族医药古籍文献信息。截至 2014 年底，共收集贝叶经 44 册、纸板经 5 册、贝叶经（现代文献）114 册、《彝族毕摩经典译注》40 卷、《纳西东巴古籍译注全集》100 卷等文献信息，并做了记录（见表 5-1）。

① 杜江．民族医药调查的基本方法［J］．中国民族医药杂志，2008（6）．

表 5-1　截至 2012 年底"云南民族医药文献目录编纂与研究"调查收获简表（一）

时间	地点	调研人员	调研对象	收获
2009 年	沧源县、西盟县	艾健	乡村医生、图书馆、卫生局	《中国佤族医药》《云南民族医药文化浅探》《沧源佤族自治县农村实用科技》等
2009 年	普洱市	赵永刚	私人	《中国哈尼族医药》《西双版纳哈尼族医药》《元江哈尼族药》等
2012 年	楚雄市	施剑平	州医院、彝族医院、州图书馆等	彝族医药古籍文献一批
2012 年	马关县	王婷婷	图书馆、民间医生	《壮医药制剂》《彝族医药汇编》等
2012 年 2 月	丽江市、香格里拉市、维西县	熊金富、戴翥	图书馆、文化馆、丽江东巴文化研究院、卫生局、藏医院	采集 33 本少数民族医药文献信息
2012 年 2 月	保山市、易门县	杞艳萍	图书馆	《中国民间草药方》《彝药志》《傣医常用名词术语解释》等
2012 年 2 月	陆良县、师宗县	周慧、杨阳	图书馆、书店、中医院	《图解四部医典》《云南民族药志》《民医方》《民间祛病偏方》等
2012 年 2 月	维西县	杨雪、陶凡	图书馆	《玉龙本草》等
2012 年 2 月	景谷县、孟连县、思茅区、墨江县	杨元连	图书馆	《民间治病绝招大全》《中国民族民间秘方大全》《拉祜族民间特色药用植物》等
2012 年 2 月	弥勒县、蒙自市、开远市、建水县	陈青青、谷丽诗	图书馆、卫生局、私人百草药堂	《中国少数民族民间验方精选》《象形医学——彝族苗族传统医药学精要》《彝族古文献与传统医药开发国际学术研讨会论文集》《中国彝族药学》《中国彝族医学基础理论》《滇人天衍》等
2012 年 2 月	江川县、大理市、弥渡县	杨福春、戴翥	图书馆、中医院、私人	采集 20 本书的信息
2012 年 2 月	禄丰县、双柏县、大姚县、南华县、楚雄市	彭朝艳、陈思翠	图书馆、文化馆	《彝文医药》《彝族医药史》《怒江中草药》等
2012 年 2 月	云县、沧源县、双江县	唐学锋	图书馆、私人	《云南中草药》《云南民族药志》《云南常用中草药》《云南天然药物图鉴》《双江拉祜族文化》等 20 多部
2012 年 2 月	大理市、巍山县、宾川县、永平县、鹤庆县	金毓梅、桂佳佳、戴翥	图书馆、民宗局、医院、博物馆、私人	《楚雄彝州本草》《中国彝医》《云南藏医历史与文化》等 10 本
2012 年 5 月	昆明市	戴翥、周红黎	私人	采集《中国佤族医药》《玉龙本草》等 20 多本书籍信息

续表

时间	地点	调研人员	调研对象	收获
2012年7—9月	香格里拉市、三坝乡	程鹏飞	私人	《延生图集》8册、《追草药》(东巴文)、《玉龙本草备要》《探寻东巴圣迹——我与圣地东巴文化结缘的历程》《藏区东巴文化要览》《最后的原始崇拜——白地东巴文化》《纳西学研究论集》等
2012年2月	昆明市	戴翥、程鹏飞、刘海军、孙超	云南中医药大学图书馆、民族医药中心、私人	采集100多本民族医药文献信息

课题组对收集到的文献信息进行整理、核对，筛除不属于收录范围的干扰信息（如中医药、兽医及其他）后的目录如下：

第一期调研收集的民族医药文献目录

1　档哈雅嘎塔
2　档哈雅顿多滇
3　档哈雅曼飞勐混
4　星算医书勐混岩温
5　档哈雅沙巴害
6　档哈雅帕雅害岩康
7　档雅害沙巴岩康
8　档哈雅思龙
9　档哈雅勐龙波亮
10　档哈雅召法
11　档哈雅沙巴塔
12　档哈雅康朗帕圭利
13　档哈雅龙宗泰帕雅滚档来
14　档哈雅沙巴雅档来
15　档哈雅迪勐滚
16　档哈雅尚迈
17　档哈雅波玉儿婻
18　档哈雅沙巴帕雅
19　档哈雅康朗刀香嫩
20　档哈雅波叶
21　档哈雅曼达岩罕香
22　档哈雅沙巴
23　档哈雅（波罕燕）
24　档哈雅波温法
25　档哈哈帕雅毫雅帕沙傣
26　档哈雅帕雅麻
27　档哈雅罕香达磨雅曼达
28　档哈雅岩罕香达
29　档哈雅召发先迪
30　过帕雅和沙干
31　档哈雅扎两题
32　档哈雅麻（1）
33　档哈雅麻（2）
34　档哈雅帕雅（鲁英）
35　档哈雅巴朗
36　档哈雅帕亚题罗嘎
37　档哈雅勐罕
38　档哈雅岩燕

39 档哈雅康朗龙
40 档哈雅玛哈香勐混
41 档哈雅千应
42 档哈雅沙巴龙
43 档哈雅朴占
44 档哈雅帕雅滚档来
45 档哈雅比咱哈龙勐腊
46 档哈雅波在腊
47 档哈雅涛磨雅勐龙
48 档哈雅帕亚害
49 档哈雅波温洪
50 档哈雅岩洪脑
51 档哈雅波罕洪
52 档哈雅帕亚沙塔档来
53 档哈雅波玉波
54 档哈雅波罕应
55 档哈雅波涛法
56 档哈雅帕亚沙巴
57 档哈雅傣当来
58 档哈雅波涛磨雅嘎囡
59 档哈雅嘎囡
60 档哈雅嘎龙
61 档哈雅几内罕
62 档哈雅（西双版纳州景洪市大勐龙镇小街乡）
63 档哈雅波磨勐龙
64 档哈雅波应勐龙
65 档哈雅勐龙康朗应
66 档哈雅勐龙
67 档哈雅拢沙巴档勐
68 档哈雅沙巴拢
69 档哈雅康朗庄
70 档哈雅拢害沙巴
71 档哈雅陶西里
72 档哈雅沙巴拢帕雅
73 档哈雅麻腊
74 档哈雅帕雅拢龙
75 档哈雅拢龙
76 档哈雅帕雅滚害档来
77 档哈雅补英宰鲁旺
78 档哈雅罗嘎
79 档哈雅
80 档哈雅（另一版本）
81 档哈雅敢满
82 档哈雅麻哈蒙
83 档哈雅拢档勐
84 档哈雅帕拢
85 挡哈雅勐捧
86 档哈雅哈拢档朱
87 档哈雅麻
88 档哈雅沙巴害帕雅拢沙里坝
89 档哈雅迈捧
90 档哈雅啊占塔档细
91 档哈雅檬达很拢沙巴
92 档哈雅腊鹏
93 档哈哈帕雅
94 档哈雅拢档来（傣医）
95 档哈雅曼米
96 档哈雅扎雅尚嘎哈
97 档哈雅维些
98 档哈雅办咱那里
99 档哈雅勐傣
100 塔都当细
101 档哈雅贺理

102 档哈雅召书婉娜
103 档哈雅召傣当来
104 档哈雅比咱哈
105 档哈雅沙巴帕雅
106 档哈雅啊奴麻
107 档哈雅欢
108 档哈雅解三哈
109 档哈雅害沙里坝
110 档哈雅滚害沙巴帕雅
111 档哈雅曼那麻勐海
112 档哈雅嘎拢
113 档哈外芽
114 档哈雅傣力塔都嘎他
115 档哈雅沙巴档勐
116 巴吉扺
117 巴腊吉
118 巴力往
119 麻哈娃
120 著腊哇
121 桑格尼
122 维旁噶苏
123 桑如达尼该
124 嘎他怺土
125 昂谷打腊尼该
126 麻哈粑滩
127 贺达嘎尼该
128 波嘎腊班牙迪
129 塔都嘎他
130 尼该煌
131 嘎牙山哈雅
132 牙麻嘎
133 麻吸麻尼该
134 迪卡你阶
135 立奶幌
136 档哈菲康朗仑
137 档哈雅岩吨（第一集）
138 乎腊龙
139 罕煜冷泼
140 天文数理医病书
141 档哈雅岩吨（第二集）
142 彝族药材现代研究
143 彝医治疗学
144 彝族验方
145 中国彝族民间医药验方研究
146 彝族医药
147 彝族医药史
148 贵州彝族医药验方选编
149 哀牢山彝族医药
150 彝族医药学
151 聂苏诺期
152 彝学研究文丛：象形医学——彝族苗族医药学精要
153 云南彝医药·云南彝医（上）
154 云南彝医药·云南彝药（下）
155 彝医揽要
156 彝族古文献与传统医药开发国际学术研讨会论文集
157 中国彝医
158 云南石林彝族药用植物研究
159 彝族医药汇编
160 彝族医药荟萃
161 启谷蜀
162 医病好药书
163 尼苏诺期——元阳彝族医药

164 云南哀牢山区发现的彝族医药文献考评
165 哀牢本草
166 布依族医药
167 苯教四部藏医经典
168 常用藏中药简编
169 常用藏医银针
170 楚雄彝州本草
171 大理中药资源志
172 大理州中药资料选编
173 大理州老中医学术经验交流合资精选篇
174 德昂族药集
175 德宏傣药验方集
176 德宏民族药志
177 德宏民族药名录
178 傣药学
179 傣医临床学
180 傣医经典选读
181 傣医基础理论
182 傣医诊断学
183 傣医方剂学
184 傣族医药研究
185 傣族医药学
186 傣医传统方药志
187 傣医常用名词术语解释
188 达沙维玛腊
189 迪庆藏药
190 迪庆藏族民族志
191 《滇南本草》植物药及云南名产中草药的现代研究
192 道地药材图典
193 达沙赞
194 侗族药物方剂学
195 侗族常用药物图鉴
196 第司藏医史
197 峩山彝族药（峨山彝族药）
198 嘎比迪沙迪巴尼译注
199 贡嘎山植被
200 高黎贡山原生兰科植物
201 古傣医验方译释
202 红河彝族文化遗产古籍典藏（第十卷）
203 红河彝族文化遗产古籍典藏（第十三卷）
204 红河彝族文化遗产古籍典藏（第十五卷）
205 红河彝族文化遗产古籍典藏（第十六卷）
206 红河彝族文化遗产古籍典藏（第十七卷）
207 红河彝族文化遗产古籍典藏（第二十卷）
208 红河中草药
209 哈萨克族医学概论
210 拉祜族常用药
211 晶珠本草
212 昆明民间常用草药（内部发行）
213 昆明草药志
214 基诺族医药
215 疗马集
216 丽江中草药
217 怒江中草药
218 怒江流域民族医药

219 纳西东巴医药研究
220 毛南族医药
221 民间医药秘诀
222 民族民间医药千方集萃
223 民族民间药物治疗内科病症
224 民族民间方剂选
225 民族植物学
226 民族医药发展论坛论文集
227 明代彝医书
228 蒙自中草药通讯
229 苗医绝技秘法传真
230 苗家养生秘录
231 民族医药研究
232 苗族医学
233 苗族医药学
234 玛哈呢板
235 弥勒县民间验方选编
236 尼苏诺期
237 呢该档哈
238 南涧彝族自治县民间草药验方选编（无量山区域）
239 普米拉祜族药用民族植物学研究
240 普米族单方治疗杂病手册（内治分册）
241 菩提树下的藏学和蒙古医学
242 仡佬族医药
243 启谷署（另一版本）
244 全国民族医药图情工作委员会成立全国首届民族民间医药学术交流会论文专集
245 全国第二届民族民间医药学术交流会论文专集
246 曲靖专区中草药手册
247 四部医典
248 四塔
249 思茅地区傣族传统医药研究
250 思茅专区单方验方秘方选编（初稿）
251 水族医药
252 水族民间用药选编
253 少数民族地区药用植物多糖的化学与药理
254 少数民族地区药用植物的化学与药理
255 畲族医药学
256 实用壮医学
257 实用瑶医学
258 宿喀藏医史
259 神奇的藏医尿诊
260 舒婉纳
261 土家族医学史
262 土家族医药
263 土家族药物志
264 土家族医药学概论
265 土家族医药学
266 图解四部医典（秘法与实用篇）
267 图解四部医典（医理与养生篇）
268 谭氏土家伤科本草
269 佤族民间常用植物药
270 文山三七治奇症
271 文山中草药
272 香格里拉民族药图鉴
273 西玛板

274 西双版纳傣药志（一）
275 西双版纳傣药志（二）
276 西双版纳植物名录
277 西双版纳药用植物名录
278 西双版纳古傣医药验方注释
279 象形医学——彝族苗族传统医药学精要
280 彝药本草
281 彝药志
282 彝汉针灸学
283 彝族祖传食疗验方二百例
284 彝族医药学研究
285 彝文医药（译本）
286 元江哈尼族药
287 云南民族药志
288 云南民族医药研究（2008）
289 云南民族医药研究（2010）
290 云南佤族医药
291 云南民族药名录
292 云南民族民间单验方集
293 云南白族医药
294 云南中草药选
295 云南中草药
296 云南中草药（续集）
297 云南重要天然药物
298 云南天然药物图鉴
299 云南中草药展览资料选编
300 云南植物志（第一卷）
301 云南植物志（第二卷）
302 云南植物志（第三卷）
303 云南植物志（第四卷）
304 云南思茅中草药选
305 云南常用中草药彩色图谱
306 云南种子资源名录（上册）
307 云南种子资源名录（下册）
308 云南藏医历史与文化
309 云南生物多样性及其保护研究
310 云南常用中草药单验方荟萃
311 云南常用中草药彩色图谱
312 云南常用中草药
313 云南省中药材标准 2005 年版 第六册 彝族药（Ⅲ）
314 云南省中药材标准 2005 年版 第二册 彝族药
315 云南中药资源名录
316 云南国家重点保护野生植物
317 云南民族文化知识丛书 滇人天衍
318 云南省中医（民族医）药临床基层适宜技术
319 云南省老中医学术经验交流会资料选编
320 云南种子植物名录
321 云南抗癌中草药
322 云南中草药处方选（初稿）
323 云南药品标准通讯 大黄藤·专辑
324 永平县中草药资料选编
325 永德县中草药物及单方验方
326 玉龙本草
327 玉溪中草药
328 中国贝叶经全集——傣方药“四塔”“五蕴”阐释
329 中国贝叶经全集——档哈雅

330　中国贝叶经全集——傣药志
331　中国贝叶经全集——药典
332　中国贝叶经全集——各种祛邪驱鬼消灾术
333　中国民族药食大全
334　中国各民族民间外治秘方大全
335　中国民族药志
336　中国民族药志（第一卷）
337　中国民族药炮制集成
338　中国少数民族医药保健
339　中国民族药志要
340　中国民族药选
341　中国傣医药彩色图谱
342　中国彝族医学基础理论
343　中国彝族药学
344　中国藏药（第一卷）
345　中国藏药（第二卷）
346　中国藏药（第三卷）
347　中国少数民族民间验方精选
348　中国彝族药学
349　中国彝医
350　中国彝族民间医药验方研究
351　中药别名速查大辞典（彝族药）
352　中国佤族医药（一）
353　中国佤族医药（二）
354　中国佤族医药（三）
355　中国佤族医药（四）
356　中国拉祜族医药
357　中国少数民族传统医药大系
358　中国传统医疗绝技大全
359　中华医学会双江分会会员论文选集
360　中华本草　傣药卷
361　中国民族医药外治大全
362　中国纳西东巴医药学
363　中国云南蕨类植物（新编）
364　中草药验方（红河州中西医结合成就展览）
365　藏医养生图说
366　藏式健身宝卷
367　藏医学通史
368　藏医药经典文献集成
369　藏医秘诀汇集
370　藏医秘方精选
371　藏汉合璧节用藏成药实用手册
372　藏医治疗学研究
373　藏医历史与文化
374　藏医心理学
375　藏医心身概论
376　藏英汉对照藏医会话
377　藏医养生密码
378　藏医精要
379　藏医药经典文献集成
380　藏医火灸疗法
381　藏药志
382　藏医千万舍利
383　藏医医诀补遗
384　藏族历代名医略传
385　藏医药研究荟萃
386　藏族医药学
387　者米拉祜族药用民族植物学研究
388　医病好药书
389　医病书

三、阶段小结和策略调整

2012年底前的以普查为主的调研，虽然收集到的文献种类和数量不算多，但基本摸清了少数民族古籍的分布和收藏状况，掌握了很多民族医药文献收藏的线索，为下一步的工作奠定了基础和厘清了思路。

课题组把搜集回来的文献（含部分古籍）信息进行整理，并建立数据表，对采集的所有字段信息进行录入和加工等，遇到问题时再次核实校对，或带着问题进一步查考文献、检索资料，不断地学习，促进了学术研究深入。参与此项研究工作的研究生、本科生都表现出了极大的兴趣和热情，认为课题组做的是一件非常有意义的事情，少数民族医药古籍文献工作的专业队伍得到了扩充。课题结题时，有两名研究生取得了民族医药学专业硕士学位，并被分配到民族医药杂志编辑部从事编辑工作。

课题组在前期广泛调研的基础上，研究方法指导实践，进而不断修订和完善工作计划。课题组有重点地抓住几个少数民族聚居、民族医药文献资料丰富的民族自治区域，进行重点联络，并开展实地调查。

课题组在民族民间医药的普查工作中发现存在的主要问题有：部分地方的民间医生拒绝配合此项普查工作，有的不愿透露文献内容，有的居住在偏远地区，没有充足的准备和当地熟识的人引导和帮助，难以取得信任；有些项目（比如看望、慰问有名望的民间老医生）存在经费困难等问题，难以短期内获得信息。一方面，由于民族民间医药大多是靠父传子、师带徒这种言传身教、口耳相传等方式传承，文字记载相当有限；另一方面，虽然政府多年来对全省民族民间医药的实际情况进行过全面深入的调查，但缺乏资料的全面收集、整理、挖掘和研究，对民族民间医药的利用和开发力度远远不够。加之少数民族众多，民族民间医药资源虽然丰富但比较分散，开展全省范围内的民族民间医药文献的普查工作难度较大。因而，此项工作要广泛吸纳民族医药学界有造诣的专家学者参与其中，这既是一种尝试，也是一种创新。

第六节　重点调查文献收藏单位

云南中医药大学民族医药学院的国家中医药管理局重点建设学科——傣医学、第二批云南省哲学社会科学研究基地——“云南省民族医药保护与产业发展研究基地”以及云南省中医药民族医药博物馆与西双版纳傣医医院的长期合作，为课题的开展提供了坚实的科研基础。课题组继续加强与民委、民族地区图书馆等文献收藏单位的合作，与民族医药研究所、民族地区图书馆等单位建立工作关系，在普查的基础上把几个区域和单位作为重点文献目录调研区，与西双版纳州傣医医院合作，利用他们长期与当地佛寺僧人及藏经楼管理人员、民族民间老医生保持密切联系的丰富的人脉关系，以及西双版纳州傣医医院专家学者们在当地良好的学术威望和信誉，加强与文献私人收藏者的联络和沟通，说服他们并增进相互间的理解，共同完成好采集傣医古籍文献信息的任务；与迪庆州藏医院、楚雄州彝医院合作，运用他们在当地的多种协作关系和人脉，发挥他们在当地开展民族医药及文献调研的优势，并与当地政府、民委、主管部门、各调查点建立了密切、良好的工作关系，得到相关部门较多支持，也完成了该区域的古籍文献信息采集等基础工作。重点调查的情况和收获见表 5–2。

表 5–2　截至 2012 年底“云南民族医药文献目录编纂与研究”调查收获简表（二）

时间	地点	调研人员	调研对象	收获
2013 年 1 月—2014 年 6 月	昆明市	戴翥	云南省图书馆、云南省档案馆、昌永元老医生、私人	100 余本民族医药文献信息
2013 年 1—5 月	楚雄州	施剑平	楚雄州医院、彝族医院、图书馆等	重点调研古籍文献收藏情况
2013 年 7 月—2014 年 5 月	西双版纳州	王红、岩罕单、戴翥	西双版纳州傣医医院、民族医药研究所、民间医生、私人	200 部民族医药贝叶经和纸板经
2014 年 9—12 月	迪庆州	祁天培、姚晓武	迪庆州藏医院、私人	10 张唐卡、37 部经书、155 部民族医药文献
2015 年 4 月	迪庆州	祁天培、姚晓武	迪庆州藏医院、私人	4 张唐卡、10 部经书、9 部民族医药文献

2013 年，课题组委托西双版纳州傣医药学会基于西双版纳地区现存和收藏的贝叶经、纸板经翻译及信息数据，完成了 200 种贝叶经、纸板经书名翻译及书目信息数据的采集。本课题组派出调研人员驻地 2 个月，与当地科研工作者一起完成书目数据图像采集、信息表的填写等工作。课题组严格按照《云南民族医药文献信息采集表》要求采集并记录相关数据；请当地认识老傣文的傣医药专家帮助翻译所采集贝叶经、纸板经的书名、主题词、内容提要；拍摄了每册贝叶经、纸板经的照片，照片内容包括封面、内容页（每一个章节前三页或者每册前五页）。2013 年底完成共 200 种民族医药文献信息的调查采集工作并填写了《云南民族医药文献信息采集表》，收获颇丰。在迪庆州藏医院柏玛丹争名医资料室，课题组用同样的模式开展调查，经过商谈，取得支持，在当地藏医生和管理员的帮助下填写信息采集表，并译抄藏文题名等项填入其中，补充填写相关著录项，获取了珍贵的第一手资料。第一批调研工作共采集到经书 37 卷，唐卡 10 张，

近现代民族医药书籍155种；第二批调研工作获得了唐卡4张、经书10部、民族医药文献9部等文献目录信息，对信息表和数据的整理归类也按方案认真完成。

经过对重点单位的文献的重点调查和收集，课题组基本上把信息所指引的能收集到的文献信息全部收集回来，数据量大，翔实可靠，真实准确。同时，调研工作得到了当地精通民族语言文字的民族医生的大力支持，他们帮助翻译并认真填写调查数据表，这些数据表基本全面地反映了目前云南少数民族医药文献的收藏情况。这也是课题组此次最大的收获。

第七节　查找和搜集民族医药文献目录信息

民族医药古籍文献本身具有鲜明的特殊性和实用性，属于不可再生资源，因而政府高度重视少数民族古籍文献的搜集整理研究工作。1984年，全国少数民族古籍整理出版规划领导小组的主要任务是“组织、联络、指导、协调”少数民族古籍抢救、搜集、整理、出版、研究工作。本着“保护为主，抢救第一，合理利用，加强管理”的工作方针，民族医药古籍文献的系统性、专业性保护和整理工作相应展开，目前承担民族医药文献发掘整理研究工作的主要是各地相继成立的民族医药研究所、民族医医院、档案馆、图书馆和民委等机构，使民族医药古籍文献的整理研究更具有计划性、目的性和全面性。在对民族地区医药状况普查和调研、民族医药古籍文献研究的基础上，大部分少数民族对各自的民族医和民族药进行了整理，取得了一些阶段性的成果，编辑出版了一批民族医书、民族药志、民间验方集、名录、图鉴以及国家和地方的药材标准等，成绩是显著的。

近现代对民族医药的研究也是逐步深入的，各学科专家从不同角度解读、研究民族医药，出版发行了大量的民族医药现代文献，这些文献分散于各个学科领域中，要把它们汇集起来，需要通过多种途径和方法，进行大量的检索和收集，才能较全面地反映文献情况。

文献检索是开展民族医药文献编目研究的前提和基础，马克思曾将利用文献比作“站在巨人的肩膀上”。研究者只有运用文献检索方法，才能在充分占有文献的基础上扩大视野，开拓思路，深化对问题的认识，启发深层次的思考。云南中医药大学图书馆拥有云南民族医药相关书籍（含复本）近2万册，拥有多种文献数据库，因而前期本课题组已收集了部分少数民族医药相关文献。此外，国家图书馆、云南省图书馆等文献收藏单位提供了丰富的民族医药文献信息线索，多种网络数据平台电子资源（如CNKI、万方、超星、读秀、中华古籍语料库、中国古籍网等的资源）也是较有力的补充，提供了充足的资料。课题组在文献检索的过程中查找到大量的民族医药文献，如《中国民族医药散论》《在中华民族发展整体性下的云南民族医药》《云南民族医药发展概述》《民族医药发展新动向》等诸多代表学科方向的文献。大量的阅读，可以提升民族医药文献信息的采集能力。

一、检索和采集民族医药文献信息的方法

在检索民族医药相关文献和筛选文献内容的过程中，课题组利用了大量的书目、索引、文摘等检索工具和字典、词典、百科全书、手册、年鉴等参考工具书，以及网络或本地的数据库等检索系统。在民族医药古籍文献信息获取和现代文献信息的采集中，课题组使用了大量文献检索方法。

1. 民族医药文献检索的类型

（1）书目检索。

书目检索是检索民族医药文献信息时以检索工具（如书目、索引、文摘、题录等）为检索对象的一种检索方式。查找某一民族医药主题（如时代、地区、著者、文种等）有关文献的检索过程的书目检索，如“中国藏医药都有哪些文献”“傣族医药学文献有哪些”。检索结果一般是一条条的书目记录，书目数据包括文献的题名、作者、文献出处、年代等。

（2）数据检索。

数据检索是检索民族医药相关数据和知识时，以事实和数据作为检索对象查找文献中所载的基本事实记录和专门数据，检索结果都是经过高度浓缩，可供直接利用的数据情报。数据检索不仅可查出记录这些事实的资料，而且可从中进行分析、比较，进而得到肯定性的回答。

2. 少数民族医药文献检索的语言和途径

少数民族医药文献检索语言在人工和计算机文献信息检索系统中使用，在研究文献信息过程中发挥着重要作用。检索文献的途径有许多，和民族医药文献信息的特征联系紧密的大致可以分为两类：一类具有内容特征，如民族医药主题、分类等；另一类具有著录信息特征，如民族医药文献的书名、刊名、篇名、责任者、序号等。

进行内容特征检索时按分类途径和主题途径进行少数民族医药文献的检索。

（1）分类途径：根据文献主题内容所属的学科性质，按照其在规定使用的分类体系（如《中国图书馆分类法》）中的位置进行文献信息检索的一种检索途径，即分类途径。这类检索使用的是分类语言，工具主要有各种类型文献的“分类目录”“分类索引”等。我国出版的检索工具书大多数是采用分类法编排的，虽然也有许多检索工具书按其他方

法编排，但均附有分类辅助索引，所以分类途径是文献检索的一个重要途径。检索时主要使用体系分类语言，按民族医药在《中国图书馆分类法》中的学科分类体系来进行查找：R 医药、卫生类中的 R28、R29 等，Z 类文献等，以及从交叉学科的学科分类文献中查找。采用这一方法可以查到一定范围内的文献，满足族性检索要求。新兴学科、边缘学科的文献分类途径有局限性，因为这类学科往往难以准确分类，从而造成查找困难，产生漏检或误检。符合学科属性的民族医药文献，如《中国少数民族传统医药大系》《中国藏医学》。研究中，课题组也发现很多民族医药文献未按照现有分类法进行学科分类，也同时存在无法按现有学科分类体系进行分类的情况。

（2）主题途径：主题途径是将文献所论述的主题内容作为检索对象的一种检索途径，它使用的检索语言是“主题语言”，使用的检索系统为“主题索引”“关键词索引”“叙词索引”等，使用能表达文献内容实质的主题词作为检索标识。这里所指的主题词并不要求是文献篇名中出现的词语，而是指对文献内容进行主题分析后，再从主题词表中检索出相关的主题词，按所得主题词字顺在主题索引中查找，直至在此主题词下检索到所需文献编号。主题途径用文字作检索标识，表达概念直接灵活，满足族性检索，便于特性检索，查准率较高，适合具体、专深文献的检索。但此途径不适合从学科体系角度检索，缺乏分类途径的系统性、稳定性，并且课题组发现，运用民族医药相关规范化的词语进行检索，民族医药学科中主题词体系还不完善，现有的主题词数量少，很多民族医药学科术语未进行规范化处理，有待完善。

（3）分类主题途径：综合运用主题途径与分类途径，是文献检索的主要途径之一。其中主题检索工具较少，分类检索工具较多。分类主题途径是把分类途径和主题途径一体化，实现完全兼容，既能充分发挥各自特有的功能，又能相互配合，发挥最佳的整体效应对文献进行检索的一种途径。分类主题途径没有上下级限制，较分类体系更具体，同时又保留了按主题字顺排列的方法。如利用《中国图书馆分类法》类系编排的检索工具，借助《中国图书馆分类法》的主题索引，把要查的主题词换成分类号，再按分类途径检索。在检索过程中，同时运用多种途径和方法综合检索。

（4）关键词途径：课题组也使用了数据库中相关民族医药的叙词语言（关键词途径）进行检索。这些关键词是从民族医药文献的标题、正文、摘要中直接抽取出来，能表达民族医药文献实质内容或能被人们作为检索对象的关键性专业名词术语。这种方法适合使用计算机自动编制各种类型的关键词索引，而且速度快、时差小，但查全率相对较低。例如，在《中医药主题词表》下的民族医药分类中，展开扩展检索。关键词途径是根据直接从文献中抽出来的具有实质性意义的词进行文献检索的一种途径，其主要特征是所抽取的词未经规范化处理，也不受主题词表控制，因而又称自由词。所编索引作为自然语言检索系统，按字顺排列，不需查主题词表，实际属主题途径，因而编制简单、查找速度快。因未做规范化处理，不能进行选择和控制，故易造成同一内容的文献分散在各个不同关键词的字顺中，无法集中在一处，漏检概率较大。课题组在网络资源利用和数据库检索的过程中发现，各数据库平台等对民族医药类关键词的标引也存在较大差异，如何尽可能统一检索用语，提高文献的查全率和查准率是一个重要课题，拟下一阶段重点开展研究，以完善体系。

3. 检索少数民族医药文献使用的其他方法

在查找民族医药文献的过程中，课题组使用了多种文献检索方法。这些检索方法各有利弊，使用时应根据需要和所处的文献环境，灵活运用，归纳下来主要有以下几种：

（1）时序检索法。

时序检索法是按时间先后编排文献内容，利用民族医药历史纪年表、人物表谱、历法、编年书目、索引等工具书来进行文献信息检索的一种检索途径。反映时间范围的有《明代彝医书》《现代蒙医学》等文献。

课题组在查阅资料的过程中，特意按照时间顺序整理了新中国成立以来与民族医药事业，特别是民族医药文献研究工作相关的事件。编制了附录《民族医药大事记》，并以事件产生的时间为检索线索，按时间先后次序由晚及早或由早及晚地查找重要时间节点的文献信息。这种时序检索法又可分为顺时检索法、逆时检索法和分段检索法三种。

①顺时检索法。

以研究所涉的时间为线索，由早及晚地检索所需文献的方法，称为顺时检索法。此方法适用于需要系统掌握有关文献的研究课题，查全率高，并可系统掌握现有的研究成果，便于分析、比较和筛选文献[①]，可以得到民族医药系统、完整、全面的文献信息，但前提是所需要的检索工具、数据库等比较全，因而花费的时间也较多，否则会影响文献检索质量。例如，苗族医药的发展源远流长，内容丰富，见诸史籍的时间也很早，但由于苗族本身无本民族文字和史实的记载，对此，课题组采用了顺时法，从众多的其他文献史料和传说、古歌中窥知具体情况。如西汉刘向的《说苑·辨物》、光绪本《凤凰厅志》、现代出版的《兴仁县志》等书中均有涉及。

②逆时检索法。

这是以研究所涉的时间为线索，由晚及早地检索所需文献的方法，也称倒查检索法，适用于新课题或年代久远但有新进展的课题的研究。例如，“西藏自治区民族医药研究利用外资结构的分析研究”，即采用此法。其特点是可迅速掌握本课题的研究动态、新观点、新数据等文献信息，缩短查资料的时间，不足的是漏检率高，对现有文献的有

① 张文君.基于P2P的网络戏曲音乐检索技术的研究与实现［D］.成都：电子科技大学，2011.

效利用会产生一定影响。

③分段检索法。

分段检索法是顺时检索法与逆时检索法交替使用的检索方法，也称循环检索法、交替检索法。采用此方法查找民族医药文献需具备两个条件：一是已知在某一时期内有关本课题民族医药文献的集中与分散情况；二是已知某一民族医药专题学术会议中心议题与时间。检索时必须对课题的研究动态和脉络有清晰的把握，与课题有关的文献集中出版时期，要列为重点检索的时间范围，其他时间内的民族医药文献可作为补充性检索对象。分段检索法目标明确，可迅速掌握切题文献信息并节省检索时间。

（2）追踪检索法。

检索到一篇参考价值较大的新文献后，按照文献资料正文中所提及或可利用的文献线索，一般指图书或论文后附的索引、脚注、参考文献等。循踪觅迹地扩大检索范围，从而获得所需文献的检索方法，称为追踪检索法，也称为追溯检索法、扩展检索法。这种由此及彼地扩大检索范围的检索方法，可以让人查到意料之外的所需的切题文献。在检索工具不完备或没有检索系统的情况下，广泛地利用文献综述或述评、研究报告等文献后所附的参考文献[①]，省时省力且所获文献具有一定权威性。但使用追踪检索法检索民族医药文献时，如范围太大则很难穷尽，漏检率也较高，检索到的文献往往不够系统。

（3）地序检索法。

地序检索法是按行政区划编排文献内容的文献，如查某一地名的历史沿革时，利用地图（集）、名胜辞典、地方志书等来进行文献信息检索的一种检索方法。运用地方志展开民族医药文献检索也是可行的方法，如反映地域范围的有《西双版纳州卫生志》、“香格里拉民族医药研究丛书”、《哀牢山彝族医药》等。

（4）题名检索法。

题名检索是指直接利用已知文献题目名称，在由书刊名称等所编成的索引或目录中对文献进行检索的一种方法。所使用的检索工具一般是按题名字顺编排的检索工具和参考工具书，主要有书名（或篇名）目录、索引，刊名目录、索引等，分类或主题检索工具一般都附有题名字顺索引[②]。这里所说的民族医药文献题名是指书名、刊名、篇名等，一般包括正题名、副题名、并列题名以及说明题名的文字，是能揭示文献的基本特征、识别所检索的特定文献的一种标识。以少数民族语言的音译汉字命名的，如彝族毕摩的书《都波都把》（又称《毒的起源》）、傣族医药文献《坦乃罗》[又称《润杂别（治病书）》]、《刚比迪萨明日巴尼》（又称《诊断书》）等。

文献题名存在异书同名或同名异书的现象，因此必须进行鉴别，记准题名。

（5）浏览检索法。

---

① 张文君．基于 P2P 的网络戏曲音乐检索技术的研究与实现［D］．成都：电子科技大学，2011.

② 张文君．基于 P2P 的网络戏曲音乐检索技术的研究与实现［D］．成都：电子科技大学，2011.

采用各种检索工具检索所需民族医药文献都会遇到信息滞后的问题，为获取最新信息，课题组直接对所需相关专业期刊或其他出版物上的目录及原始文献进行浏览，这种方法有利于了解民族医药学科的最新动态，并可以直接阅读原文内容，特别是网络信息资源量大、新颖，因此网上浏览十分重要。但此方法检索范围有限，易漏检，并且网络信息不易长久保存。

（6）综合检索法。

综合检索法就是综合运用上述几种方法，互为补充、循环交替检索。在对一定时期的文献分布情况了解相对清晰时，先利用逆时检索法或分段检索法，以收集足够多的文献。当发现某本图书或某篇论文的索引、脚注、参考文献等列有所需文献时，再采用追踪检索法来查找需要的民族医药文献。综合检索法所查找到的文献会出现这种情况，即追踪到最后发现获得的文献虽然切题，但并无重要价值，所以还需精心筛选。但综合检索也是必不可少的一个环节，在数据采集和核实时必须踏实完成。

4. 少数民族医药文献的检索手段

在进行少数民族医药文献信息检索过程中，课题组运用的检索手段有手工检索、计算机检索（含网络检索）两种方法。

（1）手工检索。

手工检索即通过手工处理和查找民族医药文献信息的检索方法。课题组在手工检索少数民族医药文献的过程中，主要使用了大量的少数民族医药文献检索工具和参考工具书。在各地州馆检索，无法借助任何现代电子辅助设备时，调研人员在掌握检索工具编排规则的基础上，运用检索途径及方法，利用各种工具书，通过手工翻阅查找当地分类或题名卡片，或自编的馆藏目录等方式，获取民族医药文献信息。这种手工检索方便、灵活、查准率高，但速度较慢，且不易进行多元组配检索。课题组调研初期主要采用了此方法，虽然获取文献的速度较慢，成本较高，但书目信息可靠准确，参考价值大，在大的方向上为后续研究提供了一些提示。

检索工具是用于存储、查找和报道少数民族医药文献信息的系统化文字描述工具，包含目录、索引、文摘。参考工具书包括以少数民族医药为内容的专科或非专科的字辞典、药典、药物手册、指南、百科全书、年鉴、图谱、丛书、专利文献等。例如，“国家中医药管理局民族医药文献整理丛书”《蒙药正典》（柳白乙拉主编，北京：北京民族出版社，2006 年），记载了 879 种蒙药材，附 570 幅药物插图，详细记述了每一种药材的产地、来源、形态、入药部分、性味、功能、主治、采收季节及炮制方法等，是一部重要的蒙古族用药的标准药典。又如，《中国医学百科全书·藏医学》（土旦次仁主编，上海：上海科学技术出版社，1999 年）是《中国医学百科全书·藏医学》（藏文版）的汉文编译本，《中国医学百科全书》祖国医学分卷之一，该分卷共列条目 1656 条，并附有目录和索引，内容包括藏医药简史、藏医基础、生理、病理、诊断、保健、医德，内科、外科、妇科、儿科、五官科、骨伤科、热病疫病、神志病、治疗、药物、方剂等基础和临床各科，是一部完整系统的著作，使用方便，便于查阅，是一部博采古今藏医药精华的综合性藏医药著作。再如，《中国傣医药彩色图谱》（林艳芳、依专、赵应红编著，昆明：云南民族出版社，2003 年出版）首次以中、英、傣三种文字对照编写，是第一部完整系统的傣医药学科参考书籍，不仅论述了傣医的起源发展、基础理论、诊疗方法、制药等内容，还收集了 1000 多个傣医的单、验、秘方，筛选出 300 种常用傣药，其中药理化学和药性入塔、药材鉴别、图片实地拍摄等内容皆为首创。相关丛书如云南民族出版社出版的“中国少数民族医药丛书”，包括《藏族医药学》《傣族医药学》《壮族医药学》《苗族医药学》《土家族医药学》《蒙古族医药学》等。

（2）计算机检索（含网络检索）。

课题组利用计算机高速处理信息的能力，通过网络数据库或网络信息检索工具检索文献或查找网络信息资源的检索，实现对民族医药文献信息的检索搜集。网络信息资源是指以电子数据的形式将文本、图像、声音、动画等多种形式的信息存储在非印刷介质的载体上，通过网络通信、计算机或终端等方式再现出来的信息源。与人工检索相比，计算机检索组配灵活、简便、速度快、效率高、途径多。网络信息检索分布广、类型多、数量大、传播快，但也存在无序、不稳定、信息质量良莠不齐等问题，是与计算机检索并驾齐驱的主要检索手段。这种手段广泛运用于调研的整个进程中，其打破了时空的限制，可获得大量公开发布的民族医药文献信息，弥补了人工检索和实地调研等方法获取信息的不足。

数据库是文献信息检索不可缺少的组成部分，是计算机检索系统的信息源和核心。利用跨库检索的简单检索、标准检索、高级检索功能，可实现引文检索、学者检索、科研基金检索、工具书及知识元检索、文献出版来源检索等。在整个研究过程中，课题组主要检索了以下几种数据库：

A. 万方数据知识服务平台。这是万方数据股份有限公司面向互联网推出的网络信息服务网站，汇集了期刊、会议论文、科技成果、专利技术、中外标准、政策法规、科技文献、机构、名人等近百个数据库，内容涉及自然科学、社会科学等各个专业领域。

具体的检索步骤如下：

以“万方数据全平台数字资源”检索为例，其他数据库检索方法和途径相似。打开网址 http：//librarian.wanfangdata.com.cn/default.aspx?dbid=Paper，在“高级搜索”界面下，选择搜索文献类型为期刊论文、学位论文、会议论文、外文期刊、外文会议、学者、图书、机构等 8 项，检索式为全部字段“民族 + 医药 + 云南”模糊检索，年份不限。

检索表达式：民族 * 医药 * 云南 * Date：–2014

检索结果：命中 3775 条。其中期刊论文 3079 条，学位论文 76 条，会议论文 427 条，外文期刊 3 条，外文会议 0 条，学者 155 条，图书 0 条，机构 35 条。检索完成后，人工选择相关性高的文献题录，导出 NoteExpress 格式，导入电脑本地 NoteExpress 数据库，并下载全文，自建和管理少数民族医药文献和其他相关学科资料库。

调整检索策略：

命中检出文献不理想，因“××族”医药的相关文献，在关键词、主题词标引中直接用“××族”，未用“民族”“医药”“民族医药”等词语标引，故未被检出，而分散在关键词为“××族”的文献下；民族“医”或“药”的相关文献，在主题（标题、关键词、摘要）描述中不以“医药”或“民族医药”一词出现，故也易漏检；在任意字段检索“民族”与“医药”组配时，则将云南出版发行的《中国民族民间医药》杂志的文献全部检出，故而出现了过多的干扰。

调整检索策略为查看检索结果的高频关键词，提供相关检索词，使用“主题”字段检索。主题字段包含标题、关键词、摘要，在主题字段中选择“民族”+“医”。用“民族”+“药”来检索，得到云南民族医药相关文献，再进行人工筛选。

利用“高频关键词”检索，如“云南”“少数民族”“民族医药”“地方文献”“民族文献”等词语在高级检索中勾选全部文献类型共 14 种进行扩展检索，检出未除重数据总量 6845 条。

将数据导出合并入 Excel 表中，按文章题名排序，去除重复的题录再进行浏览，并由课题组老师对相关信息所包含的内容和关键字进行梳理并提取、采集，分类收集整理资料。

又如，在万方中华医学会系列刊物数据库中，检索词用“民族+医药”，查到 208 条记录，课题组把相关文献全部下载，浏览内容并确定该研究内容与云南少数民族医药文献相关，对于提示有民族医药文献信息的篇章，则将作者通信信息摘录汇总为 Excel 表格，以便后续整理联络信息表，进行深入调研。

确定检索途径：使用“标题或关键词”字段检索，检索词进行“与、或、非”逻辑运算，在高级检索中构造检索条件，由系统生成表达式。

其他数据库和平台检索方法和途径相似，在此不做赘述。

B. 中国知网。利用 CNKI 中国知网网格资源共享平台中国知识资源总库和“CNKI 数字图书馆”（http://www.cnki.net）提供的综合性数据库，如中国期刊全文数据库、中国博士学位论文数据库、中国优秀硕士学位论文全文数据库、中国重要报纸全文数据库和中国重要会议论文全文数据库。

中国工具书网络出版总库条目来源于 200 家出版社正式出版的纸质工具书，收录了近 200 家出版社的字典、词典、百科全书、图录、表谱、手册、名录等共 4000 多部，含 1000 多万个条目，70 万张图片，其内容涵盖自然科学与人文社科各领域。

C. 重庆维普资讯有限公司的中文科技期刊数据库是国内大型综合性数据库，现已成为国内各省市高校文献保障系统的重要组成部分，收录了我国自然科学、工程技术、农业科学、医药卫生、经济管理、教育科学和图书情报等学科的 12000 余种期刊的约 1300 万篇论文，每年增加约 100 万篇，数据可回溯至 1989 年。

检索 CNKI 数据库、维普数据库，在发表的文章中手工筛选出与民族医药有关的题录，分别下载 231、446 篇民族医药学科研究论文数据。

D. 利用国家数字图书馆资源（http://nlc.cn/）检索文献。截至 2011 年底，国家数字图书馆数字资源总量已达 561.3TB，主要来源为外购数据库 71TB、馆藏特色资源数字化 466.8TB、网络导航和网络资源采集 19.2TB（不含接受缴送的光盘），其内容单元主要包含电子图书 142.7 万种 /185.3 万册，电子期刊约 5.3 万种，电子报纸约 0.37 万种，学位论文约 353.7 万篇，会议论文约 308.1 万篇，音频资料约 101.6 万首，视频资料约 8.9 万小时（讲座按每场 1 小时计）[①]。此外，还利用国家图书馆联机公共目录查询系统（English Version）（http://www.nlc.gov.cn/old/res/）和《国家图书馆全特色资源全库》（http://res4.nlc.gov.cn/home/search.trs?method=advSearch&resourceid=3&resourceid=5&resourceid=4&resourceid=8&resourceid=9&resourceid=10&resourceid=11&resourceid=12&resourceid=13&resourceid=19&resourceid=1&resourceid=2&resourceid=6&resourceid=7）检索文献。

E. “CALIS”是中国高等学校文献保障体系的简称，是“211 工程”的公共服务项目之一，其宗旨是依托中国教育科研网 CERNET，建立整体化、网络化、数字化的全国高校资源共享体系[②]。该项目在各省高校图工委的积极努力下，已进入了具体实施阶段，在推进教学改革和科研创新活动中发挥了重要作用。联合目录数据库是 CALIS 重点建设的数据库之一。CALIS 联合目录数据库项目可提供书目资源查询、联机合作编目及馆际互借三大服务子系统，为高校教学科研人员提供书刊及其他文献资源的网络公共查询，支持高校图书馆系统的联机合作编目，实现 CALIS 成员馆之间的馆际互借和文献传递。上述三大服务系统是以联合目录数据库为基础的。多语种、多文献类型和采用不同 MARC 格式的书目记录集成在同一个数据库，是 CALIS 联合目录数据库的一大特色。具体而言，联合目录数据库包含中、外文书刊联合目录，古籍善本联合目录以及多媒体、电子资源等非书资源的联合目录[③]。

课题组利用 CALIS 全国高校文献保障系统检索民族医药文献。打开 CALIS 联合编目系统检索，在 1537701 条数据中检索：检索式为“医”OR“药”AND“民族”，共获得

① 刘铮．浅谈国家图书馆读者服务的现状与对策［J］．图书馆界，2013（3）．

② 衣学娟，刘方山．CALIS 数据库建设与联盟图书馆资源共享模式研究［J］．潍坊教育学院学报，2009（1）．

③ 谢琴芳．书目资源的共建、共知和共享：CALIS 联合目录数据库建设思路［J］．大学图书馆学报，1999，17（2）．

114 条书目记录。云南本地高校收藏的民族医药文献种类有限，且民族医药古籍文献信息均未被收录，各地州其他系统或民间收藏的民族医药古籍文献信息也未在其中。在今后的编目工作中建议促进 CALIS 系统继续完善数据、扩大收藏面和专题。

F. 读秀学术搜索。读秀学术搜索平台是由北京超星信息技术发展有限公司开发的超大型数据库。它能一站式检索馆藏纸质图书、电子图书、期刊等各种异构资源，提供全文检索，共有知识、图书、期刊、报纸、学位论文、会议论文、标准、专利、视频等 9 个主要搜索频道，所涵盖的学术资料比以往任何传统数据库都要全面。读秀学术搜索将检索结果与各种资源库对接，读者检索任何一个知识点，都可以直接获取图书馆内与其相关的纸质图书、电子图书全文、期刊、论文等，读者通过读秀学术搜索，能够获得关于检索点的最全面的学术资料①，不需要再针对各种资源逐一登录检索查找，消除了反复收集和查找的困扰。期刊、报纸、学位论文、会议论文这 4 个频道只提供题录检索和文献传递等参考咨询服务，使读者零距离获取珍贵学术资源，较适用于大量书目信息的检索。课题组还可以在“图书检索频道”提供的 260 万种图书中查找，并可试读图书的封面页、版权页、前言页、目录页以及部分正文，对需要的文献通过文献传递或付费服务获得。

G. 国家科技图书中心昆明镜像站（网址：http：//km.nstl.gov.cn）。云南省科技情报研究院和爱超老师提供的国家科技图书中心昆明镜像站是科技创新支撑平台之一，汇集公益性质的文献资源，也为课题组的检索收集提供了便利。

H.《云南大学民族学全文特色数据库》是云南大学西南边疆少数民族研究中心资料室采用 ILASII 系统作为目录系统开发的数据库，通过点击“书目查询”便可检索资料室所藏中、外文图书，并可登录“我的图书馆”，享受个性化服务。内容包括：读者本人的权限查询、借阅查询（可在此续借未到期图书）、借阅史查询、财经查询、书目查询、修改密码等多项服务②。该资源大部分为民族医药现代文献。

I. 百度阅读、百度文库的相关文献检索。人工筛选“民族 + 医药”相关度高的图书，打开详细信息，复制下载存入 Word 文档，录入新的《百度文库民族医药图书信息表》，表头按“百度阅读”的内容设立。

J. 超星发现系统（网站：http：//chaoxing.com/）在超星发现 的“高级检索”中查找：选择文献类型为“图书”，检索词为任意字段“民族 + 医药”，可检索到 310 部图书，题录信息全部下载，录入新的《超星发现系统民族医药图书信息表》，表头按“超星发现系统”的内容设立。

---

① 中文数据库［OL］.http://www.library.gov.com.

② 云南大学民族研究院［OL］.http://www.mzyjy.ynu.edu.cn.

K. 中央财政支持地方高校发展专项资金项目“云南高校数字图书馆共享平台”（网站：http：//ynadl.ynnu.edu.cn/）拥有多所高校承建的 17 个特色资源数据库，包括云南民族大学（西南少数民族特色文献数据库）、昆明医科大学（健康社会科学研究文献库）、云南中医药大学（云南地产中药、民族药数据库）、大理学院（南诏大理文献专题数据库）、昭通学院（昭通地方文献资源数据库）、文山学院（文山民族资源数据库）等包含民族文化文献的数据库。课题组对数据进行了检索，并对信息进行了采集。

L.“全国古籍普查登记平台”。“全国古籍普查登记平台”（以下简称“普查登记平台”）是全国古籍普查工作的工作平台和发布平台，分为两大部分：业务处理系统、发布系统。业务处理系统是为各古籍收藏单位提供古籍普查服务的工作平台，发布系统即“全国古籍普查数据库”，是古籍普查成果的展示方式之一，将国家古籍保护中心审核通过的普查数据提供给公众检索和浏览。业务处理系统的使用者与全国古籍普查对象的范围一致，即我国境内的各收藏机构。业务处理系统的普查对象为汉文古籍（简帛、敦煌及西域遗书、碑帖拓本）、少数民族文字古籍。古籍的登记内容包括题名著者、版本、分类、版式、装帧、装具、序跋、刻工、批校、钤印、附件、文献来源、修复历史、丛书子目、定级、定损、相关书影等信息。经查，此平台中主要著录的是中医古籍文献，未检索到民族医药学专著的信息。

M. 豆丁网也能查到大量民族医药文献相关资料，可用追溯法再进行链接检索，查找和获取大量民族医药古籍、现代文献信息。如题为《中国少数民族文献分类体系构建研究》的文献，其中就谈到了彝文古籍《彝文医药》一书和《彝族医药史》。类似的文档同样提供了丰富的文献目录信息，课题组在浏览的过程中，将其摘录下来并在国图网站等多种数据库或实体图书馆对数据进行核实、去重等工作后录入表格，备注数据来源，以便日后统计。

N.“我的 E 书”提供了数字图书 – 古籍书目导航，例如在这里可以检索到“中国少数民族古籍集成汉文版”的内容提要、目录信息、ISBN 号等书目信息。此外，还能据提供的数据再做追溯检索，获得更多跳转和链接的民族医药文献的知识点。

O. 对国家哲学社会科学学术期刊数据库等其他数据库的检索也采用类似方法和途径进行检索，并下载相关文献。

课题组人员在以上超星、读秀、国家数字图书馆、中华古籍网、当当、卓越等网站上检索和采集民族医药文献书目信息，并购买一些必要的云南阅览不到的古籍的数字文献或影印本等。

5. 公共网络上的民族医药文献信息

除了以上检索途径外，课题组还在网络上检索现代图书文献资料的信息。以下为课题组经常访问的民族医药研究专门网站和资料库：

（1）百拇医药网（网站：http：//www.100md.com）。

百拇医药的"民族医药"专栏发布了丰富的民族医药信息，间接地提供了民族医药文献的相关信息。

数据表明：我国民族药材品种已达8000多种，中国药学会，2005-11-28；

疗效显著的苗医治疾病十六法，民族医药网，2006-05-16；

逐步认识苗族医学诊断的原理，民族医药网，2006-05-16；

最常见的苗族医药药方举例子，民族医药网，2006-05-16；

民族：维吾尔医药学埋沙疗法，中国民族特色医药网，2006-05-11；

民族医药：用藏医烙铁熨疗法，中国民族特色医药网，2006-05-11；

藏医对类风湿疾病的饮食疗法，中国民族特色医药网，2006-05-10。

并且，可通过相关链接再追溯查找信息。

（2）西双版纳州傣医医院网站。

（3）玉溪市彝医药开发研究所网站。

（4）中国壮医药在线（网址：http：//www.zgzyzx.cn/）。

（5）广西民族医药研究院－广西壮医医院－广西民族医药协会－民族医药报社（网址：http：//www.gxminzuyy.net/）。

（6）民族医药报（网址：http：//www.gxminzuyy.net/list.aspx?classId=2）。

（7）中国民族医药学会（网址：http：//www.cmam.org.cn/）。

（8）文山壮族网壮医壮药（网址：http：//www.wszhuangzu.cn/）。

…………

6. 出版社网站资源的检索

云南民族出版社成立于1957年，隶属云南省民族宗教事务委员会，是以出版少数民族文字图书为主的多文种综合性出版社，是全国出版少数民族文字图书文种最多的公益出版社，编辑队伍由汉族、彝族、白族、哈尼族、壮族、傣族、苗族、回族、傈僳族、拉祜族、佤族、纳西族、景颇族、藏族、普米族、满族等16个民族组成。云南民族出版社主要用西双版纳傣文、德宏傣文、景颇文、傈僳文、佤文、拉祜文、彝文、哈尼文、藏文、苗文、纳西文、白文等民族文字出版各类图书，并出版有关民族政治、经济、历史、语言、文字、教育、医药及民族古籍、民族风情、民族问题研究等方面的汉文图书[①]。课题组在检索云南民族出版社网站的同时，与出版社销售人员联络，请他们提供纸质和电子的出版书目。课题组成员在筛选民族医药相关文献，对书目信息做采集的

① 云南民族出版社［OL］.http://www.ilucking.

同时，对于重要但单位等馆藏缺少的工具书、检索工具就采购一部分以供利用。

其他官方网页还有“云南人民出版社”“云南教育出版社”“中国大百科全书出版社”等；也请合作采购书商如“新知图书”提供书目信息，进行人工筛选，采集书目信息，汇总录入 Excel 统计表。

7. 政府部门或单位网站资源

云南省民族宗教事务委员会网站。通过云南省少数民族古籍整理出版规划办公室（以下简称“云南省民族古籍办”）、云南省少数民族语文指导工作委员会办公室网站信息了解到，“云南省民族古籍办”是负责组织、联络、协调、指导全省少数民族古籍抢救、整理、出版工作的职能部门，1984 年 8 月按照国务院要求成立，隶属省民族宗教事务委员会。该办公室正是为了适应民族古籍抢救整理出版工作的需要而成立的。目前，西双版纳、昭通、文山、红河、楚雄、迪庆、玉溪、丽江、曲靖、普洱等地州（市）以及石林、禄劝、洱源、勐腊、宁蒗、峨山、江城等县均先后建立了古籍办或民族研究所（室）等民族古籍工作机构。其他一些地州县的文化、文物等部门也开始把民族古籍的抢救整理工作列入议事日程，基本形成了民族古籍整理、研究网络①。经过大量工作，已初步查明云南省各民族文献古籍达 10 余万册（卷），口述资料上万种；其中已抢救保护的民族文献古籍 2 万余册（卷），翻译整理出版民族古籍达 500 多册 2000 余种。这批民族古籍的出版，极大地充实和丰富了中华民族文化宝库，受到全国乃至国际文化艺术界和学术界的广泛瞩目②。

民族网站上丰富的民族医药知识和新闻报道，可以作为课题组每天进行民族医药情报信息采集的风向标，有利于成员提高研究民族医药文献信息的素质和意识，了解民族医药发展动态，掌握文献研究的最新进展。如傣族网（网址：http：//www.daizuwang.com/）、56 民族文化网（网址：http：//www.56china.com/）常密集发布民族医药相关信息如下（列举部分）：

神秘的锡腊傣族医术（张李新，2012 年 4 月 19 日）

西双版纳州积极挖掘整理傣医药（云南省民族宗教事务委员会，2012 年 3 月 31 日）

睡药疗法、搽药疗法独树一帜　古老傣医药待规模性挖掘（李怀岩、梁赛玉、周舟，2012 年 3 月 22 日）

古老傣医药在现代社会焕发活力（李怀岩、梁赛玉、周舟，2012 年 2 月 1 日）

西双版纳州傣医医院新院正式营运（冯宁娟，2012 年 1 月 12 日）

开发“傣药谷”　助推傣药发展（西双版纳州人民银行，2011 年 12 月 10 日）

---

① 云南省少数民族古籍整理出版规划办公室［OL］.http://www.ynethnic.gov.cn.

② 云南省少数民族古籍整理出版规划办公室［OL］.http://www.ynethnic.gov.cn.

西双版纳州着手编写傣医药教材（陈瑾，2011 年 10 月 14 日）

傣族医药保健资源开发探微（方仁，2011 年 10 月 3 日）

药膳同功的傣医药（《西双版纳报》，2011 年 9 月 15 日）

傣族医学理论的三大体系（中国中医，2011 年 7 月 8 日）

云南“傣族抗癌药”国外探路（缪亚平，2011 年 6 月 24 日）

丰富的傣药资源（中华康网，2011 年 5 月 11 日）

傣族药肝保宁胶囊药效学研究（韩颖、周起均、李永松、高心湘、陈锡强、任磊，2011 年 5 月 11 日）

专家讲述傣族用药特点与方法（中国中医，晶晶，2011 年 5 月 2 日）

简述傣族医药资源分布情况（中国中医，王铮，2011 年 5 月 2 日）

傣医皮肤病治疗经方（中国中医，晶晶，2011 年 5 月 2 日）

傣族四季养生茶（晶晶，2011 年 2 月 28 日）

傣族“南温闭诺报”疗法（晶晶，2011 年 2 月 28 日）

傣族医药的诊断治疗法（晶晶，2011 年 2 月 28 日）

其他民族文化网站有：孔雀之乡网、僚人家园、西双版纳傣学会网、西双版纳傣文网、西双版纳傣族园、毛南网、壮族人民信息港、文山壮族网、中国民族宗教网、土家族文化网、壮族在线、景颇族信息网、傈僳族人民信息港、回族在线、中国民族导航、怒江赶集网、云南广播网、民族语广播、壮文学习、壮文文学网、壮语文化网络教育学院、瑶族网、西部民俗风情网、满族儿女网、中国白族网、中华 56 民族文化网等。

类似的网站如“彝学网（网聚彝学）”（http://222.210.17.136/index.html）等都值得课题组长期关注。

在 http://blog.sina.com.cn/s/blog_4b1db90d0100pnr6.html 上也检索到许多彝族医药文献的收藏信息，如彝文文献收藏单位和彝学研究机构及刊物（转）。

其他还有大量的民族医药文献相关网站，如中华人民共和国国家民族事务委员会信息中心、全国少数民族古籍整理研究室、北京市少数民族古籍整理出版规划小组办公室、国家图书馆、中国藏学研究中心、中国第一历史档案馆、中央民族大学、中国民族图书馆、中央民族大学古籍所、西南民族大学、西南民族大学少数民族古籍文献研究中心、云南省丽江东巴文化研究院、西双版纳州民族研究所、红河州民族研究所，以及云南省社科院、各地州社科院的少数民族文化研究所等的网站。课题组尽量在这些网站上搜寻民族医药文献信息，并将之采集录入 Excel 表。

56 民族导航网的“中国民族导航”提供的“中国彝族网”“中国羌岷网”“傣族网”“中国乌孜别克族网”“土家族文化网”“瑶族在线”“文山壮族网”“文山苗族

网”“东巴文化”“瑶族网”“东饰街西饰巷”“佤族网”“中国白族网”“大理白族研究会”“大理白族网”“中央民族大学”“贵州数字图书”“畲族网”“布依族网”“中国黎族网”“西域文化网”“中国民族宗教网”“大理论坛”“中南民族大学”“毛南族网”“中国苗族网”“保安族文化”“桑植白族学会”“民族语言研究”“三苗网”“回族在线”“中国赫哲族”“贵州白族博客”“壮侗语言文化”“桑植生活网”“满族儿女”“壮族在线”“侗族风情网”“西部民俗风情网”“大理门户－大理论坛”“中国土族网”等，可以查找到民族医药文化和文献的链接，进而再追溯查找文献的相关信息，对提高课题组成员综合素质和学科素养有很大的益处，对掌握研究课题的大背景也起到了一定的作用，但知识较为零散，要花大量的时间和精力来浏览和搜集信息。

8. **影视资料**

课题组还收集到一些视听型文献的信息，如中央电视台摄制的《话说民族古籍》专题片:《大美青海——藏族文献》、广南壮族在线的医药文化视频（http：//www.zhuangzu.nev.cn/）等都是信息的来源。此外，还有反映少数民族医药的大型纪录片：2012 年 12 月，在广西南宁正式开机的大型医药文化纪录片《中医药民族医药探秘》是我国第一部全面系统记录广西中医药、壮瑶医药等民族医药发展变迁的影片。该片从多角度、多领域讲述广西传统中医药、民族医药，以及现代中医药、民族医药防病治病的知识和故事，真实记录他们治病的方法和技巧，从而揭开了广西中医药、民族医药的神秘面纱。2013 年上半年，另一部大型民族医药纪录片《民族医魂》摄制启动，计划拍摄 15 集，涵盖藏族、蒙古族、维吾尔族、傣族、朝鲜族、壮族、彝族、瑶族、苗族、土家族、回族、哈萨克族、侗族、布依族、羌族、黎族、畲族等多个民族医药，旨在挖掘与展示少数民族传统医药的历史和现状，对部分濒于失传的传统技艺进行抢救性记录和整理。通过观看这些影片，课题组成员的民族医药文化素养得到了提高，从影片中获得大量的民族医药文献信息，并进行追溯调研。

类似的还有很多，不做一一列举。

虽然从网络上可以获得大量的知识，但比较散乱和无序，需要归纳和整理，保留有价值的信息，以促进研究。课题组通过对网络资源的收集和分类，整理出的国内彝文文献收藏单位主要集中于北京和云南两地。例如，北京的北京图书馆善本部、民族文化宫文物室、中央民族大学博物馆、中国社会科学院民族学与人类学研究所、北京大学图书馆；云南的云南省博物馆、云南省社会科学院民族学研究所、云南省社会科学院民族文学研究所、云南省古籍整理办公室、云南民族大学图书馆、昆明西山区文化局、昆明官渡区阿拉街道文化站、石林县文史研究室、禄劝县民族古籍办公室、楚雄彝族文化研究所、武定县民族宗教事务委员会、双柏县民族宗教事务委员会、玉溪地区民族宗教事务委员会、峨山县彝文古籍翻译组、红河州群众艺术馆、红河州民族研究所、思茅地区民族宗教事务委员会、江城县彝文古籍翻译组、大理州图书馆。彝语言文字教学与科研单位及学术团体有中国民族语文翻译中心彝文室、中国社会科学院民族学与人类学研究所南方语言研究室、中央民族大学少数民族语言文学研究院、中央民族大学少数民族语言文学研究院彝语教研室、云南民族大学民族文化学院彝文教研室、云南社会科学院楚雄彝族文化研究所、云南省民语委彝文规范办公室、云南省民族古籍办、云南省彝学研究会、红河州彝学研究会、大理州彝学研究会、红河州民族研究所彝族文化研究室、玉溪地区峨山县彝文古籍翻译组、石林县文史研究室、禄劝县彝文古籍翻译组、江城县彝文古籍翻译组。

在后期，课题组有针对性地安排实地调研，工作重点主要是核实该地区或单位是否确实收藏有民族医药古籍的文献，这大大提高了研究的效率和工作的目的性，缩小了检索范围，提高了工作效率。又如，通过网络上的三大馆藏系统（图书馆、博物馆、文史馆）的检索，了解到云南省德宏傣族景颇族自治州档案馆、图书馆存有大量傣族传统医药古籍，均未进行整理和编目。他们在实施搜集抢救傣族医药古籍文献的工作中，将近400部（册）傣文古籍拍摄成1万多张微缩胶片保存起来。这些微缩复制品将文献内容拍摄、微缩、固化在感光材料或其他载体上，然后借助微缩阅读设备阅读文献，这些载体具有体积小、重量轻、存储密度大、保真度高、寿命较长的优点。由此，课题组派专人到该地区寻访，但是由于这些古籍都是用老傣文撰写的，组内无人读得懂，且年久破损严重，很多文献由民宗局统一封存，因搜集抢救工作正在进行中，不便于提供给课题组查询，还有未经翻译整理也是无法提供查询的，故虽未能进行书目信息的采集，但为今后该地区的古籍文献研究提供了重要信息和线索。课题组今后仍需与其长期保持联络，共同研究和开发古籍文献，以利于书目信息服务于全省全国的民族医药学者。所以课题组尽力采集古籍文献和现代图书文献信息并进行整理，同时记录未收集到的有待补充和采集的信息来源，等时机成熟时对其进行采集并补充入《云南民族医药文献目录提要》。

二、检索效果的评估和检索技巧的运用

课题组在检索民族医药文献的过程中，注意总结和评估检索的效果，如有失误，则重新检索，以求达到最佳的效果。

（1）客观上，课题组身处信息化社会，所面对的少数民族医药文献数量巨大。同时，随着科学技术的快速发展，少数民族各学科间相互包容、渗透，少数民族医药的交叉学科、边缘学科等日趋增多，大大增加了课题组检索的难度。课题组检索文献的查全率和

查准率，在客观上易受到影响并造成部分漏检或误检。全国出版发行的少数民族医药文献数量也越来越多，很多地方性文献由于多种原因不能在网络或其他途径中查检到。很多文献，像云南民族民间的文献一样，藏于民族村寨中，只有通过大量费时费力的民间基层调研才能获得。本课题的调研范围仅限于云南省境内（含跨境而居的少数村寨），对省外的未做扩展调研。

（2）主观上，课题组在检索少数民族医药文献前，努力对课题内容进行深入分析和研究，尽可能准确地把握民族医药和文献的相关含义的界定，制订检索策略，尽量减少偏差，不断调整合适的检索标识，选择合适的检索入口和途径等，但仍会存在不可避免的人为的检索遗漏。

课题组除了尽可能检索和查阅质量较高、较权威的参考工具书、检索工具之外，还查访公共馆或科研院所收藏的网络信息无法检索到的内部资料。有的资料可以通过淘宝、京东等购买，但有一些大部头的珍贵文献由于多种原因无法购置，就尽量请北京等地的老师帮助查阅。故《云南民族医药文献目录提要》不可能百分之百地反映云南少数民族医药文献的收藏情况，课题组努力工作就是要尽量克服客观和主观因素所致的收集信息不全面的缺点，并且在结题后，课题组仍然要继续工作，努力搜集遗漏的信息，继续补充内容。

另外，由于所使用过的某些工具书提供的检索方式、检索途径有差别等原因，也会在客观上造成课题组成员的误检、漏检，导致收录不全的问题，影响查全率和查准率。检索过程中，课题组通过改变检索词、检索项、减少限制条件等方法，提高查全率。此外，还通过提高检索词的专指度、增加或换用下位词和专指性较强的自由词、增加概念组面、限制检索词出现的可检字段（如限定在篇名和叙词字段中检索）、用位置算符控制检索词的词间顺序与位置、利用限制符和前缀符限制文献的信息（如文献类型、出版年代、语种、作者）等，提高查全率。实践过程中，课题组运用多种方法，互为补充、互为验证，大幅提高了查全率和查准率。

三、期刊论文数据的整理和利用

通过数据库平台，如维普期刊资源整合服务平台、读秀中文学术搜索、万方数据全平台数字资源、万方医学网、CNKI、国家科技图书文献中心（昆明镜像站）、万方中医药知识系统、人大复印报刊资料库（远程版）、CMKD 临床医药学知识互动平台、e 线图情、中国生物医学文献服务系统、中华医学会数字化期刊（本地版）等，以民族医药的相关关键词进行检索，并去除相同数据后，下载原文，经整理录入 Excel 表。最后，课题组整理的与“云南少数民族医药”相关的学术论文有 1198 篇，论文篇名录入如下：

数据库检索到的民族医药论文篇目及发表时间

1 “赤脚”沧桑济民生——几位民族地区赤脚医生的昨天和今天 ［2002 年］

2 “傣痛消”抗痛风的实验研究及初步临床观察 ［2012 年］

3 “泛珠”聚首版纳 纵论“科学监管” ［2007 年］

4 “哈尼神医”——卢学清 ［2002 年］

5 “两强一堡”战略下云南民族医药文化的生态保护刍议 ［2104 年］

6 “十二五”民族医药加强六方面建设 ［2011 年］

7 “他们”从远古走来 ［2010 年］

8 《哀牢山彝族医药》中所用动物药整理 ［2000 年］

9 《傣医方剂学》编写方歌的可行性初探 ［2012 年］

10 《档哈雅》方剂用药特点分析 ［2010 年］

11 《滇南本草》对现代云南医药的研究和利用价值 ［2012 年］

12 《嘎比迪沙迪巴尼》载方分类浅析 ［2008 年］

13 《蛮书》物产篇植物考订 ［2103 年］

14 《医门擥要》主要学术观点的研究 ［2006 年］

15 《云南民族药志》第一卷出版 ［2009 年］

16 《云南中医学院学报》2006—2010 年载文及引文分析 ［2012 年］

17 《中图法》第 5 版少数民族医药文献分类设置 ［2014 年］

18 《嘎比迪沙迪巴尼》中妇科疾病论治方法的探讨 ［2009 年］

19 10 种基源相同的傣药与中药的比较 ［2008 年］

20 1989—2008 年傣医药文献计量分析 ［2009 年］

21 1999 年度云南省医学科研进展——云南省科技进步奖医学项目综述 ［2001 年］

22 2012 年中华中医药学会编辑出版分会年会暨中医药发展论坛在滇举行 ［2012 年］

23 2 种消解方法测定傣药中微量砷的比较 ［2011 年］

24 30 种“傣药”水溶性和醇溶性浸出物的测定 ［1982 年］

25 50 年代民族草药戒毒的调查 ［2006 年］

26 59 味傣医解药研究初探 ［2007 年］

27 傣医特色芬雅（磨药法）及常用磨药方介绍 ［2009 年］

28 HPLC 法测定不同产地傣药肾茶中的迷迭香酸 ［2011 年］

29 HPLC 法测定傣药双姜胃痛丸中姜黄素的含量 ［2007 年］

30 HPLC 法测定傣药雅路哈中槲皮素的含量 ［2003 年］

31 HPLC 测定不同产地傣药肾茶中熊果酸的含量 ［2011 年］
32 HPLC 法同时测定傣药灯台叶中鸭脚树叶碱、齐墩果酸和熊果酸的含量 ［2012 年］
33 ISSR 标记研究云南产牛奶菜属几种药用植物的亲缘关系 ［2012 年］
34 RP-HPLC 法测定傣药辣藤中胡椒碱的含量 ［2008 年］
35 RP-HPLC 法测定木蝴蝶树皮中黄芩苷的含量 ［2008 年］
36 RP-HPLC 测定龙胆科 6 种白族药药材中龙胆苦苷的含量 ［2011 年］
37 阿昌族传统医药传承现状调查 ［2014 年］
38 阿昌族民间医常用的几种毒性药材 ［2013 年］
39 阿魏在中、蒙、藏、傣和维医药临床应用比较初探 ［2013 年］
40 白毛藤在民族民间医药中的应用初探 ［1999 年］
41 白云花根在各民族医药中的应用 ［2000 年］
42 白族传统药食两用植物高河菜 ［2001 年］
43 白族地区不孕不育患者支原体属感染及药敏分析 ［2011 年］
44 白族地区铜绿假单胞菌临床分布与耐药性分析 ［2013 年］
45 白族动物药——心脉龙注射液对家兔失血性休克疗效的实验研究 ［1994 年］
46 白族抗结核药“阿佳咪”［2006 年］
47 白族民间草药黄杜鹃治疗骨质增生 23 例 ［1995 年］
48 白族民间验方木艾饮治疗慢性迁延性菌痢 12 例疗效观察 ［2009 年］
49 白族民间药双桃酊治疗传染性湿疹样皮炎 40 例 ［2001 年］
50 白族验方治尿路结石 ［1994 年］
51 白族羊油茶的药疗效用 ［1992 年］
52 白族药八边叶（八角枫）的研究进展 ［2011 年］
53 白族药保元胃康胶囊抗消化性溃疡的实验研究 ［2000 年］
54 白族药尺光子的临床应用 ［2000 年］
55 白族药高河菜的生药学研究 ［2005 年］
56 白族药鸡肉参的生药学研究 ［2009 年］
57 白族药暖脐袋外敷神阙穴治疗非溃疡消化不良 100 例 ［2010 年］
58 白族药暖脐袋治疗原发性寒性痛经 60 例 ［2002 年］
59 白族药青蒿蛋治疗初期老视 60 例 ［2011 年］
60 白族药双桃酊治疗体癣 50 例 ［2011 年］
61 白族药西归的生药学鉴定 ［2007 年］
62 白族药西归中阿魏酸的含量测定 ［2007 年］

63　白族药响铃草的性状与显微鉴定 ［2005 年］

64　白族药野坝子的挥发性化学成分研究 ［1999 年］

65　白族药野坝子的生药学研究 ［2002 年］

66　白族药野坝子的微量元素分析 ［2002 年］

67　白族药枕 ［2003 年］

68　白族药滋坚伦（紫金龙）的研究进展 ［2011 年］

69　白族医药文化传承与发展的困境及对策分析——以云南省洱源县杨永寿白族医药世家为例 ［2014 年］

70　白族指嵴纹数和掌三叉的观察 ［2006 年］

71　百折不挠地提高民族医药临床水平 ［2005 年］

72　办好《云南中医杂志》 加强情报信息交流 ［1991 年］

73　宝葫芦和金竹笛（白族）［1986 年］

74　贝叶史料在档案中的价值 ［2001 年］

75　边疆民族地区多校区高等中医药院校教学管理模式思考 ［2012 年］

76　边疆民族医药市场要素化营销模式 ［2013 年］

77　边疆少数民族地方高校学报特色之路:《大理学院学报》办刊实践 ［2008 年］

78　编纂《少数民族医药文献总目提要》的意义及方法 ［2014 年］

79　博士与他的傣族抗癌药 ［2003 年］

80　补血益气类中药对化疗后骨髓抑制小鼠的骨髓保护作用研究 ［2011 年］

81　不断改善少数民族的医疗卫生条件 ［1992 年］

82　不朽的傣医药 ［2006 年］

83　布朗族民间单方录 ［2004 年］

84　布朗族民间药用动物收集 ［2007 年］

85　布朗族医治骨折常用药 ［1999 年］

86　布依族治疗眼疾常用药 ［2003 年］

87　怒族民间医治疗骨折所用夹板材质的选择及处理 ［2014 年］

88　彩云之南：傣、彝医药绽奇葩 ［2009 年］

89　灿烂辉煌的大理白族医药文化 ［1995 年］

90　沧源佤族食物疗法验方录 ［2011 年］

91　沧源佤族医治妇科病验方录 ［2011 年］

92　沧源佤族医治肾病验方录 ［2011 年］

93　沧源县佤族酒疗法验方录 ［2011 年］

94 沧源县佤族民间验方录 ［2011 年］
95 沧源县佤族外敷疗法验方录 ［2011 年］
96 沧源县佤族医治风湿病验方录 ［2011 年］
97 沧源县佤族医治肝病验方录 ［2011 年］
98 沧源县佤族医治骨折验方录 ［2011 年］
99 沧源县佤族医治呼吸系统疾病验方录 ［2011 年］
100 沧源县佤族医治胃病验方录 ［2011 年］
101 沧源县佤族蒸熏疗法验方录 ［2011 年］
102 藏药“蒂达”的基原植物药理作用 ［2013 年］
103 藏药打箭菊的研究进展 ［2012 年］
104 藏药独一味治疗带状疱疹 30 例 ［2001 年］
105 藏医的临床护理与道德规范探讨 ［2004 年］
106 藏医风疾分型施治 ［1995 年］
107 藏医学基础理论研究进展 ［2007 年］
108 藏医学与印度医学源远流长的关系 ［2007 年］
109 藏医药学毒性理论的文献研究 ［2011 年］
110 藏医药治疗部分肝胆病现状综述 ［2001 年］
111 超临界 CO_2 萃取傣药紫色姜精油的 GC- MS 分析 ［2009 年］
112 朝医“四象医学”渊源初探 ［2002 年］
113 初论民族古文字医药文献的搜集整理 ［2011 年］
114 楚雄州彝药产业建设回顾与展望 ［2004 年］
115 传承弘扬民族医药文化 ［2006 年］
116 浅析博物馆数字文化与民族医药文化保护传承之关系 ［2011 年］
117 传统傣族医药中的姜科植物 ［1985 年］
118 传统苗药治疗腰腿痛 150 例临床总结分析 ［2001 年］
119 传统民族医药与新型农村合作医疗相结合政策倡导案例研究 ［2011 年］
120 传统民族医药在滇西南 ［1992 年］
121 传统医药现代化与民族医药的传承 ［2000 年］
122 传统宗教与佤族疾病观 ［2007 年］
123 从《嘎比迪沙迪巴尼》谈中傣医的比较研究 ［2007 年］
124 从产业化角度打造民族医药发展载体 ［2006 年］
125 从傣医“四塔”理论看中医的五脏学说 ［2011 年］

126 从傣医传统疗法看傣医学传承与发展的方式 ［2010 年］
127 从地理环境的视野探究彝族传统医药 ［2011 年］
128 从两则大理白族神话看舍己文化对医学人文的建设意义 ［2013 年］
129 从民族药中寻找新药 ［1986 年］
130 我国民族医药的现状及发展前景 ［1998 年］
131 从人类学视角解析怒族佤族医药文化的功能 ［2013 年］
132 从上市公司的业绩表现看民族地区实体经济中优势行业的发展 ［2013 年］
133 从西双版纳南药生产现状浅谈傣医药产业发展的思路 ［2004 年］
134 从新药研究角度分析傣医药及它的优势定位 ［2000 年］
135 从中国西双版纳傣族与泰国北部兰纳民族传统医药比较研究谈开展跨境研究的意义 ［2011 年］
136 民族医药发展论坛论文集：傣医特色“雅解理论”研究 ［2010 年］
137 大理“三月街”药市的历史考察 ［2013 年］
138 大理地区传统药材集市的现状及特点 ［2013 年］
139 大理地区古代医药史资料辑集 ［1989 年］
140 大力发展中医药和民族医药 ［2008 年］
141 大湄公河次区域合作发展传统医药的思考 ［2011 年］
142 傣西药结合治疗“拢动休”（痤疮）270 例 ［2008 年］
143 傣西医结合治疗结节性囊肿性痤疮 56 例疗效观察 ［2011 年］
144 傣西医结合治疗体外震波碎石后泌尿系结石 57 例观察 ［2011 年］
145 傣西医结合治疗痛风性关节炎 ［2011 年］
146 傣西医药治疗桡胫骨远端骨折的临床疗效分析 ［2011 年］
147 傣西医诊断学诊法的比较 ［2012 年］
148 傣雅解护肝方保肝降脂作用的实验研究 ［2009 年］
149 傣雅解护肝方对 D- 氨基半乳糖致小鼠急性肝损伤的保护作用 ［2011 年］
150 傣雅解护肝方对四氯化碳致小鼠急性肝损伤的保护作用 ［2009 年］
151 傣雅解护肝方对乙硫氨酸所致小鼠脂肪肝的影响 ［2011 年］
152 傣药“雅兰”治疗“帕雅拢兰”（花斑癣）82 例疗效观察 ［2008 年］
153 傣药“担宾浩”的氨基酸研究 ［1998 年］
154 傣药“锅麻过”的显微与薄层色谱鉴定 ［2009 年］
155 傣药“毫命”的用法及部分现代研究 ［2005 年］
156 傣药“怀免王”——白钩藤的化学成分及其生物活性研究 ［2013 年］

157 傣药“坡扣”及其炮制品不同提取部位的红外光谱比较鉴定 [2011 年]
158 傣药“雅解沙把”对醉酒小鼠平衡失调的影响 [2012 年]
159 傣药“雅解沙把”抗变态反应的实验研究 [2012 年]
160 傣药“雅解沙把”增强肝脏解毒功能的机制研究 [2013 年]
161 傣药“雅允”治疗“牛丁牛麦满”验方介绍 [2008 年]
162 傣药“移依”中白杨素的体内抗肿瘤活性和一般毒性研究 [2010 年]
163 傣药“移依”中黄酮类活性成分抗炎镇痛作用的研究 [2010 年]
164 傣药比比蒿（白花丹）的研究概况 [2008 年]
165 傣药比比娘中白花丹醌的分离 [1996 年]
166 傣药荜茇菜的生药学研究 [2010 年]
167 傣药波波罕的生物碱成分研究 [2012 年]
168 傣药材闭鞘姜药材质量研究 [2010 年]
169 傣药材卵叶巴豆质量标准研究 [2007 年]
170 傣药材榼藤子质量标准研究 [2008 年]
171 傣药答勒汤治黄疸 [1995 年]
172 傣药大黑附子刺激性的研究 [2010 年]
173 傣药大黑附子的毒理学研究 [2009 年]
174 傣药大树杨梅的生药学研究 [2000 年]
175 傣药大叶蒴的生药鉴定 [1999 年]
176 傣药倒心盾翅藤种子萌发特性初步研究 [2012 年]
177 傣药倒心盾翅藤资源调查 [2011 年]
178 傣药的分类 [2009 年]
179 傣药的分类研究 [2005 年]
180 傣药的命名要点及应用 [2006 年]
181 傣药灯台叶 5 类新药临床前研究 [2010 年]
182 傣药灯台叶醇提取物体外抗氧化活性 [2009 年]
183 傣药滇南美登木生药学研究 [2009 年]
184 傣药风湿康烘雅（熏蒸）治疗风湿颈肩腰腿痛偏瘫 360 例疗效观察 [2011 年]
185 傣药风湿康外涂剂治疗风湿热痹 300 例疗效观察 [2013 年]
186 傣药风湿康治疗风湿寒性关节痛 260 例疗效观察 [2010 年]
187 傣药嘎哩啰不同药用部位的鉴别 [2011 年]
188 傣药锅拢良（腊肠树）不同药用部位的薄层色谱鉴别 [2012 年]

189 傣药哈宾蒿（白花臭牡丹根）生药学研究 ［2012 年］

190 傣药哈宾蒿与哈宾亮的对比研究 ［2008 年］

191 傣药哈管底（蔓荆根）与叶的薄层鉴别与临床应用 ［2011 年］

192 傣药黑面神内生菌 Bacillus pumilus 化学成分研究 ［2012 年］

193 傣药黑心树中白桦脂酸的超高效液相色谱测定 ［2013 年］

194 傣药黑种草籽挥发油的 GC- MS 分析 ［2009 年］

195 傣药黑种草籽质量标准研究 ［2009 年］

196 傣药嘿盖贯治疗泌尿系感染 35 例疗效观察 ［2003 年］

197 傣药嘿良冲剂对肿瘤化疗后白细胞减少脾肾两虚证升白作用临床研究 ［2012 年］

198 傣药嘿良冲剂对肿瘤化疗升高白细胞作用的临床研究 ［2001 年］

199 傣药嘿良龙升高白细胞作用的实验研究 ［2007 年］

200 傣药嘿喃活的临床应用和研究概况 ［2008 年］

201 傣药红稗汤治疗崩漏 42 例临床疗效观察 ［2000 年］

202 傣药喉舒宝含片的制剂处方研究 ［2007 年］

203 傣药接骨膏治疗肱骨干骨折的护理体会 ［2004 年］

204 傣药榼藤子炮制前后质量分析及其毒理与药效研究 ［2011 年］

205 傣药榼藤子生品与炮制品 HPLC 指纹图谱研究 ［2010 年］

206 傣药苦冬瓜与小冬瓜的比较研究 ［2011 年］

207 傣药苦冬瓜种子萌发试验研究 ［2013 年］

208 傣药苦味叶下珠的利用价值及栽培技术 ［2004 年］

209 傣药腊肠树有效成分的研究 ［2009 年］

210 傣药麻贵香拉的研究进展 ［2008 年］

211 傣药麻夯板（余甘子）的研究概况 ［2008 年］

212 傣药麻三端的育亨宾植物资源研究 ［2002 年］

213 傣药麻杏三子灯台汤治疗咳喘病举隅 ［2004 年］

214 傣药吗点的生药学研究 ［1998 年］

215 傣药吗点与其他民族医药应用的比较 ［2005 年］

216 傣药埋丁别治疗流行性腮腺炎 15 例 ［2010 年］

217 傣药埋嘎筛治疗复发性“说烂”32 例 ［2014 年］

218 傣药埋外章的生药研究 ［2004 年］

219 傣药毛叶三条筋化学成分研究 ［2017 年］

220 傣药娜妞的研究概况 ［2008 年］

221 傣药喃该罕（石斛）黑斑病的研究 ［2008年］

222 傣药内外合治“拢梅兰申”22例疗效观察 ［2008年］

223 傣药蓬莱葛生药学研究 ［2010年］

224 傣药坡扣的脑苷类成分 ［2008年］

225 傣药坡扣挥发油化学成分研究 ［2008年］

226 傣药七味榼藤子丸薄层色谱鉴别研究 ［2009年］

227 傣药人面果抗氧化活性成分研究 ［2007年］

228 傣药人面果树皮的化学成分与生物活性研究 ［2008年］

229 傣药乳结消治疗乳癖67例疗效观察 ［2004年］

230 傣药三叶蔓荆扦插繁殖技术研究 ［2010年］

231 傣药三叶蔓荆栽培技术 ［2010年］

232 傣药山楂内金胶囊中连翘苷含量测定 ［2008年］

233 傣药肾茶扦插繁殖研究 ［2011年］

234 傣药思茅蛇菰薄层色谱鉴别 ［2011年］

235 傣药烫烧伤散治疗烫伤临床治验 ［2011年］

236 傣药特色药材肾茶与百样解资源评价 ［2012年］

237 傣药藤苦参及箭根薯化学成分的研究 ［2005年］

238 傣药藤苦参质量标准研究 ［2009年］

239 傣药藤甜菜化学成分预试验 ［2011年］

240 傣药外敷治疗急性乳腺炎的护理体会 ［2009年］

241 傣药外敷治疗乳腺炎28例疗效观察 ［2003年］

242 傣药万丈深的生药学研究 ［2005年］

243 傣药文尚海研究进展 ［2008年］

244 傣药纹尚海抗氧化作用研究 ［2009年］

245 傣药五淋化石胶囊治疗泌尿系结石41例临床疗效观察 ［2012年］

246 傣药香砂益母汤治疗月经不调12例临床观察 ［2001年］

247 傣药小灯台中的吲哚生物碱 ［1993年］

248 傣药血满草研究综述 ［2007年］

249 傣药熏蒸治疗拢梅兰申的临床观察和护理体会 ［2007年］

250 傣药牙干哈（心不干）治疗消化性溃疡的研究现状及前景 ［2008年］

251 傣药牙努秒研究和应用近况 ［2000年］

252 傣药芽拉勐龙（Cassia alata L.）的最佳采收时间探讨 ［2009年］

253 傣药芽鲁哈咪卖的化学成分研究 ［2009 年］
254 傣药芽糯妙（肾茶）的研究与应用 ［2008 年］
255 傣药雅唉喃摆丁别口服液主要成分的薄层色谱鉴别 ［2009 年］
256 傣药雅洞里（痔疮消）坐浴治疗混合痔 66 例临床观察 ［2011 年］
257 傣药雅哈贺治疗足癣 52 例疗效观察 ［2003 年］
258 傣药雅解片质量标准研究 ［2001 年］
259 傣药雅解沙把（百解胶囊）的研究概况 ［2009 年］
260 傣药雅解沙把（百解胶囊）治疗尿崩证 1 例 ［2008 年］
261 傣药雅解沙把、雅罕唉喃合用治疗唉贺皇（慢性支气管炎）疗效观察 ［2010 年］
262 傣药雅景波内服治疗高血压 ［2001 年］
263 傣药雅拉内服与心理护理相结合治疗失眠症 ［2008 年］
264 傣药雅拢梅兰申（除风止痛方）外敷治疗 28 例风湿性关节炎 ［2011 年］
265 傣药雅拢梅兰申外治“帕雅拢梅”病 58 例临床体会 ［2003 年］
266 傣药雅拢牛哈占波胶囊的薄层色谱鉴别 ［2008 年］
267 傣药雅麻想治疗带状疱疹 50 例疗效观察及护理 ［2005 年］
268 傣药雅麻想治疗蛇串疮 46 例体会 ［2004 年］
269 傣药雅朋勒（健胃止痛胶囊）的制备研究 ［2008 年］
270 傣药雅朋勒片的质量标准及稳定性研究 ［2005 年］
271 傣药雅朋勒片与雅叫帕中补合治胃脘痛 ［2003 年］
272 傣药雅主伤治疗外伤肿痛 ［1995 年］
273 傣药雅足伤结合针刺治疗踝关节扭伤 65 例 ［2005 年］
274 傣药雅足伤治疗踝关节软组织损伤 39 例 ［2003 年］
275 傣药——“麻比罕”的研究 ［1982 年］
276 傣药——“麻粑”的研究 ［1981 年］
277 傣药榼藤子芳香类成分的研究 ［2010 年］
278 傣药与中药的药用部位和临床作用之比较 ［2007 年］
279 傣药植物内生真菌的抑菌活性评价及发酵条件探索 ［2012 年］
280 傣药制剂雅罕唉喃的制备工艺和稳定性考察 ［2007 年］
281 傣药制剂治疗烧伤病人的护理体会 ［2008 年］
282 傣药治疗慢性支气管炎 51 例疗效观察 ［2008 年］
283 傣药治疗血友病甲重型出血 7 例观察 ［2004 年］
284 傣药竹叶兰化学成分研究与抗抑郁新药 YL102 的药学研究 ［2004 年］

285 傣药竹叶兰中金属元素的形态分析［2009 年］

286 傣药紫金正骨液在骨伤科中的应用［2004 年］

287 傣药自拟方雅匹浓治疗无名肿痛［2008 年］

288 傣医“解”的理论与解药的现代研究初探［2009 年］

289 傣医“解药”方剂研究分析［2006 年］

290 傣医“暖”的探析［2009 年］

291 傣医“心”“身”理论的初步探讨［2009 年］

292 傣医“月子病”病证特点初探［2013 年］

293 傣医“抱”疗法治疗外伤病案浅析［2012 年］

294 傣医“解药”方剂研究分析［2006 年］

295 傣医“解药”探讨［1999 年］

296 傣医“神药两解”浅析［2011 年］

297 傣医“四塔”“五蕴”理论与中医“五行”“七情”之初步比较［1992 年］

298 傣医“五蕴”理论简介［1993 年］

299 傣医“雅解”（解药）及其应用研究进展［2011 年］

300 傣医“雅解”发展与应用［2012 年］

301 傣医“雅解”理论及其方药的研究进展［2009 年］

302 傣医“雅解”学说运用规律的初步研究［2012 年］

303 傣医傣药治疗急性软组织损伤的护理体会［2008 年］

304 傣医对产后病诊治探析［2007 年］

305 傣医对菲埋喃皇罗（烧烫伤）的临床辨治［2009 年］

306 傣医对拢麻想害巴（带状疱疹）的论治［2009 年］

307 傣医对哦案（胆汁病）的认识与诊断［2011 年］

308 傣医方剂“药引子”研究［2007 年］

309 傣医膏摩的形成与发展［2005 年］

310 傣医基本理论简述［1996 年］

311 傣医基础理论研究进展［2010 年］

312 傣医基础理论中生命观的初步研究［2009 年］

313 傣医疾病观初探［2008 年］

314 傣医疾病观的研究［2009 年］

315 傣医疾病治疗与时间的关系初探（一）［2008 年］

316 傣医疾病治疗与时间的关系初探（二）［2009 年］

317 傣医解药“雅解沙把”对 2、4 二硝基氟苯所致小鼠接触性皮炎的影响 ［2011 年］

318 傣医解药“雅解沙把”防醉、解酒作用的实验研究 ［2012 年］

319 傣医解药“雅解沙把”抗过敏作用的实验研究及治疗湿疹的临床观察 ［2012 年］

320 傣医解药雅解沙把对大鼠肝药酶活性的影响 ［2012 年］

321 傣医解药雅解沙把对小鼠急性化学性肝损伤的保护作用 ［2012 年］

322 傣医康朗香生平及学术经验 ［2010 年］

323 傣医理论体系的核心探寻 ［1995 年］

324 傣医临床治疗肠道传染病常用傣药简介 ［2008 年］

325 傣医拢梅兰申（风湿性关节炎）病证诊疗规范化研究 ［2013 年］

326 傣医哦案（胆汁病）100 例临床分析报告 ［2011 年］

327 傣医哦案（胆汁病）特色诊法技术规范化研究 ［2011 年］

328 傣医哦案（胆汁病）诊治规律研究 ［2012 年］

329 傣医赛水（心理调节）治疗骨折的体会 ［2011 年］

330 傣医术语英译原则 ［2014 年］

331 傣医睡药推拿疗法治疗中风偏瘫 62 例临床疗效观察 ［2003 年］

332 傣医四塔理论的本质 ［2009 年］

333 傣医推拿治疗的初步研究 ［2006 年］

334 傣医拖擦药物疗法治疗拢梅兰申 60 例临床观察 ［2014 年］

335 傣医外敷疗法验方录 ［2012 年］

336 傣医外治法在“拢梅兰申”病中应用特点分析 ［2005 年］

337 傣医学“四塔连心”浅析 ［2009 年］

338 傣医学理论与原始思维的考究 ［2008 年］

339 傣医学中的“雅解”学说与亚健康防治的探讨 ［2010 年］

340 傣医雅解（解药）理论在临床中的应用研究 ［2009 年］

341 傣医验方“傣痛消”对急性高尿酸血症小鼠 UA、BUN、XOD 的影响 ［2014 年］

342 傣医药从回归自然到走向国际 ［2006 年］

343 傣医药发展现状和人才培养的思考和建议 ［2012 年］

344 傣医药发展现状与前景展望 ［2006 年］

345 傣医药高等教育人才培养体系的理论和实践探讨 ［2011 年］

346 傣医药高等人才培养模式初探 ［2010 年］

347 傣医药科研现状与发展思路 ［2009 年］

348 傣医药理论的形成 ［2007 年］

349 傣医药理论的形成与贝叶文化［2009 年］

350 傣医药理论的形成与地域文化［2012 年］

351 傣医药理论的整理研究［2010 年］

352 傣医药手稿验方译注（续）——“圣地良方”［1982 年］

353 傣医药手稿验方译注——“红光明眉丸”［1981 年］

354 傣医药文献整理研究综述及思考［2009 年］

355 傣医药学与中医药学对水杨柳比较研究［2008 年］

356 傣医药研发现状与前景展望［2008 年］

357 傣医药验方——神效油［1984 年］

358 傣医药有关中医风湿痹证的诊疗概况［2007 年］

359 傣医药治疗“动休”160 例［2007 年］

360 傣医药治疗带状疱疹疗效观察［2013 年］

361 傣医药治疗急性踝关节扭伤 120 例临床观察［2010 年］

362 傣医药治疗皮肤病民间验方临床举隅［2006 年］

363 傣医药治疗皮肤病拾萃［2008 年］

364 傣医药治疗深Ⅱ度烧烫 27 例临床体会［2011 年］

365 傣医药治愈垂体微腺瘤 4 例报道［2010 年］

366 傣医医疗经验与特色疗法研究报告［2010 年］

367 傣医与佤医部分用药比较［2009 年］

368 傣医诊断观的基本特征［2011 年］

369 傣医诊断学研究概述［2007 年］

370 傣医治疗“拢旧勒纳勒”（痛经）的验方介绍［2009 年］

371 傣医治疗“拢牛”（泌尿系感染）的验方介绍［2009 年］

372 傣医治疗风湿痹证临床常用傣药介绍［2011 年］

373 傣医治疗风湿病常用药［2007 年］

374 傣医治疗风湿病用药特色的数据挖掘初探［2014 年］

375 傣医治疗骨折常用药［2005 年］

376 傣医治疗拢阿麻巴经方、验方临床应用介绍［2011 年］

377 傣医治疗拢梅兰申（寒性风湿性关节炎）的护理［2013 年］

378 傣医治疗哦案（胆汁病）常用方药介绍［2011 年］

379 傣医治则研究（一）［2008 年］

380 傣医治则研究（二）［2008 年］

381 傣医治则研究（三）［2008 年］

382 傣医治则与治法研究 ［2008 年］

383 傣中西医结合治疗痛风 17 例 ［2003 年］

384 傣中医结合治疗婴儿腹泻临床治验举隅 ［2011 年］

385 傣族“解药”研究综述 ［2007 年］

386 傣族“雅解”药酒清除自由基及抗氧化作用研究 ［2008 年］

387 傣族保健茶用植物 ［2005 年］

388 傣族地区 400 例甲状腺机能亢进症临床分析 ［2000 年］

389 傣族防治肝胆疾病的方法及常用方药 ［2008 年］

390 傣族和汉族手术病人间静注盐酸利多卡因药代动力学研究 ［2008 年］

391 傣族酒疗法验方录 ［2012 年］

392 路漫漫其修远兮，吾将上下而求索——傣族抗癌药三阳血傣进入埃及国家肿瘤医院纪实及其国际化的感悟 ［2005 年］

393 傣族历史文化与傣医药的历史渊源 ［2009 年］

394 傣族民间单方录 ［2001 年］

395 傣族民间积雪草用于食疗 ［2008 年］

396 傣族民间解毒药物介绍 ［2005 年］

397 傣族民间解毒药物收集 ［2005 年］

398 傣族民间浸泡药酒 ［1995 年］

399 傣族民间慢性肝炎病人食疗药膳 ［2008 年］

400 傣族民间外治疗法常用植物介绍 ［2011 年］

401 傣族民间药尼泊尔十大功劳的化学成分研究 ［1999 年］

402 傣族民间药用植物苦味叶下珠 ［2003 年］

403 傣族民间治疗肝病的药用植物资源 ［2008 年］

404 傣族民间治疗疟疾验方录 ［2007 年］

405 傣族民间治疗肾虚病验方录 ［2008 年］

406 傣族体质影响因素浅析 ［2008 年］

407 傣族文化滋养下的傣医医德 ［2010 年］

408 傣族养生重养神思想及其作用初探 ［2010 年］

409 傣族药狗牙花的生药学研究 ［1998 年］

410 傣族药皇旧提取物清除活性氧及抗氧化作用研究 ［2008 年］

411 傣族药食植物金毛狗栽培方法及采收加工 ［2005 年］

412 傣族药叶下珠提取物抗氧化活性研究 ［2011 年］

413 傣族医学的养生方药 ［1995 年］

414 傣族医学生命观的探讨 ［2007 年］

415 傣族医药古籍资源的调查与定级研究 ［2009 年］

416 傣族医药简述 ［1992 年］

417 傣族医药文化浅谈 ［2013 年］

418 傣族医药与文化 ［2001 年］

419 傣族医药治流产 ［1991 年］

420 傣族医蒸熏疗法验方录 ［2011 年］

421 傣族医治妇科病常用药 ［2005 年］

422 傣族用动物药概况 ［1987 年］

423 傣族主要聚居地区傣医单验方田野调查初探 ［2012 年］

424 代表委员呼吁保护民族医药知识产权 ［2004 年］

425 岛苏秀续骨酊治疗闭合性骨折疗效观察 ［1997 年］

426 岛苏秀续骨酊治疗骨折疗效观察 ［2004 年］

427 德昂药蔬白鹤藤 ［2001 年］

428 德昂族医药现状 ［2011 年］

429 德宏傣医药发展历史及其特点 ［2011 年］

430 德宏傣医药探讨 ［1994 年］

431 德宏民族医药的报告 ［2011 年］

432 德宏州景颇族指嵴纹数和掌三叉的分布 ［2011 年］

433 灯油藤化学成分研究进展 ［2012 年］

434 迪庆藏医形成、发展及特色的初步研究 ［2008 年］

435 迪庆藏医学浅论 ［1995 年］

436 迪庆藏医药发展概述及其档案工作 ［2008 年］

437 迪庆藏医用药特点初探 ［2009 年］

438 迪庆藏医治疗胃肠道疾病特色初探 ［2010 年］

439 迪庆州藏医药学发展史 ［2004 年］

440 地缘文化视野中的云南民族医药文化研究的思考 ［2012 年］

441 第二届全国民族医药产品暨科研成果推广研讨会在北京召开 ［1999 年］

442 滇产蓝花参的生药学研究 ［2010 年］

443 滇西北风毛菊属的药用民族植物学研究 ［2013 年］

444　滇西地区民族民间疟疾验方 80 首　[2012 年]

445　滇西民族医药品牌形象定位策略研究　[2013 年]

446　滇西民族医药市场第三终端营销策略研究　[2012 年]

447　滇重楼地上部分的开发研究　[2004 年]

448　电针配合傣医焐药外敷法治疗顽固性肩周炎 62 例　[2010 年]

449　东巴文化滋养下的一朵民族医药之花——纳西东巴医药简介　[2006 年]

450　东方大峡谷的民族医药之花——云南傈僳族医药简介　[2008 年]

451　东西医药文化合璧的精粹——云南回族医药简介　[2008 年]

452　动物药在傣医内科的应用分析　[2008 年]

453　侗族及彝族传统医药研究进展　[2010 年]

454　独龙族药治疗“水痘样皮炎”经验介绍　[1997 年]

455　独一味中苯乙醇苷的测定　[2012 年]

456　读《拉祜族常用药》札记　[1990 年]

457　对傣药研究与开发的认识与理解　[2007 年]

458　对傣医学中“心”的认识　[2008 年]

459　对傣族医药历史传承保护与人才培养的浅识　[2011 年]

460　对加强云南省民族医药继承发展工作的再思考　[2006 年]

461　对民族医药的那份责任和亲情　[2009 年]

462　对少数民族地区医药市场管理的思考　[1999 年]

463　对我省彝族医药文化保护与彝药研发的思考　[2005 年]

464　对瑶医药事业未来发展的思考　[2006 年]

465　对彝族枚针治疗痼疾的探讨　[1995 年]

466　对云南民族医药区域研究的战略思考　[2007 年]

467　多元文化与丽江纳西族医药　[1999 年]

468　多元医疗模式共存的医学人类学分析——以西双版纳傣族村寨为例　[2014 年]

469　鄂温克族民间药用植物及其与蒙古医药的比较　[2009 年]

470　发掘民族医药造福人类——记云南民族医药研究所　[1999 年]

471　发展傣医药高等教育的思考　[2005 年]

472　发展民族卫生事业必须培养民族医药人才　[1996 年]

473　发展民族医药　弘扬民族文化　[2007 年]

474　发展民族医药的现实意义　[2000 年]

475　发展中的傣医药　[2008 年]

476 发展中的中国傣族传统医药 [2010年]
477 返朴归真　回归自然——21世纪民族医药的展望 [2008年]
478 泛亚国际民族医药交流与合作——桥头堡战略下面向南亚东南亚的云南民族医药 [2013年]
479 扶持传统民族医药保护非物质文化遗产 [2009年]
480 甘草治多种病 [1996年]
481 高度珍惜　择善而从　推动民族医药又好又快发展 [2001年]
482 高黎贡山民族药初探 [2006年]
483 高黎贡山区域傈僳族药食两用植物的医学解读 [2013年]
484 高校民族医药博物馆与民族医药文化的传承 [2011年]
485 共同推进民族医药事业发展 [2007年]
486 钩藤植物民间用法收集及整理 [2012年]
487 古老神奇的苍洱幽兰——云南白族医药简介 [2007年]
488 骨风宁胶囊治疗类风湿性关节炎40例 [2005年]
489 关于“香格里拉民族医药”概念的提出 [2006年]
490 关于傣药材中文名称命名方法的探讨 [2007年]
491 关于傣医在预防保健方面的初步探讨 [2009年]
492 关于亟待挖掘、整理和创新：德宏民族医药的报告 [2011年]
493 关于我国民族药研究与新药开发的探讨（上）[2007年]
494 关于怎样做好民族医药工作的构思与建议 [2006年]
495 关于壮药的初步考察 [2013年]
496 广西　贵州　云南民族药发展比较研究 [2008年]
497 广西征求中医药民族医药发展意见 [2011年]
498 贵州民族医药科技产业发展现状及对策建议 [2013年]
499 贵州省民族医药现状、问题及发展建议 [2007年]
500 国际化视野下我国民族医药发展探微 [2013年]
501 哈尼草药“努玛拉行路宝”的植物成分抗艾滋病的治疗研究报告 [2009年]
502 哈尼医辨治初谈 [1996年]
503 哈尼医药对毒鼠强中毒致心肌酶谱慢性升高2例的调理作用 [2008年]
504 哈尼族传统医药理论探研 [2011年]
505 哈尼族代表药20味简介 [1999年]
506 哈尼族民间药用动物收集 [2006年]

507　哈尼族民间治疗妇科疾病的常见药用植物［2012年］

508　哈尼族神话中的不死药与不死观［1989年］

509　哈尼族特色治疗技法［2014年］

510　哈尼族验方特点浅析［2014年］

511　哈尼族药食植物葛根利用价值及栽培技术［2004年］

512　哈尼族药物特点初探［2011年］

513　哈尼族药用野菜［1994年］

514　哈尼族医药特色初探［2013年］

515　哈尼族医药文化的保护和传承研究［2013年］

516　哈尼族医药研究的现状及思考［2011年］

517　哈尼族医药祖国医药文化中的瑰宝［2006年］

518　哈塔嘎其在痔瘘术后应用与研究［1996年］

519　哈秀咪得电热药袋治疗痛痹骨折中后期的临床观察［2007年］

520　哈药樟木治肠胃病［2006年］

521　和田维药——营销行路“三只脚”［2007年］

522　黑熊驯养繁殖初具规模　熊胆系列弘扬民族医药——记云南大理瑞鹤药业有限公司［2001年］

523　弘扬民族医药的现实意义［2007年］

524　红活麻有效部位抗皮肤移植排斥反应研究［2008年］

525　猴耳环分散片的制备工艺研究［2009年］

526　湖南省召开首届民族医药学术会［1993年］

527　虎杖在民族医药中的应用［2007年］

528　黄家医圈［1997年］

529　回心草活性单体RR7的抗心肌缺血作用及机制研究［2008年］

530　回族腹部按摩术［1994年］

531　回族医药简介［2008年］

532　鸡肚子根的生药学研究［1998年］

533　鸡肝散提取物在大鼠体内的药代动力学研究［2008年］

534　鸡矢藤止痛作用的临床应用总结［2005年］

535　积极开展民族医药学术交流［2006年］

536　积极研发民族医药新产品　充分发挥防病治病作用［2012年］

537　基诺山上茶花香——基诺族医药简介［2007年］

538 基诺族地区饮酒情况及其相关精神卫生状况调查分析 [2003 年]
539 基诺族妇科常用药 [2006 年]
540 基诺族民间茶用植物 [2005 年]
541 基诺族民间解毒药物收集 [2003 年]
542 基诺族民间秘方录 [2006 年]
543 基诺族民间药用动物收集 [2005 年]
544 基诺族民间医药调查研究 [1995 年]
545 基诺族民间医治妇科病常用药 [2006 年]
546 基于“手段—目的链”的云南民族药品牌文化定位初探 [2013 年]
547 基于南传佛教与傣医学的关系研究的评述及思考 [2010 年]
548 基于文化多样性下的傣医药文化社会功能的研究——以西双版纳州为例 [2012 年]
549 几龙乃的生药鉴定 [1995 年]
550 几种民族药资源介绍 [1993 年]
551 几种民族医药的亲缘关系初探——兼论数值分类软件 NTSYS 的使用 [2007 年]
552 继承发展傣族医药 大力弘扬贝叶文化 [2004 年]
553 加快民族医药产业发展的思路和政策建议 [2006 年]
554 加快民族医药传承和发展 [2009 年]
555 加强傣医药事业建设促进民族医药的发展 [2007 年]
556 加强民族地区中医理论研究的思考 [2005 年]
557 加强民族医药的知识产权保护 实现民族医药的可持续发展 [2006 年]
558 加强民族医药研究开发 为打造“云药”产业做贡献 [2004 年]
559 加强中医实践教学 促进“傣药学”学科可持续发展 [2013 年]
560 加入 WTO 后我国民族医药业发展的新思考 [2001 年]
561 嘉兰和丽江山慈菇的化学成分 [1977 年]
562 甲磺酸氨氯地平治疗丽江纳西族老年高血压疗效观察 [2011 年]
563 甲诊探析 [2009 年]
564 坚持继承与创新加快傣医药事业发展 [2007 年]
565 简论彝族医药 [1994 年]
566 建设傣医药资源信息系统的设想 [2005 年]
567 解开《滇南本草》历史之谜——为《管氏医家十二代秘方选注》作序 [1997 年]
568 进一步加强我省民族药的研究开发 [2003 年]

569　近年傣族传统医药研究进展 ［2001 年］
570　近十年傣医药研究综述 ［2011 年］
571　景东彝族民间验方录 ［2007 年］
572　景颇族医药的历史现状与发展 ［2009 年］
573　靖西壮族传统药市节 ［2009 年］
574　开发藏药五味甘露药浴的探讨及设想 ［2004 年］
575　开发云南药物资源优势，做强做大彝族医药产业——佑生药业的质量创新发展之路 ［2005 年］
576　口服大剂量乙酰螺旋霉素治疗急性淋病 ［2003 年］
577　苦聪人传统医药研究：苦聪药“人头七”原植物的研究 ［1990 年］
578　旷达宽仁赤子心——记昆明医学院副院长、昆医附二院院长杨达宽 ［2011 年］
579　昆明高新区民族成药产业的发展及其制约因素分析 ［2006 年］
580　拉祜族常用药藤子茶质量标准研究 ［2011 年］
581　拉祜族方药治疗血栓闭塞性脉管炎 ［1988 年］
582　拉祜族民间医治疗外伤药用植物的调查 ［2007 年］
583　拉祜族药“那此鲁马兜”的资源调查研究 ［2005 年］
584　拉祜族药“鹅母架那此” ［1998 年］
585　拉祜族药“密都那此”的研究 ［1999 年］
586　拉祜族药大白解原植物考证及其资源初步研究 ［2002 年］
587　拉祜族药石风丹的本草考证及生药鉴定 ［1997 年］
588　拉祜族医药概论（连载一）［1994 年］
589　拉祜族医药概论（连载二）［1994 年］
590　拉祜族用药经验和特点 ［1989 年］
591　拉祜族用药习俗及特点 ［1991 年］
592　拉祜族植物药调查 ［1988 年］
593　澜沧傣族民间验方录 ［2009 年］
594　澜沧傣族医治妇科病验方录 ［2010 年］
595　澜沧哈尼民间验方录 ［2009 年］
596　澜沧拉祜族民间验方录 ［2009 年］
597　澜沧拉祜族医治风湿病常用药 ［2010 年］
598　澜沧拉祜族医治妇科病验方录 ［2010 年］
599　澜沧拉祜族医治肝病验方录 ［2010 年］

600 澜沧拉祜族医治肾病验方录 ［2010 年］

601 澜沧佤族民间验方录 ［2010 年］

602 澜沧佤族医治风湿病常用药 ［2010 年］

603 澜沧县傣族治疗肝病的药用植物资源 ［2009 年］

604 澜沧县佤族治疗妇科病验方录 ［2009 年］

605 老话题和新文章——记昆医附二院院长、白族教授张炳彦 ［1997 年］

606 理清思路 扎实工作 开创民族医药工作新局面 ［2006 年］

607 力促民族医药更快发展 ［2006 年］

608 利用机遇，迎接挑战，加快我国中医药发展步伐 ［2004 年］

609 利用云南民族医药治疗艾滋病的优势和前景 ［2006 年］

610 西双版纳傣族与柬埔寨高棉族药用植物传统利用知识的初步比较 ［2008 年］

611 东方大峡谷的民族医药之花——云南傈僳族医药简介 ［2008 年］

612 傈僳族医药文化 ［2010 年］

613 两种药用植物化学成分的研究 ［2004 年］

614 猎虎民族的守护者——拉祜族医药简介 ［2006 年］

615 岭南瑶族民间常用草药种类与分析 ［2014 年］

616 刘以敏主任临床运用滇药举隅 ［2011 年］

617 龙骨在中医药与民族医药中的应用比较研究 ［2010 年］

618 拢烂蒿（白癜风）傣医治验举隅 ［2011 年］

619 陆氏壮医祖传秘方治疗骨结核 62 例 ［2011 年］

620 鹿心雪茶的化学成分研究 ［2005 年］

621 论《滇南本草》的用药特色 ［2011 年］

622 论傣医方剂学的特色 ［2007 年］

623 论傣医十大传统疗法与自然疗法 ［2007 年］

624 论傣医药文化与贝叶文化的关系 ［2007 年］

625 论迪庆藏药及应用特色 ［2008 年］

626 论经济发展对哈尼族医药的影响 ［2012 年］

627 论民族医药档案遗产收集工作的思路与对策 ［2010 年］

628 论民族医药的法律保护 ［2011 年］

629 论民族医药的知识产权保护 ［2010 年］

630 论民族医药文化学的构建 ［2011 年］

631 论少数民族医药古籍文献目录的编制 ［2012 年］

632 论述民族医药治未病特色 ［2011 年］

633 论特色傣药“雅解”（解药）［2008 年］

634 论我国民族医药的地位、现状及前景分析 ［2007 年］

635 论西南少数民族医药历史档案的研究利用价值 ［2009 年］

636 论云南民族医药的知识产权保护 ［2009 年］

637 论云南民族医药之贡献 ［2011 年］

638 论云南少数民族传统医药的作用与特色 ［2001 年］

639 略论傣医药学的特点 ［1990 年］

640 略论民族医药的科学性和特殊性 ［1986 年］

641 略论纳西族东巴医药的特点 ［1999 年］

642 略论彝族医药古籍中的传统文化意蕴 ［2000 年］

643 麻黄的中、蒙、藏及维医药临床应用比较 ［2014 年］

644 满族现状一瞥——读《满族：辽宁新宾县腰站村调查》有感 ［2005 年］

645 蒙古族、哈尼族习用药黄瓜根的生药学研究 ［2011 年］

646 蒙古族、景颇族习用药向日葵根挥发油化学成分研究 ［2012 年］

647 蒙药方五味清浊散研究进展 ［2008 年］

648 蒙药嘎木朱尔合云南白药保留灌肠治疗溃疡性直肠炎 64 例 ［2007 年］

649 蒙医药治疗带状疱疹综述 ［2008 年］

650 缅甸佤邦北部佤族区疟疾感染和就医行为及其影响因素研究 ［2010 年］

651 苗药隔山消与白族、彝族民族药物隔山消的专利研究（1）［2012 年］

652 苗药隔山消与白族、彝族民族药物隔山消的专利研究（2）［2012 年］

653 苗药米槁叶子化学成分研究 ［2009 年］

654 苗药双肾草多糖免疫调节作用研究 ［2012 年］

655 苗医阴阳起源与致病认识 ［2012 年］

656 苗族医药发展的概况和云南苗医药的现状 ［2008 年］

657 苗族医药简述 ［2007 年］

658 苗族医药开发研究运用的问题与对策 ［2006 年］

659 民间医药治验疑难杂症五则探讨 ［1994 年］

660 民俗与民族医药文化之关系 ［2009 年］

661 民族草药回心草的研究进展 ［2005 年］

662 民族地区成人高等中医药教育存在的问题和对策 ［2012 年］

663 民族地区群众对当地毒性药材认知问卷调查结果及分析 ［2013 年］

664 民族健康教育与民族传统风俗习惯［1993 年］
665 民族民间医学国际会议英文口译研究——以第六届大湄公河次区域传统医药交流会口译实践为例［2014 年］
666 民族民间医药科单纯性胸腰椎骨折的护理体会［2012 年］
667 民族民间医药 一朵绽放的新奇葩［2005 年］
668 民族民间医药与农业生物多样性保护——以西双版纳大卡老寨为例［2001 年］
669 民族民间医药治疗乙型肝炎概况［2001 年］
670 民族民间医药治疗椎间盘突出及其并发症经验总结［2007 年］
671 民族品牌 经典再造［2009 年］
672 民族食疗学简论［2005 年］
673 民族药“含羞草”的生药学研究［2010 年］
674 民族药（傣药）数据库的建设与研究［2010 年］
675 民族药波叶山蚂蝗的生药学研究［2007 年］
676 民族药滇产回心草对大鼠实验性心肌缺血的保护作用［2001 年］
677 民族药滇产回心草及回心康对麻醉大鼠血流动力学的影响［2001 年］
678 民族药狗屎兰花的生药学研究［2003 年］
679 民族药红牛膝的生药学研究［2007 年］
680 民族药黄藤和竹红菌的化学成分及生药学研究［2007 年］
681 民族药苦远志的生药学及质量标准的初步研究［2009 年］
682 民族药牛头刺的生药学研究［1998 年］
683 民族药品牌文化定位初探［2013 年］
684 民族药青刺尖的生药学及质量标准的初步研究［2008 年］
685 民族药青刺尖的生药学研究［2002 年］
686 民族药青刺尖的研究进展［2007 年］
687 民族药清香桂的生药学研究［2010 年］
688 民族药三叶丹参的质量标准研究［2009 年］
689 民族药水蓼的生药学研究［2004 年］
690 民族药酸叶胶藤的鉴别研究［2013 年］
691 民族药铁线草的生药学研究［2008 年］
692 民族药头花仙茅的生药学研究［1998 年］
693 民族药物通关散的药用价值［2012 年］
694 民族药物竹红菌的研究及开发进展［2006 年］

695 民族药响铃豆的生药学研究 ［1999 年］
696 民族药小红参防治心血管疾病的研究进展 ［2010 年］
697 民族药心不甘的传统应用比较 ［2007 年］
698 民族药心不干治疗消化性溃疡的实验研究 ［2009 年］
699 民族药野烟的生药学研究 ［2007 年］
700 民族药竹红菌的生药学研究 ［2000 年］
701 民族医学文摘 ［1998 年］
702 民族医药“富矿”中的一颗明珠——景颇族医药简介 ［2007 年］
703 民族医药百花园中的一朵璀璨奇葩——傣医药学简介 ［2006 年］
704 民族医药宝库中的一块璞石——佤族医药简介 ［2006 年］
705 民族医药产品包装设计的文化考量 ［2013 年］
706 民族医药传承人的重要性及培养方式初探——以凉山彝族医药为例 ［2011 年］
707 民族医药传统知识传承对惠益分享的影响 ［2008 年］
708 民族医药大放异彩 ［2002 年］
709 民族医药的知识产权保护 ［2005 年］
710 民族医药多元人才培养模式探析 ［2013 年］
711 民族医药发展现状及存在问题分析 ［2011 年］
712 民族医药发展需宽松政策环境 ［2010 年］
713 民族医药发展需三大支持 ［2005 年］
714 民族医药瑰宝——文山三七 ［2005 年］
715 民族医药将在西部大开发中崛起 ［2001 年］
716 民族医药开发挑战与机遇并存 ［2007 年］
717 民族医药可持续发展的几点思考 ［2009 年］
718 民族医药品牌化之路怎么走 ［2006 年］
719 民族医药品牌价格生成因子分析 ［2013 年］
720 民族医药企业背后的贡献 ［2010 年］
721 民族医药若干问题思考 ［2008 年］
722 民族医药少数民族大学生人文素质教育初探 ［2014 年］
723 民族医药事业蒸蒸日上 ［2007 年］
724 民族医药书籍系列报道 ［1995 年］
725 民族医药调查在全国展开 ［2004 年］
726 民族医药文化研究中的心理沟通 ［2011 年］

727 民族医药文化在云南文化强省中的重要地位 ［2011 年］

728 民族医药文献的量化分析 ［2000 年］

729 民族医药文献发掘整理现状及对策研究 ［2012 年］

730 民族医药文献整理推广项目启动 ［2010 年］

731 民族医药文摘 ［1999 年］

732 民族医药研究中应该注意的几个问题 ［2010 年］

733 民族医药要平衡发展 ［2002 年］

734 民族医药知识产权保护现状与对策探讨 ［2006 年］

735 民族医药治疗痛风概述 ［2011 年］

736 民族医药治疗痛风性关节炎的研究现状 ［2014 年］

737 民族医药中“神药两解”现象的思考 ［2010 年］

738 民族医药专家汇聚南宁共谋发展 ［2008 年］

739 民族医药作为非物质文化遗产的保护与传承 ［2006 年］

740 民族语言在手术麻醉中与患者沟通的应用 ［2013 年］

741 民族植物学与生物多样性的可持续利用 ［2013 年］

742 民族植物学在民族民间医药研究中的应用 ［2000 年］

743 名傣医康朗香治疗风湿病的经验 ［2008 年］

744 名傣医康朗香治疗慢性胃炎经验 ［2009 年］

745 名傣医林艳芳 ［2005 年］

746 名傣医药专家林艳芳治疗肾病的经验 ［2010 年］

747 名傣医专家林艳芳治疗洞飞暖（脓肿）经验介绍 ［2011 年］

748 名老傣医波燕治疗脑瘤的经验 ［2012 年］

749 名老傣医康朗腊治疗拢牛验方介绍 ［2008 年］

750 名老傣医康朗腊治疗拢匹勒（月子病）方药介绍 ［2011 年］

751 墨江蜈蚣和少棘蜈蚣体外抑菌的对比研究 ［1995 年］

752 纳西民间药治疗骨质增生症的辨证施治经验 ［2006 年］

753 纳西先民对药物起源的认识 ［2007 年］

754 纳西医药研究现状 ［2004 年］

755 纳西族的本草书——玉龙本草 ［1999 年］

756 纳西族的民族药发展 ［2008 年］

757 纳西族的医药文化 ［2009 年］

758 纳西族东巴经对病因的认识 ［1997 年］

759　纳西族东巴医学的疾病观初探 ［1995 年］

760　纳西族东巴医药疾病观初探 ［2007 年］

761　纳西族东巴医药学的初步整理研究 ［2003 年］

762　纳西族民间药金不换临床应用二则 ［1996 年］

763　纳西族民间医生诊病方法初探 ［1995 年］

764　纳西族药寿柞中抗癌活性成分的研究及其含量测定 ［1994 年］

765　纳西族药物治疗急慢性肾盂肾炎 36 例 ［2002 年］

766　纳西族医望诊法 ［2007 年］

767　纳西族民族医药 ［1996 年］

768　纳西族医药概述 ［1998 年］

769　纳西族医用草药治病多 ［2002 年］

770　纳西族治疗流行性腮腺炎方四则 ［2002 年］

771　南传上座部佛教与傣医药 ［2007 年］

772　南国医林中的一株奇花——云南德昂族医药简介 ［2008 年］

773　南宋时期大理国医药考略 ［2012 年］

774　宁洱县 1519 例糖尿病患者流行病学调查 ［2013 年］

775　宁蒗傈僳族治疗呼吸系统疾病验方录 ［2008 年］

776　宁蒗纳西族摩梭人民间验方录 ［2008 年］

777　宁蒗彝族治疗风湿病验方录 ［2007 年］

778　凝聚各方力量发展民族医药 ［2010 年］

779　怒江地区民族医药考察掠影 ［2005 年］

780　怒族传统外治法简介 ［2010 年］

781　怒族传统医药的现状考察及发展思考 ［2011 年］

782　怒族民间医药现状调查 ［2011 年］

783　怒族民间医治疗骨折所用夹板材质的选择及处理 ［2014 年］

784　怒族民俗禁忌里的健康智慧 ［2011 年］

785　怒族特色饮食的食疗价值 ［2012 年］

786　哦案（胆汁病）傣医论治 ［2011 年］

787　浅析开展云南少数民族单验方收集整理及评价研究的重要性 ［2010 年］

788　屏边县彝族常用药单方验方 ［2008 年］

789　破解民族医药继承与保护的困局 ［2008 年］

790　剖腹产后湿热交结发热验案 ［1989 年］

791 普洱地区药食同源植物特色形成的人文因素浅析 [2012 年]
792 普洱市中草药资源及中草药产业发展 [2012 年]
793 奇特的仫佬医药 [2006 年]
794 奇效三味白族药在骨伤科中的临床应用 [2001 年]
795 潜心探宝库 妙手解病痛 [2013 年]
796 黔南苗医药对疾病的认识分类和命名初探 [2006 年]
797 黔湘鄂民族医药研究片区协作会在筑召开 [1986 年]
798 浅淡傣医用解药的特点 [2001 年]
799 浅淡哈尼族医药的诊疗特点 [2013 年]
800 浅论傣医药文化的"药食同源" [2010 年]
801 浅述西双版纳哈尼族按摩习俗 [2001 年]
802 浅谈编著中的《基诺族医药》[1994 年]
803 浅谈傣药产业化发展 [2011 年]
804 浅谈傣药的制剂特色 [2008 年]
805 浅谈傣药在养生保健中的作用 [2014 年]
806 浅谈傣医"药神同剂"的产生及意义 [2011 年]
807 浅谈傣医药的研究现状与发展前景 [2008 年]
808 浅谈傣医药文化的"药食同源" [2010 年]
809 浅谈傣医药文献古籍档案管理 [2008 年]
810 浅谈傣族医药学中的治则及方药 [1996 年]
811 浅谈傣族与傣医药的起源 [2012 年]
812 浅谈开展傣医四塔五蕴理论规范化整理研究的重要性 [2009 年]
813 浅谈傈僳族民间骨折诊疗技术的传承与保护 [2013 年]
814 浅谈民族民间医药 [2010 年]
815 浅谈名傣医岩贯治疗拢麻想（湿疹）的经验 [2011 年]
816 浅谈纳西东巴医对药物的认识 [2011 年]
817 浅谈我国民族医药的发展现状与前景 [2007 年]
818 浅谈西双版纳的傣医傣药 [1983 年]
819 浅谈瑶族的医药养生 [1991 年]
820 浅谈云南中医药治疗艾滋病卫生管理现状及对策 [2013 年]
821 浅谈中药学和傣药学对巴豆的应用异同 [2007 年]
822 浅析博物馆数字化与云南民族医药文化保护传承之关系 [2011 年]

823 浅析傣医药与中医药治疗痹证认识异同 [2007年]
824 浅析加强云南民族药开发关键技术研究的重要性 [2008年]
825 浅析姜黄在中、傣、蒙、藏及维医药学中的临床应用异同 [2012年]
826 浅析决明子在中医药学与民族医药学临床应用的异同 [2011年]
827 浅析开展云南少数民族单验方收集整理及其评价研究的重要性 [2010年]
828 浅析潞西傣族民间医药 [2011年]
829 浅析马钱子炮制方法 [2010年]
830 浅析肉桂在中、蒙、藏及维医药学中的临床应用异同 [2008年]
831 浅析土家族冲服用药法 [2001年]
832 浅析云南民族药开发性研究及产业发展构想 [2012年]
833 浅析云南少数民族医药文化的特质 [2013年]
834 浅析中药学与民族药学对石榴的临床应用异同 [2007年]
835 浅析中医药与民族医药对自然铁的临床应用异同 [2007年]
836 浅议傣医"三盘"学说与中医"三焦"之异同 [2011年]
837 浅议傣医理论中的养生保健观 [2011年]
838 浅议卫生专业志民族医药章 [1992年]
839 羌医药的抢救与重建 [2009年]
840 切莫埋没了民族医药——全国民族医药工作会议侧记 [1984年]
841 青叶胆及常见8种近缘种的生药学研究 [2009年]
842 清代手抄珍本《救世良方》"损伤筋骨丸"的临床应用体会 [2009年]
843 曲焕章和他的云南白药 [1999年]
844 全国第六届民族民间医药学术交流会纪要 [1997年]
845 全国第六届民族民间医药学术交流会在昆明举行 [1997年]
846 全国民族医药信息文献工作委员会成立 [1993年]
847 全国政协委员张伯礼等医药界有识之士疾呼——打响民族医药产业的保卫战 [2013年]
848 全球化视域下的少数民族医药——兼论少数民族医药在人类健康中的地位和作用 [2011年]
849 然降多吉胶囊治疗活动性类风湿性关节炎（寒湿阻络证）随机双盲安慰剂对照多中心Ⅱ期临床试验 [2005年]
850 人工神经网络应用在傣医药研究中的畅想 [2005年]
851 人民的好医生——黄传贵 [1998年]

852　肉豆蔻在中、傣、蒙、藏及维医药学中的临床应用异同浅析［2010 年］
853　如何从民族文化视角探寻民族医药的内核［2006 年］
854　三种云南民族药的化学成分研究［2012 年］
855　少数民族传统医药文化的保护、传承和发展思考［2012 年］
856　少数民族传统医药知识的现代传承与创新——以苗族传统医药为例［2011 年］
857　少数民族地区中药人才培养融入民族医药的教学研究［2013 年］
858　少数民族特色医药档案资源库建设刍议［2011 年］
859　少数民族体质理论述要［2006 年］
860　少数民族外治疗法简述［2000 年］
861　少数民族医药古籍文献的界定及其特点研究［2013 年］
862　少数民族医药经验面临失传［2006 年］
863　少数民族医药现代化问题的思考［2012 年］
864　少数民族医药在人类健康中的地位和作用［2011 年］
865　少数民族与中药材［1979 年］
866　畲族医药的发展及特点［2006 年］
867　深化民族医药教育改革加速民族医药事业发展［2003 年］
868　深入开展“云药之乡”建设　积极推进中医药现代化［2014 年］
869　盛开在”绿色宝库”中的民族医药之花——云南瑶族医学简介［2008 年］
870　盛开在云南民族医药百花园中的“灯盏花”——云南苗医药简介［2006 年］
871　十年辉煌　源于理想［2008 年］
872　食药兼优的裂褶菌和采绒革盖菌［1991 年］
873　试论传统医药比较研究［2006 年］
874　试论傣医药文献的文献目录学研究［2012 年］
875　试论傣医整体平衡治疗观［2011 年］
876　试论傣族传统医药学的开发与利用——兼谈对少数民族地区生育健康的医疗保健价值［1998 年］
877　试论佛教对傣医学形成与发展的影响［2006 年］
878　试论民族医药的知识产权保护［2007 年］
879　试论云南中医药与民族医药之关系［2007 年］
880　试论在云南构建民族医药人类学的基础和优势［2006 年］
881　试述以多元一体发展模式构建傣医药教育体系［2011 年］
882　试述中藏医对“发热”认识的比较分析［2007 年］

883 试析傣医药与巫文化的关系 [2007 年]
884 思茅地区国家重点保护野生药用植物资源研究 [2001 年]
885 四方蒿化学成分及总黄酮提取工艺的研究 [2005 年]
886 四棱豆块根是我国的传统傣药 [1981 年]
887 四种濒危傣药植物的迁地保护研究 [2005 年]
888 四种云南高原天然药物对辐射损伤小鼠防护作用的研究 [2006 年]
889 送医送药到哈尼族山乡 [2004 年]
890 搜集整理民族医药资料的几点体会 [1992 年]
891 苏木在中、蒙、傣医药学中的临床应用异同浅析 [2011 年]
892 太阳民族的神奇医药——云南彝族医药简介 [2007 年]
893 探寻傣医傣药的发展之路 [2006 年]
894 特制竹筒热疗枕治疗颈椎病 500 例（附 140 例神经根型颈椎病疗效观察报告）[2012 年]
895 腾越文化对滇西民族医药品牌的影响 [2013 年]
896 藤类苗药治病用药规律研究 [2012 年]
897 提高科技期刊稿件录用率的探讨 [1999 年]
898 天然活性成分獐芽菜苦苷的研究进展 [2011 年]
899 天人统一观是傣医理论之精髓 [1998 年]
900 推进民族医药事业发展 [2009 年]
901 佤药排石汤治疗泌尿系结石 16 例临床观察 [1995 年]
902 佤医单验方集萃 [2001 年]
903 佤医疾病观浅探 [2009 年]
904 佤医用中草药治疗肺结核 [2003 年]
905 佤族草药“丫磨娘”强壮作用的药理研究 [1995 年]
906 佤族的药食同源文化 [2005 年]
907 佤族民间医药传承特点浅析 [2012 年]
908 佤族生育观中几个相关问题的调查 [2007 年]
909 佤族食疗（一）[1998 年]
910 佤族食疗（二）[1998 年]
911 佤族药命名探讨 [1995 年]
912 佤族医学人类学的研究综述 [2012 年]
913 佤族医药常用药物的应用特点浅探 [2010 年]

914 佤族医药单验方收集和整理研究思路 [2010年]
915 佤族医药单验方中常见对药的组方应用特点 [2011年]
916 佤族医药的现状考察及发展思考 [2006年]
917 佤族医药经验初探 [2008年]
918 佤族医药文化浅述 [2009年]
919 佤族中医体质及相关影响因素的调查及初步研究 [2007年]
920 网络环境下民族医药文献资源的信息服务 [2011年]
921 网络少数民族医学信息资源的整合与利用 [2007年]
922 微波消解—ICP-MS测定傣药嘎哩啰树皮中的11种无机元素 [2012年]
923 为了傣药更灿烂——西双版纳州药监系统帮促傣药发展纪实 [2004年]
924 委员为少数民族医药发展“开方” [2013年]
925 闻名全国的傣族医药 [1992年]
926 我国传统傣药新纪录植物大叶火筒树 [1983年]
927 我国少数民族传统医药及知识产权保护思考——以维吾尔族医药为例 [2009年]
928 我国傣药研究述评及新药开发思路 [2005年]
929 我国民族药抗流感的应用与研究 [2008年]
930 我国民族医药的优势和面临的挑战 [1999年]
931 我国民族医药科研与学术的发展及今后主要任务 [1996年]
932 我国民族医药相关政策现状及发展战略思考 [2012年]
933 我国民族医药专利保护的现状与对策 [2008年]
934 我国少数民族传统医药的法律保护研究 [2011年]
935 我国四大民族医药之一——傣医药简介 [2007年]
936 我国五个主要民族医药的发展概况 [2008年]
937 乌鲁木齐地区中医民族医事业发展回顾与展望 [2002年]
938 无刺红花茎叶化学、药效、生药学研究 [2008年]
939 误食曼陀罗幼苗中毒5例抢救分析 [2010年]
940 西部民族医药资源开发与生物多样性保护 [2002年]
941 西归多糖的提取及含量测定研究 [2009年]
942 西南少数民族医药历史档案保护现状及对策 [2009年]
943 西双版纳布朗族民间复方录 [2007年]
944 西双版纳傣药的传统分类体系研究 [2002年]
945 西双版纳傣医治疗风湿病常用药介绍 [2008年]

946 西双版纳傣族传统医药学研究概况 ［2000 年］
947 多元医疗模式共存的医学人类学分析——以西双版纳傣族村寨为例 ［2014 年］
948 西双版纳傣族与柬埔寨高棉族药用植物传统利用知识的初步比较 ［2008 年］
949 西双版纳民族民间习用药用蕨类植物 ［2004 年］
950 西双版纳瑶族民间单方录 ［2006 年］
951 面向东南亚南亚的云南民族医药 ［2013 年］
952 现代彝族医药研究综述 ［1996 年］
953 现代制备色谱技术在少数民族医药快速研究体系中的应用 ［2009 年］
954 向历史要药 ［1986 年］
955 小乘佛教与傣族养生初探 ［1996 年］
956 小乘文化与傣医四塔五蕴学说 ［1996 年］
957 小红参中蒽醌苷的分离和鉴定 ［1991 年］
958 新农合政策对怒江傈僳族医药发展的冲击及对策 ［2013 年］
959 新形势下傣医药产业的发展思考 ［2008 年］
960 学习民族医药政策与民族药产业发展之心得 ［2006 年］
961 雪山金不换中总（口山）酮的含量测定 ［1992 年］
962 血竭的心血管保护作用机制研究进展 ［2011 年］
963 循证医学与民族医药实践 ［2003 年］
964 亚乎奴碱（II）提取分离工艺的研究 ［1989 年］
965 研究和制定傣药材标准 促进傣医药的科学发展 ［2007 年］
966 阳春砂的开花动态及花粉活力和柱头可授性研究 ［2011 年］
967 瑶乡浴歌：瑶族药浴植物记 ［2013 年］
968 药物王国宝库探源 喜读《云南中药志》［1991 年］
969 药用民族植物学及其研究进展 ［2002 年］
970 药用算盘子属植物化学成分研究进展 ［2012 年］
971 一朵含苞待放的民族医药之花——普米族医药简介 ［2007 年］
972 医学人类学视野中的云南民族医药 ［2008 年］
973 医药“十二五”规划力促民族药发展 ［2011 年］
974 医药民族风劲起 ［2013 年］
975 依靠科技进步开发民族新药 ［2009 年］
976 彝汉医药在历史上交流的探讨 ［1993 年］
977 彝药参芪益心胶囊治疗冠心病的临床试验研究 ［2005 年］

978　彝药涩肠止泻散的研究和临床应用综述 ［2014 年］
979　彝药盐肤木降压方治疗高血压病 108 例疗效观察 ［2009 年］
980　彝医“上法”治疗慢性咽炎临床研究 ［2010 年］
981　彝医李文早治疗毒蛇咬伤的经验 ［1995 年］
982　彝医预防医学探析 ［2007 年］
983　彝止血散治疗慢性单纯性顽固鼻衄 29 例临床观察 ［2002 年］
984　彝族草药消痹灵合剂治疗痹证 120 例疗效观察 ［1998 年］
985　彝族单验方就是灵验神奇 ［1994 年］
986　彝族古文献与传统医药开发国际学术研讨会论文集 ［2002 年］
987　彝族验方葛根茯苓汤防醉酒作用的实验研究 ［2011 年］
988　彝族药“象眼草”治“疳症”临床探讨 ［1994 年］
989　彝族药长梗南五味子的生药学研究 ［2011 年］
990　彝族医学基础理论阐述 ［2001 年］
991　彝族医药的发展沿革和应用研究 ［2001 年］
992　彝族医药的特点 ［1995 年］
993　彝族医药的文化溯源 ［2007 年］
994　彝族医药简述 ［1996 年］
995　彝族医药理论探源 ［2006 年］
996　彝族医药理论研究 ［2006 年］
997　彝族医药述要 ［1990 年］
998　彝族医药学概论 ［1994 年］
999　彝族医药研发及其产业化管见 ［2001 年］
1000　彝族医药治疗股骨头缺血坏死 ［2010 年］
1001　应时新果倍香甜——云南金碧制药厂继承民族文化开发彝族医药 ［1999 年］
1002　应用傣药乳结消治疗乳腺增生的临床观察 ［2009 年］
1003　应用傣医药治疗桡骨远端骨折 20 例 ［2010 年］
1004　应用民族药的点滴体会 ［2001 年］
1005　应用佤族民间草药防治麻疹 208 例的情况简介 ［1995 年］
1006　用方正 Apabi DESi 平台构建云南少数民族医药单验方数据库 ［2009 年］
1007　用民族民间药心不甘、大红袍、臭药治疗消化性溃疡 64 例 ［1999 年］
1008　用民族民间医药造福百姓 ［2006 年］
1009　余甘子的化学成分及在民族民间传统医药中的应用 ［2002 年］

1010 余甘子化学成分与药理作用研究进展 ［2009 年］
1011 与地理环境息息相关的傣族传统医药 ［2010 年］
1012 元阳哈尼族传统药用植物利用的调查研究 ［2010 年］
1013 元阳哈尼族治疗肾炎验方录 ［2008 年］
1014 元阳彝族治疗妇科病验方录 ［2008 年］
1015 原始宗教对傣医学基础理论的影响 ［2007 年］
1016 原子荧光光谱法测定傣药蓬莱葛中的痕量砷和汞 ［2012 年］
1017 云南阿昌族 ABO 血型系统基因频率调查 ［2006 年］
1018 云南白药大跃进 ［2009 年］
1019 云南白药弘扬中医药文化推进中药企业现代化——写在《云南省发展中医药条例》正式施行之际 ［2011 年］
1020 云南白药联合葛根粉糊剂在反流性食管炎治疗中的应用 ［2013 年］
1021 云南白药品牌延伸策略研究 ［2013 年］
1022 云南白药外敷治疗肛门部术后水肿 ［2007 年］
1023 云南藏药的发展趋势 ［1997 年］
1024 云南出台措施扶持中医药发展 ［2010 年］
1025 云南出台意见打造中医药强省 ［2010 年］
1026 云南大力发展民族医药 ［2012 年］
1027 云南傣药叶下珠与苦味叶下珠治疗乙型肝炎的药理和临床研究 ［2005 年］
1028 云南傣族药物灯台叶中黄酮类成分 ［2009 年］
1029 云南独龙族民间常用植物药调查 ［2011 年］
1030 云南发现彝文古医书 ［1985 年］
1031 云南建水县少数民族健康教育实验研究 ［1995 年］
1032 云南金平哈尼族民间特色医药方简介 ［1999 年］
1033 云南跨境民族傈僳族医药现状调查 ［2010 年］
1034 云南跨境少数民族医药研究现状与发展浅析 ［2011 年］
1035 云南丽江地区 20 种普米族药介绍 ［1991 年］
1036 云南傈僳族医药抢救性发掘整理研究方法探讨 ［2011 年］
1037 云南萝芙木引种驯化栽培及发展前景 ［2006 年］
1038 云南苗医药研发潜力与市场前景分析 ［2012 年］
1039 云南苗医药研究开发之我见 ［2013 年］
1040 云南民族草药回心草的研究进展 ［2003 年］

1041　云南民族传统医药产业现状及发展对策［2009 年］
1042　云南民族传统医药文化及其发展、保护［2006 年］
1043　云南民族地区中医药成人教育的发展与转型探讨［2014 年］
1044　云南民族民间单方验方整理选录［2014 年］
1045　云南民族民间医药研究的新进展［1993 年］
1046　云南民族文化及其生物多样性研究［2009 年］
1047　云南民族药发现性研究浅识［2011 年］
1048　云南民族药飞仙藤的本草考证［2014 年］
1049　云南民族药特色的调查研究［2006 年］
1050　云南民族药物黄藤发掘和发展的启发意义［2008 年］
1051　云南民族医药初探［1998 年］
1052　云南民族医药单验方研究现状及思考［2011 年］
1053　云南民族医药发展概述［2006 年］
1054　云南民族医药肝病用药经验的研究［2012 年］
1055　云南民族医药基本情况与发展建议［2005 年］
1056　云南民族医药是天然药物发现性研究的摇篮［2007 年］
1057　云南民族医药文化的国际传播路径及对策研究［2013 年］
1058　云南民族医药文献收集整理研究概述［2012 年］
1059　云南民族医药文献元数据方案设计探讨［2014 年］
1060　云南民族医药治疗肝病 503 首单验方的方药使用规律及特点［2011 年］
1061　云南民族医药治疗肝病的文献整理研究概况［2012 年］
1062　云南木瓜属（Chaenomeles Lindl.）植物的民族植物学初步研究［2011 年］
1063　云南纳西族 HLA-DRB1 基因多态性研究及其族源分析［2001 年］
1064　云南纳西族传统医药发展概况［2001 年］
1065　云南怒江地区傈僳族民族医药特色与现状研究［2013 年］
1066　云南怒江傈僳族宗教信仰对其传统医药的影响［2013 年］
1067　云南怒江流域少数民族聚居地区中药材现况调查及发展建议［2007 年］
1068　云南普洱地区药食一体植物特色的自然地理因素浅析［2007 年］
1069　云南确定今年中医药工作 9 项任务［2005 年］
1070　云南人口较少民族药物资源现状、存在问题及其建议［2012 年］
1071　云南人口较少民族医药后发优势分析——以云南省阿昌族为例［2011 年］
1072　云南人口较少民族医药调研方法学探讨——以阿昌族医药调研为例［2012 年］

1073 云南三民族幽门螺杆菌甲硝唑耐药调查和基因机制的研究 [2003年]

1074 云南少数民族口述医药文献的档案式保护研究 [2011年]

1075 云南少数民族民间验方选登（共10篇）[2010年]

1076 云南少数民族社区医学信仰中的二元性分析 [2001年]

1077 云南少数民族医药发掘整理研究概述 [2012年]

1078 云南少数民族医药口述文献研究探讨 [2012年]

1079 云南少数民族医药人才培养思路探索 [2013年]

1080 云南少数民族医药文献数字化现状及思考 [2013年]

1081 云南少数民族医药文字文献述略 [2013年]

1082 云南少小民族医药调查研究思路初探 [2014年]

1083 云南省沧源县几种佤族药介绍 [1995年]

1084 云南省傣医学发展战略研讨会述要 [1991年]

1085 云南省德宏州景颇族医药传统知识传承与发展现状研究 [2012年]

1086 云南省陇川县景颇族传统医生的现状分析 [2013年]

1087 云南省陇川县景颇族药用动物传统知识现状 [2012年]

1088 云南省民族民间医药研究会举行首届学术讨论会 [1988年]

1089 云南省民族医药发展的基本情况 [2005年]

1090 云南省民族医药发展的现状与前景 [2007年]

1091 云南省民族医药研究现状的思考与展望 [2002年]

1092 云南省人民政府关于扶持和促进中医药事业发展的实施意见 [2010年]

1093 云南省三个民族人群幽门螺杆菌甲硝唑耐药调查 [2004年]

1094 云南省香格里拉县藏药植物的民族植物学初步研究 [2006年]

1095 云南省药物研究的优势、现状和问题 [2011年]

1096 云南省中医药发展现状及对策思考 [2013年]

1097 云南思茅端午节食用药根的民族植物学调查 [2003年]

1098 云南投资30亿发展现代中药产业 [2001年]

1099 云南推动民族医药事业发展 [2009年]

1100 云南文山民族医药治疗类风湿关节炎的体会 [2011年]

1101 云南五大措施打造民族医药品牌 [2009年]

1102 云南五味子藤生药学研究 [2007年]

1103 云南西双版纳地区傣医的现状及其发展前景 [2014年]

1104 云南西双版纳地区重楼的民间用法 [2010年]

1105 云南新版发展中医药条例将实施 ［2011 年］
1106 云南瑶药发掘医药瑰宝 祛病养生攫取财富新蓝海 ［2012 年］
1107 云南瑶族民间常用植物药调查 ［2004 年］
1108 云南药用资源开发与云药产业基地建设 ［2004 年］
1109 云南彝族医药——民族医的奇葩 ［2011 年］
1110 云南幽门螺杆菌甲硝唑耐药的多因素分析 ［2007 年］
1111 云南中药现代化科技产业基地建设概述 ［2003 年］
1112 云南中药新药研发中知识产权保护初探 ［2007 年］
1113 云南中医工作今年要创“八个新”［2003 年］
1114 云南中医学院办学特色初探 ［2007 年］
1115 云南中医学院曾育麟荣获首届国际民族医药学术讨论会金奖 ［1987 年］
1116 云南中医学院民族医药研究发展中心 ［2007 年］
1117 云南中医学院省级重点学科——“中医基础理论”建设与发展简介 ［2009 年］
1118 云南中医药发展特色鲜明 ［2004 年］
1119 云药的世界与世界的云药 ［2005 年］
1120 云药七龙天对缺氧大鼠动脉血气及肺组织中血管内皮生长因子蛋白表达的影响 ［2012 年］
1121 孕育在“峡谷雾海”中的民族医药之花——云南怒族医药简介 ［2008 年］
1122 再论民族医学史的研究 ［1986 年］
1123 再析 167 首傣医“解药”方剂 ［2007 年］
1124 在现代医学模式下对傣医药人才培养的思考 ［2008 年］
1125 在中华民族发展整体性下的云南民族医药 ［2006 年］
1126 浙江畲族民间医药卫生述要 ［2002 年］
1127 珍贵的西南少数民族医药历史档案及其抢救保护 ［2009 年］
1128 珍惜、尊重和继承民族民间医药 ［2006 年］
1129 珍稀哈尼药滇石梓 ［1996 年］
1130 振兴中医药和民族医药的路径分析 ［2007 年］
1131 正交实验法优选傣药海芋的炮制工艺 ［2011 年］
1132 政府在民族医药事业发展中的作用研究 ［2012 年］
1133 知识经济与云南中药业的发展 ［2000 年］
1134 中、彝医基础理论特征的比较研究 ［2013 年］
1135 中傣药配合手法治疗膝骨性关节炎 40 例临床观察 ［2012 年］

1136 中傣医局部望诊比较 ［2009 年］

1137 中傣医文化背景比较 ［2005 年］

1138 中国传统医学区域研究的研究进展 ［2007 年］

1139 中国傣医药研究概况（上）［2007 年］

1140 中国傣医药研究概况（下）［2008 年］

1141 中国傣族传统医药概况 ［1999 年］

1142 中国民族药的发展概况及展望 ［1996 年］

1143 中国民族药的专利保护分析 ［2011 年］

1144 中国民族医药传承危机研究 ［2008 年］

1145 中国民族医药的保护与发展 ［2006 年］

1146 中国民族医药的发展概况及其前景 ［2005 年］

1147 中国民族医药的现状概论 ［1995 年］

1148 中国民族医药发展现状与多元一体化战略对策 ［2008 年］

1149 中国少数民族传统医药保护的立法模式思考 ［2007 年］

1150 中国少数民族传统医药发展简史 ［2011 年］

1151 中国特色民族药刺芫荽研究进展 ［2013 年］

1152 中国西双版纳傣药与泰国兰纳地区民族医药 10 种常用药用植物应用的比较研究 ［2008 年］

1153 中国西双版纳傣族与泰国兰纳民族之间的历史渊源 ［2010 年］

1154 中国彝药之乡——楚雄 ［2004 年］

1155 中国云南西双版纳傣族与泰国兰纳民族三种常用金合欢属（Acacia）植物的传统利用知识比较 ［2008 年］

1156 中华民族传统医药宝库中的瑰宝——哈尼族医药简介 ［2007 年］

1157 中蒙医临床应用川楝子异同浅析 ［2007 年］

1158 中缅边境阿昌族民间痧症疗法初探 ［2013 年］

1159 中药与蒙药药性理论比较研究刍议 ［2008 年］

1160 中药与彝药结合治病刍议 ［2011 年］

1161 中药专业融入少数民族医药特色培养的探索——对保山中医药高等专科学校中药专业特色培养的思考 ［2013 年］

1162 中药紫金龙中异紫堇定碱和原阿片碱的药物代谢及动力学研究 ［2013 年］

1163 中医、傣医对生命起源认识之比较 ［2007 年］

1164 中医和蒙医临床应用荜茇异同浅析 ［2006 年］

1165 中医及傣医药治疗湿疹的概况 ［2011 年］
1166 中医精气神学说与傣医五蕴学说的比较 ［2007 年］
1167 中医理论 · 创新 · 平衡针灸 ［2010 年］
1168 中医五神学说与傣医五蕴学说的初步比较 ［2012 年］
1169 中医学在丽江地区的传承及与纳西东巴医药交融的研究 ［2013 年］
1170 中医药的发展潜力在民间——“艾氪新”三位一体调养康复肿瘤获得成功 ［2008 年］
1171 中医药及泰国传统医药在泰国的发展概况 ［2010 年］
1172 中医药学专业学生对民族医药发展现状的问卷调查与分析 ［2010 年］
1173 中医与傣医对头痛病症的诊治比较探析 ［2011 年］
1174 中医与傣医望色诊病之比较 ［2006 年］
1175 中医与傣医之脉诊比较 ［2006 年］
1176 中医院校情报资料室应当重视对民族医药资料的收集 ［1991 年］
1177 中医在我国医学中的地位、现状及其发展 ［2005 年］
1178 中医诊断学与傣医诊断学的比较研究 ［2006 年］
1179 中医优势行业的发展 ［2010 年］
1180 重视傣医临床工作加快西双版纳傣医药发展［2007 年］
1181 重视发展中医中药和民族医药 ［2009 年］
1182 诸国本：见证民族医药跌宕起伏 40 载 ［2011 年］
1183 竹菌菌丝体的化学成分 ［1988 年］
1184 抓住机遇不断彰显云南中医学院办学特色 ［2012 年］
1185 民族植物学及其现代应用研究 ［2013 年］
1186 专利战略研究为云南支柱产业打造发展空间 ［2002 年］
1187 壮医陶针治疗小儿惊风简介 ［1995 年］
1188 壮医药线点灸治疗带状疱疹研究 ［2008 年］
1189 壮医祖传秘方治疗精神病的体会 ［1995 年］
1190 壮族使用“三花”的阐释 ［2000 年］
1191 紫参仙芪合剂治疗产后恶露不尽 68 例体会 ［2002 年］
1192 紫金龙中毒死亡一例报告 ［1984 年］
1193 紫色姜低海拔地区引种栽培技术 ［2010 年］
1194 自拟傣药排石汤治疗肾结石 133 例临床疗效观察 ［2012 年］
1195 自然环境因素对佤族医药的影响 ［2009 年］

1196　自制独活除痹酒治疗风湿性关节炎 87 例体会［2014 年］

1197　自制民族药“痔疮止血止痛胶囊”的临床应用［2005 年］

在这些科技论文中，课题组获取了部分文献书目信息。统计作者信息时，对于同一位作者发表多篇同一方向的文章，或是一个科研团队的多名作者发表同一研究课题的多篇论文的情况，经作者信息去重后，共采集了其中 320 多条民族医药相关的有效作者信息，包括工作单位及联系方式、邮编、电话号码等，整理填入 Excel 表格。Excel 表格设置有“邮编”“地州市”“县级以上行政区划”“单位通信地址”“单位名称”“联系人姓名”“区号”“座机”“手机”“出处”“论文名称”“邮箱”“QQ 号”等统计项，能较全面地反映民族医药工作者的联系信息（见表 5-3、表 5-4、表 5-5）。

表 5–3　期刊论文数据库检索云南少数民族医药文献及作者联系信息表（一）

（CNKI 数据库查云南民族医药论文及作者）

序号	邮编	地州市	县级以上行政区划	单位通讯地址	单位名称	联系人姓名	区号	座机	手机	出处	论文名称	邮箱	QQ 号
1	650223	昆明市	昆明市		云南省中医中药研究院	杨玉琪、贺铮铮等	0871			云南中医中药杂志，2010，31（12）	云南跨境民族傈僳族医药现状调查		
2	665000	普洱市	思茅区	普洱市思茅区洗马河路 56 号	云南省普洱市民族传统医药研究所	杨久云、杨凡	0879			中国民族医药杂志，2014，23（2）	云南民族民间单方验方整理选录		
3	650500	昆明市	呈贡区	雨花路 1076 号	云南中医学院	左媛媛、陈普、郑进	0871			医学与哲学，2013，34（1）	云南怒江傈僳族宗教信仰对其传统医药的影响		
4	650500	昆明市	呈贡区	雨花路 1076 号	云南中医学院思政部	王珍喜、郑文、吴道显	0871			中国民族民间医药，2014（6）	“两强一堡”战略下云南民族医药文化的生态保护刍议		
5	650021	昆明市	五华区		云南省中医药学会	肖林	0871			中国民族民间医药，2012，21（6）	《滇南本草》对现代云南医药的研究和利用价值		
6	650021	昆明市	五华区		云南省昆明市盘龙区（个人）	张秋云	0871						
7	675000	楚雄彝族自治州	楚雄市		楚雄人民医院	刘本玺、董广平、杨本雷、李恒、龙春林	0878			云南中医学院学报，2013，36（3）	《蛮书》物产篇植物考订		
8	650223	昆明市	昆明市		云南省中医中药研究院	赵景云、马克坚、陆宇惠、和丽生	0871			云南中医学院学报，2014，37（4）	阿昌族传统医药传承现状调查		

续表

序号	邮编	地州市	县级以上行政区划	单位通讯地址	单位名称	联系人姓名	区号	座机	手机	出处	论文名称	邮箱	QQ号
9	671003	大理白族自治州	大理市	大理古城学府路	大理学院	何丽珍、吕跃军、周凡、段素英	0872			中国民族民间医药，2014（15）	白族医药文化传承与发展的困境及对策分析——以云南省洱源县杨永寿白族医药世家为例		
10	650500	昆明市	呈贡区	雨花路1076号	云南中医学院	冯德强	0871			中国中医药现代远程教育，2006，4（2）	不朽的傣医药		
11	666100	西双版纳傣族自治州	景洪市	西双版纳傣族自治州景洪市勐腊路19号	中国医学科学院药用植物研究所云南分所	彭朝忠、李学兰、徐安顺	0691			中国民族民间医药杂志，2007（4）	布朗族民间药用动物收集		
12	666100	西双版纳傣族自治州	景洪市	西双版纳傣族自治州景洪市勐腊路19号	中国医学科学院药用植物研究所云南分所、中国医学科学院药用植物研究所	彭朝忠、邹忠梅、祁建军、李先恩	0691			中国民族民间医药，2011，20（21）	沧源佤族食物疗法验方录		

续表

序号	邮编	地州市	县级以上行政区划	单位通讯地址	单位名称	联系人姓名	区号	座机	手机	出处	论文名称	邮箱	QQ号
13	666100	西双版纳傣族自治州	景洪市	西双版纳傣族自治州景洪市勐腊路22号	中国医学科学院药用植物研究所云南分所 中国医学科学院药用植物研究所	彭朝忠、祁建国、李先恩	0691			中国民族民间医，2011，20（7）	沧源佤族医治肾病验方录		
14	666100	西双版纳傣族自治州	景洪市	西双版纳傣族自治州景洪市勐腊路28号	中国医学科学院药用植物研究所云南分所 中国医学科学院药用植物研究所	彭朝忠、祁建军、李先恩	0691			中国民族民间医药，2011，20（19）	沧源县佤族酒疗法验方录		
15	666100	西双版纳傣族自治州	景洪市	西双版纳傣族自治州景洪市勐腊路29号	中国医学科学院药用植物研究所云南分所 中国医学科学院药用植物研究所	彭朝忠、祁建军、李先恩	0691			中国民族民间医药，2011，20（4）	沧源县佤族民间验方录		
16	666100	西双版纳傣族自治州	景洪市	西双版纳傣族自治州景洪市勐腊路38号	中国医学科学院药用植物研究所云南分所 中国医学科学院药用植物研究所	彭朝忠、祁建军、李先恩	0691			中国民族民间医药，2011，20（17）	沧源县佤族外敷疗法验方录		

注：其余部分限于篇幅略去，有备案。手机号等个人信息均隐去。

表 5-4 期刊论文数据库检索云南少数民族医药文献及作者联系信息表（二）
（万方数据库民族医药论文及作者）

序号	邮编	地州市	县级以上行政区划	单位通讯地址	单位名称	联系人姓名	区号	座机	手机	出处	论文名称	邮箱	QQ 号
1	530001	省外	省外		广西中医学院骨伤学院	蓝天莹	0771				民族医药治疗痛风概述		
2	310053	省外	省外		浙江中医药大学	张瑞冬	0571				民族医药治疗痛风概述		
3	530001	省外	省外		广西中医学院骨伤学院	周红海	0771				民族医药治疗痛风概述		
4	530001	省外	省外		广西民族医药研究所	容小翔	0771				甘草治多种病		
5	530001	省外	省外		广西民族医药研究院	李珪	0771				关于壮药的初步考察		
6	830000	省外	省外		乌鲁木齐市中医院	冯国俊	0991				乌鲁木齐地区中医民族医事业发展回顾与展望		
7	830000	省外	省外		乌鲁木齐市中医院	张太芳	0991				乌鲁木齐地区中医民族医事业发展回顾与展望		
8	830000	省外	省外		乌鲁木齐市中医院	才万	0991				乌鲁木齐地区中医民族医事业发展回顾与展望		
9	310007	省外	省外		浙江省中医药研究院文献所	竹剑平	0571				浙江畲族民间医药卫生述要		
10	323500	省外	省外		景宁畲族自治县卫生局	林松彪	0571				浙江畲族民间医药卫生述要		

续表

序号	邮编	地州市	县级以上行政区划	单位通讯地址	单位名称	联系人姓名	区号	座机	手机	出处	论文名称	邮箱	QQ号
11	533000	省外	省外		广西自治区右江，右江民族医学院附属医院药剂科	周世友	0771				猴耳环分散片的制备工艺研究		
12	430060	省外	省外		武汉大学人民医院整形外科	余墨声	027				红活麻有效部位抗皮肤移植排斥反应研究		
13	430060	省外	省外		华中科技大学同济医学院药学院	向明	027				红活麻有效部位抗皮肤移植排斥反应研究		
14	430060	省外	省外		湖北省黄石市第九医院	黄凯	027				红活麻有效部位抗皮肤移植排斥反应研究		
15	430060	省外	省外		华中科技大学同济医学院附属医院普通外科	王欣	027				红活麻有效部位抗皮肤移植排斥反应研究		
16	533000	省外	省外		右江民族医学院附属医院心脏内科	王若琦	0771				血竭的心血管保护作用机制研究进展		
17	100102	省外	省外		北京中医药大学中药学	张子龙	010				血竭的心血管保护作用机制研究进展		

注：已从CNKI数据中去重，其余部分限于篇幅略去，有备案。手机号等个人信息均隐去。

表 5-5 期刊论文数据库检索云南少数民族医药文献及作者联系信息表（三）

（维普查民族医药论文及作者）

序号	邮编	地州市	县级以上行政区划	单位通讯地址	单位名称	联系人姓名	区号	座机	手机	出处	论文名称	邮箱	QQ 号
1	650500	昆明市	呈贡区	雨花路 1076 号	云南中医学院	黄莺、赵少钦、周青	0871			中国民族民间医药，2014（7）	民族民间医学国际会议英文口译研究——以第六届大湄公河次区域传统医药交流会口译实践为例		
2	653100	玉溪市	红塔区	玉溪市红塔路上段	玉溪市中医医院	王俊	0877				民族医药治疗痛风性关节炎的研究现状		
3	650500	昆明市	呈贡区	雨花路 1076 号	云南中医学院	张顺贞	0871				云南民族地区中医药成人教育的发展与转型探讨		
4	650011	昆明市	盘龙区		云南省食品药品检验所	徐士奎	0871			中华医学图书情报杂志，2014（1）	编纂《少数民族医药文献总目提要》的意义及方法		
5	650011	昆明市	盘龙区		云南省食品药品检验所	徐士奎	0871			云南中医学院学报，2011，34（1）	初论民族古文字医药文献的搜集整理		
6	650011	昆明市	盘龙区		云南省食品药品检验所 云南中医学院	徐士奎	0871				论民族医药文化学的构建		

续表

序号	邮编	地州市	县级以上行政区划	单位通讯地址	单位名称	联系人姓名	区号	座机	手机	出处	论文名称	邮箱	QQ 号
7	650500	昆明市	呈贡区	雨花路1076 号	云南中医学院	陈祖琨	0871				中华民族传统医药宝库中的瑰宝——哈尼族医药简介		
8	650500	昆明市	呈贡区	雨花路1076 号	云南中医学院	郑文	0871				民族医药多元人才培养模式探析		
9	678000	保山市	隆阳区	保山市隆阳区永昌镇窑湾村六社 23 号	保山中医药高等专科学校	王洪云	0875				少数民族地区中药人才培养融入民族医药的教学研究		
10	650500	昆明市	呈贡区	雨花路1076 号	云南中医学院	罗艳秋	0871				藏医学与印度医学源远流长的关系		
11	650500	昆明市	呈贡区	雨花路1076 号	云南中医学院基础医学院	罗艳秋	0871				在中华民族发展整体性下的云南民族医药		
12	550004	省外	省外		贵州省科学技术情报研究所	李啸浪					贵州民族医药科技产业发展现状及对策建议		

续表

序号	邮编	地州市	县级以上行政区划	单位通讯地址	单位名称	联系人姓名	区号	座机	手机	出处	论文名称	邮箱	QQ号
13	678000	保山市	隆阳区	保山市隆阳区永昌镇窑湾村六社25号	保山中医药高等专科学校中医药系	盛德荣	0875				民族医药产品包装设计的文化考量		
14	678000	保山市	隆阳区	保山市隆阳区永昌镇窑湾村六社25号	保山中医药高等专科学校中医药系	盛德荣	0875				民族医药品牌价格生成因子分析		
15	678000	保山市	隆阳区	保山市隆阳区永昌镇窑湾村六社25号	保山中医药高等专科学校中医药系	盛德荣	0875				滇西民族医药品牌形象定位策略研究		
16	678000	保山市	隆阳区	保山市隆阳区永昌镇窑湾村六社25号	保山中医药高等专科学校中医药系	盛德荣	0875				滇西民族医药市场第三终端营销策略研究		

注：已从CNKI、万方数据中去重；其余部分限于篇幅略去，有备案。手机号等个人信息均隐去。

四、综合运用信函问卷、电话采访问答、短信联络、网络征集等调研方法

课题组把从各种渠道搜集、调研到的单位及个人联系方式进行了汇总：

（1）得益于课题组熟悉学院人员的便利，学生处、就业指导中心领导和老师们热心提供了云南中医药大学（原云南中医学院）在全省各地州的校友会成员名单及详细的联系方式。云南中医药大学各专业的历届校友分散于云南省各个县，经历多年的努力和积累，他们中的大多数已担任各地州卫生局、中医院、民族医院领导职务，同时许多校友也是课题组成员大学时的师兄妹和同班同学，双方有着深厚的友谊，这些都为课题组开展工作提供了极大便利。课题组成员的大学同学任职于全省各地州地区中医院、基层医疗单位、民族医院，他们在当地工作生活多年，对当地民族医药、民族医生、民族民间医药文献的情况较为熟悉，课题组也对他们进行了联系和访谈，直接或间接获取了一些信息，并开展了深入调研。

（2）通过网络检索、收集政府及事业单位数据的黄页信息（http：//www.sycyx.com/mai/sale_ccxl.htm），其信息涵盖国内各个行业、各个省份的政府或事业单位信息，包括单位名、地址、联系方式、负责人、人数、行业说明等，数据约 40 万条，准确率达 80% 以上。课题组检索和查询其中的云南省相关文献收藏单位，搜集并摘录省、市、县级应调研的文献收藏单位，如图书馆、博物馆、地区（县）民族宗教事务委员会、县民族古籍办公室、古籍整理办公室、州民族研究所、县民族文字古籍翻译组、县语委、民族学会、社会科学院民族研究所、社会科学院民族文学研究所、民族学校图书馆、文化局（文化站）、县文史研究室、民族文化研究所、州群众艺术馆、医院等机构或单位的相关信息，包括各单位的联系人、联系方式（手机、座机）、邮箱、地址，各地州有相应分支机构的，行政级别查检到县级及以上，在确保查完县级机构信息（第一步工作）基础上，扩展到查询乡镇级（第二步工作），将信息分类整理填入《云南少数民族医药文献调查单位、人员联系信息表》中。

（3）搜集、整理云南省高等院校名录：云南爱因森软件职业学院、云南北美职业学院、云南财经大学、云南大学、云南大学滇池学院、云南大学旅游文化学院、云南广播电视大学、云南国防工业职业技术学院、云南国土资源职业学院、云南机电职业技术学院、云南交通职业技术学院、云南经济管理职业学院、云南警官学院、云南科技信息职业学院、云南林业职业技术学院、云南民族大学、云南能源职业技术学院、云南农业大学、云南农业职业技术学院、云南热带作物职业学院、云南师范大学、云南师范大学商学院、云南师范大学文理学院、云南司法警官职业学院、云南体育运动职业技术学院、

云南文化艺术职业学院、云南锡业职业技术学院、云南新兴职业学院、云南医学高等专科学校、云南艺术学院、云南艺术学院文华学院、云南中医学院、保山师范高等专科学校、保山中医药高等专科学校、楚雄师范学院、楚雄医药高等专科学校、大理学院、德宏师范高等专科学校、红河学院、昆明工业职业技术学院、昆明理工大学、昆明理工大学津桥学院、昆明学院、昆明扬帆职业技术学院、昆明冶金高等专科学校、昆明医学院、昆明医学院海源学院、昆明艺术职业学院、丽江师范高等专科学校、临沧师范高等专科学校、南方电力职工大学、曲靖师范学院、曲靖医学高等专科学校、思茅师范高等专科学校、文山师范高等专科学校、西南林学院、西双版纳职业技术学院、玉溪农业职业技术学院、玉溪师范学院、昭通师范共60所高等专科学校的信息。统计项为院校名称、办学类型、通讯地址、邮编、网址、座机等。此外，查询了48家高校图书馆网页。

（4）搜集、整理11家省级医疗机构、3家省级疾病防控机构、妇幼保健院、云南省卫生厅卫生监督所名录，包含单位名称、网站地址、联系电话、电子信箱、办公地址、邮政编码、座机等基本信息。同时，收集市、县、区级公立或民营医疗机构、厂矿医院、卫生院，省市县区级疾病防控机构、卫生防疫站，各地州计划生育服务中心等机构的基本信息。

（5）联络云南中医药大学（原云南中医学院）成人教育学院，收集并整理2013年云南省中医类别全科转岗理论培训班来自昆明、曲靖、玉溪、保山、丽江、西双版纳、临沧、红河、文山、大理、德宏、怒江、迪庆各社区卫生服务中心、卫生院，深入基层与民间医生、民间疗法有密切接触的100名医生的信息。

（6）2011年中医类全科医师岗位培训学员：昆明市47人、怒江州3人、临沧市13人、昭通市8人、楚雄州8人、玉溪市12人、大理州13人、迪庆州3人、西双版纳州10人、保山市11人、德宏州8人、丽江市6人、红河州13人、文山州13人、曲靖市5人、普洱市7人，共180人。很多医师来自偏远的少数民族地区，长期在山区工作，与母校云南中医学院有着深厚的感情，且熟悉当地民族医药的情况，与民族民间医生相知或共事多年，能够采集到民族医药文献的第一手原始资料。

（7）2013年度云南省县级中医临床技术骨干培训班的181名学员分别来自昆明市卫生局、昭通市卫生局、曲靖市卫生局、玉溪市卫生局、保山市卫生局、楚雄州卫生局、红河州卫生局、文山州卫生局、普洱市卫生局、大理州卫生局、丽江市卫生局、德宏州卫生局、怒江州卫生局、临沧市卫生局下属各级中医院、民族医药研究所等机构，他们中的很多医生是云南中医大学校友，是课题组成员的同学和学生。他们常年在各地州民族地区基层卫生部门工作，与当地民族民间医药工作者有交集，掌握着一些民族医药的情况，或者对民族医生的传奇故事等较熟悉，对民族民间医生收藏的民族医药文献情况有些了解，可与民族医生沟通并获得民族医药文献的信息，可以帮助课题组采集文献信息。

经整理汇总，课题组分类编制的《云南少数民族医药文献调查单位、人员联系信息表》包含的内容如下：

①云南省图书馆系统单位信息表（见表 5–6）；

②云南省博物馆系统单位信息表（见表 5–7）；

③云南省内文化研究所信息表（见表 5–8）；

④云南省各级文化体育局信息表（见表 5–9）；

⑤云南省各级卫生局信息表（见表 5–10）；

⑥云南省各级民族宗教事务委员会信息表（见表 5–11）；

⑦中医药成人高等教育学会委员信息表（见表 5–12）；

⑧各州市校友会负责人、联系人及校友信息表（见表 5–13）；

⑨基层全科医生信息表（见表 5–14）；

⑩云南省高等院校图书馆系统信息表（见表 5–15）；

⑪省级医疗机构、疾控机构、卫监部门信息表（见表 5–16）；

⑫云南省县级以上中医医院、卫生服务中心信息表（见表 5–17）；

⑬昆明市综合医院信息表（见表 5–18）；

⑭云南省各地州中学（含民族中学）信息表（见表 5–19）。

（8）整理通讯录，制作规整的表格，预留后期联络回复情况备注的空格，打印备用。

（9）经过一段时间的调研和课题实施，课题组对发出的函件内容进行了调整，文本见附件 006–1。复印联络文书及调查表格 1000 份；落实邮局批量发挂号信件开发票等事宜，第一批购买 500 个信封，第二批买 350 个信封；咨询邮寄费、通信费、地州人员信息采集费、劳务费财务报销相关规定及支付办法。

（10）尽量采用电话联系的方式，并以短信、信函等方式为补充。

表 5-6 云南少数民族医药文献调查单位、人员联系信息表（一）
（云南省图书馆系统单位）

序号	邮政编码	州市	县级以上行政区划	单位名称	通讯地址	联系对象	区号	座机	手机	信函
1	674300	丽江市（古城区） 辖1个市辖区、2个县、2个自治县	宁蒗彝族自治县（大兴镇）	宁蒗彝族自治县图书馆	宁蒗彝族自治县大兴镇赤格阿龙路96号	编目部、综合办	0888	5521219		函
2	674200	丽江市	永胜县（永北镇）	永胜县图书馆	永北镇镶门路31号	编目部、综合办	0888	6521966		函
3	674800	丽江市	华坪县（中心镇）	华坪县图书馆	吉安市中心镇东街27号	编目部、综合办	0888	8124055		函
4	674100	丽江市	古城区（西安街道）	丽江地区图书馆	丽江县大研镇新大街	编目部、综合办	0888	5123611		函
5	674100	丽江市	古城区	丽江纳西族自治县图书馆	大研镇玉泉公园	编目部、综合办	0888	207533		函
6	666200	西双版纳傣族自治州（景洪市） 辖1个县级市、2个县	勐海县（勐海镇）	勐海县图书馆	勐海镇南海路36号	编目部、综合办	0691	5122266		函
7	666100	西双版纳傣族自治州	景洪市（允景洪街道）	景洪市图书馆	景洪市嘎兰中路6号	编目部、综合办	0691	2123035		函
8	666300	西双版纳傣族自治州	勐腊县（勐腊镇）	勐腊县图书馆	城南路29号	编目部、综合办	0691	8125577		函
9	673200	怒江傈僳族自治州（泸水县） 辖2个县、2个自治县	泸水县（六库镇）	泸水县图书馆	鲁掌镇	编目部、综合办	0886	3626444		函
10	671400	怒江傈僳族自治州	兰坪白族普米族自治县（金顶镇）	兰坪白族普米族自治县图书馆	文化路	编目部、综合办	0886	3212071		函
11	673100	怒江傈僳族自治州	泸水县	怒江傈僳族自治州图书馆	泸水县六库镇渡口路10号	编目部、综合办	0886	3622268		函
12	674400	迪庆藏族自治州（香格里拉市） 辖1个县级市、1个县、1个自治县	香格里拉市（建塘镇）	中甸县图书馆	建塘镇长征路	编目部、综合办	0887	8222182		函
13	674500	迪庆藏族自治州	德钦县（升平镇）	德钦县图书馆	升平镇	编目部、综合办	0887	8412213		函

续表

序号	邮政编码	州市	县级以上行政区划	单位名称	通讯地址	联系对象	区号	座机	手机	信函
14	674600	迪庆藏族自治州	维西傈僳族自治县（保和镇）	维西傈僳族自治县图书馆	保和镇白鹤路 33	编目部、综合办	0887	207533		函
15	677000	临沧市（临翔区） 辖1个市辖区、4个县、3个自治县	临翔区（凤翔街道）	临沧县图书馆	凤翔镇虹桥路 125 号	编目部、综合办	0883			函
16	675900	临沧市	凤庆县（凤山镇）	凤庆县图书馆	凤城新市场 60 号	编目部、综合办	0883	4212203		函
17	677700	临沧市	镇康县（南伞镇）	镇康县图书馆	凤尾镇	编目部、综合办	0883	6623848		函
18	677300	临沧市	双江拉祜族佤族布朗族傣族自治县（勐勐镇）	双江拉祜族佤族布朗族傣族自治县图书馆	自治县城文化体育局大院	编目部、综合办	0883	7627931		函
19	677000	临沧市	临翔区	临沧地区图书馆	凤翔镇西大街 100 号	编目部、综合办	0883	2122222		函
20	677500	临沧市	耿马傣族佤族自治县（耿马镇）	耿马傣族佤族自治县图书馆	耿马大街 128 号	编目部、综合办	0883	6122594		函
21	675800	临沧市	云县（爱华镇）	云县图书馆	爱华镇红卫街 054 号	编目部、综合办	0883	207533		函
22	654800	普洱市（思茅区） 辖1个市辖区、9个自治县	墨江哈尼族自治县（联珠镇）	墨江哈尼族自治县图书馆	联珠镇武庙街 95 号	编目部、综合办	0879	4232473		函
23	666500	普洱市	镇沅彝族哈尼族拉祜族自治县（恩乐镇）	镇沅彝族哈尼族拉祜族自治县图书馆	恩乐镇	编目部、综合办	0879			函
24	665900	普洱市	江城哈尼族彝族自治县（勐烈镇）	江城哈尼族彝族自治县图书馆	勐烈镇勐烈镇 6 号	编目部、综合办	0879	3721520		函
25	665800	普洱市	孟连傣族拉祜族佤族自治县（娜允镇）	孟连县图书馆	金塔路 2 号	编目部、综合办	0879	8720269		函

注：共 144 条，限于篇幅略去部分，有备案。手机号等个人信息均隐去。

表 5–7 云南少数民族医药文献调查单位、人员联系信息表（二）

（云南省博物馆系统单位）

序号	邮政编码	州市	县级以上行政区划	单位名称	通讯地址	联系对象	区号	座机	手机	信函
1	650000	昆明市	昆明市	云南民族博物馆文化服务中心	滇池路 1503 号	综合办公室	0871	64311219		函
2	650000	昆明市	昆明市	昆明市博物馆	拓东路 71 号	综合办公室	0871	63153310		
3	650000	昆明市	昆明市	云南省博物馆	五一路 2 号	综合办公室	0871	63611548		函
4	650000	昆明市	昆明市	昆明市博物馆综合服务部	拓东路昆明市博物馆	综合服务部	0871	63153256		
5	650000	昆明市	昆明市	云南省文物博物馆协会	青年路南太桥科技大楼四楼	综合办公室	0871	63161209		
6	650000	昆明市	昆明市	云南吉鑫餐饮文化博物馆	白龙路 431 号	综合办公室	0871	63838414		
7	650000	昆明市	昆明市	云南翰荣轩文化艺术博物馆	滇池旅游度假区民族村旁	综合办公室	0871	64312226		
8	650000	昆明市	昆明市	云南民族博物馆	官渡区日新路	综合办公室	0871	64311394		
9	650200	昆明市	官渡区	昆明市官渡区博物馆	官渡森林公园内	综合办公室	0871	67173527		
10	653100	玉溪市	红塔区	玉溪博物馆	凤凰路 26 号	综合办公室	0877	2063860		函
11	653100	玉溪市	红塔区	云南省玉溪博物馆会展中心	高新区红塔大道 30 号	综合办公室	0877	6776887		函
12	652600	玉溪市	江川县	云南省（江川）李家山青铜器博物馆	大街镇星云路西段 1 号	综合办公室	0877	8013320		函
13	671000	大理白族自治州	大理市	大理白族自治州博物馆	大理市下关洱河南路 8 号	综合办公室	0872	2128614		
14	671000	大理白族自治州	大理市	大理市博物馆	大理古城复兴路 111 号	综合办公室	0872	2670196		函
15	678000	保山市	隆阳区	保山市博物馆	太保公园玉皇阁内	综合办公室	0875	2122877		函
16	663000	文山壮族苗族自治州	文山市	文山壮族苗族自治州博物馆	文山县开化镇文华路 12 号	综合办公室	0876	2122368		函
17	674400	迪庆藏族自治州	香格里拉市	迪庆藏族自治州民族博物馆	中甸县建塘镇建塘东路	综合办公室	0887	8226610		函

表 5-8　云南少数民族医药文献调查单位、人员联系信息表（三）
（云南省内文化研究所）

序号	邮政编码	州市	县级以上行政区划	单位名称	联系对象	区号	座机	手机	信函
1	650000	昆明市	昆明市	云南省社会科学院民族研究所	图书编目部、综合办	0871	64141750		函
2	673100	怒江傈僳族自治州	泸水县	云南社会科学院怒江分院	图书编目部、综合办	0886			函
3	655000	曲靖市	麒麟区	云南社会科学院曲靖分院	图书编目部、综合办	0874			函
4	666100	西双版纳傣族自治州	景洪市	云南社会科学院西双版纳分院	图书编目部、综合办	0691			函
5	674100	丽江市	古城区	丽江东巴文化研究所	图书编目部、综合办	0888			函
6	654400	红河哈尼族彝族自治州	红河县	红河民族文化研究所	李老师	0873	3742991		函
7	674400	迪庆藏族自治州	香格里拉市	迪庆分院暨藏学研究所	王老师	0887	8222579		函
8	675000	楚雄彝族自治州	楚雄市	楚雄彝族文化研究所	图书编目部、综合办	0878	3012099		函
9	655000	曲靖市	麒麟区	曲靖爨文化研究所	图书编目部、综合办	0874			函
10	671000	大理白族自治州	大理市	大理民族文化研究所	图书编目部、综合办	0872			函
11	674300	丽江市	宁蒗彝族自治县	宁蒗彝族文化研究所	图书编目部、综合办	0888	5528631		函
12	654800	普洱市	墨江哈尼族自治县	墨江哈尼文化研究所	图书编目部、综合办	0879			函
13	650000	昆明市	五华区	云南省民族研究所	图书编目部、综合办	0871	64145593		函
14	674100	丽江市	玉龙纳西族自治县	丽江市民族文化发展研究会	图书编目部、综合办	0888			函
15	674100	丽江市	古城区	丽江文化研究会	图书编目部、综合办	0888			函
16	674100	丽江市	古城区	纳西文化研究会	图书编目部、综合办	0888			函
17	674300	丽江市	宁蒗彝族自治县	宁蒗县民族文化研究所	图书编目部、综合办	0888	5528631		函
18	655400	曲靖市	宣威市	九丘中医中药研究所	图书编目部、综合办	0874			函

续表

序号	邮政编码	州市	县级以上行政区划	单位名称	联系对象	区号	座机	手机	信函
19	655700	曲靖市	师宗县	师宗县民族宗教侨务事务局	综合办公室	0874	7169699		函
20	652799	玉溪市	通海县	秀山文化研究学会	综合办公室	0877			函
21	653400	玉溪市	新平彝族傣族自治县	新平花腰傣文化研究学会	综合办公室	0877			函
22	653100	玉溪市	红塔区	玉溪市艺术创作研究所	宋老师	0877	2057579		
23	653100	玉溪市	红塔区	玉溪市中医推拿心理学应用研究所		0877			函
24	652500	玉溪市	澄江县	澄江县忠能民族医药研究所	李老师	0877	6760566		函
25	665000	普洱市	思茅区	云南省普洱市艺术研究所	综合办公室	0879			函
26	665000	普洱市	思茅区	中国普洱茶研究院	综合办公室	0879			函
27	654800	普洱市	墨江哈尼族自治县	云南省社会科学院墨江县哈尼文化研究所	图书编目部、综合办	0879			函
28	665000	普洱市	思茅区	云南省普洱市民族传统医药研究所	普老师	0879			函
29	675900	临沧市	凤庆县	茶科所	张老师	0883	2128218		函
30	675000	楚雄彝族自治州	楚雄市	云南省彝族医药研究所	图书编目部、综合办	0878			函
31	661100	红河哈尼族彝族自治州	蒙自市	红河哈尼文化国际研究中心	综合办公室	0873			函
32	661100	红河哈尼族彝族自治州	蒙自市	红河州民族研究所	图书编目部、综合办	0873			函
33	661000	红河哈尼族彝族自治州	个旧市	红河州民族文化传播中心	李老师	0873	2123941		函
34	661100	红河哈尼族彝族自治州	蒙自市	云南省社会科学院红河民族研究所	图书编目部、综合办	0873			函
35	663000	文山壮族苗族自治州	文山市	文山三七研究院	图书编目部、综合办	0876			函

注：共61条，限于篇幅略去部分，有备案。手机号等个人信息均隐去。

表 5-9　云南少数民族医药文献调查单位、人员联系信息表（四）
（云南省各级文化体育局）

序号	邮政编码	州市	县级以上行政区划	单位名称	联系对象	区号	座机	手机	信函
1	650000	昆明市	昆明市	昆明市文化局	综合办公室	0871	63123802		
2	655000	曲靖市	麒麟区	曲靖市文化局	综合办公室	0874	5502201		函
3	655100	曲靖市	马龙县	马龙县文化局	综合办公室	0874	8886019		函
4	655600	曲靖市	陆良县	陆良县文化局	综合办公室	0874	6222765		函
5	655700	曲靖市	师宗县	师宗县文化和体育局	综合办公室	0874	5752228		函
6	655800	曲靖市	罗平县	罗平县文化局	综合办公室	0874	8256422		函
7	655500	曲靖市	富源县	富源县文体局	综合办公室	0874	4612203		函
8	654200	曲靖市	会泽县	会泽县文化局	综合办公室	0874	5688769		函
9	655300	曲靖市	沾益县	沾益县文化局	综合办公室	0874	3042607		函
10	653100	玉溪市	红塔区	玉溪市文化局	综合办公室	0877	2989025		函
11	652600	玉溪市	江川县	江川县文化局	综合办公室	0877	8011787		函
12	652500	玉溪市	澄江县	澄江县文化局	综合办公室	0877	6913638		函
13	652800	玉溪市	华宁县	华宁县文化局	综合办公室	0877	5013787		函
14	651100	玉溪市	易门县	易门县文化局	综合办公室	0877	4862787		函
15	653200	玉溪市	峨山彝族自治县	峨山彝族自治县文化局	综合办公室	0877	4011750		函
16	653400	玉溪市	新平彝族傣族自治县	新平彝族傣族自治县文化局	综合办公室	0877	7011558		函
17	653300	玉溪市	元江哈尼族彝族傣族自治县	元江哈尼族彝族傣族自治县文化局	综合办公室	0877	6012481		函
18	678000	保山市	隆阳区	保山市文化局	综合办公室	0875	2220941		函
19	678200	保山市	施甸县	施甸县文化局	综合办公室	0875	8121692		函
20	679100	保山市	腾冲县	腾冲县文化局	综合办公室	0875			函

续表

序号	邮政编码	州市	县级以上行政区划	单位名称	联系对象	区号	座机	手机	信函
21	678100	保山市	昌宁县	昌宁县文化局	综合办公室	0875	7130146		函
22	657100	昭通市	鲁甸县	鲁甸县文化局	综合办公室	0870			函
23	654600	昭通市	巧家县	巧家县文化体育局	综合办公室	0870	7121244		函
24	657500	昭通市	盐津县	盐津县文化局	综合办公室	0870	6620074		函
25	657400	昭通市	大关县	大关县文化局	综合办公室	0870			函
26	657300	昭通市	永善县	永善县文化局	综合办公室	0870	4124415		函
27	657200	昭通市	镇雄县	镇雄县文化体育局	综合办公室	0870	3120444		函
28	657600	昭通市	彝良县	彝良县文化体育局	综合办公室	0870			函
29	657900	昭通市	威信县	威信县文化体育局	综合办公室	0870			函
30	657800	昭通市	水富县	水富县文化局	综合办公室	0870	8638212		函
31	674100	丽江市	古城区	丽江市文化局	综合办公室	0888			函
32	674100	丽江市	玉龙纳西族自治县	玉龙纳西族自治县文化局	综合办公室	0888			函
33	674200	丽江市	永胜县	永胜县文化体育局	综合办公室	0888			函
34	674800	丽江市	华坪县	华坪县文化局	综合办公室	0888	7481449		函
35	674300	丽江市	宁蒗彝族自治县	宁蒗彝族自治县文化局	综合办公室	0888	5521078		函
36	665000	普洱市	思茅区	普洱市文化局	综合办公室	0879	2122440		函
37	654800	普洱市	墨江哈尼族自治县	墨江哈尼族自治县文化体育局	综合办公室	0879			函
38	676200	普洱市	景东彝族自治县	景东彝族自治县文化馆	综合办公室	0879			函
39	666400	普洱市	景谷彝族傣族自治县	景谷彝族傣族自治县文化局	综合办公室	0879	5221545		函
40	665900	普洱市	江城哈尼族彝族自治县	江城哈尼族彝族自治县文化局	综合办公室	0879			函

注：共103条，限于篇幅略去部分，有备案。手机号等个人信息均隐去。

表 5-10 云南少数民族医药文献调查单位、人员联系信息表（五）

（云南省各级卫生局）

序号	邮政编码	州市	县级以上行政区划	单位名称	联系对象	区号	座机	手机	信函
1	653100	玉溪市	红塔区	玉溪市卫生局	综合办公室	0877	2023173		函
2	655000	曲靖市	麒麟区	曲靖市卫生局	综合办公室	0874	3134700		函
3	657000	昭通市	昭阳区	昭通市卫生局	综合办公室	0870	2121093、2121043		
4	665000	普洱市	思茅区	普洱市卫生局	综合办公室	0879	4149864		
5	677000	临沧市	临翔区	临沧市卫生局	综合办公室	0883	2122292		函
6	674100	丽江市	古城区	丽江市卫生局	综合办公室	0888	5107505		函
7	663000	文山壮族苗族自治州	文山市	文山壮族苗族自治州卫生局	综合办公室	0876	2197302		函
8	674400	迪庆藏族自治州	香格里拉市	迪庆藏族自治州卫生局	综合办公室	0887	8224662		函
9	661100	红河哈尼族彝族自治州	蒙自市	红河哈尼族彝族自治州卫生局（天竺路信访局东）	综合办公室	0873	3732175		函
10	650000	昆明市	呈贡区	昆明市卫生局	综合办公室	0871	63123241		
11	678000	保山市	隆阳区	保山市卫生局	综合办公室	0875	2221087		函
12	663000	文山壮族苗族自治州	文山市	文山市卫生局（凯旋路）	综合办公室	0876			
13	663000	文山壮族苗族自治州	文山市	文山市卫生局（开化中路）	综合办公室	0876	2612170		函
14	678000	保山市	隆阳区	保山市卫生局卫生监督所	综合办公室	0875	2221500		
15	657900	昭通市	威信县	威信县卫生局	综合办公室	0870	6124235		函
16	674500	迪庆藏族自治州	德钦县	德钦县卫生局	综合办公室	0887	8413130		函
17	674400	迪庆藏族自治州	香格里拉市	香格里拉市卫生局	综合办公室	0887	8233751		函
18	674600	迪庆藏族自治州	维西傈僳族自治县	维西县卫生局	综合办公室	0887	8626512		函
19	655000	曲靖市	麒麟区	曲靖市卫生局卫生监督管理局	综合办公室	0874	3334777		

续表

序号	邮政编码	州市	县级以上行政区划	单位名称	联系对象	区号	座机	手机	信函
20	657000	昭通市	昭阳区	昭通市卫生局卫生监督所	综合办公室	0870	2036608		函
21	657100	昭通市	鲁甸县	鲁甸县卫生局	综合办公室	0870	8121372		函
22	654600	昭通市	巧家县	巧家县卫生局	综合办公室	0870	7121129		函
23	657400	昭通市	大关县	大关县卫生局	综合办公室	0870	5621434		函
24	657500	昭通市	盐津县	盐津县卫生局	综合办公室	0870	6631985		函
25	657300	昭通市	永善县	永善县卫生局	综合办公室	0870	4124413		函
26	657800	昭通市	水富县	水富县卫生局	综合办公室	0870	8636308		函
27	657600	昭通市	彝良县	彝良县卫生局	综合办公室	0870	5121899		函
28	657200	昭通市	镇雄县	镇雄县卫生局	综合办公室	0870	3120241		函
29	657700	昭通市	绥江县	绥江县卫生局	综合办公室	0870			
30	650000	昆明市	西山区	昆明市卫生局卫生执法监督局	综合办公室	0871	64124389		
31	662500	红河哈尼族彝族自治州	绿春县	绿春县卫生局	综合办公室	0873			函
32	650000	昆明市	晋宁县	晋宁县卫生局	综合办公室	0871	67892257		函
33	671000	大理白族自治州	大理市	大理白族自治州卫生局卫生监督所（龙溪路）	综合办公室	0872			函
34	671000	大理白族自治州	大理市	大理白族自治州卫生局	综合办公室	0872			函
35	653100	玉溪市	红塔区	玉溪市卫生局卫生监督局	综合办公室	0877	2036608		

注：共 159 条，限于篇幅略去部分，有备案。手机号等个人信息均隐去。

表 5-11　云南少数民族医药文献调查单位、人员联系信息表（六）
（云南省各级民族宗教事务委员会）

序号	邮政编码	州市	县级以上行政区划	单位名称	联系对象	区号	座机	手机	信函
1	650000	昆明市	昆明市	昆明市民族事务委员会	综合办公室	0871	65322623		
2	650600	昆明市	晋宁县	晋宁县民族宗教事务委员会	综合办公室	0871	5062349		函
3	650400	昆明市	富民县	富民县民族宗教事务局	综合办公室	0871	8818688		函
4	652100	昆明市	宜良县	宜良县民族宗教司	综合办公室	0871			函
5	652200	昆明市	石林彝族自治县	石林彝族自治县民族宗教事务局	综合办公室	0871	8771790		函
6	651700	昆明市	嵩明县	嵩明县民族宗教事务局	综合办公室	0871	7911182		函
7	651500	昆明市	禄劝彝族苗族自治县	禄劝彝族苗族自治县民族宗教事务局	综合办公室	0871	8911735		函
8	655000	曲靖市	麒麟区	曲靖市民族宗教事务委员会	综合办公室	0874	3122954		函
9	655400	曲靖市	宣威市	宣威市民族宗教局	综合办公室	0874	7162589		函
10	655100	曲靖市	马龙县	马龙县民族宗教局	综合办公室	0874	8880129		函
11	655600	曲靖市	陆良县	陆良县民族宗教事务局	综合办公室	0874	6222409		函
12	655700	曲靖市	师宗县	师宗县民族宗教事务局	综合办公室	0874	5752248		函
13	655800	曲靖市	罗平县	罗平县民族宗教事务局	综合办公室	0874	8212661		函
14	655500	曲靖市	富源县	富源县民族宗教事务局	综合办公室	0874	4612501		函
15	654200	曲靖市	会泽县	会泽县民族宗教事务管理局	综合办公室	0874	5122541		函
16	655300	曲靖市	沾益县	沾益县民族宗教事务局	综合办公室	0874	3164615		函

续表

序号	邮政编码	州市	县级以上行政区划	单位名称	联系对象	区号	座机	手机	信函
17	653100	玉溪市	红塔区	玉溪市民族宗教事务局	综合办公室	0877	2025106		函
18	652600	玉溪市	江川县	江川县民族宗教事务局	综合办公室	0877	8011161		函
19	652500	玉溪市	澄江县	澄江县民族宗教事务局	综合办公室	0877	6911458		函
20	652700	玉溪市	通海县	通海县民族宗教事务局	综合办公室	0877	3011737		函
21	652800	玉溪市	华宁县	华宁县民族宗教事务局	综合办公室	0877	5013737		函
22	651100	玉溪市	易门县	易门县民族宗教事务局	综合办公室	0877	4961161		函
23	653200	玉溪市	峨山彝族自治县	峨山彝族自治县民族宗教事务局	综合办公室	0877	4011534		函
24	653400	玉溪市	新平彝族傣族自治县	新平彝族傣族自治县民族宗教事务局	综合办公室	0877	7011189		函
25	653300	玉溪市	元江哈尼族彝族傣族自治县	元江哈尼族彝族傣族自治县民族宗教事务局	综合办公室	0877	6018086		函
26	678000	保山市	隆阳区	保山市民族宗教事务管理局	综合办公室	0875	2122513		函
27	678200	保山市	施甸县	施甸县民族宗教事务局	综合办公室	0875	8121548		函
28	679100	保山市	腾冲县	腾冲县民族宗教事务局	综合办公室	0875	5181509		函
29	678300	保山市	龙陵县	龙陵县人民政府民族宗教事务局	综合办公室	0875	6121109		函
30	678100	保山市	昌宁县	昌宁县民族宗教事务局	综合办公室	0875	7130193		函
31	657000	昭通市	昭阳区	昭通市民族宗教事务局	综合办公室	0870	2132221		函
32	657100	昭通市	鲁甸县	鲁甸县民族宗教事务局	综合办公室	0870	8121535		函
33	654600	昭通市	巧家县	巧家县民族宗教局	综合办公室	0870	7121127		函

注：共 119 条，限于篇幅略去部分，有备案。手机号等个人信息均隐去。

表 5–12　云南少数民族医药文献调查单位、人员联系信息表（七）
（中医药成人高等教育学会委员）

序号	邮政编码	州市	县级以上行政区划	单位名称	联系对象	区号	座机	手机	信函
1	650000	昆明市	昆明市	昆明市中医医院	何老师	0871			
2	650000	昆明市	昆明市	昆明中药厂有限公司	龙老师	0871			
3	650000	昆明市	昆明市	昆明中药厂有限公司	丁老师	0871			
4	650000	昆明市	昆明市	昆明圣爱中医馆	刘老师	0871			
5	650000	昆明市	昆明市	昆明圣爱中医馆	代老师	0871			
6	650000	昆明市	昆明市	昆明东路教育集团	周老师	0871			
7	650000	昆明市	昆明市	昆明市卫生职业学院	魏老师	0871			
8	650600	昆明市	晋宁县	昆明市卫生职业学院	徐老师	0871			
9	650300	昆明市	安宁市	安宁市中医医院	李老师	0871			
10	678000	保山市	隆阳区	保山高等医学专科学校	杨老师	0875			
11	677000	临沧市	临翔区	临沧市中医医院	叶老师	0883			
12	665100	普洱市	宁洱哈尼族彝族自治县	宁洱县中医医院	李老师	0879			
13	665100	普洱市	宁洱哈尼族彝族自治县	宁洱县中医医院	潘老师	0879			
14	673100	怒江傈僳族自治州	泸水县	怒江州中医医院	何老师	0886			函
15	665000	普洱市	思茅区	普洱市卫生局	苏老师	0879			函
16	663000	文山壮族苗族自治州	文山市	文山州卫生学校	张老师	0876			
17	663000	文山壮族苗族自治州	文山市	文山州卫生学校	梁老师	0876			
18	663000	文山壮族苗族自治州	文山市	文山州卫生学校	骆老师	0876			

续表

序号	邮政编码	州市	县级以上行政区划	单位名称	联系对象	区号	座机	手机	信函
19	663000	文山壮族苗族自治州	文山市	文山州中医医院	冯老师	0876			函
20	663000	文山壮族苗族自治州	文山市	文山州中医医院	赵老师	0876			
21	666100	西双版纳傣族自治州	景洪市	西双版纳职业技术学院	黄老师	0691			
22	666100	西双版纳傣族自治州	景洪市	西双版纳傣族自治州傣医医院、西双版纳州民族医药研究所	廖老师	0691			
23	655200	昆明市	寻甸回族自治县	寻甸县中医医院	王老师	0871	2661994		函
24	663100	文山壮族苗族自治州	砚山县	砚山县中医医院	何老师	0876			
25	653100	玉溪市	红塔区	玉溪市中医医院	景老师	0877			
26	653100	玉溪市	红塔区	玉溪市中医医院	黄老师	0877			
27	657000	昭通市	昭阳区	昭通市中医医院	刘老师	0870			
28	657000	昭通市	昭阳区	昭通市中医医院	尹老师	0870			
29	678000	保山市	隆阳区	保山市卫计委	赵老师	0875			函
30	678000	保山市	隆阳区	保山市中医医院	杨老师	0875			函
31	678000	保山市	隆阳区	保山市中医药高等专科学校	王老师	0875			
32	675000	楚雄彝族自治州	楚雄市	楚雄州卫生局	普老师	0878			函
33	671000	大理白族自治州	大理市	大理市中医医院	刘老师	0872			函
34	671000	大理白族自治州	大理市	大理卫生学校	杨老师	0872			函
35	678400	德宏傣族景颇族自治州	芒市	德宏州中医医院	欧老师	0692			
36	674400	迪庆藏族自治州	香格里拉市	迪庆藏族自治州藏医医院	姚老师	0887			函
37	661000	红河哈尼族彝族自治州	个旧市	红河州滇南中心医院	刘老师	0873			函
38	674100	丽江市	古城区	丽江市中心医院	文老师	0888			函

表 5-13　云南少数民族医药文献调查单位、人员联系信息表（八）
（各州市校友会负责人、联系人及校友）

序号	邮政编码	州市	县级以上行政区划	单位名称	联系对象	区号	座机	手机	信函
1	650032	昆明市	昆明市	共青团云南省委员会团省委	陆老师	0871			
2	678000	保山市	隆阳区	保山中医药高等专科学校	李老师	0875	2194559		
3	677000	临沧市	临翔区	临沧市人民医院	唐老师	0883	2140029 2122350		函
4	673100	怒江傈僳族自治州	泸水县		杨老师	0886			
5	674400	迪庆藏族自治州	香格里拉市		彭老师	0887			
6	674100	丽江市	古城区		和老师	0888			
7	654400	红河哈尼族彝族自治州	红河县		张老师	0873			
8	665000	普洱市	思茅区		李老师	0879			
9	666100	西双版纳傣族自治州	景洪市		刀老师	0691			
10	655000	曲靖市	麒麟区		胡老师	0874			
11	657000	昭通市	昭阳区	市一院中医科	沙老师	0870			函
12	650000	昆明市	昆明市		杨老师	0871	63635255		
13	671000	大理白族自治州	大理市		杨老师	0872			
14	678000	保山市	隆阳区		陈老师	0875			
15	677000	临沧市	临翔区	市卫生局	唐老师	0883			函
16	674400	迪庆藏族自治州	香格里拉市		佚名	0887	8224662		

续表

序号	邮政编码	州市	县级以上行政区划	单位名称	联系对象	区号	座机	手机	信函
17	674100	丽江市	古城区		杨老师	0888			
18	653100	玉溪市	红塔区	玉溪市中医医院	郭老师	0877	6100494		函
19	654400	红河哈尼族彝族自治州	红河县		李老师	0873	3168807		
20	665000	普洱市	思茅区	普洱市中医医院	余老师	0879	2122254（传）		
21	666100	西双版纳傣族自治州	景洪市	卫生监督所	王老师	0691	2150356（传）		函
22	657000	昭通市	昭阳区	昭阳区（个人）	蒋老师	0870	2152782		
23	653100	玉溪市	红塔区	玉溪市中医医院	吴老师	0877			函
24	665000	普洱市	思茅区	普洱市中医医院	刘老师	0879			函
25	665000	普洱市	思茅区	普洱市中医医院	欧阳老师	0879	2122214		函
26	666100	西双版纳傣族自治州	景洪市	西双版纳傣族自治州傣医医院、西双版纳州民族医药研究所	谭老师	0691			
27	655000	曲靖市	麒麟区	曲靖市中医医院	朱老师	0874			函
28	655400	曲靖市	宣威市	宣威市中医医院	李老师	0874	7201932、7202062（传）		函
29	657000	昭通市	昭阳区	昭通市人民医院	沙老师	0870			函
30	657000	昭通市	昭阳区	昭通市中医医院	唐老师	0870			函
31	675000	楚雄彝族自治州	楚雄市	楚雄州中医医院	许老师	0878			
32	675000	楚雄彝族自治州	楚雄市	云南省彝医医院、云南省彝族医药研究所、楚雄州中医院	杨老师	0878			函

注：共 54 条，限于篇幅略去部分，有备案。手机号等个人信息均隐去。

表 5-14 云南少数民族医药文献调查单位、人员联系信息表（九）（基层全科医生）

序号	邮政编码	州市	县级以上行政区划	单位名称	联系对象	区号	座机	手机	信函
1	650000	昆明市	昆明市	度假区大渔街道社区卫生服务中心	唐医生	0871			
2	652100	昆明市	宜良县	宜良耿家营彝族苗族乡卫生院	葛医生	0871			函
3	650100	昆明市	西山区	高新区国际花园社区卫生服务站	彭医生	0871			
4	650300	昆明市	安宁市	安宁市青龙卫生院	王医生	0871			
5	650500	昆明市	呈贡区	呈贡洛龙社区卫生服务中心	李医生	0871			
6	650000	昆明市	昆明市	经开区清水社区卫生服务站	袁医生	0871			
7	650200	昆明市	官渡区	官渡区太和社区卫生服务中心	何医生	0871			
8	650200	昆明市	官渡区	小板桥社区卫生服务中心	陆医生	0871			
9	654100	昆明市	东川区	昆明市东川区中医院	张医生	0871			
10	650200	昆明市	官渡区	官渡区世纪城社区卫生服务站	陈医生	0871			
11	650200	昆明市	官渡区	官渡区太平社区卫生服务站	杨医生	0871			
12	650000	昆明市	盘龙区	盘龙区（个人）	黎医生	0871			
13	650000	昆明市	盘龙区	盘龙区（个人）	江医生	0871			
14	650000	昆明市	昆明市	莲华北莲华庭社区卫生服务站	颜医生	0871			
15	650000	昆明市	昆明市	丰宁怡辰诊所	庾医生	0871			
16	654200	曲靖市	会泽县	会泽县者海镇阿依卡卫生服务站	赵医生	0874			
17	655600	曲靖市	陆良县	陆良县板桥镇卫生院	杨医生	0874			
18	655300	曲靖市	沾益县	沾益县德泽乡卫生院	宋医生	0874			
19	655400	曲靖市	宣威市	宣威市海岱镇中心卫生院	包医生	0874			
20	655500	曲靖市	富源县	富源县富村中心卫生院	刘医生	0874			

续表

序号	邮政编码	州市	县级以上行政区划	单位名称	联系对象	区号	座机	手机	信函
21	655700	曲靖市	师宗县	师宗县雄壁卫生院	孙医生	0874			
22	652600	玉溪市	江川县	江川县大街镇卫生院	张医生	0877			
23	652500	玉溪市	澄江县	澄江县龙街中心卫生院	刘医生	0877			
24	653300	玉溪市	元江哈尼族彝族傣族自治县	元江县那诺乡卫生院	白医生	0877			
25	653400	玉溪市	新平彝族傣族自治县	新平县漠沙镇卫生院	谢医生	0877			
26	653200	玉溪市	峨山彝族自治县	峨山县富良棚乡卫生院	耿医生	0877			
27	651100	玉溪市	易门县	易门县十街乡卫生院	薛医生	0877			
28	652700	玉溪市	通海县	通海县九龙卫生院	苏医生	0877			
29	652800	玉溪市	华宁县	华宁县中医医院	张医生	0877			函
30	678000	保山市	隆阳区	隆阳区羊邑卫生院	张医生	0875			
31	679100	保山市	腾冲县	腾冲县蒲川中心卫生院	陶医生	0875			
32	679100	保山市	腾冲县	腾冲县中和中心卫生院	邓医生	0875			
33	678300	保山市	龙陵县	龙陵县象达县中心卫生院	杨医生	0875			
34	678200	保山市	施甸县	施甸县老麦卫生院	苏医生	0875			
35	674109	丽江市	玉龙纳西族自治县	玉龙县巨甸中心卫生院	李医生	0888			
36	674200	丽江市	永胜县	永胜县程海镇卫生院	钟医生	0888			
37	674800	丽江市	华坪县	华坪县荣将中心卫生院	汪医生	0888			
38	674300	丽江市	宁蒗彝族自治县	宁蒗县蝉战河乡卫生院	蔡医生	0888			
39	666100	西双版纳傣族自治州	景洪市	允景洪社区卫生服务中心	李医生	0691			
40	666100	西双版纳傣族自治州	景洪市	景洪市中医医院	刘医生	0691			函

注：共92条，限于篇幅略去部分，有备案。手机号等个人信息均隐去。

表 5–15　云南少数民族医药文献调查单位、人员联系信息表（十）
（云南省高等院校图书馆系统）

序号	邮政编码	州市	县级以上行政区划	单位名称	联系对象	区号	座机	手机	信函
1	650102	昆明市	五华区	云南北美职业学院	编目部、综合办	0871	400–860–1828		
2	650221	昆明市	官渡区	云南财经大学	图书馆、编目部	0871	65023099		
3	650091	昆明市	昆明市	云南大学	图书馆、编目部	0871	65034114		
4	650228	昆明市	西山区	云南大学滇池学院	图书馆、编目部	0871	64315175		
5	674100	丽江市	古城区	云南大学旅游文化学院	图书馆、编目部	0888	5135986		
6	650223	昆明市	昆明市	云南广播电视大学	图书馆、编目部	0871	66409342		
7	650222	昆明市	昆明市	云南国防工业职业技术学院	图书馆、编目部	0871	65817086		
8	650217	昆明市	官渡区	云南国土资源职业学院	图书馆、编目部	0871	68160123		
9	650203	昆明市	昆明市	云南机电职业技术学院	图书馆、编目部	0871	65211025 66239398		
10	650101	昆明市	昆明市	云南交通职业技术学院	图书馆、编目部	0871	65529966		
11	650106	昆明市	五华区	云南经济管理职业学院	图书馆、编目部	0871	68314770 66217745 66217746		
12	650223	昆明市	昆明市	云南警官学院	图书馆、编目部	0871			
13	650224	昆明市	昆明市	云南科技信息职业学院	图书馆、编目部	0871	65010408		
14	650224	昆明市	昆明市	云南林业职业技术学院	图书馆、编目部	0871	65015103		
15	650031	昆明市	五华区	云南民族大学	图书馆、编目部	0871	65172133		
16	655000	曲靖市	麒麟区	云南能源职业技术学院	图书馆、编目部	0874	3181801		

续表

序号	邮政编码	州市	县级以上行政区划	单位名称	联系对象	区号	座机	手机	信函
17	650201	昆明市	官渡区	云南农业大学	图书馆、编目部	0871	65227615 65227706		
18	650031	昆明市	五华区	云南农业职业技术学院	图书馆、编目部	0871	66322941 66322942 66322943 66322946		
19	665000	普洱市	思茅区	云南热带作物职业学院	图书馆、编目部	0879	2204512		
20	650092	昆明市	昆明市	云南师范大学	图书馆、编目部	0871	65515650		
21	650106	昆明市	五华区	云南师范大学商学院	图书馆、编目部	0871	68301010 68301022		
22	650222	昆明市	昆明市	云南师范大学文理学院	图书馆、编目部	0871	65825028		
23	650211	昆明市	官渡区	云南司法警官职业学院	图书馆、编目部	0871	6733716		
24	650228	昆明市	官渡区	云南体育运动职业技术学院	图书馆、编目部	0871	68063611		
25	650111	昆明市	西山区	云南文化艺术职业学院	图书馆、编目部	0871	65167771		
26	661000	红河哈尼族彝族自治州	个旧市	云南锡业职业技术学院	图书馆、编目部	0873	3155167		
27	650216	昆明市	官渡区	云南新兴职业学院	图书馆、编目部	0871	67427368 67425414 67427518 67427879		
28	650031	昆明市	五华区	云南医学高等专科学校	图书馆、编目部	0871	65137005		
29	650101	昆明市	西山区	云南艺术学院	图书馆、编目部	0871	65352695		
30	650102	昆明市	昆明市	云南艺术学院文华学院	图书馆、编目部	0871	68303466		

注：共 61 条，限于篇幅略去部分，有备案。手机号等个人信息均隐去。

表 5-16　云南少数民族医药文献调查单位、人员联系信息表（十一）

（省级医疗机构、疾控机构、卫监部门）

序号	邮政编码	州市	县级以上行政区划	单位名称	联系对象	区号	座机	手机	信函
1	650032	昆明市	五华区	云南省第一人民医院	资料室、综合办	0871	63638293（院）、63639921		
2	650032	昆明市	五华区	昆医附一院	资料室、综合办	0871	65324888 总机 65324525 医务处		
3	650000	昆明市	昆明市	云南省第二人民医院	资料室、综合办	0871	65156650、65155677		
4	650101	昆明市	五华区	昆医附二院	资料室、综合办	0871	65351281（总机）		
5	650011	昆明市	盘龙区	云南省第三人民医院	资料室、综合办	0871	63192008、63192148		
6	650118	昆明市	昆明市	云南省肿瘤医院	资料室、综合办	0871	68185656、68181942		
7	650021	昆明市	五华区	云南省中医医院	资料室、综合办	0871	63620626、63635714、63632578		
8	650021	昆明市	五华区	云南省传染病专科医院、艾滋病关爱中心	资料室、综合办	0871	68728033、66145498		
9	671000	大理白族自治州	大理市	大理学院附属医院	资料室、综合办	0872	2201062		函
10	650307	昆明市	安宁市	云南省干部疗养院	资料室、综合办	0871	8631218、8631073		函
11	650011	昆明市	盘龙区	云南省老年病医院	资料室、综合办	0871	66213969、63166678		
12	650011	昆明市	盘龙区	云南省疾病预防控制中心	资料室、综合办	0871	6418162、63611746		
13	671000	大理白族自治州	大理市	云南省地方病防治研究所	资料室、综合办	0872	2196339、2196172		函
14	665000	普洱市	思茅区	云南省寄生虫防治研究所	资料室、综合办	0879	2122152、2122153		函
15	650000	昆明市	昆明市	云南省妇幼保健院	资料室、综合办	0871	65162255		
16	650223	昆明市	五华区	云南省卫生厅卫生监督所	资料室、综合办	0871	65193184、5193705		

表 5-17　云南少数民族医药文献调查单位、人员联系信息表（十二）
（云南省县级以上中医医院、卫生服务中心）

序号	邮政编码	州市	县级以上行政区划	单位名称	联系对象	区号	座机	手机	信函
1	650011	昆明市	盘龙区	云南中医学院附设中医医院	图书资料室、办公室	0871	63168914、63162011		
2	650021	昆明市	五华区	云南省中医医院	图书资料室、办公室	0871	63610454		
3	650011	昆明市	盘龙区	昆明市中医医院	图书资料室、办公室	0871	63135802		
4	650032	昆明市	五华区	昆明市五华区中医医院	图书资料室、办公室	0871	63628857		
5	650051	昆明市	盘龙区	昆明市盘龙区中医医院	图书资料室、办公室	0871	63163645、63175397		
6	650200	昆明市	官渡区	昆明市官渡区中医医院	图书资料室、办公室	0871	67187075		
7	650106	昆明市	西山区	昆明市西山区中医医院	图书资料室、办公室	0871	68181208		
8	654100	昆明市	东川区	昆明市东川区中医医院	邹老师	0871	2122824		函
9	650300	昆明市	安宁市	安宁市中医医院	杨老师	0871	68699330		函
10	650500	昆明市	呈贡区	呈贡县中医医院	图书资料室、办公室	0871	67477414、67476598		
11	652100	昆明市	宜良县	宜良县中医医院	龙老师	0871	7594196		函
12	652100	昆明市	宜良县	宜良县中医医院	刘老师	0871			
13	651700	昆明市	嵩明县	嵩明县中医医院	袁老师	0871	7911055		函
14	651500	昆明市	禄劝彝族苗族自治县	禄劝彝族自治县中医医院	滕老师	0871	8912492		函
15	655200	昆明市	寻甸回族自治县	寻甸回族自治县中医医院	王老师	0871	2662143		函
16	650600	昆明市	晋宁县	晋宁县中医医院	图书资料室、办公室	0871	7800009		函
17	652200	昆明市	石林彝族自治县	石林彝族自治县中医医院	图书资料室、办公室	0871	7799820		函
18	650208	昆明市	官渡区	昆明市官渡区中医骨科医院	图书资料室、办公室	0871	67203190		
19	652200	昆明市	石林彝族自治县	石林县中医医院	张老师	0871			函

续表

序号	邮政编码	州市	县级以上行政区划	单位名称	联系对象	区号	座机	手机	信函
20	650600	昆明市	晋宁县	晋宁县古城社区卫生服务中心	罗老师	0871			
21	657000	昭通市	昭阳区	昭通市中医医院	图书资料室、办公室	0870	2125651		函
22	657000	昭通市	昭阳区	昭通市昭阳区中医医院	娄老师	0870	2159251		函
23	657000	昭通市	昭阳区	昭通市昭阳区中医医院	张老师	0870			
24	657100	昭通市	鲁甸县（文屏镇）	鲁甸县中医医院	臧老师	0870	3121705		
25	657100	昭通市	鲁甸县	鲁甸县中医医院	汪老师	0870			函
26	654600	昭通市	巧家县	巧家县中医医院	谢老师	0870	7123913		函
27	657500	昭通市	盐津县	盐津县中医医院	付老师	0870	6620156		函
28	657400	昭通市	大关县（翠华镇）	大关县中医医院	邓老师	0870	5620685		函
29	657300	昭通市	永善县	永善县中医医院	陈老师	0870	4122531		函
30	657300	昭通市	永善县	永善县中医医院	孙老师	0870			
31	650000	昆明市	昆明市	云南中医学院附设中医医院	图书资料室、办公室	0871	67622273		
32	650021	昆明市	五华区	云南省中医医院	图书资料室、办公室	0871	63124354		
33	650021	昆明市	五华区	昆明市中医医院	图书资料室、办公室	0871	65122310		
34	650032	昆明市	五华区	昆明市五华区中医医院	图书资料室、办公室	0871	66124376		
35	657200	昭通市	镇雄县	镇雄县中医医院	周老师	0870			函
36	657200	昭通市	镇雄县	镇雄县中医医院	成老师	0870			
37	657200	昭通市	镇雄县	镇雄县中医医院	文老师	0870			
38	657600	昭通市	彝良县	彝良县中医医院	肖老师	0870			函

注：共331条，限于篇幅略去部分，有备案。手机号等个人信息均隐去。

表 5-18 云南少数民族医药文献调查单位、人员联系信息表（十三）
（昆明市综合医院）

序号	邮政编码	州市	县级以上行政区划	单位名称	联系对象	区号	座机	手机	信函
1	650300	昆明市	安宁市	安宁市人民医院	图书资料室、办公室	0871	8699072		函
2	650200	昆明市	官渡区	成都铁路局昆明工程总公司医院	图书资料室、办公室	0871	67331536		
3	650500	昆明市	呈贡区	呈贡县人民医院	杨天智	0871	67479136		
4	650200	昆明市	官渡区	滇黔桂石油勘探局职工总医院	图书资料室、办公室	0871	67172874		
5	650400	昆明市	富民县	富民县赤就卫生院	图书资料室、办公室	0871	8853038		
6	650400	昆明市	富民县	富民县东村卫生院	图书资料室、办公室	0871	8862085		
7	650400	昆明市	富民县（永定街道）	富民县散旦卫生院	图书资料室、办公室	0871	8840046		
8	650400	昆明市	富民县	富民县永定卫生院	图书资料室、办公室	0871	8813033		
9	650200	昆明市	官渡区	官渡区联盟卫生院	图书资料室、办公室	0871	65151462		
10	650205	昆明市	官渡区	官渡区龙泉中心医院	图书资料室、办公室	0871	65892447		
11	650200	昆明市	官渡区	官房新迎医院	图书资料室、办公室	0871	65617306		
12	650100	昆明市	西山区	海口磷矿职工医院	图书资料室、办公室	0871	68590155		函
13	650600	昆明市	晋宁县	晋宁县第二人民医院	图书资料室、办公室	0871	7811044		函
14	650600	昆明市	晋宁县	晋宁县人民医院	王雯瑜	0871	7892717		函
15	652100	昆明市	宜良县	开远铁路局宜良铁路地区医院	图书资料室、办公室	0871	7129143		
16	650011	昆明市	盘龙区	昆明博大医院有限公司	图书资料室、办公室	0871	63518813		
17	650500	昆明市	呈贡区	昆明城东医院有限责任公司	图书资料室、办公室	0871	67474999		

续表

序号	邮政编码	州市	县级以上行政区划	单位名称	联系对象	区号	座机	手机	信函
18	650228	昆明市	五华区	昆明法医院	图书资料室、办公室	0871	64168264		
19	650118	昆明市	昆明市	昆明妇科医院有限公司	图书资料室、办公室	0871	65363592		
20	650302	昆明市	昆明市	昆明钢铁总公司职工医院	图书资料室、办公室	0871	68603066		
21	650031	昆明市	五华区	昆明洪光医院有限公司	图书资料室、办公室	0871	65314059-802		
22	650023	昆明市	昆明市	昆明华希医院有限责任公司	图书资料室、办公室	0871	65155094-8503		
23	650216	昆明市	官渡区	昆明交运经贸有限公司职工医院	图书资料室、办公室	0871	63912510		
24	650026	昆明市	昆明市	昆明圣堡绿医院有限公司	图书资料室、办公室	0871	66771286		
25	650000	昆明市	昆明市	昆明市春城医院	图书资料室、办公室	0871	64112716		
26	650204	昆明市	官渡区	昆明市第二人民医院（云南康复医院）	图书资料室、办公室	0871	65212760		
27	650011	昆明市	盘龙区	昆明市第一人民医院	图书资料室、办公室	0871	63188092		
28	650211	昆明市	官渡区	昆明市官渡区板桥中心医院	图书资料室、办公室	0871	67331097		
29	650203	昆明市	官渡区	昆明市官渡区茨坝卫生院	图书资料室、办公室	0871	65150533		
30	650200	昆明市	官渡区	昆明市官渡区福海卫生院	图书资料室、办公室	0871	67176340		
31	650214	昆明市	官渡区	昆明市官渡区官渡中心卫生院	图书资料室、办公室	0871	67173155		
32	650228	昆明市	官渡区	昆明市官渡区六甲卫生院	图书资料室、办公室	0871	67174370		
33	650200	昆明市	官渡区	昆明市官渡区人民医院	张老师	0871	67173154		
34	650224	昆明市	官渡区	昆明市官渡区双龙卫生院	图书资料室、办公室	0871	67331203		

注：共 175 条，限于篇幅略去部分，有备案。手机号等个人信息均隐去。

表 5–19　云南少数民族医药文献调查单位、人员联系信息表（十四）

［云南省各地州中学（含民族中学）］

序号	邮政编码	州市	县级以上行政区划	单位名称	通讯地址	联系对象	区号	座机	手机	信函
1	674400	迪庆藏族自治州	香格里拉市	香格里拉县第六中学	上江乡格兰村	图书资料室、办公室	0887	8835101		
2	674400	迪庆藏族自治州	香格里拉市	香格里拉县第五中学关心青少年家长联育协会	第五中学	图书资料室、办公室	0887	8222840		
3	674400	迪庆藏族自治州	香格里拉市	中甸县第一中学	建塘镇老州街文化路 11 号	图书资料室、办公室	0887	8222941		
4	674400	迪庆藏族自治州	香格里拉市	香格里拉县第五中学	建塘镇建塘东路 33 号	图书资料室、办公室	0887	8222840		
5	674400	迪庆藏族自治州	香格里拉市	香格里拉县第二中学	金江乡吾竹村	图书资料室、办公室	0887	8810225		
6	674400	迪庆藏族自治州	香格里拉市	香格里拉县第三中学	虎跳峡镇桥头居民委员会	图书资料室、办公室	0887	8806135		
7	674400	迪庆藏族自治州	香格里拉市	香格里拉县第四中学	三坝乡白地村	图书资料室、办公室	0887	8866065		
8	674500	迪庆藏族自治州	德钦县	德钦县第二中学	霞若乡霞若村公所	图书资料室、办公室	0887	8516162		
9	674500	迪庆藏族自治州	德钦县	德钦县城镇中学	升平镇南坪街	图书资料室、办公室	0887	8516162		
10	674600	迪庆藏族自治州	维西傈僳族自治县	维西傈僳族自治县叶枝中学	叶枝乡叶枝村	图书资料室、办公室	0887	8746005		
11	674600	迪庆藏族自治州	维西傈僳族自治县	维西傈僳族自治县塔城中学	塔城乡响古村	图书资料室、办公室	0887	5790058		
12	674601	迪庆藏族自治州	维西傈僳族自治县	维西傈僳族自治县拖枝中学	永春乡拖枝村	图书资料室、办公室	0887			
13	674606	迪庆藏族自治州	维西傈僳族自治县	维西傈僳族自治县维瞪中学	维瞪乡	图书资料室、办公室	0887			
14	674606	迪庆藏族自治州	维西傈僳族自治县	维西傈僳族自治县第一中学	保和镇	图书资料室、办公室	0887			
15	674600	迪庆藏族自治州	维西傈僳族自治县	维西傈僳族自治县第二中学	保和镇下北门	图书资料室、办公室	0887	8626477		
16	674600	迪庆藏族自治州	维西傈僳族自治县	维西县第二中学勤俭服务公司	保和镇北街	图书资料室、办公室	0887	63998000		

续表

序号	邮政编码	州市	县级以上行政区划	单位名称	通讯地址	联系对象	区号	座机	手机	信函
17	674600	迪庆藏族自治州	维西傈僳族自治县	维西傈僳族自治县白济汛中学	白济汛村	图书资料室、办公室	0887			
18	674604	迪庆藏族自治州	维西傈僳族自治县	维西傈僳族自治县康普中学	康普中学	图书资料室、办公室	0887			
19	674600	迪庆藏族自治州	维西傈僳族自治县	维西傈僳族自治县攀天阁中学	攀天阁乡皆菊村	图书资料室、办公室	0887	8720020		
20	674600	迪庆藏族自治州	维西傈僳族自治县	维西傈僳族自治县永春春色中学	永春乡白帕村	图书资料室、办公室	0887			
21	674600	迪庆藏族自治州	维西傈僳族自治县	维西县巴迪中学	巴迪乡巴迪村	付国荣	0887			
22	674603	迪庆藏族自治州	维西傈僳族自治县	维西县康普中学	康普乡康普村	图书资料室、办公室	0887			
23	674400	迪庆藏族自治州	香格里拉市	迪庆藏族自治州藏文中学	香格里拉县建塘镇文化路	图书资料室、办公室	0887	8224550		函
24	674400	迪庆藏族自治州	香格里拉市	迪庆藏族自治州民族中学	香格里拉县建塘镇长征北路 81 号	图书资料室、办公室	0887	8224094		函
25	673200	怒江傈僳族自治州	泸水县	泸水县第一中学	鲁掌镇	图书资料室、办公室	0886	3811375		
26	673200	怒江傈僳族自治州	泸水县	泸水县第五中学	老窝乡	图书资料室、办公室	0886	3866013		
27	673100	怒江傈僳族自治州	泸水县	泸水县第三中学	六库镇老六库	图书资料室、办公室	0886	3826747		
28	673200	怒江傈僳族自治州	泸水县	泸水县第四中学	上江乡大墩子	图书资料室、办公室	0886	3891039		
29	673200	怒江傈僳族自治州	泸水县	泸水县第二中学	古登乡	图书资料室、办公室	0886	3881006		
30	673200	怒江傈僳族自治州	泸水县	泸水县民族中学	大兴地乡灯笼坝	图书资料室、办公室	0886	3871006		
31	673500	怒江傈僳族自治州	贡山独龙族怒族自治县	贡山独龙族怒族自治县第二口学	丙中洛乡	图书资料室、办公室	0886	3581170		
32	673500	怒江傈僳族自治州	贡山独龙族怒族自治县	贡山县独龙族怒族自治县第三中学	普拉底乡	图书资料室、办公室	0886	3561123		
33	673500	怒江傈僳族自治州	贡山独龙族怒族自治县	贡山独龙族怒族自治县第一口学	丹打	图书资料室、办公室	0886	3511087		

注：共 379 条，限于篇幅略去部分，有备案。手机号等个人信息均隐去。

附件：006-1

关于征集云南民族医药文献题录及信息的函

课题组经过反复讨论、多次修改调研的说明信函，先后两批发出调研信833封，优先完成与民族自治州、民族聚居地及县级以上图书馆、民宗局、民族医院等单位的联络，说明函如下：

尊敬的领导、老师，亲爱的校友、同人：

您好！

我是云南中医学院图书馆的老师，毕业于云南中医学院中医专业，长期从事民族医药文献的相关工作和研究，现职称为副研究馆员。我申报的“云南少数民族医药文献联合目录编纂研究”课题有幸获得了国家社科基金立项，特邀请您加盟课题组的研究，给予课题组大力的指导和帮助！

同时，这也是课题组同舟共济、共谋发展的事业。

首先向您介绍云南中医学院的民族医药学科特色：近年来，云南中医学院已逐步发展成为“云南民族医药保护与产业发展研究基地”，形成了以民族医药基础理论及文献整理研究、民族医药临床研究、民族药新药开发研究等为特色和优势的“民族医学学科”，依托各地州民族医药相关机构人员的支持，承担多项国家社科规划办、中医药管理局的科研项目，对云南民族医药进行了深入的调查和研究，学科力量雄厚。在前期的工作积累上，结合云南民族医药文献信息中心的建设，我院目前拥有大量的民族医药文献和相关信息，在开展民族医药文献的深入研究和文献信息整理利用方面具备扎实的基础和优良的条件。

课题组正在开展的工作：课题立项后，课题组已陆续对云南省各地州、县部分公共馆、图书馆、大专院校及本院图书馆、博物馆、民族医药文献特藏室、民族医药学院民族医药文献收藏的情况做了摸底和调研，采集到大量民族医药文献目录信息，但不可能最全面地采集、著录到每一篇云南民族医药文献的信息。课题组将于2015年初在完成大部分书目数据采集的基础上，按文献编目原则进行科学、专业的编目和分类，进而编纂《云南民族医药文献目录提要》（以下简称《目录》）初稿。

课题组本着“踏实、求真、精确”的工作原则，希望编目工作准确、全面、完善，故课题组将尽可能、尽最大力量联系到民族医药文献收藏单位和个人，并采集文献的目录和版本信息，进一步核实现有数据，查缺补漏，如实地反映文献（古籍和现代文献）

的收藏和存佚情况，使《目录》数据准确、具有权威性，彰显其学术价值。该《目录》的定位是为我国民族医药文献的管理者、研究者，民族医药学者，爱好者提供可靠、准确、有价值的文献信息，辨章学术，考镜源流，促进交流，互通有无，实现文献信息和资源共享，促进民族医药研究课题的共同探讨，为学者们深入发掘民族医药宝库提供强有力的参考工具，这也是编纂《目录》的意义所在。

作为国家级课题拟编纂的工具书，课题组计划将其出版发行，以扩大云南民族医药文化的影响，促进研究，造福于人。

鉴于您深厚的学术造诣以及严谨的治学精神，特别邀请您与课题组共同完成该《目录》的编纂工作，您可以以“参加馆（院、社、学会等）”或“个人”身份参加此项工作。

本课题组邀请您协助的工作：

1.全面调研您所在单位或您身边的民族医生个人收藏的民族医药古籍（新中国成立前问世）、现代图书或资料汇编（新中国成立后问世）等文献，并记录下该民族医药文献的基本信息，如书名、作者、版本情况、内容提要、收藏单位或个人信息等，将采集到的这些信息按格式填入所附的《云南民族医药文献信息采集简表》，电子文件或纸质版均可。

2.经课题组审核、筛选信息，凡提供的书目信息被作为信息源采纳的单位均可列为该《目录》的“参加馆（或参加单位）”。

3.经信息审核、筛选，凡提供的书目信息被作为信息源采纳编入该《目录》的，负责该书目信息采集、图片采集工作的老师将被聘为本《目录》编委，享有该《目录》编委的权责，将在正式出版的《目录》编委栏中署名。

4.待书目信息汇总后，参与此项工作的单位和个人可通过各种方式查询相关民族医药文献信息，课题组将长期提供专业的参考咨询和书目信息查询服务。

5.《目录》编撰出版后，将按贵单位、个人的需要寄送供您惠存查阅，以资参考，并恳请您继续提出宝贵意见。

6.对参加书目信息采集的老师，课题组将按工作量核算报酬，从课题经费中给您支付一定的专家咨询费或信息采集费等，往来纸质信件等费用均可由课题组支付，课题组在此对您的大力支持和辛勤付出表示诚挚感谢！

请您不吝赐教，即时加我的QQ（添加好友时请备注“文献编目”），或请您致电、发短信、回邮件给我，留下您的姓名、单位、联系电话或电子邮箱，我将在第一时间回访您，以期深入交流和方便传递资料。

您也可将填写好的书目信息表格电子版发到以下两个邮箱。

如您填写的书目数据表格是纸质的，请经邮局寄至如下地址。

少数民族医药文献是中华文化的重要载体和有机组成部分，加强对民族医药文献的研究，促进少数民族医药的挖掘和保护需要您的支持，课题组希望能得到您的热情指导和帮助。编撰该《目录》的过程也是课题组学习进步的过程，能得到您的指点和参与是课题组的荣幸。课题组会不断地积累经验，与您共谋事业，为云南民族医药学的发展作出努力和贡献！

谢谢！

国家社科基金项目“云南民族医药文献目录编纂研究”课题组

年 月 日

我的QQ号：××

我的邮箱：××@163.com或××@qq.com

我的电话：××（办公室）

回邮地址：××（可打印粘贴于信封上回邮给我）

回邮邮编：650500

寄：云南昆明呈贡大学城雨花路1076号

云南中医药大学 图书馆

××老师 收

课题组通过多种渠道对全省民族医药文献开展摸底调查，系统调研文献保存情况、挖掘整理和出版的情况，尽量全面地调研、收集、发掘、系统整理我省少数民族古籍和现代各种书刊中关于民族医药的相关文献资料。民族医药文献资源的收集包括民族医药文献古籍、抄本、出版的民族医药著作；科研、临床等单位编印的内部文献资料；以及20世纪50—70年代草药运动中，各地收集整理的民族医药资料；在期刊发表的论文、成果、专利，医药产品，学位论文，会议论文，民族医药专家资料等。

课题组收集、整理收到的通过电子邮件、QQ、电话、短信等传递的相关文献信息，按采集文献目录信息的要求分类整理；根据文献线索提供的信息，仔细审阅信息内容，判断正误后汇入《云南少数民族医药文献基本信息》总表，详细记录每一本文献的书目、著者、年代、版次、收藏单位等20余项信息。对于符合要求的文献线索（如文献题名、著者、文献出处等），准确记录，在多个数据库中核实，以确保根据书目信息能精准地找到原始文献，充分发挥联合目录的作用。

本研究采用文献资料整理与实地调查相结合的方法，对云南省收藏的傣族、藏族、彝族、哈尼族等26个民族的医药文献进行广泛的调查和收集，兼收云南地区流通和使用的我国其他地区少数民族医药文献书目信息；采用文献收集整理的研究方法等，通过分门别类的归纳整理、录入，制作成一个著录项丰富、描述齐全、收录完整的云南少数民族医药文献数据表，为云南民族医药文献目录整理编撰研究奠定良好的基础。

课题组对数据进行综合处置时，在整理各地文献目录调研数据的基础上，采用文献目录学方法，梳理和分类信息；整理《民族医药文献信息采集表》原始表格的文献数据，将上述文献信息填写入民族医药文献题录数据表（注意原有数据的准确性），以便于分类排序和统计，并一一对应原始表格上的采集编号（Excel表格、纸质表格）；待全部核查校对完毕后将原始表格存档。

遇到同样书名和版本的一本书重复著录的情况时，核对补充原有数据后，在Excel表格中标注出来，不使用重复统计的数据。

有的丛书或类书，或有副题名的书籍，在做数据采集时，容易出现只登录了部分题名的现象，在复核数据时以国家图书馆、CALIS等系统的MARK数据为标准给予补充完善。例如，××族文化大观等系列，录入时名称不全，给予补全："基诺族文化大观"应录全称为"云南民族文化大观丛书——基诺族文化大观"。

发现各个环节有遗漏情况时，必须是原始采集人和数据录入人员两人一起对数据进行考证校对，应使录入数据尽量接近完全正确，以确保数据质量。

汇总、分类、标记长期以来收集的民族医药文献，包括拷贝和存档古籍和部分现代图书相关照片。

在收集文献信息的同时，课题组逐步开展文献信息的整理工作。在检索利用文献时，注意由近及远，即优先注意本单位是否入藏，其次是较近单位是否入藏，最后是外地单位，以此类推，以尽快获取文献。如中国高等教育文献保障系统（CALIS）联合目录，每条书目记录中均有该文献收藏单位代号，可有目的性地选择。无法获得原始文献时，可通过新知图书等招标合同单位采购一些重要的民族医药文献、检索工具或工具书。

第六章　云南民族医药文献题录信息梳理研究

第一节　云南少数民族概况

云南是我国民族种类最多的省份，据2021年第七次全国人口普查云南省主要数据公报，除汉族外，云南省共有55个少数民族，少数民族人口为15636032人，占比33.12%。2019年末，全省常住人口4858.3万人，比2018年末增加28.8万人。全省少数民族人口为1621.26万人，占全省总人口数的33.6%，其中彝族502.8万人，占10.94%；哈尼族163.0万人，占3.55%；白族156.1万人，占3.40%；傣族122.2万人，占2.66%；壮族121.5万人，占2.64%；苗族120.3万人，占2.62%；回族69.8万人，占1.52%；傈僳族66.8万人，占1.45%；拉祜族47.5万人，占1.03%。云南少数民族交错分布，表现为大杂居与小聚居，彝族、回族在全省大多数县份均有分布。在云南，少数民族按人口的多少排列依次是：①人口数量超过100万的有彝族、哈尼族、白族、傣族、壮族、苗族6个。②人口数量超过10万不到100万人的有回族、傈僳族、拉祜族、佤族、纳西族、瑶族、景颇族、藏族、布朗族9个。③人口数量超过1万不到10万人的有布依族、普米族、阿昌族、怒族、基诺族、蒙古族、德昂族、满族8个。④人口数量超过6000人不到1万人的有水族、独龙族2个。⑤其他的还有土家族、侗族、土族、仡佬族、朝鲜族、黎族、维吾尔族、京族、羌族、畲族、仫佬族、哈萨克族、东乡族、达斡尔族、锡伯族、毛南族、高山族、撒拉族、柯尔克孜族、俄罗斯族、塔吉克族、鄂温克族、赫哲族、塔塔尔族、裕固族、保安族、门巴族、乌孜别克族、鄂伦春族、珞巴族[①]。

① 关于规范使用少数民族称谓和云南省少数民族的有关数据［EB/OL］.http://www.ynethnic.gov.cn.

云南有 25 个世居少数民族。"云南省世居少数民族"是指世代居住在云南境内并形成村庄、街道等聚居群落的少数民族。云南是一个多民族的边疆省份，云南省人民政府网站 2019 年公布的数据显示：人口在 6000 人以上并在云南省世居的少数民族有彝族、哈尼族、白族、傣族、壮族、苗族、回族、傈僳族、拉祜族、佤族、纳西族、瑶族、景颇族、藏族、布朗族、布依族、阿昌族、普米族、蒙古族、怒族、基诺族、德昂族、水族、满族、独龙族 25 个[①]。

云南有 16 个跨境少数民族。云南省有 25 个边境县（市）分别与缅甸、老挝、越南接壤，边境线长达 4060 千米。跨境民族是指由于长期的历史发展形成的，在地域上相连，紧靠边境两侧，居住地直接相连，分居于不同国家中的同一民族。云南省有彝族、哈尼族、壮族、傣族、苗族、傈僳族、拉祜族、佤族、瑶族、景颇族、布朗族、布依族、阿昌族、怒族、德昂族、独龙族 16 个少数民族跨境而居[②]。

云南有 15 个特有少数民族。在云南省世居的少数民族中（按人口数多少为序排列），哈尼族、白族、傣族、傈僳族、拉祜族、佤族、纳西族、景颇族、布朗族、普米族、阿昌族、怒族、基诺族、德昂族、独龙族 15 个少数民族，人口数量均占全国该民族总人口的 80% 以上，被称为特有少数民族。云南是全国特有少数民族最多的省份。[③]

云南省人口较少的特有少数民族有 7 个。居住在云南省的布朗族、阿昌族、普米族、怒族、基诺族、德昂族、独龙族 7 个少数民族人口在 10 万人以下，习惯上被称为云南省人口较少的特有少数民族[④]。

云南其他未识别民族。云南省尚未识别民族成分的主要有克木人、芒人等，人口共有 7000 余人。

第二节　云南民族医药文献的分类

少数民族医药古籍文献客观载录了各族先民的医药实践经验，是民族医药文化重要的信息储存介质，是各民族医药文化延续和发展的源泉，其史料、学术的开发价值巨

---

① 关于规范使用少数民族称谓和云南省少数民族的有关数据［EB/OL］.http://www.ynethnic.gov.cn.

② 关于规范使用少数民族称谓和云南省少数民族的有关数据［EB/OL］.http://www.ynethnic.gov.cn.

③ 关于规范使用少数民族称谓和云南省少数民族的有关数据［EB/OL］.http://www.ynethnic.gov.cn.

④ 关于规范使用少数民族称谓和云南省少数民族的有关数据［EB/OL］.http://www.ynethnic.gov.cn.

大。各民族医药古籍文献除了具有语言文字的多样性、载体形态的复杂性、文献分布的广泛性和地域性等共性特征外，还具有鲜明的民族文化特色。

少数民族医药文献产生的时间有早有晚，记录符号和记录手段多种多样，载体形态和编辑出版形式各异，因而形成的文献类型也丰富多彩。课题组按照时限和成书年代，将少数民族医药文献分为少数民族医药古籍文献和少数民族医药现代文献两大类。

文字类的少数民族医药古籍不仅包括各种少数民族文字记载的医药古籍，还包括用汉字记载的有关少数民族医药的古籍，它是少数民族医药古籍中最重要、最有价值的部分，也是课题组此次开展民族医药古籍收集、整理和研究的重点，是课题组编纂《云南民族医药文献目录提要》的主要收录对象，因此重点呈现这部分内容。

文字类的少数民族医药古籍种类丰富，其记录符号、载体介质、记录方式和记录手段也不尽相同，其中形式多为抄本、写本、稿本和刻本。

一、云南民族医药古籍文献的分类

（一）按使用的文字分类

云南省少数民族使用的语言及文字非常丰富，课题组本次收集到的民族医药文献就有用多个民族的多种民族语言直接书写的古籍，这些文字只有长期生活在民族民间和专门从事与医药有关工作的民间医生和各地州的民族文献工作者可以译注，这也给课题组开展调研增加了难度。民族医药古籍文献的翻译工作者不仅需要具有两种语言文字的表述能力和两种语言文字的相互对译技巧，了解两种民族的历史文化，还要了解民族语言文字的古今差异，掌握古籍词汇和术语，更重要的是精通民族医药知识，只有这样，才能做好民族医药古籍的翻译工作。民族医药古籍的翻译是一个艰苦细致的研究过程，工作难度很大，工作细致且量巨大，需要专业翻译者与医药方面的专业人员合作完成。故课题组只做了书目基本信息，包括文献题名、内容提要、著者等重要项目的翻译，整部文献的翻译和医药内容的研究超出了本课题范围，只能另立项开展了。

课题组密切联系当地懂得民族语言的老师和民间医生，并请专人负责协助课题组的工作，很好地完成了书目信息的采集和翻译。现将涉及的云南省少数民族使用的语言文字列表如下（见表 6-1）：

表 6-1　云南省少数民族使用语言文字情况表

民族	语言	通用语	原有民族文字	现行民族文字	通用文
彝族	有东、西、南、北、中、东南 6 种方言	彝语，多数兼通汉语	1. 音节文字 2. 苗文字母形式（禄劝）文字	云南规范彝文	汉文
白族	有大理、剑川、碧江 3 种方言	白语，部分兼通汉语	曾有过“汉字白读”的“僰文”，但未通行	新创拉丁字母形式的拼音文字	汉文
哈尼族	有哈雅、碧卡、豪白 3 种方言	哈尼语	汉字形式哈尼文，未通行	新创拉丁字母形式的拼音文字	主要使用汉文，试行哈尼文
壮族	有侬、沙 2 种方言	壮语	曾模仿汉字造过“方块壮字”，但未发展成壮文	1. 以拉丁字母为基础的广西壮文 2. 以侬支系为基础的拼音方案	汉文
傣族	有西双版纳、德宏 2 种方言	傣语	1. 傣泐文 2. 傣纳文 3. 傣绷文 4. 金平傣文 5. 新平傣文	1. 西双版纳傣文 2. 德宏傣文	傣文、汉文
苗族	有川黔滇、滇东北 2 种方言	苗语，部分兼通汉语	1. 滇东北大小字母形式苗文 2. 注音字母形式苗文	1. 新创川黔滇次方言文字 2. 改进的大小字母苗文 3. 新创滇东北次方言拉丁文字	苗文、汉文
傈僳族	有怒江、禄劝 2 种方言	傈僳语	1. 汪忍波文 2. 大写正倒拉丁字母形式的拼音文字 3. 苗文字母形式的拼音文字	1. 新创的拉丁字母形式的文字方案 2. 大写正倒形式的拼音文字	傈僳文、汉文
回族	汉语	汉语	汉文	汉文	汉文
拉祜族	有拉祜纳、拉祜西 2 种方言	拉祜语	拉丁字母形式的拼音文字	改进的拉丁字母形式的拼音文字	拉祜文、汉文
佤族	有布饶、阿佤、阿佤拉、佤 4 种方言	佤语	拉丁字母形式的佤文	新创拉丁字母拼音文字	新创佤文、汉文
纳西族	东、西 2 种方言	纳西语	1. 东巴文 2. 哥巴文 3. 马丽马沙文 4. 拉丁字母形式的拼音文字	新创拉丁字母形式的拼音文字	汉文、纳西文
瑶族	分别说勉语、布努语 2 种语言	瑶语	借汉字记瑶语，未发展成真正瑶文	瑶文	汉文

续表

民族	语言	通用语	原有民族文字	现行民族文字	通用文
藏族	康方言	藏语	藏文	藏文	藏文、汉文
景颇族	景颇、载瓦2种语言；载瓦语又分载瓦、勒期、浪沃、布拉方言	景颇语载瓦语	1. 拉丁字母形式的景颇文 2. 拉丁字母形式的载瓦文 3. 大写拉丁字母及其变体形式的载瓦文	1. 改进的景颇文 2. 新创的载瓦文	改进的景颇文、新创的载瓦文
布朗族	西双版纳、镇康2种方言	布朗语，兼通傣语和佤语	无	无	傣文、汉文
布依族	布依语不分方言	布依语	无	无	汉文
普米族	有南、北2种方言	普米语，部分人兼通纳西、彝、汉语	无	无	汉文、藏文
怒族	分别说怒苏、阿侬、柔若3种语言	怒语，普遍兼通傈僳语	无	无	汉文、傈僳文
阿昌族	有户撒、弄秋、高本田3种方言	阿昌语，部分兼通汉、傣、景颇语	无	无	汉文
德昂族	分布雷、梁、汝买3种方言	德昂语，部分兼通汉、傣、景颇语	无	无	汉文、傣文
基诺族	有攸乐、补远2种方言	基诺语，多数兼通汉语和傣语	无	无	汉文、傣文
水族	汉语	汉语	曾有过象形文字和倒写或反写的汉字组成的“水书”，但没有发展成文字	无	汉文
蒙古族	卡卓语	卡卓语，多数兼通汉语	无	无	汉文
独龙族	有独龙江、怒江2种方言	独龙语	拉丁字母形式的日汪文	在日汪文基础上设计的独龙语拼音方案	汉文，试行独龙语拼音方案

汉藏语系
- 藏缅语族
  - 藏语支——藏语
  - 景颇语支——景颇语　阿依语（怒族）
  - 彝语支——彝语　哈尼语　傈僳语　拉祜语　纳西语　基诺语　卡卓语（通海蒙古语）
  - 缅语支——载瓦语（景颇族）　阿昌语
  - 未定语支——白语　普米语　独龙语
- 苗瑶语族
  - 苗语支——苗语　布努语（瑶族）
  - 瑶语支——勉语（瑶族）
- 壮侗语族——壮傣语支——壮语　布依语　傣语

南亚语系——孟-高棉语族
- 佤语支——佤语　布朗语　德昂语
- 未定语支——克木语

图6-1　云南省少数民族语言系属

课题组按照古籍书写文字的不同，将云南少数民族医药文献归为两大类。

1. 用少数民族文字或少数民族古文字记载的文献

用少数民族文字或少数民族古文字记载的少数民族医药文献，很大一部分是直接讲述本民族医药理论、传统诊疗技术及其用药特点的。例如，古籍文献《双柏彝医书》《元阳彝医书》《老五斗彝医书》《娃娃生成书》《启谷署》《医病书》等是古彝文典籍的代表作；傣文医药古籍一般称为档哈雅，较著名的有《嘎牙山哈雅》《档哈雅龙》《档拉雅》《档哈雅》《帷苏提玛嘎》等；纳西东巴文医药古籍代表有《崇仁潘迪找药》《迟恩松律》等。

2. 用汉文字记载的有关少数民族医药内容的文献

云南少数民族医药内容大部分载录于汉文抄本及古本草中，一些与汉族杂居的民族如苗族、瑶族等历史上没有专门的医药典著，但其医药内容在一些汉文古籍和地方志中有一些记载，如明代本草学家兰茂著成的《滇南本草》就收集了西南地区的许多民族药物。有些少数民族因为本民族无文字而使用汉字来记载医药知识，如清代土家族本草学专著《寿世津梁》《医方济世》《医学萃精》等就属此类①。有的民族也创制过本民族文字，但因民族文化整合，大部分的医药史料也是用汉字记载的，只有较少部分用本民族文字记载。如白族先民历史上曾创制了“方块白文”，但历代统治阶级都以汉字为官方文字，因此白族的绝大多数文献史料都是用汉字写成的②。

我国各少数民族有着自己十分丰富的民族医药知识，但有些民族没有本民族的文字，这些民族医药知识的传承主要依靠“口述文献”口耳相传或是载录于汉文文献之中。

（二）云南少数民族医药古籍文献按载体形式归类

在不同的历史时期，少数民族医药文献的类型也不尽相同。由结绳刻木记事的原始文献、口碑文献转型为非纸质文献，载体形式出现了兽骨、金石、竹木、布帛、树叶、动物皮等，记录方式主要是手工刻写。云南少数民族以本民族文字记载的医药文献，形式多为抄本、写本、稿本和刻本。按载体形式可将少数民族医药文献划分为骨质文献、金石文献、简牍文献、贝叶文献、布帛文献、皮书等。

调研中，课题组采集到的少数民族文字医药古籍文献主要以下 6 种类型：

1. 纸质书籍

大部分少数民族古籍是直接书写在各种纸质载体上形成的著作，主要有手稿和手抄

① 陈海玉. 珍贵的西南少数民族医药历史档案及其抢救保护［J］. 中国民族民间医药，2009（22）.

② 陈海玉. 珍贵的西南少数民族医药历史档案及其抢救保护［J］. 中国民族民间医药，2009（22）.

本古籍。其代表有藏文医药古籍《四部医典》《月王药诊》《晶珠本草》《藏医医方杂集》；彝文医药文献《双柏彝医书》《元阳彝医书》《启谷署》《医算书》；傣文医药文献《档哈雅聋（医药典）》《干比摩录帕雅（傣医诊断术）》《嘎牙桑哈雅（人体解说）》《档哈雅囡（经验方）》《解达帕捌答（心病解剖）》等；东巴文医药文献《崇仁潘迪找药》《称恩说律》《玉龙本草》。此外，还有壮文、水书等医药文献。

还有大量绵纸抄本，如藏族的经卷文献大多是记录和刻印在长形的绵纸之上，再用黄色绸缎加以包裹的，如敦煌藏医残卷《藏医杂疗方》《藏医灸法残卷》等。

2. 贝叶文献

贝叶文献是以贝叶棕（傣语称“戈兰”，俗称“贝叶树”）的树叶为载体记录知识的文献。在造纸技术还没有传到印度之前，印度人就用贝叶树叶子书写东西，佛教徒们也用贝叶书写佛教经典和画佛像，贝叶经的名字由此而来[①]。贝叶是傣族人民独具特色、具有代表性的记事载体，对傣医药文化产生的影响很大。傣族使用纸张的历史不长，至今才二三百年，因此在很长的历史时期内，傣族的医药理论和临床实践经验都是用贝叶刻写记录下来的，形成了《舒婉纳》《四塔》《桑给尼》《塔都当细》《塔都嘎他》《维旁嘎苏》等一批颇具民族特色的贝叶医药文献。

3. 构树皮纸、桑皮纸等

傣族的许多古籍文献都是手抄记录在自己制作的构树皮纸上的，如傣族医药古籍文献《档哈雅帕雅害岩康》《档哈雅帕雅拢龙》《档哈雅帕雅麻》《档哈雅帕亚害》《档哈雅帕亚沙巴》《档哈雅帕亚沙塔当来》《档哈雅帕亚题罗嘎》等。此外，有些少数民族的纸张类型比较特殊，如清代维吾尔文医药典籍《维吾尔医药大全》，是写在桑树皮制成的桑皮纸上的。

4. 丝绸、布帛文献

丝绸、布帛文献是以棉麻布、纱布、丝织品、绢帛、绸缎等为载体记录知识的文献。闻名于世的藏医药图像符号文献“曼汤”（又称为“唐卡”）堪称世界医学史上的奇迹。“曼汤”是藏语的音译。“曼”是 Sman 的译音，意为医药，而“汤”是 Thangka 的译音，意为挂图，“曼汤”就是医学挂图。少数民族善于通过绘制医学图画来表达医学药理内容，这些图画往往是用天然色料在亚麻布上绘制而成的。“曼汤”是藏医药学历史、民族特色、医学内容的集中体现，藏医药学中的这些挂图是世界古代医药体系中的稀世珍宝，是藏族先民根据本民族丰富的医药学理论和实践技术绘制的 80 幅彩色系列医学挂图，它由 5000 多个小图画组成，内容囊括了藏医的起源、理论直至实践的各个方

① 桃木旻子．莲花法藏心常悟，贝叶经文手自书——鲜为人知的傣族传统文化［J］．青年与社会，2011（10）．

面，是后人学习、研究藏医药文化和西藏绘画的珍贵档案史料①。在绘制前，人们先把布料放在树脂树胶和白垩土的混合液中反复浸泡充分，然后捞出来自然干燥，再用圆滑的贝壳等器具在布面上不断地轻轻摩擦，使布面平整光滑均匀，就可以作画了。课题组在迪庆藏族自治州采集到了14幅“唐卡”的信息和影像资料，比较珍贵。现在民间收集到的一些彝文、傣文古籍，其封面大部分是用麻布制做而成的。

5. 碑刻文献

刻石记事是古代少数民族传统的记事方法，其内涵丰富，涉及丰富的医药学内容。云南大理白族的很多医药文献均刻写在石碑上。如白族的石刻档案《赵氏医贯》刻于1617年，内容论及玄元肤论、内经十二官论等，主要阐述薛氏医案之说，以命门立论，对命门的部位、性质、病理变化、治疗原则和方药进行了系统而精辟的论述。此外，还有《故大师白氏墓碑铭并序》《故溪□（原书脱字）襄行宜德履戒大师墓志并叙》等②。这些文献大部分收录于《白族医药丛书——白族古代医药文献辑录》，该书收集整理了唐代以来著作、碑刻等文献中的一批珍贵的白族医药资料，是今天考证白族医学渊源发展的原始史料。

6. 口碑文献（口述文献）

凡无文字的民族文献，只能通过广泛深入民间，从当地人的口述中收集。云南少数民族医药口碑文献，是保存在当事者、知情者记忆中的或在群众中口头流传的医药知识，包括少数民族日常生活中通过歌谣、民间传说、神话故事和有目的的口头传授等的医药知识。从载体来看，除了口碑文献外，少数民族医药在流传过程中出现的由口头经验集结成文本式的经验总结也可包括在内。口碑是云南少数民族医药知识的重要传播形式，尤其是历史上无本民族文字的少数民族，其医药内容除部分载于汉字或其他民族文字古籍之中，大部分没有文献记载的医药信息主要通过祖辈相传、徒承师艺等口传心授的方式传承。这些医药信息经过千百年的“口耳相授”和“代代丰富”，形成了特殊形式的口碑文献，至今仍继续流传运用。它们是具有保存价值的原始历史记录，在我国民族医药体系中占据着较大比例。此外，也有部分内容由后人整理记录成册，如民国时期，土家族民间的土医、药匠在师承学医的基础上，对师传经验进行了文字抄记，出现了较多手抄本。其中就有湘西民间的《七十二症》《二十四惊症》《二十四惊风》，鄂西民间的《草药三十六反》《草药汇编》《医疗精选》等口授的手抄本，它们既是先辈“口

① 陈海玉．珍贵的西南少数民族医药历史档案及其抢救保护［J］．中国民族民间医药，2009（22）．

② 陈海玉．珍贵的西南少数民族医药历史档案及其抢救保护［J］．中国民族民间医药，2009（22）．

传”下来的医药精华，又是抄者临床经验的总结，是土家族珍贵的口碑文献①。口述文献调研开始时，只能收集到零星的资料，经过一定时间的积累，材料多了，就需要加以整理、梳理、分类编排，使其条理化、系统化。如果材料足够，就可以进行下一步工作。否则，还需要继续收集。但是此时的收集，可以有目的地进行，也就是重点收集那些还缺少资料的主题和项目，而不是像开始阶段那样广泛地收集材料。口碑文献广泛存在于民间，内容丰富，调研费时费力，且不属于本课题范畴，本项目不做收录。

随着时间的推移，印刷型纸质文献出现并成为主流。

二、民族医药现代文献的分类

现代少数民族文字的医药著作很多，如民族出版社出版的藏文的《中国藏医药研究》《旺钦班玛仁增医学文集》《藏药植物学》和《藏药方剂学》，哈萨克文的《哈萨克族医学概论》，朝鲜文的《医疗保健史》，维吾尔文的《维吾尔民间保健药方》等。课题组收集到的少数民族医药文献信息显示，现代少数民族医药文献的载体类型十分丰富，但大多数是以纸质载体形态存在的。现代纸质文献以价格低廉、携带方便、易于阅读、信息量大、利用率高等显著优势取得文献载体的主导地位。

课题组按照不同的出版形式把收集到的现代少数民族医药文献归类为图书、宗教经卷、连续出版物和特种文献等多种类型，每种类型的文献又包含纸质和电子两种版本形式。

1. 图书

图书是比较成熟定型的主要文献类型。联合国教科文组织对“图书”的定义是：凡由出版社（商）出版的不包括封面和封底在内 49 页以上的印刷品，具有特定的书名和著者名，编有国际标准书号，有定价并取得版权保护的出版物称为图书②。科技的发展对人们学习、阅读的习惯和方式的影响越来越深刻，数字图书、网络图书等新的图书类型不断出现。目前，我国的少数民族医药图书仍以传统的纸质图书文献为主，因而本研究中的少数民族医药文献均指纸本图书，电子图书等只是载体形式的不同，不作为收录对象。

2. 宗教经卷

因云南少数民族医药的起源发展与宗教文化关系十分密切，故宗教经卷中也记载有一部分少数民族医理药学知识，如著名的《纳西东巴古籍译注全集》《藏药开光经》等。

---

① 陈海玉．珍贵的西南少数民族医药历史档案及其抢救保护［J］．中国民族民间医药，2009（22）．

② 索聪．浅析档案与图书之异同［J］．黑龙江科技信息，2010（2）．

棉纸印制的经书中都有不少传统民族医药的重要内容，是各民族医药的珍贵文献，具有很高的医学研究参考价值。

3. 期刊、报纸等

涉及少数民族医药的论文和资讯除少量专门的民族医药报刊会刊登外，大部分是在综合性的报刊中刊登的。内容以少数民族医药知识和民族医药时事新闻等为呈现要素，可以为本课题提供书目信息线索，但不宜作为研究对象列入，可另题研究。如《民族医药报》，是1989年创刊的周报，是我国目前唯一专门介绍我国56个民族民间验方秘方、特殊疗法和家庭防病治病、医疗保健知识的报纸。该报为双版制，电子版每日同步最新的报纸版面信息内容。《中国民族医药杂志》创刊于1995年，是我国唯一一份国家级综合性的民族医药学术期刊，主要刊登有关我国民族医药的理论探讨、临床报道、方药应用、民族医药的开发利用、教学经验、科研总结、文献综述及工作动态等，是学习、了解、研究、交流中国少数民族医药学的必备期刊，此外，报纸如《中国中医药报》，期刊如《中国民族民间医药》《中国中药杂志》《中华中医药》《中国现代医学》《时珍国医国药》《西藏医药》《云南医药》等刊登了不少少数民族医药学方面的内容。以少数民族文字出版发行的刊物中，也有一些与少数民族医药相关的，如藏文版的《中国藏医药》、蒙文版的《内蒙古民族大学学报》(蒙医药学版)和《中国蒙医药》等。

经统计，涉及民族医药领域的期刊种类较多，论文刊载量较大，其中开辟有相关栏目的期刊主要有《云南中医学院学报》《云南中医中药杂志》《中国民族医药杂志》《医学与哲学》《中国民族民间医药》《中华医学图书情报杂志》《中国中医药现代远程教育》等，发表过民族医药相关论文的期刊有《青海师范大学学报(哲学社会科学版)》《中国现代中药》《湖北农业科学》《中共云南省委党校学报》《学术探索》《今日民族》《中国当代医药》《河北中医》《大理学院学报》《云南社会科学》《经济问题探索》《石河子大学学报(哲学社会科学版)》《云南档案》《兰台世界》《科技创业月刊》《中草药》《中国民间疗法》《中国医药导报》《云南民族大学学报(自然科学版、哲学社会科学版)》《边疆经济与文化》等。

此次下载和统计的文献数量巨大，可开展的文献领域、文献计量学研究领域的课题思路丰富。但是这类文献属于较为特殊的文献形式，不属于本课题的图书目录编纂范畴，故可为今后开展相关研究做些资料积累，另题研究。

4.(会议)论文集

据资料统计，1996—2007年，我国召开了40个全国性的民族医药学术会议，涉及藏、蒙古、维吾尔、傣、朝鲜、壮、苗、土家、彝、侗、瑶、畲族等12种民族医药。其中，藏、蒙古、维吾尔、傣、朝鲜医药还召开了国际学术研讨会，产生了数量众多的民族医药会议论文。这些会议论文是本学科本专业最先进最前沿的，代表了该门类学科当前的最高水准，大多具有独到的学术见解和新颖的学术观点，学术价值较高，是科研工作者的重要信息源。这些会议论文被结集成册，有的申请 ISBN 号正式出版。鉴于论文集特殊价值功能和出版形式，课题组也尽量收入能采集到的结集出版的论文集信息。如民族医药学术交流活动得到加强，全国民族医药学术交流会自 1982 年第 1 次在昆明召开，到 2010 年已举办了 9 次，相关的会议论文覆盖了我国多个民族医药，形成了学术主题突出、各民族医药互动的学术交流局面。2000 年 7 月，首届国际藏医药学术会议在西藏自治区首府拉萨召开，会议期间交流学术论文 19 篇，收入论文集的论文 249 篇。2005 年全国首届壮医药学术会议暨全国民族医药经验交流会在广西南宁召开，会议《论文汇编》经专家审定，按全文、摘要或题录收录收入各地民族医药工作者及有关专家学者论文汇编 337 篇。此外，《民族医药发展论坛论文集》《彝族古文献与传统医药开发国际学术研讨会论文集》《2012 全国藏医药学术与技术交流会论文集》等，都反映了民族医药历史的重大学术成就等①。

5. 博硕士学位论文

博士和硕士学位论文的学术价值较高，选题新颖，有一定的独创性，引用资料广泛，内容翔实，论述系统，具有较强的专业性。北京中医药大学与云南中医学院联合培养民族医药学博士，目前第一位彝族医药学博士已取得博士学位。除了云南中医学院的民族医药学院招收硕士研究生，西藏藏医学院等专科民族医药学院也培养民族医药学硕士研究生。西藏、贵州、云南、广西、四川、湖北、湖南、宁夏、青海、新疆、内蒙古、吉林、辽宁等省、区都相继建立了民族医药研究所。与各少数民族医药相关的学位论文也主要集中在高等院校和科研机构，但此类民族医药学位论文多数保存在作者单位，不易查全，不公开发表，部分可以在国家图书馆、万方博硕士学位论文数据库、国家科技图书文献信息中心（NSTI）的中文、中国知网（CNKI）的博硕士学位论文数据库、CALIS 高校学位论文数据库里检索到，数量巨大，研究内容丰富，检索到的多为电子文献形式，故未列入收录范围，但很多好的选题今后可另题研究。

6. 少数民族医药电子文献

在文献采集调研中，课题组发现大量的少数民族医药文献是以数字化的形式把文字、声音、图形、图像等信息贮存在磁、光、电的介质上的，可以通过计算机或电子设备阅读使用，属于第三代文献形式。这类少数民族医药电子文献，可分为声像文献、微缩型文献、电子文献三种。

少数民族医药电子文献包括正式出版的电子出版物和非正式出版物。正式出版的电

① 张桂民，郭凌云，李敏．中国少数民族医药文献研究［M］．北京：世界图书出版公司，2014.

子文献包括含少数民族医药内容的电子图书、电子期刊、电子报纸和电子数据库等。非正式出版物包括有关少数民族医药的电子化或网络化的学术报告、未刊稿、学位论文、会议文献、内部刊物、政府文件等[①]。随着计算机或类似终端设备的出现，网络技术的迅猛发展，信息时代的电子文献更受关注。电子文献因其体积小、容量大、易复制、传递快、检索效率高、能共享，尤其是网络环境下的资源共享不受时空限制，具有纸质文献无法比拟的优越性，将成为今后民族医药文献检索和利用的一个要途径，必须重视，但不属于本课题收集范围，不做收录。

第三节　云南民族医药文献分类统计

通过长达5年的基层实地调查和文献研究，课题组利用多种途径和方法搜集了大量云南少数民族医药古籍文献和现代民族医药文献的书目信息并进行整理分类，为编纂《云南民族医药文献目录提要》做了坚实的数据准备。

“民族医药古籍文献”时限的划分如前所述，结合目前国内的主要观点，部分少数民族文献可延至1949年10月新中国成立以前，收录版本类型包括多种少数民族文字与汉文字合璧的手抄本、绢帛本、木刻本、石印本、铅印本、油印本及上述文献的复制品等。本书收录的“民族医药古籍文献”共429种，载体形式多为贝叶、构树皮纸、绵纸等，其中经手抄、刻写、石印或木刻油印的经籍多为民族文字刻写，很多古籍是第一次被调研和采集，从未被报道过或普查译注的文献，真实反映了这些珍贵古籍的收藏和保存情况，具有重要的价值和意义。

课题组将调研采集到的书目数据初步筛选后整理出2634条，经后期核对、考证、整理，把数据分类标记，删除不含民族医药内容的古籍文献、经书、中医药类、兽医、命相、期刊等信息，删除考订后数据不完整的条目，有效数据为1938条；经反复审核比对去除重复的数据、去除复本信息后，应分类编目的最终数据为1568条，进而分类著录和编目，并在复本的条目后分别著录了几个收藏地点和个人的信息。

经分析，按照文献属性的特征，题录信息归类于民族医药古籍文献“民族医药古籍、影印译注再版等文献”以及民族医药现代文献的“民族医药现代图书等文献”“民族医药检索工具和参考工具书”三个大类中，每个大类目下再细分为小的类目：

1. 民族医药古籍、影印译注再版等文献

（1）民族医药古籍文献。

（2）民族医药古籍影印再版译注文献。

---

① 张桂民，郭凌云，李敏. 中国少数民族医药文献研究［M］. 北京：世界图书出版公司，2014.

（3）民族古籍影印译注再版文献（含医药内容）。

2. 民族医药现代图书等文献

（1）民族医药专著。

（2）民族医药教材。

（3）民族医药论文集。

（4）民族药用植物及现代研究。

（5）民族民间草药验方疗法。

（6）现代综合图书含民族医药内容。

（7）中医药文献含民族医药内容。

3. 民族医药检索工具和参考工具书

（1）民族医药专科工具书。

（2）医药学专科工具书（含民族医药内容）。

（3）综合工具书（含民族医药内容）。

（4）综合类检索工具（含民族医药内容）。

分类原则和方法：按“文献属性”归类后的书目信息再按文献的“民族属性”分类组织。

确定民族医药古籍的民族归属是编纂民族医药古籍目录的一个重要的问题。民族医药古籍的民族归属不能单以编著者的族别为判定标准，或是以撰写使用的语言为标准，或是以古籍承载的医学内容的归属为标准。蔡景峰先生在《论“民族医学”的界定和民族医药文献的整理》一文中指出：“对一部医药文献，主要应以其主流部分的属性来决定其是否为民族医药著作。”[①] 研究中，课题组即按此原则来确定大部分民族医药古籍的民族归属问题，但仍存在一些比较复杂的情况需要特别处理和认定。

每一大类下再按民族属性先列出多民族综合文献目录，再分列每个民族，按照条目数量的多少排序书目，并按音序进行编排。

各类文献“文献类型 + 民族属性”分类后统计详见表 6-2。

① 蔡景峰. 论“民族医学”的界定和民族医药文献的整理［J］. 中国民族医药杂志，1999（4）.

表 6–2　云南少数民族医药文献分类统计表

			民族医药古籍、影印译注再版等文献			民族医药现代图书等文献							民族医药检索工具和参考工具书				小计
			民族医药古籍文献	民族医药古籍影印再版译注文献	民族古籍影印译注再版文献含医药内容	民族医药专著	民族医药教材	民族医药论文集	民族药用植物及现代研究	民族民间草药验方疗法	现代综合图书含民族医药内容	中医药文献含民族医药内容	民族医药专科工具书	医药学专科工具书含民族医药内容	综合工具书含民族医药内容	综合类检索工具具含民族医药内容	
云南少数民族	云南世居少数民族	藏族	48	98		107	88	11	1		7		22	2	2	2	388
		彝族	97	13	20	29		1		1	7		4	1	5	4	182
		瑶族	22			8			1		7						38
		壮族				25	11		1				1				38
		苗族				18	4				4		5	1		1	33
		蒙古族				16				1	1		5			1	24
		回族				11		1			2					1	15
		满族				3					2						5
		布依族				1					2					1	4
		水族				3					1						4
	云南特有少数民族	傣族	182	8	2	26	7	1	1		10		7	1	2	6	253
		纳西族	56	1	19	3					8					2	89
		普米族	24			1					2					1	28
		拉祜族				5					6						11
		哈尼族			1	4					3					1	9
		白族				3					4		1			1	9
		傈僳族				3					3						6
		德昂族				2					3						5
		独龙族									5						5
		佤族				3				1	1						5
		阿昌族				1					3						4
		基诺族				1					3						4
		布朗族				1					2						3
		景颇族									3						3
		怒族				1					2						3

续表

		民族医药古籍、影印译注再版等文献			民族医药现代图书等文献							民族医药检索工具和参考工具书				小计
		民族医药古籍文献	民族医药古籍影印再版译注文献	民族古籍影印译注再版文献含医药内容	民族医药专著	民族医药教材	民族医药论文集	民族药用植物及现代研究	民族民间草药验方疗法	现代综合图书含民族医药内容	中医药文献含民族医药内容	民族医药专科工具书	医药学专科工具书含民族医药内容	综合工具书含民族医药内容	综合类检索工具含民族医药内容	
我国其他省份少数民族	维吾尔族				19					1		4			2	26
	土家族				20										1	21
	朝鲜族				14							3				17
	侗族				8				1						1	10
	畲族				6											6
	哈萨克族				4										1	5
	羌族				3					1					1	5
	黎族				1	1		1				1				4
	毛南族				2										1	3
	鄂伦春族				1										1	2
	鄂温克族				1										1	2
	仫佬族				1										1	2
	达斡尔族														1	1
	赫哲族														1	1
	柯尔克孜族														1	1
	塔吉克族														1	1
	锡伯族														1	1
	仡佬族				1											1
多民族	藏族、蒙古族				1							1				2
	彝族、苗族				1											1
	多民族				52	1	5	11	84	28	16	11	41	24	15	288
小计		429	120	42	410	112	19	16	88	121	16	65	46	33	51	1568
合计		591			782							195				1568

第四节 云南民族医药文献分类提要

收集整理后的云南各少数民族医药文献书目题录1568条信息，为编纂入《云南民族医药文献目录提要》的内容，按“云南世居少数民族（含特有少数民族）医药概况及文献”“其他省份少数民族医药文献”“多民族综合医药文献”三大类分，按“民族属性”逐一介绍每一种民族的医药情况，以及每一部民族医药文献的详细信息，每条书目均撰有文献摘要。

一、云南世居少数民族（含特有少数民族）医药概况及文献

（一）藏族医药及文献

云南省的藏族人口为14.2万（2010年），大部分聚居于迪庆藏族自治州，少数散居在怒江傈僳族自治州的贡山独龙族怒族自治县、兰坪白族普米族自治县等地。藏族有自己的语言文字。藏语属汉藏语系藏缅语族藏语支。藏文创制于公元7世纪前期，是有4个元音符号和30个辅音字母的拼音文字，自左向右书写，通行于整个藏族地区。

雪域高原的藏民族所创造的藏族医学，起源于青藏高原，是以藏医学理论与实践经验为主体，研究人体生理病理，疾病诊断与防治，以及摄生康复的一门传统医学，是藏族文化和中华民族优秀传统文化的重要组成部分。藏族医学在中国传统医学中的地位仅次于汉族医学，其历史悠久、内容丰富、理论独特，具有完整的医学体系。藏医药萌芽于2000多年前的苯教时期，被称为“苯医”。公元前2世纪，处于原始氏族部落时期的藏族先民开始懂得“服药可以解毒”的道理，有了“卜卦召福，祈神乞药”的活动。当时的医药知识很原始，也很朴素，带有宗教和迷信的色彩，没有系统的藏医理论。

公元6世纪至9世纪中叶，是藏医史的关键时期，为后来藏医学和藏药学的发展奠定了坚实的基础。松赞干布统一文字，通过藏汉联姻、引进佛教等，将多地区、多国家的医药经验（如汉医学、印度医学、尼泊尔医学、突厥医学、大食医学等）与西藏的民间疗法、苯教医学和佛教文化相融合，使藏医学的内容更加丰富，奠定了藏医学的基础，推动了多部藏医学经典医著的诞生，如《医学大典》《无畏的武器》（现已佚）、《月王药诊》，其中药学主要代表作有《甘露精义八支密诀》《药诊八支》《甘露八部》《草药大全》。公元前8世纪末，被后人尊为“医圣”的藏医学家宇妥·元丹贡布（729—832

年）在藏族医生中最为著名，他45岁时编著的《四部医典》（藏名《据悉》）是藏医学史上最有影响力的经典著作，该书不仅构建了完备的医学理论体系和诊疗体系，而且积累了丰富的内科、外科、妇科、儿科疾病的治疗经验以及防病养生知识，其学术地位相当于中医学的《黄帝内经》，标志着藏医学完整理论体系的形成。

9世纪中叶至17世纪中叶，藏医药学术思想空前活跃，是藏医药学多元化发展和学术争鸣时期。随着吐蕃王朝的崩溃，西藏出现了王朝割据局面，藏医学逐步产生了南、北两大学派。两大学派及其支派虽名医辈出，各有专著，但均尊奉《四部医典》，不同学派的医学家们各自提出见解，互相学习，取长补短，大大促进了这一时期藏医学的繁荣和发展。

17世纪中叶至20世纪中叶是藏医药的繁荣时期。18世纪，第司·桑吉嘉措对《四部医典》进行全面整理，编写了《四部医典蓝琉璃》《藏医史》等著作，为藏医学作出了巨大贡献。清代藏医药学家蒂玛尔·丹增彭措，相传出生于迪庆藏族自治州维西县巴迪乡，青年时曾居住在西藏昌都地区。丹增彭措足迹遍及青海、西藏和四川等地，其于1835年撰写的藏药学本草巨著《晶珠本草》，载药2294种，为集藏药本草学大成的经典著作，该书记载的药物资源大都是青藏高原特有的动物药、植物药和矿物药，在医药学和动植物学上都有重要价值，是藏医药史上影响最大的药物学专著，在藏药学发展史上具有重要的里程碑意义。藏医十分重视"曼汤"的绘制，现存的《四部医典系列挂图》是在桑吉嘉措主持下于1704年最终绘制而成的，共有79幅。作为学习藏医的形象教材，《四部医典系列挂图》对后世有极大的影响，是我国乃至世界医学宝库的稀世珍品。17世纪以后，藏药由于理论和经验的不断积累而进入了一个新的阶段。这一阶段表现为彩色医药挂图的完成，其中药物学的内容十分丰富，图画色彩鲜艳、形象逼真，有些足以为鉴定药物之品种的依据①；还有不少有关药物方面的作品，如《珍宝图鉴》《药方秘要》等。当时藏医学分为南、北两派。南方学派善用清凉性药物，对药物的形态特征、生活环境比较注意，他们还绘制了不少药物的形态挂图，对药方的配制也提出了不少意见。其代表著作如《千万个舍利》《祖先口述》，尤其是后一部书，至今仍被藏医学家所推崇。北方学派则善于运用温热性药物，这与当地高原环境有关。这一派同样也绘有不少药物挂图，尤其是伦汀堆孜久美在绘图方面的技术，更为后世所推崇，成为其后成套系列的医学挂图的蓝本②。

藏区不少寺院都建有"曼巴扎仓"（相当于现在的藏医学院），用于传授藏医知识、培养藏医人才。西藏地方政府拨付专款创办藏医学校，培养藏医人才，促进藏医事业的发展。

① 欢迎光临西藏藏医学院［EB/OL］.http://www.ttmc.edu.com.

② 欢迎光临西藏藏医学院［EB/OL］.http://www.ttmc.edu.com.

1951 年西藏和平解放后，藏医药从理论、临床、科研、生产到传承和教育各方面得到了全面的继承、整理、挖掘和发展，进入了一个崭新时期。1959 年 9 月，“门孜康”与“药王山利众医学院”合并，1978 年建立拉萨市藏医院，后扩建为西藏自治区藏医院。特别是 20 世纪 80 年代以后，藏医药在医疗、科研、教学和产业化方面发展迅速。藏医药的古籍文献如《月王药诊》《四部医典》《祖先口述》《蓝琉璃》《晶珠本草》等得以重新整理出版，一些现代藏医药学著作也先后问世。同时，为大力发展藏医医院及藏医科，加快藏医药人才培养，相关科研、生产机构相继成立。1983 年 8 月，西藏自治区藏医学校成立。1985 年，西藏大学设立藏医系，招收首届藏医专业本科生。1989 年，西藏藏医学院成立。1992 年，北京设立了藏区以外的第一家藏医院。1996 年，西藏自治区藏药厂成立。不少科研机构以现代科学方法进行藏药研究，取得了颇有价值的成果，使藏医药日益受到国内和国际医界的重视。西藏藏医药大学（原西藏藏医学院）于 1999 年建成藏医硕士点，2004 年招收藏医药博士生，成为培养藏医药各类人才的基地。

云南省迪庆藏族自治州，位于滇、藏、川三省交界处，境内海拔高低悬殊，属于立体气候，有高山寒带、温带、亚热带气候，植物、土壤呈垂直分布，是世界上生物物种最丰富的地区之一，藏药资源丰富。迪庆属于藏文化圈，受到滇地文化及中原文化的影响，迪庆藏族长期与纳西族、傈僳族、白族、彝族、普米族、怒族、汉族等多个民族共处，融合了多民族的语言、宗教信仰和风俗习惯。自古迄今，迪庆藏族同青藏高原的藏族及其文化保持着密切联系，其医学理论与传统藏医学同属一脉。但是，正是多样的地形、多样的气候和多种民族交融，造就了云南藏医药与其他地区藏医药相承而不同、与周边其他民族医药相融而有别的特点。

公元 7 世纪，藏医学流传于云南，中甸、德钦一带的宁玛巴和噶举巴寺庙成为藏医学的传播场所，推动了本地区藏医学的发展。1761 年，奔子栏兴建噶丹东竹林寺，十世钦绕罗布活佛曾在寺内设立藏医诊所，带领弟子将初等人，自采自制藏药。在蒂玛尔·丹增彭措《晶珠本草》学术思想的影响下，滇西藏医学家顿珠撰写了《笔记·吐宝曾囊》及《四部医典》后续补遗部分，使藏医学理论体系臻于完善。1894—1966 年，中甸县东旺乡云登寺哈咱活佛在寺内设立藏医诊所，自采自制成药 20 多种，为病人治病，又传授藏医知识，与其弟子向·初称江楚活佛合撰具有云南特色的藏医临床专著《藏医精要》。1951 年前，迪庆州境内从事藏医工作的有 20 人左右。1962 年，云南省药品检验所杨竞生多次到迪庆，求教于向·初称江楚活佛，两人合著了最具云南区域特色的藏药专著《迪庆藏药》。此外，民间也有一些祖辈传承的民间藏草医走村串寨为人治病。1951 年，迪庆州各级党委和政府动员一批学有专长的上层人物潜心研究藏医药，鼓励他们带徒传艺，开设门诊为群众治病；1980 年，迪庆州人民医院开设藏医科；1987 年 9 月，迪庆州藏医院正式挂牌，建立制剂中心、教育机构，抢救、整理云南藏医药珍贵古籍文献，规范藏医诊疗技术，使藏医独特的诊疗手段得到了极大的发挥。目前，迪庆州藏医院成为全州集医疗、保健、科研、教学、藏药生产为一体的综合性民族医药医院。医院门诊年平均就诊病人达 4 万多人次，形成骨伤、脑病、高血压、糖尿病、风湿性关节炎等专科、专病、专药治疗体系。目前，医院生产了藏成药 140 多个品种，年产量达 2500 公斤，保证了院内及全州各藏医门诊的临床需求。其中有 82 个品种办理了藏药制剂文号，完成了 61 个品种制剂文号的申报工作。2006 年，云南省民委、云南省卫生厅立项，云南中医学院承担编辑出版“香格里拉民族医药研究”系列丛书，其中《云南藏医药》一书对云南藏医的源流、理论体系、临床用药及资源开发利用等进行了系统研究，总结了云南藏医药特色和研究现状①。

云南民族出版社藏文编辑室通过藏文图书的出版协作、发行协作，使藏文图书发行覆盖全藏区，甚至已发行到印度、锡金、尼泊尔等国。云南、四川的很多藏区都实行双语教学，当地很多人都看得懂藏汉双语书籍。《藏医精要》《迪庆藏药》等一批优秀藏文图书大量发往迪庆，故课题组在迪庆州收集到了很多其他地区收集不到的藏文图书信息。现将课题组汇总分类的藏族医药文献题录和内容摘要列举如下：

1. 藏族医药古籍及再版影印译注文献

0001《白琉璃》 བཻ་དཀར།

藏族医药古籍，正文为藏文。第司・桑吉嘉措（སྡེ་སྲིད་སངས་རྒྱས་རྒྱ་མཚོ，27 岁时遵达赖意愿成为藏区佛学领袖，布达拉宫红色部分由他主持建造）主编。该书主讲皮肤病、外伤病、四肢病、手术、治疗（药浴、火灸、放血、艾灸、火针）的方法、外用药。纸质，木刻印刷本，尺寸 675×115 毫米，共 311 页，保存状况一般，收藏于迪庆藏族自治州藏医院柏玛丹争名医资料室。

0002《白琉璃》 བཻ་དཀར།

藏族医药古籍，正文为藏文。第司・桑吉嘉措主编。纸质，木刻印刷本，尺寸 670×105 毫米，共 311 页，保存状况一般，收藏于迪庆藏族自治州藏医院柏玛丹争名医资料室。

0003《百方篇》 སྦྱོར་བ་བརྒྱ་པ་དང་ཡན་ལག་བརྒྱད་པའི་སྙིང་པོ་བསྡུས་པ།

藏族医药古籍，正文为藏文。龙树主编。该书主讲药物气味、功效、配伍、对应症以及各种药方。纸质，木刻印刷本，尺寸 655×120 毫米，共 410 页，收藏于迪庆藏族自

① 姚晓武. 藏医向・初称江楚治疗“真布病”临床经验的整理研究［J］. 中国民族民间医药，2013（11）.

治州藏医院柏玛丹争名医资料室。

0004《常用药物汇集》 རྒྱུན་སྤྱོད་སྨན་རིགས་ཕྱོགས་བསྡུས།

藏族医药古籍，正文为藏文。印度匹七里家族出身的导师体么所著，后世洛桑将英为感恩其功劳恩德，将其出版印刷。西藏藏医学院名誉院长钦绕罗布（又音译为“青绕努布”）于藏历火鸡年整理校对印刷。纸质，木刻印刷本，尺寸 453×85 毫米，共 64 页，保存状况良好，收藏于迪庆藏族自治州藏医院柏玛丹争名医资料室。

0005《甘露库》 བདུད་རྩི་རོལ་མཚོ།

藏族医药古籍，正文为藏文。第一本书主讲癫痫、中风、神志病及其治疗（药物和做法）、药物配方，肠胃病病因及症状、治疗。15 世纪中叶，宿喀·娘尼多吉邀吉塔波和工波地区著名医家共同讨论后撰写了有关去除药物毒性、增强药力、加速药效等方面的著作。纸质，木刻印刷本，尺寸 655×100 毫米，收藏于迪庆藏族自治州藏医院柏玛丹争名医资料室。

0006《会和顺逆》（对症治疗） 民族语言题名为藏文（封面文字脱落）

藏族医药古籍，正文为藏文。米朋将拥囊济甲错所著藏医药著作。纸质，木刻印刷本，尺寸 318×90 毫米，共 39 页，收藏于迪庆藏族自治州藏医院柏玛丹争名医资料室。

0007《解释四部医典第二部分下部的水晶》 རྒྱུད་བཞི་དོན་ཚན་གཉིས་པའི་སྨད་ཀྱི་འགྲེལ་བ་ཟླ་ཟེར་བཞུགས་སོ།

藏族医药古籍，正文为藏文。哪哇官嘎主编。该本经书解释了四部医典第二部的内容，为藏医人体学、病因学、诊断学著作。哪哇官嘎生于回族居住的地方，藏族人，是老宇妥的学生。纸质，木刻印刷本，尺寸 660×117 毫米，共 440 页，保存状况良好，收藏于迪庆藏族自治州藏医院柏玛丹争名医资料室。

0008《晶珠本草》 ཤེལ་གོང་ཤེལ་ཕྲེང་།

藏族医药古籍，正文为藏文。该书是一部藏医和药理学方面的专著，以藏医理论介绍了藏药的品类、生态、性能和成分加工配制，以及分布及别称。纸质，木刻印刷本，尺寸 675×105 毫米，收藏于迪庆藏族自治州藏医院柏玛丹争名医资料室。

0009《诀窍秘籍》 མན་ངག་བཀའ་རྒྱ་མ།

藏族医药古籍，正文为藏文。洛桑却札主编。该书汇集了各种藏医诀窍，主要介绍了藏医临床实践知识，涵盖《四部医典》所有内容，以及更进一步的辩证治疗方法、遣方用药等内容。该书要求师承。纸质，木刻印刷本，尺寸 670×105 毫米，共 355 页，保存状况良好，收藏于迪庆藏族自治州藏医院柏玛丹争名医资料室。

0010《蓝琉璃》 བེ་སྔོན།

藏族医药古籍，正文为藏文。第司·桑吉嘉措主编。该书主要记载脏腑疾病、药物配方（大部分为草药）等。纸质，木刻印刷本，尺寸 680×105 毫米，用牦牛毛绳串单孔装订，保存状况一般，收藏于迪庆藏族自治州藏医院柏玛丹争名医资料室。

0011《理疗十八分支　脏腑病》 མཆིན་ནད་ཆ་ལག་བཅོ་བརྒྱད་སྨད་བཅོས་ཞེས་བྱ།

藏族医药古籍，正文为藏文。第一本主要讲外伤手术学、外伤药配方；第二本主要讲五脏六腑病的病因、症状、治疗、药方。纸质，木刻印刷本，尺寸 670×105 毫米，简装，收藏于迪庆藏族自治州藏医院柏玛丹争名医资料室。

0012《秘诀补充》 མན་ངག་ཁ་གསབ་སྙིང་གི་བདུད་རྩི།

藏族医药古籍，正文为藏文。该书主要讲病因学、疾病种类、三大基因、过与不及产生之病、饮食不节产生的病以及养生等内容。该经书刻版制成于十二年代（推测为 1912 年），为《秘诀集》的补充。1912 年（十二年代）刻抄，纸质，木刻印刷本，尺寸 665×110 毫米，共 225 页，保存状况一般，收藏于迪庆藏族自治州藏医院柏玛丹争名医资料室。

0013《秘诀精义》 མན་ངག་རིག་ལྡན་སྙིང་གི་བདུད་རྩི་ཞེས་བྱ་བ་བཞུགས་སོ།

藏族医药古籍，正文为藏文。西藏藏医学院院长钦绕罗布在藏历火兔年印刷。纸质，木刻印刷本，尺寸 480×85 毫米，共 77 页，收藏于迪庆藏族自治州藏医院柏玛丹争名医资料室。

0014《劝诫亲友书》 བཤེས་པའི་སྤྲིངས་ཡིག་ཅེས་བྱ་བ་བཞུགས་སོ།

藏族医药古籍，正文为藏文。龙树主编，纸质，木刻印刷本，尺寸 320×90 毫米，共 17 页，收藏于迪庆藏族自治州藏医院柏玛丹争名医资料室。

0015《十万舍利》 མན་ངག་ཕན་ལྡན་བསིལ་ཟེར་སྦྲོ་བའི་ཟླ་གསལ།

藏族医药古籍，正文为藏文。宿喀・娘尼多吉主编。该书主要讲了三大基因、诊断（尿诊、脉诊）、五官病、神志病（口服药秘方治疗神志病）；火疗、熏蒸、脑病治疗。“一卷医书点集一切医方窍门，有如一粒舍利生出千万要诀。”纸质，木刻印刷本，尺寸 670×110 毫米，共 403 页，保存状况一般，收藏于迪庆藏族自治州藏医院柏玛丹争名医资料室。

0016《四部医典》 དཔལ་ལྡན་རྒྱུད་བཞི།

藏族医药古籍，正文为藏文。版本不详。宇妥・元丹贡布主编。第一章，本续（12 页）；第二章，释续（43 页）；第三章，诀窍续（245 页）；第四章，后续（67 页）。纸质，木刻印刷本，尺寸 580×950 毫米，共 367 页，收藏于迪庆藏族自治州藏医院柏玛丹争名医资料室。

0017《四部医典》 དཔལ་ལྡན་རྒྱུད་བཞི།

藏族医药古籍，正文为藏文。版本不详。宇妥・元丹贡布主编。该书包含：一、本续（9 页）；二、释续（49 页）；三、诀窍续（244 页）；四、后续（6 页）。藏历水牛年由几千名喇嘛雕刻印刷而成（由四川德格印刷厂印刷，负责人名叫次仁）。纸质，木刻印刷本，尺寸 670×105 毫米，收藏于迪庆藏族自治州藏医院柏玛丹争名医资料室。

0018《唐卡》（01）སྨན་ཐང་དྲིས་ཆ་གཅིག།

藏族医药古籍，正文为藏文、梵文。内容为《蓝琉璃》里《四部医典》第 4 部的脉诊和尿诊。主要画了宇妥（札那米扎）的尿诊，即通过观察尿液在碗中的不同部分来判断病人受到何种病魔困扰，以及冷热尿液中加入冷热性药物发生的改变来诊断。第 68 张唐卡，手绘，绸质，宽 645 毫米，收藏于迪庆藏族自治州藏医院柏玛丹争名医资料室。

0019《唐卡》（02）སྨན་ཐང་དྲིས་ཆ་གཉིས་པ།

藏族医药古籍，正文为藏文、梵文。《蓝琉璃》里《四部医典》第 2 部《释续》第 31 章节，主讲医德、伦理学问答场景。第 39 张唐卡，绸质，手绘，宽 645 毫米，收藏于迪庆藏族自治州藏医院柏玛丹争名医资料室。

0020《唐卡》（03）སྨན་ཐང་དྲིས་ཆ་གསུམ་པ།

藏族医药古籍，正文为藏文、梵文。《蓝琉璃》诠释《四部医典》第 2 部《释续》第 22 章的内容：手术的器械图。第 36 张唐卡，绘有手术、熏制疗法、陶罐热治、放血疗法、烙熨疗法、筛药用具。手绘，绸质，宽 645 毫米，收藏于迪庆藏族自治州藏医院柏玛丹争名医资料室。

0021《唐卡》(04) སྨན་ཐང་དྲིས་ཆ་བཞི་པ།

藏族医药古籍，正文为藏文、梵文。《蓝琉璃》解释《四部医典》第 2 部《释续》第 20 章：草药獐牙菜之白花地丁至甘肃贝母之间的草药的生长环境、命名、种类、道地药材选择。第 28 张唐卡，绸质，手绘，宽 645 毫米，收藏于迪庆藏族自治州藏医院柏玛丹争名医资料室。

0022《唐卡》(05) སྨན་ཐང་དྲིས་ཆ་ལྔ་པ།

藏族医药古籍，正文为藏文、梵文。《蓝琉璃》解释《四部医典》第 2 部《释续》第 20 章：松油至小儿黄的生长环境、命名、种类、道地药材的选择。第 27 张唐卡，绸质，手绘，宽 645 毫米，收藏于迪庆藏族自治州藏医院柏玛丹争名医资料室。

0023《唐卡》(06) སྨན་ཐང་དྲིས་ཆ་དྲུག་པ།

藏族医药古籍，正文为藏文、梵文。《蓝琉璃》解释《四部医典》第 2 部《释续》第 20 章：金礞石至安息香的生长环境、命名、种类、道地药材的选择。第 26 张唐卡，绸质，手绘，宽 645 毫米，收藏于迪庆藏族自治州藏医院柏玛丹争名医资料室。

0024《唐卡》(07) སྨན་ཐང་དྲིས་ཆ་བདུན་པ།

藏族医药古籍，正文为藏文、梵文。《蓝琉璃》解释《四部医典》第 2 部《释续》第

19 章：五行（土水火风空）生药，由于药物具有五行特性，在人体内得以上下循环，产生药的味道。第 20 章：单药的特效，寒热；珍宝类药等；以上药物按药王山四个方向分类的内容。第 25 张唐卡，绸质，手绘，宽 645 毫米，收藏于迪庆藏族自治州藏医院柏玛丹争名医资料室。

0025《唐卡》（08） སྨན་ཐང་བྲིས་ཆ་བརྒྱད་པ།

藏族医药古籍，正文为藏文、梵文。《蓝琉璃》解释《四部医典》第 2 部《释续》第 7 章：长寿保健养生、祈愿时梵天等人进行法事的场景；三大本尊治病救人、起死回生的大致场景；解释了各小节的内容和诊断方法。第 20 张唐卡，绸质，绘本，宽 645 毫米，收藏于迪庆藏族自治州藏医院柏玛丹争名医资料室。

0026《唐卡》（09） སྨན་ཐང་བྲིས་ཆ་དགུ་པ།

藏族医药古籍，正文为藏文、梵文。《蓝琉璃》解释《四部医典》第 2 部《释续》第 7 章：梦境、吉凶兆、布施到白内障病的基本标题框架及具体内容。第 19 张唐卡，绸质，手绘，宽 645 毫米，收藏于迪庆藏族自治州藏医院柏玛丹争名医资料室。

0027《唐卡》（10） སྨན་ཐང་བྲིས་ཆ་བཅུ་པ།

藏族医药古籍，正文为藏文、梵文。《蓝琉璃》解释《四部医典》之《释续》第 1 章：药师佛己身变幻为智慧明记的人，向大众传授《四部医典》的场景；第 2 章：藏医人体学之灵魂与五行，无明相结合而怀孕，不能怀孕的精子和能怀孕并发育正常而生产的场景等。绸质，手绘，宽 645 毫米，收藏于迪庆藏族自治州藏医院柏玛丹争名医资料室。

0028《唐卡》（11） སྨན་ཐང་བྲིས་ཆ་བཅུ་གཅིག་པ།

藏族医药古籍，正文为藏文。《四部医典》第 4 部《后叙》第 2 章之尿诊。第 65 张唐卡，绸质，手绘，共 1 页，卷轴装，保存状况良好，收藏于迪庆藏族自治州藏医院佛堂。

0029《唐卡》（12） སྨན་ཐང་བྲིས་ཆ་བཅུ་གཉིས་པ།

藏族医药古籍，正文为藏文。《四部医典》第 2 部，主要为药物名称。第 35 张唐卡，绸质，手绘，共 1 页，卷轴装，保存状况良好，收藏于迪庆藏族自治州藏医院佛堂。

0030《唐卡》（13） སྨན་ཐང་བྲིས་ཆ་བཅུ་གསུམ་པ།

藏族医药古籍，正文为藏文。《四部医典》第 2 部第 20 章的内容。第 34 张唐卡，绸质，手绘，共 1 页，卷轴装，保存状况良好，收藏于迪庆藏族自治州藏医院佛堂。

0031《唐卡》（14） སྨན་ཐང་བྲིས་ཆ་བཅུ་བཞི་པ།

藏族医药古籍，正文为藏文。《四部医典》第 2 部第 20 章之草药。第 29 张唐卡，绸质，手绘，共 1 页，卷轴装，保存状况良好，收藏于迪庆藏族自治州藏医院佛堂。

0032《无畏的武器》（存目文献） མི་འཇིགས་པའི་མཚོན་ཆ།

藏族医药古籍，正文为藏文。藏医学经典医著，现已佚，为存目文献，多部著作均对其有记载和描述。

0033《五行秘诀水晶》 འབྱུང་བཞིའི་མན་ངག་ཆུ་ཤེལ་མུ་ཏིག་ཕྲེང་མཛེས།

藏族医药古籍，正文为藏文。西藏藏医学院印刷厂 1981 年（铁鸡年）印刷。纸质，木刻印刷本，尺寸 320×90 毫米，共 40 页，收藏于迪庆藏族自治州藏医院柏玛丹争名医资料室。

0034《药效学》 བོད་སྨན་ནུས་པ་ཕྱོགས་བསྡུས།

藏族医药古籍，正文为藏文。作者扎咋尼玛是喇嘛中的“坎布”（又音译为“堪布”）。藏历土牛年成书，纸质，木刻印刷本，尺寸 220×67 毫米，共 24 页，收藏于迪庆藏族自治州藏医院柏玛丹争名医资料室。

0035《医学八支论自注》 གསོ་རིག་ཡན་ལག་བརྒྱད་པའི་རང་འགྲེལ།

藏族医药古籍，正文为藏文。马鸣（古印度论师）主编。纸质，木刻印刷本，尺寸 660×115 毫米，保存状况良好，收藏于迪庆藏族自治州藏医院柏玛丹争名医资料室。

0036《医学大典》(存目文献) གསོ་རིག་ཀུན་འདུས་ཆེན་མོ།

藏族医药古籍，正文为藏文。藏医学经典医著文献研究，为存目古籍。

0037《医学月光·医学》(索玛惹扎) སྨན་དཔྱད་ཟླ་བའི་རྒྱལ་པོ།（སོ་མ་ར་ཛ）

藏族医药古籍，正文为藏文。第司·桑吉嘉措主编。内容包括：风、火、土、水、空与疾病的关系，外伤病、脉络、骨骼、手术、治疗（针灸、药浴、艾灸、涂擦、热敷）方法，共 240 页。纸质，木刻印刷本，尺寸 635×150 毫米，共 240 页，用牦牛毛绳串连，芝麻茎皮捆扎，精装，收藏于迪庆藏族自治州藏医院柏玛丹争名医资料室。

0038《宇妥心经》 གཡུ་ཐོག་སྙིང་ཐིག

藏族医药古籍，正文为藏文。宇妥·元丹贡布主编。该书内容涉及疾病诊断、药物、配方、药学历史。纸质，木刻印刷本，尺寸 680×100 毫米，共 180 页，收藏于迪庆藏族自治州藏医院柏玛丹争名医资料室。

0039《藏药开光经》 བོད་སྨན་བྱིན་རླབས་ཕུད་མཆོད་ཅུང་ཙ་བཞུགས།

藏族医药古籍，正文为藏文。西藏藏医学院负责人扎咋巴医师刻版并印刷。纸质，木刻印刷本，尺寸 220×75 毫米，共 10 页，收藏于迪庆藏族自治州藏医院柏玛丹争名医资料室。

0040《藏药学》 བོད་སྨད་འཁྲུངས་དཔེ་ཛེ་མཚར་གསེར་གྱི་སྙེ་མ།

藏族医药古籍，正文为藏文。钦绕罗布主编。藏历木兔年成书，纸质，木刻印刷本，尺寸 210×73 毫米，共 30 页，保存状况良好，收藏于迪庆藏族自治州藏医院柏玛丹争名医资料室。

0041《藏医病理药理》 ནད་སྨད་སྦྱོད་པའི་ཉམས་ཡིག་བཞུགས་སོ།

藏族医药古籍，正文为藏文。曲扎甲措所作。纸质，木刻印刷本，尺寸 220×70 毫米，共 27 页，收藏于迪庆藏族自治州藏医院柏玛丹争名医资料室。

0042《藏医脉诊及尿诊》(掌松言教) དྲང་སོང་ཞལ་ལུང་ལས་རྩ་དོན་དང་ཆུ་དོན།

藏族医药古籍，正文为藏文。该书主讲藏医脉诊、尿诊，为后人整理所得。纸质，木刻印刷本，收藏于迪庆藏族自治州藏医院柏玛丹争名医资料室。

0043《藏医配方甘露滴》 སྨན་སྦྱོར་བདུད་རྩི་ཐིག་ལེ་ཞེས་བྱ་བ་བཞུགས་སོ།

藏族医药古籍，正文为藏文。纸质，木刻印刷本，尺寸 218×70 毫米，共 38 页，保存状况良好，收藏于迪庆藏族自治州藏医院柏玛丹争名医资料室。

0044《藏族人体解剖学》 གསོ་བ་རིག་པའི་རྒྱུད་ལས་བཤད་པའི་ལུས་ཐིག་ཟླ་བའི་ནོར་བུ་མེ་ལོང་།

藏族医药古籍，正文为藏文。先由米朋所作，后经布达拉宫罗桑曲扎实践后进行补充。纸质，木刻印刷本，尺寸 335×88 毫米，共 17 页，收藏于迪庆藏族自治州藏医院柏玛丹争名医资料室。

0045《诊药二元要诀之一：医学智慧空》 གསོ་བ་རིག་པའི་ཡེ་ཤེས་མཁའ་འགྲོ།

藏族医药古籍，正文为藏文。该书为古印度经书，印度人阿札亚达玛·夏利瓦玛和藏区翻译家夏加鲁志释加将其翻译成藏文。作笔记者为比丘成居士（未出家但守戒律者）里巴秀诺和义克林钦。该书详尽解释了藏医疾病八支，即全身病、儿童病、妇女病、魔鬼病、创伤、中毒、返老、壮阳的内容，以及相应治疗应用；主讲药物功效、气味、药用部位的不同名称、对应症等。18 世纪时，八邦司法活佛却吉穹乃弟子噶玛·额列丹增（又译“该玛·俺利丹增”）所作。纸质，木刻印刷本，尺寸 645×115 毫米，共 421 页，收藏于迪庆藏族自治州藏医院柏玛丹争名医资料室。

0046《诊药二元要诀之二：医学方便大乐集》 སྨན་བསྡུས་སྟབས་ལེགས་ཤེས་བྱའི་དགའ་སྟོན།

藏族医药古籍，正文为藏文。噶玛·额列丹增主编。该书诠释了《四部医典》的秘诀集和后续的内容。纸质，木刻印刷本，尺寸 670×110 毫米，共 533 页，收藏于迪庆藏族自治州藏医院柏玛丹争名医资料室。

0047《祖先言教·根本续》 མེས་པོ་ཞལ་ལུང་།རྩ་རྒྱུད་རྣམ་བཤད་བཞུགས་སོ།

藏族医药古籍，正文为藏文。宿喀·洛追杰波主编。藏历铁猴年西藏藏医学院印刷。纸质，木刻印刷本，尺寸 545×92 毫米，共 220 页，收藏于迪庆藏族自治州藏医院柏玛丹争名医资料室。

0048《祖先言教・注释续》 མེས་པོ་ཞལ་ལུང་།འགྲེལ་བ་མུན་གསལ་སྒྲོན་མེ།

藏族医药古籍，正文为藏文。宿喀・洛追杰波主编。纸质，木刻印刷本，尺寸 545×95 毫米，共 465 页，结尾缺损，收藏于迪庆藏族自治州藏医院柏玛丹争名医资料室。

0049《藏医药经典文献集成——八支集要、如意宝》 བོད་ཀྱི་གསོ་བ་རིག་པའི་གཞུང་དཔེ་ཕྱོགས་བསྒྲིགས། ཡན་ལག་བརྒྱད་པ་ཐམས་ཅད་ཀྱི་སྙིང་པོ་བཏུས་པ་ཡིད་བཞིན་གྱི་ནོར་བུ་ཞེས་བྱ་བཞུགས་སོ། yan lag brgyad pa thams cad kyi snying po buts pa yid bzhin gyi nor bu zhe bya ba bzhugs so

藏族古籍再版影印译注文献，7-105-06468-4，R291.4，正文为藏文。《四部医典》第二部的第一部分。载有藏医、生活起居饮食药物、药效等方面的内容，强巴曼接扎桑（བྱམས་པ་སྨན་རྒྱལ་བཀྲ་བཟང་།，生于 1395 年，为佛教徒，31 岁娶妻，师从多位老师，与一世达赖为同学，卒于 1475 年）著，藏医药经典文献集成编委会、青海藏医药研究所编写。北京：民族出版社 2004 年 7 月第 1 版，纸质，铅印本，共 499 页，右侧装订，平装，保存状况良好，收藏于迪庆藏族自治州藏医院柏玛丹争名医资料室。

0050《藏医药经典文献集成——八支精髓诠释》 བོད་ཀྱི་གསོ་བ་རིག་པའི་གཞུང་དཔེ་ཕྱོགས་བསྒྲིགས།——ཡན་ལག་བརྒྱད་ལྡན་གྱི་འགྲེལ་བཤད་སྙིང་པོ།

藏族古籍再版影印译注文献，版权页欠奉，R291.4-53，正文为藏文。藏医药经典文献集成编委会、青海藏医药研究所编写。北京：民族出版社 2007 年出版，纸质，铅印本，右侧装订，平装，保存状况良好，收藏于迪庆藏族自治州藏医院柏玛丹争名医资料室。

0051《藏医药经典文献集成——八支精要自释》 བོད་ཀྱི་གསོ་བ་རིག་པའི་གཞུང་དཔེ་ཕྱོགས་བསྒྲིགས།ཡན་ལག་བརྒྱད་པའི་འགྲེལ་བ་སྙིང་པོ་བསྡུས་པ་བཞུགས་སོ། yan lag brgyad pavi snying po zhes bya bavi sman dpyad kyi rang vgrel bzhugs so

藏族古籍再版影印译注文献，7-105-07103-6，R291.4，正文为藏文。མཚོ་སྔོན་ཞིང་ཆེན་བོད་ཀྱི་གསོ་རིག་ཞིབ་འཇུག་ཁང་རྩོམ་རིགས་ཚོགས་པ། 主编，藏医药经典文献集成编委会、青海藏医药研究所编写。北京：民族出版社 2006 年 1 月第 1 版，纸质，铅印本，尺寸 85×1168 毫米，共 1164 页，无插图，右侧装订，平装，保存状况良好，保存完好，收藏于迪庆藏族自治州藏医院佛堂、迪庆藏族自治州藏医院柏玛丹争名医资料室。

0052《藏医药经典文献集成——百方篇》 བོད་ཀྱི་གསོ་བ་རིག་པའི་གཞུང་དཔེ་ཕྱོགས་བསྒྲིགས།—སྦྱོར་བ་བརྒྱ་པ། sbyor ba brgyal pa dang yan lag brgyad pavi snying po bsdus pa sogs

藏族古籍再版影印译注文献，7-105-07102-8，R291.4，正文为藏文。该书是一部藏医和药理学方面的专著，介绍了藏医药制剂的成分、配置、加工及药量等。mtsho sngon zhing chen bod kyi gso rig zhib vjug khang，rtsom sgrig tshogs pa 主编，藏医药经典文献集成编委会、青海藏医药研究所编写。北京：民族出版社 2006 年 1 月第 1 版，纸质，铅印本，尺寸 85 × 1168 毫米，共 758 页，无插图，右侧装订，平装，保存状况良好，保存完好，收藏于迪庆藏族自治州藏医院佛堂、迪庆藏族自治州藏医院柏玛丹争名医资料室。

0053《藏医药经典文献集成——宝藏医学选编》བོད་ཀྱི་གསོ་བ་རིག་པའི་གནའ་དཔེ་ཕྱོགས་བསྒྲིགས།—བོད་ཀྱི་གསོ་བ་རིག་པའི་ནོར་བུ་གཅེས་བསྒྲིགས།

藏族古籍再版影印译注文献，978-7-105-09723-4，R291.4，正文为藏文。藏医药经典文献集成之一，藏医药经典文献集成编委会、青海藏医药研究所编写。北京：民族出版社 2008 年 12 月第 1 版，纸质，铅印本，右侧装订，平装，保存状况良好，收藏于迪庆藏族自治州藏医院柏玛丹争名医资料室。

0054《藏医药经典文献集成——才昂百篇　碑刻医问　秘诀精选》བོད་ཀྱི་གསོ་བ་རིག་པའི་གནའ་དཔེ་ཕྱོགས་བསྒྲིགས།—ཚེ་ངག་བརྒྱ་རྩ།རྡོ་རིང་མཛེས་བྱེད།　མན་ངག་ཀུན་གྱི་སྙིང་བསྡུས།

藏族古籍再版影印译注文献，978-7-105-08149-3，R291.4，正文为藏文。该书由对藏医药学经典《四部医典》的文献研究论著、对《四部医典》内容要点的问答释难，以及多篇藏医药物配方和秘诀经验著作组成。藏医药经典文献集成编委会、青海藏医药研究所编写。北京：民族出版社 2007 年 3 月第 1 版，纸质，铅印本，右侧装订，平装，保存状况良好，收藏于迪庆藏族自治州藏医院柏玛丹争名医资料室。

0055《藏医药经典文献集成——德格拉曼医著》བོད་ཀྱི་གསོ་བ་རིག་པའི་གནའ་དཔེ་ཕྱོགས་བསྒྲིགས—སྡེ་དགེའི་ལྷ་སྨན་"རིན་ཆེན་འོད་ཟེར་གསོ་རིག་གཅེས་བསྡུས།།

藏族古籍再版影印译注文献，978-7-105-09715-9，R291.4，正文为藏文。藏医药经典文献集成之一。藏医药经典文献集成编委会、青海藏医药研究所编写。北京：民族出版社 2008 年 12 月第 1 版，纸质，铅印本，右侧装订，平装，保存状况良好，收藏于迪庆藏族自治州藏医院柏玛丹争名医资料室。

0056《藏医药经典文献集成——第司藏医史》བོད་ཀྱི་གསོ་བ་རིག་པའི་གནའ་དཔེ་ཕྱོགས་བསྒྲིགས—གསོ་རིག་སྐྱིའི་ཁོག་འབུབས།། sde srid sman gyi khog vbuvs

藏族古籍再版影印译注文献，7-105-06466-8，R291.4，正文为藏文。该书主讲医学特色，医学发展，世间医学的历史，藏医历史。第司 · 桑吉嘉措主编，藏医药经典文献集成编委会、青海藏医药研究所编写。北京：民族出版社 2004 年 8 月第 1 版，纸质，铅印本，尺寸 204 × 138 毫米，共 412 页，无插图，平装，保存状况良好，保存环境优，保存完好，收藏于迪庆藏族自治州藏医院柏玛丹争名医资料室、云南中医药大学（原云南中医学院）图书馆。

0057《藏医药经典文献集成——吊曼医学精髓》 བོད་ཀྱི་གསོ་བ་རིག་པའི་གནའ་དཔེ་ཕྱོགས་བསྒྲིགས—གཙང་སྨན་པའི་སྨན་ཡིག་གཅེས་བསྡུས།

藏族古籍再版影印译注文献，版权页欠奉，R291.4，正文为藏文。该书撰写了藏医学发展史、医学界著名医学专家对医学的贡献，以及对疑难病症的独到诊治。吊曼・丹增平措主编，藏医药经典文献集成编委会、青海藏医药研究所编写。北京：民族出版社 2007 年 3 月第 1 版，纸质，铅印本，右侧装订，平装，保存状况良好，收藏于迪庆藏族自治州藏医院柏玛丹争名医资料室。

0058《藏医药经典文献集成——斗金换　斗银换》 བོད་ཀྱི་གསོ་བ་རིག་པའི་གནའ་དཔེ་ཕྱོགས་བསྒྲིགས—མན་ངག་གསེར་བྲེ་དངུལ་བྲེ། man ngag gser bre ma dang dngol bre ma zhes bya ba bzhugs so

藏族古籍再版影印译注文献，7-105-06470-6，R291.4，正文为藏文。作者长弟贝弟接次（mtsho sngon zhing chen bod kyi gso rig zhib vjug khang，bod kyi gso ba rig pavi gnav dpe phyogs bsgrigs dpe tshogs），生卒不详，师从民间藏医，并开班授医。该书为《四部医典》第三部，主要讲藏医民间秘诀、外伤秘方（如刀伤口服药秘方等）等内容。长弟贝弟接次主编，藏医药经典文献集成编委会、青海藏医药研究所编写。北京：民族出版社 2004 年 8 月出版，纸质，铅印本，共 303 页，无插图，精装，保存状况良好，收藏于迪庆藏族自治州藏医院柏玛丹争名医资料室。

0059《藏医药经典文献集成——贡曼・贡觉德勒医学诸事如意》（上册） བོད་ཀྱི་གསོ་བ་རིག་པའི་གནའ་དཔེ་ཕྱོགས་བསྒྲིགས— གོང་སྨན་・དཀོན་མཆོག་བདེ་ལེགས་གསོ་བ་རིག་པའི་ནོར་བུ་འདོད་ཇི་ཀུན་འབྱུང་། gong sman dkon mchog bde legs kyi gso rig dgos vdod kun vbyung

藏族古籍再版影印译注文献，7-223-01887-9（版权页欠奉），R291.4，正文为藏文。作者生于 15 世纪末，名为拱咩官秋第哩（gong sman dkon mchog bde legs），为著名藏医，被称为“世间第二药王”，其到处行医，居无定所。《四部医典》第三部分内容包括三大基因、肠胃病、热病、传染病、外科、五官病等，以及五脏六腑相关疾病的病因、症状、治疗、饮食、起居等。拱咩官秋第哩著，藏医药经典文献集成编委会、青海藏医药研究所编写。拉萨：西藏人民出版社 2005 年出版，纸质，铅印本，共 208 页，平装，保存状况良好，收藏于迪庆藏族自治州藏医院柏玛丹争名医资料室。

0060《藏医药经典文献集成——晶珠本草》 བོད་ཀྱི་གསོ་བ་རིག་པའི་གནའ་དཔེ་ཕྱོགས་བསྒྲིགས— ཤེལ་གོང་ཤེལ་ཕྲེང་། xel gong xel phrng

藏族古籍再版影印译注文献，7-105-06901-5，R291.4/23，正文为藏文。1743 年成书的藏药学经典著作《晶珠本草》收载了 2294 种药物，去掉一物多用和一物多名者以外，实数为 1167 种，包括草药、金属类、矿物类、动物，相当于藏医的《本草纲目》。

devu dmar bstan vdain phun tshogs 主编，藏医药经典文献集成编委会、青海藏医药研究所编写。北京：民族出版社 2005 年 6 月第 1 版，纸质，铅印本，尺寸 85×1168 毫米，共 495 页，无插图，右侧装订，平装，保存状况良好，保存完好。照片编号：102–2584 至 102–2591，收藏于迪庆藏族自治州图书馆。

0061《藏传医药经典丛书——晶珠本草》（药物学广论、晶珠晶鬘） བོད་ཀྱི་གསོ་བ་རིག་པའི་གནའ་དཔེ་ཕྱོགས་བསྒྲིགས— ཤེལ་གོང་ཤེལ་ཕྲེང་།（སྨན་རྫས་རིག་པའི་གླེང་བ།ཤེལ་ཕྲེང་མུ་ཏིག་ཕྲེང་མཛེས།）

藏族古籍再版影印译注文献，978–7–5478–1018–7，R291.4/23，正文为汉文、藏文。该书又名《药物学广论》，是作者丹增彭措对青海、西藏、四川等地进行实地调查，并对历代藏医药学的经典著作进行考证后，用近 20 年时间编撰整理并于 1840 年刊印成书的。该书集藏族药物学之大成，是藏族药物学中的一颗明珠。全书分上下两部。上部歌诀以偶颂体写成，公元 1722 年前成书，公元 1736 年刻抄。分册其他题名信息为药物学广论、晶珠晶鬘。帝玛尔·丹增彭措主编，毛继祖、林鹏程、吉守祥、芦永昌撰（著）译。上海：上海科学技术出版社 2012 年 1 月第 1 版，纸质，铅印本，尺寸 259×186 毫米，共 314 页，380 千字，有插图，右侧装订，精装，保存状况良好，保存环境良好，保存完好。收藏于云南中医药大学（原云南中医学院）图书馆医药样本书工具书室。

0062《晶珠本草　知麦协称、协称》（药物学广论、无垢晶串） ཤེལ་གོང་ཤེལ་ཕྲེང་།（སྨན་རྫས་རིག་པའི་གླེང་གཞི།　དྲི་མེད་ཤེལ་ཕྲེང་མི་ཏིག་ཕྲེང་མཛེས།）

藏族古籍再版影印译注文献，统一书号：14119.1883，R932.6.13，正文为汉文、藏文。该书是一部藏医和药理学方面的专著，以藏医理论介绍了藏药的品类、生态环境、性能和成分加工配制，以及分布和别称。1743 年成书的藏药学经典著作《晶珠本草》收载药物 2294 种，去掉一物多用和一物多名者以外，实数为 1167 种。上部为歌诀部分，下部为解释部分，分别对每种药物加以论述。该译本将原著 2294 种药物整理为 1220 种，具有浓厚的藏药特色。药类部分包含有民族药。帝玛尔·丹增彭措主编，毛继祖、罗达尚、王振华、马世林译注。上海：上海科学技术出版社 1986 年 12 月第 1 版，纸质，铅印本，尺寸 265×195 毫米，共 236 页，309 千字，有插图，右侧装订，精装，保存状况良好，保存环境良好，保存完好，收藏于云南中医药大学（原云南中医学院）图书馆医药样本书工具书室。

0063《藏医药经典文献集成——居米旁医著集》 འཇུ་མི་ཕམ་གྱི་སྨན་ཡིག་གཅེས་བཏུས།

dpal ldan rgyud bzhi la sogs gso ba rig pavi man ngag kun gyi gnad bsdus phan bdevi bsil zer spro bavi zla ba gsar pa zhes bya ba bzhugs so

藏族古籍再版影印译注文献，7–105–07098–6，R291.4，正文为藏文。该书收录了藏医的理论框架和藏医诊断、临床治疗等方面的文章，是藏医学方面的珍贵参考资料，具有一定的学术价值和文献价值。རྩོམ་རིགས་ཚོགས་པ། 主编，藏医药经典文献集成编委会、青海藏医药研究所编写。北京：民族出版社 2006 年 1 月第 1 版，纸质，铅印本，共 550 页，右侧装订，平装，保存状况良好，收藏于迪庆藏族自治州藏医院柏玛丹争名医资料室。

0064《藏医药经典文献集成——蓝琉璃》（下册） བཻ་སྔོན སྨད། གསོ་བ་རིག་པའི་བསྟན་བཅོས་སྨན་བླའི་དགོངས་རྒྱན་རྒྱུད་བཞིའི་གསལ་བྱེད་བཻཌཱུརྱ་སྔོན་པོ་ཞེས་བྱ་བ་བཞུགས་སོ། gso ba rig pavi bstan bcos sman blavi dgongs rgyan rgyud bzhivr gsal byed be davurya sngon po mlle ka zhes bya ba bzhugs so

藏族古籍再版影印译注文献，7-105-06902-3，R291.4-53，正文为藏文。该书主讲男性病、妇科病，藏医脉诊、尿诊，杂病（呕吐、腹泻等），方剂等内容。第司·桑吉嘉措（rtsom sgrig tshogs pa）主编，藏医药经典文献集成编委会、青海藏医药研究所编写。北京：民族出版社 2005 年 8 月第 1 版，纸质，铅印本，2 册，共 1902 页，右侧装订，平装，保存状况良好，有缺损，收藏于迪庆藏族自治州藏医院柏玛丹争名医资料室。

0065《藏传医药经典丛书——蓝琉璃　医学广论　药师佛意　庄严四续　紫茉莉》བཻ་སྔོན།

藏族古籍再版影印译注文献，978-7-5478-0883-2，R291.4，正文为汉文。公元 1688—1689 年成书。该书分四大部分，分别论述了基础理论、生理解剖、日常起居、疾病诊断、治则治法、方药剂型和外治等；详细阐释了藏医药的基本哲理，系统地讲述了 404 种疾病的病因病缘、疾病分类、疾病症状、辨症诊断及其治疗方法，同时收载了 911 种药材及 2830 多首方剂。分册其他题名信息：医学广论、药师佛意、庄严四续、光明蓝琉璃、紫茉莉。毛继祖、卡洛、毛韶玲译校。上海：上海科学技术出版社 2012 年 1 月第 1 版，纸质，铅印本，尺寸 259×186 毫米，共 718 页，1 千字，有插图，右侧装订，精装，保存状况良好，保存环境良好，保存完好，收藏于云南中医药大学（原云南中医学院）图书馆医药样本书工具书室。

0066《藏医药经典文献集成——莲花生医著汇集》སློབ་དཔོན་པད་འབྱུང་གི་སྨན་ཡིག་གཅེས་བཏུས། slob dpon pad vbyung gi sman yid gces btus

藏族古籍再版影印译注文献，7-105-07378-0，R291.4，正文为藏文。该书收录了藏医的理论框架和藏医诊断、临床治疗等方面的文章，是藏医学方面的珍贵参考资料，具有一定的学术价值和文献价值。mtsho sngon zhing chen bod kyi gso rig zhib vjug khang, rtsom sgrig tshogs pa 主编，藏医药经典文献集成编委会、青海藏医药研究所编写。北京：民族出版社 2006 年 1 月第 1 版，纸质，铅印本，尺寸 85×1168 毫米，共 446 页，无插图，右侧装订，平装，保存状况良好，保存完好，收藏于迪庆藏族自治州藏医院佛堂、迪庆藏族自治州藏医院柏玛丹争名医资料室。

0067《藏医药经典文献集成——林曼巴四部医典注释》 གླིང་སྨན་པའི་རྒྱུད་བཞི་དཀའ་འགྲེལ།

藏族古籍再版影印译注文献，978-7-105-08301-5，R291.4，正文为藏文。藏医药经典文献集成之一。藏医药经典文献集成编委会、青海藏医药研究所编写。北京：民族出版社 2007 年 6 月第 1 版，纸质，铅印本，右侧装订，平装，保存状况良好，收藏于迪庆藏族自治州藏医院柏玛丹争名医资料室。

0068《藏医药经典文献集成——临床札记·札记精粹》 གསོ་རིག་ཟིན་ཏིག་ཡང་ཏིག gso rig zin tig yang tiq

藏族古籍再版影印译注文献，7-105-06909-0，R291.4，正文为藏文。作者恭扎云颠嘉措（kong sprul yon tan rgya mtsho），康巴人，生于 1813 年，自幼熟背《四部医典》，父亲为活佛，其亦为佛教徒，懂星象学、佛学、医学，培养出许多有名的人，卒于 1900 年。《生斗》是著名藏医学家贡主元旦嘉措公元 1877 年著，《羊斗》是《生斗》的补充本。两书为藏医临床各科诊治经验遗方，是作者毕生的经验总结，享有很高声誉。该书为恭扎云颠嘉措学习和行医过程的笔记，包括《四部医典》第三部内容，三大基因、肠胃病、热病学、五官学、内伤外伤、儿科、妇科、精神病学、神鬼精灵，以及收集的秘方。恭扎云颠嘉措主编，藏医药经典文献集成编委会、青海藏医药研究所编写。北京：民族出版社 2005 年 4 月第 1 版，纸质，铅印本，尺寸 85×1168 毫米，共 520 页，无插图，右侧装订，平装，保存状况良好，保存完好。照片编号：102-2575 至 102-2583，收藏于迪庆藏族自治州图书馆、迪庆藏族自治州藏医院柏玛丹争名医资料室。

0069《藏医药经典文献集成——零星秘诀集》 དྭངས་པོ་རིན་པོ་ཆེའི་འཕོར་འབུམ། man ngag yig chung sna tshogs zhes bya ba bzhugs so

藏族古籍再版影印译注文献，7-105-06467-6，R291.4，正文为藏文。作者贡梅官秋片丹（mtsho sngon zhing chen bod kyi gso rig zhib vjug khang，rtsom sgrig tshogs pa）生于 1511 年，卒于 1577 年，师从多位名师。该书记述了“三大基因学”，胃溃疡等肠胃病，脏腑病，癌症，肿瘤，皮肤病、妇科、外伤、中毒等的诊疗，涉及《四部医典》第二部、第三部分的内容。贡梅官秋片丹主编，藏医药经典文献集成编委会、青海藏医药研究所编写。北京：民族出版社 2004 年 7 月第 1 版，纸质，铅印本，共 198 页，平装，收藏于迪庆藏族自治州藏医院柏玛丹争名医资料室。

0070《藏医药经典文献集成——龙树医著集》 སློབ་དཔོན་ཀླུ་སྒྲུབ་ཀྱི་སྨན་ཡིག་གཅེས་བཏུས། slob dpon klu sgrub kyi sman yig gces btus

藏族古籍再版影印译注文献，978–7–105–09048–8，R291.4，正文为藏文。藏医药经典文献集成之一。མཚོ་སྔོན་ཞིང་ཆེན་བོད་ཀྱི་གསོ་རིག་ཞིབ་འཇུག་ཁང་། 主编，藏医药经典文献集成编委会、青海藏医药研究所编写。北京：民族出版社 2008 年 4 月第 1 版，纸质，铅印本，共 377 页，右侧装订，平装，保存状况良好，收藏于迪庆藏族自治州藏医院柏玛丹争名医资料室。

0071《藏医药经典文献集成——论述部释·祖先心鉴　医典注释·利他宝库》 མེས་པོའི་དགོངས་རྒྱན།། རྒྱུད་བཞིའི་འགྲེལ་བ་གཞན་ལ་ཕན་པའི་གཏེར། bshad pavi rgyud kyi levn nyi shu pa sman gyi nus pa bstan pavi tshig gi don gyi vgrel ba mes povi dgongs rgyan zhes bya ba bzhugs so

藏族古籍再版影印译注文献，978–7–105–08270–4，R291.4–53，正文为藏文。该书由达莫医师罗桑曲扎的《祖先心鉴》和罗赛旺布·白玛布的《利他宝库》组成。其中前者汇集了印度、汉地、藏地、蒙古地区等各地医学家的相关秘方秘诀；后者对其中的部分秘籍做了注释。mtsho sngon zhing chen pod kyi gso rig zhib vjug khang/bod kyi gso ba rig pavi gnav dpe phyogs bsgrigs dpe tshogs rtsom sgrig tshogs pa 编，藏医药经典文献集成编委会编写。北京：民族出版社 2007 年出版，共 397 页（文献研究数据）。

0072《藏医药经典文献集成——论述部注释·灿烂宝库》 གསེར་མཆན་རྣམ་བཀྲ་གན་མཛོད། gser mchan rnam bkra gan mdzod ces bya ba bzhugs so

藏族古籍再版影印译注文献，7–105–07377–2，R291.4，正文为藏文。该书是一部藏医和药理学方面的专著，以藏医理论介绍了藏药的品类、生长环境、性状和成分加工配制，以及分布和别称。mtsho sngon zhing chen bod kyi gso rig zhib vjug khang，rtsom sgrig tshogs pa 主编，藏医药经典文献集成编委会、青海藏医药研究所编写。北京：民族出版社 2006 年 1 月第 1 版，纸质，铅印本，共 1082 页，右侧装订，平装，保存状况良好，收藏于迪庆藏族自治州藏医院柏玛丹争名医资料室。

0073《藏医药经典文献集成——秘诀补遗·钥匙》 མན་ངག་ལྷན་ཐབས་ཀྱི་ལྡེ་མིག། ཟིན་ཏིག་བདུད་རྩི་ཐིགས་པའི་ལྡེ་མིག man ngag lhan thabs dang sde mig

藏族古籍再版影印译注文献，7–105–06903–1，R291.4，正文为藏文。该书收录了藏医的理论框架和藏医诊断、临床治疗等方面的文章，是藏医学方面的珍贵参考资料，具有一定的学术价值和文献价值。rtsom sgrig tshogs pa 主编，藏医药经典文献集成编委会编写。北京：民族出版社 2005 年 7 月第 1 版，纸质，铅印本，尺寸 85 × 1168 毫米，共 719 页，无插图，右侧装订，平装，保存状况良好，保存完好，收藏于迪庆藏族自治州藏医院佛堂。

0074《藏医药经典文献集成——恰合尔博师医著　珊瑚合串　珍宝合串》 ཚ་ཧར་དགེ་བཤེས་ཀྱི་སྨན་ཡིག་བྱུ་རུ་དོ་ཤལ་དང་རིན་ཆེན་དོ་ཤལ།

藏族古籍再版影印译注文献，978-7-105-08420-3，R291.4，正文为藏文，为藏文医著合辑。藏医药经典文献集成编委会、青海藏医药研究所编写。北京：民族出版社2007年7月第1版，纸质，铅印本，右侧装订，平装，保存状况良好，收藏于迪庆藏族自治州藏医院柏玛丹争名医资料室。

0075《藏医药经典文献集成——钦热诺布医著选集　玛央派医著选集》 ཤེས་རབ་ནོར་བུའི་སྨན་གཞུང་གཅེས་བཏུས།　འཇམ་དབྱངས་ཀྱི་གཞུང་ལུགས་གཅེས་བཏུས། mkhyan rab nor buvi sman yig gces btus,mav yang sman yig gces btus

藏族古籍再版影印译注文献，978-7-105-08495-1，R291.4-52，正文为藏文。该书是两位藏医学家的医著合编，论述了隆、赤巴、培根病、内科、五官科、妇儿科及热病疫病、神志疾病等的病因病机、分类、症状及治疗。mtsho sngon zhing chen bod kyi gso rig zhib vjug khang,rtsom sgrig tshogs pa 编，藏医药经典文献集成编委会编写。北京：民族出版社 2007 年出版，共 369 页（文献研究数据）。

0076《藏医药经典文献集成——钦则昂布医著选　斗拉诺布医著选》 མཁྱེན་བརྩེ་དབང་པོའི་སྨན་གཞུང་གཅེས་བཏུས།　བདེ་ལྷ་ནོར་བུའི་སྨན་གཞུང་གཅེས་བཏུས། mkhyen brtse dbang povi sman yig/stag bla nor buvi sman yig

藏族古籍再版影印译注文献，978-7-105-09716-6，R291.4-53，正文为藏文，为藏医文集。mtsho sngon zhing chen bod kyi gso rig zhib vjug khang，rtsom sgrig tshogs pa 编，藏医药经典文献集成编委会编写。北京：民族出版社 2008 年出版，共 525 页（文献研究数据）。

0077《藏医药经典文献集成——驱暗明灯》 ཕྱི་རྒྱུད་ཀྱི་འགྲེལ་བ་མུན་སེལ་སྒྲོན་མེ། bdud rtsi snying po yan lag brgyad pa gsang ba man ngag gi rgyud las dum bu bzhi pa phyi ma vphrin las rgyud kyi gzhung dang vgrel ba mun sel sgron me zhes bya ba bzhugs so

藏族古籍再版影印译注文献，7-105-06465-X，R291.4，正文为藏文。《四部医典》第四部。作者哪哇官秋点接（mtsho sngon zhing chen bod kyi gso rig zhib vjug khang，rtsom sgrig tshogs pa）生于 1750 年，卒年不详，18 世纪西藏地区名医。该书主要涉及藏医脉诊、尿诊、制剂、放血、灸法等内容。哪哇官秋点接编著，藏医药经典文献集成编委会、青海藏医药研究所编写。北京：民族出版社 2004 年 7 月第 1 版，纸质，铅印本，共 216 页，平装，保存状况良好，收藏于迪庆藏族自治州藏医院柏玛丹争名医资料室。

0078《藏医药经典文献集成——深奥医道》 ཟབ་མོ་ནང་དོན་གྱི་རྩ་འགྲེལ། zab mo nang don gyi rtsa vgrel

藏族古籍再版影印译注文献，7-105-07439-6，R291.4，正文为藏文。该书以佛教的哲学介绍了藏医药学的基本原理。mtsho sngon zhing chen bod kyi gso rig zhib vjug khang，rtsom sgrig tshogs pa 主编，藏医药经典文献集成编委会、青海藏医药研究所编写。北京：民族出版社 2006 年 1 月第 1 版，纸质，铅印本，共 303 页，右侧装订，平装，保存状况良好，收藏于迪庆藏族自治州藏医院柏玛丹争名医资料室。

0079《藏医药经典文献集成——十八分支》 ཆ་ལག་བཅོ་བརྒྱད། cha lag bco brgyad ces bya ba buzhugs so

藏族古籍再版影印译注文献，7-105-07094-3，R291.4，正文为藏文。本书收录了藏医的理论框架和藏医诊断、临床治疗等方面的文章，是藏医学方面的珍贵参考资料，具有一定的学术价值和文献价值。rtsom sgrig tshogs pa 主编，《藏医药经典文献集成》编委会编写。北京：民族出版社 2005 年 11 月第 1 版，纸质，铅印本，尺寸 85×1168 毫米，共 787 页，无插图，右侧装订，平装，保存状况良好，保存完好，收藏于迪庆藏族自治州藏医院佛堂。

0080《四部医典（1982 年版）》 དཔལ་ལྡན་རྒྱུད་བཞི།

藏族古籍再版影印译注文献，7-223-00437-1，R2-02/61，正文为藏文。该书原版为藏文，为藏、蒙古医药学基础理论。书中写藏、蒙古医药学的产生、发展，人体结构、人体产生病因、治病防病原则等。全书由“根本医典”“理论医典”“妙法医典”“后续医典”等四个大部分组成。玉多·云登贡布（即宇妥·元丹贡布）主编。拉萨：西藏人民出版社 1982 年 3 月第 1 版，纸质，铅印本，尺寸 78×1092 毫米，802 千字，右侧装订，平装，保存状况良好，收藏于迪庆藏族自治州藏医院柏玛丹争名医资料室。

0081《四部医典（1983 年版）》 དཔལ་ལྡན་རྒྱུད་བཞི།

藏族古籍再版影印译注文献，统一书号：14048.4380，R2-02/61，正文为汉文、藏文。该书以述意为主的白话文体翻译原著全文，内容主要有基础理论、解剖与生理、疾病诊断方法、疾病治疗原则、药学的基础理论和用药原则五个部分。《四部医典》约成书于公元 773—783 年间，传为老宇妥·元丹贡布所著，现刊行本为五世达赖（1617—1682 年）和第司·桑吉嘉措（1653—1705 年）执政期间之校订本。它是藏医药史和我国民族医药史上的重要巨著，为藏族同胞及西藏周边其他少数民族的医疗健康作出过无量的贡献。《四部医典》内容丰富，尤其是其外治法使用广泛，技艺高超，其中的外科手术法，水平甚至远远超出汉医学外科技术。从内容分析，其技术有来源于传统藏医学的，有来源于内地汉医学的，亦有来自周边如印度等国的医学的。《四部医典》成书之前，唐金城公主、文成公主入藏曾带去大量医药书籍，这些医药书籍被马哈金达等医家译成藏文，得到了藏医界的高度重视。之后编成的《月王药诊》《四部医典》都曾受这些医籍的明显影响。藏医成熟的针灸术就是以中原针灸为蓝本，结合藏医学系统理论及其对人体结构的认识，以及较为发达的早期解剖学知识，经改造、发展而成的。《四部医典》中的针灸学自具体系，技法极丰富。宇妥・元丹贡布等著，李永年译，谢佐撰（著）编校译。北京：人民卫生出版社 1983 年 1 月第 1 版，纸质，铅印本，尺寸 259 × 187 毫米，共 481 页，500 千字，无插图，右侧装订，精装，保存状况良好，保存环境良好，保存完好，收藏于云南中医学院图书馆。

0082《四部医典（1987 年版）》 དཔལ་ལྡན་རྒྱུད་བཞི།

藏族古籍再版影印译注文献，7-5323-0531-7，统一书号：14119.1932，R2-02/61，正文为汉文、藏文。宇妥・元丹贡布等著，马世林等译注，罗达尚、毛继祖、王振华撰（著）编校译。上海：上海科学技术出版社 1987 年 1 月第 1 版，纸质，铅印本，尺寸 257 × 184 毫米，共 326 页，491 千字，无插图，右侧装订，精装，保存状况良好，保存环境良好，保存完好，收藏于云南中医药大学（原云南中医学院）图书馆、临沧市永德县大众书社。

0083《藏医药经典文献集成——四部医典的解释　犹如古人言教》 རྒྱུད་བཞིའི་འགྲེལ་ཆེན་མེས་པོའི་ཞལ་ལུང་།

藏族古籍再版影印译注文献，版权页欠奉，R291.4，正文为藏文。作者撒克罗这介布，生于 1509 年，活佛转世，原名切颠接，从父学医，拜名师措面堪切介学艺，学习《四部医典》等，后成为寺院的教授，卒于 1572 年。该书主要解释《四部医典》。撒克罗这介布主编，藏医药经典文献集成编委会、青海藏医药研究所编写。北京：民族出版社出版，纸质，铅印本，右侧装订，平装，收藏于迪庆藏族自治州藏医院柏玛丹争名医资料室。

0084《四部医典对勘本》 དཔལ་ལྡན་རྒྱུད་བཞིའི་དཔེ་བསྡུར་མ་བཞུགས་སོ། dpal ldan rgyud bzhi dpe bsdur ma bzhugs

藏族古籍再版影印译注文献，978-7-5409-4401-8，R2-02/61，正文为藏文。该书为藏医最权威的医学著作，共分《本部》《释部》《诀窍部》《后续部》四部，讲述了人体结构、疾病原理、药物配方、医治方法等内容。rje bstan vdzin don grub 编著，mdzod dge rdzong bod sman zhib vjug khang 整理。成都：四川民族出版社 2010 年出版（文献研究数据）。

0085《四部医典系列挂图全集》 བོད་ལུགས་གསོ་རིག་རྒྱུད་བཞིའི་ནང་དོན་བྲིས་ཆ་ངོ་མཚར་མཐོང་བ་དོན་ལྡན། bod lugs gso rig rgyud bzhivi nang don bris cha ngo mtshar mthong ba don ldan

藏族古籍再版影印译注文献，7-223-01174-2，统一书号：M14170.40，R291.4，正文为汉文、藏文。原书成书于清康熙年间，以彩色绘图的形式系统阐释了藏医药学经典著作《四部医典》的具体内容，以浩瀚的画卷系统介绍了医药卫生科学理论及实践技术。第司·桑吉嘉措，wang le，byams pa vphrin las 主编，洛扎·诺布嘉措、黑巴格涅、王镭、强巴赤列编译。拉萨：西藏人民出版社 2000 年第 2 版第 1 次印刷，纸质，彩色影印本，尺寸 367 × 258 毫米，共 499 页，有插图，右侧装订，精装，保存状况良好，保存环境良好，保存完好，收藏于云南中医药大学（原云南中医学院）图书馆医药样本书工具书室。

0086《藏医药经典文献集成——四部医典详释》 རྒྱུད་བཞི་འགྲེལ་ཆེན།

藏族古籍再版影印译注文献，版权页欠奉，R291.4，正文为藏文。间巴次旺主编，藏医药经典文献集成编委会、青海藏医药研究所编写。北京：民族出版社 2006 年 5 月第 1 版，纸质，铅印本，右侧装订，平装，保存状况良好，收藏于迪庆藏族自治州藏医院柏玛丹争名医资料室。

0087《四部医典要注》 གསོ་རིག་རྒྱུད་བཞིའི་དཀའ་འགྲེལ། gso rig rgyud bzhivi dkav vgrel

藏族古籍再版影印译注文献，7-223-01060-6，R2-02/61，正文为藏文。扎西（bkra shis）主编。拉萨：西藏人民出版社 1998 年 5 月第 1 版，纸质，铅印本，共 636 页，500 千字，右侧装订，平装，保存状况良好，收藏于迪庆藏族自治州藏医院柏玛丹争名医资料室。

0088《藏医药经典文献集成——四部医典疑难注释　四部医典嘱咐详释》 རྒྱུད་བཞིའི་དཀའ་འགྲེལ།

藏族古籍再版影印译注文献，978-7-105-09233-8，R291.4，正文为藏文。藏医药经典文献集成之一。藏医药经典文献集成编委会、青海藏医药研究所编写。北京：民族出版社 2008 年 4 月第 1 版，纸质，铅印本，右侧装订，平装，保存状况良好，缺封底，收藏于迪庆藏族自治州藏医院柏玛丹争名医资料室。

0089《藏医药经典文献集成——四续注释·诃子美串》 རྒྱུད་བཞི་དཀའ་འགྲེལ་ཨ་རུ་རའི་འཕྲེང་མཛེས། rgyud bzhivi brda bkrol rnam rgyal a ru ravi phreng bavi mdzes rgyan zhes bya ba bzhugs so

藏族古籍再版影印译注文献，7-105-06908-2，R291.4，正文为藏文。该书作者为蒙古佛教上层人物开微昂偏昂（rtsom sgrig tshogs pa）。该书主要解释《四部医典》四部分的内容。开微昂偏昂主编，藏医药经典文献集成编委会、青海藏医药研究所编写。北京：民族出版社 2005 年 4 月第 1 版，纸质，铅印本，共 601 页，右侧装订，平装，保存状况良好，收藏于迪庆藏族自治州藏医院柏玛丹争名医资料室。

0090《图解四部医典 · 医理与养生篇》 རྒྱུད་བཞིའི་སྨན་གསོ་དང་ལུས་གསོའི་ལེ་ཚན

藏族古籍再版影印译注文献，7–5613–3742–6，R291.4，正文为汉文、藏文。该书用现代手法诠释了藏医第一经典。宇妥 · 元丹贡布撰（著）。西安：陕西师范大学出版社 2006 年 12 月第 1 次印刷，纸质，影印本，尺寸 240 × 174 毫米，共 286 页，150 千字，有插图，右侧装订，平装，保存状况良好，保存环境优，保存完好，收藏于云南中医学院图书馆。

0091《藏医药经典文献集成——香雄秘诀部译 · 喜庆庄严》 ཞལ་ཤུང་གསོ་རིག་གཅེས་བསྡུས།

藏族古籍再版影印译注文献，7–105–07375–6，R291.4–53，正文为藏文。作者为措些几灭拿哈多介（mtsho sngon zhing chen bod kyi gso rig zhib vjug khang，rtsom sgrig tshogs pa）。该书主讲三大基因、热病、杂病、妇科病、五脏六腑病、传染病、瘟病、中毒；矿物药炮制学、草药功效等内容。措些几灭拿哈多介主编，藏医药经典文献集成编委会、青海藏医药研究所编写。北京：民族出版社 2006 年 1 月第 1 版，纸质，铅印本，共 770 页，右侧装订，平装，保存状况良好，收藏于迪庆藏族自治州藏医院柏玛丹争名医资料室。

0092《藏医药经典文献集成——新老宇妥传》 གཡུ་ཐོག་གསར་རྙིང་གི་རྣམ་ཐར།

藏族古籍再版影印译注文献，7–105–06748–9，K826.2，正文为藏文。宇妥为地名，新老人名都叫宇妥 · 元丹贡布，该书为二人的人物传记，有多位作者。老宇妥为 8 世纪藏王御医，老宇妥创制了藏医及《四部医典》，新宇妥改造现代藏医《四部医典》。bod kyi gso ba rig pavi gnav dpe phyogs bsgrigs dpe tshogs 主编，藏医药经典文献集成编委会、青海藏医药研究所编写。北京：民族出版社 2005 年 1 月第 1 版，纸质，铅印本，共 338 页，平装，保存状况良好，收藏于迪庆藏族自治州藏医院柏玛丹争名医资料室。

0093《藏医药经典文献集成——医学八支精髓　生命甘露流》 གསོ་རིག་བཅོ་བརྒྱད་སྙིང་བཅུད། སྲོག་གི་བདུད་རྩི།

藏族古籍再版影印译注文献，978–7–105–09720–3，R291.4，正文为藏文。藏医药经典文献集成之一。藏医药经典文献集成编委会、青海藏医药研究所编写。北京：民族出版社 2008 年 11 月第 1 版，纸质，铅印本，右侧装订，平装，保存状况良好，收藏于迪庆藏族自治州藏医院柏玛丹争名医资料室。

0094《藏医药经典文献集成——医学利乐宝库》 གསོ་རིག་ཕན་བདེ་བང་མཛོད།

藏族古籍再版影印译注文献，7-105-06469-2，R291.4，正文为藏文。作者是一位藏族医生，音译该玛矮利丹争（krma nges legs bstan vdzin），1700年生，是司德区济炯内的学生。该书成书于1732年，记载了藏医三大基因和热病病因、症状、治疗方法；脏腑病诊断治疗方法；外伤病诊断治疗方法；《四部医典》第二部分。该玛矮利丹争主编，藏医药经典文献集成编委会、青海藏医药研究所编写。北京：民族出版社2004年7月第1版，纸质，铅印本，尺寸85×1168毫米，共942页，无插图，右侧装订，平装，保存状况良好，保存完好，收藏于迪庆藏族自治州图书馆。

0095《藏医药经典文献集成——医学利乐新月》 གསོ་རིག་ཕན་སྤྲོ་བཞིལ་བའི་ཟླ་གསར།

藏族古籍再版影印译注文献，7-105-07242-3，R291.4，正文为藏文。作者该玛俺利丹增（又音译为“该玛矮利丹增”）自幼跟师学医，精通藏医和星算学，后培养了许多藏医学生。该书主要讲《四部医典》第三部，涉及三大基因、肠胃病、热病、五官、杂病、外伤、保健学等内容，主要讲了治疗方法，包括针灸、放血等。rtsom sgrig tshogs pa主编，藏医药经典文献集成编委会、医学利乐新月分册编委会（青海省藏医药研究所）编写。北京：民族出版社2005年第1版，纸质，铅印本，尺寸202×138毫米，共563页，无插图，右侧装订，平装，保存状况良好，保存环境优，保存完好，收藏于云南中医药大学（原云南中医学院）图书馆、迪庆藏族自治州藏医院佛堂、迪庆藏族自治州藏医院柏玛丹争名医资料室。

0096《藏医药经典文献集成——医学美言·金箸　佛语宝串·除暗灯明》 ལེགས་བཤད་གསེར་གྱི་ཐུར་མ། བཀའ་འཕྲེང་མུན་སེལ་སྒྲོན་མེ།

藏族古籍再版影印译注文献，7-105-07100-1，R291.4-53，正文为藏文。该书收录了藏医的理论框架和藏医诊断、临床治疗等方面的文章，是藏医学方面珍贵的参考资料，具有一定的学术价值和文献价值。mtsho sngon zhing chen bod kyi gso rig zhib vjug khang，rtsom sgrig tshogs pa主编，藏医药经典文献集成编委会、青海藏医药研究所编写。北京：民族出版社2005年12月第1版，纸质，铅印本，共644页，右侧装订，平装，保存状况良好，收藏于迪庆藏族自治州藏医院柏玛丹争名医资料室。

0097《藏医药经典文献集成——医学秘诀荟萃·金箧》 གསོ་རིག་གདམས་ངག་ཀུན་འདུས་གསེར་སྒྲོམ།

藏族古籍再版影印译注文献，978-7-105-08362-6，R291.4，正文为藏文。该书为藏医学家噶玛次臣医著，内容涉及药物配方，特别是矿物药的祛毒和炮制秘方，以及各种疾病的治疗方法。藏医药经典文献集成编委会、青海藏医药研究所编写。北京：民族出版社2007年6月第1版，纸质，铅印本，右侧装订，收藏于迪庆藏族自治州藏医院柏玛丹争名医资料室。

0098《藏传医药经典丛书——医学四续　华丹据悉　甘露精义　八支密秘诀窍续》བདུད་རྩི་སྙིང་པོ་ཡན་ལག་བརྒྱད་པ་གསང་བ་མན་ངག་གི་རྒྱུད།

藏族古籍再版影印译注文献，978-7-5478-0852-8，R291.4，正文为汉文。该书由四部分组成：第一部“根本续”，第二部“论述续”，第三部“秘诀续”，第四部“后续续”。全书主要有五个方面：一是基础理论，二是生理和解剖，三是疾病诊断方法，四是治疗疾病的原则和方法，五是药学的基础理论和用药原则。773—783年成书。分册其他题名信息：华丹据悉、甘露精义八支秘密诀窍续。宇妥・元丹贡布著，毛继祖等译注，马世林、罗达尚、毛韶玲撰（著）注释译。上海：上海科学技术出版社2012年1月第1版，纸质，铅印本，尺寸259×186毫米，共353页，478千字，无插图，右侧装订，精装，保存状况良好，保存环境良好，保存完好，收藏于云南中医药大学图书馆医药样本书工具书室。

0099《藏医药经典文献集成——医学所需皆俱》གསོ་རིག་དགོས་འདོད་ཀུན་འབྱུང་།

藏族古籍再版影印译注文献，7-105-07438-8，R291.4，正文为藏文。该书介绍了各种疾病的治疗方法，如三根本疾病的治疗、内科疾病的治疗、外科疾病的治疗、热病的治疗、外伤的治疗、杂病的治疗、儿科疾病的治疗、妇科疾病的治疗、神经科疾病的治疗，以及解毒、养老和滋补等。mtsho sngon zhing chen bod kyi gso rig zhib zjug khang，rtsom sgrig tshogs pa主编，藏医药经典文献集成编委会、青海藏医药研究所编写。北京：民族出版社2006年1月第1版，纸质，铅印本，尺寸85×1168毫米，共244页，无插图，右侧装订，平装，保存状况良好，保存完好，收藏于迪庆藏族自治州藏医院佛堂、迪庆藏族自治州藏医院柏玛丹争名医资料室。

0100《藏医药经典文献集成——医学注释　无垢明释》བཤད་རྒྱུད་འགྲེལ་ཆེན་དྲི་མེད་ཀུན་གསལ།།

藏族古籍再版影印译注文献，7-105-07691-7，R291.4，正文为藏文。该书收录了藏医的理论框架和藏医诊断、临床治疗等方面的文章，是藏医学方面的珍贵参考资料，具有一定的学术价值和文献价值。藏医药经典文献集成编委会、青海藏医药研究所编写。北京：民族出版社2006年5月第1版，纸质，铅印本，右侧装订，平装，保存状况良好，收藏于迪庆藏族自治州藏医院柏玛丹争名医资料室。

0101《藏医药经典文献集成——宇妥心经》གཡུ་ཐོག་སྙིང་ཐིག

藏族古籍再版影印译注文献，978-7-105-08148-6，R291.4，正文为藏文。该书是近代藏医学家香萨・格桑嘉措的藏医学著作集，内容涉及藏医药学药理、病理、诊断方法，尤其是脉诊和尿诊的原理和方法等。gyu thog gsar ma yon tan mgon po sogs著，藏医药经典文献集成编委会、青海藏医药研究所编写。北京：民族出版社 2007 年 3 月第 1 版，纸质，铅印本，共 657 页，右侧装订，平装，保存状况良好，收藏于迪庆藏族自治州藏医院柏玛丹争名医资料室。

0102《藏医药经典文献集成——宇妥医著集》 གཡུ་ཐོག་གསོ་རིག་དཔེ་ཚོགས་།

藏族古籍再版影印译注文献，978-7-105-08398-5，R291.4-53，正文为藏文。该书是藏医药学鼻祖宇妥・元丹贡布除《四部医典》之外的医著集，内容涉及疾病的成因、分类、诊断、治疗等。mtsho sngon zhing chen bod kyi gso rig zhib vjug khang，rtsom sgrig tshogs pa 编，藏医药经典文献集成编委会编写。北京：民族出版社 2007 年出版，共 339 页（文献研究数据）。

0103《藏医药经典文献集成——月光》 ཟླ་ཟེར།

藏族古籍再版影印译注文献，7-105-07104-4，R291.4，正文为藏文，mtsho sngon zhing chen bod kyi gso rig zhib vjug khang，rtsom sgrig tshogs pa 主编，青海省藏医药研究所、藏医药经典文献集成编委会编写。北京：民族出版社 2006 年出版（文献研究数据）。

0104《藏医药经典文献集成——月王药诊》 སྨན་དཔྱད་ཟླ་བའི་རྒྱལ་པོ།

藏族古籍再版影印译注文献，7-105-06905-8，R291.4，正文为藏文。该书收录了藏医的理论框架和藏医诊断、临床治疗等方面的文章，是藏医学方面的珍贵参考资料，具有一定的学术价值和文献价值。rtsom sgrig tshogs pa 主编，藏医药经典文献集成编委会、青海藏医药研究所编写。北京：民族出版社 2006 年 1 月第 1 版，纸质，铅印本，共 459 页，右侧装订，平装，保存状况良好，收藏于迪庆藏族自治州藏医院柏玛丹争名医资料室。

0105《藏传医药经典丛书——月王药诊》 སྨན་དཔྱད་ཟླ་བའི་རྒྱལ་པོ།

藏族古籍再版影印译注文献，978-7-5478-0929-7，R291.4，正文为汉文。该书共有 114 章，内容包括人体的生理功能、胚胎发育、人体骨骼、肌肉、脉络、脏腑各器官的组织构造、身体要害部位、发病的原因、疾病寒热性质和分类、疾病的诊断以及五脏六腑疾病等。毛继祖主编，马世林译注。上海：上海科学技术出版社 2012 年 1 月第 1 版，纸质，铅印本，尺寸 259 × 186 毫米，共 160 页，230 千字，无插图，右侧装订，精装，保存状况良好，保存环境良好，保存完好，收藏于云南中医药大学（原云南中医学院）图书馆医药样本书工具书室。

0106《月王药诊》 སྨན་དཔྱད་ཟླ་བའི་རྒྱལ་པོ།

藏族古籍再版影印译注文献，7-5421-0203-6，K291.4。该书共 113 章，内容包括人体的生理功能，胚胎发育，人体骨骼、肌肉、脉络、脏腑各器官的组织构造，身体要害部位；发病的原因、疾病寒热性质和分类、疾病的诊断、五脏六腑疾病，以及各科杂病及治疗方法；药物方面有药物的性味、功能、分类，以及不同的药物剂型。和尚马哈亚那、毕如扎那主编，马世林、王振华、毛继祖汉文翻译译注。兰州：甘肃民族出版社1993年出版，共344页，收藏于云南省图书馆。

0107《藏医药经典文献集成——藏多医学札记》 གཙང་སྟོད་གསོ་རིག་ཟིན་ཏིག་ཡང་ཏིག

藏族古籍再版影印译注文献，7-105-07809-X，R291.4，并列题名“Studies on the blodlversity and its conserv ahon in Yunnan China”，正文为藏文。该书内容主要为诊断和治疗，是作者汇集前人的论著，结合自己的实践经验编著而成，把疾病归结为十六大分支加以叙述，是一部珍贵的藏医临床实践经验和秘诀汇集。藏医药经典文献集成编委会、青海藏医药研究所编写。北京：民族出版社2006年7月第1版，纸质，铅印本，尺寸85×1168毫米，共701页，无插图，右侧装订，平装，保存状况良好，保存完好，收藏于迪庆藏族自治州藏医院佛堂、迪庆藏族自治州藏医院柏玛丹争名医资料室。

0108《藏医药经典文献集成——藏药实践明论》 འབྲོང་རྩེ་བེའུ་བུམ། མན་ངག་བང་མཛོད། vbrong rtse bevu bum zhe bya ba bzhugs so，man ngag bang mdzod ces bya ba zhugs so

藏族古籍再版影印译注文献，7-105-06906-6，R291.4，正文为藏文。该书收录了藏药的理论框架和藏药诊断、临床治疗等方面的文章，是藏医药学方面的珍贵参考资料，具有一定的学术价值和文献价值。rtsom sgrig tshogs pa主编，藏医药经典文献集成编委会编写。北京：民族出版社2005年5月第1版，纸质，铅印本，尺寸85×1168毫米，共360页，无插图，右侧装订，平装，保存状况良好，保存完好，收藏于迪庆藏族自治州藏医院佛堂。

0109《藏医药经典文献集成——藏医精选·心宝》 སྨན་སྦྱོར་གཅེས་བསྡུས་སྙིང་ནོར།

藏族古籍再版影印译注文献，978-7-105-09718-0，R291.4，正文为藏文。藏医药经典文献集成之一。藏医药经典文献集成编委会、青海藏医药研究所编写。北京：民族出版社2008年11月第1版，纸质，铅印本，右侧装订，平装，保存状况良好，收藏于迪庆藏族自治州藏医院柏玛丹争名医资料室。

0110《藏医精要》 གསོ་རིག་ཉིང་འདུས།

藏族古籍再版影印译注文献，7-5367-0328-7，R291.4/6，正文为汉文、藏文。《藏医精要》论述了83种疾病，并针对每一种疾病给出了治疗的总药方，剂型以散剂和丸剂为主。迪庆藏医用药在传统对症原则基础上，强调总药方对疾病的治疗作用。1962年，云南省药品检验所杨竞生多次到迪庆，求教于向•初称江初活佛，两人合著了最具云南区域特色的藏药专著《迪庆藏药》一书。2006年，云南省民委、云南省卫生厅立项，云南中医学院（现云南中医药大学）主编“香格里拉民族医药研究”系列丛书，其中《云南藏医药》一书，对云南藏医的源流、理论体系、临床用药及资源开发利用等进行了系统研究，总结了云南藏医药特色和研究现况。阿尼·哈咱、向·初称江初合著主编，马世林、王振华撰（著）译，迪庆藏族自治州科学技术委员会编写。昆明：云南民族出版社 1991 年 12 月第 1 版，纸质，铅印本，尺寸 85×1168 毫米，共 185 页，120 千字，无插图，右侧装订，平装，保存状况良好，保存完好。已普查，已整理，已出版，收藏于迪庆藏族自治州图书馆、楚雄彝族自治州图书馆·中国彝族文献图书馆、云南中医学院图书馆、云南中医学院民族医药学院、迪庆藏族自治州藏医院柏玛丹争名医资料室。

0111《藏医药经典文献集成——藏医秘诀汇集》（上） རྒྱུད་བཞི་འགྲེལ་པ་མེས་པོ་ཞལ་ལུང་། gsu rig dgos pa kun vbyung

藏族古籍再版影印译注文献，7-105-06471-4，R291.4，正文为藏文。该书按照藏医学传统科目，分门别类地汇集了 16 世纪以前历代著名藏医学家的医术秘诀。gong sman dkon mchog bde legs 主编。北京：民族出版社 2005 年 4 月第 1 版，纸质，铅印本，尺寸 85×1168 毫米，共 941 页，无插图，右侧装订，平装，保存状况良好，保存完好，收藏于迪庆藏族自治州图书馆。

0112《藏医药经典文献集成——藏医秘诀汇集》（下） གསོ་རིག་དགོས་པ་ཀུན་འབྱུང་། gsu rig dgos pa kun vbyung

藏族古籍再版影印译注文献，7-105-06471-4，R291.4，正文为藏文。该书按照藏医学传统科目，分门别类地汇集了 16 世纪以前历代著名藏医学家的医术秘诀。gong sman dkon mchog bde legs 主编。北京：民族出版社 2005 年 4 月第 1 版，纸质，铅印本，尺寸 85×1168 毫米，共 937 页，无插图，右侧装订，平装，保存状况良好，保存完好，照片编号：102-2572 至 102-2574，收藏于迪庆藏族自治州图书馆。

0113《藏医药经典文献集成——藏医颂词》 བདུད་རྩི་སྨན་གྱི་མདོ་ཚིག

藏族古籍再版影印译注文献，978-7-105-08377-0，R291.4，正文为藏文。该书是传统藏医对自然和神灵、上师和传承的赞美诗集，其中还包括许多治疗经验和方剂、医伦医德等内容。由藏多·达玛贡布汇集，藏医药经典文献集成编委会、青海藏医药研究所编写。北京：民族出版社 2007 年 6 月第 1 版，纸质，铅印本，右侧装订，平装，保存状况良好，收藏于迪庆藏族自治州藏医院柏玛丹争名医资料室。

0114《藏医药经典文献集成（藏医古文献精品丛书）——说续注疏》 བདུད་རྩི་ཆུ་རྒྱུན། bshad pavi rgyud kyi rgya cher vgrel ba bdud rtsivi chu rgyun zhes bya ba bzhugs so

藏族古籍再版影印译注文献，7-105-05322-4，R291.4，正文为藏文。该书涉及《四部医典》第一部，包括论述、总体论述藏医、解释。作者强巴曼接扎桑（mtsho sngon zhing chen bod kyi gso rig zhib vjug khang，rtsom sgrig tshogs pa）生于 1395 年，为一世达赖的同学，卒于 1475 年。强巴曼接扎桑主编，藏医药经典文献集成编委会、青海藏医药研究所编写。北京：民族出版社 2004 年 7 月第 1 版，纸质，铅印本，共 631 页，平装，保存状况良好，收藏于迪庆藏族自治州藏医院柏玛丹争名医资料室。

0115《藏医药经典文献集成——直贡医算集》 ཀྲུང་གོའི་བོད་ལུགས་གསོ་རིག་རྩ་ཆེ་བའི་དཔེ་རྙིང་ཀུན་འདུས།

藏族古籍再版影印译注文献，978-7-105-09042-6，R291.4-53，正文为藏文。藏族医药文集，正文为藏文。mtsho sngon zhing chen bod kyi gso rig zhib vjugs khang，bod kyi gso ba rig pavi gnav dpe phyogs bsgrigs dpe tshog 主编，藏医药经典文献集成编委会编写。北京：民族出版社 2008 年出版，共 885 页（文献研究数据）。

0116《中国藏医药影印古籍珍本（第 01 卷）》 ཀྲུང་གོའི་བོད་ལུགས་གསོ་རིག་རྩ་ཆེ་བའི་དཔེ་རྙིང་ཀུན་འདུས།

藏族古籍再版影印译注文献，978-7-223-04011-2，正文为藏文。“中国藏医药影印古籍珍本”丛书第一卷，共包括 33 本藏医药古籍影印图片，均为手抄版古籍。西藏藏医学院（现为西藏藏医药大学）编写。拉萨：西藏人民出版社 2013 年 10 月第 1 版第 1 次印刷，纸质，影印本，尺寸 78 × 1092 毫米，共 457 页，900 千字，精装，保存状况良好，收藏于迪庆藏族自治州藏医院柏玛丹争名医资料室。

0117《中国藏医药影印古籍珍本（第 02 卷）》 ཀྲུང་གོའི་བོད་ལུགས་གསོ་རིག་རྩ་ཆེ་བའི་དཔེ་རྙིང་ཀུན་འདུས།

藏族古籍再版影印译注文献，978-7-223-04002-0，正文为藏文。“中国藏医药影印古籍珍本”丛书第二卷，包括 6 本古籍：《根本论》《解剖学》《病理学》《治疗学》《法事治疗》《后序》。西藏藏医学院编写。拉萨：西藏人民出版社 2013 年 10 月第 1 版第 1 次印刷，纸质，影印本，尺寸 78 × 1092 毫米，共 392 页，900 千字，精装，保存状况良好，收藏于迪庆藏族自治州藏医院柏玛丹争名医资料室。

0118《中国藏医药影印古籍珍本（第 03 卷）》 ཀྲུང་གོའི་བོད་ལུགས་གསོ་རིག་རྩ་ཆེ་བའི་དཔེ་རྙིང་ཀུན་འདུས།

藏族古籍再版影印译注文献，978-7-223-04003-7，正文为藏文。“中国藏医药影印古籍珍本”丛书第三卷，主要有 38 部，包括宇妥·元丹贡布所著的医学著作的手抄本，以及另外三部医学著作——《医学之花》《经验手册》《治疗传染病给人生命》。西藏藏医学院编写。拉萨：西藏人民出版社 2013 年 10 月第 1 版第 1 次印刷，纸质，影印本，尺寸 78 × 1092 毫米，共 513 页，900 千字，精装，保存状况良好，收藏于迪庆藏族自治州藏医院柏玛丹争名医资料室。

0119《中国藏医药影印古籍珍本（第 04 卷）》 རྒྱུད་གོའི་བོད་ལུགས་གསོ་རིག་རྩ་ཆེ་བའི་དཔེ་རྙིང་ཀུན་འདུས།

藏族古籍再版影印译注文献，978-7-223-04010-5，正文为藏文。“中国藏医药影印古籍珍本”丛书第四卷，共 8 本古籍，第一本为《四部医典》医史，第二至第八本为《四部医典》。西藏藏医学院编写。拉萨：西藏人民出版社 2013 年 10 月第 1 版第 1 次印刷，纸质，影印本，尺寸 78 × 1092 毫米，共 692 页，900 千字，精装，保存状况良好，收藏于迪庆藏族自治州藏医院柏玛丹争名医资料室。

0120《中国藏医药影印古籍珍本（第 05 卷）》 རྒྱུད་གོའི་བོད་ལུགས་གསོ་རིག་རྩ་ཆེ་བའི་དཔེ་རྙིང་ཀུན་འདུས།

藏族古籍再版影印译注文献，978-7-223-04009，正文为藏文。“中国藏医药影印古籍珍本”丛书第五卷，共 4 本藏医药古籍影印图片。西藏藏医学院编写。拉萨：西藏人民出版社 2013 年 12 月第 1 版第 1 次印刷，纸质，影印本，尺寸 78 × 1092 毫米，共 458 页，900 千字，精装，保存状况良好，收藏于迪庆藏族自治州藏医院柏玛丹争名医资料室。

0121《中国藏医药影印古籍珍本（第 06 卷）》 རྒྱུད་གོའི་བོད་ལུགས་གསོ་རིག་རྩ་ཆེ་བའི་དཔེ་རྙིང་ཀུན་འདུས།

藏族古籍再版影印译注文献，978-7-223-03999-4，正文为藏文。“中国藏医药影印古籍珍本”丛书第六卷，为第司 · 桑吉嘉措所著《蓝琉璃》。西藏藏医学院编写。拉萨：西藏人民出版社 2013 年 11 月第 1 版第 1 次印刷，纸质，影印本，尺寸 78 × 1092 毫米，共 367 页，900 千字，精装，保存状况良好，收藏于迪庆藏族自治州藏医院柏玛丹争名医资料室。

0122《中国藏医药影印古籍珍本（第 07 卷）》 རྒྱུད་གོའི་བོད་ལུགས་གསོ་རིག་རྩ་ཆེ་བའི་དཔེ་རྙིང་ཀུན་འདུས།

藏族古籍再版影印译注文献，978-7-223-03998-7，正文为藏文。“中国藏医药影印古籍珍本”丛书第七卷，包括 2 本古籍——《蓝琉璃解释》《密诀本解释》，作者均为第司 · 桑吉嘉措。西藏藏医学院编写。拉萨：西藏人民出版社 2013 年 11 月第 1 版第 1 次印刷，纸质，影印本，尺寸 78 × 1092 毫米，共 515 页，900 千字，精装，保存状况良好，收藏于迪庆藏族自治州藏医院柏玛丹争名医资料室。

0123《中国藏医药影印古籍珍本（第 08 卷）》 རྒྱུད་གོའི་བོད་ལུགས་གསོ་རིག་རྩ་ཆེ་བའི་དཔེ་རྙིང་ཀུན་འདུས།

藏族古籍再版影印译注文献，978-7-223-03997-0，正文为藏文。“中国藏医药影印古籍珍本”丛书八卷，共有 11 本古籍：前三部为第司解释《四部医典》第一、三、四部；

第四本为《藏医外科学》；第五本为宇妥·元丹贡布所著的《本草学》；第六本为《五种临床治疗法》；第七本为贡曼巴·公却彭达的《如意大全》，又名《甘露滴》；第八本为《四部医典》之后序里的《总述要义》；第九本为《珍宝药炮制法》；第十本为《秘诀精要》；第十一本为《诊断法》《放血疗法》。西藏藏医学院编写。拉萨：西藏人民出版社2013年12月第1版第1次印刷，纸质，影印本，尺寸78×1092毫米，共395页，900千字，精装，保存状况良好，收藏于迪庆藏族自治州藏医院柏玛丹争名医资料室。

0124《中国藏医药影印古籍珍本（第09卷）》 ཀྲུང་གོའི་བོད་ལུགས་གསོ་རིག་རྩ་ཆེ་བའི་དཔེ་རྙིང་ཀུན་འདུས།

藏族古籍再版影印译注文献，978-7-223-03996-3，正文为藏文。“中国藏医药影印古籍珍本”丛书第九卷，共74本古籍，主要内容为藏医临床疾病诊疗。西藏藏医学院编写。拉萨：西藏人民出版社2013年12月第1版第1次印刷，纸质，影印本，尺寸78×1092毫米，共497页，900千字，精装，保存状况良好，收藏于迪庆藏族自治州藏医院柏玛丹争名医资料室。

0125《中国藏医药影印古籍珍本（第10卷）》 ཀྲུང་གོའི་བོད་ལུགས་གསོ་རིག་རྩ་ཆེ་བའི་དཔེ་རྙིང་ཀུན་འདུས།

藏族古籍再版影印译注文献，978-7-223-03991-8，正文为藏文。“中国藏医药影印古籍珍本”丛书第十卷，包括24本古籍，主要为《四部医典》药学内容。西藏藏医学院编写。拉萨：西藏人民出版社2013年12月第1版第1次印刷，纸质，影印本，尺寸78×1092毫米，共474页，900千字，精装，保存状况良好，收藏于迪庆藏族自治州藏医院柏玛丹争名医资料室。

0126《中国藏医药影印古籍珍本（第11卷）》 ཀྲུང་གོའི་བོད་ལུགས་གསོ་རིག་རྩ་ཆེ་བའི་དཔེ་རྙིང་ཀུན་འདུས།

藏族古籍再版影印译注文献，978-7-223-04008-2，正文为藏文。“中国藏医药影印古籍珍本”丛书第十一卷，共53本古籍，包括藏医各家学说以及对《四部医典》各部分的理解与个人经验。西藏藏医学院编写。拉萨：西藏人民出版社2013年12月第1版第1次印刷，纸质，影印本，尺寸78×1092毫米，共491页，900千字，精装，保存状况良好，收藏于迪庆藏族自治州藏医院柏玛丹争名医资料室。

0127《中国藏医药影印古籍珍本（第12卷）》 ཀྲུང་གོའི་བོད་ལུགས་གསོ་རིག་རྩ་ཆེ་བའི་དཔེ་རྙིང་ཀུན་འདུས།

藏族古籍再版影印译注文献，978-7-223-04007-5，正文为藏文。“中国藏医药影印古籍珍本”丛书第十二卷，包括藏医主要疾病诊断治疗及对同一种疾病不同医家的不同理解，共30本书。西藏藏医学院编写。拉萨：西藏人民出版社2013年12月第1版第1

次印刷，纸质，影印本，尺寸 78×1092 毫米，共 415 页，900 千字，精装，保存状况良好，收藏于迪庆藏族自治州藏医院柏玛丹争名医资料室。

0128《中国藏医药影印古籍珍本（第 13 卷）》 ཀྲུང་གོའི་བོད་ལུགས་གསོ་རིག་རྩ་ཆེ་བའི་དཔེ་རྙིང་ཀུན་འདུས།

藏族古籍再版影印译注文献，978-7-223-04006-8，正文为藏文。“中国藏医药影印古籍珍本”丛书第十三卷，共两本古籍，第一本为噶玛·俺利丹增所著《藏医经典汇编》；第二本为《秘诀汇编》。西藏藏医学院编写。拉萨：西藏人民出版社 2013 年 12 月第 1 版第 1 次印刷，纸质，影印本，尺寸 78×1092 毫米，共 435 页，900 千字，精装，保存状况良好，收藏于迪庆藏族自治州藏医院柏玛丹争名医资料室。

0129《中国藏医药影印古籍珍本（第 14 卷）》 ཀྲུང་གོའི་བོད་ལུགས་གསོ་རིག་རྩ་ཆེ་བའི་དཔེ་རྙིང་ཀུན་འདུས།

藏族古籍再版影印译注文献，978-7-223-04005-1，正文为藏文。“中国藏医药影印古籍珍本”丛书第十四卷，共 17 本古籍，主要包括《四部医典》第二部《论述本》的解释；药味、药性、功效；寒性病治疗，诃子之说；《密诀本》的解释以及其他多种疾病的治疗。西藏藏医学院编写。拉萨：西藏人民出版社 2013 年 12 月第 1 版第 1 次印刷，纸质，影印本，尺寸 78×1092 毫米，共 325 页，900 千字，精装，保存状况良好，收藏于迪庆藏族自治州藏医院柏玛丹争名医资料室。

0130《中国藏医药影印古籍珍本（第 15 卷）》 ཀྲུང་གོའི་བོད་ལུགས་གསོ་རིག་རྩ་ཆེ་བའི་དཔེ་རྙིང་ཀུན་འདུས།

藏族古籍再版影印译注文献，978-7-223-04004-4，正文为藏文。“中国藏医药影印古籍珍本”丛书第十五卷，共 15 本古籍，主要为宇妥·元丹贡布的著作，以及星算、后人所撰宇妥传、藏医史、药师佛经文、《四部医典》难点释义。西藏藏医学院编写。拉萨：西藏人民出版社，2013 年 12 月有第 1 版第 1 次印刷，纸质，影印本，尺寸 78×1092 毫米，共 410 页，900 千字，精装，保存状况良好，收藏于迪庆藏族自治州藏医院柏玛丹争名医资料室。

0131《中国藏医药影印古籍珍本（第 16 卷）》 ཀྲུང་གོའི་བོད་ལུགས་གསོ་རིག་རྩ་ཆེ་བའི་དཔེ་རྙིང་ཀུན་འདུས།

藏族古籍再版影印译注文献，978-7-223-04109-6，正文为藏文。“中国藏医药影印古籍珍本”丛书第十六卷，共 8 本古籍，主要为对《四部医典》的解释，为不同医家所作。西藏藏医学院编写。拉萨：西藏人民出版社 2013 年 12 月第 1 版第 1 次印刷，纸质，影印本，尺寸 78×1092 毫米，共 342 页，900 千字，精装，保存状况良好，收藏于迪庆藏族自治州藏医院柏玛丹争名医资料室。

0132《中国藏医药影印古籍珍本（第 17 卷）》 རྒྱུང་གོའི་བོད་ལུགས་གསོ་རིག་རྩ་ཆེ་བའི་དཔེ་རྙིང་ཀུན་འདུས།

藏族古籍再版影印译注文献，978-7-223-04110-2，正文为藏文。“中国藏医药影印古籍珍本”丛书十七卷，共 43 本古籍，主要为对《四部医典》第四部的解释；外伤的治疗法；静脉曲张、感冒等疾病的治疗；过敏性疾病的治疗；陨石药的配方；泻治法；头、腹疼痛，细菌感染的治疗，制药过程中的经文；十二味首翼丸的配方；藏医医疗器械、药物配伍等。西藏藏医学院编写。拉萨：西藏人民出版社 2013 年 12 月第 1 版第 1 次印刷，纸质，影印本，尺寸 78×1092 毫米，共 394 页，900 千字，精装，保存状况良好，收藏于迪庆藏族自治州藏医院柏玛丹争名医资料室。

0133《中国藏医药影印古籍珍本（第 18 卷）》 རྒྱུང་གོའི་བོད་ལུགས་གསོ་རིག་རྩ་ཆེ་བའི་དཔེ་རྙིང་ཀུན་འདུས།

藏族古籍再版影印译注文献，978-7-223-04112-6，正文为藏文。“中国藏医药影印古籍珍本”丛书十八卷，共 37 本古籍，包括药物功效，龙病的治疗方法，头痛、外伤的治疗，癌症的治疗，药物配方，对《四部医典》的解释，制药仪式，珍贵药运用法，药物去毒炮制法，脉诊预测未来，妇科病治疗。西藏藏医学院编写。拉萨：西藏人民出版社 2013 年 12 月第 1 版第 1 次印刷，纸质，影印本，尺寸 78×1092 毫米，共 422 页，900 千字，精装，保存状况良好，收藏于迪庆藏族自治州藏医院柏玛丹争名医资料室。

0134《中国藏医药影印古籍珍本（第 19 卷）》 རྒྱུང་གོའི་བོད་ལུགས་གསོ་རིག་རྩ་ཆེ་བའི་དཔེ་རྙིང་ཀུན་འདུས།

藏族古籍再版影印译注文献，978-7-223-04106-5，正文为藏文。“中国藏医药影印古籍珍本”丛书十九卷，共 30 本古籍，主要内容为内科杂病的治疗法，以及外伤病治疗法、藏医养生法。以上均为同一作者所作，作者不详。西藏藏医学院编写。拉萨：西藏人民出版社 2013 年 12 月第 1 版第 1 次印刷，纸质，影印本，尺寸 78×1092 毫米，共 481 页，900 千字，精装，保存状况良好，收藏于迪庆藏族自治州藏医院柏玛丹争名医资料室。

0135《中国藏医药影印古籍珍本（第 20 卷）》 རྒྱུང་གོའི་བོད་ལུགས་གསོ་རིག་རྩ་ཆེ་བའི་དཔེ་རྙིང་ཀུན་འདུས།

藏族古籍再版影印译注文献，978-7-223-04111-9，正文为藏文。“中国藏医药影印古籍珍本”丛书第二十卷，共 24 本古籍，包括制药加持方法、药师佛经文、草药、医学问答、治疗方法、医学史、不同医家对《四部医典》的解释。西藏藏医学院编写。拉萨：西藏人民出版社 2013 年 12 月第 1 版第 1 次印刷，纸质，影印本，尺寸 78×1092 毫米，共 432 页，900 千字，精装，保存状况良好，收藏于迪庆藏族自治州藏医院柏玛丹争名医资料室。

0136《中国藏医药影印古籍珍本（第 21 卷）》 རྒྱུང་གོའི་བོད་ལུགས་གསོ་རིག་རྩ་ཆེ་བའི་དཔེ་རྙིང་ཀུན་འདུས།

藏族古籍再版影印译注文献，978-7-223-04184-3，正文为藏文。“中国藏医药影印古籍珍本”丛书第二十一卷，包括藏医天文历法学、星算学、地理学等内容。西藏藏医学院编写。拉萨：西藏人民出版社 2013 年 12 月第 1 版第 1 次印刷，纸质，影印本，尺寸 78×1092 毫米，共 434 页，900 千字，精装，保存状况良好，收藏于迪庆藏族自治州藏医院柏玛丹争名医资料室。

0137《中国藏医药影印古籍珍本（第 22 卷）》 རྒྱུང་གོའི་བོད་ལུགས་གསོ་རིག་རྩ་ཆེ་བའི་དཔེ་རྙིང་ཀུན་འདུས།

藏族古籍再版影印译注文献，978-7-223-04185-0，正文为藏文。“中国藏医药影印古籍珍本”丛书第二十二卷，共 2 本藏医药古籍影印图片，主要内容为对《白琉璃》的解释和问答。西藏藏医学院编写。拉萨：西藏人民出版社 2013 年 12 月第 1 版第 1 次印刷，纸质，影印本，尺寸 78×1092 毫米，共 363 页，900 千字，精装，保存状况良好，收藏于迪庆藏族自治州藏医院柏玛丹争名医资料室。

0138《中国藏医药影印古籍珍本（第 23 卷）》 རྒྱུང་གོའི་བོད་ལུགས་གསོ་རིག་རྩ་ཆེ་བའི་དཔེ་རྙིང་ཀུན་འདུས།

藏族古籍再版影印译注文献，978-7-223-04186-7，正文为藏文。“中国藏医药影印古籍珍本”丛书第二十三卷，共 59 本，第司·桑吉嘉措著，包括对《白琉璃》的解释、一些毒性药物的配方、星算学、草药学等内容。西藏藏医学院编写。拉萨：西藏人民出版社，2013 年 12 月第 1 版第 1 次印刷，纸质，影印本，尺寸 78×1092 毫米，共 401 页，900 千字，精装，保存状况良好，收藏于迪庆藏族自治州藏医院柏玛丹争名医资料室。

0139《中国藏医药影印古籍珍本（第 24 卷）》 རྒྱུང་གོའི་བོད་ལུགས་གསོ་རིག་རྩ་ཆེ་བའི་དཔེ་རྙིང་ཀུན་འདུས།

藏族古籍再版影印译注文献，978-7-223-04187-4，正文为藏文。“中国藏医药影印古籍珍本”丛书第二十四卷，共 41 本，包含星算学、天文历法学、地理学等内容。西藏藏医学院编写。拉萨：西藏人民出版社 2013 年 12 月第 1 版第 1 次印刷，纸质，影印本，尺寸 78×1092 毫米，共 416 页，900 千字，精装，保存状况良好，收藏于迪庆藏族自治州藏医院柏玛丹争名医资料室。

0140《中国藏医药影印古籍珍本（第25卷）》 ཀྲུང་གོའི་བོད་ལུགས་གསོ་རིག་རྩ་ཆེ་བའི་དཔེ་རྙིང་ཀུན་འདུས།

藏族古籍再版影印译注文献，978-7-223-04188-1，正文为藏文。"中国藏医药影印古籍珍本"丛书第二十五卷，共53本，内容为不同作者对星算学的阐释。西藏藏医学院编写。拉萨：西藏人民出版社2013年12月第1版第1次印刷，纸质，影印本，尺寸78×1092毫米，共490页，900千字，精装，保存状况良好，收藏于迪庆藏族自治州藏医院柏玛丹争名医资料室。

0141《中国藏医药影印古籍珍本（第26卷）》 ཀྲུང་གོའི་བོད་ལུགས་གསོ་རིག་རྩ་ཆེ་བའི་དཔེ་རྙིང་ཀུན་འདུས།

藏族古籍再版影印译注文献，978-7-223-04192-8，正文为藏文。"中国藏医药影印古籍珍本"丛书第二十六卷，共62本，内容均为星算学。西藏藏医学院编写。拉萨：西藏人民出版社2013年12月第1版第1次印刷，纸质，影印本，尺寸78×1092毫米，共406页，900千字，精装，保存状况良好，收藏于迪庆藏族自治州藏医院柏玛丹争名医资料室。

0142《中国藏医药影印古籍珍本（第27卷）》 ཀྲུང་གོའི་བོད་ལུགས་གསོ་རིག་རྩ་ཆེ་བའི་དཔེ་རྙིང་ཀུན་འདུས།

藏族古籍再版影印译注文献，978-7-223-04193-5，正文为藏文。"中国藏医药影印古籍珍本"丛书第二十七卷，共33本，包括藏医养生学、星算学等内容。西藏藏医学院编写。拉萨：西藏人民出版社2013年12月第1版第1次印刷，纸质，影印本，尺寸78×1092毫米，共409页，900千字，精装，保存状况良好，收藏于迪庆藏族自治州藏医院柏玛丹争名医资料室。

0143《中国藏医药影印古籍珍本（第28卷）》 ཀྲུང་གོའི་བོད་ལུགས་གསོ་རིག་རྩ་ཆེ་བའི་དཔེ་རྙིང་ཀུན་འདུས།

藏族古籍再版影印译注文献，978-7-223-04194-2，正文为藏文。"中国藏医药影印古籍珍本"丛书第二十八卷，共63本，包括藏医星算学、解剖学、对《白琉璃》的解释等内容。西藏藏医学院编写。拉萨：西藏人民出版社2013年12月第1版第1次印刷，纸质，影印本，尺寸78×1092毫米，共484页，900千字，精装，保存状况良好，收藏于迪庆藏族自治州藏医院柏玛丹争名医资料室。

0144《中国藏医药影印古籍珍本（第29卷）》 ཀྲུང་གོའི་བོད་ལུགས་གསོ་རིག་རྩ་ཆེ་བའི་དཔེ་རྙིང་ཀུན་འདུས།

藏族古籍再版影印译注文献，978-7-223-04195-9，正文为藏文。"中国藏医药影印古籍珍本"丛书第二十九卷，共27本，包括星算学、地理学、气候学等内容。西藏藏医学院编写。拉萨：西藏人民出版社 2013 年 12 月第 1 版第 1 次印刷，纸质，影印本，尺寸 78×1092 毫米，共 375 页，900 千字，精装，保存状况良好，收藏于迪庆藏族自治州藏医院柏玛丹争名医资料室。

0145《中国藏医药影印古籍珍本（第 30 卷）》 ཀྲུང་གོའི་བོད་ལུགས་གསོ་རིག་རྩ་ཆེ་བའི་དཔེ་སྙིང་ཀུན་འདུས།

藏族古籍再版影印译注文献，978-7-223-04196-6，正文为藏文。“中国藏医药影印古籍珍本”丛书第三十卷，共 44 本，全部为星算学的内容。西藏藏医学院编写。拉萨：西藏人民出版社 2013 年 12 月第 1 版第 1 次印刷，纸质，影印本，尺寸 78×1092 毫米，共 365 页，900 千字，精装，保存状况良好，收藏于迪庆藏族自治州藏医院柏玛丹争名医资料室。

0146《藏医药经典文献集成——子书精要》 བུ་དོན་མ། bu don ma

藏族古籍再版影印译注文献，7-105-05283-X，R291.4，正文为藏文。该书收录了藏医的理论框架和藏医诊断、临床治疗等方面的珍贵资料。gyu thog gsar ma yon tan mgon po 主编。北京：民族出版社 2005 年 4 月第 1 版，纸质，铅印本，尺寸 85×1168 毫米，共 303 页，无插图，右侧装订，平装，保存状况良好，保存完好，收藏于迪庆藏族自治州藏医院佛堂。

2. 藏族医药现代图书文献等

0147《苯教四部藏医经典》 གསོ་རིག་འབུམ་བཞི།

藏族医药专著，7-105-06950-3，正文为藏文。该书据说成书于藏族第一代赞普时期，至今已有 3800 多年的历史，有很高的收藏价值。dpyad bu khri xes 撰（著）。北京：民族出版社 2005 年 6 月第 1 版，纸质铅印本，共 689 页。

0148《常用藏药功能介绍》 རྒྱུན་སྤྱོད་བོད་སྨན་ཕན་ནུས་ངོ་སྤྲོད། rgyun spyod sman sbyor nus pa phyogs bsdus bdud rtsivi thigs phreng bzhugs

藏族医药专著，978-7-223-02149-4，R291.4，正文为藏文。该书根据从事藏药学习、研究和工作的人员的需要，整理了 208 种现代常用藏药，并分别对每种藏药的性质、疗效、用法、用量、毒性级别等进行叙述。央美（gyang mer）编著。拉萨：西藏人民出版社 2007 年 5 月第 1 版，铅印本，共 182 页，72 千字。

0149《常藏药制剂甘露精要》 རྒྱུན་སྤྱོད་སྨན་རྫས་ལས་སྦྱོར་བདུད་རྩིའི་གཅེས་བསྡུས། rgyun spyod bod sman thang ril bu gsum gyi sbyor sde dang nyer mkhovi lag len gyi skor cung zad gsal bar brjod pa kun phan bdud rtsivi chu rgyun

藏族医药专著，7-5409-3363-0，R291.4。作者经多年刻苦研究藏医药学，积累了丰富的临床经验，进而创新规范了常用藏药制剂 210 多种，并对每种制剂的特性、作用、制作成分、服用方式及形态、色泽、口味等进行了详细描述、阐释，该书对于丰富藏医药学内容有重要的意义。tshe kho 主编。成都：四川民族出版社 2006 年出版，共 284 页。

0150《常用藏医银针》 རྒྱུན་སྤྱོད་བོད་གསོ་དངུལ་ཁབ། rgyun spyod bod sman dngul khab

藏族医药专著，7–105–05481–6，R291.4，正文为藏文。该书为藏语撰写的藏医针灸疗法概述。林瓦・向日科（gling ba byang rig kho）著。北京：民族出版社 2003 年 5 月第 1 版，2005 年 6 月第 3 次印刷，纸质铅印本，共 179 页，有插图。

0151《大宝伏藏文库・藏医集》 རིན་ཆེན་གཏེར་མཛོད།

藏族医药专著，莲花生主编。成都：四川民族出版社 1997 年出版。

0152《丹珠尔藏医药学文献精要（藏文）》 བསྟན་འགྱུར་སྨན་ཡིག་གཅེས་བཏུས། sman dpyad gces pa grub pa sogs bstan vgyur las byung bavi sman yig kha vthor sna tshogs bces par btus pa bzhugs so

藏族医药专著，978–7–5421–1221–7，R291.4。九西加（chos dpal vjigs byed skyab，vbum kho，rta mgrin skyabs）选编整理。兰州：甘肃民族出版社 2008 年出版，共 354 页。

0153《迪庆藏药》（上、下册） བདེ་ཆེན་བོད་སྨན།（སྟོད་སྨད།）

藏族医药专著，7–5367–0027–X，正文为汉文、藏文。《迪庆藏药》一书收载了迪庆藏医常用药物 600 多种，其中孢子植物药 448 种、矿物药 76 种、动物药 74 种、木本种子植物药 4 类，其中的 150 多种药物是迪庆和横断山中段的特有种类。这些药物均被当地藏医就地取材用于自制方药。云南藏医常用方剂有 174 个，其中 27 个为国家藏药标准中所没有的。迪庆藏药品种多样，临床运用选择范围宽广，如藏药草乌（榜那），迪庆有 14 个种，同属毛茛科多年生草本植物，都用于治疗流感、炭疽病及风湿病等病症。杨竞生、初称江措著，迪庆藏族自治州民族宗教事务委员会编写。昆明：云南民族出版社出版，上册于 1987 年 9 月出版，下册于 1989 年 1 月出版，均为铅印本，共 238 页，220 千字，有插图。

0154《迪庆藏医药发展简史》 བདེ་ཆེན་བོད་ལུགས་གསོ་རིག་འབྱུང་འཕེལ་རགས་བསྡུས།།

藏族医药专著，祁继光撰（著），迪庆藏族自治州藏医院编写。2006 年 12 月出版，纸质铅印本，共 70 页，简装。

0155《北京藏医院藏医药学系列丛书——敦煌本吐蕃医学文献精要：译注及研究文集》 ཏུང་ཧོང་ནས་ཐོན་པའི་བོད་ལུགས་གསོ་རིག་སྙིང་བསྡུས།།

藏族医药专著，7–105–05205–8，R291.4–53。该书收入了敦煌古藏医文献汉文译文 6 篇，敦煌古藏医文献研究论文 12 篇，以及敦煌古藏医文献藏文原文摹写 6 篇及其相关词语注释和一篇藏文字母转写的象雄语医学文献。罗秉芬主编。北京：民族出版社 2002

年出版。

0156《根本部医典注释汇编》 རྩ་རྒྱུད་འགྲེལ་པ་ཕྱོགས་བསྒྲིགས། rtsa rgyud vgrel pa phyogs bsgrigsmtsho sngon zhing chen bod kyi gso rig zhib vjug khang,rtsom sgrig tshogs pa

藏族医药专著，978-7-105-09039-6，R291.4。北京：民族出版社 2007 年出版，共 322 页。

0157《基础藏医学》 བོད་ལུགས་གསོ་རིག་སྔང་གཞི།

藏族医药专著，978-7-5132-0547-4，R29。该书围绕藏医方面展开，共分 8 章，分别介绍了藏医学的历史、分类、现代发展、藏族名医代表人物等，五源土（地）、水、火、风、空与三因龙、赤巴、培根形成的藏医基础理论三因五源学说，树喻论，三因五源与人体的形成和生理，三因生理形态改变的三病因和时令、地域、饮食、起居的四病缘相结合产生疾病的病理，问诊、脉诊（切脉）、尿诊（验尿）、查诊等的辨证诊断，药术食行相结合的治疗，医生的素养与医德等内容。王智森编著。北京：中国中医药出版社 2011 年出版，共 239 页。

0158《基础藏医学史》 བོད་ལུགས་གསོ་རིག་གི་ལོ་རྒྱུས།།

藏族医药专著，978-7-5132-1409-4，R291.4-09。该书以藏族的历史发展为纲，以年代为线索，完整介绍了藏医学是如何从无到有、从原始状态的医疗活动到复杂的发展状态、从低级到高级的发展进程，并且对重要的年代和突出的人物、著作做了详细的介绍。王智森著。北京：中国中医药出版社 2013 年出版，共 173 页。

0159《尖扎县藏医药综论》 གཅན་ཚ་རྫོང་གི་བོད་ལུགས་གསོ་རིག་གི་བྱུང་འཕེལ། gcan tsha rdzong gi bod lugs gso rig byung vphel

藏族医药专著，978-7-5420-1343-9，R291.4-53，藏文版。该书为藏医药论述文集。gcan tsha rdzong bod lugs sman khang 主编。西宁：青海民族出版社 2008 年出版，共 277 页。

0160《秘诀黑卷・明灯　小秘诀黑卷・明灯》 འབུམ་ནག་གསལ་སྒྲོན། འབུམ་ཆུང་གསལ་སྒྲོན vbum nag gsal sgron zhes bya ba bzhugs so, vbum chung gsal sgron zhes bya ba bzhugs so

藏族医药专著，7-105-07106-0，R291.4。该书收录了藏医的理论框架和藏医诊断、临床治疗等方面的文章，是藏医学方面的珍贵参考资料，具有一定的学术价值和文献价值。rtsom sgrig tshogs pa 主编。北京：民族出版社 2005 年出版，共 371 页。

0161《秘诀钥匙》 མན་ངག་ལྡན་ཐབས་ཀྱི་ལྡེ་མིག

藏族医药专著，正文为藏文。无汉字名蓝皮小书。拉萨：西藏藏医学院，纸质铅印本，共 95 页。

0162《藏医药经典文献集成——千万舍利子》མན་ངག་བྱེ་བ་རིང་བསྲེལ།། man ngag bye ba ring bsrel

藏族医药专著，7-105-06904-X，R291.4。该书收录了藏医的理论框架和藏医诊断、临床治疗等方面的文章，是藏医学方面的珍贵参考资料，具有一定的学术价值和文献价值。zur mkhar mnyam nyid rdo rje 主编。北京：民族出版社 2005 年出版，共 709 页。

0163《强巴赤列选集》མཁས་དབང་བྱམས་པ་འཕྲིན་ལས་མཆོག་གི་སྨན་ཡིག་ཕྱོགས་བསྒྲིགས།

藏族医药专著，7-80057-283-8，R291.4-53，正文为藏文。强巴赤列主编。北京：中国藏学出版社 1997 年 7 月第 2 版第 2 次印刷，纸质铅印本，共 599 页。

0164《神奇的藏医尿诊》དྲི་ཆུ་བརྟག་ཐབས་གསལ་བའི་མེ་ལོང་།

藏族医药专著，7-80174-462-4，R291.4/18。该书介绍了神奇的藏医尿诊、藏医尿诊操作程序、尿热时诊病、尿温时诊断、尿冷时诊断、排尿时尿液稀稠诊断、常规尿诊等。洛嘎仁波切撰（著）。北京：中医古籍出版社 2006 年 1 月第 1 次印刷，纸质铅印本，共 245 页，有插图。

0165《实用藏医药临床学》གསོ་རིག་ཟླ་བའི་འོད་སྣང་ཞེས་བྱ་བ་བཞུགས་སོ། gso rig zla bavi vod snang zhes bya ba bzhugs so

藏族医药专著，978-7-5409-3703-4，R291.4。dpal bzang rgya mtsho 著。成都：四川民族出版社 2008 年出版，共 325 页。

0166《四部医典藏药配方大全》དཔལ་ལྡན་རྒྱུད་བཞིའི་སྨན་གྱི་སྦྱོར་སྡེ་ཆེན་མོ། dpal ldan rgyud bzhivi sman gyi sbyor sde che mo

藏族医药专著，978-7-223-02917-9，R291.4，正文为藏文。康萨・索朗其美（bod ljongs bod lugs gso rig slob chen）编著，khang sar bsod nams vchi med 主编，顿珠、占堆、普琼次仁、嘎旦尼玛编。拉萨：西藏人民出版社 2010 年 9 月第 1 版，铅印本，共 941 页，580 千字。

0167《四部医典大详解》རྒྱུད་བཞིའི་འགྲེལ་ཆེན་དྲང་སྲོང་ཞལ་ལུང་།།

藏族医药专著，R2-5，共 6 卷。该书内容包括《四部医典》详解，补充历代古方，200 多张动植物药材和古代外科器械图片等，是一部集藏医药医疗实践和理论精华于一体的藏医药学术权威工具书，被誉为藏医药百科全书。措如・才朗著。成都：四川民族出版社 2001 年出版。

0168《四部医典后续部详释》ཕྱི་མ་རྒྱུད་ཀྱི་རྣམ་པར་བཤད་པ་ལག་ལེན་གསལ་བྱེད་ཅེས་བྱ་བ་བཞུགས་སོ། phyi ma rgyun kyi rnam par bshad pa lag len gsal byed ces bya ba bzhugs rje

藏族医药专著，978-7-5409-4147-5，R291.4。skyem pa tshe dbang 著，mdzod dge rdzong bod sman zhib vjug khang 整理。成都：四川民族出版社 2009 年出版，共 537 页。

0169《〈四部医典〉考源》 དཔལ་ལྡན་རྒྱུད་བཞི།།

藏族医药专著，7–5347–2223–3，R291.4。该书系统介绍了《四部医典》的书名、著成时间，比较文献学研究等，并比较了德格版和塔尔寺版《四部医典》的异同，剖析了《四部医典》中的一章的文献学。蔡景峰、洪武娌著。郑州：大象出版社 1999 年出版。

0170《国家中医药管理局民族医药文献整理丛书——四部医典诠辨》 རྒྱུད་བཞི་མཐའ་དཔྱོད། rgyud bzhivi mthav dpyod

藏族医药专著，978–7–5421–1235–4，R291.4。本套丛书包括多个少数民族医药内容，其中《四部医典诠辨》是藏族医药分册。thub bstan 整理主编。兰州：甘肃民族出版社 2008 年出版，共 313 页。

0171《〈四部医典〉释续部注疏·除暗明灯》 བཤད་རྒྱུད་འགྲེལ་བཤད་མུན་སེལ་སྒྲོན་མེ།།

藏族医药专著，7–105–03022–4，R291.4，正文为藏文。迦那达罗主编。北京：民族出版社 1998 年 6 月第 1 版，共 280 页。

0172《图解四部医典》 རྒྱུད་བཞི།

藏族医药专著，978–7–5375–5265–3，R291.4–64。该书共 2 册，除了保持了原著的本来风貌、原文全译外，还增加了上千幅精美曼汤细部图片，同时以图解、表格等方式辅助阅读，对疾病的病因病缘、症状表现、治疗方法，以及疾病预防、生活养生等进行了论述。宇妥·元丹贡布原著，李建编著。石家庄：河北科学技术出版社 2012 年出版，共 687 页。

0173《图解四部医典·秘法与实用篇》 གསང་ཐབས་དང་དངོས་སུ་བཀོལ་བའི་རིབ་ཚན།

藏族医药专著，978–7–5613–3769–1，R291.4。该书以现代手法诠释了藏医经典《四部医典》，将藏医的《四部医典》与以《四部医典》内容为基础绘制的 80 幅唐卡相结合，采用图解的形式将唐卡局部逐一分解放大。宇妥·元丹贡布原著，第司·桑吉嘉措原绘，紫图编绘。西安：陕西师范大学出版社 2007 年第 1 版，影印本，共 311 页，180 千字，有插图。

0174《西藏藏医药》 བོད་ལྗོངས་བོད་ལུགས་གསོ་རིག

藏族医药专著，7–223–01599–3，R291.4。全书从藏医药的发展简史、事业现状、理论体系、诊疗方法、天文历算、人物、制药企业和药物等各方面，展示了西藏藏医药发展的现状。西藏自治区藏医药管理局编著。拉萨：西藏人民出版社 2003 年出版，共 374 页。

0175《西藏常用中草药》 བོད་ལྗོངས་རྒྱུན་སྤྱོད་རྩ་སྨན།།

藏族医药专著，统一书号：14170.1，R93/17，正文为汉文、藏文。该书收载西藏地区常用的民族药。西藏自治区革命委员会卫生局、西藏军区后勤卫生处编写。拉萨：西藏人民出版社 1971 年 12 月第 1 版，铅印本，共 911 页，279.4 千字，有插图。

0176《西藏传统医学概述》 བོད་ལྗོངས་སྔོན་རྒྱུན་གསོ་རིག་ཤེས་བྱ།།

藏族医药专著，7–80057–078–9，R291.4/1。该书介绍了藏医的渊源、理论体系、奇妙的诊断、多种的疗法、科学挂图以及历史上著名的医学巨著，对藏医在国外的影响及作用亦有所提及。蔡景峰撰（著）。北京：中国藏学出版社 1992 年 5 月第 1 版，铅印本，共 143 页，91.5 千字，有插图。

0177《西藏医心术》 བོད་ལུགས་སྙིང་གསོ་ལག་རྩལ།

藏族医药专著。东杜法王、仁波切主编，郑振煌撰（著）译。乌鲁木齐：新疆人民出版社 1999 年出版。

0178《西藏医学》 བོད་ལྗོངས་གསོ་རིག

藏族医药专著，统一书号：14170.32，并列题名为“Tibetan medicine”。该书包括藏医学史、《四部医典》节译和伟大的医圣宇妥·元丹贡布传记三部分，重点阐述了关于藏医学历史的研究。日琼仁颇且·甲拜衮桑编著，蔡景峰译。拉萨：西藏人民出版社 1986 年 10 月出版，纸质铅印本，共 511 页，有插图。

0179《西藏医学史》 བོད་ལྗོངས་གསོ་རིག་ལོ་རྒྱུས།

藏族医药专著，7–80567–134–6，R–92：R291.4。该书对西藏药医学形成及发展的历史过程做了系统的介绍。王镭主编。南京：译林出版社、地平线出版社 1991 年第 1 版，共 238 页。

0180《现代藏医药研究考论》 བོད་ཀྱི་གསོ་རིག་གི་གནས་བབ་གླེང་གཞིགས་དུས་ཀྱི་འབོད་སྒྲ། bod kyi gso rig gi gnas bab gleng gzhigs dus kyi vbod sgra

藏族医药专著，978–7–105–11881–6，R291.4，正文为藏文。dkon mchog rgyal mtshan 主编。北京：民族出版社 2011 年出版，共 362 页。

0181《新编藏医学》 གསོ་རིག་སྙིང་བསྡུས་སྐྱ་རེངས་གསར་པ། gso rig snying bsdus skya rengs gsar pa

藏族医药专著，978–7–223–01075–7，R291.4，正文为藏文。该书以新型的写作手法，结合多年的临床实践，藏地特有的病理病因，是藏医藏药的理论经典，全面叙述了人体病理、病因、诊断、药物、外医、治疗、保健等藏医基础论，是一部实用性极强的医药操作书。桑丹（bsam gtan）编著。拉萨：西藏人民出版社 2007 年 3 月第 1 版，铅印本，共 496 页，470 千字，有插图。

0182《新修晶珠本草》 ཤེལ་གོང་ཤེལ་ཕྲེང་གསར་བསྒྲིགས།

藏族医药专著，7–5364–5149–0，R291.4。该书以《晶珠本草》为蓝本，分十三章，共载药物 1167 种 2294 味，藏药方剂 500 余剂，药物插图近 300 幅，内容涉及藏药简史、藏药理论、藏药资源与环境的关系、藏药各论等。罗达尚主编。成都：四川科学技术出版社 2004 年出版，共 1022 页。

0183《宿喀藏医史》 བྱང་ཁར་བའི་བོད་ལུགས་གསོ་རིག་གི་ལོ་རྒྱུས། byang chub sems dpavi spyad pa spyod par vdod pavi sman pa rnams kyis mi shes su mi rung bavi pyi nang gzhan gsum gyi rnam bzhag shes bya spyivi khog vbums pa drang song kun tu dgav bavi zlos gar zhe bya ba bzhugs so

藏族医药专著，7-105-07099-4，R291.4，正文为藏文。该书记录了藏医药的诞生和发展的历史，是藏医学方面的珍贵参考资料，具有一定的学术价值和文献价值。艾措千（mtsho sngon zhing chen bod kyi gso rig zhib vjug khang，rtsom sgrig tshogs pa）主编，多杰、旦正加编，青海省藏医药研究所编写。北京：民族出版社 2006 年第 1 版，纸质，铅印本，共 315 页。

0184《雪域养生秘典》 གངས་ལྗོངས་ཀྱི་ལུས་བྱངས་གསོ་བའི་མན་ངག་གཏེར་མཛོད།

藏族医药专著，7-225-02579-1，R291.4。该书是关于养生的普及读物，作者运用通俗的文字介绍了藏医学与藏族人民在高原生活中的养生理论、防病知识和生活经验。毛继祖编著。西宁：青海人民出版社 2004 年出版，共 370 页。

0185《雪域医药新探》 གསོ་རིག་དཔྱད་རྩོམ་ཀུནྡ་དགྱེས་པའི་ཟླ་ཟེར། bod lugs gso rig gi dpyad rtsom gces btus kunda dgyis pavi zla ze

藏族医药专著，978-7-105-09093-8，R291.4，正文为藏文。该书论述了藏族医药学理论和实践经验。mgon po skyabs 主编。北京：民族出版社 2008 年出版，共 259 页。

0186《雪域愿望树》（追溯藏医藏药的心灵之旅） གངས་ལྗོངས་རྒྱུད་བཞི་སྔོང་འགྲེམས།

藏族医药专著，7-80057-643-4，I253.6。该书介绍了藏医学的基本内涵，作者以新闻工作者的敏感报道了各地藏医药事业的进步，记述了作者与藏医专家、学者、企业家的交往情况。李晓林主编。北京：中国藏学出版社 2003 年第 1 版，共 299 页。

0187《医经四部杂病要旨》 རྒྱུད་བཞིའི་ནད་རིགས་སྣ་ཚོགས།

藏族医药专著，7-204-03007-9，R291.4。该书本着“古为今用”的精神对《四部医典》进行了系统的整理和精选，内容以内科疾病为主，包括结论、三根病论、脏腑病的诊治和发热疾病等。金钱等编著。呼和浩特：内蒙古人民出版社 2000 年出版，共 290 页。

0188《医生就在你身边》 སྨན་པ་འགྲམ་དུ་གནས།

藏族医药专著，7-105-05187-6，R91，正文为藏文。该书介绍了藏族医学基本理论及诊病治病的基本原理和方法。单平主编。北京：民族出版社 2002 年 8 月第 1 版，纸质，铅印本。

0189《医学札记·札记精粹》ཁོང་སྤྲུལ་ཟིན་ཏིག

藏族医药专著，962-450-588-8，K6245，正文为藏文。纸质，铅印本，紫色封面，共375页。

0190《云南藏医历史与文化》ཡུན་ནན་བོད་སྨན་ལོ་རྒྱུས་དང་རིག་གནས།

藏族医药专著，978-7-81112-267-1，R291.4/17。该书对云南藏族的源流、藏医学的理论体系、云南藏医的历史和现状、云南藏区生态环境与藏药材的分布、藏传佛教与藏医的关系、藏医医疗行为与文化的关系等方面进行了研究。张实主编。昆明：云南大学出版社2007年1月第1版，铅印本，共349页，289千字，有插图。

0191《香格里拉民族医药研究丛书——云南藏医药》སེམས་ཀྱི་ཉི་ཟླ་མི་རིགས་སྨན་རྩིས་ཞིབ་འཇུག་དཔེ་ཚོགས--ཡུན་ནན།

藏族医药专著，978-7-5416-2982-2，R291.4。该书从云南藏医的特点出发，收集散落民间的文献，从中总结出云南藏医药的发展规律和特色。郑进、祁继光主编，杨梅、张超、钱子刚、姚晓武编，云南中医学院（现云南中医药大学）编著。昆明：云南科技出版社2008年12月第1版，铅印本，共544页，500千字，有插图。

0192《藏式健身宝卷·藏族传统健身法集成》བོད་ལུགས་ལུས་སྦྱོང་བྱ་ཐབས་མཛུབ་མོ་རི་སྟོན།

藏族医药专著，978-7-80057-954-7，R161.1，正文为汉文、藏文。该书收集整理了13种藏族传统健身方法，包括健身操、气功、冥想、按摩、全身运动等，并配置了相应的图例，说明了该健身方法的具体做法、要求、所针对的疾病、所能达到的效果等。拉巴平措主编。北京：中国藏学出版社2007年12月第1版，铅印本，共364页，320千字，有插图。

0193《雪域藏医药精粹·藏药与方剂》བོད་ལྗོངས་བོད་སྨན་སྙིང་དོན་གསལ་བ་བོད་སྨན་གྱི་བཟོ་ཐབས།

藏族医药专著，7-5421-0782-8，R291.4。该书系统介绍了藏医药史、藏医基础理论、藏医诊断治疗的医诀、藏药采集加工、藏药配方及日常保健等知识。毛继祖主编，毛韶玲等编写。兰州：甘肃民族出版社2001年出版，共320页。

0194《藏医产科学研究及临床治疗》མོ་ནད་ཕལ་པའི་ནད་ལ་ཞིབ་འཇུག་དང་གསོ་བཅོས་ཉམས་ཡིག mo nad phal pavi nad la zhib vjug dang gso bcos kyi nyams yig

藏族医药专著，978-7-223-02577-5，R291.4，正文为藏文。明吉措姆，sman skyid mtsho mo编著。拉萨：西藏人民出版社2009年9月第1版，铅印本，共169页，90千字，有插图。

0195《藏医常药配方》 རྒྱུན་སྤྱོད་བོད་སྨན་སྦྱོར་ཕན་རྣམ་གྲངས་ཀུན་གསལ་མེ་ལོང་།།

藏族医药专著，7-223-00839-3，R29，正文为藏文。扎西主编。拉萨：西藏人民出版社 1995 年 10 月第 1 版，铅印本，共 344 页，15 千字。

0196《藏医常用验方集萃》 nyer mkhovi sman sbyor phyogs bsgrigs kun phan bdud rtsivi gter mdzod

藏族医药专著，978-7-5409-3402-6，R291.4。作者结合自己多年积累的行医经验，对传统医药学的研究和探索，以及临床应用、分析，总结出一套行之有效的各种常用药物的科学配方。该书主要讲述了藏族地区常见病的医治方法和常用药物的科学配方。mdzod dge rdzong bod sman zhib vjug khang 整理。成都：四川民族出版社 2007 年出版，共 592 页。

0197《藏医常用药物配方及诊治》 སྨན་སྡེབ་ཉེ་བ་མཁོ་བསྡུས་ཨརུ་གསེར་འབྲས་དེ་ཤལ།།

藏族医药专著，7-5420-0894-3，R291.4，正文为藏文。白日光主编。西宁：青海民族出版社 2000 年 11 月第 1 版，铅印本，共 387 页，160 千字。

0198《藏医成方制剂现代研究与临床应用》 བོད་ལུགས་སྨན་སྦྱོར་དེང་རབས་ཞིབ་འཇུག་དང་ནད་པ་སྤྱོད་པ།

藏族医药专著，978-7-5364-6955-6，R291.4。该书分上编、中编、下编三部分，上编对藏医药学的发展历史进行了全面概述；中编收载了临床常用的经典藏医成方制剂 106 种；下编为附录，包括藏医病名解释、藏药材名录等。占堆、赵军宁主编。成都：四川科学技术出版社 2009 年出版，共 678 页。

0199《雪域藏医药精粹 · 藏医基础理论》 གངས་ལྗོངས་བོད་སྨན་སྙིང་དོན་གསལ་བ་དང་བོད་སྨན་ཚང་གཞི་རིག་གཞུང་།

藏族医药专著，7-5421-0668-6，R291.4。毛继祖主编。兰州：甘肃民族出版社 1999 年出版，共 202 页。

0200《藏医教会我们的养生保健知识》 བོད་སྨན་གྱི་རང་ཉིད་ལ་ལུས་ཁམས་བདེ་ཐང་དང་གསོ་ཐབས་སློབ་པ།

藏族医药专著，978-7-510-40384-2。为方便读者阅读，该书摒弃了枯涩难懂的病理分析，减少了繁杂的药用配方，把一些好的养生方法用最简单的方式表达出来。该书辑录的都是日常生活中最基本、最有效的养生方法，简单易学，而且一些方法所使用的原料也都是生活中常见的，成本低廉，便于配制。该书信息量大，非常“实惠”，受众面也较广，除了适合老年人以外，也适合工作压力大的上班族，以及喜爱美容保养的年轻女性，是一本老少皆宜的读物。另外，该书在行文方面，考虑到关注养生保健方面的多是中老年朋友，所以格式多选用小段、小节，以免长篇大段看得人头晕眼花。卜鹤主编。北京：新世界出版社 2009 年 6 月第 1 版，纸质，铅印本。

0201《藏医历史与文化》 གསོ་རིག་ལོ་རྒྱུས་དང་རིག་གནས།།

藏族医药专著，978-7-81112-267-1，R291.4。该书从历史学与人类学相结合、医学与文化相结合的多学科视角，对云南藏医的起源、源流、理论体系、形成发展等相关问题进行研究，并对一些理论问题提出了自己的观点。该书对研究云南藏医的历史文化，对传承和弘扬藏族优秀传统文化，有一定的价值和意义。张实主编，蔡红华编。昆明：云南大学出版社 2007 年 10 月第 1 版，铅印本，共 337 页，289 千字，有插图。

0202《藏医临床精要》

藏族医药专著，版权信息欠奉。存目书籍。

0203《藏医脉诊学》

藏族医药专著，7-5420-0994-3，R29.16，民族语言题名为藏语，正文为藏文。东杰主编。西宁：青海民族出版社 2001 年 10 月第 1 版，纸质，铅印本，共 144 页。

0204《藏医秘方精选》 བོད་ཀྱི་གསོ་རིག་མན་ངག་གཅེས་བཏུས།

藏族医药专著，7-5364-4622-5。该书分藏医学基础理论，诊断与辨证，病因与治疗，特殊的尿诊，内科疾病，外科杂病，骨伤科疾病，皮肤科、痔漏科疾病，男性科疾病，妇科疾病，儿科疾病，五官科疾病，自然疗法等共 13 章，包括各种常见病、多发病、疑难病计 200 余种。仁青卓玛编著。成都：四川科学技术出版社 2001 年 2 月第 1 版，铅印本，共 245 页，174 千字。

0205《藏医名人故事》 gso rig mkhas dbang khag gi rnam thar phyogs bsgrigs bzhugs

藏族医药专著，7-5409-3232-5，K826.2。该书收录了前宇妥、后宇妥等 5 位藏医学名人的故事，主要讲述了他们对藏医的热爱及其行医路上的坎坷人生，以及他们对藏医学作出的杰出贡献。mdzod dge rdzong bod sman zhib vjug khang 整理。成都：四川民族出版社 2006 年出版，315 页。

0206《藏医千万舍利》 བོད་ཀྱི་གསོ་རིག་ཕན་བདེ་ནོར་བུ་བང་མཛོད།།

藏族医药专著，7-5421-0125-0，正文为藏文。该书是藏医经典的详释，主要讲述了常见病的诊断和治疗法。兰州：甘肃民族出版社 1993 年 8 月第 1 版，纸质，铅印本，共 889 页。

0207《藏医人体病理诊断宝镜》 nad rtags phyogs bsgrigs kun gsal shel gyi me long zhes bya ba bzhugs so

藏族医药专著，7-80057-453-9，R291.4，正文为藏文。罗桑旦真（blo bzang bstan vdzin）著。北京：中国藏学出版社 2002 年 12 月第 1 版，纸质，铅印本，共 437 页。

0208《藏医实践概论》 བོད་ཀྱི་གསོ་རིག་ལག་ལེན་གྱི་རྣམ་བཤག

藏族医药专著，R291.4。康仓 · 珠嘉著，阿吾 · 嘎洛整理。西宁：青海人民出版社 2006 年出版。

0209《藏医史概论》 bod kyi gso ba rig pavi byung ba brjod pa dpyod ldan gsar buvi mgul rgyan

藏族医药专著，7-80057-536-5，R29，正文为藏文。桑丹（bsam gtan）著。北京：中国藏学出版社 2002 年 11 月第 1 版，纸质，铅印本，共 178 页。

0210《藏医四部医典八十幅曼唐释难 · 蓝琉璃之光》 གསོ་རིག་རྒྱུད་བཞིའི་སྨན་ཐང་བརྒྱད་ཅུའི་དཀའ་འགྲེལ་བཻཌཱུརྱའི་འོད་སྣང་ཞེས་བྱ་བ་བཞུགས་སོ།།

藏族医药专著。该书用藏族传统唐卡即卷轴画的形式，对《四部医典》藏医药学的基本理论、病理、药理、治疗和药物等作了图解式的记载，并作了详尽的文字解释，每幅唐卡的释文后均附有汉、英两种文字的内容简介。强巴赤列主编。北京：民族出版社 2006 年出版。

0211《藏医四部医典综述要义及善事总论注疏》 གསོ་རིག་རྒྱུད་བཞིའི་མདུག་དོན་ཡོངས་གཏད་ཀྱི་འགྲེལ་པ་མེས་པོའི་དགོངས་རྒྱན་ཞེས་བྱ་བ་བཞུགས་སོ།།

藏族医药专著，978-7-80253-162-8，R291.4，正文为藏文。强巴旺秀主编，巴珠撰（著）。北京：中国藏学出版社 2010 年 4 月第 1 版第 1 次印刷，纸质，铅印本，共 834 页。

0212《藏医外治疗法》（第 2 版） བོད་ཀྱི་གསོ་རིག་ལས་དཔྱད་བཅོས་ཐབས་ཤེས།།

藏族医药专著，7-5421-0807-7，R291.4。该书分外治疗法、饮食疗法和起居疗法三篇，涉及罨熨疗法、浸浴疗法、涂摩疗法、火罐疗法、艾灸疗法和穿刺疗法等内容。卡洛、毛韶玲等编写。兰州：甘肃民族出版社 2001 年出版，共 135 页。

0213《雪域藏医药精粹 · 藏医外治疗法》 བོད་ལྗོངས་གསོ་རིག

藏族医药专著，7-5421-0807-7，R291.4-51。该丛书包括《藏医外治疗法》《藏医基础理论》《藏医诊疗秘诀》等书。毛继祖主编。兰州：甘肃民族出版社 1999 年出版。

0214《藏医心理学》 བོད་ལུགས་སེམས་ཁམས་རིག་པ།

藏族医药专著，7-223-01014-2，R29，正文为藏文。鲁强杰主编。拉萨：西藏人民出版社 1996 年 9 月第 1 版，铅印本，共 184 页，80 千字。

0215《藏医心理学 》 བོད་ལུགས་སེམས་ཁམས་རིག་པ།

藏族医药专著，7-105-06675-X，K291.4/9，正文为汉文、藏文。该书分 8 章，内容涉及这一分支学科的历史、理论基础、对心理过程的认识、人格心理学、释梦、心理疾病、心理疗法及心理卫生等。李先加著，罗秉芬译。北京：民族出版社 2004 年 12 月第 1

次印刷，纸质，铅印本，共 235 页。

0216《藏医学概论》 བོད་ཀྱི་གསོ་བ་རིག་པ།

藏族医药专著。尼玛次仁主编。北京：民族出版社 2004 年出版。

0217《藏医学诀窍续》 སྙིང་པོ་ཡན་ལག་བརྒྱད་པ་གསང་བ་བཞི་མན་ངག་གི་རྩ་རྒྱུད་དང་བཤད་རྒྱུད་ཀྱི་འགྲེལ་བ།།

藏族医药专著，正文为藏文。德格神医・仁钦兀色主编。成都：四川民族出版社 2001 年出版。

0218《藏医学窍决选集・利他明灯》 བོད་ལུགས་གསོ་རིག་གདམས་ངག་གཅེས་བསྡུས་གཞན་ཕན་སྒྲོན་མེ།

藏族医药专著，7-223-00897-0，正文为藏文，达拉・罗布主编。拉萨：西藏人民出版社 1996 年 5 月第 1 版，铅印本，共 324 页，190 千字。

0219《藏医学史总论》 བོད་ཀྱི་གསོ་བ་རིག་པའི་ལོ་རྒྱུས།

藏族医药专著，正文为藏文。措如・罗追加措主编。成都：四川民族出版社 2001 年出版。

0220《藏医学释续详解》

藏族医药专著，正文为藏文。措如・罗追加措主编。成都：四川民族出版社 2001 年出版。

0221《藏学文库——藏医学通史》 བོད་ཀྱི་གསོ་བ་རིག་པའི་ལོ་རྒྱུས།

藏族医药专著，7-225-02188-5，R-092。该书全面系统地叙述了藏医药学的诞生、发展的全过程，分为萌芽时期、吐蕃王朝时期、萨迦和帕摩竹王时期、甘丹颇章时期和中华人民共和国等几个不同阶段。蔡景峰撰（著）。西宁：青海人民出版社 2002 年 1 月第 1 版，纸质，铅印本，共 222 页，有插图。

0222《藏医养生密码・藏医养生大智慧》

藏族医药专著，978-7-81132-653-6，R291.4/10。该书既辑录了藏医从饮食、起居方面调理身体的方法，又介绍了密宗修习之道，还有稀有珍贵的藏药奇方。薛慧主编。南昌：江西高校出版社 2010 年 1 月有第 1 次印刷，铅印本，共 191 页，200 千字，有插图。

0223《藏医养生图说》 བོད་སྨན་ལུས་གསོའི་རི་མོ་དོན་འགྲེལ།

藏族医药专著，7-117-07482-5，R29.7483。该书是第一部藏医养生学领域的科普读物，以通俗流畅的文字，全面地介绍了古老神秘的藏医学在养生领域的主要经验，包括生命诞生、生命常识、疾病常识、起居养生、饮食养生、性养生、药浴养生、生命预兆、养生箴言等内容，涉及生命从出生到终结各阶段的养生知识，理法兼备，具有较强的知识性和实用性。同时，该书还从传统藏医教学挂图、藏族唐卡、藏族壁画、藏族民间图饰中选取大量插图，更加生动地阐释了藏医养生学内涵，图文并茂，具有较强的艺术欣赏价值。黄福开著。北京：人民卫生出版社 2006 年 3 月第 1 版，铅印本，共 310 页，349 千字，有插图，覆膜。

0224《藏医药典籍精选》 གསོ་རིག་ཡིག་ཆ་ཉིང་བསྡུས། gso rig yig cha nying bsdus

藏族医药专著，978-7-5421-1169-2，R291.4。该书精选了《实践宝库》《身躯脉络四位明释》《火灸实治秘诀》等 18 部藏医临床实用精粹古籍，内容主要包括藏医诊断法、内治法、外治法、配药法、服药法以及药物的辨认、采集、加工、炮制法等，具有很高的实用价值和文献价值。lha mo don vgrub,vbum kho,skal bzang vjigs med 整理。兰州：甘肃民族出版社 2007 年出版，共 336 页。

0225《藏医药方学》 བོད་ལུགས་སྨན་སྦྱོར་རིག་པ། bod lugs sman sbyor rig pa

藏族医药专著，7-5420-0994-X，R291.4，正文为藏文。久先主编。西宁：青海民族出版社 2003 年 1 月第 1 版，纸质，铅印本，共 348 页。

0226《藏医药防治大骨节病研究》 བོད་ལུགས་གསོ་རིག་གིས་རུས་ཚིགས་ཆེན་པོའི་ནད་འགོག་བཅོས་ཞིབ་འཇུག་བྱས་པའི་སྐོར་བཞུགས་སོ། bod lugs gso rig gis rus tshigs chen povi nad vgog bcos zhib vjug byas pavi skor bzhugs so

藏族医药专著，978-7-105-09497-4，R291.4，正文为藏文。该书主要为藏族医药对大骨节病的防治研究。索朗次仁主编，vphan yul bsod nams tshe ring 编著。北京：民族出版社 2008 年出版，共 116 页。

0227《藏医药古籍整理与信息化平台建设》

藏族医药专著，978-7-80253-388-2，R29.42，正文为汉文、英文。冯岭主编，黄福开、李雪、仁旺次仁、潘秋平、郭亚光编写。北京：中国藏学出版社 2013 年 3 月第 1 版第 1 次印刷，铅印本，共 345 页，285 千字。

0228《藏医药理论知识问答》 བོད་ཀྱི་གསོ་བ་རིག་དྲིས་ལན་སྐལ་ལྡན་འཇུག་སྒོ bod kyi gso ba rig pavi dris lan skal ldan vjug sgo

藏族医药专著，978-7-5421-1754-0，R291.4-44。dbon tshang vjigs byed skyabs 著。兰州：甘肃民族出版社 2010 年出版，共 356 页。

0229《藏医药选编》 བོད་ཀྱི་གསོ་བ་རིག་པའི་གཅེས་བཏུས། gso rig sman bcos phyogs bsgrigs gces bsdus snying nor

藏族医药专著，统一书号：M14181.2，R291.4。该书是根据清道光年间蒙古族罗桑却佩所著《藏医药选编》翻译的版本，原著共分 121 章，分述了藏医学基础理论、临床各科治疗、药物方剂以及一些特殊疗法。（清）罗桑却佩（blob zang chosvp hel）著，李多美译。西宁：青海民族出版社 1977 年出版，共 413 页。

0230《藏医药研究荟萃》 ཆེད་རྩོམ་གསེར་གྱི་ཐང་མ། pod kyi gso ba rig pavi ched rtsom gces bsdus

藏族医药专著，7-5420-1002-6，R29，正文为藏文。该书为藏医药研究内容的汇编。mtsho sngon bod lugs gso rig lhan tshogs 主编，青海省藏医学会编写。西宁：青海民族出版社 2003 年 4 月第 1 版，纸质，铅印本，共 284 页，覆膜。

0231《藏医医诀补遗》 མན་ངག་ཡོན་ཏན་རྒྱུད་ཀྱི་ལྷན་ཐབས།

藏族医药专著，7-5420-0275-9，G.232，正文为藏文。该书为藏族医药古典医籍的现代版本。第司·桑吉嘉措主编。西宁：青海民族出版社 1991 年 11 月第 1 版，纸质，铅印本，共 680 页。

0232《雪域藏医药精粹·藏医诊疗秘诀》 བོད་ལྗོངས་མན་ངག་ཡོན་ཏན་རྒྱུད་ཀྱི་ལྷན་ཐབས།

藏族医药专著，7-5421-0712-7，R291.4。该书包括全身病支、儿童病支、妇女病支、中邪病支、创伤支、中毒支、返老支、壮阳支等内容。毛继祖主编，扎西等编写。兰州：甘肃民族出版社 2000 年出版，共 343 页。

0233《藏医诊脉验尿之心境》 brdag pa rtsa chuvi rgyas spros go don reg mthong yid kyime long

藏族医药专著，7-105-03058-5，R291.4，正文为藏文。达瓦次仁（zla pa tshe rings）主编。北京：民族出版社 1998 年 1 月第 1 版，2002 年 2 月第 2 次印刷，纸质，铅印本，共 149 页。

0234《藏医诊治经验集锦》 གསོ་དཔྱད་ཉམས་མྱོང་འཆི་མེད་བདུད་རྩི་བཅུད་ལེན།

藏族医药专著，7-5420-0702-5，R291.10，正文为藏文。华锐·索南才让主编。西宁：青海民族出版社 1999 年 2 月第 1 版，铅印本，共 376 页，140 千字。

0235《藏医知识》 བོད་གསོའི་ཤེས་བྱ།

藏族医药专著，7-5409-1865-9，R29.17，正文为藏文。土登彭措主编。成都：四川民族出版社 1997 年 6 月第 1 版，纸质，铅印本，共 223 页。

0236《藏医治疗学研究》 གསོ་བྱེད་ཐབས་ཀྱི་རྩ་དོན་ཞིབ་འཇུག

藏族医药专著，7-105-08068-X，R291.4。作者是青海大学藏医学院教授。该书主要涉及两点，即藏医治则和治法。（1）治则，是治疗疾病的法则，是在藏医学整体观念和辨证论治的基础上制定的，对临症治疗、立法用药具有普遍意义。（2）治法，是在治疗原则的指导下，以饮食、起居行为、药物、外治等四种疗法为基础选择具体的方法。香多·李先加主编。北京：民族出版社 2006 年 12 月第 1 版，纸质，铅印本，共 211 页，有插图。

0237《藏英汉对照藏医会话》 བོད་དབྱིན་རྒྱ་གསུམ་གྱི་སྨན་ཁང་ཉེར་མཁོའི་བརྡ་སྤྲོད།

藏族医药专著，7-105-08069-8，K291.4/13，正文为汉文、藏文、英文。该书内容分为医务人员常用语、病人常用语、病人和药剂师、入住医院常用语、各临床科室名称、藏医专业术语、藏医外治术语等11个章节。该书适用于对藏医学的初步了解和临床诊疗工作，也可以作为教学和科研工作的参考书。尼玛主编，杰布编。北京：民族出版社2006年12月第1次印刷，纸质，铅印本，共228页，有插图。

0238《藏中西医药精粹》 bod rgya phyi gsum gso rig nyer mkhovi bcud thigs

藏族医药专著，7-105-07381-0，R291.4。该书较系统地介绍了藏医理论与临床经验，同时简要介绍了中医的四诊（望、闻、问、切）、八纲（阴、阳、表、里、寒、热、实、虚）、八法（汗、吐、下、和、清、温、消、补）及西医的人体结构、体格检查、注射技术、用药注意事项、疾病预防知识等常识。mkhan sprul · bkra shis don grub 著。北京：民族出版社2005年出版，共270页。

0239《藏中医术精选·入迷　珊瑚串》 mthong ba dgav byed, byu ruvi vphreng ba

藏族医药专著，978-7-105-09724-1，R291.4。mtsho sngon zhing chen bod kyi gso rig zhib vjug khang,rtsom sgrig tshogs pa 编。北京：民族出版社2008年出版，共207页。

0240《藏族健身法精汇》 bod kyi lus sbyong rig pa sman gyi ldzon pa bzhugs so

藏族医药专著，7-105-04996-0，R30，正文为藏文，木雅贡布（mi nyag mgon po）编著。北京：民族出版社2002年5月第1版，纸质，铅印本，共66页。

0241《藏族历代名医略传》 gangs ljongs gso rig bstan pavi nyin byed rim byon gyi rnam thar phyogs bsgrigs

藏族医药专著，7-105-03876-4，K826.2，正文为藏文。该书为藏族少数民族医生的评传。强巴赤列（byams pa phrin las）编著。北京：民族出版社2000年5月第2版，纸质，铅印本，共630页，有插图。

0242《藏族历算原理》 བོད་ལུགས་གསོ་རིག་ལོ་རྒྱུས།

藏族医药专著，7-105-05270-8，正文为藏文。阿旺贡桑主编，"藏医古文献精品丛书"编委会编写。北京：民族出版社2002年10月第1版，纸质，铅印本，共1084页，有插图。

0243《藏族医学史》 བོད་ལུགས་གསོ་རིག་ལོ་རྒྱུས།

藏族医药专著，7-80057-269-2，正文为藏文。格桑陈来主编。北京：中国藏学出版社1997年1月第1版，纸质，铅印本，共495页。

0244《中国少数民族医药丛书——藏族医药学》

藏族医药专著，7-5367-1332-0，R291.4。丁玲辉、关祥祖主编。昆明：云南民族出版社 1997 年 7 月第 1 版，铅印本，共 166 页，128 千字。

0245《知识总汇》 ཤེས་བྱ་ཀུན་ཁྱབ།

藏族医药专著，7-105-03366-5，正文为藏文、汉文。该书为用藏语编撰的佛教基本知识，含有藏族医药的内容。工珠·元丹嘉措主编。北京：民族出版社 2002 年 3 月第 1 版，纸质，铅印本，共 1040 页。

0246《中藏医诊治歌诀》 བོད་དང་རྒྱ་སྨན་སྦེལ་སྦྱོར་གྱི་གསོ་ཐབས་རྩ་ཚིག་བཞུགས་སོ།

藏族医药专著，7-5046-4185-5，R24：R291.4。该书分中医、藏医和中西藏医结合 3 篇，汇编了 160 多种病症，分为 700 多病症类型，800 多个歌诀，每个歌诀 4 至 8 句，末字押韵；每种疾病均先叙述疾病病因、病机、症候、西医名称、诊断要点及治疗原则，再根据寒、热、虚、实、痰、淤、滞分出各证类别，具体论述了症候、治法、方药及随症加减药味。王智森（桑吉群佩）、栗广林、索郎其美主编。北京：中国科学技术出版社 2005 年出版，共 656 页。

0247《中国藏药》（全 3 卷） ཀྲུང་གོའི་བོད་སྨན།

藏族医药专著，7-5323-3981-5，R291.4，正文为藏文。该书收载藏药材计 526 种，是一部较为全面的青藏高原藏药的专著。张彦博主编，诸国本、郭鹏举、白志勤编。上海：上海科技出版社 1996 年 10 月第 1 版，铅印本，共 1379 页，2170 千字。

0248《中国藏药浴》 བོད་ཀྱི་གསོ་རིག་ཞིབ་འཇུག་དཔེ་ཚོགས།

藏族医药专著，7-80057-648-5，R291.4，并列题名为“Tibetan Medicated Bath in China”。该书明确了藏药浴的功能，突出藏医特色，对藏医专科专病的发展和多种疗法的总结提供了范例，内容包括藏药浴的理论基础、藏药浴的治疗范围、藏药浴的药物组成等 14 章。黄福开著。北京：中国藏学出版社 2003 年出版，共 323 页。

0249《中国传统医学丛书——中国藏医学》 ཀྲུང་གོའི་བོད་གསོ་རིག་པ།

藏族医药专著，7-03-004577-7，R291.4/2。蔡景峰主编，石长栓、李春华、奇玲、罗达尚编。北京：科学出版社 1995 年 1 月第 1 版，铅印本，共 475 页，386 千字。

0250《中国藏医药研究》 ཀྲུང་གོའི་བོད་སྨན་ཞིབ་འཇུག krung govi bod kyi bso rig-vdon thengs dang po

藏族医药专著，7-105-07609-7，R291.4，正文以藏文为主，兼有汉文。该系列图书由青海省卫生厅主管，青海藏医药学会主办，藏医药学专家学者组成的编委会编辑，书稿来源于全国藏医药学界，读者对象为全国藏医药从业人员和相关藏学人员，不定期陆续出版发行。该书为该系列图书的第一辑，收有论文 12 篇。gi rtsom sgrig tshogs pa 主编，

《中国藏医药研究》编委会编写。北京：民族出版社 2006 年出版，共 95 页。

0251《中国的藏医》 ཀྲུང་གོའི་བོད་ཀྱི་གསོ་རིག།

藏族医药专著，978-7-03-038084-5，R291.4。该书以汉、藏、英三种文字形式出版，对丰富人们对藏医药文化的理解，促进藏医药在国内外的传播发展有着积极的作用。书中，强巴大师对藏医药文化的发展历史、藏医历史名人及其专著、藏医药药材、藏医药学的基本理论、藏医临床诊断治疗学、藏医药胚胎学等各个方面都作了简洁清晰的论述。该书收集、整理了近百部有关藏医药学的文献、专著，在继承前辈藏医药学专家、学者的理论和实践经验的基础上，详细地介绍了藏医历史、藏医药文献、藏医药学基础理论以及藏医本草。强巴赤列原著，格央、次旦久美、郑堆中文翻译，格央、贡赛白姆英文翻译。北京：科学出版社 2013 年出版，共 313 页。

0252《中华藏本草》 ཀྲུང་ཧྭའི་ཤེལ་གོང་ཤེལ་ཕྲེང་།

藏族医药专著，7-105-02664-2，R291.4：R281。该书收载藏药共 1859 种（其中 400 余种系首次发表），其分布范围包括青海，西藏，甘肃南部，四川西部甘孜、阿坝两州，云南迪庆州等藏区。罗达尚主编。北京：民族出版社 1997 年出版，共 389 页。

0253《宗喀藏医药研究文集》 ཙོང་ཁའི་བོད་སྨན་ཞིབ་འཇུག་རྩོམ་བཏུས། tshong khavi gso rig zhib vjug rtsom btus

藏族医药专著，978-7-5420-1273-9，R291.4-53。该书共收录北京藏医院及其合作单位专家撰写的藏医药学研究论文 60 余篇，反映了当时国内藏医药的科研水平。bcod pa rgyal，dkon mchog bstan vdzin 主编。西宁：青海民族出版社 2007 年出版，共 209 页。

0254《"赤脚医生"教材》 རྐང་རྗེན་སྨན་པའི་སློབ་དེབ།

藏族医药教材，R-43，正文为汉文、藏文对照。青海医学院革命委员会、青海民族学院革命委员会编译。西宁：青海医学院革命委员会、青海民族学院革命委员会 1972 年出版，共 1005 页。

0255《方剂学（藏医）》 zhi byed sman sbyor-smad chalo rim dang po zhi byed sman sbyor-smad cha：lo rim dang po

藏族医药教材，978-7-5420-1432-0，R291.4，正文为藏文。bkra shis 编写。西宁：青海民族出版社 2009 年出版，共 142 页。

0256《妇科学　儿科学》 མོ་ནད་རིག་པ། བྱིས་པའི་རིག་པ། mo nad gso ba byis pa gso ba-smad cha：lo rim gnyis pa

藏族医药教材，978-7-5420-1430-6，R291.4，正文为藏文。lha mtsho sgrol ma 主编。西宁：青海民族出版社 2009 年出版，共 83 页。

0257《药王山藏医学院课本——缓俊疗法》 སྦྱོང་བྱེད་ལས།

藏族医药教材，正文为藏文。绿色封面，版权页欠奉。纸质，铅印本，共 99 页，右侧装订。

0258《解毒学　汇论学》 dug nad gso ba mjug don yongs gtad-smad chalo rim gnyis pa dug nad gso ba mjug don yongs gtad-smad cha：lo rim gnyis pa

藏族医药教材，978-7-5420-1430-6，R291.4。dpav vbum rgyal dang bkra shis 编写。西宁：青海民族出版社 2009 年出版，共 127 页。

0259《精神病学》 གདོན་ནད་གསོ་རིག gdon nad gso ba-stod cha

藏族医药教材，978-7-5420-1429-0，R291.4。gyang go 编写。西宁：青海民族出版社 2009 年出版，共 54 页。

0260《21 世纪藏医本科教育规划教材——课程教学大纲》 དུས་རབས་༢༡པོད་སྨན་དངོས་གཞི་སློབ་གསོ་འཆར་གཞི་སློབ་དེབ་ལས་ཚན་སློབ་ཁྲིད་ཀྱི་རྩ་དོན། dus rabs 21 pavi bod lugs sman rig dngos tshan slob gsovi vchar vgod slob deb kyi slob tshan slob khrid rtsa vdzin

藏族医药教材，978-7-223-03631-3，R291.4。mig dmar che ba 主编。拉萨：西藏人民出版社 2012 年出版，共 162 页。

0261《内科学》 ཁོང་ནད་རིག་པ། khong nad gso ba-smad cha：lo rim gnyis pa

藏族医药教材，978-7-5420-1430-6，R291.4。bdud mgon tshe ring 编写。西宁：青海民族出版社 2009 年出版，共 116 页。

0262《热病学》 ཚ་ནད་རིག་པ། tsha ba gso ba-tsha ba gso ba

藏族医药教材，978-7-5420-1429-0，R291.4。skar ma don grub 编写。西宁：青海民族出版社 2009 年出版，共 140 页。

0263《21 世纪藏医本科教育规划教材——四部医典汇论》 རྒྱུད་བཞི་ཕྱོགས་བསྡུས། mjug don yongs gtd

藏族医药教材，7-105-06442-0，R291.4，正文为藏文。该书是五省区统一编写的 21 世纪藏医本科教育规划系列教材之一。艾措千（vo tshogs chen）主编，四部医典汇论编写小组编写。北京：民族出版社 2004 年 7 月第 1 版，纸质，铅印本，共 117 页。

0264《药王山藏医学院课本——四部医典汇论》 གནམ་རིག་སྐར་རྩིས།

藏族医药教材，R291.4，正文为藏文。绿色封面，版权页欠奉。纸质，铅印本，共 115 页。

0265《21 世纪藏医本科教育规划教材——天文历算学》 གནམ་རིག་སྐར་རྩིས། gnm rig skr rtsis

藏族医药教材，7-105-06464-1，R291.4，正文为藏文。该书是五省区统一编写的

21世纪藏医本科教育规划系列教材之一。桑珠加措（bsm grub rgy mtsho）主编，天文历算学编写小组编写。北京：民族出版社2004年7月第1版，纸质，铅印本，共344页，有插图。

0266《药王山藏医学院课本——天文历算学》 གནམ་རིག་སྐར་རྩིས།

藏族医药教材，正文为藏文。褐色封面，版权页欠奉。纸质，铅印本，共157页。

0267《外科学》 ལྷན་སྐྱེས་རྨ་གསོ་བ། lhan skyes rma gso ba–stod cha：lo rim gnyis pa

藏族医药教材，978-7-5420-1429-0，R291.4。gcod pa rgyal 编写。西宁：青海民族出版社2009年出版，共43页。

0268《外伤学》 མཚོན་རྨ་གསོ་བ། mtshon rma gso ba–smad cha：lo rim gnyis pa

藏族医药教材，978-7-5420-1430-6，R291.4。gyang go 编写。西宁：青海民族出版社2009年出版，共251页。

0269《五官学》 ལུས་སྟོད་གསོ་བ། lus stod gso ba–smad cha

藏族医药教材，978-7-5420-1430-6，R291.4。snyan grags rgya mtsho 编写。西宁：青海民族出版社2009年出版，共70页。

0270《泻治学》 སྦྱོང་བྱེད་ལས། sbyong byed las lnga–stod cha：lo rim gnyis pa

藏族医药教材，978-7-5420-1429-0，R291.4。bkra shis 编写。西宁：青海民族出版社2009年出版，共59页。

0271《药理学》 སྦྱོར་བ་སྨན། sbyor ba sman–smad cha：lo rim dang po

藏族医药教材，978-7-5420-1432-0，R291.6。bkra shis 主编。西宁：青海民族出版社2009年出版，共83页。

0272《药王山藏医学院课本——医法月光论精选》 སྨན་རྩིས་ཟླ་འོད་རབ་གསལ།

藏族医药教材，正文为藏文。粉色封面，现译题名。版权页欠奉。纸质，铅印本，共60页。

0273《疫病学》 གཉན་རིམས་གསོ་བ། gnyan rims gso ba–smad cha：lo rim gnyis pa

藏族医药教材，978-7-5420-1430-6，R291.4。lha mchog thar 编写。西宁：青海民族出版社2009年出版，共722页。

0274《21世纪藏医本科教育规划教材——藏医保健学》 ཐ་མལ་ནད་མེད། th ml nd med

藏族医药教材，7-105-06450-1，R291.4，正文为藏文。该书是五省区统一编写的21世纪藏医本科教育规划系列教材之一。伟科（pd kho）主编，藏医保健学编写小组编写。北京：民族出版社2004年7月第1版，纸质铅印本，共116页。

0275《全国中等藏医学校试用教材——藏医保健学》 ཐ་མལ་ནད་མེད།

藏族医药教材，7-5420-0020-9，R291.4，正文为藏文。该书为藏文藏医药教材。桑旦主编。西宁：青海民族出版社 1987 年 6 月第 1 版，纸质，铅印本，共 111 页。

0276《药王山藏医学院课本——藏医保健学》 ཐ་མལ་ནད་མེད།

藏族医药教材，正文为藏文。淡青色封面，版权页欠奉。纸质，铅印本，共 178 页。

0277《21 世纪藏医本科教育规划教材——藏医病机学》 འཕེལ་འགྲིབ་ནད། vphel vgrib nd

藏族医药教材，7-105-06452-8，R291.4，正文为藏文。该书是五省区统一编写的 21 世纪藏医本科教育规划系列教材之一。格桑陈来（skl bzng vphrin ls）主编，藏医病机学编写小组编写。北京：民族出版社 2004 年 7 月第 1 版，纸质，铅印本，共 104 页。

0278《药王山藏医学院课本——藏医病机学》 འཕེལ་གྲིབ་ནད།

藏族医药教材，正文为藏文。青色封面，版权页欠奉。纸质，铅印本，共 69 页。

0279《21 世纪藏医本科教育规划教材——藏医儿科学》 བྱིས་པ་གསོ་བ། byis p gso b

藏族医药教材，7-105-06462-5，R291.4，正文为藏文。该书是五省区统一编写的 21 世纪藏医本科教育规划系列教材之一。智美（dri med vod zer）主编，藏医儿科学编写小组编写。北京：民族出版社，2004.07 第 1 版，纸质，铅印本，159 页。

0280《藏医儿科学》（第 2 版，修订本）བྱིས་པ་གསོ་བ། byis pa gso ba

藏族医药教材，978-7-105-11537-2，R291.4。byis pa gso ba slob deb rtsom sgrig tsho chung 编著，dpal rgyam dang bsod nams tshe brtan 修订。北京：民族出版社 2010、2011 年重印，共 193 页。

0281《药王山藏医学院课本——藏医儿科学》 བྱིས་པ་གསོ་བ།

藏族医药教材，正文为藏文。黄色封面，版权页欠奉。纸质，铅印本，共 50 页。

0282《21 世纪藏医本科教育规划教材——藏医方剂学》 ཞི་བྱེད་སྨན་སྦྱོར། zhi byed smn sbyor

藏族医药教材，7-105-06457-9，R291.4，正文为藏文。该书是五省区统一编写的 21 世纪藏医本科教育规划系列教材之一。旦科（hstn kho）主编，藏医方剂学编写小组编写。北京：民族出版社 2004 年 7 月第 1 版，纸质，铅印本，共 239 页。

0283《藏医方剂学》（第 2 版，修订本） ཞི་བྱེད་སྨན་སྦྱོར། zhi byed sman sbyor

藏族医药教材，978-7-105-11163-3，R291.4。tsi bha 主编，zhi byed sman sbyor slob deb rtsom sgrig tsho chung 编著，tsi bha 修订。北京：民族出版社 2010、2011 年重印，共 286 页。

0284《21世纪藏医本科教育规划教材——藏医妇科学》མོ་ནད་གསོ་བ། mo nd gso b

藏族医药教材，7-105-06461-7，R291.4，正文为藏文。该书是五省区统一编写的21世纪藏医本科教育规划系列教材之一。强巴卓嘎（byms p sgrol dkr）主编，藏医妇科学编写小组编写。北京：民族出版社2004年7月第1版，纸质，铅印本，共70页。

0285《全国中等藏医学校试用教材——藏医妇科学　藏医儿科学　藏医神志病学》མོ་ནད་གསོ་བ། བྱིས་པ་གསོ་བ། གདོན་ནད་གསོ་བ།

藏族医药教材，7-5420-0026-8，R291.4，正文为藏文。该书为藏文藏医药教材。昂翁降措、智美俄赛主编，扎洛、多杰、仁增才让编撰（著）。西宁：青海民族出版社1987年9月第1版，纸质，铅印本，共112页。

0286《藏医妇科学》（第2版，修订本）མོ་ནད་གསོ་བ། mo nad gso ba

藏族医药教材，978-7-105-11529-7，R291.4。mo nad gso ba slob deb rtsom sgrig tsho chung编著，rdo rje rin chen等修订。北京：民族出版社2010、2011年重印，共99页。

0287《药王山藏医学院课本——藏医妇科学》མོ་ནད་གསོ་བ།

藏族医药教材，正文为藏文。黄色封面，版权页欠奉。纸质，铅印本，共45页。

0288《21世纪藏医本科教育规划教材——藏医解毒学》དུག་ནད་གསོ་བ། dug nd gso b

藏族医药教材，7-105-06458-0，R291.4，正文为藏文。该书是五省区统一编写的21世纪藏医本科教育规划系列教材之一。拉毛加主编，藏医解毒学编写小组编写。北京：民族出版社2004年7月第1版，纸质，铅印本，共126页。

0289《药王山藏医学院课本——藏医解毒学》དུག་ནད་གསོ་བ།

藏族医药教材。黄色封面，版权页欠奉。纸质，共111页。

0290《21世纪藏医本科教育规划教材——藏医精神病学》གདོན་ནད་གསོ་བ། gdon nd gso b

藏族医药教材，7-105-06460-9，R291.4，正文为藏文。该书是五省区统一编写的21世纪藏医本科教育规划系列教材之一。李加先、by mdo klu byms rgyl主编，藏医精神病学编写小组编写。北京：民族出版社2004年7月第1版，纸质，铅印本，共216页。

0291《藏医精神病学》（第2版，修订本）གདོན་ནད་གསོ་བ། gdon nad gso ba

藏族医药教材，978-7-105-11164-0，R291.4。bya mdo klu byams rgyal主编，gdon nad gso bavi slob deb rtsom sgrig tsho chung编著，bya mdo klu byams rgyal修订。北京：民族出版社2010、2011年重印，共226页。

0292《药王山藏医学院课本——藏医精神病学》གདོན་ནད་གསོ་བ།

藏族医药教材，正文为藏文。黄色封面，版权页欠奉。纸质，铅印本，共82页。

0293《藏医疗毒学》 དུག་ནད་གསོ་བ། dug nad gso ba

藏族医药教材，978-7-105-11959-2，R291.4。该书是21世纪藏医本科教育规划教材之一，主要以藏医经典《四部医典》为理论依据，介绍了藏医治疗由于中毒而引起各种疾病的治疗法，以内服外涂油脂或者将油脂注入诸孔窍的治疗法为主。dug nad gso ba slob deb rtsom sgrig tsho chung 编著，lha mo skyabs 等修订。北京：民族出版社 2011 年出版，共 104 页。

0294《藏医临床诊断》 ངོས་བཟུང་རྟགས། ngos vdzin rtags kyi rnam bshad

藏族医药教材，7-105-05518-9，R291.4。thub bstan phun tshog 著。北京：民族出版社 2003 年出版，共 378 页。

0295《21 世纪藏医本科教育规划教材——藏医伦理学》 བྱ་བྱེད་སྨན་པ། by byed smn p

正文为藏文，藏族医药教材，7-105-06443-9，R291.4。该书是五省区统一编写的21世纪藏医本科教育规划系列教材之一。完德才让（bn de tshe ring）主编，藏医伦理学编写小组编写。北京：民族出版社 2004 年 7 月第 1 版，纸质，铅印本，共 105 页。

0296《21 世纪藏医本科教育规划教材——藏医内科学》 ཁོང་ནད་གསོ་བ། khong nd gso b

藏族医药教材，7-105-06456-0，R291.4，正文为藏文。该书是五省区统一编写的21世纪藏医本科教育规划系列教材之一。多布杰（stobs rgys）主编，藏医内科学编写小组编写。北京：民族出版社 2004 年 7 月第 1 版，纸质，铅印本，共 222 页。

0297《全国中等藏医学校试用教材——藏医内科学》 ཁོང་ནད་གསོ་བ

藏族医药教材，7-5420-0027-6，R291.4，正文为藏文。该书为藏文藏医药教材。优宁主编，尕黄、邓德扎编。西宁：青海民族出版社 1987 年 9 月第 1 版，纸质，铅印本，共 247 页。

0298《藏医内科学》 ཁོང་ནད་གསོ་བ། bod sman khog nad rig pavi spyi bshad bdud rtsivi bum bzang

藏族医药教材，978-7-223-03476-0，R291.4。bsod nams bag dro 著。拉萨：西藏人民出版社 2012 年出版，共 317 页。

0299《藏医内科学》（第 2 版，修订本） ཁོང་ནད་གསོ་བ། khong nad gso ba

藏族医药教材，978-7-105-11956-1，R291.4。khong nad gso ba slob deb rtsom sgrig tsho chung 编著，kun rnam 等修订。北京：民族出版社 2011 年出版，共 322 页。

0300《药王山藏医学院课本——藏医内科学》 ཁོག་ནད་གསོ་བ།

藏族医药教材，正文为藏文。黄色封面，版权页欠奉。纸质，铅印本，共 135 页。

0301《21 世纪藏医本科教育规划教材——藏医热病学》 ཚ་བ་གསོ་བ། tsh b gso b

藏族医药教材，7-105-06446-3，R291.4，正文为藏文。该书是五省区统一编写的21 世纪藏医本科教育规划系列教材之一。旦正加（rt mgrin rgyl）主编，藏医热病学编写小组编写。北京：民族出版社 2004 年 7 月第 1 版，纸质，铅印本，共 217 页。

0302《藏医热病学》（第 2 版，修订本） ཚ་བ་གསོ་བ། tsha ba gso ba

藏族医药教材，978-7-105-11538-9，R291.4。tsha ba gso ba slob deb rtsom sgrig tsho chung 编著，rin chen don grub dang kun bzang rgyal 修订。北京：民族出版社 2010、2011 年重印，共 256 页。

0303《药王山藏医学院课本——藏医热病学》 ཚ་བ་གསོ་བ།

藏族医药教材，正文为藏文。黄色封面，版权页欠奉。纸质，铅印本，共 267 页。

0304《全国中等藏医学校试用教材——藏医热病疫病学》 གཉན་རིམས་གསོ་བ།

藏族医药教材，7-5420-0018-7，R291.4，正文为藏文。该书为藏文藏医药教材。桑旦主编。西宁：青海民族出版社 1987 年 4 月第 1 版，纸质，铅印本，共 67 页。

0305《21 世纪藏医本科教育规划教材——藏医人体学》 གྲུབ་པ་ལུས། འཇིག་གྱིར་ནད། grub p lus

藏族医药教材，7-105-06454-4，R291.4，正文为藏文。该书是五省区统一编写的21 世纪藏医本科教育规划系列教材之一。措如·才郎（khro ru tshe rnm）主编，藏医人体学编写小组编写。北京：民族出版社 2004 年 7 月第 1 版，纸质，铅印本，共 176 页，有插图。

0306《药王山藏医学院课本——藏医人体学》 གྲུབ་པ་ལུས།

藏族医药教材，正文为藏文。淡青色封面，版权页欠奉。纸质，铅印本，共 196 页。

0307《全国中等藏医学校试用教材——藏医人体学 藏医病机学》 གྲུབ་པ་ལུས། འཇིག་གྱིར་ནད།

藏族医药教材，7-5420-0028-4，R291.4，正文为藏文。该书为藏文藏医药教材。桑旦主编。西宁：青海民族出版社 1987 年 8 月第 1 版，纸质，铅印本，共 242 页。

0308《药王山藏医学院课本——藏医三大基因病学》 ཉེས་གསུམ་གསོ་བ།

藏族医药教材，正文为藏文。黄色封面，版权页欠奉。纸质，铅印本，共 132 页。

0309《21 世纪藏医本科教育规划教材——藏医外科学》 ལྷན་སྐྱེས་རྨ་གསོ་བ། lhan skyes rma gso ba

藏族医药教材，7-105-06449-8，R291.4，正文为藏文。该书是五省区统一编写的21 世纪藏医本科教育规划系列教材之一。西绕群培（shes rab chos vphel）主编，藏医外科学编写小组编写。北京：民族出版社 2004 年 7 月第 1 版，纸质，铅印本，共 92 页。

0310《全国中等藏医学校试用教材——藏医外科学 藏医五官科学》 ལྷན་སྐྱེས་རྨ། ལུས་སྟོད་གསོ་བ།

藏族医药教材，7-5420-0019-5，R291.4。该书为藏文藏医药教材。斗嘎、多杰主编。西宁：青海民族出版社 1987 年 4 月第 1 版，纸质，铅印本，共 82 页。

0311《藏医外科学》（第 2 版，修订本） ལྷན་སྐྱེས་རྨ་གསོ་བ། lhan skyes rma gso ba

藏族医药教材，978-7-105-11536-5，R291.4。gyang mer 主编，lhan skyes rma gso ba slob deb rtsom sgrig tsho chung 编著，gyang mer 等修订。北京：民族出版社 2010、2011 年重印。

0312《21 世纪藏医本科教育规划教材——藏医外伤学》 ཚོ་བ་གསོ་བ། mtshon rm gso b

藏族医药教材，7-105-06459-5，R291.4，正文为藏文。该书是五省区统一编写的 21 世纪藏医本科教育规划系列教材之一。伦珠旦达（lhun grub bstn dr）主编，藏医外伤学编写小组编写。北京：民族出版社 2004 年 7 月第 1 版，纸质，铅印本，共 284 页。

0313《藏医外伤学》（第 2 版，修订本） ཆ་བྱད་དཔྱད། mtshon rma gso ba

藏族医药教材，978-7-105-11539-6，R291.4。bsod nams tshe ring 等主编，mtshon rma gso ba slob deb rtsom sgrig tsho chung 编著，bsod nams tshe ring 等修订。北京：民族出版社 2010、2011 年重印，共 358 页。

0314《药王山藏医学院课本——藏医外伤学》 མཚོན་རྨ་གསོ་བ།

藏族医药教材，正文为藏文。黄色封面，版权页欠奉。纸质，铅印本，共 308 页。

0315《21 世纪藏医本科教育规划教材——藏医外治学》 ཆ་བྱད་དཔྱད། ch byd dpyd

藏族医药教材，7-105-06439-0，R291.4，正文为藏文。该书是五省区统一编写的 21 世纪藏医本科教育规划系列教材之一。旦切（blo bjng dm chos）主编，藏医外治学编写小组编写。北京：民族出版社 2004 年 7 月第 1 版，纸质，铅印本，共 212 页，有插图。

0316《21 世纪藏医本科教育规划教材——藏医五官科学》 ལུས་སྟོད་གསོ་བ། lus stot gso b

藏族医药教材，7-105-06448-X，R291.4，正文为藏文。该书是五省区统一编写的 21 世纪藏医本科教育规划系列教材之一。唐卡拉杰（th gngg dbng rgy mtsh）主编，藏医五官科学编写小组编写。北京：民族出版社 2004 年 7 月第 1 版，纸质，铅印本，共 148 页。

0317《藏医五官科学》（第 2 版，修订本） ལུས་སྟོད་གསོ་བ། lus stod gso ba

藏族医药教材，978-7-105-11533-4，R291.4。lus stod gso ba slob deb rtsom sgrig tsho chung 编著，vjam dbyangs bsod nams dang blo bzang don grub 修订。北京：民族出版社 2010、2011 年重印，共 191 页。

0318《药王山藏医学院课本——藏医五官学》 ལུས་སྟོད་གསོ་བ།

藏族医药教材，正文为藏文。黄色封面，版权页欠奉。纸质，铅印本，共 70 页。

0319《21 世纪藏医本科教育规划教材——藏医泻治学》 སྦྱོང་བྱེད་ལས། sbyong byed ls

藏族医药教材，7–105–06444–7，R291.4，正文为藏文。该书是五省区统一编写的 21 世纪藏医本科教育规划系列教材之一。加央伦球 （vjm dbyngs lhun grub）主编，藏医泻治学编写小组编写。北京：民族出版社 2004 年 7 月第 1 版，纸质，铅印本，共 80 页。

0320《藏医泻治学》（第 2 版，修订本） སྦྱོང་བྱེད་ལས། sbyong byed las

藏族医药教材，978–7–105–11540–2，R291.4。sbyong byed las slob deb rtsom sgrig tsho chung 编著，vjam dbyangs lhun grub 修订。北京：民族出版社 2010、2011 年重印，共 125 页。

0321《藏医心身概论》 ཕུང་ཁམས་སྐྱེད་མཆེད།

藏族医药教材，7–105–08125–2，K291.4/10，正文为汉文、藏文。该书是青海大学藏医学院、甘肃中医学院藏医学院，以及四川、北京和云南等省（市）的藏医药方面的专家共同编纂的藏药学专业本科（四年制）系列教材之一。四年制教材编审委员会由 6 个顾问、1 个主任委员、6 个副主任委员、25 个委员组成。该书主要讲述藏医药学理论基础。旦正加主编。北京：民族出版社 2006 年 12 月第 1 次印刷，铅印本，共 236 页，150 千字。

0322《21 世纪藏医本科教育规划教材——藏医学概论》 རྩ་རྒྱུད rts rgyud

藏族医药教材，7–105–06447–1，R291.4，正文为藏文。该书是五省区统一编写的 21 世纪藏医本科教育规划系列教材之一。尼玛次仁（nyi m tshe ring）主编，藏医药学概论编写小组编写。北京：民族出版社 2004 年 7 月第 1 版，纸质，铅印本，共 83 页，有插图。

0323《21 世纪藏医本科教育规划教材——藏医学史（藏医药学史）》 གསོ་རིག་ལོ་རྒྱུས gso rig lo rgyus

藏族医药教材，7–105–06455–2，R291.4，正文为藏文。该书是五省区统一编写的 21 世纪藏医本科教育规划系列教材之一。强巴赤列（byms p vphrin ls）主编，藏医药学史编写小组编写。北京：民族出版社 2004 年 7 月第 1 版，纸质，铅印本，共 143 页。

0324《21 世纪藏医本科教育规划教材——藏医药理学》 སྦྱོར་བ་སྨན། sbyor b smn

藏族医药教材，7–105–06441–2，R291.4，正文为藏文。该书是五省区统一编写的 21 世纪藏医本科教育规划系列教材之一。尕玛措尼（krm tshogs gnyis）主编，藏医药理学编写小组编写。北京：民族出版社 2004 年 7 月第 1 版，纸质，铅印本，共 390 页。

0325《藏医药理学》（第 2 版，修订本） སྦྱོར་བ་སྨན། sbyor ba sman

藏族医药教材，978-7-105-11534-1，R291.4。sbyor ba sman slob deb rtsom sgrig tsho chung 编著，karma tshogs gnyis dang vbrug rtse 修订。北京：民族出版社，2010、2011 年重印，共 438 页。

0326《药王山藏医学院课本——藏医药理学》（上册） སྦྱོར་བ་སྨན། སྟོད།

藏族医药教材，正文为藏文。淡青色封面，版权页欠奉。纸质，铅印本，共 171 页。

0327《药王山藏医学院课本——藏医药理学》（下册） སྦྱོར་བ་སྨན། སྨད།

藏族医药教材，正文为藏文。绿色封面，版权页欠奉。纸质，铅印本，共 236 页。

0328《藏医药学科研设计与方法》 བོད་ཀྱི་གསོ་བ་རིག་པའི་ཚན་རིག་ཞིབ་འཇུག་གི་གཞུང་ལུགས་དང་ཐབས་ལམ་ཇུས་འགོད། bod kyi gso ba rig pavi tshan rig zhib vjug gi gzhung lugs dang thabs lam jus vgod

藏族医药教材，978-7-105-12218-9，R291.4。该书约 25 万字，包括藏医学科研概述，藏医学科研思维，藏医学科研选题、设计与申报，藏医临床研究，医学文献检索与阅读，医学科技论文写作等，系统地介绍了藏医学科研方法的基本知识和技能，实用性、可操作性强，是藏医学专业人员从事科研的入门指导书籍，既可作为研究生的教科书，也可作为一线的藏医医疗、教学、预防保健人员的参考阅读工具书。dkon mchog rgyal mtshan 主编。北京：民族出版社 2012 年出版，共 427 页。

0329《21 世纪藏医本科教育规划教材——藏医疫病学》 གཉན་རིམས་གསོ་བ། gnyn rims gso b

藏族医药教材，7-105-06451-X，R291.4，正文为藏文。该书是五省区统一编写的 21 世纪藏医本科教育规划系列教材之一。次智木（tshul khrims）主编，藏医疫病学编写小组编写。北京：民族出版社 2004 年 7 月第 1 版，纸质，铅印本，共 148 页。

0330《藏医疫病学》（第 2 版，修订本） གཉན་རིམས་གསོ་བ། gnyan rims gso ba

藏族医药教材，978-7-105-11958-5，R291.4。tshe ring dang rta mgrin dbang phyug 主编，gnyan rims gso ba slob deb rtsom sgrig tsho chung 编著，tshe ring dang rta mgrin dbang phyug 修订。北京：民族出版社 2011 年出版，共 232 页。

0331《21 世纪藏医本科教育规划教材——藏医杂病学》 ཐོར་ནད་གསོ་བ། thor nd gso b

藏族医药教材，7-105-06463-3，R291.4，正文为藏文。该书是五省区统一编写的 21 世纪藏医本科教育规划系列教材之一。尼玛（nyi m）主编，藏医杂病学编写小组编写。北京：民族出版社 2004 年 7 月第 1 版，纸质，铅印本，共 249 页。

0332《藏医杂病学》（第 2 版，修订本） ཐོར་ནད་གསོ་བ།། thor nad gso ba

藏族医药教材，978-7-105-11957-8，R291.4。thor nad gso ba slob deb rtsom sgrig tsho chung 编著，don grub tshe ring dang gcod pa rgyal 修订。北京：民族出版社 2011 年出版，共 292 页。

0333《药王山藏医学院课本——藏医杂病学》 ཐོར་ནད་གསོ་བ།

藏族医药教材，正文为藏文。黄色封面，版权页欠奉。纸质，铅印本，共 117 页。

0334《21 世纪藏医本科教育规划教材——藏医诊断学》 ངོས་བཟུང་བརྟགས། ngos bzung rtgs

藏族医药教材，7-105-06440-4，R291.4，正文为藏文。该书是五省区统一编写的 21 世纪藏医本科教育规划系列教材之一。三智加（bsm grub rgyl）主编，藏医诊断学编写小组编写。北京：民族出版社 2004 年 7 月第 1 版，纸质，铅印本，共 142 页。

0335《全国中等藏医学校试用教材——藏医诊断学》 ངོས་བཟུང་རྟགས།

藏族医药教材，7-5420-0029-2，R291.4，正文为藏文。该书为藏文藏医药教材。桑旦主编。西宁：青海民族出版社 1987 年 1 月第 1 版，纸质，铅印本，共 107 页。

0336《藏医诊断学》（第 2 版，修订本） ངོས་བཟུང་རྟགས། ngos bzung rtags

藏族医药教材，978-7-105-11165-7，R291.4。ngos bzung rtags slob deb rtsom sgrig tsho chung 编著，bsam grub rgyal 修订。北京：民族出版社 2010 年出版，共 178 页。

0337《药王山藏医学院课本——藏医诊断学》 ངོས་བཟུང་རྟགས།

藏族医药教材，正文为藏文。淡青色封面，版权页欠奉。纸质，铅印本，共 152 页。

0338《21 世纪藏医本科教育规划教材——藏医治疗学》 གསོ་བྱེད་ཐབས། gso byed thbs

藏族医药教材，7-105-06445-5，R291.4，正文为藏文。该书是五省区统一编写的 21 世纪藏医本科教育规划系列教材之一。班旦加措（dpl ldn rgy mtsho）主编，藏医治疗学编写小组编写。北京：民族出版社 2004 年 7 月第 1 版，纸质，铅印本，共 112 页。

0339《全国中等藏医学校试用教材——藏医治疗学　藏医外科学》 གསོ་བྱེད་ཐབས། ལྷན་སྐྱེས་ཆ།

藏族医药教材，7-5420-0021-7，R291.4，正文为藏文。该书为藏文藏医药教材。桑旦主编。西宁：青海民族出版社 1987 年 5 月第 1 版，纸质，铅印本，共 129 页。

0340《药王山藏医学院课本——藏医治疗学》 གསོ་བྱེད་ཐབས།

藏族医药教材，正文为藏文。淡青色封面，版权页欠奉。纸质，铅印本，共 42 页。

0341《诊断学》 ངོས་བཟུང་བརྟགས། ngos bzang rtags-smad cha：lo rim dang po

藏族医药教材，978-7-5420-1432-0，R291.5。dpav vbum rgyal 主编。西宁：青海民

族出版社 2009 年出版，共 76 页。

0342《措如·才郎大师论文集》 ཁྲོ་རུ་ཚེ་རྣམ་གྱི་གསུང་རྩོམ་ཐོར་བུ་ཕྱོགས་བསྒྲིགས། khro ru tshe rnam gyi gsung rtsom thor bu phyogs bsgrigs

藏族医药论文集，7-223-01516-0，R291.4-53，正文为藏文。措如·才郎（khro ru tshe rnam）编著。拉萨：西藏人民出版社 2003 年 7 月第 1 版，铅印本，共 298 页，142 千字。

0343《青海藏医学院学术论文集》(01) མཚོ་སྔོན་བོད་ལུགས་གསོ་རིག་སློབ་གླིང་གི་དཔྱད་རྩོམ་གཅེས་བཏུས།

藏族医药论文集，7-5420-0704-1，正文为藏文。艾措千主编。西宁：青海民族出版社 1998 年 7 月第 1 版，纸质，铅印本，共 232 页。

0344《青海大学首届藏医药学教育教学研讨会论文集》 མཚོ་སྔོན་སློབ་ཆེན་སྐབས་དང་པོའི་བོད་ཀྱི་གསོ་བ་རིག་པའི་སློབ་གསོ་བགྲོ་གླེང་ཚོགས་འདུའི་དཔྱད་རྩོམ་གཅེས་བསྡུས། mtsho sngon slob chen skabs dang povi bod kyi gso rig slob gsovi bgro gleng tshogs vduvi dpyad rtsom gces bsdus

藏族医药论文集，978-7-5420-1712-3，R291.4。该论文集为青海大学藏医学院首届藏医教育教学研讨会主要成果之一，收录其中的论文有 25 篇。该论文集以藏医药高等教育实践教学中存在的问题和当时国内藏医药实践教学现状为主题，从藏医优秀传统教学的继承与发扬，国内外现代教学方法与手段的引进，藏医实践教学的优化与完善、教学体系建设、临床教学模式改革、实践教学管理机制创建、教学效果评价体系建立等方面，提出了不少既有理论深度又有实践可行性的观点和建议。西宁：青海民族出版社 2012 年出版，共 238 页。

0345《全国藏医药学术与技术交流会论文集》(2012) 2012 རྒྱལ་ཡོངས་བོད་གསོ་རིག་གཞུང་བགྲོ་གླེང་དང་ལག་རྩལ་བརྗེ་རེས་ཀྱི་ཚོགས་འདུའི་དཔྱད་རྩོམ་ཕྱོགས་བསྒྲིགས། 2012 lovi rgyal yongs bod kyi gso ba rig pavi rig gzhung bgro gleng dang lag len brje res kyi tshogs vduvi dpyad rtsom phyogs bsgrigs

藏族医药论文集，978-7-105-12732-0，R291.4-53。该论文集收集了西藏、青海、甘肃、四川、云南、北京等省区藏医药专业技术工作者撰写的有关藏医药基础理论、临床报道、制剂研发、特色外治、藏医护理、文献研究、天文历算、未来展望、实验研究等的论文 139 篇。krung go mi rigs gso rig slob tshogs dang kan suvu zhing chen bod kyi gso rig zhib vjug gling 主编，中国民族医药学会、甘肃省藏医药研究院编写。北京：民族出版社 2013 年出版，共 558 页。

0346《西南五省（区）六市药剂学交流会议论文集·西藏分册》

藏族医药论文集，中国药学会西藏分会编写。拉萨：1939 年 9 月出版，纸质，铅印本，共 49 页。

0347《全国藏医药学术研讨会议文集（1999）——藏医药研究荟萃》 རྒྱལ་ཡོངས་བོད་ཀྱི་གསོ་བ་རིག་པའི་རིག་གཞུང་བགྲོ་གླེང་ཚོགས་འདུའི་དཔྱད་རྩོམ་ཕྱོགས་བསྒྲིགས།1999

藏族医药论文集，7–105–03816–0，正文为藏文。该书为藏医学术会议论文集。《藏医药研究荟萃》编委会编写。北京：民族出版社 2000 年 3 月第 1 版，纸质，铅印本，共 254 页，有插图。

0348《藏医药研究文集（纪念北京藏医院建院十周年 1992—2002）》 བོད་ཀྱི་གསོ་རིག་ཞིབ་འཇུག་གི་གསུང་རྩོམ་ཕྱོགས་བསྒྲིགས།

藏族医药论文集，7–80057–658–2，R291.4–53，并列题名为“The Essays Collection of Tibetan Medicine”。该书共收录北京藏医院及其合作单位专家撰写的藏医药学研究论文 60 余篇，反映了近 10 年来国内藏医药的科研水平。黄福开主编。北京：中国藏学出版社 2003 年出版，共 432 页。

0349《藏医医学论文集》（第 2 期） བོད་གསོ་དཔྱད་རྩོམ་ཕྱོགས་བསྒྲིགས།

藏族医药论文集，正文为藏文。题名为藏文意译，绿色封面。中华医药学会藏医分支、西藏藏医学院编写。1985 年 1 月出版，纸质，铅印本，共 183 页，有插图。

0350《藏医医学论文集》（第 3 期） བོད་གསོ་དཔྱད་རྩོམ་ཕྱོགས་བསྒྲིགས།

藏族医药论文集，正文为藏文。题名为藏文意译，白色封面。中华医药学会西藏分支编写。拉萨：西藏新华印刷厂 1985 年出版，共 216 页，有插图

0351《藏医医学论文集》（第 4 期） བོད་གསོ་དཔྱད་རྩོམ་ཕྱོགས་བསྒྲིགས།

藏族医药论文集，正文为藏文。题名为藏文意译，白色封面。中华医药学会藏医分支、西藏藏医学院（责任编辑）编写。1985 年 1 月出版，纸质，铅印本，共 230 页，有插图。

0352《藏医诊治论文选》 གསོ་རིག་སྐོར་གྱི་རྒྱུན་འབོ་གལ་ཆེ་གདམས་བསྒྲིགས།

藏族医药论文集，7–105–05196–5，R291.4–53，正文为藏文。工竹元旦加措（yon tan rgya mtsho sogs）著，rdo rje rgya bo 主编，多吉杰博撰（著）编。北京：民族出版社 2004 年第 2 版，纸质，铅印本，共 434 页。

0353《西藏传统养生体育文化》 བོད་ལྗོངས་སྲོལ་རྒྱུན་ལུས་གསོ།ལུས་རྩལ་དང་རིག་གནས་ཞེས་བྱ་མེ་ལོང་།

藏族综合文献，7–223–01316–8，R281.4。该书总结和吸收了大量的藏医学文献典籍、藏族史料、藏族体育文献等，结合现代养生体育教育实践和现代养生体育研究成

果，介绍了藏医学的传统养生、保健方法。丁玲辉主编。拉萨：西藏人民出版社 2005 年 9 月第 1 版，铅印本，共 244 页，166 千字，有插图。

0354《藏彝走廊研究丛书——蟹螺藏族：民族学田野调查及研究》

藏族综合文献，978-7-105-09032-7，K281.4。该书包含三个部分，一是以田野日志的方式介绍民族学田野调查的过程；二是对蟹螺堡子（即蟹螺江坝村 5 组）的“尔苏”，以及木耳和猛种堡子（即蟹螺猛种 1、2 组）的“木雅”，做了较详细的民族志叙述；三是在分析民族志资料的基础上，对民族史及民族文化方面的诸多问题，提出了见解和思考。李星星著。北京：民族出版社 2007 年出版，共 449 页。

0355《藏族历史文化》 བོད་ཀྱི་ལོ་རྒྱུས་རིག་གནས།

藏族综合文献，7-105-06334-3，K297.5/2。该书分为藏族历史篇和藏族文化篇两篇，内容包括远古藏族历史（6 世纪以前）、唐代藏族历史（7—9 世纪）、精神文化、物质文化等。作者曾国庆，藏族，1956 年 10 月出生于西藏拉萨，祖籍四川巴塘；1982 年毕业于中央民族学院历史系，2000 年赴美国乔治·梅森大学进修一年，现为中央民族大学藏学研究院副教授，主要从事藏族历史研究与教学工作；代表作《清代藏史研究》，先后出版合著三本、集体著六本，发表论文、译文、调查报告、电视讲稿、文章等四十余篇，总计百余万字，长年为本科生、研究生教授中国通史、古代藏族与周边民族关系史、清代藏族史、简明世界史、藏族历史与文化、蒙藏民族关系等多门课程。该书第 195—201 页为藏医药。曾国庆撰（著）。北京：民族出版社 2004 年 6 月第 1 版，铅印本，共 322 页，230 千字。

0356《西南边疆民族研究书系·云南民族村寨调查：藏族——中甸尼西乡形朵村》

藏族综合文献，7-81068-240-7，K281.4。该书介绍了云南藏族的生态环境、人口、经济、社会结构、习惯法、民俗风情、科技与医疗卫生、宗教等内容。普通高等学校人文社会科学重点研究基地资助项目。张实主编，藏族调查组编写。昆明：云南大学出版社 2001 年出版，纸质，铅印本，共 222 页，有插图。

0357《中国少数民族现状与发展调查研究丛书·藏族卷（玛沁县）》 ཀྲུང་གོ་གྲངས་ཉུང་མི་རིགས་ཀྱི་གནས་ཚུལ་དང་འཕེལ་རྒྱས་ལ་དཔྱད་ཞིབ་བྱེད་པའི་དེབ་ཕྲེང་སྟེ་བོད་རིགས་སྐོར་གྱི་རྨ་ཆུ་རྫོང་གི་དེབ།

藏族综合文献，7-105-07519-8，D633.3：D633.314。该书从史地、政治、经济、社会、文化等方面反映了玛沁县 1958 年至 2003 年的发展历程和现状，通过典型调查，重点研究该地区的现状以及在经济发展中面临的突出问题。郝时远、任一飞、穆赤·云登嘉措等撰著，中国社会科学院民族研究所编写。北京：民族出版社 2006 年第 1 版，纸质，铅印本，共 377 页，有插图。

0358《中国少数民族宗教与文化丛书·藏族宗教与文化》 ཀྲུང་གོ་གྲངས་ཉུང་མི་རིགས་ཆོས་ལུགས་དང་རིག་གནས་དེབ་ཕྲེང་སྟེ། བོད་ཀྱི་ཆོས་ལུགས་དང་རིག་གནས།

藏族综合文献，7-81056-700-4，K281.4/11。该书为中国藏族的民族宗教文化研究专著。本书第 95-96 页的第二节“藏医藏药”约 1000 字。魏强主编，嘉雍群培、周润年撰（著）。北京：中央民族大学出版社 2002 年 9 月第 1 版，铅印本，共 260 页，185 千字。

0359《中山大学人类学民族学文丛·乡土西藏文化传统的选择与重构》

藏族综合文献，7-105-07960-6，K281.4/13，并列题名为“Tibetian grass-roots driven socio-cultural planning and reconstraction”。该书是对一个微观的藏族社区——拉萨市娘热乡社会文化的描述分析，立足点不在于说明某种经济和社会发展状态，而是在对藏族乡村社会结构分析的基础上，通过一些标志文化事项（就医行为方式的选择、洁净的观念和原则、饮食文化等），从整体的观点来理解蕴含于其中的文化逻辑。该书第 227—263 页，就医行为选择上的文化逻辑。刘志扬撰（著）。北京：民族出版社 2006 年 12 月第 1 版，铅印本，335 页，260 千字，有插图，覆膜。

0360《青藏高原药物图鉴》（第 1—3 册） མདོ་དབུས་མཐོ་སྒང་གི་སྨན་རིས་གསལ་བའི་མེ་ལོང་།

藏族综合文献，统一书号：14097.42，R932.4/4039，正文为汉文、藏文。该书第一、二册收集了青藏高原植物类药物 309 种，第三册收集了青藏高原动物类药物 77 种，药名用藏、汉两种文字对照，药名后有拉丁学名，每种药物均插有动植物图样。青海省生物研究所、同仁县隆务卫生所编写。西宁：青海人民出版社 1972—1978 年第 1 版，纸质，铅印本，共 452 页，有插图，简装。

3. 藏族医药检索工具等

0361《常用藏药目录》 རྒྱུན་སྤྱོད་བོད་སྨན་དཀར་ཆག།

藏医药工具书，978-7-223-02521-8，R291.4-7/1，正文为汉文、藏文。索朗扎西主编，尼玛次仁、巴桑、索朗德吉、占堆撰（著）编。拉萨：西藏人民出版社 2008 年 9 月出版。

0362《常用藏中药简编》 རྒྱུ་སྤྱོད་བོད་རྒྱ་སྨན་རིག་མདོར་བསྡུས།

藏族工具书，978-7-5421-1188-3，R291.4：R282，正文为汉文、藏文。该书介绍了 130 对常用藏药、中药材的药源及其在临床中的应用等。雒成林、金建平、刘峰林主编。兰州：甘肃民族出版社 2007 年 11 月出版。

0363《甘南藏族自治州藏医志》 ཀན་ལྷོ་བོད་རིགས་རང་སྐྱོང་ཁུལ་གྱི་བོད་སྨན་ལོ་རྒྱུས་།

藏医药工具书，7-5421-0248-6，R199.2：R291.4。该书从藏医机构、藏医教育事业、甘南藏药、藏医人物等十个方面，介绍了藏医的发展变化。甘南藏族自治州卫生局藏医志编纂委员会编写。兰州：甘肃民族出版社 1993 年出版，共 238 页。

0364《甘珠尔所载之医药部分》 བཀའ་འགྱུར་ལས་འཕྲོས་པའི་གསོ་རིག

藏族工具书，7-223-00195-X，正文为藏文。《甘珠尔所载之医药部分》（嘎玛赤热整理，拉萨：西藏人民出版社 1988 年出版）、《医药学选编》（北京：民族出版社 1989 年、1992 年、1992 年、1996 年出版）、《丹珠尔藏医药学文献精要》（九西加、本考、旦正加选编整理，兰州：甘肃民族出版社 2007 年出版）是 3 本辑选藏文《大藏经》中有关藏医药内容的著作，并不是专门的藏医药古籍文献目录著作。但这 3 本著作的内容均反映了藏传佛教经典中收录的藏医药古籍文献的情况，对于了解藏医药古籍的整体状况有所帮助。嘎玛赤热整理（主编）。拉萨：西藏人民出版社 1988 年 12 月第 1 版，1993 年 8 月第 2 次印刷，纸质，铅印本，228 页。

0365《古今藏医药文献书目编制》（藏汉英对照） གནའ་དེང་བོད་ཀྱི་གསོ་རིག་ཡིག་ཚང་གི་དཀར་ཆག (བོད་རྒྱ་ཨིན་སྦྱར་ཚིག་མཛོད།)

藏医药工具书，7-223-01959-X，G254, 正文为汉文、藏文、英文。该书为“国家中医药管理局民族医药文献整理丛书”之一，全书以藏、汉、英 3 种文字，对 531 种藏医药古籍文献的书名、著者、年代、版本、收藏处所、备注以及内容摘要进行了介绍，其中 390 种为西藏自治区藏医院所藏。这是截至目前为止编纂最为系统的一部藏医药古籍文献目录，唯一的缺憾是没有涉及除西藏自治区外的其他 4 个省区所藏的藏医药古籍文献。西藏自治区藏医院编纂，索朗措姆、拉珍整理。拉萨：西藏人民出版社 2006 年出版，共 18020 页。

0366《西藏藏医学院馆藏典籍目录》（01） བོད་ལྗོངས་གསོ་རིག་སློབ་གླིང་གི་འགྲེམས་སྟོན་ཁང་སོགས་སུ་ཉར་བའི་བསྟན་བཅོས་དཀར་ཆག（དང་པོ） bod ljongs bod lugs gso rig slob graw chen mor bzhugs su gsol bavi dpe rnying dkar chag-deb dang po：deb dang po

藏族工具书，978-7-223-02275-0，Z838，正文为藏文。该目录收录了西藏藏医学院收藏的古籍，其中医学类古籍 56 种，天文历算类古籍 17 种，著录的信息包括登录号、章节、书名、著者、著作时间、页数、印经院、版本以及规格。该目录是一部高等院校图书馆的工具书，其目的是便于教师及学生查找阅览，从这个角度来说，这是一部很实用的目录书。但是，因为馆藏藏医古籍较少，所以尚无法反映藏医古籍的总体状况。西藏藏医学院编纂，glang mthong rdo rje sgrol dkar 编著。拉萨：西藏人民出版社 2008 年出版，共 621 页。

0367《西藏藏医学院馆藏典籍目录》(02)(第 2 版) བོད་ལྗོངས་གསོ་རིག་སློབ་གླིང་གི་འགྲེམ་སྟོན་ཁང་སོགས་སུ་ཉར་བའི་བསྟན་བཅོས་དཀར་ཆག（གཉིས་པ） bod ljongs bod lugs gso rig slob graw chen mor bzhugs su gsol bavi dpe rnying dkar chag–deb gnyis pa：deb gnyis pa

藏医药工具书，978–7–223–02395–5，Z838, 正文为藏文。 glang mthong rdo rje sgrol dkar 编著。拉萨：西藏人民出版社 2013 年出版，共 739 页。

0368《西藏常用药用植物名录》 བོད་ཀྱི་སྨན་སྤྱོད་རྩི་ཤིང་དཀར་ཆག（རྒྱ་བོད་ཤན་སྦྱར།）

藏族工具书，978–7–223–02285–9，Q949.95–62/2，正文为汉文、藏文。该书为藏语、汉语、拉丁语西藏常见药用植物名录。拉巴主编，蒋思萍、道帏、才让多杰撰（著）编译。拉萨：西藏人民出版社 2008 年 2 月出版。

0369《藏汉合璧常用藏成药实用手册》 བོད་རྒྱ་ཤན་སྦྱར་གྱི་རྒྱུན་སྤྱོད་བོད་སྨན་ལག་དེབ།

藏医药工具书，7–105–08139–2，R291.4–62，正文为藏文。作者为西藏藏医院药检科科长、副教授，长期从事藏药药检行业，对藏成药具有很深的了解。书中收录了 350 余种现今常用的藏成药，分 12 个大类，包含药名（曾用名）、主要成分、形状、作用类别、功能主治、注意事项、不良反应、禁忌、用法用量、规格、贮藏等内容。索朗顿珠主编。北京：民族出版社 2006 年 12 月第 1 版，纸质，铅印本，共 461 页，精装。

0370《藏汉拉对照藏药词汇》

藏族工具书，7–5420–0662–2，R29.7，正文为汉文、藏文。俄仓巴・卓玛东珠主编。西宁：青海民族出版社 1998 年 5 月出版。

0371《藏药标准》(1、2 册合订本) བོད་སྨན་གྱི་ཚད་གཞི། bod sman gyi tshad gzhi–deb gnyis pa

藏医药工具书，统一书号：M14181.8，R291。该书为藏族药用药标准。zhing chen dang rang sk yongl jongs drug givp hrod bsten cu 主编，六省区卫生局编写。西宁：青海民族出版社 1980 年出版，共 496 页。

0372《藏药志》 བོད་སྨན་གྱི་རྣམ་བཤད།

藏族工具书，7–225–00426–3，R281.475，正文为汉文、藏文。该书收常用藏药 431 种，每种药物首载其藏文名称，并注汉文译音，次分考证、原植物、性味功用等项记述。杨永昌主编，中国科学院西北高原生物研究所编著。西宁：青海人民出版社 1991 年 11 月出版。

0373《藏医标准》 བོད་སྨན་གྱི་ཚད་གཞི།

藏医药工具书。西宁：青海人民出版社，共 298 页。

0374《藏医数词词典》 གསོ་རིག་གྲངས་བརྗོད་ཀྱི་མིང་།

藏族工具书，7–5409–1532–3，R291.11，正文为藏文。尼玛泽仁主编。成都：四川民族出版社 1998 年 12 月出版。

0375《藏医消化系统疾病诊断及疗效评定标准》 ཀྱུ་སྦྱོད་ཀྱུ་བོད་སྨན་རིག་མདོར་བསྡུས།

bod lugs gso rig gi vju byed nad rigs kyi nad ngos dang sman bcos phan vbras kyi tshad gzhi

藏医药工具书，7-223-01536-5，R291.4，正文为藏文。bod ljongs sman rtsis khang vju byed tshan khag 主编，西藏自治区藏医医院消化科编写。拉萨：西藏人民出版社 2003 年 1 月出版。

0376《藏医药大典》 བོད་ལུགས་གསོ་རིག་ཀུན་འདུས་ཆེན་མོ།

藏族工具书。全书 60 卷，收录了 638 部藏医药经典古籍和近现代代表性论著，涵盖藏医药学从理论到实践几乎所有的内容。青海省藏医药研究院组织编纂。北京：民族出版社 2012 年出版。

0377《藏医药典籍目录》 བོད་གསོ་རིག་པའི་བསྟན་བཅོས་དཀར་ཆག

藏医药工具书，正文为藏文。拉玛加编，1997 年由甘肃民族出版社出版。该书收录了 150 位历代藏族医学家近 1200 部藏医药学著作目录，并附有其中 1101 部著作的作者简介，信息量较大。全书以藏文字母顺序编排，没有进行分类，因而读者无法宏观掌握藏医药古籍文献的基本情况，且全书以藏文著成，这对于该书的推广应用有一定的限制。

0378《藏医药学梵藏对照辞典》 བོད་ལུགས་གསོ་རིག་དང་ལེགས་སྦྱར་ཤན་སྦྱར་ཚིག་མཛོད་ཆེན་མོ། bod kyi gso ba rig par nye bar mkho bavi legs bod shan sbyar

藏族工具书，978-7-223-02289-7，R291.4-61，正文为藏文。康萨·索朗其美（khang sar bsod nmas vchi med）主编。拉萨：西藏人民出版社 2007 年 12 月出版。

0379《藏医药研究丛书——中国藏医药文献目录索引》（1907—2001） བོད་ཀྱི་གསོ་རིག་པའི་ཞིབ་འཇུག་དཔེ་ཚ ---ཀྲུང་གོ་བོད་གསོ་རིག་པ་ཚད་ལྡན་ཡིག་ཚའི་དཀར་ཆག་ཕྱོགས་བསྡུས།

藏族工具书，7-80057-660-4，Z88：R291.4，并列题名为“A Catalogue and Index of Tibetan Medical Documents of China”。该书是我国第一部藏医药专题目录索引，收录了 1907—2001 年间国内藏医药文献 2000 多篇，包括研究论文、图书专著、新闻报道、文献译文等多种形式的文献条目，并按著作名、作者名等编排了索引。该书共分为八编，主要按藏医分支领域分类，分别阐述了藏医学综述、藏医医史研究、藏医基础理论、藏药研究、藏医临床等内容。其中藏医药专著 178 种，涉及古籍整理出版文献 102 种（数量增加 60 种）。对于著作的著录，著录的信息包括书名、编著者、出版地、出版者、出版年月、页码。全书仅以名录的方式罗列藏医方面的论文（包括新闻报道）、论著的主要信息，没有附内容提要，著录有文献基本信息。黄福开主编。北京：中国藏学出版社 2003 年出版，共 226 页。

0380《中国医学百科全书·藏医学》 ཀྲུང་གོ་གསོ་རིག་ཀུན་འདུས། བོད་ཀྱི་གསོ་བ་རིག་པ།

藏医药工具书，7-5323-4979-9，R-61/6。该书是《中国医学百科全书·藏医学》

（藏文版）的汉文编译本，内容包括藏医药简史及藏医基础、生理、病理、诊断、保健、医德、内科、外科、妇科、儿科、五官科、骨伤科、热病、疫病、神志病、治疗、药物、方剂等基础和临床各科，是一部博采古今藏医药精华的综合性藏医药著作。土旦次仁主编，中国医学百科全书编辑委员会、“藏医学”编辑委员会编写。上海：上海科学技术出版社 1999 年 11 月出版。

0381《中华本草·藏药卷》 ཀྲུང་ཧྭ་སྔོ་འབུམ། བོད་སྨན།

藏族医药工具书，978-7-5323-6628-6，R281.3/29，正文为汉文、藏文。该书收载藏医临床常用、疗效确切的藏药材 396 味，其中矿物药 39 味、植物药 309 味、动物药 48 味，是迄今为止所有藏药本草中项目最全的版本。嘎玛曲培主编，益西坚赞、占堆、次仁巴珠、格桑巴珠编，西藏自治区藏医院药物研究所、国家中医药管理局《中华本草》编委会编写。上海：上海科学技术出版社 2002 年 12 月出版。

0382《西藏自治区振兴藏医工作大会文件汇编》 བོད་རང་སྐྱོང་ལྗོངས་བོད་སྨན་དར་རྒྱས་ཀྱི་ལས་དོན་ཚོགས་འདུའི་ཡིག་ཆ་ཕྱོགས་སྒྲིག

藏医药工具书，正文为汉文、藏文，西藏自治区卫生厅编写。1986 年 10 月出版，纸质，铅印本，共 127 页，有插图。

0383《中国药典·藏药专册》（2000 年版） ཀྲུང་གོའི་སྨན་གཞུང་ 2000ལོའི་བོད་སྨན་ཆེད་དེབ། krung govi sman mdzod 2000lovi par gzhivi bod sman ched bsgrigs

藏医药工具书，7-5420-0978-8，R291.4，正文为汉文、藏文。rgyal khab sman mdzod u yon lhan khang 编，sngo tshang pa sgrol ma don grub，mgon po 主编，国家药典委员会编写。西宁：青海民族出版社 2002 年 9 月出版。

0384《德钦县卫生志》 བདེ་ཆེན་རྫོང་འཕྲོད་བསྟེན་ལོ་རྒྱུས་ཀྱི་དེབ་ཐེར།

藏族工具书，7-5416-0577-8，R199.2。李根和撰（著），德钦县卫生志编纂委员会编写。昆明：云南科技出版社 1994 年 12 月出版。

0385《迪庆年鉴》（2003 年） བདེ་ཆེན་གྱི་ལོ་རིམ་མེ་ལོང་།

藏族工具书，7-80695-051-6，Z527.42。该书是一部全面反映迪庆州政治、经济、文化和社会发展基本情况的地方性综合年鉴。鲁永明主编，迪庆州志办公室、迪庆年鉴编辑部编写。昆明：云南美术出版社 2003 年 12 月出版。

0386《藏族大辞典》 བོད་རིགས་ཚིག་མཛོད་ཆེན་མོ།

藏族工具书，7-226-02030-0，K281.4-61。该辞典以历史唯物主义的观点，详细记述了藏族古代社会的宗教、文化、历史以及近现代藏区的经济与社会等方面的发展与进步，辞典内有藏医和藏药相关词条。丹珠昂奔主编，周润年、莫福山、李双剑、罗桑开珠编，“藏族大辞典”编委会编写。兰州：甘肃人民出版社 2003 年 2 月出版。

0387《北京地区藏文古籍总目》 པེ་ཅིན་ས་གནས་ཀྱི་གནའ་གཞུང་དཀར་ཆག་ཕྱོགས་བསྡུས།

藏族检索工具。在北京市民委的直接领导下，对分散保存在各图书馆、档案馆、科研院所等单位的书籍、文书、拓片、金石铭刻等进行普查核对、数据著录、分析研究等工作，编辑成此书。阿华阿旺、华丹主编。北京：中国藏学出版社 2013 年出版。

0388《中国藏学书目》 ཀྲུང་གོའི་བོད་རིགས་པའི་དཔེ་ཆའི་དཀར་ཆག

藏族检索工具，7-119-00029-2，Z88：K297.5，并列题名为“Catalogue of Chinese Publications in Tibetan Studies”。《中国藏学书目》编辑委员会分别于 1995 年、1997 年和 2001 年编辑出版了《中国藏学书目（1949—1991）》《中国藏学书目续编（1992—1995）》和《中国藏学书目三编（1996—2000）》3 部藏学目录。其中第 1 部书目收录了 1949—1991 年期间中国近 200 家出版社的图书（不含台、港、澳出版物）共 1497 种，涉及西藏自治区和各省藏族自治州、县的概况，以及藏族与藏族地区哲学、宗教、政治等各个方面。这 3 部目录收录了 1949 年 10 月至 2000 年之间，我国近 200 家出版社正式出版的藏学方面的图书共计 3169 种，与藏医药相关的藏、汉文出版物共 131 种，其中涉及藏医古籍 93 种（因《帝玛·丹增彭措医著选集》一书集结了公元 17 世纪著名学者帝玛·丹增彭措一生医学著述共 61 篇而成，故而将它们看成独立的文献比较合适）。著录的信息包括书名、编著者、出版地、出版者、出版年月、页码、尺寸、从书项、统一书号或国际标准书号、装帧等，并附有内容提要。藏文图书附汉、英译文，汉文图书附英译文，英文图书附汉译文。这 3 部目录收录的内容涵盖整个藏学研究，收录文献的形式为现代出版物，其中藏医古籍占 3%。该目录的优点是每部著作均附有内容提要，有助于读者了解其基本内容。随着文献数据库的出现和发展，对于 2000 年之后出版的藏学著作，未有续编出版。《中国藏学书目》编委会编写。北京：外文出版社 1994 年出版，共 428 页。

（二）傣族（云南特有少数民族）医药及文献

傣族自称 tai，自古就是中华民族中的一员，云南省有傣族 122.2 万人（2010 年），主要聚居在云南省德宏傣族景颇族自治州的芒市、畹町、瑞丽、陇川、盈江、梁河，西双版纳傣族自治州的景洪、勐腊、勐海等县市，另外保山、绿春、景谷、景东、澜沧、墨江、红河、沧源、镇康、临沧、新平、金平、武定、文山等县市中也有傣族杂居。傣族是我国一个较发达的民族，是云南特有民族之一，有自己的文字，用傣文保存的文化典籍十分丰富。傣医药历史悠久，与藏医药、蒙古医药、维吾尔医药并称为我国的“四大民族医药”。据贝叶经史料记载，早在 2000 多年前傣族就有了自己的医药，它是在南传上座部佛教文化的影响下，在傣族人民与疾病作斗争的医学实践活动中形成和发展起来的传统医药[①]。从地缘、血缘关系上看，傣医药吸收中医学及古印度医学的理论和知识，并逐步形成了具有民族特色和地方特色的民族医药，具有鲜明的民族特色和地方特色。据《逸周书·王会解》的记载，傣族医药至今已有1500余年的历史，傣族人民把治病用药的经验加以总结整理，撰著了许多医药书籍[②]。

中国傣医药的发展可分为三个时期。第一个时期称为“滇腊撒哈”，意为橄榄时期，是傣医药最原始的萌芽阶段。此时人们对医药的认识来自生活经验的积累，是粗浅的、零星的，没有系统的医药理论，没有文字，医药的传承只能依靠口传心授。第二个时期称为“波腊撒哈”和“米腊撒哈”，这是傣医药发展和兴盛时期。社会经济的发展，佛教的传入以及古印度医学、中医学的影响，傣族文字的创立，尤其是贝叶文字载体的出现，大大加速了傣医药文化的发展进程，傣医药理论被集中整理、著录和保存。在此阶段，傣族人民创造了独具一格的以“四塔”“五蕴”学说为核心的理论体系。现存《嘎牙山哈雅》就是记述傣医药的第一部专著，据推测是阿仑达听于公元前约924年完成的，全书共分五册，用贝叶书写，故又称“贝叶经”。《嘎比迪沙嫡巴尼》一书则论述了傣医理论、人体解剖、用药规则、采药时间和部位与药物效能的关系等，是一部较综合的傣医药典籍。1323年，帕雅龙真哈从《嘎比迪沙嫡巴尼》一书中摘录编写了《档哈雅龙》，进一步充实、论述了傣医药理论。在历史上，傣医手抄本在民间流传最为广泛，而历代傣医手抄本的流传对傣医药的发展起到了巨大的推动作用。这些手抄本通称《档哈雅》，其所描述的内容不同，侧重面也各自有异[③]。同时，出现了大批流传至今的《阿皮踏麻基干比》《档哈雅龙》《嘎牙山哈雅》《及打撇达》《萨打依玛拉》等傣医药著作。因受佛教的影响，各手抄本均不署名。第三个时期是新中国成立后至今。在党的医药政策指导下，加之现代科学的不断进步，傣医药得到了很大的发展。从1983年国家确定傣医药为我国“四大民族医药”之一起，多年来傣医药得到了政府的高度重视，成立了西双版纳州傣医医院、西双版纳州民族医药研究所等一批傣医药医疗服务和医药研究机构；形成了傣医药自己的教育体系，培养了一批傣医药人才；制定并颁布了部分常用的傣药材标准；除翻译出版了《嘎牙山哈雅》《古傣医验方》及一些《档哈雅》外，先后编辑出版了《傣药志》（四卷）、《傣族医药验方集》《傣医传统方药志》《中华本草·傣药卷》《傣医诊病特点》等傣医药专著。在方药研究方面，已有3个方剂和24个品种收载入《云南省药品标准》内，其中傣药“牙呼鲁”（傣肌松）及傣医药方“雅叫哈顿散”已被列入国家药典。

贝叶经是用铁簪将文字刻写在贝叶上，并涂以颜料制作而成的，不但字迹清晰，而

① 戴翥.傣医药文献整理研究综述及思考[J].中国民族医药杂志，2009（10）.

② 蒋振忠，冯德强.傣族医药简述[J].中医药学报，1992（4）.

③ 戴翥.傣医药文献整理研究综述及思考[J].中国民族医药杂志，2009（10）.

且擦不掉、抹不去。贝叶经过水煮等特殊工艺的处理，可以防虫、防水、防变形，经久耐用，这也是贝叶经可以保存几百年，甚至上千年的原因。傣族地区的佛寺收存贝叶文献早已成为传统，其来源一是由佛爷自己刻写的，二是接受世俗众生“赕坦”献经或“赕簿”献书。因民间“赕佛”献经献书活动一度蔚然成风，贝叶经中既有来自印度教的故事，又包含有涉及傣族民间原始信仰的传说。因此，贝叶经成了傣族社会各种文化知识和思想观念的荟萃之苑，这也影响到贝叶文学的内容构成。除了佛寺集中收存贝叶经外，傣族世俗民间也收藏有各类贝叶文献，所以贝叶文化从佛寺到民间，成为傣族文化的代表和象征①，因而傣族文化又被称为“贝叶文化”。

此外，傣族文献中的纸质一类是指绵纸经书，傣语称为“薄嘎腊沙”，它是用野蕨秆削成的蕨笔蘸墨写在绵纸本上制成的。其规格有宽面页式和连续折叠式两种，其中以宽面页式最为普遍。

以上两种形式的经书，贝叶经的数量最为庞大，其次才是纸质的经书。这两类经书，由于数量众多，内容、含义博大精深，因而被誉为“别闷戏版康”（八万四千部），并在傣族史册上流传千古。目前保留在西双版纳的贝叶文化经籍，从书目看多达5000多部、2000多种。按内容和形式，大体可分为19大类，即哲学历史类、政治经济类、生产生活类、民情民俗类、语言文字类、文学艺术类、宗教信仰类、佛教经典类、天文历法类、法律类、医理医学类、体育武术类、书画艺术类、制品工艺类、建筑设计类等。这些经籍范围和内容十分广泛且丰富，涉及傣族社会历史文化和生产生活的方方面面，可以说它是傣族传统文化的集大成者、傣族智慧的万有文库。

傣族历史上就有自己的语言、文字。傣语属汉藏语系壮侗语族壮傣语支，主要有西双版纳傣语和德宏傣语两大方言区。傣族历史上曾创制、使用过四种文字，即傣泐文（又称西双版纳傣文）、傣纳文（又称德宏傣文）、傣绷文、傣端文（又称金平傣文）。这四种文字的创制均与佛教传入傣族地区有直接关系，均为印度梵文、巴利文字母的变体，其字体有所不同。目前，云南省内的傣族仍以母语（傣语）进行交流，现在使用人口较多的文字是傣泐文、傣纳文，其次是傣绷文。傣泐文主要使用于西双版纳傣族自治州以及孟连、澜沧、西盟、沧源、景谷、双江、镇康、江城等地，傣纳文主要使用于德宏傣族景颇族自治州以及保山、临沧、景谷、双江、耿马、腾冲、景东、墨江等地，傣绷文主要使用于陇川、瑞丽、畹町、耿马等中缅边境一线的傣族地区（这些地区也同时使用傣纳文），傣端文基本使用于金平县傣族地区。

由于多种原因，历史上创制的几种傣文字母并不是十分完善，学习、使用起来有诸多不便。为使傣文更加便于群众掌握、利用，在党和政府的关心支持下，20世纪50年代国家民族事务委员会对使用人口较多的傣泐文和傣纳文进行了改进。现在人们把改进

① 贝叶经的瑰丽奇葩：傣族的文学艺［EB/OL］. http://www.china.com.

前的傣文称为“老傣文”，把改进后的傣文称为“新傣文”。改进后的西双版纳傣文有42个声母，分高音、低音两组，每组21个字母。1955年，这套方案经中央批准推广使用。1956年，审核通过并试行推广的改进后德宏傣文，主要是对原有文字中同一个音位使用不同字母或符号，用一个字母或符号表示不同音位、不标声调等缺点做了改进。改进后的德宏傣文，有19个声母、84个韵母、6个声调（5个调符）。

傣族历史上就创制、使用着自己的文字，因而古籍卷帙浩繁。傣族人民利用傣文记录了本民族的历史、政治、经济、文化等方面的发展历程，为后人留下了宝贵的文化财富。傣族历史上的古籍均靠手工传抄。中华人民共和国成立后，党和国家十分重视少数民族文字图书的出版工作，傣文也因此有了严格意义上的图书出版。出版的傣文图书主要使用改进后的傣泐文和傣纳文，即新傣泐文和新傣纳文。

云南民族出版社设有西双版纳傣文编辑室和德宏傣文编辑室，他们发掘、整理了傣族民间的历史、文学、医药等古籍，不仅对积累和弘扬中华民族优秀传统文化起到了积极作用，也对傣族社会、经济的现代化发展起到了推动作用。很多傣文图书出版后，受到群众的喜爱，有的傣文图书甚至远销日本及东南亚各国，被国外有关学者、专家收藏。云南民族出版社的民族医药图书如《傣医验方选》（温源凯、梁永安、波玉波、刀群惠、杨静若编，1982年12月第1版）、《嘎牙山哈雅（傣汉对照）》（林艳芳等译，1988年10月第1版）、《古傣医验方译释》（周兆奎、赵世望主编，1990年3月第1版）、《傣医四塔五蕴的理论研究》（西双版纳州傣医研究所编，李朝斌撰写，岩喊翻译，1993年4月第1版）、《德宏傣药验方集（一）》（李波美等编，1983年9月第1版）、《占响》（刀正南整理，1986年10月第1版）、《德宏傣药验方集（二）》（方茂琴主编，1998年3月第1版）、《中国云南德宏傣文古籍编目》（尹绍亭主编，2002年12月第1版），均按类别收录数据拟编入目录中。

另外，1954—1977年间为了普及卫生常识，出版发行了一些西双版纳傣文图书如《疟蚊与疟疾》（1957年）、《疟蚊与疟疾》（云南人民出版社1958年版）、《新生儿破伤风问答》（1959年周光云编写）、《家庭卫生常识》（1984年7月刀金祥翻译）、《砂仁栽培与紫胶放养技术》（1988年7月朱剑锋等译）等书，以德宏傣文出版的《人为什么会生病》（克有和等译，1991年12月第1版）、《人为什么会生病》（思铭章等译，1993年12月第1版）、《常见妇女病防治知识》（赵晓碰编译，2002年12月第1版）、《从这里开始——迎接艾滋病的挑战》等书，虽然是用傣文出版的，但其西医科普知识是用傣文转译发行的，也不属于民族医药文献，故在采集书目信息时不予收录。又如《兽医常用土药》（云南民族出版社傣语组译，1983年4月第1版），属于汉族兽医药类傣文转译的图书，不属于本课题组收录范围，故不予收录。

经收集、整理，本课题组将搜集著录的傣族医药文献题录归类如下：

1. 傣族医药古籍及再版影印译注文献

0389《阿皮踏麻基干比》 ဢ ဘိဓ ဓမ္မ မ္ဘာ ဂ ကမ္မ ပိဋိ

傣族医药古籍，正文为傣文。该书为手抄本，很多古籍手抄本均未署名。《阿皮踏麻基干比》在其他文献中有记述，是文献研究获得的存目古籍信息。

0390《昂谷打腊尼该》 ဢင်္ဂု ဝပ္ပ တ လ နိ ကာယ

傣族医药古籍，正文为傣文。该书记载有南传上座部佛教原始教义，记述了南传上座部佛教在西双版纳的传播和当时的西双版纳的社会、政治、经济、文化、宗教、哲学等情况。贝叶，刻本，尺寸 480×42 毫米，共 514 页，133.64 千字，用绳串联，保存状况良好，保存环境良好，保存完好，收藏于西双版纳傣族自治州民族医药研究所、西双版纳傣族自治州傣医医院。

0391《八雅（药方）》 ပိုဿာလ္ယ ပ်ာ

傣族医药古籍，正文为傣文。2006 年 9 月，由玉康在勐罕镇曼嘎俭村对艾诺进行调查整理书目信息。绵纸抄本，共 24 页，李国文项目调研成果，收藏于西双版纳傣族自治州景洪市勐罕镇曼嘎俭村（艾诺）。

0392《巴吉抵》 ပ် ဝိဋ် တိ

傣族医药古籍，正文为傣文。该书记载了产期疾病、腰背痛、肢体麻木、心脏病、肠胃寒证、哮喘咳嗽、肝炎黄疸、睾丸肿痛、脘腹绞痛、腹痛腹泻、高热癫狂、食物中毒、溃疡生脓、疔疮痈疮、皮肤瘙痒、痉挛抽搐、头痛头昏、风湿热痹、疟疾发烧、周身浮肿、硬结硬块、尿急尿痛、便稀便秘、肠炎胃炎、止血止痛、清热解毒等的治疗配方 1000 余种，几乎囊括了日常病症及部分疑难杂症，资料翔实，内容丰富，很多方药至今仍在民间广泛运用。传抄，贝叶，刻本，尺寸 480×60 毫米，共 744 页，约 267.84 千字，中间装订，用绳串联，保存状况良好，保存环境良好，保存完好，收藏于西双版纳傣族自治州民族医药研究所、西双版纳傣族自治州傣医医院。

0393《巴腊吉》 ပ် လ ဒိကြ

傣族医药古籍，正文为傣文。该书依据“四塔五蕴”理论和傣医诊断疾病的方法，按患者有什么样的症状，诊断为什么病，用什么药，以什么作药引，内服还是外用，外用是搽、擦还是揉、捏、拖拍，或者是坐（药）还是睡（药）的模式，共录入治疗各种疾病的处方 260 余方，所用药物达 530 多种，还介绍了几种膏剂、丸剂、散剂的制作方法，对于其中疗效显著的方药，作者称其为“值一百金”“贵如千金”。传抄，贝叶，刻本，尺寸 480×60 毫米，共 516 页，约 154.8 千字，中间装订，用绳串联，保存状况良好，保存环境良好，保存完好，收藏于西双版纳傣族自治州民族医药研究所、西双版纳傣族自治州傣医医院。

0394《巴力往》 ᨷ ᩃᩦᨾ ᩅᩢ᩠ᨦ

傣族医药古籍，正文为傣文。全书共有566页，系统性地概述了行医做人、治病用药的基本原则，并指出医生要把病人的利益与幸福放在首位，应该把行医视作个人的修持，而不是一种求取名利及糊口的工具；做人应遵循阶级之分，用药也要分清主次。传抄，贝叶，刻本，尺寸480×60毫米，共580页，约185.6千字，中间装订，用绳串联，保存状况良好，保存环境良好，保存完好，收藏于西双版纳傣族自治州民族医药研究所、西双版纳傣族自治州傣医医院。

0395《别呀赫奔》 ᨷᩮ᩠ᨿ ᨿᩣ ᩉᩮᩥᨠ ᨻᩢ᩠ᨶ

傣族医药古籍，正文为傣文。2007年2月，由克原秀在允哏寨二社对刀保忠调查整理书目信息。该书记录和详释了如何预防凶恶、防疾病、防别人使坏、除恶除邪、寻找失物的民间秘法。李国文项目调研成果，收藏于德宏傣族景颇族自治州盈江县兴和村委会云哏寨二社（刀保忠）。

0396《波嘎腊班牙迪》 ᨷᩮᩤ ᨣ ᩃ ᨷᩢ᩠ᨶ ᨿᩣ ᨴᩦᩈ᩺

傣族医药古籍，正文为傣文。该书主要讨论不同种类的人。传抄，贝叶，刻本，尺寸480×57毫米，共151页，58.89千字，用绳串联，保存状况良好，保存环境良好，保存完好，收藏于西双版纳傣族自治州民族医药研究所、西双版纳傣族自治州傣医医院。

0397《波罕短干若呀康坦荡哈列塔都荡西（关于傣医傣药方面的问题）》 ᨻᩮᩢ᩠ᨶ ᩉᩬᩴ ᨲᩮᩢ᩠ᨶ ᨠᩢ᩠ᨶ ᩁᩮᩢ ᨿᩣ ᨡᩢ᩠ᨶ ᨵᩢ᩺ ᨴᩮᩢ ᩉᩣ ᩃᩮ ᨵᩣᨲᩩ ᨴᩮᩢ ᩈᩦ

傣族医药古籍，正文为傣文。2007年5月，由玉腊在勐养镇曼纳庄对波丙调查采集书目信息。波丙（ᨻᩮᩢ᩠ᨶ ᨻᩥ᩠ᨦ），又叫岩拉，8岁时出家当小和尚，19岁升为佛爷，还俗后又名康朗拉。波丙家的经书，都是用贝叶刻写的，由于时间较长，有的贝叶经已经残缺，有的被虫蛀，有的被撕烂只剩下一半，但波丙还是把它们视作宝贝，用黄土布包了一层又一层。该书简略介绍了傣族医药发展史，傣医人体生理解剖；解释人体生理现象和病理变化的风、火、水、土；人类生命的起源，体内风、火、水、土间的共栖平衡关系等。波丙主编，贝叶，李国文项目调研成果，收藏于西双版纳傣族自治州勐养镇曼纳庄（波丙）。

0398《波豪当哈雅（药物经典）》 ᨸᩮᩢ᩠ᨶ ᩉᩬᩴ ᨴᩢ᩠ᨦ ᩉᩣ ᨿᩣ

傣族医药古籍，正文为傣文。该书为波岩温（ᨻᩮᩢ᩠ᨶ ᩋᩲ᩠ᨿ ᩋᩩ᩠ᨶ）收藏。波岩温又名岩香，男，傣族，曼南村人，66岁，12岁在瓦治巴龙南罕（音译）当和尚，17岁还俗。波岩温家在曼南村的最南边，家屋附近都是稻田，屋前是茂密的竹林，还有一条清澈的小河。波岩温家居住的是新式的傣族楼房，全家有7口人，经济来源主要是割橡胶、种水稻获得的收入，在当地属富裕人家。波岩温老人在村里，算是一个有知识、有地位的人，同时收藏有多部经籍。2007 年 4 月，由玉腊在勐龙镇曼南村对波岩温调查收集整理书目信息。波岩温主编，绵纸抄本，李国文项目调研成果，收藏于西双版纳傣族自治州勐龙镇曼南村（波岩温）。

0399《达沙斑》 ၔျေ သ ပ်ၵ

傣族医药古籍，正文为傣文。曼阁佛寺（傣语称“洼拉所深曼阁”，简称“洼曼阁”），位于景洪市允景洪镇澜沧江岸边的曼阁寨西面，离江仅几十米，是景洪地区有影响的佛寺之一。全寺布局紧凑，建筑简洁、古朴，殿面交错起落，别具一格，是傣族人民智慧的结晶。1984 年 11 月 2 日，曼阁佛寺被西双版纳傣族自治州人民政府列为重点文物保护单位之一。寺内收藏有贝叶及纸本经典籍，十分珍贵，大部分保存完好，只有少部分由于保存年限较长，有的残缺不全，有的被撕成残片，但字迹可识。此书为傣医药书，于 2007 年 5 月由玉腊对曼阁中心佛寺的曼阁波章调查整理书目。贝叶，李国文项目调研成果，收藏于西双版纳傣族自治州景洪镇曼阁佛寺。

0400《达沙维玛腊》 ၔ သ ဝဗေ မှာ လာ

傣族医药古籍，正文为傣文。传抄，贝叶，抄刻本，尺寸 525×60 毫米，共 11 页，线装，收藏于云南省中医药民族医药博物馆。

0401《达沙赞》 ၔာ သ ဇၺ

傣族医药古籍，正文为傣文。传抄，贝叶，手抄本，尺寸 505×60 毫米，共 135 页，线装，保存状况一般，保存环境良好，有缺损，收藏于云南省中医药民族医药博物馆。

0402《单哈雅（药典）》 တမ္ဓ ဍာ ပ်ာ

傣族医药古籍，正文为傣文。该书为波伯光收藏。波伯光，男，傣族，80 岁，退休人员，9 岁当和尚，18 岁还俗，年轻时当过景哈村曼沙湾的会计，后来被招进农村信用社工作直到退休。波伯光现在住在景哈村曼沙湾小组，家中保存有很多经书，平日分装在两个袋子里，存放在主人卧室上方。在这些经书中，年代久远的手抄绵纸经书就有 10 本，用现代纸张抄写的有 7 本，有的经书用黄色布料做封面和封底，《单哈雅（药典）》即为其中一本。2007 年 4 月，由玉康龙在曼哈村对波伯光等人进行调查采集。手抄绵纸经书，李国文项目调研成果，收藏于西双版纳傣族自治州景洪市景哈乡景哈村波伯光家。

0403《档哈哈帕雅》 တမ္ဓ ဍာ ဘား ယာဒ

傣族医药古籍，正文为傣文。该书主要讲述人的各种疾病，例如拢尚拢、沙里坝、拢沙龙、拢麻想乎、拢牛、拢档来、拢檬沙很。传抄，纸质，手抄本，尺寸 360×130 毫米，共 11 页，无插图，折叠装，线装，保存状况差，保存环境一般，有缺损，已普查，未整理，未出版，收藏于西双版纳傣族自治州民族医药研究所、西双版纳傣族自治州傣医医院。

0404《档哈哈帕雅毫雅帕沙傣》 တမ္ဂ ၵျာ ဘား ယာ႒ ၷ်ာႁ ပ်ာ ဘာ သာ ႆၷ

傣族医药古籍，正文为傣文。该书是康朗腊（ၶ ႁႃၵ ႁူာမ）多年收集、整理成书的傣族医药书。该书记载了傣医诊治方药 2016 方，其中大方药有 150 方，制剂小方有 11 方。该书涉及各种疾病方药和采药时辰，制备用料，能用药的动物胆汁，能用药的水汁，傣医 40 种风病症、41 种风病症、60 种风病症，傣医病种 141 种疾病名及诊治疾病方药等。康朗腊主编，传抄，纸质，手抄本，尺寸 370×270 毫米，共 32 页，55 千字，线装，保存状况一般，保存环境一般，有缺损，已普查，收藏于西双版纳傣族自治州景洪市勐罕镇曼法村（岩罕单、岩翁罕）。

0405《档哈外芽》 တမ္ဂ ၵျာ ပ်ာ ႆဝ ယာ

傣族医药古籍，正文为傣文。本书论述了诊病方法。传抄，纸质，手抄本，尺寸 360×130 毫米，共 25 页，约 13.6 千字，无插图，折叠装，线装，保存状况差，保存环境一般，边角缺损，字迹因年久而模糊，已普查，未整理，未出版，收藏于西双版纳傣族自治州民族医药研究所、西双版纳傣族自治州傣医医院。

0406《档哈牙》（草医药典） တမ္ဂ ၵျာ ပ်ာ

傣族医药古籍，正文为傣文。2006 年 9 月由玉康在勐罕镇曼嘎俭村对艾诺进行调查整理书目信息。艾诺，傣族，景洪市勐罕镇曼嘎俭村人，生于傣历 1310 年 2 月 20 日（即公元 1948 年 12 月 26 日），曾进皖匡佛寺当和尚，后入嘎里小学、允景洪中学读书求学。1969 年 9 月 9 日起在云南人民广播电台第二编辑部做记者、编辑、傣文翻译、傣语播音员，是第一个用傣、汉两种文字采写新闻稿件同时播发新闻的记者，1975 年 8 月 4 日从昆明调回西双版纳报社，从事傣、汉文记者以及傣文报编辑和培训、发展通讯员工作，30 多年的新闻生涯中，其用文字客观真实地记录着家乡发生的变化。绵纸抄本，共 32 页，李国文项目调研成果，收藏于西双版纳傣族自治州景洪市勐罕镇曼嘎俭村（艾诺）。

0407《档哈牙》（药典） တမ္ဂ ၵျာ ပ်ာ

傣族医药古籍，正文为傣文。本书为草医的药典，信笺抄写本，2006 年 9 月由玉康在勐罕镇曼嘎俭村对艾诺进行调查整理书目信息。绵纸抄本，共 12 页，李国文项目调研成果，收藏于西双版纳傣族自治州景洪市勐罕镇曼嘎俭村（艾诺）。

0408《档哈牙贺迈》（草医药典） တမ္ဂ ၵျာ ပ်ာ ၓၯ ႆမ္ဓ

傣族医药古籍，正文为傣文。2006 年 9 月，由玉康在勐罕镇曼嘎俭村对艾诺进行调查整理书目信息。艾诺（ဘျူ ႁႃဓ）主编，绵纸抄本，共 139 页，李国文项目调研成果，收藏于西双版纳傣族自治州景洪市勐罕镇曼嘎俭村（艾诺）。

0409《档哈雅》 [illegible]

傣族医药古籍，正文为傣文。康朗帕寺利（[illegible]）主编，共28页，收藏于西双版纳傣族自治州民族医药研究所、西双版纳傣族自治州傣医医院。

0410《档哈雅》(医药书) [illegible]

傣族医药古籍，正文为傣文。本书记载了傣医常用的传统方药及傣医的诊病法，方药包括治疗浮肿、腹痛腹泻、久病不愈、头痛、头晕眼花、妇科杂病、小儿疾病、胸痛、沙里坝、拢沙龙、拢麻想乎、泌尿系、风湿病方药等。1989年收集纸质，写本复印件，尺寸340×302毫米，共16页，约7000字，无插图，顶上装订，简装，保存状况一般，保存环境一般，未普查，未整理，未出版，收藏于西双版纳傣族自治州民族医药研究所、西双版纳傣族自治州傣医医院。

0411《档哈雅波罕燕》 [illegible]

傣族医药古籍，正文为傣文。该书记载的傣医方药主要用于治疗发热胡言乱语、皮肤瘙痒、小便出血、发热发冷、食物中毒、腰痛、结石、泌尿疾病、全身疼痛等，也有大方制剂。传抄，自制构树皮纸，手抄本，尺寸300×250毫米，共30页，约1.5千字，上口装订，线装，保存状况良好，保存环境一般，保存完好，收藏于西双版纳傣族自治州景洪市勐罕镇曼法代（波罕燕）。

0412《档哈雅波玉儿》 [illegible]

傣族医药古籍，正文为傣文。共16页，收藏于西双版纳傣族自治州民族医药研究所、西双版纳傣族自治州傣医医院。

0413《档哈雅》 [illegible]

傣族医药古籍，正文为西双版纳傣文、汉文。该书记载了傣医方药和星算等内容，诸如浮肿、腹痛腹泻、久病不愈、头痛、头晕眼花、妇科杂病、小儿疾病、胸痛、拢沙里坝、拢沙龙、泌尿系疾病、风湿病等的治疗。西双版纳州政协编写。1989年收集纸质，写本复印件，尺寸355×300毫米，共30页，约13千字，有插图，上口装订，简装，保存状况良好，保存环境一般，收藏于西双版纳傣族自治州民族医药研究所、西双版纳傣族自治州傣医医院。

0414《档哈雅康朗刀香嫩传把干》 [illegible]

傣族医药古籍，正文为傣文。康朗刀香嫩终身没有还俗，把该医籍传给了把干。共21页，收藏于西双版纳傣族自治州民族医药研究所、西双版纳傣族自治州傣医医院。

0415《档哈雅》 [illegible]

傣族医药古籍，正文为傣文。(1)封面为帆布，写有傣文书名。(2)该书记载有口功、星算。(3)该书主要论述治风痛药方、头晕眼花方、饮食调护方、皮肤湿疹方、咽喉肿痛方、各种皮肤病方药等。（4）该书为民间家传。1990年刻抄，自制构树皮纸，共49页，8.286千字，上口装订，线装，保存状况一般，收藏于西双版纳傣族自治州景洪市大勐龙镇小街乡。

0416《档哈雅岩尖》 ᨲᩜ᩠ᨻ ᩉ᩠ᨿᩣ ᨿᩣ（ᨻᩕᩦ᩠ᨾ ᨣᨣᨶ）

傣族医药古籍，正文为傣文。共42页，收藏于西双版纳傣族自治州民族医药研究所、西双版纳傣族自治州傣医医院。

0417《档哈雅阿奴麻》 ᨲᩜ᩠ᨻ ᩉ᩠ᨿᩣ ᨿᩣ ᩋᩣ ᨶᩩ ᨾᩣ

傣族医药古籍，正文为傣文。该药书为名老傣医康朗腊（ᨡ ᩉᩖᩢ ᩃᩣ）的手抄本，收集了勐腊、勐海的《档哈雅阿奴麻》《档哈雅波迈叫》《档哈雅波应扁》《档哈雅岩甩》中的传统制剂、诊断及治病疗法，涉及的病种有咽喉疼、眼睛疼、头痛、皮肤疾病、发冷发热、“拢阿麻巴呆坟”（半身不遂）、泌尿系疾病、妇科杂病、咳嗽、牙痛、“拢沙里坝”、肝病、风湿病，以及保健、强身的方药。康朗腊主编，传抄，1983年刻抄，纸质，手抄本，尺寸380×280毫米，共60页，56千字，上口装订，线装，保存状况一般，保存环境良好，保存完好，已普查，已整理，民族医药文献整理项目已出版，收藏于西双版纳傣族自治州民族医药研究所、西双版纳傣族自治州傣医医院。

0418《档哈雅阿奴满》 ᨲᩜ᩠ᨻ ᩉ᩠ᨿᩣ ᨿᩣ ᩋᩣ ᨶᩩ ᨾᩣ

傣族医药古籍，正文为傣文。该书成书于400多年前，现存为勐腊县勐润曼沙囡老傣医“阿奴满”的手抄本。全书共60页，约56千字，内容包括傣医传统经方的药物组成、制法等，还介绍了如何根据病人的肤色、血型确定用药。该手抄本还附载有从勐仑曼打鸠波卖叫、波陶问，勐海曼回贡波应扁、谢岩甩等几位老傣医处收集的验方。书中记载的各种单方验方和传统经方计千余首。文献研究获得的存目古籍信息。

0419《档哈雅啊吕塔档细》 ᨲᩜ᩠ᨻ ᩉ᩠ᨿᩣ ᨿᩣ ᩋᩣ ᩃᩪ ᨳᩤ ᨲᩢ᩠ᨷ ᨶᩦ

傣族医药古籍，正文为傣文。该书的传抄者是一位佛爷。该书记载了傣医理论中对疾病的认识，如“四塔”的变化与季节变化的关系，人体的气血与肤色的关系，肤色与用药的关系，居住环境与疾病的关系等，还记录了傣医对各种风证的诊断和兆龙方药，以及傣医传统制剂的制法和作用。该书开篇就提出，医生理解和认识“四塔”对人体的作用是非常关键的。纸质，写本复印件，尺寸295×211毫米，共61页，约20千字，原稿为线装，左侧装订，简装，保存状况一般，保存环境一般，收藏于西双版纳傣族自治州民族医药研究所、西双版纳傣族自治州傣医医院。

0420《档哈雅巴朗》 ᨲᩜ᩠ᨻ ᩉ᩠ᨿᩣ ᨿᩣ ᨷ ᩃᩣ

傣族医药古籍，正文为傣文。该书记载了傣医疾病方药和傣医“四塔五蕴”理论部分和疾病的来源及小儿疾病的诊断诊治等。传抄，自制构树皮纸，手抄本，尺寸

360×280 毫米，共 32 页，约 20 千字，线装，保存状况差，保存环境较差，有缺损，收藏于西双版纳傣族自治州景洪市大勐龙镇曼纳囡（岩温）。

0421《档哈雅办咱那里》 တမ္ၸ ၅ာ ၸာ ၸာဌ ၀ ၄ာ လၐ

傣族医药古籍，正文为傣文。成书年代不详。该书记载了产期疾病、腰背痛、肢体麻木、心脏病、肠胃寒证、哮喘咳嗽、肝炎黄疸、睾丸肿痛、脘腹绞痛、腹痛腹泻、高热癫狂、食物中毒、溃疡生脓、疔疥痈疮、皮肤瘙痒、痉挛抽搐、头疼头昏、风湿热痹、疟疾发烧、周身浮肿、硬结硬块、尿急尿痛、便稀便秘、肠炎胃炎、止血止痛、清热解毒等的治疗配方 1000 余种，几乎囊括了日常病症及部分疑难杂症，资料翔实，内容丰富，很多方药至今仍在民间广泛运用。该书是岩罕（ ဘ္ဃာ ၆မ္ ）的手抄本，记载和讲述有傣医传统经方、方药制剂，10 个大方，各种风症疾病与治疗方药，注述与诊治各种拢麻想乎疾病的方药，各种拢沙里坝的诊治与方药，拢沙龙的医治方药，解毒方药，孕妇生病方药。岩罕主编，传抄，纸质，手抄本，尺寸 212×344 毫米，共 26 页，11.96 千字，上口装订，简装，保存状况差，有缺损，第 11 页缺，第 1、2 页缺损。收藏于西双版纳傣族自治州民族医药研究所、西双版纳傣族自治州傣医医院。

0422《档哈雅比响哈龙勐腊》 တမ္ၸ ၅ာ ၸာ ၸ္ဓိ ဂဂသ ၆ာ ၆လ ဂမ္ဓိ လာ၁

傣族医药古籍，正文为傣文。该书已下传四五代，目前由波岩糯（ ၸ္ဓ ဘ္ဃာ ဟ္၁ ）收藏。（1）该书据说已有千历史，封面已严重缺损，封面布破烂。（2）该书记载了傣医方药，如大流血（血崩）、咳血、头昏眼花、心烦意乱、风湿全身麻木酸痛、皮肤疾病、妇女月经不调、发热、结石等的方药；也有口功、咒语类，傣医采药时辰、加工等。自制构树皮纸，手抄本，尺寸 320×250 毫米，共 86 页，约 20 千字，有插图，上口装订，线装，保存状况差，保存环境较差，有缺损，收藏于西双版纳傣族自治州勐腊县象明乡（波岩糯）。

0423《档哈雅比咱哈》 တမ္ၸ ၅ာ ၸာ ၸ္ဓိ ၃ ၆ာ

傣族医药古籍，正文为傣文。成书年代已不可考，“比咱哈”是医生的意思。全书共 106 页，约 57 千字。该书收载了大量的传统经方、验方，以及傣医对解毒方、治疗“拢牛”（泌尿系结石）方、治疗“害沙力坝”（冷热风毒邪）方的应用等；还论述了傣医对人体患风湿病的过程、转化和治疗方法的认识，提出了风病有“拢西十一占波”（四十一种风）和“拢西十占波”（四十种风）的分法，并根据人的肤色分出不同血型予以不同的治疗。该书收集了 3 位老傣医的治病方药，其一为勐腊康朗坝的甘比雅（大药方），其二为勐腊波扁治疗各种拢（风病）的方药，其三为曼贵（人名不详）医治多种疾病的方药（此部分已有 164 年历史）。除此之外，还有抄写人本身的治疗拢麻想乎、拢沙力坝、小儿病的方药，并阐述了傣药的药性、药味，不同的药味如何治疗疾病。波岩糯（ᨻᩬ᩵ ᩋᩣ᩠ᨿ ᩉᩢ᩠ᨶ）主编，1983年刻抄，纸质，手抄本，尺寸280×265毫米，共107页，57.24千字，无插图，上口装订，线装，保存状况一般，保存环境一般，保存完好，已普查，未整理，未出版，收藏于西双版纳傣族自治州民族医药研究所、西双版纳傣族自治州傣医医院。

0424《档哈雅波罕洪》 ᨲᩴᩣᩁᩣ ᨿᩣ ᨻᩬ᩵ ᨣᩴᩤ ᩉᩫ᩠ᨦ

傣族医药古籍，正文为傣文。该书记载有傣医诊治方药和傣药大方药制剂，有熏蒸方药、睡药方药、腹痛腹泻方药、外包关节骨痛方药、头晕头痛方药、发冷发热疾病方药等，以及傣药大方药制剂丸散剂方药。传抄，自制构树皮纸，手抄本，尺寸280×220毫米，共28页，约9000字，线装，保存状况一般，保存环境一般，收藏于西双版纳傣族自治州景洪市勐罕镇（波罕洪）。

0425《档哈雅波罕应》 ᨲᩴᩣᩁᩣ ᨿᩣ ᨻᩬ᩵ ᨣᩴᩤ ᩋᩥ᩠ᨶ

傣族医药古籍，正文为傣文。该书为勐海县勐派曼飞波罕应所传抄。（1）该书传抄于1978年，用新傣文抄写，封面有新傣文标题。（2）该书记载的傣医诊治方药有皮肤瘙痒、发热疾病、结石、风湿全身酸痛等。传抄，自制构树皮纸，手抄本，尺寸200×500毫米，共38页，约18千字，折叠装，保存状况良好，保存环境一般，保存完好，收藏于西双版纳傣族自治州勐海县勐混镇曼飞村（岩温飞）。

0426《档哈雅波磨勐龙》 ᨲᩴᩣᩁᩣ ᨿᩣ ᨻᩬ᩵ ᩉᩜᩬᩴ ᨾᩮᩬᨦ ᩃ᩠ᩅᨦ

傣族医药古籍，正文为傣文。该书记载了口干、体黄、口水多的疾病方药，心慌心悸方药，头痛方药，驱风大药方，祛除疾病方药，产后食物中毒方药，腹痛、腹泻方药，头晕眼花方药，固胎方药，癫痫方药，泡酒方药，咳喘方药，各种高热疾病方药，风湿关节疼痛方药等。传抄，自制构树皮纸，共70页，21.9千字，折叠装，收藏于西双版纳傣族自治州景洪市勐龙镇。

0427《档哈雅波涛法》 ᨲᩴᩣᩁᩣ ᨿᩣ ᨻᩬ᩵ ᨴᩮᩢᩣ ᨹ᩶ᩣ

傣族医药古籍，正文为傣文。该书记载了傣医各种风证、各种皮肤病、妇女小腹疼痛、结石症、腹痛腹泻、食物中毒、头昏头痛、咳嗽、发热等的治疗方药，并载有咒语祛除疾病的内容。传抄，自制构树皮纸，手抄本，尺寸350×270毫米，共80页，约55千字，线装，保存状况差，保存环境较差，有缺损，收藏于西双版纳傣族自治州景洪市勐罕镇曼法村（岩翁罕）。

0428《档哈雅波涛磨雅嘎图》 ᨲᩴᩣᩁᩣ ᨿᩣ ᨻᩬ᩵ ᨴᩮᩢᩣ ᩉᩜᩬᩴ ᨿᩣ ᨠᩣ᩠ᨿ ᨲᩪ

傣族医药古籍，正文为傣文。该书记载有治疗高热疾病方药、七塔方药、“万应小药丸”方药、皮肤湿疹方药。19.825千字，线装，保存状况一般，保存完好，收藏于西双版纳傣族自治州景洪市大勐龙镇小街。

0429《档哈雅波涛磨雅勐龙》 ᨲᩴᩣ ᩁᩣ ᨿᩣ ᨻᩳ ᨴ᩶ᩣᩅ ᩉ᩠ᨾᩳ ᨿᩣ ᨾᩮᩬᩥᨦ ᩃ᩠ᩅᩫᨦ

傣族医药古籍，正文为傣文。该书记载了热风毒邪引起的各种病症，如全身发黄、发冷发热、咽喉肿痛、眼红、尿频尿急等。收藏于云南省中医药民族医药博物馆。

0430《档哈雅波温法》 ᨲᩴᩣ ᩁᩣ ᨿᩣ ᨻᩳ ᩋᩩ᩠ᨶ ᨹᩣ

傣族医药古籍，正文为傣文。（1）封面完好，写有老傣医本人名和抄写年代日期字样。（2）记载有傣医诊治方药，有皮肤瘙痒、腰痛、结石、泌尿疾病、全身酸痛麻木、妇女杂病症等疾病方药。（3）有口功、咒语、星算。传抄，自制构树皮纸，手抄本，尺寸 350×230 毫米，共 87 页，约 20 千字，有插图，上口装订，线装，保存状况一般，保存环境一般，保存完好，收藏于西双版纳傣族自治州景洪市勐罕镇曼秀村（波温洪）。

0431《档哈雅波温洪》 ᨲᩴᩣ ᩁᩣ ᨿᩣ ᨻᩳ ᩋᩩ᩠ᨶ ᩉᩫ᩠ᨦ

傣族医药古籍，正文为傣文。该书是波温洪的祖父传下来的，已有三代，已无封面。该书记载有傣药制药大方药，傣药诊治疾病及医治方药，腹内块状方药，头昏头痛方药，腹痛、腹绞痛方药，发热病方药，皮肤病方药，全身酸痛麻木方药，关节疼痛方药，预防牙脱方药，解食物中毒方药，妇女杂病方药，结石方药等；记载有口功咒语等。传抄，自制构树皮纸，手抄本，共 90 页，约 42 千字，线装，保存状况差，保存环境较差，有缺损，收藏于西双版纳傣族自治州景洪市勐罕镇曼秀村（波温洪）。

0432《档哈雅波叶》 ᨲᩴᩣ ᩁᩣ ᨿᩣ ᨻᩳ ᩃᩮ᩠ᨿ

傣族医药古籍，正文为傣文。该书是骨龙傣医波叶祖传四代医书。（1）该书是勐腊县象明乡（龙骨）老傣医波叶祖传下的折叠型傣医药书（纸板经）。（2）该书记载了傣医“四塔”疾病理论和“四塔”疾病方药，以及全身酸痛麻木、发冷发热病、妇女杂病、各种皮肤疾病、头昏头痛、腹痛、腹泻等疾病方药。自制构树皮纸，手抄本，共 80 页，约 15 千字，上口装订，线装，保存状况差，保存环境较差，有缺损，收藏于西双版纳傣族自治州勐腊县象明乡（龙骨傣医波叶）。

0433《档哈雅波应勐龙》 ᨲᩴᩣ ᩁᩣ ᨿᩣ ᨻᩳ ᩋᩥ᩠ᨶ ᨾᩮᩬᩥᨦ ᩃ᩠ᩅᩫᨦ

傣族医药古籍，正文为傣文。该书记载有毒虫、蜈蚣方药，湿疹方药，小腹疼痛方药，癫痫方药，麻风、手关节疼痛方药，泌尿系疾病方药。传抄，1973 年 4 月刻抄，纸质，共 14 页，3024 字，中间装订，收藏于西双版纳傣族自治州景洪市大勐龙镇。

0434《档哈雅波玉波》 ᨲᩴᩣ ᩁᩣ ᨿᩣ ᨻᩳ ᩋᩩ᩠ᨿ ᨷᩮᩢ

傣族医药古籍，正文为傣文。该书已祖传四代。该书讲述的是傣医诊断疾病和医治方药，解食物中毒方药，浮肿、水肿病方药，胎死腹中方药，头昏头痛方药，发热抽风疾病方药，发冷发热疾病方药，全身酸痛方药等；有口功等。自制构树皮纸，手抄本，尺寸 250×200 毫米，共 74 页，约 20 千字，线装，保存状况差，保存环境较差，有缺损，收藏于西双版纳傣族自治州景洪市勐罕镇曼景欢村（波玉波）。

0435《档哈雅波玉儿婻》

傣族医药古籍，正文为傣文。该书记载了傣医拢沙巴旧（各种痉挛）疾病方药、食物中毒大解方药、“四塔”疾病方药、皮肤疾病方药、气血疾病方药、疮疖癣疾病方药、各种风湿病方药、咳嗽方药、腹痛腹泻方药、鼻出血方药、咽喉肿痛方药等。传抄，傣历1213年9月刻抄，自制构树皮纸，手抄本，尺寸280×400毫米，共32页，1120字，有插图，上口装订，线装，保存状况一般，保存环境一般，有缺损，收藏于西双版纳傣族自治州民族医药研究所、西双版纳傣族自治州傣医医院。

0436《档哈雅波在腊》

傣族医药古籍，正文为傣文。该书记载的傣医诊治疾病方药有腹痛腹泻方药、便血方药、风湿疾病方药、熏蒸方药、发热发冷疾病方药、妇科疾病症方药、各种皮肤疾病方药等。传抄，自制构树皮纸，手抄本，尺寸310×260毫米，共62页，约30千字，线装，保存状况一般，保存环境一般，收藏于西双版纳傣族自治州景洪市勐罕镇曼法村（岩翁罕）。

0437《档哈雅补英宰鲁旺》

傣族医药古籍，正文为傣文。该书记载了大量的傣医传统方药，比如治疗腹胀腹痛、止呕吐、止鼻衄、九窍出血、难产、止血崩、哮喘，以及拢沙里坝、皮肤病、妇科杂症的方药等。西双版纳州政协编写。1982年11月复印，纸质，写本复印件，尺寸300×210毫米，共63页，约3700字，上口装订，简装，保存状况差，保存环境一般，收藏于西双版纳傣族自治州民族医药研究所、西双版纳傣族自治州傣医医院。

0438《档哈雅补占》

傣族医药古籍，正文为傣文。该书记载了傣医诊治疾病方和咒语、星算，其中傣医方药有浮肿疾病方药，发热病方药，呃逆方药，腹痛、腹泻方药，咽喉疼痛方药，头痛方药，心慌心悸方药等。传抄，自制构树皮纸，手抄本，尺寸330×280毫米，共60页，约25千字，线装，保存状况一般，保存环境一般，有缺损，收藏于西双版纳傣族自治州景洪市大勐龙镇（岩康）。

0439《档哈雅傣当来》

傣族医药古籍，正文为傣文。（1）该书封面多处盖有古印章。（2）该书专记有关傣医方药诊治的疾病有20页，包括傣医疾病麻想乎、拢沙尤（咽喉疼痛），以及各种发冷发热疾病等的诊治方药，并载有疾病的起源和咒语及方药等内容。传抄，自制构树皮纸，手抄本，尺寸250×240毫米，共100页，约37.5千字，有插图，线装，保存状况差，保存环境较差，有缺损，收藏于西双版纳傣族自治州勐海县打洛镇（康朗顿）。

0440《档哈雅傣泐塔都嘎他》 [illegible]

傣族医药古籍，正文为傣文。成书年代不详。该书讲述了傣医“四塔”与“五蕴”、季节与疾病的关系，以及人体体质、年龄与用药的关系，如何根据傣医传统人体解说所分的患病部位用药，傣医四塔学说对人体产生疾病的论述等；还记载了傣医的传统疗法，如刺药疗法、睡药疗法、刺药疗法等，介绍了“麻想乎”（湿疹、风疹等）、“麻想害巴”（带状疱疹）、“拢沙力坝”（风热毒邪）、“拢匹勒”（月子病）、“拢习都”（麻风病）的治疗方法。书中收载的傣医单方、验方及传统方有上千首。总之，该书载有傣医四塔五蕴理论及人的一生中的几个阶段性，以及疾病的来源与人的关系等；同时也收载了傣医诊治疾病方药等。传抄，纸质，手抄本，尺寸 380×280 毫米，共 63 页，46 千字，无插图，上口装订，线装，保存状况一般，保存环境良好，保存完好，收藏于西双版纳傣族自治州民族医药研究所、西双版纳傣族自治州傣医医院。

0441《档哈雅迪勐滚》 [illegible]

傣族医药古籍，正文为傣文。（1）该书为复印本。（2）该书记载了傣医诊治方药、解食物中毒方药、皮肤病方药、风湿病方药、妇女杂病方药等，同时还记载了采药时辰和加工时辰。传抄，纸质，影印本，尺寸 350×250 毫米，共 43 页，约 15 千字，上口装订，平装，保存状况良好，保存环境一般，保存完好，收藏于西双版纳傣族自治州景洪市勐罕镇曼脑村（岩温洪脑）。

0442《档哈雅顿多滇》 [illegible]

傣族医药古籍，正文为傣文。该书记载有发冷发热疾病、头昏头痛、心慌心悸、骨痛麻木、妇女疾病、皮肤疾病等的方药及诊治方法，以及傣族口功、星算等。传抄，自制构树皮纸，手抄本，尺寸 320×250 毫米，共 72 页，约 23.8 千字，上口装订，线装，保存状况差，保存环境较差，有缺损，收藏于西双版纳傣族自治州景洪市嘎洒镇曼达村（岩罕香）。

0443《档哈雅嘎龙》 [illegible]

傣族医药古籍，正文为傣文。（1）该书记载有星算、口功、咒语。（2）内容包括各种发烧发热、骨痛筋痛、湿疹、发热头痛、手足尖痛、咽喉红肿疼痛、腰痛、中暑、大汗淋漓、腹泻、失眠、心慌呕吐、妇科疾病、便血、止呕、止痛等方药和“四塔”药。传抄，1987 年刻抄，自制构树皮纸，手抄本，11.04 千字，上口装订，线装，保存状况一般，有缺损，收藏于西双版纳傣族自治州景洪市大勐龙镇小街。

0444《档哈雅嘎拢》 [illegible]

傣族医药古籍，正文为傣文。该书内容包括能祛除疾病的咒语，部分为方药，如治疗各种风证的方药。传抄，纸质，手抄本，尺寸 360×130 毫米，共 48 页，约 13.6 千字，无插图，折叠装，线装，保存状况差，保存环境一般，边角缺损，字迹因年久而模糊，已普查，未整理，未出版，收藏于西双版纳傣族自治州民族医药研究所、西双版纳傣族自治州傣医医院。

0445《档哈雅嘎图》

傣族医药古籍，正文为傣文。该书记载有:（1）婴儿满月祝福语。（2）大便出血方，口干舌燥方，头晕眼花、食物中毒方，心慌心悸、鼻衄方，泌尿疾病方。传抄，自制构树皮纸，手抄本，2268 字，上口装订，线装，保存状况一般，保存完好，收藏于西双版纳傣族自治州景洪市大勐龙镇小街。

0446《档哈雅嘎塔》

傣族医药古籍，正文为傣文。该书记载了人和牲畜的疾病方药，有孕妇腹痛、发热发冷、瘤疮、皮肤疾病、增力方药等。传抄，自制构树皮纸，手抄本，尺寸 270×210 毫米，共 36 页，约 10 千字，线装，保存状况一般，保存环境一般，有缺损，收藏于西双版纳傣族自治州景洪市大勐龙镇（岩康）。

0447《档哈雅敢满》

傣族医药古籍，正文为傣文。全书分为三个部分，第一部分为“麻腊□（原文献脱字）”，论述人生重病、大病的治疗；第二部分为“干麻推”，论述应讲究清洁卫生，注意身体保健；第三部分介绍了各种风病的治疗方药，以及“拢沙力坝”的治疗。传抄，1988 年 12 月复印纸质，写本复印件，尺寸 450×300 毫米，共 133 页，83.128 千字，上口装订，线装，保存状况一般，保存环境一般，收藏于西双版纳傣族自治州民族医药研究所、西双版纳傣族自治州傣医医院。

0448《档哈雅滚档来》

傣族医药古籍，正文为傣文。该书介绍了傣医看病的步骤、大方制剂方药，包括鸭波郎、雅打沙撇、雅维些、雅三板哈、雅拢档三、雅阿塔拿来等，以及治疗胎死腹中、咽喉肿痛、乳房胀痛、月子病的病症的方药，收藏于云南省中医药民族医药博物馆。

0449《档哈雅滚害沙巴帕雅》

傣族医药古籍，正文为傣文。该书为名老傣医康朗仑（ ）的手抄本。康朗仑老医生为了能把自己的医技医术永久地传承下去，在西双版纳州民族医药研究所（州傣医医院）工作期间，亲手把自己的所学所知的医药知识全部抄录下来赠予州民族医药研究所，因此该书内容丰富，包括四塔理论、四塔不调引起的病变，对各种风病、拢沙力坝、拢沙龙、拢麻想乎、拢牛等病的治疗方药，也有大量的探讨和文献记载。传抄，1983 年 2 月刻抄，纸质，手抄本，尺寸 280×230 毫米，共 20 页，4900 字，无插图，上口装订，线装，保存状况一般，保存环境一般，保存完好，已普查，未整理，未出版，收藏于西双版纳傣族自治州民族医药研究所、西双版纳傣族自治州傣医医院。

0450《档哈雅哈》

傣族医药古籍，正文为傣文。该书记载有美容养颜方、皮肤病方、祛湿方、蛔虫方，以及治疗头痛、咽喉疼痛、腰痛等的方药。收藏于云南省中医药民族医药博物馆。

0451《档哈雅哈拢档来》

傣族医药古籍，正文为傣文。该书记载了大量方药，如调节四塔失调的方药、因风引起变热病的处方药、疮毒方药、各种肿瘤方药。传抄，纸质，写本复印件，尺寸388×267毫米，共11页，5500字，上口装订，简装，保存状况差，保存环境较差，收藏于西双版纳傣族自治州民族医药研究所、西双版纳傣族自治州傣医医院。

0452《档哈雅害沙里坝》

傣族医药古籍，正文为傣文。该书讲述了拢沙力坝的发生、转变及与“四塔”的关系，以及治病的方药，还介绍了风病的发生、诊断和治疗方药。康朗吨主编，纸质，手抄本，尺寸245×190毫米，共46页，约10.08千字，无插图，上口装订，线装，保存状况一般，保存环境良好，最后一页缺损，已普查，未整理，未出版，收藏于西双版纳傣族自治州民族医药研究所、西双版纳傣族自治州傣医医院。

0453《档哈雅罕香达磨雅曼达》

傣族医药古籍，正文为傣文。该书记载了哮喘咳嗽、心慌心悸、眼黄、腹痛腹泻、蛔虫、骨痛、皮肤病等的治疗方药。传抄，纸质，影印本，尺寸400×300毫米，共43页，约33千字，折叠装，线装，保存状况良好，保存环境一般，收藏于西双版纳傣族自治州景洪市嘎洒镇曼达村（岩罕香）。

0454《档哈雅夯塔》

傣族医药古籍，正文为傣文。该书记载了傣医药大方制剂——雅崩郎（黑药散）、雅洪批坝（精神分裂症方药）、洗药方，以及治疗风湿病、腹中生疮、风症等病症的方药。收藏于云南省中医药民族医药博物馆。

0455《档哈雅贺埋》

傣族医药古籍，正文为傣文。该书涉及大量治疗民间常见病、多发病的傣族传统方药，如治疗拢沙力坝、拢沙龙接火等病的方药。波玉拉（）主编，传抄，1984年刻抄，纸质，手抄本，尺寸275×350毫米，共14页，13.524千字，无插图，上口装订，线装，保存状况一般，保存环境一般，保存完好，已普查，未整理，未出版，收藏于西双版纳傣族自治州民族医药研究所、西双版纳傣族自治州傣医医院。

0456《档哈雅欢》

傣族医药古籍，正文为傣文。该文献记载了许多治疗疾病的方药，如治疗拢沙力坝、拢牛、拢麻想乎、拢巴沙哈阿麻巴、拢梅兰申、拢匹勒等疾病的方药，以及治疗浮肿、水肿、泌尿系统疾病的方药。传抄，纸质，手抄本，尺寸 350×368 毫米，共 19 页，27.9 千字，无插图，上口装订，以竹片与尼龙绳为材料装订，保存状况良好，保存环境一般，保存完好，未整理，未出版，收藏于西双版纳傣族自治州民族医药研究所、西双版纳傣族自治州傣医医院。

0457《档哈雅几内罕》 တမ္ရ ၅ာ ပ်ာ ဒ္ဓမိ ၄ူမ် ၆မွ

傣族医药古籍，正文为傣文。（1）封面写有：成书时间——傣历 1343 年（1981 年）8 月，为小和尚还俗，希望传给子孙，医治疾病；波文南燕著。（2）记载有口功、星算、咒语。（3）有湿疹方药，发热、高热不语方药，下颌脱臼方药，止咳方药，鼻衄方药，腰痛方药，胸痛方药，解热毒方药。传抄，自制构树皮纸，手抄本，共 40 页，9324 字，上口装订，线装，保存状况一般，有缺损，收藏于西双版纳傣族自治州景洪市大勐龙镇小街。

0458《档哈雅解三哈》 တမ္ရ ၅ာ ပ်ာ ဂဂဏ ၃ ၆ဂ

傣族医药古籍，正文为傣文。书名“雅解三哈”意为“解毒三棵药”，即组合增减后用解药方法治疗气血病、头晕头痛、腹痛腹泻等病症。传抄，纸质，手抄本，尺寸 302×135 毫米，共 7 页，约 1400 字，无插图，上口装订，线装，保存状况一般，保存环境一般，有缺损，已普查，未整理，未出版，收藏于西双版纳傣族自治州民族医药研究所、西双版纳傣族自治州傣医医院。

0459《档哈雅康朗刀香嫩》 တမ္ရ ၅ာ ပ်ာ ဖြာဒွ ဂဂသၡ ၆၄၄

傣族医药古籍，正文为傣文。该书记载了傣医疾病的起源及生病的月数、季节与疾病的关系、应服用何种药、拢麻想乎；各种皮肤疾病方药，发冷发热疾病方药，傣药制剂大方药（丸、散）剂；浮肿病方药、腹泻方药等。传抄，自制构树皮纸，手抄本，尺寸 285×235 毫米，共 44 页，19.5 千字，线装，保存状况一般，保存环境一般，有缺损，收藏于西双版纳傣族自治州民族医药研究所、西双版纳傣族自治州傣医医院。

0460《档哈雅康朗罕》 တမ္ရ ၅ာ ပ်ာ ခ ဟ္ဘ၄ ၆မွ

傣族医药古籍，正文为傣文。该书记有嘎牙尚哈雅（傣医解剖）和小傣医书、大傣医书的内容。2500 年前成书，20 年前刻抄，尺寸 200×350 毫米，共 61 页，2560 字，右侧装订，简装，保存状况良好，保存环境优，保存完好，收藏于西双版纳傣族自治州景洪市曼栋曼栋龙 8 号（岩南说）。

0461《档哈雅康朗腊》 တမ္ရ ၅ာ ပ်ာ ခ ဟ္ဘ၄ ယ္ဘဓ

傣族医药古籍，正文为傣文。该书记载有傣药处方 103 个方药。于 1000 多年前成书，30 年前刻抄，纸质，手抄本影印件，尺寸 250×400 毫米，3420 字，上口装订，简装，保存状况良好，保存环境优，保存完好，未普查，未整理，未出版，收藏于西双版纳傣族自治州景洪市曼栋曼栋龙 8 号（岩南说）。

0462《档哈雅康朗龙》 တမ္ဓ ၅ၥ ယ်ၥ ကၥဒ္ ၆လၡ

傣族医药古籍，正文为傣文。该书记载了傣医药方，有无名肿方药、妇科疾病方药、耳聋方药、解毒方药、各种皮肤病方药、风湿疾病方药、小儿疾病方药、腰痛方药、腹泻方药等。传抄，约传四代，自制构树皮纸，手抄本，尺寸 340×300 毫米，共 42 页，约 13 千字，线装，保存状况差，保存环境较差，收藏于西双版纳傣族自治州景洪市大勐龙镇（康朗龙）。

0463《档哈雅康朗仑》 တမ္ဓ ၅ၥ ယ်ၥ ၍ ဟ္ၥၵ ၆ၵၵ

傣族医药古籍，正文为傣文。康朗仑（ ၍ ဟ္ၥၵ ၆ၵၵ ）传给岩吨栋。该书有傣医方药目录 77 个，包括治疗小儿腹痛、腰痛、耳聋等的方药。20 年前刻抄，纸质，手抄本，尺寸 295×205 毫米，共 32 页，3440 字，无插图，上口装订，简装，保存状况良好，保存环境优，保存完好，未普查，未整理，未出版，收藏于西双版纳傣族自治州景洪市嘎沙曼沙村委会曼栋老栋 23 号（岩吨栋）。

0464《档哈雅康朗仑曼老》 တမ္ဓ ၅ၥ ယ်ၥ ၍ ဟ္ၥၵ ၆ၵၵ ပၥၵ္ၔ ဟၡ

傣族医药古籍，正文为傣文。该书记有傣医疾病方药，包括青光眼病、食物中毒方药和傣医大方药制剂。60 年前刻抄，纸质，手抄本影印件，尺寸 200×300 毫米，共 71 页，3070 字，上口装订，线装，保存状况良好，保存环境优，保存完好，未普查，未整理，未出版，收藏于西双版纳傣族自治州景洪市曼栋曼栋龙 8 号（岩南说）。

0465《档哈雅康朗仑勐龙》 တမ္ဓ ၅ၥ ယ်ၥ ၍ ဟ္ၥၵ ၆ၵၵ ၵမ္ဓၡ ၆လၡ

傣族医药古籍，正文为傣文。1362 年刻抄，纸质，手抄本影印件，共 36 页，2880 字，上口装订，线装，保存状况良好，保存环境优，保存完好，未普查，未整理，未出版，收藏于西双版纳傣族自治州景洪市曼栋曼栋龙 8 号（岩南说）。

0466《档哈雅康朗图》 တမ္ဓ ၅ၥ ယ်ၥ ၍ ဟ္ၥၵ ၯ္ၥၔ ၵ္ယၔ

傣族医药古籍，正文为傣文。该书以方歌的形式编排了傣医治疗季节疾病的方药，以及治疗痔疮、风湿病、哮喘、狂犬病、毒蛇咬伤等病的方药，收藏于云南省中医药民族医药博物馆。

0467《档哈雅康朗帕圭利》 တမ္ဓ ၅ၥ ယ်ၥ ၍ ဟ္ၥၵ ဘ ဝ လဗ

傣族医药古籍，正文为傣文。该书讲述相关药性与疾病的关系，季节与疾病的关系，诊治疾病方药，包括产妇大流血方药、四塔过盛方药、九窍出血方药、大毒疮方药、咽喉肿痛方药、咳喘方药、发冷发热疾病方药、解食物中毒方药、各种风湿病方药、皮肤病方药等。传抄，傣历 1289 年 12 月刻抄，自制构树皮纸，手抄本，共 56 页，约 15.68 千字，上口装订，线装，保存状况一般，保存环境一般，有缺损，收藏于西双版纳傣族自治州民族医药研究所、西双版纳傣族自治州傣医医院。

0468《档哈雅康朗庄》 [illegible]

傣族医药古籍，正文为傣文。该书为老傣医波溜远的手抄本，原著者为康朗庄。该书内容有：（1）对风、寒、热病的论述，各类又分为十多种类型；（2）对傣语病名的释义；（3）对与炎症相关的二十种病的解释；（4）治疗方药；（5）论不同的月份与采药的疗效的关系。波溜远主编，纸质，写本，尺寸 295×211 毫米，共 29 页，约 9800 字，上口装订，线装，已普查，未整理，未出版，收藏于西双版纳傣族自治州民族医药研究所、西双版纳傣族自治州傣医医院。

0469《档哈雅腊鹏》 [illegible]

傣族医药古籍，正文为傣文。该书内容主要以星算为主，讲述通过星算可以了解一个人一生的命运，容易患什么样的病，要怎样预防，生活中应注意些什么等。西双版纳州傣医医院编写。纸质，写本复印件，尺寸 421×298 毫米，共 34 页，约 10 千字，有插图，上口装订，简装，保存状况一般，保存环境一般，收藏于西双版纳傣族自治州民族医药研究所、西双版纳傣族自治州傣医医院。

0470《档哈雅龙宗泰帕雅滚档来》 [illegible]

傣族医药古籍，正文为傣文。该书内容有：（1）傣药大方制剂方药。（2）治疗咽喉疼痛、头痛、牙痛、发冷发热病、骨瘤、肌肉酸痛麻木、皮肤病、妇女杂病症等的方药。传抄，自制构树皮纸，尺寸 250×250 毫米，共 76 页，约 35 千字，右侧装订，线装，保存状况良好，保存环境一般，保存完好，收藏于西双版纳傣族自治州景洪市嘎洒镇曼达村（岩罕香）。

0471《档哈雅拢》 [illegible]

傣族医药古籍，正文为傣文。该书记载了傣医药大方制剂：雅西利勐、雅帕中补，以及热风毒邪引起的眼红、耳鸣、头痛、咽喉肿痛等。收藏于云南省中医药民族医药博物馆。

0472《档哈雅拢档来》（傣医） [illegible]

傣族医药古籍，正文为傣文。该书历史悠久，因书中涉及的方药名称大多为巴利语，故推测成书于 900 多年前，西双版纳州民族医药研究所收集的是已故名老傣医康朗仑（[illegible]）的手抄本。该书共记载有 52 个传统经方、几百个（确切数字有待进一步统计）单验方，治疗的疾病包括“拢沙力坝”（风热毒邪）、拢麻想乎（湿疹、风疹等）、“拢沙龙”（热风毒邪）、“拢沙龙档勐”（各种风症）、“拢斗”（结石）等。书中还介绍了治疗不同年龄阶段“巴它麻外”（1—20 岁）、“麻西麻外”（20—40 岁）、“巴西麻外”（60 岁以上）患者的用药方法，以及治疗人体的“塔都档西”（四塔）不均衡所致病的用药方法。康朗仑（ဒ ဟ္ဘာ၄ ၆၄၄）主编，900 年前成书，1983 年刻抄，纸质，手抄本，尺寸 320×240 毫米，共 80 页，约 41.7 千字，无插图，上口装订，线装，保存状况一般，保存环境一般，已普查，2010 年国家中管局公共卫生专项资金民族医药文献整理项目已整理，待出版，收藏于西双版纳傣族自治州民族医药研究所、西双版纳傣族自治州傣医医院。

0473《档哈雅拢档勐》 တမ္ဓ ၅ၥ ယ်ၥ ၆ၯ္ဂ ၆ဂ္ ၵမ္ဓဂ္

傣族医药古籍，正文为傣文。该书记载了许多傣医收集来的传统经方、验方，诸如调节四塔平衡的方药，治疗全身酸痛症状的方药，拢麻想乎、拢沙力坝、拢梅方药等。波卖扁（ပ္ဓ၈ ဓိယ္ဓ ၵၵ္ဘ္ဂ）主编，纸质，写本复印件，尺寸 297×211 毫米，共 77 页，约 15 千字，上口装订，简装，收藏于西双版纳傣族自治州民族医药研究所、西双版纳傣族自治州傣医医院。

0474《档哈雅拢害沙巴》 တမ္ဓ ၅ၥ ယ်ၥ လ္ပမ္ဓ ဓိၷ၈ သ ပ္ဘ

傣族医药古籍，正文为傣文。成书年代不详。该书依据“四塔五蕴”理论和傣医诊断疾病的方法，按患者有什么样的症状，诊断为什么病，用什么药，以什么作药引，内服还是外用，外用是搽擦还是揉捏、拖拍，或者是坐（药）睡（药）的模式，共录入治疗各种疾病的处方 260 余方，所用药物达 530 多种，还介绍了几种膏剂、丸剂、散剂的制作方法。对其中疗效显著的方药，作者称赞“值一百金”“贵如千金”。该书主要共有 70 余个处方，涉及男、女、小孩病的方药，其中第 4—9 页中有部分关于如何诊断疾病的记载，如各种风病的病因、病程和诊断。由于复印保存过程中有部分内容不清楚，整理后可能会缺失部分。原件持有者为波迈干利，西双版纳州政协编写。1982 年 11 月 17 日复印，纸质，写本复印件，尺寸 388×268 毫米，共 95 页，约 33 千字，上口装订，线装，保存状况一般，保存环境一般，保存完好，收藏于西双版纳傣族自治州民族医药研究所、西双版纳傣族自治州傣医医院。

0475《档哈雅拢龙》 တမ္ဓ ၅ၥ ယ်ၥ လ္ပမ္ဓ ၆ၯ္ဂ

傣族医药古籍，正文为傣文。该书记载有很多种疾病方药和傣医传统大方制剂。例如，治疗皮肤病的外洗方、治疗风湿病肢体酸痛麻木的方药、治疗麻风病的方药等。西双版纳州政协编写。1982 年 11 月 17 日复印，纸质，写本复印件，尺寸 388×268 毫米，共 20 页，约 5500 字，上口装订，简装，保存状况一般，保存环境一般，保存完好，收藏于西双版纳傣族自治州民族医药研究所、西双版纳傣族自治州傣医医院。

0476《档哈雅拢沙巴档勐》 တမ္ဓ ၅ၥ ယ်ၥ လ္ပမ္ဓ သ ပ္ဘ ၆ဂ္ ၆မ္ဓဂ္

傣族医药古籍，正文为傣文。该书是勐腊县勐棒镇曼匹村波香比（ပ္ဓ၈ ၵၵသ္ဂ ပ္ဘ၆）的手抄本，记载了21种风病的诊治方法，以及妇科杂病、“拢沙龙”等多种疾病的诊断和治疗方药。波香比主编，1978年11月刻抄，纸质，手抄本，尺寸259×170毫米，共17页，约6800字，右侧装订，简装，保存状况差，保存环境一般，保存完好，未普查，未整理，未出版，收藏于西双版纳傣族自治州民族医药研究所、西双版纳傣族自治州傣医医院。

0477《档哈雅罗嘎》 တမ္ဂ ၅ၥ ပ်ာ ၆လ ကား

傣族医药古籍，正文为傣文。该书记载的傣医传统方药有治疗“拢沙龙”“拢沙里坝”“拢麻想乎”、风湿病、全身酸痛等的方药。西双版纳州政协编写。1982年11月17日复印，纸质，手抄本影印件，尺寸389×268毫米，共14页，约2700字，上口装订，简装，保存状况差，保存环境一般，收藏于西双版纳傣族自治州民族医药研究所、西双版纳傣族自治州傣医医院。

0478《档哈雅麻滚》 တမ္ဂ ၅ၥ ပ်ာ မ္ၥ၀ ဂ၃ၷ

傣族医药古籍，正文为傣文。该书记载有四塔药方、风热毒邪方药、季节病方药等。收藏于云南省中医药民族医药博物馆。

0479《档哈雅麻哈蒙》 တမ္ဂ ၅ၥ ပ်ာ မ္ၥ၀ ဂ၃ၷ

傣族医药古籍，正文为傣文。该书记载了傣药大方制剂、治风湿病方药、治腹泻方药，以及口功等。纸质，写本复印件，尺寸265×190毫米，共13页，约1500字，上口装订，保存状况一般，保存环境一般，收藏于西双版纳傣族自治州民族医药研究所、西双版纳傣族自治州傣医医院。

0480《档哈雅麻腊》 တမ္ဂ ၅ၥ ပ်ာ မ္ၥ လၥ

傣族医药古籍，正文为傣文。该书论述了如何根据患者的症状识别病因、如何根据四塔辨病、如何用药的理论。西双版纳州政协编写。1937年刻抄，纸质，写本，尺寸388×268毫米，共50页，约30千字，无插图，上口装订，简装，保存状况差，保存环境一般，缺损，已普查，未整理，未出版，收藏于西双版纳傣族自治州民族医药研究所、西双版纳傣族自治州傣医医院。

0481《档哈雅马》 တမ္ဂ ၅ၥ ပ်ာ မ္ၥ၀

傣族医药古籍，正文为傣文。该书叙述了马和人患疾病时的治疗方药，如马不吃草方、马的皮肤病方、马的接骨方、马的发热方等；记述有少部分人患病的诊治内容。收藏于云南省中医药民族医药博物馆。

0482《档哈雅玛哈香勐混》 တမ္ဂ ၅ၥ ပ်ာ မ္ ဟၥ ဂဂသၡ ဂမ္ဇၡ ဟ၃ၷ

傣族医药古籍，正文为傣文。该书传抄于勐混玛哈香。该书记载了傣医诊治和方药，同时也有口功、咒语等，包括治疗发热病、便血、便秘、头痛、咽喉疼痛、咳嗽、妇科杂病、风湿病等的方药。传抄，自制构树皮纸，手抄本，尺寸 300×200 毫米，共 32 页，12 千字，线装，保存状况良好，保存环境一般，保存完好，收藏于西双版纳傣族自治州景洪市勐罕镇曼脑村（岩洪温）。

0483《档哈雅迈捧》 တမ္ဗ ၅ာ ဎာ ဓိဟ္လ ဘာဍမ္ဗ

傣族医药古籍，正文为傣文。该书记载了许多傣医方药，如胸闷胸痛方药、双肋疼痛方药、无名肿痛方药、咽喉肿痛方药、各种拢沙里坝方药、腹痛腹泻方药、妇科疾病方药、便秘方药以及传统经方制剂等。1989 年收集，纸质，写本复印件，尺寸 259×184 毫米，共 30 页，约 7000 字，顶上装订，简装，保存状况一般，保存环境一般，收藏于西双版纳傣族自治州民族医药研究所、西双版纳傣族自治州傣医医院。

0484《档哈雅曼达岩罕香》 တမ္ဗ ၅ာ ဎာ ဘျ ၀ဂသ ၆မ္ဗ ပသ ၆ာ

傣族医药古籍，正文为傣文。该书记载了傣医疾病方药，如治疗腹痛、腹泻、头昏头痛、咽喉痛、骨折、骨痛、浮肿、水肿、体黄、难产等疾病的方药，以及治疗胸痛、全身酸痛等方药。传抄，纸质，手抄本，尺寸 300×250 毫米，约 6000 字，上口装订，线装，保存状况良好，保存环境一般，收藏于西双版纳傣族自治州景洪市嘎洒镇曼达村（岩罕香）。

0485《档哈雅曼飞勐混》 တမ္ဗ ၅ာ ဎာ ပသ ပိျ ၀မ္ဗ ဟ

傣族医药古籍，正文为傣文。该书内容有：（1）傣医各种风病症的医治方药。（2）各种拢阿麻巴、拢沙龙、拢沙里坝、拢匹勒的医治方药，主要以方药为主。传抄，自制构树皮纸，手抄本，尺寸 400×200 毫米，共 54 页，约 13 千字，无插图，折叠装，折叠装，保存状况一般，保存环境良好，保存完好，收藏于西双版纳傣族自治州勐海县勐混乡曼飞村（岩温飞）。

0486《档哈雅曼米》 တမ္ဗ ၅ာ ဎာ ပသ ၀မ္ဗ

傣族医药古籍，正文为傣文。该书是景洪市曼米村傣医岩温叫（ ဘျ ဘ ၀ဂ ）的手抄本，内容包括星算、叫魂为病人治病，并有少部分为傣医治疗拢沙力坝的方药。岩温叫主编，纸质，手抄本，尺寸 260×240 毫米，共 21 页，约 11.9 千字，有插图，上口装订，线装，保存状况一般，保存环境一般，保存完好，未普查，未整理，未出版，收藏于西双版纳傣族自治州民族医药研究所、西双版纳傣族自治州傣医医院。

0487《档哈雅曼那麻勐海》 တမ္ဗ ၅ာ ဎာ ပသ ၄ာ မ္ဗ ၀မ္ဗ ၅

傣族医药古籍，正文为傣文。传抄，纸质，手抄本，尺寸 257×343 毫米，共 8 页，上口装订，简装，保存状况差，右半部分缺损严重，收藏于西双版纳傣族自治州民族医药研究所、西双版纳傣族自治州傣医医院。

0488《档哈雅檬达很拢沙巴》 တမ္ဓေ ၵျာ ပ်ၥ ဂမ္ဓိဂု ဖြ ခ္ဓိၓ လၣမ္ဓ သ ဢွ

傣族医药古籍，正文为傣文。该书讲述了傣医对疾病的认识，如四塔过盛或衰败将导致什么疾病；人的肤色体现出不同的血味，易患的疾病也不同，采用的治疗方法也不同；采药的时辰与药物疗效的关系，以及治疗拢檬沙很（泄泻疾病）以及各种风症的治疗方药。纸质（信笺），写本，尺寸 266×192 毫米，共 55 页，15 千字，上口装订，简装，保存状况一般，保存环境一般，保存完好，未普查，未整理，未出版，收藏于西双版纳傣族自治州民族医药研究所、西双版纳傣族自治州傣医医院。

0489《档哈雅勐傣》 တမ္ဓေ ၵျာ ပ်ၥ ဂမ္ဓိဂု ၶၸ

傣族医药古籍，正文为傣文。1983 年刻抄，纸质，手抄本，尺寸 385×265 毫米，共 67 页，上口装订，线装，保存状况一般，保存环境良好，保存完好，收藏于西双版纳傣族自治州民族医药研究所、西双版纳傣族自治州傣医医院。

0490《档哈雅勐罕》 တမ္ဓေ ၵျာ ပ်ၥ ဂမ္ဓိဂု ၵျမ္ဓ

傣族医药古籍，正文为傣文。（1）封面为粗布面，写有“档哈雅勐罕”字样。（2）该书为岩罕香的第四代传人收藏。（3）该书记载了傣族星算、咒语、口功。（4）该书记载了傣医方药，如发热发冷病、皮肤病方药。传抄，自制构树皮纸，手抄本，尺寸 320×250 毫米，共 85 页，约 35 千字，上口装订，线装，保存状况一般，保存环境一般，有缺损，收藏于西双版纳傣族自治州景洪市勐罕镇（岩翁罕）。

0491《档哈雅勐龙》 တမ္ဓေ ၵျာ ပ်ၥ ဂမ္ဓိဂု ၆လဂ

傣族医药古籍，正文为傣文。（1）该书封面为帆布面。（2）记载有治疗季节疾病的方、解毒小药丸、发高热疾病方药、关节疼痛方药、心慌心悸中暑方药、解食物毒方药、皮肤块状方药、九窍出血方药、心慌呕吐方药、胸痛方药。传抄，自制构树皮纸，手抄本，6000 字，上口装订，线装，保存状况一般，有缺损，收藏于西双版纳傣族自治州景洪市勐龙镇。

0492《档哈雅勐龙康朗应》 တမ္ဓေ ၵျာ ပ်ၥ ဂမ္ဓိဂု ၆လဂ ခ ဟ္ဂာၣ ဘ္ဓိၵ္ဓေ

傣族医药古籍，正文为傣文。该书记载有:（1）口功、星算。（2）药性、药味。（3）雅里西勐囡（万应、小丸药）、五宝药散、高热疾病方药、呕吐方药、湿疹方药、小儿疾病方药、头晕眼花方药、急性热风湿方药、九窍出血方药，以及大方制剂等。（4）疾病用药方法。传抄，自制构树皮纸，共 40 页，11.52 千字，折叠装，收藏于西双版纳傣族自治州景洪市大勐龙镇。

0493《档哈雅勐捧》 တမ္ဓေ ၵျာ ပ်ၥ ဂမ္ဓိဂု ဘၣဂ

傣族医药古籍，正文为傣文。该书记录了治疗多种疾病，如腹绞痛、腰痛、头痛、双肋刺痛、拢沙里坝、食物中毒、毒虫咬伤、风湿骨痛等的方药。1988 年 12 月 30 日复印，纸质，写本复印件，尺寸 307×259 毫米，约 3500 字，上口装订，线装，保存状况一般，保存环境一般，收藏于西双版纳傣族自治州民族医药研究所、西双版纳傣族自治州傣医医院。

0494《档哈雅帕拢》 တမ္ဗေ ၅ာ ဎာ ဿာ႘ လဥမ္ဗ

傣族医药古籍，正文为傣文。该书记载的方药有：治疗拢麻想乎、皮肤病、耳聋耳鸣、风湿酸痛、毒虫咬伤、妇科杂病症等的方药。纸质，写本复印件，尺寸 385×273 毫米，共 50 页，约 20 千字，上口装订，线装，保存状况一般，保存环境一般，收藏于西双版纳傣族自治州民族医药研究所、西双版纳傣族自治州傣医医院。

0495《档哈雅帕雅鲁莫》 တမ္ဗေ ၅ာ ဎာ ဘာ᩵ ယာ၁ဒ（ ၁ဌ ၯမ ）

傣族医药古籍，正文为傣文。该书记载了傣族咒语、星算，祛除疾病、辟邪，采药时辰，其中傣医治病方药有发冷发热疾病方药、各种皮肤病方药、胎死腹中方药、风湿骨痛方药、头痛方药、妇科杂病方药等。传抄，尺寸 350×280 毫米，共 100 页，约 45 千字，有插图，线装，保存状况一般，保存环境一般，收藏于西双版纳傣族自治州勐海县打洛镇（岩尖）。

0496《档哈雅帕雅滚当来》 တမ္ဗေ ၅ာ ဎာ ဘာ᩵ ယာ၁ဒ ဂဥၵ ၆ၵ ၯ၁ၪ

傣族医药古籍，正文为傣文。祖传第四代。该书记载的傣医疾病方药有：大方药制剂、丸、散剂，发冷发热疾病方药，外包风湿骨痛方药，内服风湿骨痛方药等。传抄，自制构树皮纸，手抄本，尺寸 360×280 毫米，共 30 页，约 14 千字，线装，保存状况一般，保存环境一般，收藏于西双版纳傣族自治州景洪市大勐龙镇曼扣（岩康）。

0497《档哈雅帕雅滚害档来》 တမ္ဗေ ၅ာ ဎာ ဘာ᩵ ယာ၁ဒ ငဓမ ဂဥၵ ၆ၵ ၯ၁ၪ

傣族医药古籍，正文为傣文。该书记载了各种疾病诊治的方法和方药，其中利用星算和口功对疾病进行诊治是该书的特点。西双版纳州政协编写。1982 年 11 月 17 日复印，纸质，写本复印件，尺寸 388×268 毫米，共 13 页，约 2500 字，上口装订，简装，保存状况一般，保存环境一般，保存完好，收藏于西双版纳傣族自治州民族医药研究所、西双版纳傣族自治州傣医医院。

0498《档哈雅帕雅害岩康》 တမ္ဗေ ၅ာ ဎာ ဘာ᩵ ယာ၁ဒ ငဓမ ဘ၁ၪမ ခၵ

傣族医药古籍，正文为傣文。该书讲述了傣医各种冷热风湿医治方药，还有各种拢沙里坝医治方药与各种皮肤病诊治方药。自制构树皮纸，手抄本，共 40 页，约 6500 字，无插图，上口装订，线装，保存状况一般，保存环境良好，保存完好，收藏于西双版纳傣族自治州景洪市大勐龙镇曼扣（岩康）。

0499《档哈雅帕雅拢龙》 တမ္ဗေ ၅ာ ဎာ ဘာ᩵ ယာ၁ဒ လဥမ္ဗ ၆ၯၵ

傣族医药古籍，正文为傣文。该书收载了大量的傣医传统方药，如咳嗽胸痛方药、口干舌燥方药、孕妇难产方药、头痛方药、心慌心悸方药、风湿病方药、妇科杂病方药、腹痛腹胀腹泻方药、形瘦体黄方药、拢麻想乎方药等。西双版纳州政协编写。1982年11月17日复印，纸质，写本复印件，尺寸388×268毫米，共14页，约5500字，无插图，上口装订，简装，保存状况一般，保存环境一般，保存完好，未普查，未整理，未出版，收藏于西双版纳傣族自治州民族医药研究所、西双版纳傣族自治州傣医医院。

0500《档哈雅帕雅麻》 တမ္ဂေ ၅ာ ၸ်ာ ဘာႏ ယာ၇ မ္ဂာေ

傣族医药古籍，正文为傣文。该书已祖传三代。该书记载傣医医治马类、牛类疾病的方法和方药。传抄，自制构树皮纸，手抄本，尺寸310×240毫米，共40页，约15千字，上口装订，线装，保存状况差，保存环境较差，收藏于西双版纳傣族自治州勐海县勐混乡（岩顿）。

0501《档哈雅帕亚害》 တမ္ဂေ ၅ာ ၸ်ာ ဘာႏ ယာ၇ ၸ၃ေ

傣族医药古籍，正文为傣文。该书记载有傣医诊治人和部分兽类疾病的方药，其中兽类方药有10个，其他诊治人类疾病的方药有癫痫疾病方药、抽风疾病方药、腹痛腹泻方药、食物中毒方药、妇科杂病症方药、各种皮肤疾病方药、小儿疾病方药、发热发冷疾病方药等。传抄，自制构树皮纸，手抄本，尺寸330×270毫米，共40页，约16千字，线装，保存状况差，保存环境较差，有缺损，收藏于西双版纳傣族自治州景洪市勐罕镇曼法代村（岩燕）。

0502《档哈雅帕亚沙巴》 တမ္ဂေ ၅ာ ၸ်ာ ဘာႏ ယာ၇ သ ၦ

傣族医药古籍，正文为傣文。该书已无封面，是岩温祖上传下来的，其为第四代收藏人。该书记载了傣药性味与治疗疾病的理论，包括傣医腹痛腹泻方药，解释人体内各种风症疾病与治疗的方药，妇女病方药、发热病方药、皮肤疾病方药、结石方药、浮肿病方药、周身酸痛方药等，以及口功、咒语祛除疾病内容。传抄，自制构树皮纸，手抄本，尺寸280×220毫米，共80页，约20千字，线装，保存状况差，保存环境较差，有缺损，收藏于西双版纳傣族自治州勐海县勐混乡（岩温）。

0503《档哈雅帕亚沙塔当来》 တမ္ဂေ ၅ာ ၸ်ာ ဘာႏ ယာ၇ သ ဓာ ၆၉ ၯ႕ၡ

傣族医药古籍，正文为傣文。该书记载了傣医“四塔”“五蕴”理论、人的三个年龄阶段、居住环境、疾病的起源、诊治方法、四塔疾病、季节与疾病的关系、各种风湿疾病症、血液与津液疾病的关系、视病情选用药、各种疾病方药等。传抄，自制构树皮纸，手抄本，尺寸330×260毫米，共40页，约25千字，有插图，线装，保存状况一般，保存环境一般，保存完好，收藏于西双版纳傣族自治州景洪市大勐龙镇曼扣村（岩康）。

0504《档哈雅帕亚题罗嘎》 တမ္ဓ ၅ၥ ဎၥ ဘၥႏ ယၥၥဒ္ ဓၿၜ ၆လ ၈ၥ

傣族医药古籍，正文为傣文。该书记载的傣医方药有止泻方药、外按搽风湿方药、蛔虫病方药、癫痫疾病方药、讲述风证疾病、大毒疮方药、哮喘方药、胸口胧闷方药、胎死腹中方药等。传抄，自制构树皮纸，手抄本，尺寸 350×250 毫米，共 42 页，约 11.2 千字，线装，保存状况差，保存环境较差，有缺损，收藏于西双版纳傣族自治州勐海县打洛镇（康朗顿）。

0505《档哈雅排帕亚》 တမ္ဓ ၅ၥ ဎၥ ဖၺ ဘၥႏ ယၥၥဒ္

傣族医药古籍，正文为傣文。该书讲述的是四塔疾病与方药、傣医大方药制剂、热风疾病方药、泌尿系疾病方药、各种皮肤病方药、接骨方药等。收藏于云南省中医药民族医药博物馆。

0506《档哈雅千应》 တမ္ဓ ၅ၥ ဎၥ ၵၵၥၷ ဘၶၷ

傣族医药古籍，正文为傣文。该书记载了傣族星算，傣族各种疾病方药，傣药方药大方制剂、丸、散、酒剂等，包括解毒方药、头痛方药、咳嗽方药、全身酸痛方药、各种皮肤疾病方药、各种妇科杂病方药等。书中有星算图和星算口诀等。传抄，1932 年成书，1931 年刻抄，自制构树皮纸，写本手抄本，尺寸 378×260 毫米，共 62 页，约 30 千字，有插图，上口装订，线装，保存环境良好，保存完好，收藏于西双版纳傣族自治州景洪市大勐龙镇（岩旺）。

0507《档哈雅沙巴》 တမ္ဓ ၅ၥ ဎၥ သ ဌ

傣族医药古籍，正文为傣文。该书记载了腹部肿块方药、妇科出血症方药及雅解嘎扎拉方药、风湿麻木方药、苏塔片领方药、雅比扎哈方药、腹痛腹泻方药的用法和功效。收藏于云南省中医药民族医药博物馆。

0508《档哈雅沙巴》 တမ္ဓ ၅ၥ ဎၥ သ ဌ

傣族医药古籍，正文为傣文。该书介绍了治疗各种病症的方药，如吸血虫病方药、毒疮方药、接骨方药、腹水方药、九窍出血方药及祛除疾病的涂擦方药。收藏于云南省中医药民族医药博物馆。

0509《档哈雅沙巴岩罕香》 တမ္ဓ ၅ၥ ဎၥ သ ဌ（ဘၵျၿ ၆မ္ဓ ၵၵၥၷ）

傣族医药古籍，正文为傣文。该书内容有：（1）采药时辰和药的功效与作用。（2）泌尿系疾病与方药治疗。（3）口眼歪斜、腹部疼痛、胎儿死于腹中、发热发冷病、妇女杂病、腹泻、头痛、骨痛麻木等。传抄，纸质，手抄本，尺寸 400×400 毫米，共 32 页，约 33 千字，上口装订，线装，保存状况一般，保存环境一般，保存完好，收藏于西双版纳傣族自治州景洪市嘎洒镇曼达（岩罕香）。

0510《档哈雅沙巴档勐》 တမ္ဘေ ၵာ ယ်ာ သ ဏ္ဍ ဖြဂ္ ၿမ္ဂ

傣族医药古籍，正文为傣文。该书的传抄者是勐海县城子寨的波糯香（ဏ္ဍိေ ဟ္ဂိေ ဂဂသ္ဂ），书中记载了大量的方药，如治疗中风偏瘫的方药，解食物毒的方药，诊治四塔失调的方药，针对各种妇科杂病的方药，治疗拢沙坝、拢麻想乎的方药等。波糯香主编，传抄，纸质，手抄本影印件，尺寸 388×268 毫米，共 17 页，约 7800 字，上口装订，简装，原著为线装，保存状况一般，保存环境一般，保存完好，未普查，未整理，未出版，收藏于西双版纳傣族自治州民族医药研究所、西双版纳傣族自治州傣医医院。

0511《档哈雅沙巴害》 တမ္ဘေ ၵာ ယ်ာ သ ဏ္ဍ ၓ္ဂ္ေ

傣族医药古籍，正文为傣文。该书为岩尖的祖父爷所传抄并下传至第三代，封面有古印章。该书封面“印章”字样两处为古地方行政章，同时还注有抄写于傣历 1263 年，至今已有 100 多年历史。该书记载了傣医疾病方药，包括大方制剂雅西里勐和方药应用，以及全身酸痛麻木方药、发冷发热病方药、头痛方药、皮肤病方药等，并记载有口功咒语等。传抄，傣历 1263 年刻抄，自制构树皮纸，手抄本，尺寸 330×240 毫米，共 52 页，约 20 千字，线装，保存状况一般，保存环境一般，保存完好，收藏于西双版纳傣族自治州勐海县勐混乡（岩温）。

0512《档哈雅沙巴龙》 တမ္ဘေ ၵာ ယ်ာ သ ဏ္ဍ လဥမ္ဂ

傣族医药古籍，正文为傣文。该书记载了傣医方药，包括解食物中毒方药、腰痛方药、腹泻方药、头痛方药、各种发热发冷疾病方药、各种皮肤疾病方药及各种风湿疾病方药等。传抄，自制构树皮纸，手抄本，尺寸 350×250 毫米，共 38 页，约 10 千字，线装，保存状况差，保存环境较差，有缺损，收藏于西双版纳傣族自治州景洪市大勐龙镇[岩罕（康朗罕）]。

0513《档哈雅沙巴拢》 တမ္ဘေ ၵာ ယ်ာ သ ဏ္ဍ လဥမ္ဂ

傣族医药古籍，正文为傣文。该药书是勐腊县名老傣医波扁（ဏ္ဍိေ ဂဂဏ္ဍ္ဂ）祖传四代经书，记载了常见的疾病的诊治和常用的方药，以及傣医传统制剂的制作方法。成书年代不详。书中记载了 300 余种药物配方，所治疾病有伤风感冒、跌打损伤、风湿热痹、哮喘咳嗽、痢疾腹泻、死胎难产、长痘生疮、肝炎黄疸、高热抽搐、腹痛头痛、虚脱昏厥等，也有避孕助孕、增力壮阳，美容美肤，延年益寿等药方。书中还讲述了如何根据血液的特点、不同年龄、病期长短来用药。波扁主编，传抄，纸质，复印件，尺寸 265×190 毫米，共 21 页，约 6000 字，右侧装订，简装，保存状况一般，保存环境一般，保存完好，未普查，未整理，未出版，收藏于西双版纳傣族自治州民族医药研究所、西双版纳傣族自治州傣医医院。

0514《档哈雅沙巴拢帕雅》 တမ္ဓ ၵ္ဘ ပ်ာ သ ၸ္ဘ လဥမ္ဓ ဘား ယာဒ္

傣族医药古籍，正文为傣文。该书收载了大量的美容养颜方药、治疗毒虫咬伤的方药、傣药治腹痛腹泻的方药、治全身酸痛的方药、治疗皮肤病的方药、咽喉疼痛方药、津少口渴方药、风湿骨痛方药、心痛心悸方药、便秘方药、头昏头痛方药、肋痛外包方药、中风偏瘫方药，论述了四塔过盛的疾病及诊治方药等。波淄远（ၸ္ဘႎ ၵ္ဒ္ဓ ၵၵဝၵ္）主编，西双版纳州政协编写。纸质，写本，尺寸388×268毫米，共35页，约15千字，上口装订，简装，保存状况一般，保存环境一般，保存完好，未普查，未整理，未出版，收藏于西双版纳傣族自治州民族医药研究所、西双版纳傣族自治州傣医医院。

0515《档哈雅沙巴帕雅》 တမ္ဓ ၵ္ဘ ပ်ာ သ ၸ္ဘ ဘား ယာဒ္

傣族医药古籍，正文为傣文。该书讲述了傣医疾病方药，有拢沙龙（咽喉疼痛）方药、小儿疾病方药、发热体黄疾病方药、大毒疮方药、按搽发冷发热疾病方药、冷热风湿病方药、皮肤病方药，以及傣医诊断诊治疾病及诊法、药物与疾病的关系、季节与疾病的关系等。传抄，自制构树皮纸，手抄本，尺寸310×255毫米，共82页，39.36千字，有插图，上口装订，线装，保存状况一般，保存环境较差，有缺损，已普查，未整理，未出版，收藏于西双版纳傣族自治州民族医药研究所、西双版纳傣族自治州傣医医院。

0516《档哈雅沙巴帕雅》 တမ္ဓ ၵ္ဘ ပ်ာ သ ၸ္ဘ ဘား ယာဒ္

傣族医药古籍，正文为傣文。成书年代不详。该书论述了傣药药性、药味、药效与采药时辰的关系，人的年龄与用药的关系，服药与吃饭的间隔，季节与病症的关系，病期长短与用药的关系等；还记叙了很多方药，如治疗牙痛、头痛、腹痛的方药，治疗拢麻想乎、拢沙力坝、拢牛、拢洞烘、拢沙拢、各种帕雅拢的方药，以及一些外洗方。传抄，纸质，手抄本，尺寸365×290毫米，共75页，43.8千字，无插图，上口装订，布面装，保存状况良好，保存环境一般，保存完好，已普查，未整理，未出版，收藏于西双版纳傣族自治州民族医药研究所、西双版纳傣族自治州傣医医院。

0517《档哈雅沙巴塔》 တမ္ဓ ၵ္ဘ ပ်ာ သ ၸ္ဘ ၅

傣族医药古籍，正文为傣文。该书为西双版纳地区宫廷药书之一，现在保存于民间，封面和正文多处印有宫廷印章。（1）封面有宫廷印章，题名为“档哈雅沙巴塔”（各种疾病医药书）。（2）记载了傣医的四塔疾病的诊治及方药。（3）采药时辰和药的功效性味。（4）傣药大方制剂，如雅西利勐、雅帕中补、雅叫哈顿、雅塔，以及傣药各种疾病的诊法和方药，如治疗皮肤病、腹痛腹泻等的方药。传抄，自制构树皮纸，手抄本，尺寸300×250毫米，共52页，约20千字，有插图，上口装订，线装，保存状况一般，保存环境一般，收藏于西双版纳傣族自治州景洪市曼贺纳（岩温、波涛温）。

0518《档哈雅沙巴塔》

傣族医药古籍，正文为傣文。该书记载有治疗牲畜及人的疾病的方药，如饮食不佳、风热毒邪引起的呕吐、类风湿性关节炎、各种风病等。自制构树皮纸，手抄本，收藏于云南省中医药民族医药博物馆。

0519《档哈雅沙巴雅档来》

傣族医药古籍，正文为傣文。该书内容有：(1) 傣医疾病方药，如治疗腹泻腹痛、妇女病、头痛、皮肤病、全身麻木的方药等。(2) 有星算、口功、咒语等。自制构树皮纸，手抄本，尺寸 350×250 毫米，共 34 页，约 6500 字，无插图，顶上装订，线装，保存状况一般，保存环境良好，保存完好，收藏于西双版纳傣族自治州景洪市勐罕镇曼脑（岩温洪）。

0520《档哈雅沙巴岩康》

傣族医药古籍，正文为傣文。(1) 该书是岩康祖传傣医书，是岩康老傣医祖父传下的傣药书第四代。(2) 该书记载了傣医疾病方药和诊治四塔不足和过盛的疾病方药，如治疗头晕眼花、心慌心悸、呕吐、腹痛腹泻、妇女杂病、各种皮肤病等的方药。传抄，自制构树皮纸，手抄本，尺寸 270×300 毫米，共 26 页，约 6500 字，上口装订，线装，保存状况良好，保存环境一般，保存完好，收藏于西双版纳傣族自治州景洪市大勐龙镇曼扣（岩康）。

0521《档哈雅尚迈》

傣族医药古籍，正文为傣文。(1) 该书抄于 1985 年 12 月，转抄于名老傣医康朗听的药书。(2) 该书记有傣医方药和诊法类，包括小儿病方药、热风毒邪发冷发热病方药、眼痛方药、耳聋方药、全身紫黑色疾病方药、全身酸痛方药、腹痛腹泻方药、皮肤疾病方药、头昏头痛方药等。传抄，纸质，手抄本，尺寸 270×200 毫米，共 30 页，约 15 千字，无插图，上口装订，线装，保存状况良好，保存环境一般，保存完好，收藏于西双版纳傣族自治州景洪市（岩香）。

0522《档哈雅思龙》

傣族医药古籍，正文为傣文。该书主要以傣医方药为主，介绍的傣医治病药方有腹泻药方、拢沙龙方药、拢沙里坝方药、各种风湿病症方药以及傣医传统方剂等。纸质，写本，共 25 页，约 5500 字，无插图，上口装订，线装，保存状况一般，保存环境良好，保存完好，收藏于西双版纳傣族自治州勐海县勐混乡（岩温）。

0523《档哈雅涛磨雅勐龙》

傣族医药古籍，正文为傣文。该书已无封面，是老傣医祖传五代的古傣医书。该书记载了傣医诊治疾病的方药，如体黄疾病方药、发热疾病方药、急性湿疹方药、全身酸痛刺痛方药、胰腺肿大外包方药、头痛方药、皮肤疾病方药等。传抄，自制构树皮纸，手抄本，共 92 页，约 41 千字，线装，保存状况差，保存环境较差，有缺损，收藏于西双版纳傣族自治州景洪市大勐龙镇（康朗亮）。

0524《档哈雅陶西里》 တမ္ဓေ ၵျာ ယာ ၵဓ္ဓေ သ ဣ္လိ

傣族医药古籍，正文为傣文。该药书是勐海县勐满乡陶西里祖传五代的药书，讲述的内容有：（1）夯搭档哈、塔嘟档细与疾病的关系；（2）季节与疾病的关系；（3）诊断疾病的方法；（4）季节与四塔不调引起疾病的关系；（5）拢沙里坝的治疗方药；（6）拢三占波（三种风证）的诊断和治疗；（7）泌尿系统病的诊断和治疗；（8）各种风证的诊断和治疗。波陶西里（ပွ်ေ ၵဓ္ဓေ သ ဣ္လိ）主编，纸质，写本复印件，尺寸 388×268 毫米，共 60 页，约 24 千字，有插图，上口装订，简装，未普查，未整理，未出版，收藏于西双版纳傣族自治州民族医药研究所、西双版纳傣族自治州傣医医院。

0525《档哈雅维些》 တမ္ဓေ ၵျာ ယာ ဝိေ ၵသာ့ေ

傣族医药古籍，正文为傣文。该书记载了 7 个傣医传统经方制剂，其中就有在傣医中使用颇为广泛、知名度较高的传统经方——“雅西金嘎叫”“雅矢达苏巴帕”，同时也记载了其他多种治病方药。传抄，纸质，手抄本，尺寸 368×222 毫米，共 29 页，12 千字，上口装订，简装，保存状况差，收藏于西双版纳傣族自治州民族医药研究所、西双版纳傣族自治州傣医医院。

0526《档哈雅西利担》 တမ္ဓေ ၵျာ ယာ သ ဣ္လိ ၆ဒၚ

傣族医药古籍，正文为傣文。该书记述了沙龙更旧方药，以及治疗雅维些沙郎干、风湿疾病、疮毒、热风毒邪疾病、痉挛剧痛等病症的方药。纸质，手抄本，收藏于云南省中医药民族医药博物馆。

0527《档哈雅辛》 တမ္ဓေ ၵျာ ယာ သိၚ

傣族医药古籍，正文为傣文。该书记载有咒语、大方药制剂、大出血方药，以及治疗风湿病的涂擦方药、傣药制剂苏晚纳朗西。纸质，手抄本，收藏于云南省中医药民族医药博物馆。

0528《档哈雅岩吨》（第 1 集） တမ္ဓေ ၵျာ ယာ ဘ္ဂျေ တဥၚ（ဟ္ဂျေ ဝိ လ）

傣族医药古籍，正文为傣文。该书记有傣医诊治疾病方药，涉及腹痛、头痛、呃逆、眼红病、发冷发热病、骨痛病、全身酸痛、各种皮肤病、泌尿疾病。300 余年前成书，10 年前刻抄，自制构树皮纸，手抄本，尺寸 310×270 毫米，共 36 页，20.8 千字，上口装订，线装，保存状况良好，保存环境优，保存完好，未普查，未整理，未出版，收藏于西双版纳傣族自治州景洪市嘎沙曼沙村委会曼栋老栋 23 号（岩吨栋）。

0529《档哈雅岩吨》（第 2 集） တမ္ဓ ၅ာ ဎ်ာ ဘ္ဒၠ္ဓ တဥၛ（ဟ္ဓၠ္ဓ ဓၰ ၅）

傣族医药古籍，正文为傣文。该书记有傣医大方药、发热病方药、各种风疾病方药、泌尿性疾病方药、呃逆方药、发冷发热病方药。500 余年前成书，40 余年前刻抄，纸质，手抄本影印件，尺寸 297×210 毫米，共 77 页，74.54 千字，上口装订，简装，保存状况良好，保存环境优，保存完好，未普查，未整理，未出版，收藏于西双版纳傣族自治州景洪市嘎沙曼沙村委会曼栋老栋（岩吨栋）。

0530《档哈雅岩罕香达》 တမ္ဓ ၅ာ ဎ်ာ ဘ္ဒၠ္ဓ ၷမ္ဓ ဂဂသၡ ၆ာ

傣族医药古籍，正文为傣文。该书是岩罕香老傣医祖传傣医书。书中记载了单方药治疗疾病和治疗各种骨痛麻木、皮肤疾病；傣药大方制剂方药；妇女杂病症方药，以及腹痛腹泻、头晕眼花、心慌心悸等各种疾病的治疗方药。传抄，手抄本，尺寸 220×150 毫米，共 50 页，约 17.5 千字，有插图，折叠装，线装，保存状况良好，保存环境良好，收藏于西双版纳傣族自治州景洪市嘎洒镇曼达（岩罕香）。

0531《档哈雅岩洪脑》 တမ္ဓ ၅ာ ဎ်ာ ဘ္ဒၠ္ဓ ၶ္ဍဓ ၄ာ္ဓ

傣族医药古籍，正文为傣文。该书记载了季节与疾病的关系以及傣医疾病方药，包括全身酸痛方药、头昏头痛方药、咳嗽方药、腹痛腹泻方药、傣药大方制剂、腹内肿块方药、各种皮肤病方药等。传抄，自制构树皮纸，手抄本，尺寸 280×220 毫米，共 32 页，约 8000 字，线装，保存状况一般，保存环境一般，收藏于西双版纳傣族自治州景洪市嘎沙曼沙村（岩洪脑）。

0532《档哈雅岩燕》 တမ္ဓ ၅ာ ဎ်ာ ဘ္ဒၠ္ဓ ဂဂဘ္ဒၛ

傣族医药古籍，正文为傣文。该书是岩燕传抄于师父祖传三代的傣医书。该书记载了居住环境与疾病的关系，以及傣医疾病各种方药：发热病方药、呕吐方药、风湿周身酸痛方药、癫痫病方药、止咳方药等。传抄，自制构树皮纸，手抄本，尺寸 310×270 毫米，共 66 页，线装，保存状况差，保存环境较差，有缺损，收藏于西双版纳傣族自治州景洪市勐罕镇曼法代（岩燕）。

0533《档哈雅宰腊》 တမ္ဓ ၅ာ ဎ်ာ ၒ္ဒၠ ၯ္ဒ္ဓ

傣族医药古籍，正文为傣文。该书记载有咒语、大方制剂、祛邪药方、妇科疾病方，以及治疗便血、鼻衄、热风毒邪引起的痉挛疼痛、少腹刺痛等方药。收藏于云南省中医药民族医药博物馆。

0534《档哈雅扎西题》 တမ္ဓ ၅ာ ဎ်ာ ၒ သၰ ဓၰ္ဓ

傣族医药古籍，正文为傣文。该书是名老傣医康朗传给儿子继承的傣药经书。（1）该书封面写有：该医书是从古时名傣医扎西题抄写，由曼贺纳的徒弟康朗先传承，同时由儿子波旺接传，希望该书能继续下传岩叫、岩香、岩坦，同时也希望能发挥更大的作用——为人民服务；抄写于1970年7月22日。(2) 该书记载有傣医诊治方药，如小儿疾病，发冷发热病，眼病，耳病，各种身痛、骨痛，阴道疾病，接骨，泌尿系疾病，结石，呕吐，癫痫病等的治疗方药。(3) 该书是一名老傣医康朗听经多年的经验方。传抄，纸质，手抄本，尺寸260×240毫米，共64页，约18.6千字，有插图，上口装订，线装，保存状况一般，保存环境一般，保存完好，收藏于西双版纳傣族自治州景洪市曼贺纳村（波旺、岩香）。

0535《档哈雅扎雅尚嘎哈》 တမ္ဓေ ၅ာ ဎ်ာ ဥဒွ ယ သရွ ဂ ဟ

傣族医药古籍，正文为傣文。该书为名老傣医康朗腊（ ဓ ဟ္ၥာဌ ဟ္ၥာe ）的手抄本，抄写于1948年，书中记载了傣医对拢麻想乎、拢牛、拢沙里坝、拢匹勒的医治方药，以及风病、肝病等的治疗方药，还有部分传统剂型（如丸、散、酒）的制法、用法。康朗腊主编，1000多年前成书，1948年刻抄，手抄本，尺寸260×220毫米，共16页，约3328字，无插图，上口装订，线装，保存状况差，保存环境一般，有缺损，已普查，未整理，未出版，收藏于西双版纳傣族自治州民族医药研究所、西双版纳傣族自治州傣医医院。

0536《档哈雅召傣当来》 တမ္ဓေ ၅ာ ဎ်ာ ဓဝ္ဓe ဥG Gရွ ဟ္ၥာျ

傣族医药古籍，正文为傣文。该书记载的方药涉及治疗咳嗽哮喘、疔疮脓肿、腹痛腹泻、乳腺病、肝病的方药，以及傣医用于治疗沙力坝的方药。波为拉（ ဌ္ၥe ဂဘၔၝe ဒ္ၥာ ）主编，传抄，1985年5月刻抄，手抄本，尺寸395×273毫米，共7页，约3860字，无插图，上口装订，线装，保存状况一般，保存环境良好，保存完好，已普查，未整理，未出版，收藏于西双版纳傣族自治州民族医药研究所、西双版纳傣族自治州傣医医院。

0537《档哈雅召发先迪》 တမ္ဓေ ၅ာ ဎ်ာ ဓဝ္ဓe ၵ်ာe ဂဂသၚ Gθယ္

傣族医药古籍，正文为傣文。该书封面记：该书是古名傣医召发先迪传抄的药书。(1) 该书封面标有：该书是古名傣医召发先迪勐混曼贺勐的经书，是他传抄并下传给他的徒弟们的。该传承人是从召发先迪的一位徒弟传抄的，这是一本难得之书，希望能传承下一代。(2) 该书记载了傣医的诊法、诊治疾病的方药和四塔五蕴的理论，采药时辰和药功效，以及傣族的星算、口功等。传抄，尺寸300×300毫米，共45页，约19千字，有插图，上口装订，线装，保存状况一般，保存环境一般，收藏于西双版纳傣族自治州景洪市勐罕镇曼脑（波温洪脑）。

0538《档哈雅召法》 တမ္ဓေ ၅ာ ဎ်ာ ဓဝ္ဓe ၵ်ာe

傣族医药古籍，正文为傣文。该书是岩温洪转抄于勐派老草医。(1) 该书封面印有傣医个人印章——“召法药书”字样。(2) 该书记载有傣医方药，如治疗全身酸痛、发热、胸口疼痛、发热发冷病、呕吐、妇女疾病等的方药，同时也有口功、咒语类。传抄，纸质，手抄本，尺寸 350×230 毫米，共 52 页，约 15 千字，上口装订，线装，保存状况良好，保存环境一般，保存完好，收藏于西双版纳傣族自治州景洪市勐罕镇曼脑（岩温洪）。

0539《档哈雅召书婉娜》 ᦎᦱᧄ ᦠᦱ ᦍᦱ ᦈᧁ ᦉᦳ ᦞᦱᧃ ᦓᦱ

傣族医药古籍，正文为傣文。该书涉及的内容有治疗拢匹勒（各种妇科病）、拢旧达郎、拢麻想乎、拢阿麻巴呆兮、拢梅兰申（风湿病风湿痛）、拢其哈（湿疹及其他皮肤病、皮肤瘙痒）、拢沙里坝、拢匹坝的方药，以及一些丸、散、酒等剂型的传统制法等。传抄，纸质，手抄本，尺寸 360×260 毫米，共 60 页，约 2100 字，无插图，上口装订，线装，保存状况差，保存环境一般，有缺损，已普查，未整理，未出版，收藏于西双版纳傣族自治州民族医药研究所、西双版纳傣族自治州傣医医院。

0540《迪卡尼阶》 ᦑᦲ ᦂᦱ ᦓᦲ ᦂᦱᧄ

傣族医药古籍，正文为傣文，又称《长阿含经》，因为收录的经文篇幅比较长，所以称为“长部”，共收录 34 部经。传抄，贝叶，刻本，尺寸 480×57 毫米，共 288 页，112.32 千字，用绳串联，保存状况良好，保存环境良好，保存完好，收藏于西双版纳傣族自治州民族医药研究所、西双版纳傣族自治州傣医医院。

0541《嘎比迪沙迪巴尼》（傣医诊治书） ᦂᦱᧄ ᦗᦲ ᦑᦲ ᦉᦱ ᦑᦲ ᦗᦱ ᦓᦲ

傣族医药古籍，正文为傣文。书名意为“医药经典”。成书于约 1320 年，具体时间已无法考证。由于受佛教观念的影响，该书和其他许多流传下来的傣医典籍一样，都没有署名。该书论述了傣医基础理论，人体不同年龄的好发疾病，用药规则，采药时间和部位与药物功效的关系，傣医传统经方及傣医单验秘方等；内容涉及内科、妇科、儿科、外伤科疾病和一些疑难杂症；对许多疾病的诊断、治疗、用药方法独特，体现了傣医别具一格的诊病、治病、用药特色。例如，认为临床上的神疲、多寐、易怒之症，属土（巴他维塔）偏盛所致疾病，其病位在肝胆、脾胃；兼见肤色黑则提示血为苦性，含糖少，用药宜选酸味或甜味药；问诊要注意患者的居住环境条件，如居住“高寒山区、湖海易生风、生湿，若肤色黑红则属血辣、酸少”，治疗时宜选用平性药、凉性药；等等。文献研究获得的存目古籍信息。

0542《嘎比迪沙嫡巴尼》 ᦂᦱᧄ ᦗᦲ ᦑᦲ ᦉᦱ ᦑᦲ ᦗᦱ ᦓᦲ

傣族医药古籍，正文为傣文。该书论述了傣医界论、人体解剖、用药规则、采药时间和部位与药物效能的关系等，是一部较综合的傣医药典籍。文献研究获得的存目古籍信息。

0543《嘎牙桑哈雅》（人体） ᦂᦱ ᦍᦱ ᦉᦱᧂ ᦠᦱ ᦍᦱ

傣族医药古籍，正文为傣文。2007 年 5 月由玉腊在勐养镇曼纳庄对波丙（ᦗᦸ ᦗᦲᧂ

ᨷᩬᩈᩮ）调查采集书目信息。波丙，又叫岩拉，8 岁时出家当小和尚，19 岁升为佛爷，还俗后又名康朗拉。波丙家的经书，都是用贝叶刻写的，由于时间较久，有的贝叶经已经残缺，有的被虫蛀，有的被撕烂只剩下一半，但波丙还是把它们视作宝贝，用黄土布包了一层又一层。该书内容为人体解说。波丙主编，贝叶，李国文项目调研成果，收藏于西双版纳傣族自治州勐养镇曼纳庄（波丙）。

0544《嘎牙山哈雅》 ᨣᩤᩡ ᨿᩣ ᩈᩢᨦ᩠ᨡ ᨿᩣ

傣族医药古籍，正文为傣文。昆明：云南民族出版社，共 31 页，收藏于西双版纳傣族自治州民族医药研究所、西双版纳傣族自治州傣医医院。

0545《嘎牙山哈雅》（版本不详） ᨣᩤᩡ ᨿᩣ ᩈᩢᨦ᩠ᨡ ᨿᩣ（ᨷᩣ᩠ᨴ ᨣᨣᩬᨾ）

傣族医药古籍，正文为傣文、汉文。该书为傣族民族医药学古籍。收藏于临沧市双江拉祜族佤族布朗族傣族自治县（张文彬）。

0546《嘎牙山哈雅（人体解说）》 ᨣᩤᩡ ᨿᩣ ᩈᩢᨦ᩠ᨡ ᨿᩣ（ᩈᩢᨷ ᨣᨣᩣᨾ ᨣᩮᩬᨾ ᨦᩢ ᩁᩬᨦ）

傣族医药古籍，正文为傣文。该书是系统论述傣医学基础理论的第一部专著，是傣医药理论体系形成的标志之一，也是现存傣医药文献中最早的典籍。据说是佛祖释迦牟尼的徒弟阿仑达听编著，随印度古经书传入西双版纳，后被翻译成傣文。该书系统地总结了傣医药的医疗成就和治疗经验，确立了傣医药的独特理论体系，成为傣医药学发展的基础。该书重点阐述了六方面的理论，共分为 5 集，其中 1、2 集阐述了以下内容：（1）人体生理解剖与组织结构。（2）人体受精与胚胎的形成、生长和发育。（3）人和自然界的生存关系。（4）“塔都档细”（简称“四塔”，即风、火、水、土），“夯塔档哈”（简称“五蕴”，五种精神因素色、识、受、想、行）的生理功能、相互关系和“四塔”衰败的预后与临床主要表现。（5）人与气候、居处环境与疾病发生的关系，将一年 12 个月分为“腊鲁档三”（热季、冷季、雨季）三个季节，提出各季发病特点及预防措施、常用方药。（6）人生 3 个不同年龄阶段的生理变化，好发疾病及预防发病、抗衰防老之药。（7）肤色与血味及选择用药之关系。（8）人体内“暖”（似细胞、微生物、寄生虫类）的特点。传抄，贝叶，刻本，尺寸 480×50 毫米，共 138 页，44.82 千字，有绳串联，保存状况良好，保存环境良好，保存完好，收藏于西双版纳傣族自治州民族医药研究所、西双版纳傣族自治州傣医医院。

0547《过帕雅和沙干》 ᨣᩬᩴ ᨹ ᨿᩣ ᨣᩮᩬ ᩈ ᨠᩣ᩠ᨶ

傣族医药古籍，正文为傣文。该书记载了星算、傣医看病的方法、天文地理等。本书有 10 页主讲傣医诊治疾病方药，其他均为口功、星算。傣医方药如接骨、跌打损伤、全身酸痛等。自制构树皮纸，手抄本，尺寸 300×250 毫米，共 34 页，约 15 千字，有插图，上口装订，线装，收藏于西双版纳傣族自治州勐海县勐混乡曼飞（岩温飞）。

0548《及打撇达》 ၵ႒ေ သ ဂႃ

傣族医药古籍，正文为傣文。傣医手抄本在民间流传最为广泛，历代傣医手抄本的流传对傣医药的发展起到了巨大的推动作用。这些手抄本通称《档哈雅》，其所描述的内容不同，侧重面也各自有异。同时，出现了大批流传至今的《阿皮踏麻基干比》《档哈雅龙》《嘎牙山哈雅》《及打撇达》《萨打依玛拉》等傣医药著作。因受佛教的影响，各手抄本均不署名。文献研究获得的存目古籍信息。

0549《决当脉牙借劳》（解除苦难治病痛） ဂ၀ေ တႃၵ် ယႃၵ် ၸႃ ဂဂၲ ၸူၵ်ေ（ ၸႃ ဂဂႃေ ဂ၀ျ သ ၶ ）

傣族医药古籍，正文为傣文。2007 年 2 月，由克原秀在允哏寨的奘房调查整理的书目信息。该书讲述药能医治疾病，佛经能教化不健康的心灵。李国文项目调研成果，收藏于德宏傣族景颇族自治州盈江县兴和村公所允哏寨奘房（银泉寺）。

0550《列嘎拉》（来嘎那） ဂၥ်ေ ဂ လၥ်

傣族医药古籍，正文为傣文。2007 年 2 月，由克原秀在允哏寨的奘房调查整理的书目信息。这是一本占卜病因之书。傣族人认为，人的肉眼看不到的地方，到处都是精灵和一些不健康的东西，如果人们出门或到野外碰到这些东西就会患疾病，人生了病就要去找通晓占卜方法的人帮助占卜，占卜师会询问病人最近的活动及外出情况，并根据占卜书中每月的初一到二十九日或三十日的记录占出某日生病是什么原因或者是碰到什么鬼魂跟着来要食物，然后又告诉对方化解的方法，病人或病人的家人只要按照占卜师指点的方法去做病就会好起来。李国文项目调研成果，收藏于德宏傣族景颇族自治州盈江县兴和村公所允哏寨奘房（银泉寺）。

0551《列嘎拉》（占卦病因） $lik^{53}ka^{11}la^{55}$ ဂၥ်ေ ဂ လၥ်

傣族医药古籍，正文为傣文。2007 年 2 月由克原秀在允哏寨二社对刀保忠调查整理书目信息。李国文项目调研成果，收藏于德宏傣族景颇族自治州盈江县兴和村委会云哏社二社（刀保忠）。

0552《麻哈娃》 မွၥ ၯၥ ဝၥ်

傣族医药古籍，正文为傣文。成书年代不详。书中记载了 300 余种药物配方，所治疾病有伤风感冒、跌打损伤、风湿热痹、哮喘、咳嗽、痢疾腹泻、死胎难产、长痘生疮、高热抽搐、肝炎黄疸、腹痛头痛、虚脱昏厥等，也有避孕助孕、增力壮阳、美容美肤、延年益寿等药方。书中还讲述了如何根据血液的特点、不同年龄、病期长短来用药。传抄，贝叶，刻本，尺寸 480×60 毫米，共 443 页，约 210.86 千字，中间装订，用绳串联，保存状况良好，保存环境良好，保存完好，收藏于西双版纳傣族自治州民族医药研究所、西双版纳傣族自治州傣医医院。

0553《玛哈呢板》

傣族医药古籍，正文为傣文。传抄，贝叶，手抄本，尺寸475×55毫米，共106页，线装，收藏于云南省中医药民族医药博物馆。

0554《呢该档哈》（五啊含）

傣族医药古籍，正文为傣文。传抄，贝叶，手抄本，尺寸481×55毫米，共496页，线装，有缺损，收藏于云南省中医药民族医药博物馆。

0555《尼该煌》

傣族医药古籍，正文为傣文。又名《阿含节选》，是五阿含的精简缩写版，是五阿含的简介版本。传抄，贝叶，刻本，尺寸505×60毫米，共160页，62.4千字，用绳串联，保存状况良好，保存环境良好，保存完好，收藏于西双版纳傣族自治州民族医药研究所、西双版纳傣族自治州傣医医院。

0556《帕鲁宛》（根据时间占卜病因） $pap^{53}lu^{33}van^{55}$

傣族医药古籍，正文为傣文。2007年2月，由克原秀在允哏寨的奘房调查整理的书目信息。本经讲述月、日、夜与人们生病的对应关系；月、日、夜与人们生病后会轻或重，会病几天，痊愈或会死去的具体时间；还有六十花甲与月份日期的对应关系；有的月份用傣汉文对照来记录。李国文项目调研成果，收藏于德宏傣族景颇族自治州盈江县兴和村公所允哏寨奘房（银泉寺）。

0557《萨打依玛拉》

傣族医药古籍，正文为傣文。傣医手抄本在民间流传最为广泛，历代傣医手抄本的流传对傣医药的发展起到了巨大的推动作用。这些手抄本通称《档哈雅》，其所描述的内容不同，侧重面也各自有异。同时，出现了大批流传至今的《阿皮踏麻基干比》《档哈雅龙》《嘎牙山哈雅》《及打撇达》《萨打依玛拉》等傣医药著作。因受佛教的影响，各手抄本均不署名。文献研究获得的存目古籍信息。

0558《桑格尼》

傣族医药古籍，正文为傣文。传抄，贝叶，刻本，尺寸480×48毫米，共422页，164.58千字，中间装订，用绳串联，保存状况良好，保存环境良好，保存完好，收藏于西双版纳傣族自治州民族医药研究所、西双版纳傣族自治州傣医医院。

0559《舒婉纳》

傣族医药古籍，正文为傣文。传抄，贝叶，手抄本，尺寸475×55毫米，共67页，线装，有缺损，收藏于云南省中医药民族医药博物馆。

0560《四塔》（一） ᦉ ᦒᦱᦇ（᧑）

傣族医药古籍，正文为傣文。该书介绍了傣族人体生理解剖，解释了人体生理现象和病理变化的风、火、水、土等“四塔”的相关理论。传抄，贝叶，抄刻本，尺寸488×58毫米，共35页，线装，收藏于云南省中医药民族医药博物馆。

0561《四塔》（二） ᦉ ᦒᦱᦇ（᧒）

傣族医药古籍，正文为傣文。该书介绍了傣族人体生理解剖，解释了人体生理现象和病理变化的风、火、水、土等“四塔”的相关理论。传抄，贝叶，抄刻本，尺寸475×54毫米，共50页，线装，收藏于云南省中医药民族医药博物馆。

0562《塔都当细》 ᦒᦱᦇ ᦎᦳ ᦺᦑ ᦉ

傣族医药古籍，正文为傣文。该书为傣医康朗仑（ᦃ ᦟᦱᧂ ᦣᦳᧃ）献给西双版纳州民族医药研究所的手抄本，内容包括“四塔”的辨病论治方法、方药，以及治疗拢沙里坝、拢麻想乎、拢檬沙很、拢匹勒的方药，还记载有傣医传统经方，制成丸、散、酒等剂型的大方。康朗仑主编，纸质，手抄本，尺寸315×260毫米，共16页，约9100字，无插图，上口装订，线装，保存状况一般，保存环境良好，保存完好，已普查，未整理，未出版，收藏于西双版纳傣族自治州民族医药研究所、西双版纳傣族自治州傣医医院。

0563《塔都嘎他》 ᦒᦱᦇ ᦎᦳ ᦅᦱ ᦒᦱ

傣族医药古籍，正文为傣文。本贝叶经书主要讲述四塔五蕴的理论及“四塔”在人体内的各种功能。传抄，贝叶，刻本，尺寸480×60毫米，共124页，48.36千字，用绳串联，保存状况良好，保存环境良好，保存完好，收藏于西双版纳傣族自治州民族医药研究所、西双版纳傣族自治州傣医医院。

0564《维旁嘎苏》 ᦞᦲ ᦘᦱᧂ ᦅᦱ ᦉᦳ

傣族医药古籍，正文为傣文。本贝叶经书分别分析了蕴、处、界、根、谛等法义。传抄，贝叶，刻本，尺寸480×50毫米，共403页，157.17千字，中间装订，用绳串联，保存状况良好，保存环境良好，保存完好，收藏于西双版纳傣族自治州民族医药研究所、西双版纳傣族自治州傣医医院。

0565《西玛板》 ᦉᦲᦙ ᦙᦱ ᦗᦱᧃ

傣族医药古籍，正文为傣文。传抄，贝叶，抄刻本，尺寸475×54毫米，共35页，线装，有缺损，收藏于云南省中医药民族医药博物馆。

0566《星算医书勐混岩温》 ᦑᦳᦈ ᦒᦱ ᦵᦙᦲ ᦗᦱᦂᦲᦙ ᦗᦱᦂᦲᦙ ᦵᦙᦲᦂ ᦷᦠᧃ

傣族医药古籍，正文为傣文。该书内容有：（1）傣族以拴线叫魂，论述人的生命是否延续。（2）部分为傣医疾病方药，如接骨，治疗全身酸痛、腹痛腹泻等方药。传抄，自制构树皮纸，手抄本，共45页，8600字，无插图，上口装订，线装，保存状况一般，保存环境良好，保存完好，收藏于西双版纳傣族自治州勐海县勐混乡（岩温）。

0567《药典》 ᦔᦹᧃ ᦷᦎᦩ ᦕᦱ ᦺᦑ

傣族医药古籍，正文为傣文。该书是用绵纸抄写的。据波香温介绍，该书是“文化大革命”以后抄写的，平日与其他经典一起捆扎存放在一个编织袋里，挂存在竹楼正堂上方的房梁上。波香温，男，傣族，66 岁，12 岁出家，1958 年还俗，居住在曼哈村的南边，距乡政府约 300 余米，属曼哈村的曼沙湾村民小组，全家有 6 口人，三代同堂，他家居住的房子仍是傣族传统竹楼，家中目前收藏的佛教经籍文献共有 7 本，《药典》为其中一本。2007 年，由玉康龙在景洪市曼哈乡曼哈村调查整理书目信息。绵纸抄本，李国文项目调研成果，收藏于西双版纳傣族自治州景洪市景哈乡景哈村（波香温）。

0568《佚名医药书》（01） ᦔᦹᧃ ᦷᦎᦩ ᦕᦱ

傣族医药古籍，正文为傣文。该书记述有治疗腹绞痛、热风毒邪导致的呕吐、风湿冷痛等疾病的方药。收藏于云南省中医药民族医药博物馆。

0569《佚名医药书》（02） ᦔᦹᧃ ᦷᦎᦩ ᦕᦱ

傣族医药古籍，正文为傣文。该书记载了治疗麻风病、风湿病麻木肿痛、热风毒邪疾病及胸痛等病症的方药。收藏于云南省中医药民族医药博物馆。

0570《著腊哇》 ᦈᦹ ᦟ ᦞᦱ

傣族医药古籍，正文为傣文。该书论述了傣药药性、药味、药效与采药时辰的关系，人的年龄与用药，服药与吃饭的间隔，季节与病症的关系，病期长短与用药等；还记载了很多的舌药，如治疗牙痛、头痛、腹痛，治疗拢麻想乎、拢沙里坝、拢牛、拢洞烘、拢沙龙、各种帕雅拢的方药，以及一些外洗方。传抄，贝叶，刻本，尺寸 480 × 60 毫米，共 754 页，约 199.28 千字，中间装订，有绳串联，保存状况良好，保存环境良好，保存完好，收藏于西双版纳傣族自治州民族医药研究所、西双版纳傣族自治州傣医医院。

0571《中国贝叶经全集（第 86 卷）——傣方药、“四塔”“五蕴”阐释》 ᦒᦹᧈ ᦟᦱᧃ ᦷᦎᦩ ᦶᦌ ᦛᦱ ᦑᦹᧈ ᦉᦹᧈ ᦓᦓᦱᦉ（ᦚᦳᦷᦎ ᦒᦸ ᦂᦱ）——ᦔᦹᧃ ᦕᦱ ᦺᦑ、“ᦑᦱᦳ ᦵᦉ ᦠᦴ ᦵᦉ”、“ᦠᦱ ᦑᦸ ᦠᦴ ᦵᦉ”

傣族古籍再版影印译注文献，7-01-005448-7，B942.2，正文为汉文、傣文。贝叶经是指用硬笔刻写在贝叶上的，南传上座部佛教的经典。中国贝叶经包含南传上座部佛教的原典、历代高僧大德的著述，以及佛教教义衍化或改造过的世俗经典等三个部分。中国贝叶经是中华民族珍贵的文化瑰宝之一。中国贝叶经在中国云南的西双版纳、德宏等地传播使用，被称为“傣族的百科全书”。《中国贝叶经全集》是上千年来，第一次也是最全面的一次对中国南传上座部佛教典籍的搜集和整理。这部经典，对于研究南传上座部佛教在中国的传播和发展，对于研究傣族的历史社会、经济文化，具有不可替代的价值。它承载的傣族贝叶经典籍卷帙浩繁，仅西双版纳民间流传的就有3000多部。2002年“首届中国贝叶文化研讨会”在西双版纳召开，来自全国各地的几十位专家学者以他们的慧眼卓识，对流传并保存的贝叶经作出了高度评价，并进行了深入的探讨。这次会议首次提出了“中国贝叶经”的概念，专家学者们迫切呼吁编译、整理、出版中国贝叶经。《中国贝叶经全集》，搜集整理、翻译的贝叶经卷本有140余卷，2006年4月首发至今将出版完成100卷114册的工作。《中国贝叶经全集》为贝叶经原件扫描、老傣文、新傣文、国际音标、汉文直译、汉文意译“六对照”版本，既可供僧人或普通读者诵读，又方便国内外学者对比研究，为佛寺和图书馆必藏之经典。《中国贝叶经全集》由西双版纳傣族自治州人民政府搜集整理，人民出版社出版。《中国贝叶经全集》的出版，第一，有利于中华文化的整体建设。中国贝叶经中所蕴含的文化，是中国传统文化的一个重要组成部分。第二，有利于研究历史。第三，有利于宗教研究和贯彻执行国家的宗教政策。第四，有利于研究生态保护的经验。第五，有利于研究社区教育的经验。第六，有利于继承道德教育的优秀传统。第七，有利于对外文化交流，尤其是有利于我国同南亚、东南亚地区的交流。（1）《傣方药》的内容简介：傣医傣药是西双版纳傣族贝叶文化中璀璨的瑰宝，是我国四大民族医药之一，至今已有2500多年的历史。在傣族近3000年的历史发展历程中，勤劳智慧的傣族人民不仅发现了众多能够用来治疗疾病、创伤的植物、动物、矿物药，而且还在治疗疾病、创伤的实践中总结出傣医药“四塔五蕴”理论，以及诊断疾病的“短”（音：duàng）、“访聋”、“探”、“赶”四种方法，药剂发展为丸剂、散剂、水浸剂、酊剂、酒泡剂、膏剂、汁剂、液剂、片剂、油剂等多种剂型，还出现了波涛雅勐、龚麻腊别等名医。《傣方药》是傣医处方的荟萃，它依据“四塔五蕴”医理，按诊断疾病的“四法”，以患者有什么样的症状，叫什么病，用什么药，以什么作药引，内服还是外用，外用是搽擦还是揉捏、拖拍，或者是坐（药）睡（药）的模式，共录入治疗各种疾病的处方260余方，所用药物达530多种，还介绍了几种膏剂、丸剂、散剂的制作方法。此外，对于其中疗效显著的方药，录入者也一改质朴白描的叙述风格，发出“值一百金”“贵如千金”的赞叹。（2）《“四塔”“五蕴”阐释》的内容简介：“四塔”“五蕴”学说，既见于佛教经典，又见于傣族古代的《大药典》《小药典》，它是傣族医学、药学的理论基础，是傣医在漫长的历史长河中防病治病的经验总结。《“四塔”“五蕴”阐释》分为四个部分，第一部分主要阐述傣医的“四塔”源于佛经的“四塔”，是佛经“四塔”的运用与发展；指出风、火、水、土“四塔”是构成世界万物的物质要素，也是构成人体生命的四种物质生机。“四塔”互为因果，相依相克。“四塔”平衡身体健康，“四塔”失衡百病丛生。第二部分主要阐释“五蕴”的内涵，指出人的机体和精神世界由“四塔”“五蕴”聚合生成。并且分别论述了色、受、想、行、识“五蕴”各自包含的物质要素，“四塔”与“五蕴”的相互关系，“五蕴”与人体组织器官的关系，“五蕴”与疾病的关系。第三、第四部分，分别讲述了“四塔”过盛和“四塔”衰败导致的疾病、症状及诊断与治疗方法，介绍了医治“四塔”过盛与“四塔”衰败的若干药方。《“四塔”“五蕴”阐释》历史悠久，是傣医与疾病作斗争的智慧结晶，也是傣族医学宝库中的宝贵遗产。刀林荫（[illegible]）主编，岩香宰、刀福祥、龚萍、许剑秋编译，“中国贝叶经全集”编辑委员会编写。北京：人民出版社 2010 年 1 月第 1 版，纸质，影印本，尺寸 292 × 211 毫米，共 477 页，无插图，右侧装订，精装，保存状况良好，保存环境优，保存完好，收藏于云南中医药大学（原云南中医学院）图书馆。

0572《中国贝叶经全集（第 61 卷）——傣药志》 [illegible]（[illegible]）[illegible]

傣族古籍再版影印译注文献，7-01-005448-7，B942.2，正文为汉文、傣文。这部《傣药志》系向傣族地区民间祖传傣医征集而得，是对傣族民间丰富的医疗实践经验的总结。书中记载了 300 余种药物配方，除少数是讲如何驱鬼避邪、解除咒语等带有传统宗教色彩的药方外，绝大多数是治疗各种疾病的药方，如治疗伤风感冒、跌打损伤、风湿热痹、哮喘咳嗽、痢疾腹泻、死胎难产、长痘生疮、肝炎黄疸、高热抽搐、腹痛头痛、虚脱昏厥等，也有避孕助孕、增力壮阳、美容美肤、延年益寿等药方。书中还讲述了如何根据人血的特点、人的不同年龄、病期的长短来用药等，是一部珍贵的医学典籍，可供现代医疗者参考。岩庄翻译，康朗罕曼迈原文誊抄，刀林荫（[illegible]）主编，岩香宰、刀福祥、龚萍、许剑秋编译，《中国贝叶经全集》编辑委员会编写。北京：人民出版社 2009 年 7 月第 1 版，纸质，影印本，尺寸 292 × 211 毫米，共 384 页，无插图，右侧装订，精装，保存状况良好，保存环境优，保存完好，收藏于云南中医药大学（原云南中医学院）图书馆、云南中医药大学（原云南中医学院）民族医药学院。

0573《国家中医药管理局民族医药文献整理丛书——傣医经书〈嘎比迪沙迪巴尼〉译注》 [illegible]——[illegible]《[illegible]》

傣族古籍再版影印译注文献，7-5367-3301-1，R295.3，正文为汉文、傣文。该书为 1000 多年前的傣医药古籍，全面论述了傣医内科、妇科、儿科、外伤科疾病等经方、验方。该书内容分“基本内容”“传统经方”“单验秘方”三部分。《嘎比迪沙迪巴尼》意为“医药经典”，内容包括“四塔”“五蕴”功能失调的主要临床表现、傣医传统经方等。玉腊波、林艳芳主编，岩罕单编译，云南省西双版纳傣族自治州民族医药研究所、云南省西双版纳傣族自治州傣医医院编写。昆明：云南民族出版社 2006 年 3 月第 1 版，纸质，铅印本，尺寸 210 × 143 毫米，共 247 页，194 千字，无插图，右侧装订，平装，保存状况良好，保存环境优，保存完好，收藏于云南中医药大学（原云南中医学院）图书馆。

0574《中国贝叶经全集（第 62 卷）——档哈雅》 ᦎᦸᧄ ᦣᦱ ᦊᦱ

傣族古籍再版影印译注文献，7-01-005448-7，B942.2，正文为汉文、傣文。在遥远的古代社会，傣族先民的生存环境非常艰险，为了满足自身生存和种族繁衍的需要，傣族先民在当时所处的特殊环境中，以亲身体验和实践，不断总结出疗效较好的药方，又通过年复一年的记录、积累和传承，撰写出风格各异、出自众多师傅之手的、记载着大量药方的药书。这本《档哈雅》（傣药志）仅是其众多版本中之一例。在《档哈雅》中，许多看似病症相同的疾病，配方却各异，但都具有较好的疗效。书中记载了产期疾病、腰酸背痛、肢体麻木、心肌梗死、肠胃寒症、哮喘咳嗽、肝炎黄疸、睾丸肿痛、脘腹绞痛、腹痛腹泻、高热癫狂、食物中毒、溃疡生脓、疔疥痈疮、皮肤瘙痒、痉挛抽搐、头疼头昏、风湿热痹、疟疾发烧、周身浮肿、硬结硬块、尿急尿痛、便稀便秘、肠炎胃炎、止血止痛、清热解毒等疾病的治疗配方 1000 余种，几乎囊括了所有的日常病症及部分疑难杂症。本书资料翔实，内容丰富，至今仍在民间广泛运用，具有极高的医用价值，不仅可供医务工作者参考使用，而且也是研究傣族历史文化和古代科技诸多学科的重要资源。岩庄翻译，岩三原文誊抄，刀林荫（ᦑᦱᧁ ᦟᦲᧃ ᦍᦲᧃ）主编，岩香宰、刀福祥、龚萍、许剑秋编译。北京：人民出版社 2009 年 7 月第 1 版，纸质，影印本，尺寸 292×211 毫米，共 251 页，无插图，右侧装订，精装，保存状况良好，保存环境优，保存完好，收藏于云南中医药大学（原云南中医学院）图书馆、云南中医药大学（原云南中医学院）民族医药学院。

0575《档哈雅龙》（大医药书） ᦎᦸᧄ ᦣᦱ ᦊᦱ ᦷᦜᧂ（ᦶᦂᧃ ᦣᦸᧄ ᦊᦱ ᦷᦜᧂ）

傣族古籍再版影印译注文献，正文为傣文。该书成书于 1323 年，由帕雅龙真夯（懂医药的土司）从南传上座部佛教《阿皮踏麻基于比》《嘎比迪沙迪巴尼》等经书中摘录编写而成，并进一步充实、论述了傣医药理论，是一部反映傣族传统医学的临床学和药物学专著，被誉为傣医药经典。该书记录的内容十分丰富，叙述了人体的肤色与血色、多种疾病变化的治疗原则、病因及处方、人和自然与致病的关系、"四塔"相生相克与处方、药性与肤色、年龄与药力药味、处方及其他等方面的内容。另外，书中还系统地阐述了近 100 种风证（病），介绍了原始宗教时期最早的复方滚嘎先思（价值万银方）、雅叫哈顿（五宝药散）、雅叫帕中补（亚洲宝药丸）等数百个药方。昆明：云南民族出版社 2006 年出版，共 629 页，收藏于西双版纳傣族自治州民族医药研究所、西双版纳傣族自治州傣医医院。

0576《嘎比迪沙迪巴尼译注》 ကမ္ဘေ ဩဗ ဂၒ သ ၒဗ ၂ ၵဗ

傣族古籍再版影印译注文献，正文为傣文。该书为1000多年前的傣医药古籍译注本，全面论述了傣医内科、妇科、儿科、外科、伤科疾病等的经方、验方。玉腊波、林艳芳译注。昆明：云南民族出版社2006年版，共233页，收藏于西双版纳傣族自治州民族医药研究所、西双版纳傣族自治州傣医医院。

0577《中国贝叶经全集（第73卷）——各种祛邪驱鬼消灾术》 ဝမ္ လ႒ၵ ၔၵ္ဓ ၔဂ၉ ဟ ၵ္ဓမ္ （ ၻၑဓ ၮဗ ၡ၃ ） ၆ၥဓ ၥၵ ၙ ၓလ ၆ႜ ၥမ ၓပ ၵၓ

傣族古籍再版影印译注文献，7-01-005448-7，B942.2，正文为汉文、傣文。这是一部介绍各种祛邪、驱鬼、消灾方法的神学著作，讲述了各个月日时辰的凶吉，如何选择吉日避开凶日，如何避邪驱除各种灾祸，如何占卦抽签，如何招人魂、谷魂，如何进行拴线等各种祭祀活动，如何处理各种非正常死亡的人，何时收粮入仓、吃新米、祭田、缝衣服、穿新衣为好，如何进行佛像、佛塔、寺庙、村寨、宅基地、房屋、火塘等的避邪消灾，如何驱除病人身上的病魔，等等。书中所讲的这些虽属于唯心主义，但可以从中了解古代傣族社会的意识形态，了解当时的人们是如何处处受神鬼支配，处在愚昧无知之中，也是研究古代傣族社会的重要著作。书中还介绍了一些治疗人病、马病的方药及识别各种体态的牛的好坏的知识，这些则是人们实践经验的科学总结。此外，内含少量药方。刀林荫（ ၆ၵ္ဓ လဗ ယဗ ）主编，岩香宰、刀福祥、龚萍、许剑秋编译。北京：人民出版社2009年10月第1版，纸质，影印本，尺寸292×211毫米，共435页，无插图，右侧装订，精装，保存状况良好，保存环境优，保存完好，收藏于云南中医药大学（原云南中医学院）图书馆。

0578《中国贝叶经全集（第32卷）——药典》 ဝမ္ လ႒ၵ ၔၵ္ဓ ၔဂ၉ ဟ ၵ္ဓမ္ （ ၻၑဓ ၮဗ ၉၇ ）——တမ္ဓ ၵ ၐ

傣族古籍再版影印译注文献，7-01-005448-7，B942.2，并列题名为“The complete chinese pattra buddhist scripture”，正文为汉文、傣文。《药典》是傣族医药手册之一，它记录了怎样行医、找药、配药、医治、诊断等整个医疗过程，记录了很多药方、偏方，是研究傣族医药的一本经书。该书除了药方之外，还有大量的咒语、祈祷词、祷告词等。该书为译者照原文音译，以便供读者参考，也请读者自己鉴别，以了解傣族医药的全貌。刀林荫（ ၆ၵ္ဓ လဗ ယဗ ）主编，岩香宰、刀福祥、龚萍、许剑秋编译。北京：人民出版社2008年3月第1版，纸质，影印本，尺寸292×211毫米，共393页，无插图，右侧装订，精装，保存状况良好，保存环境优，保存完好，收藏于云南中医药大学（原云南中医学院）图书馆。

0579《苏帕雪》 [illegible]

傣族古籍再版影印译注文献，978-7-5367-3975-8，I277，正文为傣文。西双版纳傣族自治州人民政府编写。昆明：云南民族出版社 2007 年 12 月出版，共 230 页，收藏于西双版纳傣族自治州民族医药研究所、西双版纳傣族自治州傣医医院。

0580《维先达腊：一部感动您一生的佛本生经故事》 [illegible]

傣族古籍再版影印译注文献，978-7-5367-3975-8，B94-49，正文为傣文。西双版纳傣族自治州人民政府编写。昆明：云南民族出版社 2007 年 12 月出版，共 223 页，收藏于西双版纳傣族自治州民族医药研究所、西双版纳傣族自治州傣医医院。

2. 傣族现代图书文献等

0581《贝叶文库——傣药经方》 [illegible]

傣族医药专著，978-7-5367-4247-5，R295.3。傣族民族医药处方集。西双版纳傣族自治州人民政府编写。昆明：云南民族出版社 2008 年 12 月出版，共 286 页。

0582《云南民族医药丛书——傣医四塔五蕴的理论研究》 [illegible]

傣族医药专著，7-5367-0666-9，R295.3。该书介绍了傣族医药发展史、傣族人体生理解剖，解释了人体生理现象和病理变化的风、火、水、土等。李朝斌主编，岩喊译，西双版纳州傣医研究所编写。昆明：云南民族出版社 1993 年 4 月出版，共 206 页。

0583《西双版纳·勐巴拉娜西民族文化丛书——傣医药文化》 [illegible]

傣族医药专著，7-5415-2808-0，R295.3。该书内容包括傣医药文化源远流长、傣医药文化的主要内容及特点、傣医药的发展研究与开发利用现状、傣医药文化与其他文化的关系。林艳芳主编。昆明：云南教育出版社 2006 年出版，共 117 页。

0584《傣医药研究》 [illegible]

傣族医药专著，978-7-5416-6624-7，R295.3。该书从传统医药、中医药、民族医药和傣医药的相关概念及其内涵出发，在介绍傣药材和傣药成方制剂、医院制剂、经典名方之后，从医疗、教学、文献资料、科技项目、发明专利、学术交流等多个不同的角度对傣医药的发展现状进行梳理、总结和分析。杨增明主编，马志伟、袁玲玲编。昆明：云南科技出版社 2012 年出版，共 159 页。

0585《中国傣医药丛书——傣医诊断学》ၐုိၯ ၐဝၯ ဗၢ ၶၐ ၌ၐၯ ၌ဝ——ၐၯ ၐၯ ၌ၐၯ ဘၢ ယၢ ဘၢ သၢ ၶၐ

傣族医药专著，7-5367-2764-X，R295.3，正文为汉文、傣文。该套丛书包括《档哈雅龙》《竹楼医述》《傣族医药学基础理论》《傣医诊断学》《风病条辨译注》。该书在以往发掘整理的傣医药理论基础上编写而成，主要介绍了过帕雅（诊法）、辨解帕雅（辨病方法）、傣医诊法与辨病的临床应用、傣医病案书写等内容。林艳芳主编，依专、玉腊波、段立纲、邓乐巧编译，西双版纳州民族医药研究所、西双版纳州傣医医院编写。昆明：云南民族出版社 2003 年 12 月第 1 版，铅印本，共 135 页，2083 千字（五册合计），有插图，套装。

0586《傣族传统医药方剂》ၐၢၯ ဗၢ ဘၢ သၢ ၶၐ ၐၯ ၐၯ ၐၯ ၐၢ

傣族医药专著，7-5416-0777-0，R295.3。云南省学术著作出版基金管理委员会筹备组资助，李朝斌、玉帅、林艳芳主编，西双版纳州民族医药研究所编写组等编写。昆明：云南科技出版社 1995 年出版。

0587《中国少数民族医药丛书——傣族医药学》ၐုိၯ ၐဝၯ ဗၢ ဘၢ သၢ ၐၯ ၌ၐၯ ၌ဝ——ၐုိၯ ၐၯ ၐၯ ဘၢ သၢ ၶၐ

傣族医药专著，7-5367-1264-2，R295.3。该书是“中国少数民族医药丛书”之一，主要包括傣医学的发展、塔都档细、傣医方剂的起源与发展、傣药与方剂、傣族诊断学、傣医四诊的具体诊法等 14 个章节。李朝斌、关祥祖主编，拉基、杨薇、王景明编。昆明：云南民族出版社 1996 年第 1 版，纸质，铅印本，共 321 页。

0588《中国傣医药丛书——傣族医药学基础理论》ၐုိၯ ၐဝၯ ဗၢ ၶၐ ၌ၐၯ ၌ဝ——ဝၐၯ ၀ၢ ၐၯ ၐၯ ၌ၐၯ ဗၢ ၶၐ

傣族医药专著，7-5367-2764-X，R295.3，正文为汉文、傣文。该套丛书包括《档哈雅龙》《竹楼医述》《傣族医药学基础理论》《傣医诊断学》《风病条辨译注》。林艳芳主编，依专、玉腊波、段立纲、朱成兰编译，西双版纳州民族医药研究所、西双版纳州傣医医院编写。昆明：云南民族出版社 2003 年 12 月第 1 版，铅印本，共 143 页，2083 千字（五册合计），有插图，精装。

0589《傣族医药研究：档哈雅龙》ၐၢၯ ၐၯ ၐၐၯ တၯ ၐၢ ဗၢ ဘၢ သၢ ၶၐ——တၯ ၐၢ ဗၢ ၌ၐၯ

傣族医药专著，7-105-03348-7，R295.3，正文为汉文、傣文。该书内容包括傣族医药的起源及发展、傣医药基础理论及 103 个傣医治病药方，涉及 62 味常见中药、116 味傣药等。蒋振忠、冯德强主编，杨光编译。北京：民族出版社，2001 年 7 月第 1 版，纸质，铅印本，共 137 页，有插图。

0590《档哈雅　医药书（汉文、西双版纳傣文）》 [illegible]

傣族医药专著，统一书号：14184.9，K280.74–51/1，正文为汉文、西双版纳傣文。该书是对原手抄本的整理和翻译，考订了600多种傣药，采集了实物标本，确定了用药剂量，补写了每种傣医病名的临床症状，对原手稿进行了比较合理的分类。温源凯、梁永安、杨静若、波玉波编译。昆明：云南民族出版社1986年3月第1版，铅印本，共199页，203.7千字。

0591《中国傣医药丛书——档哈雅龙》 [illegible]

傣族医药专著，7–5367–2764–X，R295.3，正文为汉文、傣文。该套丛书包括《档哈雅龙》《竹楼医述》《傣族医药学基础理论》《傣医诊断学》《风病条辨译注》。康朗腊（[illegible]）著，林艳芳、金锦、玉腊波、依专编译，西双版纳州民族医药研究所、西双版纳州傣医医院编写。昆明：云南民族出版社2003年12月第1版，铅印本，共629页，2083千字（五册合计），有插图，套装。

0592《德宏傣医验方集》（01） [illegible]

傣族医药专著，统一书号：M14258.1，R295.3。李波买主编，方茂琴编。芒市：德宏民族出版社1983年出版，共179页。

0593《德宏傣药验方集》（02） [illegible]

傣族医药专著，7–5367–1261–4，正文为汉文、傣文。方茂琴主编。昆明：云南民族出版社1998年出版，纸质，铅印本，共444页，有插图。

0594《中国傣医药丛书——风病条辨译注》 [illegible]

傣族医药专著，7–5367–2764–X，R295.3，正文为汉文、傣文。该套丛书包括《档哈雅龙》《竹楼医述》《傣族医药学基础理论》《傣医诊断学》《风病条辨译注》。林艳芳主编，依专、玉腊波、段立纲、金锦编译，西双版纳州民族医药研究所、西双版纳州傣医医院编写。昆明：云南民族出版社2003年12月第1版，铅印本，共64页，2083千字（五册合计），有插图，套装。

0595《傣医药治疗丛书——妇科良性肿瘤》 [illegible]

傣族医药专著，978–7–5416–2652–4，R295.3：R273.73。该书主要介绍妇科常见良性肿瘤的病理特点、诊断方法要点和傣医药的治疗方法。书中同时附上傣医药学的基本理论简介，傣医常用于防治妇科常见良性肿瘤的傣药图谱及其植物学科种分类、学名、中草药名、性味、功效、主治、用法。刘毅等编著，云南科技出版社编写。昆明：云南科技出版社2007年出版，共89页。

0596《嘎牙山哈雅》ဂာ ယာ သရ ၆ ဎာ

傣族医药专著，正文为汉文、西双版纳傣文。该书是傣医学对于人体生命认识的现存最早著作，阐述了人体生理解剖；人体受精与胚胎的形成；人和自然的生存关系；人体五个方面的内容，即“色、受、行、想、识”五蕴和人体四要素“塔、都、挡、细”的平衡与盛衰等。现存《嘎牙山哈雅》是傣医药的第一部专著，据推测是阿仑达听约于公元前 924 年写成，全书共分五册，因为用贝叶书写，又称“贝叶经”。1323 年，帕雅龙真哈从《嘎比迪沙嫡巴尼》一书中摘录并编写了《档哈雅龙》，进一步充实、论述了傣医药理论。在历史上，傣医手抄本在民间流传最为广泛，历代傣医手抄本的流传对傣医药的发展起到了巨大推动作用。这些手抄本通称《档哈雅》，但不同的手抄本所描述的内容不同，侧重面也各自有异。同时，出现了大批流传至今的《阿皮踏麻基干比》《档哈雅龙》《嘎牙山哈雅》《及打撇达》《萨打依玛拉》等傣医药著作。因受佛教的影响，各手抄本均不署名。除翻译出版了《嘎牙山哈雅》《古傣医验方》及一些《档哈雅》外，先后编辑出版了《傣药志》(四集)、《傣族医药验方集》《傣医传统方药志》《中华本草·傣药卷》《傣医诊病特点》等医药专著。林艳芳、刀志达、波玉波等编译。昆明：云南民族出版社 1988 年出版，共 31 页。

0597《古傣医验方译释（汉文、西双版纳傣文对照）》သ၄ ဂဂဏ၉ ဩာဏ္ဂ ဎာ ဝဖ ဏဂ္ဂ၆ ဏ၉ၵ၆（ၒတ ဟ၉၉、ၒတ ဝဖ ၁၇ ဩၵ ၄ာ）

傣族医药专著，7-5367-0185-3，R932.93，正文为汉文、西双版纳傣文。该书收录了 200 个傣医古方，包括预防、保健、内、儿、外、妇产、骨伤、五官、皮肤、传染等方面的内容。周赵奎、赵世望主编，西双版纳傣族自治州民族医药调研办公室编写。昆明：云南民族出版社 1990 年 3 月出版，共 190 页。

0598《国家中医药管理局民族医药文献整理丛书——思茅傣族传统医药研究：档哈雅龙（02）》ၒ၅၉ ဏာၵ ၒဎ ၵ၁ၵ ဎာ ၒဟ ဝ၄၉ ၿ ဂဖ ဩ၉၄ ၒဎဏ္ဂ ဎာ ဘာ သာ —— ဩ၉၄ တ၄၆ ၅ာ ဎာ ၒၯ၉ ဘာ သာ ဏ၄ လဗ၄ သဗ၄၆ ၄ာ ၅ဗ၆ ၄၉၉

傣族医药专著，978-7-5364-6122-2，R295.3，正文为汉文、傣文。该书内容分“傣族医药的起源和发展”“傣族医药基础理论”“傣医治病药方”“傣族医药现代研究”等。蒋振忠主编，冯德强、杨光、张晓春编译。成都：四川科学技术出版社 2006 年 12 月第 1 版，铅印本，共 206 页，140 千字，有插图。

0599《思茅地区傣族传统医药研究》၆၄ ဖ၉ရး ၒဎဏ္ဂ ဎာ ဘာ သာ ဝဖ ဏ၄ လဗ၄ သဗ၄၆ ၄ာ လ ဂဂ္ဂ၆ ၅ဗ၆ ၄၉၉

傣族医药专著，R295.3，正文为汉文、傣文。冯德强主编，蒋振忠编译。思茅：云南省思茅地区民族传统医药研究所，第 1 版，纸质，铅印本，有插图。

0600《西双版纳傣药志》（02） [illegible]

傣族医药专著，R933，正文为汉文、傣文。赵世望、刀正员主编，西双版纳州民族医药调研办公室编写。景洪：西双版纳傣族自治州科学技术委员会、西双版纳傣族自治州卫生局 1979 年出版，纸质，铅印本，共 291 页，有插图。

0601《西双版纳傣药志》（03） [illegible]

傣族医药专著，R933，正文为汉文、傣文。赵世望、刀正员主编，中国科学院云南热带植物研究所等编写。景洪：西双版纳傣族自治州民族药调查研究办公室、西双版纳傣族自治州科学技术委员会、西双版纳傣族自治州卫生局 1981 年 12 月第 1 版，纸质，铅印本，共 291 页，有插图。

0602《西双版纳古傣医药验方注释》（第 01 集） [illegible]

傣族医药专著，R295.3。西双版纳傣族自治州民族医药调研办公室、西双版纳傣族自治州科学技术委员会、西双版纳傣族自治州卫生局编写。景洪：西双版纳傣族自治州科学技术委员会、西双版纳傣族自治州卫生局 1983 年出版，共 104 页。

0603《〈中国傣医传统经方〉整理研究》 [illegible]

傣族医药专著，978-7-5367-5722-6，R295.3。该书特邀名老傣医药专家、傣族文史学专家、佛学专家、傣族知名权威人士及各级政府相关领导共同开展傣族民间傣医单、验、秘方、传统经方 200 个方药的组成、加工炮制、用法用量、剂型、临床适应症等的研讨和论证。林艳芳等主编，西双版纳傣族自治州民族医药研究所、西双版纳傣族自治州傣医医院、云南中医药大学（原云南中医学院）编写。昆明：云南民族出版社 2013 年出版，共 202 页。

0604《中国傣医单验秘方大全》 [illegible]

傣族医药专著，978-7-5367-5381-5，R295.3。西双版纳傣族自治州傣医医院注重临床实践基础，通过调查，筛选整理所收集的具有临床应用价值、安全有效的单方、验方、秘方、传统经方，并结集成书，为傣药进入国家目录打下基础，也为傣药新药的开发提供了科学依据。林艳芳等主编。昆明：云南民族出版社 2012 年出版，共 860 页。

0605《中国傣医药彩色图谱》 [illegible]

傣族医药专著，7-5367-2627-9，R295.3-64，正文为汉文、傣文。该书为傣族医药彩色图谱。林艳芳等编著，玉腊波等译，依专、赵应红、段立刚编，西双版纳傣族自治州民族医药研究所编写。昆明：云南民族出版社 2003 年 4 月第 1 版，铅印本，共 741 页，1460 千字，有插图，精装。

0606《中国傣医药丛书——竹楼医述》 [illegible]

傣族医药专著，7-5367-2764-X，R295.3，正文为汉文、傣文。该套丛书包括《档哈雅龙》《竹楼医述》《傣族医药学基础理论》《傣医诊断学》《风病条辨译注》。康朗仑（[illegible]）主编，林艳芳、玉腊波、依专、金锦编译，西双版纳傣族自治州民族医药研究所、西双版纳傣族自治州傣医医院编写。昆明：云南民族出版社 2003 年 12 月第 1 版，铅印本，共 77 页，2083 千字，有插图，套装。

0607《国家中医药管理局 21 世纪傣医本科教育规划教材——傣药学》 [illegible]

傣族医药教材，978-7-80231-326-2，R295.3-43/5。该书主要论述傣药的起源与傣药学的形成和发展、傣药的产地与采集、傣药的分类、傣药的性味与入塔、傣药的炮制、傣药的应用、傣药的研究方法等内容。朱成兰主编，赵应红、马伟光、冯德强编，国家中医药管理局《傣医学》编委会编写。北京：中国中医药出版社 2007 年 11 月第 1 版，铅印本，共 288 页，434 千字，覆膜。

0608《国家中医药管理局 21 世纪傣医本科教育规划教材——傣医方剂学》 [illegible]

傣族医药教材，978-7-80231-326-2，R295.3。该书主要介绍傣医方剂、傣医方剂学的定义、傣医方剂学的性质和教学任务、傣医方剂的起源与发展、傣医方剂的组方原则、傣医的治则、傣医常用治法、傣医方剂的分类等内容。贾克琳、赵应红主编，胥筱云、邱明丰编。北京：中国中医药出版社 2007 年 11 月第 1 版，铅印本，共 195 页，296 千字。

0609《国家中医药管理局 21 世纪傣医本科教育规划教材——傣医基础理论》 [illegible]

傣族医药教材，978-7-80231-326-2，R295.3、正文为汉文、傣文。该书总结以往发掘整理的傣医药理论研究成果，进一步对傣医药理论体系进行了梳理、提炼，主要包括“四塔五蕴”理论、“三盘”学说、“雅解”学说、人体解说、病因学、发病学等内容。张超主编，王志红、李顺英、玉腊波编。北京：中国中医药出版社 2007 年 11 月第 1 版，铅印本，共 130 页，200 千字。

0610《国家中医药管理局 21 世纪傣医本科教育规划教材——傣医经典选读》 [illegible]

傣族医药教材，978-7-80231-326-2，R295.3，正文为汉文、傣文。该书是在《嘎牙山哈雅》《嘎比迪沙迪巴尼》《风病条辨》三本书的基础上编著的，这些著作涵盖了傣医药学的主要基本理论，体现了傣族人民千百年来的医疗实践的积累和总结。王寅主编，玉腊波、张晓琳、林艳芳编。北京：中国中医药出版社 2007 年 11 月第 1 版，铅印本，共 249 页，374 千字。

0611《国家中医药管理局 21 世纪傣医本科教育规划教材——傣医临床学》 [illegible]

傣族医药教材，978-7-80231-326-2，R295.3-43/7。该书为 21 世纪傣医本科教育规划教材之一。国家“21 世纪傣医本科教育规划教材”是我国第一套傣医药高等教育教材，共分为《傣医基础理论》《傣医诊断学》《傣药学》《傣医药学史》《傣医方剂学》《傣医经典选读》和《傣医临床学》七册，是由云南中医药大学（原云南中医学院）、西双版纳傣族自治州傣医医院组织实施，召集省内有关傣医药专家共同编撰完成的。本套教材可供傣医药本科教育、傣医药高等专科教育、傣医药成人高等教育方面的学生使用。同时，可作为中医药和其他医学专业本科教育的选修课程，也可作为国家傣医执业医师资格考试、国家傣医药专业技术人员职称资格考试的参考书籍。林艳芳主编，张超、叶建洲、段立纲编，国家中医药管理局“傣医临床学”编委会编写。北京：中国中医药出版社 2007 年 11 月第 1 版，铅印本，380 页，577 千字，覆膜。

0612《国家中医药管理局 21 世纪傣医本科教育规划教材——傣医药学史》 [illegible]

傣族医药教材，978-7-80231-326-2，R295.3。该书主要讲述傣族社会历史与傣医药、傣医药的起源与形成、傣医药理论和治疗方法概述、傣医药文化与其他文化的关系、傣医药的发掘整理与研究开发等内容。依专、吴永贵主编。北京：中国中医药出版社 2007 年出版，共 99 页。

0613《国家中医药管理局 21 世纪傣医本科教育规划教材——傣医诊断学》 [illegible]

傣族医药教材，978-7-80231-326-2，R295.3。该书在以往发掘整理的傣医药理论基础上编写而成，主要介绍过帕雅（诊法）、辨解帕雅（辨病方法）、傣医诊法与辨病的临床应用、傣医病案书写等内容。杨梅主编，张超、李顺英、玉腊波编。北京：中国中医药出版社 2007 年 11 月第 1 版，铅印本，共 150 页，229 千字

0614《西双版纳州卫生防疫站建站 50 年》 [illegible]

傣族医药论文集。西双版纳傣族自治州防疫站编写。共 111 页。

0615《民族知识丛书——傣族》 [illegible]

傣族综合文献，7-105-06028-X，统一书号：3049.112，K285.3/5。该书介绍了傣族发展的简要历史、民族经济和社会形态、文化特点和风俗习惯以及目前的发展状况，还介绍了傣族的语言文字、数学历法、医药、教育等内容。本书第104—105页为医药内容，约600字；第57页亦为医药内容，约500字。曹成章主编，张元庆撰（著）。北京：民族出版社1984年3月第1版，2004年5月第2次印刷，铅印本，共150页，102千字，有插图。

0616《国家民委民族问题五种丛书·中国少数民族简史丛书（修订本）——傣族简史》 [illegible]

傣族综合文献，统一书号：11116.127，K285.3/3。该书讲述了：我国是一个统一的多民族国家，在共同建设伟大祖国的长期发展过程中，各族人民都作出过自己的贡献，各民族的历史都是祖国历史不可分割的组成部分。为了激发各族人民对自己历史的自豪感，发扬爱国主义精神，进一步加强民族团结，共同向社会主义现代化迈进，出版这套"中国少数民族简史丛书"。本书第224—225页，为数学和医学内容，约800字。"傣族简史"编写组编写。昆明：云南人民出版社1986年4月第1版，铅印本，共284页，200千字，有插图。

0617《西南边疆民族研究书系·云南民族村寨调查：傣族——勐海勐遮乡曼刚寨》 [illegible]

傣族综合文献，7-81068-240-7，K280.74。该书对傣族的风俗习惯、生产方式、生活态度、家庭、人物做了适度的记录和描绘。张晓辉主编，傣族调查组编写。昆明：云南大学出版社2001年出版，共280页。

0618《傣族生态文化研究》 [illegible]

傣族综合文献，978-7-5482-0344-5，K285.3。该书分为七章，内容包括傣族稻作生产中的生态文化、傣族饮食中的生态文化、傣族服饰中的生态文化、傣族村寨中的生态文化、傣族生态文化的特征及现实意义。刘荣昆著。昆明：云南大学出版社2011年1月第1版，铅印本，共224页，190千字。

0619《云南少数民族文化史丛书——傣族文化史》 [illegible]

傣族综合文献，7-5367-3093-4，K285.3/11，并列题名为"A cultural history of the dai nationality"。该书介绍了傣族的生存环境、历史渊源、经济、建筑、饮食习俗、服饰习俗、婚丧和节庆习俗、家庭和伦理道德、宗教信仰、语言文字、文学、艺术、思想观念、天文历法等内容。该书第 383—386 页为传统医药内容，约 2000 字。刀承华主编，蔡荣男撰（著）编，云南省民族研究所编写。昆明：云南民族出版社 2005 年 6 月第 1 版，铅印本，共 422 页，320 千字，覆膜。

0620《国家民委民族问题五种丛书——德宏傣族社会历史调查》（01） [illegible]

傣族综合文献，7-222-00014-3，统一书号：11116.94，11116.179（3），K285.3。该书主要包括德宏傣族景颇族自治州几项调查汇集，德宏傣族景颇族自治州傣族、景颇族、傈僳族、阿昌族等民族的文化，宗教及习俗，梁河情况调查报告等内容。“国家民委民族问题五种丛书”云南省编辑委员会编写。昆明：云南民族出版社 1984 年出版。

0621《国家民委民族问题五种丛书——德宏傣族社会历史调查》（03） [illegible]

傣族综合文献，7-222-00014-3，K285.3。《德宏傣族社会历史调查（一）》问世以来，民族自治地方社会和文化发展取得了长足进步，各方面情况有了不少变化，为了进一步发挥这些历史调查资料的作用，促进各民族“共同团结奋斗，共同繁荣发展”，国家民委决定修订、再版《中国少数民族社会历史调查资料丛刊》，并将其列为国家民委重点科研项目。“国家民委民族问题五种丛书”云南省编辑组编写。昆明：云南民族出版社 1987 年出版。

0622《双江傣族简史》 [illegible]

傣族综合文献。这是张文彬医生根据当地民间情况编撰的手稿，已印刷装订。1992 年出版，纸质，铅印本，共 451 页，有插图。

0623《国家民委民族问题五种丛书——西双版纳傣族社会综合调查》（01） [illegible]

傣族综合文献，统一书号：11184.12，K285.3。该书主要内容包括西双版纳自然概况、景洪县曼龙枫寨解放前社会生产力水平调查、西双版纳傣族封建土地关系调查、勐腊县磨歇盐厂情况、勐海傣族的制陶术等。“国家民委民族问题五种丛书”云南省编辑委员会编写。昆明：云南民族出版社 1983 年出版，共 194 页。

0624《中国少数民族现状与发展调查研究丛书·傣族卷（瑞丽市）》 [illegible]

傣族综合文献，7-105-07780-8，D633.3：D633.353。该书由综合篇、典型篇和专题篇组成，概括反映了瑞丽市经济社会发展过程，对具有代表性和典型意义的乡村、企业、学校、开发区等进行较为详细的调查研究。郝时远、任一飞主编。北京：民族出版社 2007 年第 1 版，纸质，铅印本，共 271 页。

0625《民族植物学》 [illegible]

傣族综合文献，978-7-5323-9104-2，Q948.2。该书是我国第一本系统性的民族植物学论著，是在充分吸收、消化国外理论、方法和经验的基础上，经过长期探索和积累我国各地研究工作的实际经验及集成创新的基础上，总结而成的一本适合的民族植物学专著。全书共分为 12 章，从民族植物学的定义、发展历史、理论与方法、研究内容等方面对民族植物学做了系统介绍。该书内容新颖、系统、全面，并大量引用国内外研究工作实际案例阐明理论、观点和解释途径方法。裴盛基主编，淮虎银撰（著）。上海：上海科技出版社（上海世纪出版股份有限公司）2007 年 12 月第 1 版第 1 次印刷，铅印本，341 页，共 314 千字，有插图，精装。

3. 傣族医药检索工具书等

0626《傣医药丛书——傣医常用名词术语解释》 [illegible]

傣族工具书，978-7-5367-4250-5，R295.3-61，正文为傣文。该书共收集傣医药相关名词术语 1550 条，其中傣医药历史 29 条、傣医基础理论类 202 条、傣医诊断类 238 条、傣医临床类 449 条、傣医治法类 30 条、傣医方剂类 43 条、傣药类 464 条，其他类 95 条。林艳芳、玉腊波、段立刚主编，岩罕单、谭志刚、潘玉秀、赵应红、彭美玲编，西双版纳傣族自治州民族医药研究所编写。昆明：云南民族出版社 2008 年 12 月出版。

0627《傣医传统方药志》 [illegible]

傣族工具书，统一书号：M14184.8，R295.3，正文为汉文、傣文。该书为《西双版纳傣药志》之续篇，包括傣医古验方 111 首、傣药 105 种，采用汉、傣两种文字对照编写。赵世望、周兆奎主编，西双版纳傣族自治州民族医药调研办公室编写。昆明：云南民族出版社 1985 年 12 月出版。

0628《傣医诊断疗效标准》 [illegible]

傣族工具书。昆明：云南民族出版社，共 158 页。

0629《西双版纳傣药志》（01） [illegible]

傣族工具书，R933，正文为汉文、西双版纳傣文。赵世望、刀正员主编，中国科学院云南热带植物研究所等编写。景洪：西双版纳州民族药调查研究办公室，纸质，铅印本，共 141 页，有插图。

0630《西双版纳傣族药志》 [illegible]

傣族工具书。西双版纳州民族药调办公室编写。共 314 页。

0631《云南省中药材标准 2005 年版·傣族药》(第 03 册) [illegible]

傣族工具书，978-7-5416-2746-0，R282-65/3，正文为汉文、傣文。该书共收载傣族药材质量标准及其起草说明 54 个，原植物图片 162 张，药材照片 100 张。该书首次将傣医“性味与入塔”与中医“性味与归经”并列纳入标准，突出了傣族医药的独特应用。孙学明、刀林荫([illegible])主编，陈洪、黄显初、吴生元、郑博仁、岑化虎、周原林、丘明丰、江建成编，云南省食品药品监督管理局编写。昆明：云南科技出版社 2007 年 12 月出版。

0632《中华本草·傣药卷》 [illegible]

傣族工具书，7-5323-8009-2，R281.3，正文为汉文、傣文。全书共载傣药 400 味，其中矿物药 11 味、植物药 373 味、动物药 16 味。该书对药物以正名、异名、品种考证、来源、原植物、采收加工、药材鉴别、化学成分、药理等项目分别进行了详细介绍。宋立人、胡烈、洪恂、王锦鸿主编，茶旭、詹文涛编纂，云南省中医中药研究院、西双版纳傣族自治州民族医药研究所编写。上海：上海科学技术出版社 2005 年 12 月出版。

0633《云南省中药材标准 2005 年版·傣族药(二)》(第 05 册) [illegible]

傣族工具书，978-7-5416-3583-0，R295.3-65，正文为汉文、傣文。该书共收载傣族药材质量标准及其起草说明 50 个、52 种原植物的图片、52 种药材的照片。该书将傣医“性味与入塔”与中医“性味与归经”并列纳入标准，突出了傣族医药的独特应用。刀林荫([illegible])主编，罗红江、周原林、江建成、段立纲编，云南省食品药品监督管理局编写。昆明：云南科技出版社 2009 年 12 月出版。

0634《耿马傣族佤族自治县志》 [illegible]

傣族工具书，7-5367-1033-X，K297.44。杨铸主编，耿马傣族佤族自治县地方志编纂委员会编写。昆明：云南民族出版社 1995 年 8 月出版，共 934 页。

0635《西双版纳傣族自治州民族医药研究所·西双版纳傣族自治州傣医医院志》 [illegible]

傣族工具书，978-7-5367-5511-6，R199.2。该志记述时限上溯至傣医药事业的发端，下限截至 2008 年 12 月底，重大事件下延至 2011 年，采用述、记、志、传、图、表、录七种体裁，反映了西双版纳州傣医药事业发展的历史和现状。王梓主编，西双版纳傣族自治州民族医药研究所等编写。昆明：云南民族出版社 2012 年 11 月出版。

0636《中国各民族原始宗教资料集成——傣族原始宗教主要论著目录》 ၸုမ်ႉ ႁႃ ၵုမ်ႉ ႁဵင်ႈ ၵၢၼ်း သႃ သ ၼႃ ပုင် ၽႃ သႃ ၼိူင်ႈ ၼီႈ —— ၼိူဝ် ၼိုဝ်ႉ ၸႃ လႅင်ႈ ႁဵင်ႈ ၵၢၼ်း ၾိူင်း သႃ သ ၼႃ ၽႃ သႃ ၶႅပ်

傣族文献检索工具书。978-7-5004-2068-2。吕大吉、何耀华主编。北京：中国社会科学出版社 1999 年出版。

0637《西南少数民族文字文献（傣族文字文献）》 လိၵ်ႈ ၼိူဝ် ၽႃ သႃ ပိူၼ် ႁူင်း ဝၼ်း ၼိူဝ်လိၵ်ႈ ပိူၼ် ႁူင်း ၶိူဝ်း（လိၵ်ႈ ၼိူဝ် ၽႃ သႃ ၶႅပ်）

傣族检索工具书。978-7-3110-2103-0。岩温扁（ ဢၢႆႈ ဢုၼ်ႇ ပဵၼ်ႇ ）主编。甘肃：兰州大学出版社 2003 年出版。

0638《中国傣族史料辑要》 ပိုၼ်း မိူင်း ၽႃ သႃ ၶႅပ် ၼိူင်ႈ ၼီႈ

傣族检索工具书，7-5367-0188-8，K285.3。该书汇集了汉文古籍史料中有关傣族的部分，主要是清以前的有关傣族的史料。刀永明主编。昆明：云南民族出版社 1989 年 7 月出版，共 970 页。

0639《中国云南德宏傣文古籍编目》 ၼိူဝ် ၼိုဝ်ႉ ႁဵင်ႈ ၽႃ သႃ ၶႅပ် ၵႃႈ ၵၢၼ်း ၶိူဝ်း ႁူဝ် ယႂ်ႇ ပၢႆႈ ၼိူင်ႈ ၼီႈ

傣族检索工具书，7-5367-2519-1，Z838，并列题名为“A Synopsis of Tay（Chinese Shan）Old Manuscripts in the Dehong Autonomous Region of Yunnan，China”。该书所收条目涵盖文学、佛经、历史、语言、医药、天文、法律、礼仪、占卜、咒术、其他 11 种类型，书内附有英文对照，收录德宏傣族医药古籍文献 16 种。尹绍亭、唐立主编。昆明：云南民族出版社 2002 年出版，共 881 页。

0640《中国云南耿马傣文古籍编目》 ၼိူဝ် ၼိုဝ်ႉ ႁဵင်ႈ ၽႃ သႃ ၶႅပ် ၵႃႈ ၵၢၼ်း ၵိုင်ႈ မႃႉ ယႂ်ႇ ပၢႆႈ ၼိူင်ႈ ၼီႈ

傣族检索工具书，7-5367-3289-9，Z838。该书包含医药文献的目录信息。尹绍亭、唐立主编。昆明：云南民族出版社 2005 年 12 月出版。

0641《中国云南孟连傣文古籍编目》 ၼိူဝ် ၼိုဝ်ႉ ႁဵင်ႈ ၽႃ သႃ ၶႅပ် ၵႃႈ ၵၢၼ်း ဢုမ်ႉ လႅင်း ယႂ်ႇ ပၢႆႈ ၼိူင်ႈ ၼီႈ

傣族检索工具书，978-7-5367-4787-6，Z838，并列题名为“A Synopsis of Dai Old Manuscripts in Menglian County of Yunnan，China”。该书所收条目涵盖历史、语言、文学、习俗、宗教等方面的内容，包含医药文献的目录信息。尹伦、唐立、郑静主编，云南大学西南边疆少数民族研究中心、日本东京外国语大学亚非语言文化研究所、孟连傣族拉祜族佤族自治县民族历史博物馆编写。昆明：云南民族出版社 2010 年 10 月出版。

（三）彝族医药及文献

彝族分布在滇、川、黔、桂四省区，是西南地区人口最多的少数民族之一，共有871.4万人（2010年），其中以云南的人口最多，共有504.1万人（2010年），以楚雄彝族自治州、红河哈尼族彝族自治州及峨山、宁蒗、石林、景东、南涧、漾濞6个彝族自治县较为集中。彝族人口多、分布广、支系多，彝族先民们很早就用自己的智慧创造了文字，彝语属汉藏语系藏缅语族彝语支。彝族文字为表意文字，又称音节文字。彝族先民们用这种古老的文字记载了大量的文献典籍，为后人研究彝族的历史文化提供了宝贵的资料。

彝族医药是彝族传统医药的简称。彝族医药是彝族人民在与疾病作斗争的漫长过程中形成并逐步积累发展起来的以彝族医药理论为指导的预防、诊断、治疗疾病的理论体系。彝族的医药起源可追溯到5000多年以前，它是祖国传统医学不可分割的一部分。自从有了自己的文字以后，彝族人民就把这些宝贵的医学遗产记录下来，很早就有用本民族文字撰写的彝族医药古籍文献，为彝族人民生息繁衍作出了巨大贡献。据《西南彝志》记载，彝族的医疗实践活动产生于哎哺原始时期，彝医采用宏观比类取象法，把自然界这个大宇宙、大天地与人体相类比，认为人体是一个小宇宙、小天地，“人体如天体，识人知天体”，“人与天地同”。人体与天体相仿，同样具有五行，当清浊二气充溢，由五行而形成天地之后，随着五行的变化，形成人体的根本。“五行中的水就是人的血，金就是人的骨，火是人的心，木是人的筋，土是人的肉。”“天的五行是金木水火土，人的五行是心肝脾肺肾。”上述内容构成了古代彝医“人与天地同”的天人相应观。彝医的天地人三才相应观，将天地人合称“三才”，主要有人体与天时季节变化、人体与地理自然环境、人体的因素与人文社会环境三个方面的内涵。

《彝族医药史》也认为彝族医药萌芽于原始社会，在母系社会时期，彝族就利用土生土长的彝药内服、外敷治疗疾病。从现有资料看，明清时期彝族医药已粗具规模，产生了一些彝医古籍，出现了大量的彝文医药手写文献，其中在楚雄州境内发现的《齐苏书》（即《明代彝医书》）成书于明嘉靖四十五年（1566年），早于《本草纲目》12年，是对16世纪以前彝族医药比较系统的总结。到了清代，彝族药制剂有了很大发展。《宇宙人文论》说：“在五行成为人体雏形之后，就开始有生命运动，仿着人体去发展变化，成为完整的人。天上有日月，人就有一双眼睛。天上有风，人就有气。天会雷鸣，人会说话。天有晴阴，人有喜乐。天有阴霾，人有心怒。天有云彩，人有衣裳。天有星辰八万四千颗，人有头毛八万四千根。天的周围三百六十度，人有骨头三百六十节。”世间万物都是清浊二气构成的，人也如此。“人体的根本，正是形成天的青清之气与凝结成地的赤浊之气。”彝族医药具有悠久的历史，彝族十月历就包含着彝族医学思想，彝族文化学派学说阴阳五行和八卦就起源于十月太阳历。众多彝族医学的医籍，是彝族文明的象征，也是今天研究彝族医学的重要史料和珍贵文献。

新中国成立后，国家十分重视彝族医药的发展，彝族医药逐步焕发生机。西南各省区对彝族医药展开了全方位的研究，取得了丰硕成果，涌现出了许多彝族医药研究著述，丰富和拓展了彝医基础理论，并开发了不少新彝药，大大促进了彝族医药的发展，使彝族医药跻身于我国民族医药研究的前列。现代西南各省出版的彝族医学专著，以云南省的最多，如云南省出版的《彝药志》，是我国现代最早的彝药专著。清雍正六年（1728 年），彝药拔云锭开创了云南制药工业的新纪元。1902 年，彝医曲焕章创制的新彝药“云南白药”，迄今久盛不衰，成为中国最有影响的药物之一，是彝药的精品和代表。20 世纪 70 年代以来，发掘、整理、出版了《医病好药书》《双柏彝医书》《启谷署》等一大批彝族医药古籍，编辑出版了《彝药志》《彝族医药荟萃》《彝族医药学》《中国彝族医学基础理论》《中国彝族药学》《彝医揽要》《彝族医籍录》《云南彝医药》等专著，研制出排毒养颜胶囊、养胃解毒胶囊等 100 多种彝族药新品种。20 世纪 80 年代初，楚雄成立了云南省楚雄州彝族文化研究所，全面开展对彝族历史、文化、社会、经济的综合研究。以后，又相继成立彝族医药科、楚雄州彝族医药研究所、云南省彝族医药研究所，并设立相应的门诊及住院病床，多层次、全方位开展对彝族医药古籍、彝族医药基础理论、彝药新药研制、临床治疗的研究工作，取得了一批重要的科研成果。2003 年，在楚雄正式成立云南省彝医医院，同时成立云南省彝族医药研究所。目前，彝族医药已发展成为独具特色且极具潜力的医药体系。

彝族有自己的语言文字，彝语属汉藏语系藏缅语族彝语支，有 6 个方言，即东部方言、东南部方言、南部方言、西部方言、北部方言和中部方言，方言内还有若干次方言和土语。彝族的固有文字，在汉文史书上被称为“爨文”“韪文”“倮倮文”“夷文”等，现统称彝族文字，简称“彝文”。彝族文字历史悠久，曾广泛运用于彝族的社会生产、生活领域中。历史上曾有专门的彝文学校，有毕摩资格考试制度，彝文主要是彝族古文化的传承者毕摩使用。新中国成立后，政府和有关部门在调查研究的基础上，对当地的传统彝文字进行了整理规范，建立了专门的彝文研究机构，北京中央民族大学、西南民族大学、云南民族大学、贵州民族大学等院校也设立了彝语言文学系。1983 年 9 月，云南省人民政府批准成立云南省彝文规范领导小组办公室，根据云南彝族地区的实际情况，在老彝文的基础上规范出以表意为主、表意表音相结合的超方言彝文方案。此套彝文共有单字 2608 个，其中表意单字 2258 个、借词表音字共 350 个。目前，在云南彝族北部方言区使用凉山规范彝文，以北部方言区的喜德彝语为标准音点，有 819 个表音文字，加上 345 个次高调和 1 个替音符号，总共 1165 个文字，主要是居住在滇西北地区的小凉山彝族使用。在云南省属北部彝语方言的彝族约20余万人，主要分布在丽江地区的宁蒗彝族自治县、永胜县、华坪县等。

传统彝文字，简称“老彝文”。历史悠久的老彝文主要是在宗教活动中由毕摩来使用。20世纪70年代后，为挖掘翻译整理彝文文献典籍，传承中华民族优秀的历史文化，滇、川、黔、桂各省区均培养了大批优秀的彝文翻译整理者，翻译整理了不少有价值的彝文典籍。

随着彝文的产生和应用，也就出现了彝文书籍。彝文书籍最初是用树木、骨头、竹简、布帛和兽皮撰写的，人们相互传抄使用。明清之际，出现了云南武定、玉溪、建水等地土司的石铭文，以及雕版刊印书籍（纸书）。千百年来，由于自然灾害等原因，彝族古籍文献散失严重，但目前保存下来的古籍文献还不少。据了解，美、英、法、意大利、日本等国家，以及我国的北京、台湾和有彝族分布的各省区的博物馆、图书馆，收有四五千册彝文古籍，而散存于民间的就更多了。这些彝文古籍，其内容涉及政治、历史、文学、宗教、教育、天文、地理、军事、医药等，具有很高的学术研究价值。

云南省少数民族古籍整理出版规划办公室以及各地州民委、研究所等有关部门编辑出版了一批从彝族古籍文献中整理出来的彝文医药图书。其中，《供牲献药经》《聂苏诺期（尼苏诺期）》《哀牢山彝族医药》《彝族医药学》等多次获奖，影响和作用巨大；其他彝族古籍文献类的工具书也出版了不少，如《彝族古籍文献》、《彝文典籍精选》（上、中、下）、《彝文大观》等，对彝族医药文献也有记载。

课题组现将所收集的把彝族医药文献题录归类如下：

1. 彝族医药古籍及再版影印译注文献

0642《百解和解诸不祥》 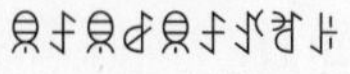

彝族医药古籍，正文为彝文。为抢救保护民族文化遗产，禄劝彝族苗族自治县民族宗教事务局于1984年11月组建民族古籍整理办公室，专门从事民族古籍的发掘、整理、翻译工作，截至2007年，该局共收存彝文书籍400余册，并对所收存的彝文古籍作了详细编目，目前主要是对所保存的古籍文献进行翻译和整理。据统计，禄劝县民族宗教事务局收集、保存的完整的古籍有368部，均为实物，这些古籍实物统一放置于档案柜内。该书即为彝文古籍原抄件之一。2008年2月，昂自明在禄劝县民族宗教事务局对张建智等人调查整理书目信息。李国文项目调研成果，收藏于昆明市禄劝彝族苗族自治县民族宗教事务局（张建智等）。

0643《百解经之一》 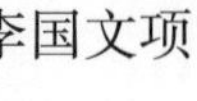

彝族医药古籍，正文为彝文。该书为禄劝县民族宗教事务局收集保存的彝文古籍原抄件之一。2008 年 2 月，昂自明在禄劝县民族宗教事务局对张建智等人调查整理书目信息。传抄，武定县清朝年间出版，共 34 页，李国文项目调研成果，收藏于昆明市禄劝彝族苗族自治县民族宗教事务局（张建智等）。

0644《百解经之二》 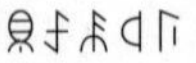

彝族医药古籍，正文为彝文。该书为禄劝县民族宗教事务局收集保存的彝文古籍原抄件之一。2008 年 2 月，昂自明在禄劝县民族宗教事务局对张建智等人调查整理书目信息。传抄，武定县于清朝年间出版，共 34 页，李国文项目调研成果，收藏于昆明市禄劝彝族苗族自治县民族宗教事务局（张建智等）。

0645《百解书》 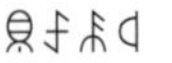

彝族医药古籍，正文为彝文。楚雄彝族文化研究所共收藏有禄劝县、武定县的彝文古籍 400 余册，同名书未再列出。2007 年 1 月 28 日，昂自明、李贵平在楚雄彝族自治州民族文化研究所对朱琚元调查整理书目信息。传抄，李国文项目调研成果，收藏于楚雄彝族自治州民族文化研究所。

0646《百解书之三》 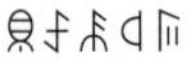

彝族医药古籍，正文为彝文。该书为禄劝县民族宗教事务局收集保存的彝文古籍原抄件之一。2008 年 2 月，昂自明在禄劝县民族宗教事务局对张建智等人调查整理书目信息。传抄，李国文项目调研成果，收藏于昆明市禄劝彝族苗族自治县民族宗教事务局（张建智等）。

0647《百解献牲经之一》 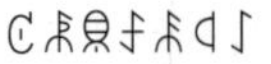

彝族医药古籍，正文为彝文。该书为禄劝县民族宗教事务局收集保存的彝文古籍原抄件之一。2008 年 2 月，昂自明在禄劝县民族宗教事务局对张建智等人调查整理书目信息。李国文项目调研成果，收藏于昆明市禄劝彝族苗族自治县民族宗教事务局（张建智等）。

0648《百解献牲经之二》 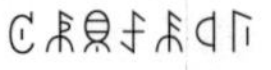

彝族医药古籍，正文为彝文。该书为禄劝县民族宗教事务局收集保存的彝文古籍原抄件之一。2008 年 2 月，昂自明在禄劝县民族宗教事务局对张建智等人调查整理书目信息。李国文项目调研成果，收藏于昆明市禄劝彝族苗族自治县民族宗教事务局（张建智等）。

0649《病况预测书之一》 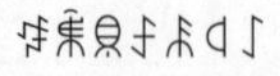

彝族医药古籍，正文为彝文。2007 年 8 月，昂自明在石林县民委文史研究室调查整理书目信息。李国文项目调研成果，收藏于昆明市石林彝族自治县档案馆、民委文史研究室（现石林县民族宗教事务民族研究所）。

0650《病况预测书之二》

彝族医药古籍，正文为彝文。2007 年 8 月 18 日，昂自明在石林县月湖镇大老挖村向毕摩毕凤林、黄玉峰调查整理书目信息。老挖村位于石林县月湖镇东南部，距镇政府驻地北大村 14 千米，居民 380 户，多为彝族。该村村民毕凤林是石林县境内年龄最长的毕摩，生于 1921 年 4 月，精通彝文，懂汉语，略识汉字，2007 年被命名为省级非物质文化遗产传承人。毕凤林自幼受家庭的影响，跟随父辈参加当地的祭祀活动等，耳濡目染，学习了不少彝族的世俗文化和祭祀礼仪。毕凤林平时以农业生产为主，农闲时参加各种礼仪活动，他热心于彝族传统文化的收集整理，精心保存祖辈流传下来的彝文古籍，同时还收集整理了大量的其他资料。该书不分卷，1 册 16 页，佚名。人们久病不愈时可依此书查询，书中记载有病人是否能痊愈、病程有多长等内容。旧抄本，绵纸，线订册页装，行体墨水，墨框 230×160 毫米，无边框，21 行 18 字，白口，有麻布护封，边角有破损，字面保存基本完好。李国文项目调研成果，收藏于昆明市石林彝族自治县月湖镇大老挖村（毕凤林、黄玉峰）。

0651《查努尼书》

彝族医药古籍，正文为彝文。2007 年 7 月，李国文在新平县平甸乡梭克村委会马厂自然村对李家荣等毕摩调查采集，马厂村有李家荣毕摩经师，是当地保存彝文古籍较多的人家。李家荣，男，1948 年生，毕摩经师，家住平甸乡马厂自然村（又称老杨寨）。据说李家荣家祖上有很多代人都是毕摩经师，较远时代的毕摩老高祖是李金宝，现在他也是当地有名的毕摩经师。由于毕摩在当地的民间信仰中尚有一定的土壤，李家荣每天都很忙，并 2007 年 6 月被云南省文化厅、云南省民族宗教事务委员会命名为“云南省非物质文化遗产传承人”。李家荣家目前残存的彝文经书中，旧抄本有 41 本。李家荣家的房屋为当地常见的土木结构小天井四合院，有楼，这些彝文古籍就盛装于一个木制的塑皮木箱和三个塑料绳编制的小竹篮中，平日存放于楼上的供桌旁，秘不示人。该书为李家荣家藏的彝文旧抄本，绵纸，横长本，约 50 余页，页面边角卷缩破损，书前书后各有若干页残缺，无麻布护封。该书为有关生病原因的经书或占病书。李家荣主编，李国文项目调研成果，收藏于玉溪市新平彝族傣族自治县平甸乡梭克村民委员会马厂自然村（李家荣毕摩）。

0652《查诗拉书》

彝族医药古籍，正文为彝文。该书放置于手抄专柜中。手抄本，收藏于楚雄彝族自治州图书馆·中国彝族文献图书馆。

0653《超度书，吃药好书》

彝族医药古籍，正文为彝文。该书放置于手抄专柜中。手抄本，收藏于楚雄彝族自治治州图书馆·中国彝族文献图书馆。

0654《答白笨书额则》

彝族医药古籍，正文为彝文。2007 年 7 月，李国文在峨山县民宗局对李增华调查整理书目信息。绵纸，1 册，68 页，页面 340×27 毫米，线订册叶装，麻布护封，1—16 页页面边角缺损。该书属《祭白虎星神经》，书中汇集《祭白虎星神经》《驱邪除秽经》《占择病因》等内容，出自李增华编的《峨山彝族古籍编目》收录的 59 种彝文旧抄本名录。李国文项目调研成果，收藏于玉溪市峨山彝族自治县民族宗教事务局（李增华）。

0655《除患经》

彝族医药古籍，正文为彝文。该书为禄劝县民族宗教事务局收集保存的彝文古籍原抄件之一。2008 年 2 月，昂自明在禄劝县民族宗教事务局对张建智等人调查整理书目信息。李国文项目调研成果，收藏于昆明市禄劝彝族苗族自治县民族宗教事务局（张建智等）。

0656《此切额》

彝族医药古籍，正文为彝文。2007 年 8 月，肖建华在丽江市宁蒗彝族自治县大兴镇干河子社区第五组的依火乌撒家调查采集书目信息。绵纸，竹线装订，外有白布护封，为旧抄本，但抄写年代不详，7 页，保存完好。该书为祭祖类经书，可译为《献药经》。人们在安灵仪式上念诵此经，其主观目的不是为了向活人传授医学知识，而是教祖灵如何与疾病斗争。如果说献药仪式行为本身是为了给祖灵治病除疾，以达到药到病除的目的，那么为祖灵诵《献药经》便是教导祖灵如何采药、制药、配药，以及传授对症下药的秘方。李国文项目调研成果，收藏于丽江市宁蒗彝族自治县大兴镇干河子社区第五组（依火乌撒）。

0657《丁贴挪尼书额则》

彝族医药古籍，正文为彝文。2007 年 7 月，李国文在峨山县民宗局对李增华调查整理书目。绵纸，1 册，102 页，线订册页装，页面 250×240 毫米，书末有 17 页边角残缺。佚名，麻布护封。该书属滇中彝族毕摩常用的“占病经书”，根据一个人的生辰年月占卜其于某年某月某日某时生病的原因，然后指出应到何方驱送鬼邪。李国文项目调研成果，收藏于玉溪市峨山彝族自治县民族宗教事务局（李增华）。

0658《峨山彝族药》

彝族医药古籍，正文为彝文。《峨山彝族药》是云南省玉溪地区药检所和峨山县药检所共同编撰的，书中药物采用中药名标识，附有彝文（包括音译和意译）；植物科属来源生长环境，介绍了药用部位及药用经验，并附有黑白图；书中记载彝族药 23 种。收藏于云南中医药大学（原云南中医学院）。

0659《供牲献药经》

彝族医药古籍，正文为彝文。该书放置于手抄专柜中。手抄本，收藏于楚雄彝族自治州图书馆·中国彝族文献图书馆。

0660《看病书》

彝族医药古籍，正文为彝文。该书放置于手抄专柜中。手抄本，收藏于楚雄彝族自治州图书馆·中国彝族文献图书馆。

0661《看人辰书》

彝族医药古籍，正文为彝文。该书是在云南省楚雄彝族自治州双柏县发现的，书中记载了某些特定日子针刺特定部位就会发生危险，因而把相应的日子定为“禁日”。本书用阴阳历推算禁日，按每月 36 天计算，从初一到三十六计算，逐日有禁刺部位。该书明确指出，“在这些日子针刺时，要注意碰着人辰而发生意外”，例如足拇趾、脚底板、臀部在初一、初二、初三 3 天为禁刺部位。复印件，收藏于云南中医药大学（原云南中医学院）、楚雄彝族自治州图书馆。

0662《看人辰书》

彝族医药古籍，正文为彝文。彝族医药古籍。手抄本，收藏于楚雄彝族自治州图书馆·中国彝族文献图书馆。

0663《看凶神病魔所在日书》

彝族医药古籍，正文为彝文。楚雄彝族文化研究所共收藏有禄劝县、武定县的彝文古籍 400 余册，同名书未再列出。2007 年 1 月 27 日，昂自明、李贵平在楚雄彝族自治州民族文化研究所对朱琚元调查整理书目信息。李国文项目调研成果，收藏于楚雄彝族自治州民族文化研究所。

0664《库色占目额》

彝族医药古籍，正文为彝文。2007 年 8 月，肖建华在丽江市宁蒗彝族自治县新营盘乡开发村对阿余双梯调查采集书目信息。宁蒗彝族自治县新营盘乡开发村，村民全部为彝族，主要有阿西、金石、贾三、阿余、沙马等几种姓氏，其中阿余、沙马两姓是毕摩世家，沙马姓氏因人数少而毕摩也少，阿余姓氏则因人数多而毕摩也相对多一些。村里有彝文经书，有 7 位毕摩，均出自同一系统，且所行的祭仪相差无几，所以各自的经书内容也大同小异。通过比较，年轻的阿余双梯手里的经书较多，内容也最丰富。阿余双梯虽然年轻，但出道较早，在新营盘乃至县城一带颇有名气，12 岁时远赴四川凉山昭觉县，师从著名的毕摩学习 3 年，15 岁那年学成归来，自此走上了行毕的道路。阿余双梯的爷爷阿余盐加是宁蒗彝族自治县有名的毕摩，其在晚年不但将知识传授给孙子，而且把所有的经文连同毕摩所用的法具都毫无保留地传给了阿余双梯。

阿余双梯家住小四合院，卧室的墙壁上设有供台，用以供奉祖先及各种神灵，供台下放置一个木箱专门用来存放彝文经书。此处被认为是神圣之地，一般外人不得入内，经书有常用经书和不常用经书，常用的经书装在一个包里，以备随时取用。阿余双梯家家藏的经书旧抄本有很多。该书为新闻纸，线装，页面 370×260 毫米，墨框 310×200 毫米，每页 12 行，每行 20 字，共 120 页，保存完好。该书用于占卜，分为公篇、母篇、子篇三册，此为公篇。书中有近 40 个小标题，各个小标题的内容间既相互联系，又可独立成篇，其内容遍涉家牧、天文、地理、气象、物候、生老病死、婚嫁、命运等。李国文项目调研成果，收藏于丽江市宁蒗彝族自治县新营盘乡开发村（阿余双梯）。

0665《老五斗彝医书》

彝族医药古籍，正文为彝文。该书是 1987 年聂鲁和赵永康在云南省新平彝族傣族自治县老五斗乡一带发现的。据考证，该书属清末时期著作。这次发现的是民国三年（1914 年）手抄本，全书均用彝文手抄，是一本较珍贵的彝族医药文献，可以为研究彝族南部方言区的医学流派和发展情况提供参考。该书记载疾病 53 个，其中内科疾病 17 个、伤科疾病 5 个、外科疾病 18 个、妇科疾病 4 个、虫咬伤 4 个、中毒性疾病 2 个、儿科疾病 3 个；针刺部位 5 处，人中、七宣、百会、涌泉、太阳；火罐拔毒法 1 种；记载动物药 123 种，其中多数属动物内脏，如胆类药 11 种、肺脏 3 种、肝脏 4 种、脂类 5 种、血类 3 种、肾脏 1 种、骨类 12 种、胎类 2 种、肉类 15 种、分泌物 18 种、卵类 8 种、昆虫类 23 种、皮毛类 9 种、蛙蛇类 9 种；记载植物药 236 种，其中树脂类 9 种、果子类 13 种、块茎类 15 种、饮食类 5 种、草木类 194 种；记载金属化学类 21 种；记载方剂 301 个。该书的特点是，动物药中昆虫类、胆类及分泌物类药物记载较多，毒蛇咬伤的疾病记载较多，内脏药、昆虫药记载较多，同时也记载了不少针刺部位。复印件，收藏于云南中医药大学（原云南中医学院）。

0666《老五斗彝医书》

彝族医药古籍，正文为彝文。该书记述了几十种病症的上百种彝药配方，包括动物药、植物药和矿物药，还记有若干手术疗法等。李国文于 2008 年 9 月在玉溪市民族宗教局整理书目信息的调研成果，收藏于玉溪市民宗局。

0667《老五斗彝族医药书》

彝族医药古籍，正文为彝文。影印本，收藏于楚雄彝族自治州图书馆·中国彝族文献图书馆、云南中医药大学（原云南中医学院）博物馆。

0668《尼苏夺节》

彝族医药古籍，正文为彝文。手抄本，收藏于楚雄彝族自治州图书馆·中国彝族文献图书馆。

0669《聂苏诺期》

彝族医药古籍，正文为彝文。该书根据彝文古籍《彝族医药之书》和《彝族医药》整理而成，内容包括治疗53种病症的134个方剂、247种彝族药，并对其中的92种彝药做了较详细的叙述和解释。该书是在新平老厂河竜者所著和新平迤施河发现的两本彝文手抄古籍的基础上整理而成的。这两本古籍书由聂鲁、赵永康、马光发、徐金富翻译、整理、编撰，由云南民族出版社1988年出版发行。全书分四章进行论述，第一章作者用简明扼要的笔法，介绍了新平彝族医药，其中第一部分介绍了新平彝族医药发展史、第二部分介绍了新平彝族医药发展的历史渊源和流传、第三部分介绍了新平彝族医药的诊断归类。《聂苏诺期》附有药物名录和拉丁索引。手抄本复印件，收藏于云南中医药大学（原云南中医学院）。

0670《聂苏诺期》（尼苏诺期、聂苏若期、元阳彝族医药）

彝族医药古籍，正文为彝文。昆明：云南民族出版社，共153页，收藏于西双版纳傣族自治州民族医药研究所、西双版纳傣族自治州傣医医院。

0671《聂苏诺期》（尼苏诺期、聂苏若期、元阳彝族医药）

彝族医药古籍，正文为彝文。该书为新平县平甸张磨皮村的彝族医药书，原彝文书为“皮此苏维”，为明朝末年的传抄本，后于1988年由云南民族出版社以彝汉对照的形式出版。李国文项目调研成果，收藏于玉溪市新平彝族傣族自治县平甸张磨皮村。

0672《聂苏诺期》（元阳彝医书）

彝族医药古籍，正文为彝文。尼苏诺期（聂苏诺期、聂苏若期）应为民间手抄彝文的通称，手抄本内容各不相同，收藏于楚雄彝族自治州图书馆·中国彝族文献图书馆。

0673《努苦苏》

彝族医药古籍，正文为彝文。收藏于楚雄彝族自治州图书馆·中国彝族文献图书馆。

0674《努苦苏》（医病书）

彝族医药古籍，正文为彝文。《努苦苏》又称《医病书》，前者是音译，后者是意译。该书是1979年普查时，滇西北禄劝县团街区自租乡自租村王学光献出的。《努苦苏》是一本用彝文抄写的著作，它和《可雌崇梭尼》《小儿生长书》《作祭献药供牲经》一起，在发掘地点、语言文字、用药特点方面基本一致，可算作北部方言区的一个学派。该书成书于清雍正八年（1730年）八月十五，记载有疾病49个，其中内科疾病29个、妇科疾病6个、儿科疾病2个、眼科疾病3个、外科疾病5个、伤科疾病4种；记载彝族药103种，其中植物药72种（在植物药中，根类药6种、寄生类药7种、树脂类3种、树心类2种、全草入药54种），动物药31种（其中肉类药9种、胆类药5种、内脏药4种、虫类药7种），其他药6种；记载方剂70首，其中汤剂52首、酒剂14首、外用剂4首。该书的发现为研究北部方言区的彝族医学增添了新的内容。收藏于云南中医药大学（原云南中医学院）。

0675《挪的书额地》 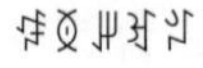

彝族医药古籍，正文为彝文。2007年7月20日，李国文在新化乡小黑达自然村对柳长荣、普朝富调查采集书目信息，由调查向导普家学翻译采集信息。绵纸，20页，粗麻线装订，第2、3、4页缺失，全书右侧卷缺。在彝族民间，人生病要请毕摩翻书占卜生病原因，如占得某种鬼灵作祟使人生病，要驱鬼祭送，该书即属驱鬼送病书。该书为新平县新化乡彝族毕摩柳长荣家藏的彝文古籍。柳长荣，男，76岁，1994年退休于新平县供销社，稍习汉文，会木工，彝文和毕摩技艺主要传自父亲柳学成，所传承毕摩技艺主要是用于推算阴阳，占择阴阳宅地，如有人起房盖屋或婚丧嫁娶，即为之推求吉日良辰，但不做红白喜事祭祀诵经之类。其父亲去世后，家中的彝文经书传到他手里。柳长荣家的住屋具有当地的特点，是一座土木结构的小四合房，靠着墙一侧的床头一角设有一个古旧的小木柜，专门存放家传的彝文古籍。这些经书平时不轻易示人，共有10余本，大多数破损，经过认真观察可以辨识记录。柳长荣主编，李国文项目调研成果，收藏于玉溪市新平彝族傣族自治县新化乡小黑达自然村（柳长荣、普朝富）。

0676《挪尼书额则之一》 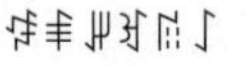

彝族医药古籍，正文为彝文。2007年7月，李国文在峨山县民宗局对李增华调查整理书目信息。绵纸，1册16页，线订册叶装，页面280×240毫米，麻布护封，保存基本完好，佚名。该书汉文译名为《占病经书》。李国文项目调研成果，收藏于玉溪市峨山彝族自治县民宗局（李增华）。

0677《挪尼书额则之二》

彝族医药古籍，正文为彝文。2007年7月，李国文在峨山县民宗局对李增华调查整理书目。绵纸，1册84页，线订册叶装，页面310×260毫米，麻布护封，部分页面边角残缺。该书属彝族毕摩历算占卜的《占病经书》。李国文项目调研成果，收藏于玉溪市峨山彝族自治县民宗局（李增华）。

0678《挪尼书之一》 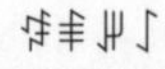

彝族医药古籍，正文为彝文。该书为新平县新化乡彝族毕摩柳长荣家藏的彝文古籍。该书属占卜人生疾病原因的占病因经书。绵纸，42页，全书古旧，每页正中已断裂，正数第2、3页残缺，第13页朽坏，倒数第8页右上角残缺，麻布护封基本完好。2007年7月20日，李国文在新化乡小黑达自然村对柳长荣、普朝富调查，由调查向导普家学翻译采集信息。李国文项目调研成果，收藏于玉溪市新平彝族傣族自治县新化乡（彝族毕摩柳长荣）。

0679《挪尼书之二》 [illegible]

彝族医药古籍，正文为彝文。该书为新平县新化乡彝族毕摩柳长荣家藏的彝文古籍。该书属占卜人生疾病原因的经书。绵纸，54 页，正长形本，用纸大小不一，第 24、25、26 页页面稍小，封面页残缺，全书右端几乎破损卷缩在纸条状，缺损严重，无麻布护封。2007 年 7 月 20 日，李国文在新化乡小黑达自然村对柳长荣、普朝富调查，由调查向导普家学翻译采集信息。李国文项目调研成果，收藏于玉溪市新平彝族傣族自治县新化乡（彝族毕摩柳长荣）。

0680《挪尼书之三》 [illegible]

彝族医药古籍，正文为彝文。该书为绵纸，共 60 页，非常古旧，页面约 1/3 破损、残缺，尚存部分页面卷缩成纸条状，字迹难辨。据说历史最早的彝族书护封是鞣制过的麂子皮，该书属本调查中所见到的唯一一本用麂子皮作护封的经书，属占卜疾病类书，为新平县新化乡彝族毕摩柳长荣家藏的彝文古籍。2007 年 7 月 20 日，李国文在新化乡小黑达自然村对柳长荣、普朝富调查，由调查向导普家学翻译采集信息。李国文项目调研成果，收藏于玉溪市新平彝族傣族自治县新化乡（彝族毕摩柳长荣）。

0681《诺土额》 [illegible]

彝族医药古籍，正文为彝文。2007 年 2 月，肖建华在丽江市宁蒗彝族自治县新营盘乡常青自然村对阿余双梯、沙马阿基（男，36 岁）调查采集。绵纸，竹线装订，白布护封，旧抄本，600 多行诗文，保存完好。《诺土额》又叫《诺土特依》，前者"额"是"是"的意思，后者的"特依"是"经书"的意思。该书是用来防治麻风病的，据说麻风病的病源有的来自天上，有的来自地上，也有的来自姻亲（实指遗传），对不同的病源所念诵的经文内容和举行的仪式也不同。李国文项目调研成果，收藏于丽江市宁蒗彝族自治县新营盘乡开发村（阿余双梯）。

0682《诺土额》 [illegible]

彝族医药古籍，正文为彝文。2007 年 8 月，肖建华在丽江市宁蒗彝族自治县大兴镇干河子社区第五组的依火乌撒家调查采集书目信息。依火乌撒出身于毕摩世家，乌撒是其尊名，本名叫以诺（凉山彝族每个人都有尊名或称雅名或本名或称俗名），汉名叫马亮才，41 岁。依火乌撒的爷爷叫依火鲁青，是远近闻名的大毕摩，于 1982 年病逝，享年 81 岁。据说乌撒的祖籍在四川凉山州盐源县卫城镇，其家族约于一百年前从盐源辗转迁移到宁蒗彝族自治县白牛（银）厂，因时局动荡没带经书。依火姓氏本是源自古候系，有自己的一整套经文和毕摩的"毕术"，后依火拉布拜师求学于宁蒗本地的阿余毕摩家，并承继了阿余家的经文和“毕术”。由于阿余家是曲涅系的毕摩，因而他们不再是古候系的毕摩，他们念的是阿余家的经文。阿余乌撒现住在宁蒗县城南郊宁蒗县民族中学背后当地特有的木楞子房里，其经常用的经书装在一经柜里，而不常用的经书则装在经包里。其中《诺土额》为绵纸，竹线装订，有白布护封，旧抄本，保存完好，有 29 页。该经书的内容为防治麻风病。李国文项目调研成果，收藏于丽江市宁蒗彝族自治县大兴镇干河子社区第五组（依火乌撒）。

0683《诺吐额叶麻》

彝族医药古籍，正文为彝文。2007 年 8 月，肖建华在丽江市宁蒗彝族自治县新营盘乡开发村对阿余双梯调查采集书目信息。绵纸，竹线装订，白布护封，页面 380×260 毫米，墨框 310×220 毫米，共 18 页，每页 12 行，每行 20 字，保存完好。该书名可直译为“防治麻风病”，但因避讳“麻风”二字，一般口语称之为“斯土色土”。在当地，凡娶妻嫁女、逢年过节及喝酒吃肉的场合均用此书，意恐麻风病从酒肉中传来。周边有麻风病人的地方，老百姓怕染此病，会专门请毕摩抄写此书珍藏在家中以避此疾。本经末 3 页是图画，第 1 页的上方为降服雷电、射日射月的英雄支格阿龙像，下方是斯母都点神马像；第 2 页为神孔雀像；第 3 页是巴哈撮多（疑因龙）像。李国文项目调研成果，收藏于丽江市宁蒗彝族自治县新营盘乡开发村（阿余双梯）。

0684《卜病经》

彝族医药古籍，正文为彝文。该书放置于手抄专柜中。手抄本，收藏于楚雄彝族自治州图书馆·中国彝族文献图书馆。

0685《齐苏书》

彝族医药古籍，正文为彝文。影印本，收藏于楚雄彝族自治州图书馆·中国彝族文献图书馆、云南中医药大学（原云南中医学院）。

0686《启谷署》

彝族医药古籍，正文为彝文。该书是贵州省仁怀县政协王荣辉同志保存的一本彝族医药古籍手抄本，是其继祖父陈国安保存的其祖父王鸿元遗留下来的医药书，有据可查保存了六代。为了不使此书受虫蛀或损坏，陈国安将其用笋壳包好，再用牛皮纸密封，然后用鸡蛋清涂抹烘干藏于“香火”顶上的房屋草内。其遗言称本书“不予公开，只能以男性代代相传”。该书至今字迹清秀，完整无缺。《启谷署》经过翻译整理，记载有 5 门，38 类疾病，263 个方剂。其中有传染性疾病、呼吸系统疾病、消化系统疾病、血液循环系统疾病、生殖系统疾病、神经系统疾病，处方 76 个；妇科疾病有痛经、带下、妊娠病、产后病、乳病、杂病等，处方 34 个；儿科有传染性疾病、消化系统疾病、营养性疾病、杂病等，处方 12 个；外科有痈疽、痔疮、疥癣、黄水疮、跌打劳伤、虫备咬伤、烫火伤等，处方90个；五官科有耳疮、眼红肿、鼻渊、牙痛、咽喉肿痛，方剂50个。该书是一部临床价值较高的彝医书，经临床验证，处方有效率达95%以上，是研究彝族医学的一部很有参考价值的文献。该书源于彝文古医籍，可译为“医药书”，是黔北和川南毗邻地区的历代彝族民间老医师毕摩独自掌管和运用中草药配合治疗各类疾病的一本彝文手稿，成书年代不详，大约在清康熙三年（1664年）至雍正七年（1729年）间，距今300余年。经王荣辉、关祥祖翻译整理，1991年由中国医药科技出版社出版了彝、汉文对照本。在编排方法上基本遵照原始本，在剂量上则使用现代医学的常用量。该书收录在《彝族医药学》中，云南中医药民族医药博物馆有影印本。手抄本，收藏于楚雄彝族自治州图书馆·中国彝族文献图书馆、云南中医药大学（原云南中医学院）。

0687《人病看卦书》 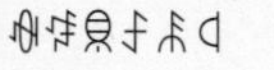

彝族医药古籍，正文为彝文。2008年9月，普开福、宋自华在澧江镇弯街村对白文瑞（男，43岁）调查收集书目信息。白佑三，彝族，2007年病逝，终年82岁，遗留的彝文书90多本，由其子白文瑞继承保管。澧江镇弯街村位于元江县城内（东南面），当地居住着700多名彝族，他们大多是新中国成立后经地方政府动员，从山区搬迁来城坝定居的。此书为旧抄本，绵纸，线订册叶装，行体，墨书。横本，尺寸240×280毫米，左右双栏，12行15字，有句读符号，保存完好；不分卷，1册，26页，佚名。该书为民间祭祀书，毕摩看病时查看此书。书中记录了某日得病的原因，可以从卦书上查出是什么鬼害的，主人家应该怎样驱赶恶鬼，怎样祭献或怎样叫魂。鬼害的病，看什么方位染上的病，有的方位染上的病，会忽而发冷、忽而发热，坐不住，睡不宁，吃不下，喝不下；有的方位染上的病，会使患者脚手不能动、说胡话……卦书能让你知晓病因、病情、病状，也让你知晓排除病的种种方法，等等。李国文项目调研成果，收藏于玉溪元江县澧江镇弯街村（白文瑞）。

0688《三马头彝医书》 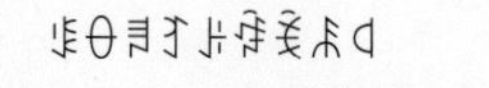

彝族医药古籍，正文为彝文。该书是1986年在云南省元江县洼垤三马头李四甲家发现的，没有记载具体年代。据考证，该书属于晚清彝族医学著作，全书均用彝文书写。书中记载疾病69种，其中内科疾病41种、妇科6种、儿科1种、外科16种、喉科1种、伤科1种、中毒性疾病3种。记载药物263种，其中动物药81种，包括肉类20种、胆类10种、血类6种、皮毛类14种、脂类2种、分泌物8种、胎类3种、昆虫类9种、蛙蛇类9种；记载粮食及化学类15种；记载植物药168种。该书的特点是使用的药物中胆类、血类药较多，同时也记载了中毒的抢救方法。纸质，手抄本，收藏于楚雄彝族自治州图书馆·中国彝族文献图书馆。

0689《双柏彝医书》(明代彝医书)

彝族医药古籍，正文为彝文。《明代彝医书》又称《双柏彝医书》，前者以年代命名，后者是以发掘地址命名。该书是1979年云南省楚雄彝族自治州开展民族医药大普查时在云南省双柏县雨龙公社蚕豆田大队杨思有家发现的。《明代彝医书》是一本用彝文抄写的著作，成书于明嘉靖四十五年（1566年），现在发现的是民国五年（1916年）的抄本，为目前发现的最早的一本彝族医学古籍，是一本研究彝族文化、历史、医学的珍贵文献。《明代彝医书》记载疾病59种，其中内科疾病31种、儿科疾病2种、外科疾病17种、妇科疾病4种、眼科疾病1种、伤科疾病4种；记载药物231味，其中动物药79种、植物药140种、矿物药12种；记载方剂226剂，其中汤剂133剂、散剂3剂、兑酒服19剂、酊剂5剂、外用剂66剂。《明代彝医书》原始本现保存在楚雄州药检所，收录在《彝族医药学》中，别名《明代彝医书》，云南中医药民族医药博物馆《彝文典籍精选》应有选录本书，该书另选录五部彝医药古籍，书名欠详。手抄本，收藏于楚雄彝族自治州图书馆·中国彝族文献图书馆、云南省中医药民族医药博物馆。

0690《斯包比特依》(斯色比特依)

彝族医药古籍，正文为彝文。该书书名也有写作《斯色比特依》的，用凉山彝文书写。彝族认为“斯色”的疾病属汉医学的风湿一类疾病。“斯”是神灵，“色”是游荡。“斯色”即游荡不定的神灵之意，故彝族称天气、山气、地气、水气等所引起的疾病为“斯色”病。《斯色比特依》比较详细地论述了“斯色”病的起源、传播及驱赶这些病邪的方法。书中记载了风、云、雨、雪、雾、雷、电、高山、平坝、土、水、海、河、大森林及蝇蛾、蝉、蚊、老鼠、狐狸等皆附有“斯色补丝”，这些“斯色补丝”不断繁衍，分支已达99支，其中大森林、岩洞、高山等处是它们古老的基地。该书体现了彝医在实践中不断总结，并认识到治疗本病的措施和方法。手抄本，收藏于楚雄彝族自治州图书馆·中国彝族文献图书馆。

0691《斯顶色车额》

彝族医药古籍，正文为彝文。2007年8月，肖建华在丽江市宁蒗彝族自治县大兴镇干河子社区第五组的依火乌撒家调查采集。此与《斯顶色车者额叶》为同一本书，但有两个标题，因此分作两条来记述。16页，内容与《斯顶色车者额叶》大同小异，属“祛风湿病”一类的书籍。李国文项目调研成果，收藏于丽江市宁蒗彝族自治县大兴镇干河子社区第五组（依火乌撒）。

0692《斯顶色车者额叶》

彝族医药古籍，正文为彝文。2007年8月，肖建华在丽江市宁蒗彝族自治县大兴镇干河子社区第五组的依火乌撒家调查采集。佚名，旧抄本，绵纸，竹线装订，白布护封，15 页，保存完好。该书可意译为《除风湿病经》，内容是念诵经文与各种药物的蒸疗相结合，为病人祛风湿病。李国文项目调研成果，收藏于丽江市宁蒗彝族自治县大兴镇干河子社区第五组（依火乌撒）。

0693《斯而结额》 

彝族医药古籍，正文为彝文。2007 年 2 月，肖建华在丽江市宁蒗彝族自治县新营盘乡常青自然村对阿余双梯、沙马阿基调查采集。绵纸，竹线装订，白布护封，约有 140 行诗文，保存完好。按毕摩的说法：东方有“斯而鬼”，西方有“斯里鬼”。“斯而、斯里”害人，使人头晕目眩、腰痛腹痛等，须念诵此经将其打撵出去，方可病愈。李国文项目调研成果，收藏于丽江市宁蒗彝族自治县新营盘乡常青自然村（阿余双梯）。

0694《斯色比特依》（斯包比特依） 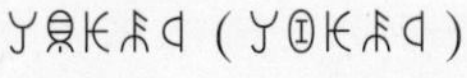

彝族医药古籍，正文为彝文。《斯色比特依》是在凉山州发现的一本彝医书，全书均用凉山彝文书写。彝族认为“斯色”的疾病属汉医学的风湿一类疾病。“斯”是神灵，“色”是游荡。“斯色”即游荡不定的神灵之意，故称天气、山气、地气、水气等所引起的疾病为“斯色”病。《斯色比特依》比较详细地论述了“斯色”病的起源、传播及驱赶这些病邪的方法。书中记载了风、云、雨、雪、雾、雷、电、高山、平坝、土、水、海、河、大森林及蝇蛾、蝉、蚊、老鼠、狐狸等皆附有“斯色补丝”，这些“斯色补丝”不断繁衍，分支已达 99 支，其中大森林、岩洞、高山等处是它们古老的基地。该书体现了彝医在实践中不断总结，认识到治疗本病的措施和方法。收藏于云南中医药大学（原云南中医学院）。

0695《死耳色觉额》 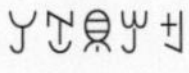

彝族医药古籍，正文为彝文。2007 年 2 月，肖建华在丽江市宁蒗彝族自治县新营盘乡常青自然村对阿余双梯、沙马阿基调查采集书目信息。常青村有毕摩 4 人，阿余和沙玛皆为毕摩世家，但在该村当毕摩的只有沙马。沙马阿基，男，出生于毕摩世家，其父沙马常发是有名的毕摩，其哥沙马光史也是毕摩。沙马阿基 19 岁开始独立做毕摩，虽然年龄不大，但是已属老毕摩，且手里保存的经籍相对其他几位毕摩而言最为全面。该书书名“死耳”即“风湿病”一类，“色觉”系两个动词，有“预防、防治”之意。行此仪式时，除念经外，还要捏两个泥人，用少许猪油、马粪、鸡粪和大蒜将象征“死色鬼”的两个泥人送走。绵纸，竹线装订，白布护封，旧抄本，抄写年代不详，约有 150 行诗文，保存完好。李国文项目调研成果，收藏于丽江市宁蒗彝族自治县新营盘乡开发村（阿余双梯）。

0696《算病神出门日书》 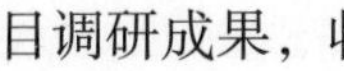

彝族医药古籍，正文为彝文。2008 年 2 月，昂自明在禄劝县民族宗教事务局对张建智等人调查整理书目信息。该书为禄劝县民族宗教事务局收集保存的彝文古籍原抄件之一。李国文项目调研成果，收藏于昆明市禄劝彝族苗族自治县民族宗教事务局（张建智等）。

0697《推算寿命书》

彝族医药古籍，正文为彝文。2008 年 2 月，昂自明在禄劝县民族宗教事务局对张建智等人调查整理书目信息。该书为禄劝县民族宗教事务局收集保存的彝文古籍原抄件之一。李国文项目调研成果，收藏于昆明市禄劝彝族苗族自治县民族宗教事务局（张建智等）。

0698《挖药治病》

彝族医药古籍，正文为彝文。2007 年 8 月，昂自明在石林县民委文史研究室调查整理书目信息。李国文项目调研成果，收藏于昆明市石林彝族自治县档案馆、石林彝族自治县民委文史研究室（现石林县民族宗教事务民族研究所）。

0699《挖药治病》

彝族医药古籍，正文为彝文。2007 年 8 月，昂自明在石林县档案馆调查整理书目信息。李国文项目调研成果，收藏于昆明市石林彝族自治县档案馆。

0700《洼垤彝医书》

彝族医药古籍，正文为彝文。《洼垤彝医书》是 1986 年在云南省元江县洼垤李春荣家发现的，据考证属于晚清著作。该书同《三马头彝医书》是在同一地方发现的，但从记载的疾病和药物来看，各有特色，两书不是互相传抄之作。复印件，收藏于云南中医药大学（原云南中医学院）。

0701《洼垤彝医书》

彝族医药古籍，正文为彝文。该书是 1986 年在云南省元江县洼垤李春荣家发现的，据考证属于晚清著作。该书记载疾病 53 种，其中内科 28 种、妇科 3 种、儿科 2 种、外科 2 种、伤科 8 种、误吞异物 2 种、虫兽伤 5 种、中毒性疾病 3 种；记载动物药 75 种，其中脑类 2 种、脂类 3 种、肉类 6 种、骨类 9 种、皮毛类 8 种、分泌物类 10 种、胆类 9 种、内脏药 6 种、胎类 6 种、生殖器类 3 种、鱼蛇类 6 种、昆虫类 7 种；记载植物药 261 种，其中寄生类 14 种、参类 12 种、树皮 19 种、草木类 216 种。该书的特点是在记载的疾病中，内科疾病较多，还记载了误吞异物的抢救方法及虫兽伤的治疗方法；在动物药中使用胎类、生殖器类及分泌物类药物较多；在植物中使用参类、寄生类、树皮类药物较多。该书同《三马头彝医书》是在同一地方发现的，但从记载的疾病和药物来看，各有特色，所以两书不是互相传抄之作。收录在《彝族医药学》中，云南中医药民族医药博物馆有影印本。手抄本，收藏于楚雄彝族自治州图书馆・中国彝族文献图书馆、云南中医药大学（原云南中医学院）。

0702《娃娃生成书》 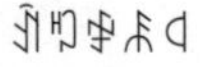

彝族医药古籍，正文为彝文。又名《小儿生成书》。彝文手抄本，抄于清雍正年间（1723—1735 年）。该书以朴素、生动的彝族文字对胎儿逐月发育、生长的情况作了描述，是介绍妇科、儿科部分生理知识的专著。收藏于楚雄州图书馆。

0703《威品洛特额》 

彝族医药古籍，正文为彝文。2007 年 8 月，肖建华在丽江市宁蒗彝族自治县新营盘乡开发村对阿余双梯调查采集。绵纸，竹线装订，白布护封，横长本，页面 440×280 毫米，墨框 330×220 毫米。全书有 90 页，每页 14 行，每行 12 字，保存情况完好。这是《猪胛骨卜（公篇）》，“威品”即“猪胛骨”，猪胛骨卜主要用于安灵祭祖的仪式上，亦可用于咒鬼仪式中，还适用于久病不愈之人。毕摩在取猪胛骨时用一细绳拴住胛骨的一端，边念经边用力抽出胛骨，视其颜色及光滑程度定吉凶，若表面呈光滑且为白色则为吉，黄色为中，黑色（实为胛骨上有肉）为凶。李国文项目调研成果，收藏于丽江市宁蒗彝族自治县新营盘乡开发村（阿余双梯）。

0704《西南彝志》 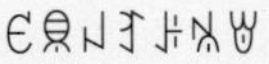

彝族医药古籍，正文为彝文。该书是彝族历史文献的代表作，原名叫《哎哺哈额》。它指出了宇宙和人类的产生，先有“清气”与“浊气”；由于清、浊二气的发展变化，出现了天、地、人以至万物的影形，产生了天、地、人及万物的形体。这样一个概念既表达了彝族先民哲学的基本观点，也反映了全书的核心理论。该书是热卧慕史编纂的，具体成书年代不详，仅从书中记载的一些事件去推测，可能在清康熙三年（1664 年）吴三桂平水西之后，雍正七年（公元 1729 年）改土归流之前。本书原本是贵州省大方县三元公社陈朝光家祖代收藏的，现在作为国家珍贵的民族历史文献，保存在北京民族文化宫。书中内容由贵州省民族研究所毕节地区彝文翻译组翻译，1982 年由贵州人民出版社出版发行。《西南彝志》除记载大量的历史之外，还记载了很多医学思想，其在描写人体生理时写道：“人生肾先生，肾与脾成对，肾属壬癸水，脾属戊已土，心出形与威，心属丙丁火，后长肺和肝，肺属庚辛金，肝属甲乙木。”这里的肝木、心火、脾土、肺金、肾水的归属方法与中医的五行学说的五脏归属一致；而“人生肾先生”的记述，也与中医学“肾为先天之本”的理论类似。《西南彝志》在论述人以气血为生命根本时，说：“人死气血断，气出于九窍，大肠小肠间，脐底之上生，气血流通了，运动不停息。”可见，彝医已认识到气血是构成人体的基本物质，是人体赖以维持生命活动的根本。由于受奴隶社会的多方面局限，这些理论记述未能进一步发展，也未与彝医实践经验结合起来，致使彝医始终停留在以经验为主的阶段上，未能发生飞跃性的理论升华。本书放置于手抄专柜中。手抄本，收藏于楚雄彝族自治州图书馆·中国彝族文献图书馆。

0705《献药经》 [illegible]

彝族医药古籍，正文为彝文。楚雄彝族文化研究所共收藏有禄劝县、武定县的彝文古籍 400 余册，同名书不再列出。2007 年 1 月 25 日，昂自明、李贵平在楚雄彝族自治州民族文化研究所对朱琚元调查整理书目信息。李国文项目调研成果，收藏于楚雄彝族自治州民族文化研究所。

0706《献药献牲经》 [illegible]

彝族医药古籍，正文为彝文。该书为禄劝县民族宗教事务局收集保存的彝文古籍原抄件之一。2008 年 2 月，昂自明在禄劝县民族宗教事务局对张建智等人调查整理书目信息。李国文项目调研成果，收藏于昆明市禄劝彝族苗族自治县民族宗教事务局（张建智等）。

0707《献药献牲经》 [illegible]

彝族医药古籍，正文为彝文。楚雄彝族文化研究所共收藏有禄劝县、武定县的彝文古籍 400 余册，同名书不再列出。2007 年 1 月 26 日，昂自明、李贵平在楚雄彝族自治州民族文化研究所对朱琚元调查整理书目信息。李国文项目调研成果，收藏于楚雄彝族自治州民族文化研究所。

0708《小儿生长书》（娃娃生成书） [illegible]（[illegible]）

彝族医药古籍，正文为彝文。《小儿生长书》又名《娃娃生成书》，是在云南省禄劝县团街区发现的，具体成书年代不详，从书中内容来看，很像是从《作祭献药供牲经》中抄录的。全书均用彝文书写，从纸张来看，与《医病好药书》是同时代的书。《小儿生长书》分三部分内容。第一部分，是描写胎儿从受精卵开始，一直到胎儿降生整个胚胎发育过程。如一月胎儿像秋水清，二月胎儿像茅草叶，三月胎儿像青蛙，四月胎儿像山壁虎，五月胎儿像四脚蛇，六月胎儿已成人体形，七月胎儿在母体中转动，八月胎儿与母同呼吸，九月胎儿降生于母怀中。第二部分描写胎儿出生到一周岁的生长发育、生理变化情况。书中是这样记载的：婴儿出生一个月，蒙昧无知犹如水不清；婴儿出生两个月，能够发出哇哇的声音；婴儿出生四个月，温暖睡在母怀中；婴儿出生五个月，添助辅食吃得香；婴儿出生六个月，会坐不稳头偏歪；婴儿出生七个月，坐着能够打转转；婴儿出生八个月，站立不稳常摔跤；婴儿出生九个月，面带笑容乐滋滋。第三部分内容是描写幼儿的生长发育、智力及思维活动。如幼儿出生一个月，嘴里布布学发音；幼儿年满两周岁，嘴里达达学唱歌；幼儿年满三周岁，牵着父母手游逛；幼儿年满四周岁，串家门来找小伴；幼儿年满五周岁，认亲友来走亲戚；幼儿年满六周岁，能认字来能学诗；少儿年满七周岁，学养牲畜种庄稼……从以上记载可以看出，彝医在很早以前就认识到幼儿的整个生长发育过程，并用朴素的比喻和取类比象的方法描述各个时期小孩的生长发育情况。手抄本复印件，收藏于云南中医药大学（原云南中医学院）、楚雄彝族自治州图书馆·中国彝族文献图书馆。

0709《小儿生长书》（娃娃生成书）

彝族医药古籍，正文为彝文。彝族医药古籍。手抄本，收藏于楚雄彝族自治州图书馆·中国彝族文献图书馆、云南中医药大学（原云南中医学院）。

0710《寻药找药经》

彝族医药古籍，正文为彝文。收藏于楚雄彝族自治州图书馆·中国彝族文献图书馆。

0711《药理经》

彝族医药古籍，正文为彝文。该书放置于手抄专柜中。手抄本，收藏于楚雄彝族自治州图书馆·中国彝族文献图书馆。

0712《药书》

彝族医药古籍，正文为彝文。该书为在里山彝族乡芭蕉村公所葫芦田小组发现的彝文古籍，内容涉及医药，由李成保收藏保存。新中国成立后，这里只有葫芦田村的老毕摩李文昌（66 岁病故）和大黑冲村公所下打马坎村的李永德识得彝文（现在已经去世），其他能诵经文的毕摩，已不能指出某字读某音，仅凭口念而已。2008 年 8 月，普开福在里山乡芭蕉田村对普发启、李成保两位毕摩调查收集书目信息。李成保，里山乡芭蕉村葫芦田小组毕摩，父辈是当地的知名毕摩，其父亲李文昌毕摩去世后，其继承了父亲的彝文事业，保存和使用祖辈留下的 30 多本彝文典籍，时常为当地群众做一些民俗礼仪。李国文项目调研成果，收藏于玉溪市通海县里山彝族乡芭蕉村公所葫芦田小组（普发启、李发元）。

0713《业此顶牛那顶额》

彝族医药古籍，正文为彝文。2007 年 8 月，肖建华在丽江市宁蒗彝族自治县新营盘乡开发村对阿余双梯调查采集书目信息。绵纸，竹线装订，白布护封，横长本，60 多页，保存完好。书名可译为《驱猴鬼》。该书记载，人是由猴子变来的，猴子是人类的祖先，因此，在所有的鬼经中由猴变成的鬼最为凶猛，对人的伤害最大。凉山彝族认为，肝炎、肺结核等传染病和癌症之类的疾病系由猴鬼作怪所致，得了此类病，须请毕摩念诵此经并伴以一定的仪式将猴鬼驱除，方可病愈。李国文项目调研成果，收藏于丽江市宁蒗彝族自治县新营盘乡开发村（阿余双梯）。

0714《医病好药书》

彝族医药古籍，正文为彝文。该书又称《好药医病书》。该书抄于乾隆丁巳年（1737 年），记载了内科、外科、妇产科、儿科和五官科等 39 种疾病，共有 317 个处方。

迄今发现的明、清彝医书中，该书收载的药物最多，是最先收载了推拿、刮痧、拔罐疗法的古代彝医书。收录在《彝族医药学》中，云南中医药民族医药博物馆有影印本。手抄本，收藏于楚雄彝族自治州图书馆·中国彝族文献图书馆、云南省中医药民族医药博物馆。

0715《医病书》

彝族医药古籍，正文为彝文。收录在《彝族医药学》中，云南中医药民族医药博物馆有影印本手抄本。收藏于楚雄彝族自治州图书馆·中国彝族文献图书馆、云南省中医药民族医药博物馆。

0716《医算书》

彝族医药古籍，正文为彝文。《医算书》是流传在四川省凉山彝族自治州的一本较有影响的医药书籍，是彝族根据太阳十月历和阴阳历来推算病人的年龄、禁日和衰年的一部著作。书中记载了大量治疗疾病的方法，如内服麂胆、猴胆、熊胆或大蛇胆治尾椎骨痛；饮金（或银）烧红后淬过的水或吃麂胆、獐胆治咽喉病、腰部伤病；吃青蛙治疗乳痈、乳头病痛；外擦骡子药（骡宝）治太阳穴痛；内服杉木鱼（羌活鱼）胆治疗胃脘痛；用熊胆点眼治疗眼睛伤痛。《医算书》系统地记载了针刺的时日和禁忌思想。彝医针刺部位遍及脚掌心、手掌心、心口、头盖骨以及胸、腹、腰、背、腿、臂等全身主要部位，并十分讲究针刺的时日和禁忌。他们认为，某些特定时日，针刺特定部位，会发生危险，就把相应的日子定为“禁日”，即按每月三十六天计，从初一到三十六日逐日有禁刺部位。中医《千金要方·针灸宜忌》指出：“人神所在，并不可针灸及损伤，慎之。”因此，彝族针刺禁日同中医学的“人神日”“天忌日”极为相似。若将《医算书》同《千金要方·针灸宜忌》等比较，可发现彝汉禁日日序完全相同，禁刺部位有不少相同或类似。彝汉针刺禁日思想可能具有时间生物节律科学的某些内涵，应进一步整理研究。《医算书》中记载动物药10种，其中胆类药7种、植物药1种、矿物药2种；记载治法8种，如内服、外擦、滴液、熏蒸，是奴隶社会彝文文献中保存下来的较为珍贵的医药资料。收藏于云南中医药大学（原云南中医学院）、楚雄彝族自治州图书馆·中国彝族文献图书馆。

0717《医药经》

彝族医药古籍，正文为彝文。该书为茂山乡养德村李加禄毕摩保存的彝文典籍。李加禄，男，彝族，家住茂山乡斗乌村委会养德村，该村距离县城约30千米，全村约300人，均为彝族。李加禄毕摩非常慈祥，谈起话来和蔼可亲，他不认识汉字，但是从记事起就接触彝文，所以可以用彝语诵读彝文经书，祖上家族为毕摩世家，可说是世代为毕摩。然而，现在不仅村里没有人学习彝文古籍，就连他自己的孩子也不再子承父业。家人有时不理解李加禄，村民对彝文的认识程度也不高，而且态度冷漠，所以基本上没有年轻人学习彝文，更无人从事毕摩活动。李加禄毕摩家里主要保存有 3 本彝文古籍和一个毕摩法铃，保存较为完好，每本古籍的封面都用塑料纸装裱着，经书为手抄本，墨书，无句读。据说其祖上有很多经书，在“文化大革命”时，父辈把大部分经书烧毁，仅留下了 3 本，其中一本就是《医药经》。该书不分卷，一册，共 20 页，绵纸，线订册装，具有上百年的历史，保存完好，主要记载各种治病药物验方及各种草药名称，主要用于治病救人。这 3 本书平日保存于专用的毕摩包内，包已经被烟熏黑且有破损。平日有事需要使用经书时，要先举行酒祭，进行法事请愿，方可取用。2007 年 8 月 25 日，昂自明、李贵平在禄劝县茂山乡斗乌村委会养德村对李加禄毕摩进行调查整理书目信息。李国文项目调研成果，收藏于昆明市禄劝彝族苗族自治县茂山乡斗乌村委会养德村（李加禄毕摩）。

0718《医药书》

彝族医药古籍，正文为彝文。手抄本，收藏于楚雄彝族自治州图书馆·中国彝族文献图书馆。

0719《彝文医药》

彝族医药古籍，正文为汉文、彝文。该书为记载彝族医药内容的古籍。手抄本，尺寸 269×196 毫米，共 35 页，收藏于楚雄彝族自治州图书馆·中国彝族文献图书馆。

0720《彝医药经》

彝族医药古籍，正文为彝文。《彝医药经》原名《凉山彝医》，是郝应芬经过多年的努力，将古文献中的记载和深入彝族民间调查收集的资料加以整理而成的。全书共分三部分。第一部分为彝医发展简史，包括彝医的起源和发展、彝医药的兴衰、彝医基础理论三个内容，简要阐述了彝族及医药的起源与发展。第二部分为临床各论（上），即凉山彝族民间常见疾病的一些主要病因、病证、诊断、治疗以及方药的归纳整理。第三部分为临床各论（下），主要对内、妇、儿、外某些病证、病因行了比较详细的论述。全书记载疾病 197 个，方剂 1364 首，载药 1046 种。该书是目前较完整、系统的一部彝族医学著作。收藏于云南中医药大学（原云南中医学院）。

0721《彝族民间医药书》

彝族医药古籍，正文为彝文。新平县坝塘迷村朱正亮家里有藏书约 10 余本，其中一本为珍贵的彝族民间医药书，记录着 100 多个医药处方，据说有人与他商量，用 1000 元购买此书，然后把它翻译出来，但是他坚持不卖。2007 年 7 月 19 日，李国文在新平县桂山镇对普家学调查收集书目信息。李国文项目调研成果，收藏于玉溪市新平彝族傣族自治县桂山镇（普家学）。

0722《彝族植物药》

彝族医药古籍，正文为彝文。《彝族植物药》是凉山州药检所“彝族医药考察”课题组于1985年完成的科研成果。此课题经四川省及北京有关专家评审，被评为四川省科技成果二等奖。该书编写体例采用彝名音译，附有彝文、植物来源科属、彝医用药经验、评述及中医文献记载等。《彝族植物药》共收载彝药105种。收藏于云南中医药大学（原云南中医学院）。

0723《宇宙人文论》

彝族医药古籍，正文为彝文。《宇宙人文论》是一本古典彝文书籍，书中主要论述天文、气象、地理、哲学方面的内容，其中也有不少内容为彝医学理论，现叙述如下：宇宙间的一切事物都是由“清气”和“浊气”构成的，是由这二气升降离合运动变化及相互作用而不断产生、运动、繁衍的，人以二气维持生命活动。“人体同于天体”，“人与天地同”。天有日月，人有眼睛；天有风，人有气；天会雷鸣，人会说话；天有阴晴，人有哀乐；天有星辰八万四千颗，人有头发八万四千根；天有周围360度，人有骨头360节。这种以类取象、天人相应的整体观，是按大自然发展规律来指导彝族医学思想的。在提到经络问题时，《宇宙人文论》说：“作为生命之气的‘清浊’二气，各有三条通路。清气的三条通路：一是经过心的清气，二是经过‘肝’和‘肺’的清气，三是发源于‘中焦’的清气。浊气的三条循环路线：一是起始于中焦，经血海之前，到达头顶；二是起始于头髓，经臂膀；三是起始于尾根，经头顶直达耳底。”这些理论为进一步探索彝族医学提供了一定的根据。复印件，收藏于云南中医药大学（原云南中医学院）。

0724《元江三马头彝医书》

彝族医药古籍，正文为彝文。2008年9月，普开福在洼垤乡坡垤村对李和宝调查书目信息。该书于1986年在元江县洼垤乡三马头李四甲家发现，没有记载具体年代。据考证，该书属于晚清彝族医学著作，全书均用彝文书写。书中记载疾病69种，其中内科疾病41种、妇科6种、儿科1种、外科16种、喉科1种、伤科1种、中毒性疾病3种；记载药物263种。李国文项目调研成果，收藏于玉溪市元江县洼垤乡坡垤村（李和宝）。

0725《元江洼垤彝医书》

彝族医药古籍，正文为彝文。2008年9月，普开福在洼垤乡坡垤村对李和宝调整书目信息。该书于1986年在元江县洼垤李春荣家发现，据考证属晚清著作。书中记载疾病53种，其中内科28种、妇科3种、儿科2种、外科2种、伤科8种、误吞异物2种、虫兽伤5种、中毒性疾病3种；记载动物药75种；记述了几十种病症，上百种彝药配方，包括动物药、植物药和矿物药，还记有若干手术疗法等。李国文项目调研成果，收藏于玉溪市元江县洼垤乡坡垤村（李和宝）。

0726《元阳彝医书》 [illegible]

彝族医药古籍，正文为彝文。该书成书于公元957年，是迄今为止发掘出来的彝族医药典籍中最古老的一部。全书记载了动植物药200余种、病名68个以及一些简易的外科手术，是研究宋代以前彝族药物、医疗技术及当时常见病的第一手资料。《元阳彝医书》是1985年春，云南省红河哈尼族彝族自治州对民族医药古籍普查时在元阳县攀枝花公社彝族社员马光福家发现的，由于书中记载的内容较多，其中医药部分占13页，于是将它命名为《元阳彝医书》。此书首页记载成书于道光二十二年（注：原报道为大理国二十二年，“道光”和“大理国”彝语音同，属翻译失误）十月初五。此书为元阳县政府责成县卫生局将原始本用300元钱购买，又付800元送至昆明加工裱糊，原始本现保存在元阳县卫生局。《元阳彝医书》由7人集体编写而成，现由元阳党校龙正兴同志翻译成汉文。此书用古彝文书写而成，通篇没有巫术咒语、符章，记载了80个病症、200余种动植物药，以及一些简易的外科手术方法。每个病症都有治法、方药，有的还记录了效果和服药中毒后的解救药方。书中所列病症多为彝族山寨的常见病、多发病，所列药物更是当地的野生植物和山林中经常出没可以入药的动物。书中基本都是一病数方，一方几药，一药多用。书中的一些治疗方法，如难产、肿物、风湿病等治疗方法在当地民间医生中至今仍沿用。该书80个病症和200余种药物的记载，反映了彝族医药是千百年积累起来的医药实践经验。复印件，收藏于云南中医药大学（原云南中医学院）。

0727《造药治病书》 [illegible]

彝族医药古籍，正文为彝文。收藏于楚雄彝族自治州图书馆·中国彝族文献图书馆。

0728《造药治病书》（此母都齐） [illegible]

彝族医药古籍，正文为彝文。《造药治病书》又叫《此母都齐》，是在四川省甘洛县发现的，全书用凉山彝文书写。此书成书年代不详，后经沙光荣翻译，郝应芬、李耕冬整理成汉文本。从翻译整理后的情况来看，其充分反映了凉山彝医的特点，不论在用药方面，还是在治疗方法上，都与云南其他地区的彝医有一定的区别。《造药治病书》载述了内、外、妇、眼、杂病及许多畜病。在论治疾病时，其不是笼统地叙述患某病用某药，而是遵循治病求本原则，病因不同，治则各异。《造药治病书》中记载的内科疾病，包括哮喘、咳嗽、头昏、眼花、心发慌、虚瘦病、风湿和风毒、腹痛、胃痛、腹泻、痢疾、肝病、肺病；外科疾病，包括疮疡类、皮肤病类、外伤类等；眼科病，包括胬肉攀睛、迎风流泪、火眼、飞丝、视物不明、外伤；妇科病，包括月经过多、胎衣不下、妊娠恶阻、不孕症、产后腹痛、堕胎、闭经、小腹痛、月经不调等，还记述了避孕方法；儿科疾病，包括麻疹、夜啼哭、夜尿、乳糜尿；杂病，包括疟疾、牙痛、肾痛、恶性传染病（瘟病）、鼻痛、性交后尿闭，以及口、眼破溃。此外，还记载了大量兽医治疗方法。此书为研究凉山彝族医药学提供了理论和文字依据。复印件，收藏于云南中医药大学（原云南中医学院）、楚雄州图书馆。

0729《择日占病经》

彝族医药古籍，正文为彝文。该书放置于手抄专柜中。手抄本，收藏于楚雄彝族自治州图书馆·中国彝族文献图书馆。

0730《赠嫫尼书额则》

彝族医药古籍，正文为彝文。2007 年 7 月，李国文在峨山县民宗局对李增华调查整理书目信息。绵纸，1 册，不分卷，50 页，线订册叶装，页面 295×265 毫米，麻布护封。成书年代为清光绪三十三年（1907 年），毕摩柏玉璋传抄。彝族历算占卜经书，译名《星象占卜书》，其中汇集了《占病经书》《星象占卜书》两部占卜经书。李国文项目调研成果，收藏于玉溪市峨山彝族自治县民宗局（李增华）。

0731《赠嫫尼书额则》

彝族医药古籍，正文为彝文。2007 年 7 月，李国文在峨山县民宗局对李增华调查整理书目信息。绵纸，1 册，共 98 页，线订册叶装，尺寸 280×255 毫米，保存完好，著者佚名。译名《星象占卜书》，属滇中彝族毕摩经师常用经书，书中汇集了《占卜女儿出嫁时辰》《占儿子娶媳时辰》《择吉凶日》《占儿女生辰星相》《占夫妻相配生辰》《占生儿娶媳庚年》《占病因》等篇内容。李国文项目调研成果，收藏于玉溪市峨山彝族自治县民宗局（李增华）。

0732《占目额叶麻》

彝族医药古籍，正文为彝文。2007 年 8 月，肖建华在丽江市宁蒗彝族自治县新营盘乡开发村对阿余双梯调查采集书目信息。绵纸，竹线装订，白布护封，页面 370×260 毫米，墨框 310×200 毫米，每页 12 行，每行 20 字，共 100 页，保存完好。此为占卜书之母篇，其内容与公篇、子篇有一定的内在联系，但公篇与母篇的内容侧重点不同，公篇偏重对人的生辰八字的测算、夫妇命宫的对碰与否、相合与否、每个人的“克克”（天赋的命运）运如何等；母篇则重在“推断”病理，“分析”病因并给出一定的“处方”。李国文项目调研成果，收藏于丽江市宁蒗彝族自治县新营盘乡开发村（阿余双梯）。

0733《哲格额》

彝族医药古籍，正文为彝文。2007 年 8 月，肖建华在丽江市宁蒗彝族自治县大兴镇干河子社区第五组的依火乌撒家调查采集书目信息。绵纸，竹线装订，白布护封，旧抄本，抄写年代不详，39 页，保存完好。“哲”系古代彝语，“疯”之意，“格”可理解为“治”，“哲格额”即“治疯病经”。疯源各种，经文的内容因疯源的不同而不同。李国文项目调研成果，收藏于丽江市宁蒗彝族自治县大兴镇干河子社区第五组（依火乌撒）。

0734《指路经》

彝族医药古籍，正文为彝文。收藏于楚雄彝族自治州图书馆·中国彝族文献图书馆。

0735《指路书》

彝族医药古籍，正文为彝文。《指路书》又名《人生三部曲》，彝语《卓莫苏》，由金国库老人和罗希吾戈先生译定。据推测，该书成书年代在明末清初之际。此书属彝族丧葬仪式唱诵的经书，内容主要讲死者的祖先某人曾在何地生息。“指路”是指给死者的灵魂指明道路，把死者的灵魂从当地沿着迁徙来的路线送回彝族祖先的发源地。但是，书中还记载了大量的医学理论，对一位彝族男子的生平活动进行描述及对妇幼保健、人体发育、胎产的认识运用唯物主义的思想进行了详细的论述。《指路书》对于产后接生保健是这样叙述的：“到你出生时将你地上放，阿爸拿刀来，割断你脐带，刀下血淋淋……”运用刀割断脐带后，会出血不止，对此书中记载着这样的处理方法：用火来烧脐带头。彝族的风俗习惯，对婴儿的处理是，从头到脚全身洗擦，至婴儿皮肤发红，以布紧裹婴儿，再由母亲哺乳。这反映了彝医对婴儿的护理喂养的认识。对于儿童的生长发育，记叙了婴儿降生3月至20岁的过程，书中说：“三月会笑，六月会跳（婴儿脚蹬之意），七月学会坐，八月学会爬，九月开始站立……”在形容这过程时，书中这样写道：“你还没站稳，伸脚就想走，只见你跌倒。”在描写婴儿的喂养时，书中说：“阿爸端来饭，让你饱饱吃，喂得你打噎。”当进入青年时代，书中是这样记载的：“进入二十岁，成家好时光。”书中还记载了“亡人饥菜贫困厄运”，对中年因“恶梦”致病而亡进行了描述分析，并指出疾病由于饥寒、积劳成疾所致，“病了睡不好，病了吃不好，要想除病痛，快去把药找”。书中对采药的记载是，二三十人携带药篮、药锄上山采挖。此书反映了彝医提倡生病后积极博采众方给予治疗，而不是“降志屈节，钦望巫祝，告穷归天，束手受败”，这充分体现了唯物史观在彝族医学上的反映。收藏于云南中医药大学（原云南中医学院）。

0736《曝白笨书额则》

彝族医药古籍，正文为彝文。2007年7月，李国文在峨山县民宗局对李增华调查整理书目信息。这是彝族毕摩祭祀活动使用的“驱邪禳灾书”，书中汇集了“祭午时邪魔经”“驱鬼除邪经”“送鬼经”“占病书”“占儿女生辰经”“招病人灵魂经”等篇目。尺寸260×195毫米，后20页260×240毫米，共101页。李国文项目调研成果，收藏于玉溪市峨山彝族自治县民宗局（李增华）。

0737《作祭献药供牲经》

彝族医药古籍，正文为彝文。2007年8月，昂自明、李贵平在禄劝县至租村对王建文（彝族）调查整理书目信息。该书是茂山乡至租村王学光毕摩家保存的彝文典籍。王学光，男，彝族，已于2006年5月去世，享年67岁。据其子王建文介绍，王学光曾是远近闻名的毕摩，彝文水平在全县都较为出名，在世时邀请他的人络绎不绝，还曾被禄劝县民委聘为彝文翻译专家。全村60户360多人，彝汉族杂居的村寨里只有王学光一人是毕摩，为世代祖传。王学光还师从于张兴大毕摩，但自从他这一辈以后，家里再没有人学习彝文或从事毕摩这一行业。由于后人对经书的认识和重视程度不够，先后烧毁和丢弃了数本，现其家中仅存7部经籍，此书即在其中。李国文项目调研成果，收藏于昆明市禄劝彝族苗族自治县至租村（王建文）。

0738《作祭献药供牲经》（献药经）

彝族医药古籍，正文为彝文。《作祭献药供牲经》（以下简称《献药经》）是一部十分珍贵的彝族古典著作。此书写于明嘉靖十四年（1536年），是著名历史学家、社会学家马学良教授1947年在云南省禄劝彝族苗族自治县团街区安多康村彝族毕摩张文元家调查时发现的，后经其翻译整理成彝汉对照本。《献药经》中记载了很多医学理论，其内容涉及内科、妇科、儿科、外科、伤科、胚胎、采药、药物加工炮制等。其中内科记载了18种病症及其治疗，如冷病瘦病、落水得的病、寒热往来病、瘴气病、眼花目眩病、中毒身体消瘦病、哮喘病、哼病、嚎病、呃逆病等。妇科疾病中记载了不孕症、性淡漠症。儿科方面主要论述婴儿从生到成年的生长发育过程中不同阶段的生理特征及思维活动。外科疾病主要记载了癞病、痒病、痈疽的症状及治疗，且在癞病治疗中充分体现了同病异治的原则。伤科疾病中主要记载了跌打劳伤及犬咬伤的治疗。值得注意的是，在治疗伤科疾病时，由于受伤的环境不同，所用的药物也不同。在胚胎学中，从男女之间的恋爱过程，直到胎儿在母腹中的变化发育，都描写得生动形象。在采集药物中，从东南到西北，从高山到河流，无处不到。更有趣的是，采药姑娘采回药后，加工则属于小伙子的事。在药物加工炮制中，强调用最好的碓来舂，用最好的磨来磨，用铜锅来煎，用铁勺子来搅拌。对煎药也有一定的论述，当用武火将药液煮沸腾至罐口后，改文火煎煮，直到合适为止，再给病人服用。在论述药物疗效时，有"因无药而得病，得药而疾病除，擦上药啊病情轻，饮下药啊病痊愈"等的描述。遇到患者之死时，悲叹地指出：因为"疾病早来了一天，良药迟来了一日"。《献药经》中还记载了"兽类禽类药、蛙类蛇类药、畜类谷类药、蔬菜配制药"。《献药经》是一部较完整、较全面的彝族医学著作，共记有植物药9种、动物肉类药39种、胆类药28种，为研究彝族医学提供了较珍贵的资料。收藏于云南中医药大学（原云南中医学院）。

0739《玉溪地区彝文古籍译丛——哀牢山彝族医药》

彝族古籍再版影印译注文献，7-5367-0426-7，R291.7，正文为汉文、彝文。该书是根据哀牢山三部彝文医药手抄本进行整理翻译的，其依据彝族医书的习惯，按病症分类，共收录175种常见病的常见药方787个，用现代分类方法对920种彝族常用药进行鉴定。该书反映了彝族医药体系中某些药方对某些疑难病症有独特治疗作用。方开荣主编，聂鲁、赵永康、宋自华、罗光发、王正坤编，云南省玉溪地区民族事务委员会编写。昆明：云南民族出版社1991年第1版，纸质，铅印本，尺寸186×130毫米，共319页，233千字，有插图，右侧装订，平装，保存状况良好，保存环境良好，保存完好，收藏于云南省图书馆楚雄彝族自治州图书馆·中国彝族文献图书馆。

0740《玉溪地区彝文古籍译丛——哀牢山彝族医药》 [illegible]——[illegible]

彝族古籍再版影印译注文献。本书放置于手抄专柜中。手抄本影印件，收藏于楚雄彝族自治州图书馆·中国彝族文献图书馆。

0741《彝族毕摩经典译注（第二十三卷）——哀牢山彝族医药》 [illegible]（23[illegible]）——[illegible]

彝族古籍再版影印译注文献，978-7-5367-3869-0，K281.7：R291.7，并列题名为"Translations and Annotations of The Bimoscriptures of The Yi Ethnicminority"，正文为彝文。该书是根据20世纪80年代初，在新平、峨山、元江、通海等县进行的滇中南彝文古籍普查中发现的彝文古籍整理而成的，包括《底巴都龙者医药书》《老五斗李文政医药书》《洼垤李四甲医药书》《洼垤李春荣医药书》。夜礼斌、杨红卫主编，楚雄彝族自治州人民政府编写。昆明：云南民族出版社2007年出版，共409页（文献研究数据）。

0742《玉溪地区彝文古籍译丛——哀牢山彝族医药》（第02辑） [illegible]——[illegible]（[illegible]）

彝族古籍再版影印译注文献，7-5367-0426-7，R291.7/7，正文为汉文、彝文。该书为彝医古籍再版印刷。方开荣主编，聂鲁、赵永康、宋自华、罗光发编译，云南省玉溪地区民族事务委员会编写。昆明：云南民族出版社1991年9月第1版，纸质，铅印本，尺寸184×130毫米，共301页，233千字，无插图，右侧装订，平装，保存状况良好，保存环境良好，保存完好，收藏于昆明市盘龙区（昌永云）、云南中医学院图书馆。

0743《查诗拉书》 [illegible]

彝族古籍再版影印译注文献，正文为彝文。云南民族出版社出版的《查诗拉书》是一本流传在哀牢山地区彝族村寨中较为完整的殡葬祭词，它系统地介绍了哀牢山地区彝族的丧葬习俗。但是书中论述了不少彝族医学知识，如对新生儿期、婴儿期、幼儿期、幼童期、少儿期的生长发育过程进行了全面的论述。书中是这样叙述的："（新生儿期）你刚生下地，似个小苍蝇，又似林中蚊，实在又小嫩；出生第二天，呱呱叫不停；出生第三天，会饮母乳汁；你的亲啊爹，还有亲生娘，林中采艾草，箐里取清泉，屋外置锅桩，艾草煮一锅，你身擦一遍，母身洗一遍。（婴儿期）出生满了月，能分昼与夜；出生有两月，能认爹和娘；出生三个月，会叫阿格格，出生四个月，嘴会喝美味；出生五个月，嘴会吃美味；出生六个月，微笑露白牙；出生七个月，嘴里发布布（bubu）；出生八个月，会辨父母音；出生九个月，能坐平地稳。（幼儿期）到了一周岁，会爬出门槛；年满两周岁，门槛当马骑；年满三周岁，泥巴当饭煮。（幼童期）年满四周岁，会串亲戚门；年满五周岁，小狗当马骑；年满六周岁，知道采果吃；年满七周岁，随人去放牧。（少儿期）年满八周岁，跟着亲戚跑；年满九周岁，学会做事情；年满十周岁……（少年期）年满十一岁，绵羊当马骑；年满十二岁，放牧当主人；年满十三岁，带弓把鸟射；年满十四岁，会讲究衣着；年满十五岁，管理农作物；年满十六岁，请媒把亲说。”对死者的病情是这样描述的：“嗯——丧者哟，病人便是你，全身发木呆，从此得重病，开始脑袋疼，疼似脑汁化，随之身子痛，痛似身子熔，后来脚又痛，痛得断一般，请来大毕摩，来看你的病。”在看完病之后，所用的药物有如下几种：“寻来豹子胆，找来老虎胆，寻来野猪胆，找来山羊胆，寻来箐鸡胆，找来了牛黄，林中百样药，兽中各种胆，千样百样药，样样给你服。”对经过服药之后，病情进一步恶化，书中是这样论述的：“病情更加重，渐渐断了气。”人死了之后，尸体会腐烂发臭，书中是这样处理的：“嗯——丧者哟，你的僵尸啊，冰冷发臭气，得由你儿洗，若是不洗尸，尸体发臭气，尸体的臭气，伤害办丧人。”该书同前面介绍的《献药经》有很多相似之处，在计时方面都是用彝族古老的“十月太阳历”，在用药上大都使用胆类药，充分体现了彝族医药特色，并提出了很多卫生防备及处理措施。手抄，手抄本复印件，收藏于云南中医药大学（原云南中医学院）。

0744《明代彝医书》

彝族古籍再版影印译注文献，7-5067-0488-9，R291.7，正文为汉文、彝文。该书又名《齐苏书》，成书于明嘉靖四十五年（1566 年），早于《本草纲目》12 年，是对 16 世纪以前彝族医药比较系统的总结。作者佚名。全书按病名、药方、用法、禁忌、疗效等顺序排列，记载了内、外、妇、儿、骨伤、五官科疾病共 76 种，处方 243 首、药物 275 种。该书根据 1916 年古彝文手抄本整理出版。方文才主编，关祥祖、王步章、郭云仙注释校译。北京：中国医药科技出版社 1991 年 12 月第 1 版，纸质，铅印本，尺寸 188×132 毫米，70 千字，无插图，右侧装订，平装，保存状况良好，保存环境良好，保存完好，收藏于昆明市盘龙区（昌永云）。

0745《尼苏诺期》（元阳彝族医药）

彝族古籍再版影印译注文献，978-7-5367-3567-5，R291.7，正文为彝文。该书采用彝文原文、国际音标、汉文直译、汉文意译相结合的形式，记述了 86 种病症、248 个药方、462 味动植物及矿物药。白文光主编，元阳县彝族学会编写。2006 年 12 月收集。昆明：云南民族出版社 2009 年 4 月第 1 版，纸质，铅印本，尺寸 185×260 毫米，共 144 页，200 千字，有插图，右侧装订，平装，保存状况良好，保存环境优，保存完好，收藏于昆明市五华区（熊招）、楚雄彝族自治州图书馆·中国彝族文献图书馆。

0746《启谷署》

彝族古籍再版影印译注文献，7-5067-0489-7，R291.7，正文为汉文、彝文。该书是在贵州省仁怀县发现的一本彝文医药古籍，是贵州省仁怀县政协王荣辉同志保存的一本彝族医药古籍手抄本。此书是其继祖父陈国安保存的其祖父王鸿元遗留下来的医药书，有据可查保存了六代。为了不使此书受虫蛀或损坏，陈国安将其用笋壳包好，再用牛皮纸密封，然后用鸡蛋清涂抹烘干，藏于“香火”顶上的房屋草内，至今字迹清秀，完整无缺。其遗言称本书“不予公开，只能以男性代代相传”。此书成书年代难以考证，据遵义医学院华有德教授鉴定推测，“不会晚于明万历庚寅年”（存考）。《启谷署》经过翻译整理，经统计，记载有 5 门、38 类、263 方，其中有传染性疾病、呼吸系统疾病、消化系统疾病、血液循环系统疾病、生殖系统疾病、神经系统疾病，处方 76 个；妇科疾病有痛经、带下病、妊娠病、产后病、乳病、杂病等，处方 34 个；儿科有传染性疾病、消化系统疾病、营养性疾病、杂病等，处方 12 个；外科有痈疽、痔疮、疥癣、黄水疮、跌打劳伤、虫备咬伤、烫火伤等，处方 90 个；五官科有耳疮、眼红肿、鼻渊、牙痛、咽喉肿痛，方剂 51 个。此书是一部临床价值较高的彝医书，经临床验证，处方有效率达 95%以上，是研究彝族医学的一部很有参考价值的文献。王荣辉、关祥祖主编，晏和沙编译。北京：中国医药科技出版社 1991 年 12 月第 1 版，尺寸 188×129 毫米，120 千字，无插图，右侧装订，平装，保存状况良好，保存环境良好，保存完好，收藏于昆明市盘龙区（昌永云）。

0747《三马头彝医书》

彝族古籍再版影印译注文献，正文为彝文。《三马头彝医书》是 1986 年在云南省元江县洼垤三马头李四甲家发现的。此书没有记载具体年代，据考证，此书属于晚清彝族医学著作，全书均用彝文书写。《三马头彝医书》记载疾病 69 种，其中内科疾病 41 种、妇科 6 种、儿科 1 种、外科 16 种、喉科 1 种、伤科 1 种、中毒性疾病 3 种；记载药物 263 种，其中动物药 81 种（肉类 20 种、胆类 10 种、血类 6 种、皮毛类 14 种、脂类 2 种、分泌物 8 种、胎类 3 种、昆虫类 9 种、蛙蛇类 9 种）；记载粮食及化学类 15 种；记载植物药 168 种。此书的特点是在使用的药物中胆类、血类药较多，同时也记载了中毒的抢救方法。纸质，写本复印件，收藏于云南中医药大学（原云南中医学院）民族医药学院。

0748《彝族毕摩经典译注（第四十四卷）——武定彝族医药》 [illegible]
(44[illegible]) ——[illegible]

彝族古籍再版影印译注文献，978-7-5367-3887-4，K281.7：R291.7，正文为彝文。该书主要根据武定县高桥镇己梯彝村毕摩风学安实践多年和当地流传的彝药知识辑录而成，涉及470多种药物，收有570多个处方，分为药酒类、风湿类、解毒类、血毒类、皮肤类、五官类、疮类、妇科、儿科、内科、疑难病类。夜礼斌、杨红卫主编，楚雄彝族自治州人民政府编写。昆明：云南民族出版社2007年出版，共424页。

0749《医病好药书》 [illegible]

彝族古籍再版影印译注文献，7-5067-0488-9，R291.7/5，正文为汉文、彝文。《医病好药书》（彝语：可雌崇梭尼）的原写本，是彝族同胞用自己的文字手抄而成的。此书抄于清乾隆丁巳年（1737年冬月十八日）。书中记载疾病123种，其中内科疾病49种、妇科疾病13种、儿科疾病16种、外科疾病16种、伤科疾病13种、眼科疾病4种、中毒性疾病5种、意念性疾病7种。书中记载药物421种，其中动物药152种，在动物药中涉及分泌物8种、家禽及家畜类药物55种、野生动物及昆虫类药物89种；植物药269种，其中家种蔬菜36种、果树类15种、寄生类13种、树皮类18种、树心水类5种，其他综合类182种；矿物类药物5种。书中记载方剂280首，其中酒剂24首、蒸剂10首、汤剂188首、外用剂58首。书中还记载了按摩疗法、刮痧疗法、拔火罐疗法、拔水罐疗法。书的末尾注明了此书的珍贵性和来龙去脉，“此书是张毕摩的，是医人的书，他说抄来收藏，后送给老朋友阿达。张毕摩借来抄时，给了二两三钱银子。后来我借来抄时付了一两八钱碎银子、酒五瓶，还给了一床披毡。”由于当时印刷术不发达，这样珍贵的彝医书无法印刷，只有手工抄写。抄书人是一个彝族老“知识分子”，他在抄文后写道：“此书抄完了，从早抄到晚，天气冷，眼又花，手也摇，写得不好，请别生气。”此书的特点是中毒性疾病和意念疾病较多，药物中动物分泌物较多，植物药中寄生类药较多。此书在彝族医药古籍中是内容较为丰富的一本医学著作，是彝族珍贵的历史文献。关祥祖主编，方文才编注释译，清乾隆丁巳年刻抄。北京：中国医药科技出版社1991年12月第1版，纸质，铅印本，尺寸188×132毫米，70千字，无插图，右侧装订，平装，保存状况良好，保存环境良好，保存完好，收藏于昆明市盘龙区（昌永云）、云南中医药大学（原云南中医学院）民族医药学院。

0750《医病书》 [illegible]

彝族古籍再版影印译注文献，7-5067-0488-9，R291.7，正文为汉文、彝文。该书的彝文抄本形成于雍正八年（1730年），作者佚名，是介绍药物功用和单方、验方的著作。《医病书》是彝族医药彝文手抄本，1979年民族医药普查时在禄劝县团街区自租乡自租村王学光家发现，书末记载该书于清雍正八年（1730年）八月十五日写完。发掘后，有关专家对该书进行编译、注释，1991年12月中国医药科技出版社出版了彝汉对照本。《医病书》是目前发现的彝族医药古籍文献中篇幅较短的一本，记载疾病51种，其中内科病31种、妇科病6种、儿科病2种、外科病5种、眼科病3种、骨伤科病4种；记载药物104种，其中植物药72种、动物药32种；记载方剂70首，其中汤剂52首、酒剂14首、外用剂4首。《医病书》《医病好药书》以及《小儿生成书》《作祭献药供牲经》的发掘地点、语言文字和用药特点等较为相近，因此该书是研究北部彝语方言区彝族医药的重要资料。关祥祖主编，方文才、王步章、钱应喜编注释译。北京：中国医药科技出版社1991年12月第1版，纸质，铅印本，尺寸188×132毫米，25千字，无插图，右侧装订，平装，保存状况良好，保存环境良好，保存完好，收藏于昆明市盘龙区（昌永云）。

0751《彝族医药珍本集》

彝族古籍再版影印译注文献，7-5067-0488-9，R291.7，正文为汉文、彝文。此书将《明代彝医书》《医病好药书》《医病书》《药名书》《看人辰书》《小儿生长书》翻译成彝汉对照并加注释，既保持原意，又便于研究，是目前唯一保持原貌出版的彝族医药古籍。方文才主编，关祥祖、王步章、郭云仙、钱应喜编注释译。北京：中国医药科技出版社1991年12月第1版，纸质，铅印本，尺寸186×125毫米，165页，共132千字，无插图，右侧装订，精装，保存状况良好，保存环境良好，保存完好，收藏于云南中医药大学（云南中医学院）民族医药学院。

0752《红河彝族文化遗产古籍典藏》（第10卷）

彝族古籍再版影印译注文献，978-7-222-06450-8，K281.7/4035，正文为汉文、彝文。该套书分为20卷，该书为第10卷。该套书按创世史诗、叙事长诗、神话传说、民间故事、丧葬礼仪、驱秽除邪、祈福祭祀、天文历算、绘画艺术、医药卫生的顺序依次排列，收录范围以流传于红河哈尼族彝族自治州的彝文古籍为重点，共计收录滇南彝族文化遗产古籍善本、珍本及孤本93部，内含医药类内容。李涛、普学旺主编，红河哈尼族彝族自治州人民政府编写。昆明：云南人民出版社2010年4月第1版，纸质，铅印本，尺寸220×295毫米，共341页，360千字，有插图，右侧装订，精装，保存状况良好，保存环境良好，保存完好，收藏于楚雄彝族自治州图书馆·中国彝族文献图书馆。

0753《红河彝族文化遗产古籍典藏》（第13卷）

彝族古籍再版影印译注文献，978-7-222-06450-8，K281.7/4035，正文为汉文、彝文。该套书分为20卷，该书为第13卷。该套书按创世史诗、叙事长诗、神话传说、民间故事、丧葬礼仪、驱秽除邪、祈福祭祀、天文历算、绘画艺术、医药卫生的顺序依次排列，收录范围以流传于红河哈尼族彝族自治州的彝文古籍为重点，共计收录滇南彝族文化遗产古籍善本、珍本及孤本 93 部，内含医药类内容。李涛、普学旺主编，红河哈尼族彝族自治州人民政府编写。昆明：云南人民出版社 2010 年 4 月第 1 版，纸质，铅印本，尺寸 220×326 毫米，共 301 页，350 千字，有插图，右侧装订，精装，保存状况良好，保存环境良好，保存完好，收藏于楚雄彝族自治州图书馆·中国彝族文献图书馆。

0754《红河彝族文化遗产古籍典藏》（第 15 卷） [illegible]（15[illegible]）

彝族古籍再版影印译注文献，978-7-222-06450-8，K281.7/4035，正文为汉文、彝文。该套书分为 20 卷，该书为第 15 卷。该套书按创世史诗、叙事长诗、神话传说、民间故事、丧葬礼仪、驱秽除邪、祈福祭祀、天文历算、绘画艺术、医药卫生的顺序依次排列，收录范围以流传于红河哈尼族彝族自治州的彝文古籍为重点，共计收录滇南彝族文化遗产古籍善本、珍本及孤本 93 部，内含医药类内容。李涛、普学旺主编，红河哈尼族彝族自治州人民政府编写。昆明：云南人民出版社 2010 年 4 月第 1 版，纸质，铅印本，尺寸 220×295 毫米，共 281 页，305 千字，无插图，右侧装订，精装，保存状况良好，保存环境良好，保存完好，收藏于楚雄彝族自治州图书馆·中国彝族文献图书馆。

0755《红河彝族文化遗产古籍典藏》（第 16 卷） [illegible]（16[illegible]）

彝族古籍再版影印译注文献，978-7-222-06450-8，K281.7/4035，正文为汉文、彝文。该套书分为 20 卷，该书为第 16 卷。该套书按创世史诗、叙事长诗、神话传说、民间故事、丧葬礼仪、驱秽除邪、祈福祭祀、天文历算、绘画艺术、医药卫生的顺序依次排列，收录范围以流传于红河哈尼族彝族自治州的彝文古籍为重点，共计收录滇南彝族文化遗产古籍善本、珍本及孤本 93 部，内含医药类内容。李涛、普学旺主编，红河哈尼族彝族自治州人民政府编写。昆明：云南人民出版社 2010 年 4 月有第 1 版，纸质，铅印本，尺寸 220×295 毫米，共 347 页，360 千字，有插图，右侧装订，精装，保存状况良好，保存环境良好，保存完好，收藏于楚雄彝族自治州图书馆·中国彝族文献图书馆。

0756《红河彝族文化遗产古籍典藏》（第 17 卷） [illegible]（17[illegible]）

彝族古籍再版影印译注文献，978-7-222-06450-8，K281.7/4035，正文为汉文、彝文。该套书分为 20 卷，该书为第 17 卷。该套书按创世史诗、叙事长诗、神话传说、民间故事、丧葬礼仪、驱秽除邪、祈福祭祀、天文历算、绘画艺术、医药卫生的顺序依次排列，收录范围以流传于红河哈尼族彝族自治州的彝文古籍为重点，共计收录滇南彝族文化遗产古籍善本、珍本及孤本 93 部，内含医药类内容。李涛、普学旺主编，红河哈尼族彝族自治州人民政府编写。昆明：云南人民出版社 2010 年 4 月第 1 版，纸质，铅印本，尺寸 220×295 毫米，共 314 页，350 千字，有插图，右侧装订，精装，保存状况良好，保存环境良好，保存完好，收藏于楚雄彝族自治州图书馆·中国彝族文献图书馆。

0757《红河彝族文化遗产古籍典藏》（第 20 卷） [illegible]（20[illegible]）

彝族古籍再版影印译注文献，978-7-222-06450-8，K281.7/4035，正文为汉文、彝文。该套书分为 20 卷，该书为第 20 卷。该套书按创世史诗、叙事长诗、神话传说、民间故事、丧葬礼仪、驱秽除邪、祈福祭祀、天文历算、绘画艺术、医药卫生的顺序依次排列。收录范围以流传于红河哈尼族彝族自治州的彝文古籍为重点，共计收录滇南彝族文化遗产古籍善本、珍本及孤本 93 部，内含医药类内容。李涛、普学旺主编，红河哈尼族彝族自治州人民政府编写。昆明：云南人民出版社 2010 年 4 月第 1 版，纸质，铅印本，尺寸 220×295 毫米，共 283 页，305 千字，有插图，右侧装订，精装，保存状况良好，保存环境良好，保存完好，收藏于楚雄彝族自治州图书馆 · 中国彝族文献图书馆。

0758《彝族毕摩经典译注（第十三卷）——罗婺彝族歌谣选》 [illegible]（13[illegible]）——[illegible]

彝族古籍再版影印译注文献，978-7-5367-3850-8，K892.317，并列题名为“Translations and Annotations of The Bimo Scriptures of The Yi Ethnic Minority”，正文为汉文、彝文。该书共收录了“太阳女与月亮儿”“泰布郎与束虔妹”“三对男女传技艺”“孟合与维艳”“奇筱勇的故事”五个彝族民间故事。第 392—393 页为民族医药（有不老药）内容，夜礼斌、杨红卫主编，朱琚元、马旷源、李有贤、罗有俊、杨风江译注，楚雄彝族自治州人民政府编写。昆明：云南民族出版社 2007 年 12 月出版，纸质，铅印本，尺寸 298×218 毫米，共 545 页，6568 千字，有插图，右侧装订，精装，保存状况良好，保存环境良好，保存完好，收藏于云南中医药大学（原云南中医学院）民族医药学院。

0759《彝族毕摩经典译注（第六十卷）——罗婺彝族鸡卦书》 [illegible]（60[illegible]）——[illegible]

彝族古籍再版影印译注文献，978-7-5367-4563-6，B992.2，并列题名为“Translations and Annotations of The Bimo Scriptures of The Yi Ethnic Minority”，正文为汉文、彝文。该书收录了流传于武定和禄劝两县境内的卦书，内容包括鸡卦开卜经、鸡股骨占书、是卜鸡骨书、鸡卦卜病情、卜魂光鸡卦等。第 189—211 页，民族医药（鸡挂卜病情）。夜礼斌、杨红卫主编，朱琚元、马旷源、李有贤译注，楚雄彝族自治州人民政府编写。昆明：云南民族出版社 2009 年 12 月出版，纸质，铅印本，尺寸 298×218 毫米，共 440 页，7252 千字，有插图，右侧装订，精装，保存状况良好，保存环境良好，保存完好，收藏于云南中医药大学（原云南中医学院）民族医药学院。

0760《彝族毕摩经典译注（第五十二卷）——母虎神祭辞，楚雄彝族口碑文献》 [illegible]（52[illegible]）——[illegible]，[illegible]

彝族古籍再版影印译注文献，978-7-5367-4563-6，K892.317，并列题名为“Translations

and Annotations of The Bimo Scriptures of The Yi Ethnic Minority”，正文为汉文、彝文。该书内容包括两部分，第一部分为当地彝族民间在过虎神祭祀节时毕摩所诵祭经，第二部分是丧葬祭经。第 399—414 页，民族医药（寻医找药）。夜礼斌、杨红卫主编，朱琚元、马旷源、李有贤译注，楚雄彝族自治州人民政府编写。昆明：云南民族出版社 2009 年 12 月出版，纸质，铅印本，尺寸 298×218 毫米，共 584 页，7252 千字，有插图，右侧装订，精装，保存状况良好，保存环境良好，保存完好，收藏于云南中医药大学（原云南中医学院）民族医药学院。

0761《云南省少数民族古籍译丛——尼补木司：彝族撒尼祭奠词》

彝族古籍再版影印译注文献，7-5367-0492-5，K892.317。该书为云南省少数民族古籍译丛第 32 辑，是流传于云南省路南县彝族撒尼支系的一部彝文经典，反映了古代彝族人民对宇宙、自然、社会、人生的认识和理解，包括天地崩溃、驱邪气、开路、指路等 9 篇。黄建明、梁红译注，云南省少数民族古籍整理出版规划办公室编写。昆明：云南民族出版社 1991 年出版，共 197 页，收藏于云南省图书馆。

0762《云南省少数民族古籍译丛——尼苏夺节・彝族创世史诗》

彝族古籍再版影印译注文献，统一书号：M10184.146，K280.74-51/1，正文为汉文、彝文。该书为云南省少数民族古籍译丛第 5 辑，是一部彝族创世史诗，全诗由 10 个神话故事组成，从开天辟地、战胜洪水猛兽、栽种五谷、发展生产、婚姻恋爱、音乐舞蹈、金属采炼，一直写到民族风情、伦理道德和创造文字，内容丰富形式多样、情节动人、文字流畅，以浪漫主义的艺术手法描写了彝族人民历史发展的过程。除上述内容之外，该书还记载了大量的医药卫生知识。书中记载，有病要求医：“若要人不死，要把太医求，要把良药吃。娘占阿娘吉，娘别厄母病，天天去求神，日日去卜卦，早晚又刮痧，卜卦卦不利，求神神不灵。样样都做遍，病魔不脱身。寻思人世间，人人这样说，治病要煨药，吃药能治病。”该书在叙述采药的情景时是这样写的：“找药到肥阿，山高没人烟，水冷不见药。找药到沙阿，坡陡没人烟，箐深不见药……连续三昼夜，东西全备好，姑娘把药传。”因药配不全，吃了不见效，书中这样写：“送药给姑娘，姑娘把药熬，拿回家治病，药仍不见效。厄延急去求，才把实话告，要我真教你，须把真药找，你拿獐牙来，你拿獐爪来，再把麝香找。”因病缺药，延误了病情，书中是这样论述的：“找药艰又难，西阿去寻药，误了一时辰，去肥阿找时，误了二时辰，求药捕獐子，误了三时辰，煮药去砍柴，误了四时辰……待儿到家时，救母不可能。”对药物的功能认识，书中是这样论述的：“从此事以后，治病药倒有，长生药没有，不病药更无，病魔不间断，在人事不息。有病可医治，月有缺圆时，命有终尽时，长生不死药，实在真荒唐，药只能治病，人不免一死，万物皆如此。”从上述内容可以看出，彝医主张人生了病，要积极寻药治疗，而不能信奉鬼神；彝医还认识到，药物只能治病，而不能使人长生不老，因为这是自然发展客观规律。第 50—62 页，采药。李八一、昆白祖等收集翻译，孔昀、李宝庆整理注释，云南省少数民族古籍整理出版规划办公室编写。昆明：云南民族出版社 1985 年 12 月第 1 版，纸质，铅印本，尺寸 185×129 毫米，共 201 页，91 千字，无插图，右侧装订，精装，保存状况良好，保存环境良好，保存完好，收藏于云南中医药大学（原云南中医学院）。

0763《彝族毕摩经典译注（第十五卷）——宁蒗彝族祭祖安灵经》 [illegible]（15[illegible]）——[illegible]

彝族古籍再版影印译注文献，978-7-5367-3850-8，K892.317，并列题名 “Translations and Annotations of The Bimo Scriptures of The Yi Ethnic Minority”，正文为汉文、彝文。该书共收录 45 篇经文，共分两大类。第一类，祭祖安灵仪式中常用的经文有 35 篇，包括祝酒词、捉攫魂鬼、诵毕祖经、补五官残缺经、献药经等；第二类，祭祖安灵仪式中，特殊情况下才使用的有 10 篇，如先妣是因为难产而死的，祭祖安灵中采用除产妇污秽经等。第 30—40 页，民族医药（镇瘟疫防灾）。夜礼斌、杨红卫主编，朱琚元，马旷源、李有贤译注，楚雄彝族自治州人民政府编写。昆明：云南民族出版社 2007 年 12 月出版，纸质，铅印本，尺寸 298×218 毫米，共 354 页，6568 千字，有插图，右侧装订，精装，保存状况良好，保存环境良好，保存完好，收藏于云南中医药大学（原云南中医学院）民族医药学院。

0764《彝族毕摩经典译注（第二十卷）——丧礼祭辞，楚雄彝族口碑文献》 [illegible]（20[illegible]）——[illegible]，[illegible]

彝族古籍再版影印译注文献，978-7-5367-3850-8，K892.137，并列题名为 “Translations and Annotations of The Bimo Scriptures of The Yi Ethnic Minority”，正文为汉文、彝文。该书共分五大部分，“创世篇”主要叙述天地的产生、日月星辰的缔造、洪水淹天、人类再生、万物的来源等；“生死篇”主要反映了彝族先民的生死观；“延请毕摩解罪篇”主要叙述了延请毕摩和为亡者解罪孽的情形；“丧礼篇”主要叙述了为亡者作祭的准备工作，集中展示了彝族丧葬中的礼仪习俗；“作祭篇”反映了为亡者作祭的目的和意义，全面展示了彝族为亡者献饭、献牲、献药、指路、烧尸、叫魂等情节。第 387—393 页，民族医药（寻药）。夜礼斌、杨红卫主编，朱琚元、马旷源、李有贤译注，楚雄彝族自治州人民政府编写。昆明：云南民族出版社 2007 年 12 月出版，纸质，铅印本，尺寸 298×218 毫米，共 528 页，6568 千字，有插图，右侧装订，精装，保存状况良好，保存环境良好，保存完好，收藏于云南中医药大学（原云南中医学院）民族医药学院。

0765《彝族毕摩经典译注（第三十九卷）——丧礼祭辞，南华彝族口碑文献》 [illegible]（39[illegible]）——[illegible]，[illegible]

彝族古籍再版影印译注文献，978-7-5367-3875-1，K892.22，并列题名为“Translations and Annotations of The Bimo Scriptures of The Yi Ethnic Minority”，正文为汉文、彝文。该书收集于云南省南华县红土坡、五街、马街、兔街四个乡镇，按收集的先后为序，收录了红土坡彝族丧礼祭辞、五街彝族丧礼祭辞、马街彝族丧礼祭辞和兔街彝族丧礼祭辞四个部分。第98—106页，民族医药——找药；第343—347页，寻医找药的内容。夜礼斌、杨红卫主编，朱琚元、马旷源、李有贤译注，楚雄彝族自治州人民政府编写。昆明：云南民族出版社2008年10月出版，纸质，铅印本，尺寸290×218毫米，共460页，5390千字，有插图，右侧装订，精装，保存状况良好，保存环境良好，保存完好，收藏于云南中医药大学（原云南中医学院）民族医药学院。

0766《彝族毕摩经典译注（第三十七卷）——丧葬祭辞，永仁彝族口碑文献》 [illegible]（37[illegible]）——[illegible]，[illegible]（[illegible]）

彝族古籍再版影印译注文献，978-7-5367-3875-1，K892.22，并列题名为“Translations and Annotations of The Bimo Scriptures of The Yi Ethnic Minority”，正文为汉文、彝文。该书共收录祭辞54段，主要内容包括九个方面：一是追溯人的来源，总结人生历程；二是追溯天地万物的来源；三是追溯毕摩祖师法力无边；四是后家及亲友各行其职祭奠亡人；五是通过神话和传说，追溯祖灵牌的来源及象征意义；六是送魂；七是解凶除难；八是招魂；九是教导亡者如何赴阴等。第29—31页，民族医药（药祭）。夜礼斌、杨红卫主编，朱琚元、马旷源、李有贤译注，楚雄彝族自治州人民政府编写。昆明：云南民族出版社2008年10月出版，纸质，铅印本，尺寸298×218毫米，共481页，5390千字，有插图，右侧装订，精装，保存状况良好，保存环境良好，保存完好，收藏于云南中医药大学（原云南中医学院）民族医药学院。

0767《彝族毕摩经典译注（第三卷）——双柏彝族，火把节祭经》 [illegible]（3[illegible]）——[illegible]，[illegible]

彝族古籍再版影印译注文献，978-7-5367-3558-3，K892.317，并列题名为“Translations and Annotations of The Bimo Scriptures of The Yi Ethnic Minority”，正文为汉文、彝文。该书介绍了双柏彝族火把节祭经和丧葬祭经，其中包括迁徙地名、撵兔子、养畜种地、送秽、献酒、起土祭、火把节、过火节、天地源、养畜、种粮、除病、作祭、捡灵牌等。第276—283页，民族医药（除病）；第358—361页，献药经。夜礼斌、杨红卫主编，朱琚元、马旷源、李有贤译注，楚雄彝族自治州人民政府编写。昆明：云南民族出版社2007年4月出版，纸质，铅印本，尺寸298×218毫米，共488页，6860.16（1—10卷合计）千字，有插图，右侧装订，精装，保存状况良好，保存环境良好，保存完好，收藏于云南中医药大学（原云南中医学院）民族医药学院。

0768《彝族毕摩经典译注（第五十卷）——吾查》 [illegible]（50[illegible]）——[illegible]

彝族古籍再版影印译注文献，978-7-5367-3887-4，K892.317，并列题名为“Translations and Annotations of The Bimo Scriptures of The Yi Ethnic Minority”，正文为汉文、彝文。该书收录的经文分为气绝降财篇、子孙得财篇、缺十二物篇、开天辟地篇、育秧播种篇、祖先长寿篇、天产地现篇、日耀月亮篇、律政苛税篇、天地通婚篇等。第90—130页，民族医药（撵兽找药篇）。夜礼斌、杨红卫主编，朱琚元、马旷源、李有贤译注，楚雄彝族自治州人民政府编写。昆明：云南民族出版社2009年3月出版，纸质，铅印本，尺寸298×218毫米，共428页，296.75千字，有插图，右侧装订，精装，保存状况良好，保存环境良好，保存完好，收藏于云南中医药大学（云南中医学院）民族医药学院。

0769《西南彝志》 [illegible]

彝族古籍再版影印译注文献，K281.7，正文为彝文。该书叙述了彝族远古民族哎哺、尼能、什勺等的世象及历史，叙述彝族“君、臣、师”（祖、摩、布）宗法制度的形成、发展、完善过程，还述及彝族的一些重大历史事件，内含医药类内容。复印件，收藏于云南中医药大学（原云南中医学院）民族医药学院。

0770《云南省少数民族古籍译丛（第04辑）——夷僰榷濮（六祖史诗）》 [illegible]（04[illegible]）——[illegible]（[illegible]）

彝族古籍再版影印译注文献，统一书号：10184.148，I291.72，含民族医药内容。罗希吾戈、杨自荣翻译。昆明：云南民族出版社1986年3月第1版，共60页，收藏于云南省图书馆。

0771《宇宙人文论》 [illegible]

彝族古籍再版影印译注文献。该书记载，在五行成为人体雏形之后，就开始有生命运动，并仿着人体去发展变化，成为完整的人。天上有日月，人就有一双眼睛；天上有风，人就有气；天会雷鸣，人会说话；天有晴阴，人有喜乐；天有阴霾，人有心怒；天有云彩，人有衣裳；天有星辰八万四千颗，人有头毛八万四千根；天的周围三百六十度，人有骨头三百六十节。世间万物都是清浊二气构成的，人也如此。“人体的根本，正是形成天的青清之气与凝结成地的赤浊之气”。该书放置于手抄专柜中。手抄本，收藏于楚雄彝族自治州图书馆·中国彝族文献图书馆。

2. 彝族医药现代图书文献等

0772《哀牢本草》

彝族医药专著，7-5377-0530-5，R281.474/3。该书共载药材 752 味、组方 218 方，每个品种按来源、功用主治、用法用量、附注等项顺序编写。王正坤主编，周明康编。太原：山西科学技术出版社 1991 年 9 月第 1 版，铅印本，共 212 页，222 千字。

0773《彝族文化研究丛书——楚雄彝州本草》

彝族医药专著，7-222-02422-0，R281.474.2，正文为彝文。该书收录了 120 味彝族常用、疗效确切、来源清楚的药物。王敏、朱琚元主编，郭木玉编。昆明：云南人民出版社 1998 年 7 月第 1 版，铅印本，246 页，240 千字。

0774《峩山彝族药》(峨山彝族药)

彝族医药专著，正文为汉文、彝文。云南省玉溪地区药品检验所编写。纸质，铅印本，有插图。

0775《供牲献药经》

彝族医药专著，7-5367-0145-4，K892.317：R28。该书是彝族古典文献《作祭经》的一个组成部分，原书写于明嘉靖十四年（1535 年）。书中记载了很多医学理论，涉及内科、妇科、儿科、外科、伤科以及胚胎、采药、药物加工炮制等。张仲仁、普卫华译。云南民族出版社 1988 年出版，共 89 页。

0776《贵州彝族医药验方选编》

彝族医药专著，R289.5。王荣辉翻译整理。贵阳：贵州民族出版社 1990 年出版，共 120 页。

0777《彝汉针灸学》

彝族医药专著，7-5409-1305-3，R245/3132，正文为汉文、彝文。2010 年 9 月，四川民族出版社出版了彝文版的《彝汉针灸学》。江永生、海乃拉莫等编译，周建伟、久里拉编。成都：四川民族出版社 1996 年 6 月第 1 版，铅印本，共 840 页，496 千字，有插图。

0778《彝药本草》

彝族医药专著，7-5416-2321-0，R291.7。该书精选了彝药中具有代表性的 200 多种草药汇编成书，内容包括原文献、科属、形态、性味、功效、主治范围、有毒或无毒等，是一部图文并茂、全面记载彝药专著的精品图书。张之道主编。昆明：云南科技出版社 2006 年 8 月第 1 版，铅印本，共 216 页，352 千字，有插图，精装。

0779《彝药志》

彝族医药专著，统一书号：M14140.3，M14140.5，R291.7：R282.71。该书以彝药名

为正名，次列汉药名及其别名，主要记载彝医用药经验、识别特征和化学成分等内容，是新中国成立后我国的第一部彝药专著。20 世纪 70 年代以来，发掘整理出版了《医病好药书》《双柏彝医书》《启谷署》等一大批彝族医药古籍，编撰出版了《彝药志》《彝族医药荟萃》《彝族医药学》《中国彝族医学基础理论》《中国彝族药学》《彝医揽要》《彝族医籍录》《云南彝医药》等专著。其中，《彝药志》是云南省楚雄州药检所编著，由四川民族出版社出版发行的。全书共有 18 万字，记载 103 味彝族药。书中药名采取彝族名，附有汉名。书中编写体例分为彝药名、汉药名、文献记载、应用经验、典型病例、来源、识别特征、化学成分。该书附有彝药名索引、汉药名索引、拉丁学名索引，可供研究时查找使用。云南省楚雄彝族自治州卫生局药检所编写。成都：四川民族出版社 1983 年 9 月第 1 版，铅印本，共 265 页，184 千字，有插图。

0780《彝医动物药》 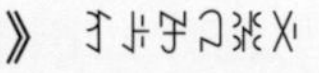

彝族医药专著，统一书号：14140.6，R282.74：R931.74。贺廷超、李耕冬编著。成都：四川民族出版社 1986 年出版，329 页。

0781《彝医揽要》 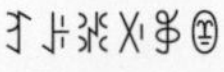

彝族医药专著，7-5416-2086-6，R291.7/1014，并列题名为“The Main Points of Ethic Chinese：Yi Medicine”，正文为汉文、彝文。该书由黄家医圈医院资助出版，较全面地记录和阐明了彝医药理论体系的脉络以及保护、继承、发展彝医药需要解决的认识问题。该书文字通俗、条理清楚、资料完整、内容翔实。王正坤编著，黄传贵审订。昆明：云南科技出版社 2004 年 8 月第 1 版，纸质，铅印本，共 339 页，有插图，精装。

0782《彝医药验方》 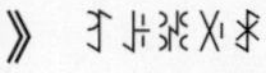

彝族医药专著，R291.7，版权页欠奉。

0783《彝医植物药》 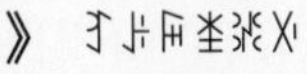

彝族医药专著，7-5409-0280-2，R282.71。该书共收载彝医传统使用的植物药 106 味，涉及药用植物 53 科 151 种，所附图谱有植物图 116 幅，每味药物项下有彝族药名、原植物名、彝医用药经验和按语四部分。李耕冬、贺廷超编著。成都：四川民族出版社 1990 年出版，230 页。

0784《彝医植物药·续集（修订本）》 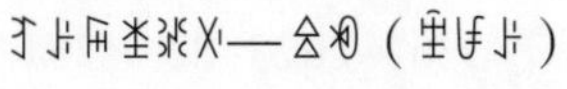

彝族医药专著，7-5409-0801-7，R282.71。该书收入彝医植物 115 个，分属 54 科 135 种药用植物，每种药物按汉、彝族药名及原植物，彝医用药经验和按语编排。李耕冬、贺廷超编著。成都：四川民族出版社 1992 年出版，共 207 页。

0785《彝医治疗学》 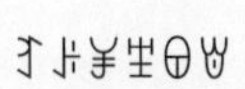

彝族医药专著，978-7-5660-0075-0，R291.704。该书分上、中、下三卷，上卷论述彝族历史与医药文化，内容包括彝族历史与医药文化、彝医治疗学、彝族历史、彝族医药文化、彝族传统医药文化中的哲学思想；中卷从风邪染疾、内科、儿科、妇科、皮肤科、骨伤科、中毒等方面介绍了彝医治疗学；下卷介绍常用彝药。李林森主编。北京：中央民族大学出版社 2011 年 9 月第 1 版，铅印本，共 248 页，300 千字。

0786《彝族动物药》

彝族医药专著。此书根据文献记载及民间习用的动物药 224 种进行分类编著。这些药物包括肉类 38 种、鱼蛇类 17 种、虫类 20 种、胆类 34 种、骨类 30 种、油类 15 种、血类 11 种、脏腑类 19 种、肾鞭胎卵类 15 种、分泌物类 11 种、皮毛类 8 种、排泄类 6 种。这么多的动物作为药用，实属少有。这本小册子是根据目前所掌握的彝族医药文献进行整理的，民间还有部分珍贵文献，由于诸种原因，笔者无法看到原稿，故未能详细介绍。笔者整理这本小册子，是让人们了解彝医很早就有文字记载，并保存下来众多的珍贵文献。贺廷超、李耕冬编著。成都：四川民族出版社出版。

0787《彝族验方》

彝族医药专著，7-5416-2287-7，并列题名为“The Experience of Treating A Disease in Yi Ethic Medicine”。该书内容包括内体病症用方、头面病症用方、管孔病症用方、口舌病症用方、肢体病症用方、体表病症用方、男性病症用方、女性病症用方、幼儿病症用方等。王正坤主编，黄传贵编。昆明：云南科技出版社 2007 年 2 月第 1 版，铅印本，共 340 页，620 千字，覆膜。

0788《彝族医药》

彝族医药专著，7-5067-0693-8，R291.7。该书分上、中、下三篇。上篇讲述彝族医药发展史，中篇论述彝医基础理论，下篇介绍临床各科 200 多个病种，载方 1000 余首。阿子阿越（1950—），汉名郝乃庆，彝族，任职于四川凉山州民族研究所。阿子阿越主编。北京：中国医药科技出版社 1993 年出版，共 320 页。

0789《彝族医药汇编》

彝族医药专著。李振国主编。纸质，彩印本，有插图，精装。

0790《彝族医药荟萃》

彝族医药专著，7-5367-2023-8，R291.7。该书对彝族医药及其基础理论进行了深入探讨，对建立彝医基础理论体系、指导临床治疗具有重要意义。同时，本书介绍了部分彝族药物、方剂及其科研成果。杨本雷主编。昆明：云南民族出版社 2000 年出版，共 125 页。

0791《彝族医药史》

彝族医药专著，7-5409-0431-3，R291.7/4052，正文为汉文、彝文。《彝族医药史》

是四川凉山彝族自治州卫生局1983年印刷并内部发行的。该书取材于云、贵、川彝族典籍和历史史料，是一部反映彝族医药发展史的专著，将彝族医药从远古到新中国成立前所经历的曲折道路做了一次概括性总结，并详细论述和探讨了彝族医药的发生、起源和发展，是对彝族医药史较为系统的一次研究。全书分上、中、下三篇，共八章。上篇论述的是原始社会的彝族医药。第一章是原始群落、医药的起源。书中谈到植物药，是在相当长的历史时期，通过人们对植物的口尝身试，一点一滴地积累起来的；在关于动物药的起源中谈到，彝族先民在狩猎及分割猎物中认识到各种动物的脏器能够治疗疾病，并且总结出一套使用动物药的方法；在矿物药的起源中谈到，尽管彝族医药中使用的矿物药很少，但它们的起源是很早的。最先使用的是天然矿物药，如天然硫磺、天然火硝、天然盐块。他们发现岩羊身上没有皮肤病和寄生虫，是因为岩羊常到有硫磺的地方去摩擦和洗澡。彝书《玛木特衣》中记载"牲畜要喂盐，盐会长成膘"，食盐不但能满足身体发育的需要，而且可以用来清洗伤口。在身体保健中谈到，为了保护身体，免遭动物及气候的伤害，彝民采用树叶、树皮、兽皮作为防护身体的材料。在药物加工炮制的论述中谈到，彝族先民在实践中已会简单使用木、石工具来砸碎药物，并且能够用火来烧煮药物。第二章是母系社会及医药的出现。大约在公元前4000年，彝族先民进入母系氏族社会，直到第四十一世杓亚脉，彝族才进入六祖父系扩大与各兄弟氏族通婚的时代。这时，彝族已能够认识并掌握植物开花季、花谢季、果熟季、叶落季，并能够区别植物的花、果、叶等，已能采用动植物药来治疗疾病。第三章是父系社会及医药的缓慢发展。这一时期不但能够治疗疾病，而且能够预防疾病。如实行火葬，从疟疾流行地搬离迁居。中篇论述了奴隶社会阶段、奴隶社会彝族医药，比之原始社会，有了进一步发展。由于彝族同汉民族的交往，医药上彼此之间亦有交流。如益州犀角、孟节与芸香草、救军粮等，在汉医药中已广泛运用。据史书记载，南诏石榴、武色吞寻药、用墨蛇治疗麻风、关于眼病的治疗等，都有很多传奇的故事。下篇论述封建领主社会，从937年到1950年，从南诏后期至新中国成立前夕。由于交通闭塞、奴隶主的封锁，凉山腹地较少受历代封建王朝的影响而保持着奴隶制度。在整个封建领主社会时期，彝族的社会、经济、文化都向前发展，其中医药方面不仅中医历代本草都收录了彝族的医药经验，而且还出现了彝族的医方性质的专书；彝族医药在药物、方剂、生理认识等方面，都取得一定成就。《彝族医药史》认为彝族医药萌芽于原始社会，在母系社会时期，彝族就利用土生土长的彝药内服、外敷治疗疾病。从现有资料看，彝族医药在明清时期已粗具规模，产生了一些彝医古籍，出现了大量的彝文医药手写文献，其中在楚雄州境内发现的《齐苏书》（即《明代彝医书》）成书于明嘉靖四十五年（1566年），早于《本草纲目》12年，是对16世纪以前彝族医药比较系统的总结。到了清代，彝族药制剂有了很大发展。李耕冬主编，贺延超撰（著）。成都：四川民族出版社 1990 年 5 月第 1 版，铅印本，共 214 页，166 千字。

0792《彝族医药学》

彝族医药专著，7-5367-0722-3，R291.7/8033，正文为汉文、彝文。该书分为彝文古籍、彝医基础理论、彝医治疗学、动物药、矿物化学类药等五部分。关祖祥主编。昆明：云南民族出版社 1993 年 9 月第 1 版，铅印本，共 891 页，600 千字。

0793《彝族医药学研究》

彝族医药专著。云南中医药大学（原云南中医学院）编写。1993 年 3 月出版，纸质，铅印本，77 页。

0794《彝族祖传食疗验方二百例》

彝族医药专著，7-81001-581-8，R247.1/1049，正文为汉文、彝文。该书记载了彝族食物疗法的相关验方。王荣辉著，晏朝辉译撰（著）。北京：中央民族学院出版社 1993 年 12 月第 1 版，铅印本，共 109 页，30 千字。

0795《香格里拉民族医药研究丛书——云南彝医药》（上）

彝族医药专著，978-7-5416-2696-8，R291.7。上卷收有部分彝医古籍方药，下卷记录有彝族药物 417 味。该书分为上、中、下三编。上篇介绍了彝族医学的来源、形成及发展历史，并简要概述了彝族医学的基础理论以及彝族医学理论的“三才”哲学观和临床意义；中篇详细论述了彝族医学理论的核心内容；下篇详细阐述了彝族医学理论的“诊法、生理、辩证、治则治法”体系。杨本雷、郑进主编，余惠祥、张超编。昆明：云南科技出版社 2007 年 12 月第 1 版，铅印本，共 262 页，800 千字。

0796《香格里拉民族医药研究丛书——云南彝医药》（下）

彝族医药专著，978-7-5416-2696-8，R291.7。上卷收有部分彝医古籍方选，下卷记录有彝族药物 417 味。该书分为总论和各论两大部分。总论阐述了彝药的基本理论，包括彝药的含义和特点、起源、命名和分类、药性和应用、资源和分布；各论一共收载我国西南地区彝医常用的彝药 417 味，并根据彝医应用的主要功能分为 15 类，按类分章详述了该类药的药性特点、功效和主治范围等。杨本雷、郑进主编，余惠祥、张超编。昆明：云南科技出版社 2007 年 12 月第 1 版，铅印本，共 588 页，800 千字。

0797《中国传统医学丛书——中国彝医》

彝族医药专著，7-03-003595-X，R291.7。该书阐述了彝族医药发展的源流、基础理论、常用药物和各种常见病的治疗方法等，并对现存彝族医药学文献作了评介。刘宪英主编，祁涛、关祥祖、陈耀宗、何明根编。北京：科学出版社 1994 年 8 月第 1 版，铅印本，共 266 页，207 千字。

0798《中国彝族民间医药验方研究》 [illegible]

彝族医药专著，978-7-5367-3825-6，R291.7/1088。该书在收集彝族民间医药单方、验方、秘方的基础上，全面系统地介绍了彝族民间治疗内科、儿科、妇产科、骨科、五官科的治疗经验。王敏主编，杨甫旺，张丽清撰（著）。昆明：云南民族出版社 2007 年 11 月第 1 版，铅印本，共 284 页，490 千字。

0799《国家中医药管理局民族医药文献整理丛书——中国彝族药学》 [illegible]——[illegible]

彝族医药专著，7-5367-3031-4，R291.7/9，正文为汉文、彝文。该书共分为 6 章，分别阐述了中国彝族药学的基本理论、彝药的含义和特点、彝药的起源和发展、彝药的命名和分类、彝药的药性，以及彝药的采集、加工、贮藏。杨本雷主编，余忠祥、钟继红、万家林编，云南省彝族医药研究所编写。昆明：云南民族出版社 2004 年 12 月第 1 版，影印本，共 709 页，1330 千字，有插图，精装。

0800《国家中医药管理局民族医药文献整理丛书——中国彝族医学基础理论》 [illegible]——[illegible]

彝族医药专著，7-5367-3030-6，R291.7/10，并列题名为“The Basic Theory of Ethnic Yi’s Herbal Medicine in China”，正文为汉文、彝文。该书分为总论，一元二气六路五行毒邪理论体系，诊法、生理、辨证、治则治法体系三编，讲述了彝族医药的历史、彝医的理论等内容。杨本雷主编，饶文举、腾洪、杨勤运编，云南省彝族医药研究所等编写。昆明：云南民族出版社 2004 年 12 月第 1 版，铅印本，共 238 页，420 千字，有插图。

0801《彝族古文献与传统医药开发国际学术研讨会论文集》 [illegible]

彝族医药论文集，7-5367-2395-4，R291.7。该书主要内容包括彝族医药理论研究、彝族医药理论探源、彝族医药古籍文献综述、努力继承和发扬彝医药遗产、彝医的临床用药及治疗特点等。李联会、黄建明主编，杨凤江、王其昕编，彝族古文献与传统医药开发国际学术研讨组委员会编写。昆明：云南民族出版社 2002 年 7 月第 1 版，铅印本，共 632 页，500 千字，有插图，精装。

0802《南涧彝族自治县民间草药验方选编（无量山区域）上、下册》 [illegible]（[illegible]）[illegible]

彝族综合文献。李富选编，南涧卫生局编写。1996 年出版，纸质复印件，共 61 页。

0803《云南省少数民族古籍译丛——裴妥梅妮　苏嫫（祖神源流）》

彝族综合文献，7-5367-0401-1，K892.317/4，正文为汉文、彝文。该书为汉语、彝语对照图书文献，是彝族的祭祖诗，包含民族医药内容。第84—101页，第十六篇挖药炼丹。师有福主编，阿者倮濮、罗希吾戈、杨家福编，云南省少数民族古籍整理出版规划办公室编写。昆明：云南民族出版社1991年6月第1版，铅印本，共320页，233千字，有插图。

0804《人文楚雄丛书——彝风管窥》

彝族综合文献，7-5367-3375-5，K892.317/5。该书以图文并茂、生动直观的方式介绍了彝族的祭祀与占卜、彝族的服饰和音乐舞蹈、彝族建筑文化、南华英武彝族民俗等。第30页，毕摩对传统医药的贡献，约200字。张方玉主编。昆明：云南民族出版社2006年5月第1版，纸质，铅印本，共263页，有插图，覆膜。

0805《彝文古籍整理与研究》

彝族综合文献，978-7-105-09576-6，G256.1。该书介绍了古彝文及其典籍文献研究综论、彝文古籍的地区类型、彝文古籍征集与收藏情况述要、彝族历史典籍与文学作品及文论的整理研究、彝文医药典籍与天文历法论著的整理研究等内容。朱崇先著。北京：民族出版社2008年9月出版，共499页。

0806《彝学探微》

彝族综合文献，978-7-81112-443-9，K281.7。该书介绍了彝族宇宙观与彝族原始宗教、彝族语言文字、彝族奇特文字考释、彝族文学、彝族文化、禄劝彝族民间契约等内容。张纯德、李崑著。昆明：云南大学出版社2007年出版，共263页。

0807《云南民族文化大观丛书——彝族文化大观》

彝族综合文献，7-5367-1834-9，K281.7/5。除了彝文的医学书籍外，在彝族地区，还有广泛口传和世代继承的医药知识。彝族民间医生遍布各地，他们配制的各种土药，很多都有奇效，如云南彝族曲焕章创制的“百宝丹”，现在已发展成为饮誉世界的“云南白药”，它是医治创伤和止血消炎的特效良药。此外，还有用“蛇卡得”治疗毒蛇咬伤，用“季敲诗”治疗支气管炎和黄疸型肝炎，用“肉己勃齐”治疗跌打损伤，用大拿筋、九股牛、地蜈蚣煮服治疗膀胱结石，用扎针治疗脑膜炎，等等。这些彝族“土方药”，在医治各种疾病方面都有奇效。彝族对麻风病有特殊的治疗方法，很早就用火硝和硫磺治疗皮肤寄生病。彝族医生诊断疾病也有独特的方法，他们看舌头和耳朵诊断病情，与中医的脉诊不同。除了根据病情配制草药内服和外敷外，他们还用拔火罐、熏洗、按摩、扎针、开刀、接骨等方法治病。对于传染病，他们很早就知道采用隔离的方法。第 781—800 页，第十四章医药卫生。格桑顿珠、张建华主编，马化清、高广、段金录、袁晓林编，云南省民族事务委员会编写。昆明：云南民族出版社 1999 年 9 月第 1 版，铅印本，共 945 页，760 千字，有插图。

0808《中国少数民族现状与发展调查研究丛书 · 彝族卷（昭觉县）》

彝族综合文献，7-105-03641-9，D633.3：D633.355。本卷共分综合篇、典型篇、专题篇三部分，反映了昭觉县彝族地区政治、经济、文化教育和社会各方面的现状及未来发展趋势。史金波等撰著，中国社会科学院民族研究所编写。北京：民族出版社 2011 年第 1 版，纸质铅印本，300 页。

0809《中国彝族通史纲要》

彝族综合文献，7-5367-0750-9，K281.7/10。《中国彝族通史纲要》由《中国彝族通史》编委会编辑，是研究彝族历史文化和发展的成果汇集，整理了彝族史研究及彝文典籍整理研究的成果。第 168—169 页，彝族的医学，约 1200 字。陇贤君主编，《中国彝族通史》编委会编写。昆明：云南民族出版社 1993 年 5 月第 1 版，铅印本，共 324 页，236 千字，覆膜。

3. 彝族医药检索工具书等

0810《彝族医籍录》

彝族医药文献检索工具书。成都：成都军区民族民间医药研究所。

0811《云南省中药材标准 2005 年版 · 彝族药（一）》（第 02 册）

彝族文献检索工具书，978-7-5416-2551-0，R282-65/3。该册标准收载品种均为彝医临床用药，涉及云南省 16 个药品生产企业生产的 36 种成药处方用药材和 6 种医院制剂。杨无茂主编，方海云、马军、豆涛编。昆明：云南科技出版社 2007 年 3 月出版。

0812《云南省中药材标准 2005 年版 · 彝族药（二）》（第 04 册）

彝族文献检索工具书，978-7-5416-2797-2，R282-65/3，正文为汉文、彝文。该册收载了 51 个彝族药材标准，系统规定药材的质量控制指标及功能主治，突出了彝族医药的独特应用。杨元茂主编，唐聆燕、方海云、马军、豆涛编，云南省食品药品监督管理局编写。昆明：云南科技出版社 2008 年 1 月出版。

0813《云南省中药材标准 2005 年版 · 彝族药（三）》（第 06 册） [illegible]
2005[illegible]（[illegible]）（06[illegible]）

彝族文献检索工具书，978-7-5416-3748-3，R291.7-65/1408。该册收载了 52 个彝族药材标准，系统规定药材的质量控制指标及功能主治，突出了彝族医药的独特应用。云南省食品药品监督管理局编写。昆明：云南科技出版社 2010 年 2 月出版。

0814《中药别名速查大辞典》 [illegible]

彝族文献检索工具书，7-5077-1023-8，R282-61。该书包含彝族药等内容。李顺保主编。北京：学苑出版社 1997 年 3 月出版。

0815《红河彝族辞典》 [illegible]

彝族文献检索工具书，7-5367-2427-6，K281.7-61/1。该辞典分为 13 类，共收入 3544 条辞目，包括自然地理人口、历史建制、经济科技、教育文化、哲学宗教、语言文字文学、音乐舞蹈、工艺美术、文物名胜、体育卫生等，其中体育卫生辞类含有民族医药信息。师有福主编，施友万、童家昌、龙倮贵、张智明编。昆明：云南民族出版社 2002 年 7 月出版。

0816《红河彝族文化遗产古籍典藏》（第 05 卷） [illegible]（05[illegible]）

彝族文献检索工具书，978-7-222-06450-8，Z121.7。该书共 20 卷，收录了 93 部彝文典籍珍本，按创世史诗、叙事长诗、神话传说、民间故事、丧葬礼仪、驱秽除邪、祈福祭祀、天文历算、绘画艺术、医药卫生的顺序依次排列，收录范围以流传于红河哈尼族彝族自治州的彝文古籍为重点，并适当兼顾玉溪市等其他红河流域彝族地区的彝文古籍。李涛、普学旺主编，红河哈尼族彝族自治州人民政府编写。昆明：云南人民出版社 2010 年出版。

0817《红河彝族文化遗产古籍典藏》（第 06 卷） [illegible]（06[illegible]）

彝族文献检索工具书，978-7-222-06450-9。该书分为 20 卷，按创世史诗、叙事长诗、神话传说、民间故事、丧葬礼仪、驱秽除邪、祈福祭祀、天文历算、绘画艺术、医药卫生的顺序依次排列，收录范围以流传于红河哈尼族彝族自治州的彝文古籍为重点，共计收录滇南彝族文化遗产古籍善本、珍本及孤本 93 部。红河哈尼族彝族自治州人民政府编写。

0818《红河彝族文化遗产古籍典藏》（第 07 卷） [illegible]（07[illegible]）

彝族文献检索工具书，978-7-222-06450-10。该书分为 20 卷，按创世史诗、叙事长诗、神话传说、民间故事、丧葬礼仪、驱秽除邪、祈福祭祀、天文历算、绘画艺术、医药卫生的顺序依次排列，收录范围以流传于红河哈尼族彝族自治州的彝文古籍为重点，共计收录滇南彝族文化遗产古籍善本、珍本及孤本 93 部。红河哈尼族彝族自治州人民政府府编写。昆明：云南人民出版社 2010 年出版。

0819《红河彝族文化遗产古籍典藏》（第 12 卷） [illegible]（12[illegible]）

彝族文献检索工具书，978-7-222-06450-8，正文为汉文、彝文。李涛、普学旺主编，红河哈尼族彝族自治州人民政府编写。昆明：云南人民出版社 2010 年 7 月出版。

0820《楚雄彝族自治州图书馆馆藏彝族文献书目提要》（第 01 卷） [illegible]（01[illegible]）

彝族文献检索工具书，978-7-5367-3974-1，Z822.1。该书收录彝族文献书目提要目录 2240 种，包括书名、作者、卷数、藏者、出版年代、出版者、主要内容和篇目等项。姜荣文主编，龙伟、张欲辉编。昆明：云南民族出版社 2008 年 1 月出版。

0821《峨山彝族古籍编目》 [illegible]

彝族文献检索工具书。流传于峨山广大彝族民间的彝文古籍文献，通过普查收集工作，目前除有少部分残存于民间毕摩经师或毕摩后人家庭外，绝大部分被县民委收集，这些已被收集的古籍共有 76 本，统一保存在民族宗教事务局民族语言文字研究室办公室三层板木柜的最高一台中，由李增华先生专人保管。76 本彝文经书中，有 59 本分别属于 1984 年到 1990 年收集，有 17 本书为李增华于 2004 年前后收集。李增华是彝族甸中镇大寨村委会旧寨村人，1986 年毕业于西南民族学院（现西南民族大学）民族语言文学系彝族语言文学专业，精通古彝文。李增华将这批古籍视如珍宝，其曾应云南民族事务委员会云南少数民族古籍整理出版规划办公室邀请，将原收集的 59 本彝文旧抄本整理成《峨山彝族古籍编目》铅印本，另 17 本属未编目之书，现据李增华先生所做工作，把两种彝文古籍文献分别以"李增华峨山彝族古籍编目收录文献名目"和"峨山县民宗局保存 17 本未编目彝古籍名录"列出。对前者，资料录用采取缩减法，只引录其大要；对后者，亦采取对每本书一一观察释读，并记述其基本内容。

0822《彝族古籍文献概要》 [illegible]

彝族文献检索工具书，7-5367-0815-8，G256.1：K281.7。该书对彝族古籍文献的起源、材料种类、制作方式、书面形式、语文特点、文献分类及其收藏与传播等进行了阐释，为全面系统认识其属性、特征奠定了基础，其中提到 16 种彝族医药古籍。黄建明（1954 年生），彝族，中央民族学院彝语教研室副主任、讲师，中国民族古文字研究会副秘书长。黄建明主编。昆明：云南民族出版社 1993 年 12 月出版，共 188 页

0823《中国少数民族古籍总目提要·贵州彝族卷（毕节地区）》 [illegible]·[illegible]（[illegible]）

彝族文献检索工具，978-7-5412-1783-8，Z838。该书收录了贵州彝族古籍条目 2911 条，内容涵盖历史、哲学、文学、教育、军事等诸多方面，真实记录了这个民族

的历史发展进程和文化发展轨迹。陈乐基、王继超主编，贵州省民族古籍整理办公室编写。贵阳：贵州民族出版社 2010 年出版，纸质，铅印本，共 609 页，有插图。

（四）纳西族（云南特有少数民族）医药及文献

纳西族是云南特有民族，2022 年第七次人口普查时，云南省纳西族人口为 30.3 万人，比 2010 年第六次人口普查时，减少了 0.57 万人，绝大部分居住在云南西北的丽江市，其余分布在其他县市。居住在丽江市古城区和玉龙纳西族自治县的纳西族占全国纳西族总人口的 68.5%。纳西语属于汉藏语系藏缅语族彝语支。

纳西东巴医药即纳西族传统医药，是生活在滇西北高原的纳西族先民们在长期的生产生活中与各种疾病作斗争的经验总结，包括在纳西东巴经这一“纳西族古代社会的百科全书”中用“目前世界唯一存活着的象形文字”记载的有关生命、健康与疾病相互关系的部分。纳西东巴医药受纳西先民的卢色学说、精威五行等古代哲学的影响，在认识疾病方面，把自然环境与疾病结合起来，体现了疾病的产生与变化和自然息息相关的理念，特别是对疼痛、男女疾病、胃肠疾病、中毒、小儿疾病等有较为深入的认识。在诊疗疾病时，能够辨证地因病施治，而不是简单地看待病与药之间的线性关系。

早在远古时期的东巴经中就有关于海螺、贝壳、鹿茸等药物的功效和纳西先民寻找药物等医药知识的记载。汉唐时期，纳西族社会生产得到发展，创造了象形文字，受到南诏与吐蕃的医药文化的影响，形成了纳西族巫教——东巴教，继而出现了大量的东巴经典，记述了从原始社会到封建社会的纳西族医药文化知识。如《崇仁潘迪找药》记载了药物，《点龙王药经》记载了乳为补益用，《神将药品经》记载了酒药。又如《布扎》（祭中风瘫痪鬼经）、《几扎普米》《驱瘟疫鬼经》《送毒鬼经》等，则完全是关于病魔、恶神、自然灾害的咒语。纳西族先民很早就以草药防病治病并延续至今，民间医多为巫医，他们在应用自己实用的医术治病的同时，也应用其他民族的医药手段治病[①]。

纳西族与中原民族有密切往来，中医中药传入丽江地区，并对纳西东巴医药产生了一定影响。明清时期，中医药的一些经典著作——《黄帝内经》《伤寒论》等在纳西族医生中广为流传，中医药对纳西东巴医药的影响较为显著。1950 年后，纳西族医药得到了长足的发展，1958 年丽江县创办制药厂；1965 年丽江县第五区茨科乡组建药片加工厂；1986 年丽江县药物资源普查小组搜集整理了 120 种纳西族药物，整理单方、验方 304 个。

对纳西东巴医药的专门研究，国内最早以 1958 年曾育麟教授的《玉龙本草标本图影》为代表，其次是 20 世纪 70 年代《丽江中草药》的出版，稍后的 20 年间亦有许多学者发表了概述性的论文数十篇。近十年来，纳西东巴医药研究取得了较丰富的成果，如《纳西东巴医药研究》对纳西东巴医药的发展史、研究状况进行了研究，并将纳西东

① 神秘的纳西古族医药简史（民族医药）[EB/OL] .http://www.100md.com.

巴文化中的自然观与纳西东巴医药的生命观、疾病观等结合起来，进行了拓展性研究。之后的《中国纳西东巴医药学》则从纳西东巴医学、纳西东巴民族药、重辑玉龙本草三个方面进行了深入研究①。纳西东巴医药也出现了巫医跳神治病现象，它将原始宗教的巫与医紧密地结合一起，首先是占卜、打卦根据卦的显示，决定治疗方式。一般是驱鬼念经，卦不显示，则跳神给药或施术，因此巫医一般掌握 20 多种药品，以及行施扎针、拔火罐、草药熏鼻、火草点穴、草药外用等方法。明朝以来藏族医药学术发展迅速，北移的纳西族与藏族混居并吸收藏医知识，纳西族医药形成多元性发展。清代，随着中医药的进入，纳西族医药增添了中医知识。民国时期，外国传教士带进西方医药，开设医院，传授西医药知识②。

清代道光二十年（1840 年），丽江鸣音乡冷水沟的大东巴阿普肯命有一册东巴医药专书《称恩说律》，书中记载有草药、动物药、矿物药 200 余种，阿普肯命据此行医，医术精深，当地人民甚为赞誉，此书在东巴之间相互传抄，为行医延寿之道。清代光绪二十年（1894 年），光绪丽江府志稿卷三物产部分载“当归俱以丽产号发他省”。这说明丽江种植当归药材已有 100 多年的历史，故丽江素有“药材之乡”的誉称。民国时期，和纯厚搜集玉龙本草标本 328 种，并将其压制整理成册，介绍了纳西族用药情况，是民族药与中药相结合的代表。

东巴象形文字和拼音文字，是纳西族历史文化积累、传播的重要载体与重要的工具。纳西文文献具有鲜明的特色，在内容形态、功能、种类等方面呈现出综合性、多元化的多发展方向。纳西象形文字本名“$\text{Sɚ}^{33}\text{tɕjə}^{55}\text{lv}^{33}\text{tɕjə}^{55}$”，意为“木石标记”或“见木画木，见石画石”。清代余庆远《维西见闻录》载：“麽些……有字迹，专象形，人则图人，物则图物，以为书契。”这里说的就是象形文字。象形文字无具体创制年代记载，纳西东巴象形文字主要有象形符号、表意符号及附加符号几个因素。方国瑜教授突破我国古文字学“六书”之说，第一次将象形文字的构造系统地归纳为“依类象形”“显著特征”“变易本形”“标识事态”“附益他文”“坨类合意”“一字数义”“一义数字”“形声相益”“依声托事”10 类。象形文字突出“写意”，主要表现为图画式的表意法、省略词语表意法、逐词逐句表意法三个方面。特别是随着纳西族地区旅游业的兴旺，象形文字的书写特色焕发出新的生命，不仅广泛应用于纳西族的日常生活中，还融于书法、绘画艺术中，而且以象形文字为图案或装饰的旅游产品已获国家专利，深受游客的喜爱。

纳西象形文字文献占首要位置的东巴经典籍，本语称“$\text{to}^{33}\text{ba}^{21}\text{t}^{\text{h}}\text{e}^{33}\text{ɣɯ}^{33}$”，意即“东巴的经书”，是专供东巴经师使用的文献。东巴典籍每卷都有封面和封底，纸张使用自制的特殊的粗厚绵纸（东巴纸），尺寸根据记载内容有长有短，各有不同。比如祭祀类

① 程鹏飞．纳西东巴医药文化社会功能的研究［D］．云南中医学院，2014.

② 神秘的纳西古族医药简史（民族医药）［EB/OL］.http://www.100md.com.

典籍长约 28 厘米、宽约 8.8 厘米，占卜类典籍长约 19 厘米、宽约 8 厘米；版式均由左至右，每记录一句或一段内容，就用横格竖线隔断，成书后用麻线装订成册，书尾一般不注典籍的写作年代，成套的典籍用夹板捆存，以便收藏保存。从内容看，东巴典籍所记载的内容广泛，对于社会历史、婚姻家庭、神话传说、轶事杂记及占卜祭辞、天文地理、医药、念经规程等无不详细记载。东巴医药典籍是纳西族东巴医药文化的载体，是了解、认识和研究纳西族医药历史、传统医药文化和交流的“百科全书”。19 世纪中叶，象形文字和东巴典籍引起法、美、俄等国学者的注意。1867 年，法国传教士德斯歌丁第一次将一份有 11 页的东巴典籍寄往巴黎，从此纳西象形文字及典籍开始在世界亮相。直至 20 世纪 90 年代，不断有学者致力于研究象形文字及其典籍，先后在国内外出版了一批收集整理而成的，以辞典类为主、研究类和普及类为辅的现代图书。这些图书的主要特点是收集、整理象形文字符并注音，用英文、法文、日文或中文进行解释，或者将东巴典籍逐句逐段对译、对照探索。其中，历代东巴经师是东巴典籍最专业也是最大的作者群体[①]。

课题组将收集到的纳西族医药文献题录分类整理如下：

0824《查看药物书，占卜，巴格占卜经》 

纳西族医药古籍，正文为纳西东巴文。2007 年 12 月，和力民在鲁甸乡新主村委会红光社对和盛典调查采集书目信息。李国文项目调研成果，收藏于丽江市玉龙纳西族自治县鲁甸乡新主村委会红光社（和盛典）。

0825《超度死者亡灵仪式，超度有眼疾亡灵使之复明经》 

纳西族医药古籍，正文为纳西东巴文。2007 年 12 月，和力民在鲁甸乡新主村委会红光社对和盛典调查采集书目信息。李国文项目调研成果，收藏于丽江市玉龙纳西族自治县鲁甸乡新主村委会红光社（和盛典）。

0826《超度死者亡灵仪式，崇忍潘迪献药经》 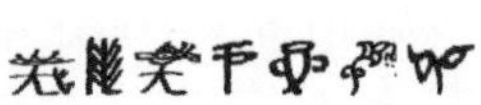

纳西族医药古籍，正文为纳西东巴文。2008 年 1 月，和力民在托甸村委会布落村对石佳阿等调查采集书目信息。李国文项目调研成果，收藏于丽江市宁蒗彝族自治县拉伯乡托甸村委会布落村（石佳阿等）。

0827《超度死者亡灵仪式，崇忍潘迪找药经》 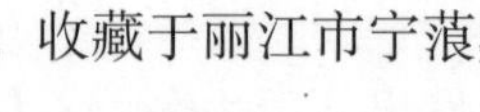

纳西族医药古籍，正文为纳西东巴文。2007 年 10 月，和力民在陇巴村委会 13 村对杨俊调查采集书目信息。李国文项目调研成果，收藏于丽江市玉龙纳西族自治县塔城乡陇巴村委会 11 村（杨俊）。

---

① 云南民族出版社民族文字出版中心 . 云南少数民族文字图书出版的历史与现状［Z］.

0828《超度死者亡灵仪式，崇忍潘迪找药经》 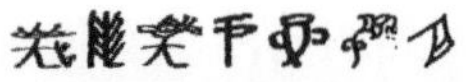

纳西族医药古籍，正文为纳西东巴文。2007 年 7 月，和力民在太安乡天红村委会天红村对杨学红调查采集书目信息。李国文项目调研成果，收藏于丽江市玉龙纳西族自治县太安乡天红村委会天红村（杨学红）。

0829《超度死者亡灵仪式，绸布之来历，以五色绸布献药》 

纳西族医药古籍，正文为纳西东巴文。2007 年 12 月，和力民在鲁甸乡新主村委会红光社对和盛典调查采集书目信息。李国文项目调研成果，收藏于丽江市玉龙纳西族自治县鲁甸乡新主村委会红光社（和盛典）。

0830《超度贤能者亡灵仪式，给贤能者献药》 

纳西族医药古籍，正文为纳西东巴文。2007 年 10 月，和力民在塔城乡陇巴村委会 9 村（俗名补妥下村）对和国秀（露鲁支系东巴）调查采集书目信息。此卷经书为和国秀家收藏的东巴经书之一。和国秀，1964 年出生，陇巴村委会 9 村（俗名补妥下村）东巴世家后裔。据他介绍，他家属于纳西族露鲁支系人家，其祖上三代以前是占卜东巴，到了祖父和四洋（1951 年去世）时，跟巴甸的大东巴和绍文学习祭祀经典。父亲和玉清（亦名和金堂），1982 年去世，享年 40 多岁，也是东巴。和国秀 15 岁开始向父亲学习查看日子的 3 本占卜经书，之后向洛固村委会的东巴和亮军学习《开丧仪式，用绵羊做牺牲祭献死者经》《开丧仪式，开路经》等。其家中至今仍保存有祖父传抄下来的东巴经书 70 余本，其中在一本祭素神仪式的除秽燃灯经中，篇末注明“皇帝民国十一年的狗年这年写的啊，和四洋我男儿活到 26 岁时的手迹啊，祝愿健康长寿”，所以这是 1922 年的抄本。他家的书主要是他祖父和四洋时代手抄的，字迹清秀、笔画流畅，经书虽是旧本，但保存完好，没有破损现象。其中祭祀经书的尺寸为 290 × 100 毫米、占卜经书大者 200 × 110 毫米，小者 150 × 100 毫米（5 本），折叠式左拉占卜经为 200 × 110 毫米。此外，他还保存有三幅东巴教的神像画幛，均为其祖父和四洋所画。李国文项目调研成果，收藏于丽江市玉龙纳西族自治县塔城乡陇巴村委会补妥下村（和国秀，露鲁支系东巴）。

0831《崇忍潘迪寻找金子和银子般珍贵的药》 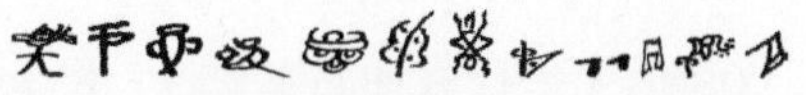

纳西族医药古籍，正文为纳西东巴文。2008 年 1 月，和力民在拉伯乡加泽村委会树枝村对石宝寿调查采集书目信息。李国文项目调研成果，收藏于丽江市宁蒗彝族自治县拉伯乡加泽村委会树枝村（石宝寿）。

0832《崇忍潘迪寻找起死回生药》 

纳西族医药古籍，正文为纳西东巴文。2006 年 8 月，和力民在四川省木里县俄亚乡拖丁村对英丹茨理等调查采集书目信息。俄亚纳西族乡位于滇川交界的四川省西南部。

乡境东隔水洛河与四川省木里县依吉乡和云南省宁蒗县拉伯乡相望，南与云南省玉龙县奉科乡和香格里拉市洛吉乡相邻，西与香格里拉市尼汝乡和德钦县接壤，北与四川省临城县相连。俄亚乡的纳西族分为两个支系，一是操纳西语西部方言自称为纳西的纳西族，据历史传说，他们是从丽江等地迁来的，他们的语言与丽江盆地纳西族语言差异不大，东巴经书文字也基本相同，主要居住在俄亚村委会；二是操纳西语东部方言日柯话的纳西族，他们的语言与丽江盆地和香格里拉市操西部方言的纳西族的语言有差别，文字上大部分相同，但少数字不同，他们主要居住在苏达、鲁司、卡瓦等村委会。村里的年轻东巴英丹茨理 2008 年 41 岁，他 20 岁时就主持开丧超度死者亡灵仪式，一直跟俄亚大村和本村的大东巴学习，自己又有汉文化知识，所以如今是年富力强的东巴，现在他还带着村里的两个学生。他保存有东巴经 13 个类别共 170 本，这些经书中夹杂有日柯支系纳西族东巴用的象形文字。其实，俄亚日柯派系的纳西东巴教文化与白地派系的东巴教文化都有相互交融的情况。李国文项目调研成果，收藏于四川凉山州木里县俄亚乡（当地民族与云南少数民族跨境而居）拖丁村（英丹茨理等）。

0833《给病人化符治病的咒语》 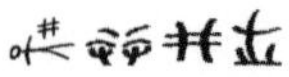

纳西族医药古籍，正文为纳西东巴文。2007 年 12 月，和力民在鲁甸乡新主村委会红光社对和盛典调查采集书目信息。李国文项目调研成果，收藏于丽江市玉龙纳西族自治县鲁甸乡新主村委会红光社（和盛典）。

0834《给活人献药》 

纳西族医药古籍，正文为纳西东巴文。2007 年 10 月，和力民在拉伯乡油米村对石玉吓调查采集书目信息。李国文项目调研成果，收藏于丽江市宁蒗彝族自治县拉伯乡油米村（石玉吓）。

0835《给署献药》（下卷叙述木牌的出处来历经） 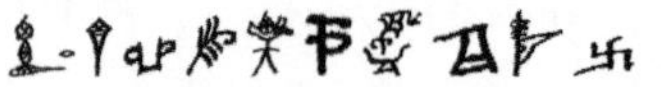

纳西族医药古籍，正文为纳西东巴文。2008 年 1 月，和力民在拉伯乡加泽村委会树枝对石宝寿调查采集书目信息。李国文项目调研成果，收藏于丽江市宁蒗彝族自治县拉伯乡加泽村委会树枝村（石宝寿）。

0836《给优麻神献药经》 

纳西族医药古籍，正文为纳西东巴文。2008 年 1 月，和力民在拉伯乡加泽村委会树枝村对石宝寿调查采集书目信息。树枝村全村 35 户，都是纳西族摩梭人（日柯）。石保布 2008 年 73 岁，属油米、树枝村一带有名的东巴。石宝寿 2008 年 37 岁，是大东巴石保布的三儿子，他家藏的经书有 300 多本，相当一部分是他父亲自 20 世纪 80 年代以来重抄的，部分是传抄自四川省木里依吉乡甲保村、争伍村东巴家的经书，部分传抄于油米村东巴家的经书，这些经书平时用夹板夹装，存放在家屋火塘边的神柜里，保存都比较完好。其中，与医药相关的经书有10余册。李国文项目调研成果，收藏于丽江市宁蒗彝族自治县拉伯乡加泽村委会树枝村（石宝寿）。

0837《给璪神献药的来历经》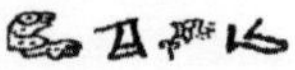

纳西族医药古籍，正文为纳西东巴文。2008年1月，和力民在拉伯乡加泽村委会树枝村对石宝寿调查采集书目信息。李国文项目调研成果，收藏于丽江市宁蒗彝族自治县拉伯乡加泽村委会树枝村（石宝寿）。

0838《花吕（即《咒语》和《古许吕》）（即占卜疾病原因的经书）（存目）》

纳西族医药古籍，正文为纳西东巴文。李国文于香格里拉市三坝乡对和开珍、树银甲等调查采集书目信息。迪庆藏族自治州香格里拉市三坝乡甲戛儿东巴收藏的东巴经书之一。甲戛儿东巴是白地吾树弯村人，又称吾树弯“别些家”的甲戛儿，1989年去世，享年82岁，是白地恩水弯村大东巴鸠干吉的弟子之一，其家中藏有60余册东巴经，其中有用藏语读音的《花吕》等经书，后被其儿子以物易物，不知去向。李国文项目调研成果，文献研究获得存目古籍信息。

0839《祭壬神仪式，献饭、献药及仪式规程》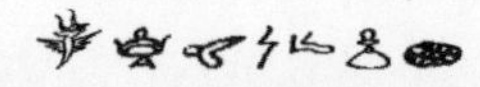

纳西族医药古籍，正文为纳西东巴文。2007年12月，和力民在鲁甸乡新主村委会红光社对和盛典调查采集书目信息。李国文项目调研成果，收藏于丽江市玉龙纳西族自治县鲁甸乡新主村委会红光社（和盛典）。

0840《祭署神仪式，崇忍潘迪找药经》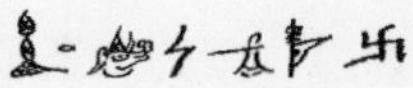

纳西族医药古籍，正文为纳西东巴文。（民族语言题名书写不同于上一册）2007年4月，和力民在玉龙县塔城乡陇巴村委会2村对陈四才、李文先调查收集书目信息。传抄，李国文项目调研成果，收藏于丽江市玉龙纳西族自治县塔城乡陇巴村委会2村（陈四才、李文先）。

0841《祭署神仪式，给署神献药经》

纳西族医药古籍，正文为纳西东巴文。2007年12月，和力民在鲁甸乡新主村委会红光社对和盛典调查采集书目信息。李国文项目调研成果，收藏于丽江市玉龙纳西族自治县鲁甸乡新主村委会红光社（和盛典）。

0842《祭署神仪式，举行祭仪陈述因由，署神之出处来历，给署神献药》

纳西族医药古籍，正文为纳西东巴文。2007年12月，和力民在鲁甸乡新主村委会红光社对和盛典调查采集书目信息。李国文项目调研成果，收藏于丽江市玉龙纳西族自治县鲁甸乡新主村委会红光社（和盛典）。

0843《祭署神仪式，举行祭仪陈述因由，署神之出处来历，给署神献药》

纳西族医药古籍，正文为纳西东巴文。民族语言题名书写不同于上一册。2007年12

月，和力民在鲁甸乡新主村委会红光社对和盛典调查采集书目信息。李国文项目调研成果，收藏于丽江市玉龙纳西族自治县鲁甸乡新主村委会红光社（和盛典）。

0844《祭署神仪式，署神之来历，给署神献药，招署神之魂》

纳西族医药古籍，正文为纳西东巴文。2007 年 4 月，和力民在玉龙县塔城乡陇巴村委会 2 村对陈四才、李文先调查收集书目信息。传抄，李国文项目调研成果，收藏于丽江市玉龙纳西族自治县塔城乡陇巴村委会 2 村（陈四才、李文先）。

0845《祭署神仪式，署神之来历，给署神献药经》

纳西族医药古籍，正文为纳西东巴文。2007 年 10 月，和力民在塔城乡陇巴村委会 9 村、12 村对杨志高、杨理、杨万清、和武、杨志坤等调查采集书目信息。杨志高，1953 年生，陇巴村委会 9 村（补妥下村）人，现保存有 7 本东巴经书。据说这些经书是他父亲乌纳向和国秀的爷爷和四洋要来的，经书书写风格与和国秀家的经书一样，保存完好。杨理，陇巴村委会 10 村（补妥上村）人。杨万清，陇巴村委会 10 村（补妥上村）人。据杨俊介绍，他家有祭天神经书一套 4 本。另外，本村和武家收藏有 8 本东巴经，属于祭天仪式的 4 本，祭署仪式的 1 本，占卜经 1 本。杨志坤家有一本海贝占卜经。李国文项目调研成果，收藏于丽江市玉龙纳西族自治县塔城乡陇巴村委会 10 村（杨万清、和武）。

0846《祭署神仪式，许愿，献药，还债》

纳西族医药古籍，正文为纳西东巴文。2007 年 4 月，和力民在玉龙县塔城乡陇巴村委会 2 村对陈四才、李文先调查收集书目信息。传抄，李国文项目调研成果，收藏于丽江市玉龙纳西族自治县塔城乡陇巴村委会 2 村（陈四才、李文先）。

0847《祭署神仪式，许愿，献药，还债经》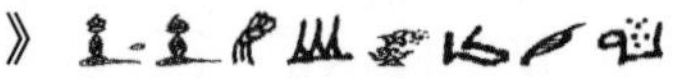

纳西族医药古籍，正文为纳西东巴文。2007 年 7 月，和力民在太安乡天红村村委会天红村对杨学红调查采集书目信息。李国文项目调研成果，收藏于丽江市玉龙纳西族自治县太安乡天红村村委会天红村（杨学红）。

0848《祭署神仪式，许愿署神，偿还署神的债，给署神献药》

纳西族医药古籍，正文为纳西东巴文。2007 年 12 月，和力民在鲁甸乡新主村委会红光社对和盛典调查采集书目信息。李国文项目调研成果，收藏于丽江市玉龙纳西族自治县鲁甸乡新主村委会红光社（和盛典）。

0849《祭水神大仪式留宿水神之规程，祭水神仪式规程，为病人做法事祭水神仪式规程》

纳西族医药古籍，正文为纳西东巴文。2008 年 1 月，和力民在拉伯乡加泽村委会树枝对石宝寿调查采集书目信息。李国文项目调研成果，收藏于丽江市宁蒗彝族自治县拉伯乡加泽村委会树枝村（石宝寿）。

0850《祭素神仪式，给素神献神药》 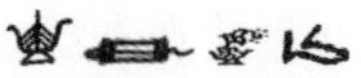

纳西族医药古籍，正文为纳西东巴文。2007 年 12 月，和力民在鲁甸乡新主村委会红光社对和桂生调查采集书目信息。和桂生，1957 年生，初中学历，新主村委会红光社人。其祖上有一名叫阿普林的人，是鲁甸有名的大东巴，善于巫术，阿普林之子为乌嘎，乌嘎之子乌布是个桑尼（巫师），善巫术，曾与大东巴和世俊结拜为兄弟，乌布之子为阿普茨里，阿普茨里之子为阮补，阮补之子是乌胡，乌胡就是和桂生的父亲。和桂生 5 岁就向祖父阮补学习抵灾仪式经文，当时不看经文只是听祖父念诵；23 岁时开始正式学东巴文经典，先是与本村的和学典学东巴文，用录音机录下经语，然后跟着录音机念诵；24 岁又拜和盛典为师系统学习东巴文字经典，现在他拥有祭神开丧仪式的东巴经书等 30 余本。本卷正在其中。尺寸 315×120 毫米，李国文项目调研成果，收藏于丽江市玉龙纳西族自治县鲁甸乡新主村委会红光社（和桂生）。

0851《祭素神仪式，叙述考神药之来历，给素神献考神药》 

纳西族医药古籍，正文为纳西东巴文。2007 年 12 月，和力民在鲁甸乡新主村委会红光社对和盛典调查采集书目信息。李国文项目调研成果，收藏于丽江市玉龙纳西族自治县鲁甸乡新主村委会红光社（和盛典）。

0852《祭素神仪式，叙述神药的来历，给素神献神药》 

纳西族医药古籍，正文为纳西东巴文。2007 年 12 月，和力民在鲁甸乡新主村委会红光社对和盛典调查采集书目信息。李国文项目调研成果，收藏于丽江市玉龙纳西族自治县鲁甸乡新主村委会红光社（和盛典）。

0853《祭天神地神居中的柏神仪式，献神药，许愿经》 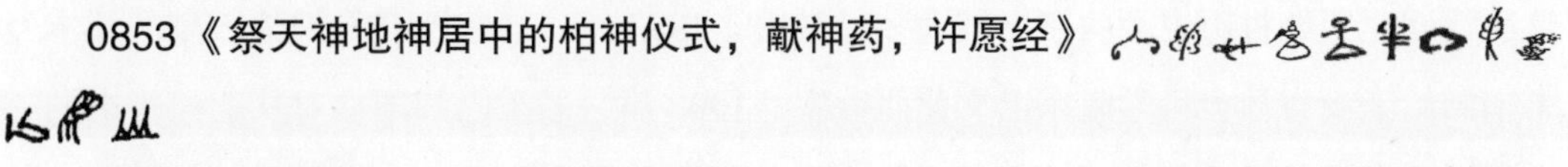

纳西族医药古籍，正文为纳西东巴文。2007 年 12 月，和力民在鲁甸乡新主村委会红光社对和盛典调查采集书目信息。和盛典，又名和圣典，1960 年生，高中学历，新主村委会红光社的人，是有名的东巴大师和世俊、和文质之族裔。和盛典小时候受父亲的影响七八岁时就向父亲学习祭祖、祭署、献药等仪式经典，父亲去世后他便开始做祭祖等日常祭祀仪式。1992 后，老一辈东巴相继过世，和盛典开始为村里做东巴教开丧仪式和祭署献药等仪式。从那时起，新主村以及鲁甸乡各地都邀请他做祭祀仪式。和盛典勤学好问，汉文化修养好，且从小学习并掌握东巴文，又受过国际音标记音及汉译训练，从 20 世纪 90 年代初起他就从民间个人手中借来东巴经书一本本地手抄，后来又到东巴文化研究所借来复印本传抄，其中少数是他从村子里收集来的前辈东巴的经书，有几本是鲁甸东巴和云章的手抄本，这些抄本是用厚白纸和竹笔书写的，他说是和云章送给他的，这可能是和云章20世纪80年代在东巴文化研究室手抄的，其余经书基本上都是和盛典个人的手抄本。据他家人说，和盛典一旦借到一本新的抄本，就会不知疲倦地去抄写。如今和盛典是鲁甸乡藏书量最多的东巴，也是鲁甸乡能做祭天、祭祖、开丧、求寿等较多仪式的东巴，并能够解读较多经书，他家的经书和东巴法器都放在正房楼上一间储藏室里。和盛典家收藏的东巴经书263册，一是种类较多，共23类；二是较为系统；三是书写较为规范美观；四是不断运用于祭祀活动中；五是成为鲁甸乡特别是新主村东巴学习的教材，常被学生们传抄。其中16册经书与医药有关。李国文项目调研成果，收藏于丽江市玉龙纳西族自治县鲁甸乡新主村委会红光社（和盛典）。

0854《祭天神仪式，求考神药经》

纳西族医药古籍，正文为纳西东巴文。2007年7月，和力民在太安乡天红村委会天红村对杨学红调查采集书目信息。历史上太安乡纳西族的东巴文化比较有名，曾出现过被称为“东方王”的东巴大师。清末至民国时期，今太安乡吉子村委会汝南化村东巴文化崛起，出现了康爸才、青爸严两位东巴以及其他大批东巴大师。1947年，汝南化村的什罗洞处举行东巴大法会，四方东巴都赶来参加，美国学者约瑟夫·洛克曾亲临此次盛会，这是当代纳西东巴文化史上的一次空前的标志性盛会。民国时期，许多中外学者慕名来到太安乡吉子村委会的吉子村和汝南化村，先后从这里收集了许多东巴经，如今这些东巴经被珍藏在国内外各个图书馆、博物馆和私人手中。20世纪50年代，许多民间珍藏的东巴经书遭到毁灭。20世纪80年代，东巴文化研究开始受到学术文化界的重视，1983年在丽江召开东巴达巴座谈会，太安乡的吉子、汝南、天红等村委会的多位东巴参加了座谈会。1999年10月首届国际东巴文化艺术节期间，太安乡的多位东巴也参加了这次活动。天红村历史上的东巴经大多已被毁。1983年，老东巴和石把他收藏的几本经书捐赠给云南省社会科学院东巴文化研究室。1998年，老东巴和国良对从七河借来的一些旧的东巴经进行传抄，这些经书多属东巴教开丧仪式经书。如今每个东巴都有一些属于自己使用的东巴经抄本，而拥有经书最多的要数杨学红东巴。杨学红，1952年生，太安乡天红村委会天红自然村人。1995年，他到黑龙潭丽江县博物馆做木工，其间向受聘在丽江县博物馆工作的太安乡吉子村委会汝南化村东巴和学文学习东巴文字经典，又拜本村的东巴和国良为师，学习象形文字，从和国良那里借来丽江七河后山的东巴开丧仪式经典抄写，后来又参加和力民创建的丽江纳西文化研习馆，学习东巴经文舞蹈和祭祀仪式规程。2000年，杨学红到丽江玉水寨神龙三叠水生态文化旅游公司做木匠，随后又成为该公司属下的东巴文化传承基地员工，在这里进行东巴文字经典舞蹈仪式的学习，并成为玉水寨的骨干东巴，他传抄的东巴经书共39类209本，包含一些医药类经书。李国文项目调研成果，收藏于丽江市玉龙纳西族自治县太安乡天红村委会天红村（杨学红）。

0855《祭天神仪式，神药之来历，献神药》 

纳西族医药古籍，正文为纳西东巴文。2007年10月，和力民在塔城乡陇巴村委会9村、12村对杨志高、杨理、杨万清、和武、杨志坤等调查采集书目信息。杨志高，1953年生，陇巴村委会9村（补妥下村）人，现保存有7本东巴经书。据说这些经书是他父亲乌纳向和国秀的爷爷和四洋要来的，经书书写风格与和国秀家经书一样，保存完好。杨理，陇巴村委会10村，（补妥上村）人。杨万清，陇巴村委会10村（补妥上村）人。据杨俊介绍，他家有祭天神经书一套4本。另外，本村和武家收藏有8本东巴经，属于祭天仪式的4本，祭署仪式的1本，占卜经3本。杨志坤家有一本海贝占卜经，和学清家有一套4本祭天经，和世新家亦有一套4本祭天经。本卷正在其中。李国文项目调研成果，收藏于丽江市玉龙纳西族自治县塔城乡陇巴村委会10村（杨万清、和武）。

0856《祭天神仪式，神药之来历，献神药》 

纳西族医药古籍，正文为纳西东巴文。2007年10月，和力民在塔城乡陇巴村委会9村、12村对杨志高、杨理、杨万清、和武、杨志坤等调查采集书目信息。杨志高，1953年生，陇巴村委会9村（补妥下村）人，现保存有7本东巴经书。据说这些经书是他父亲乌纳向和国秀的爷爷和四洋要来的，经书书写风格与和国秀家经书一样，保存完好。杨理，陇巴村委会10村（补妥上村）人。杨万清，陇巴村委会10村（补妥上村）人，据杨俊介绍，他家有祭天神经书一套4本。另外，本村和武家收藏有8本东巴经，属于祭天仪式的4本、祭署仪式的1本、占卜经3本。杨志坤家有一本海贝占卜经。李国文项目调研成果，收藏于丽江市玉龙纳西族自治县塔城乡陇巴村委会10村（杨万清、和武）。

0857《祭天神仪式，神药之来历，献神药》 

纳西族医药古籍，正文为纳西东巴文。2007年10月，和力民在陇巴村委会11村对杨俊调查采集书目信息。李国文项目调研成果，收藏于丽江市玉龙纳西族自治县塔城乡陇巴村委会11村（杨俊）。

0858《祭天神仪式，许愿、献饭、献神药》 

纳西族医药古籍，正文为纳西东巴文。2007年4月，和力民在玉龙县塔城乡陇巴村委会2村对陈四才、李文先调查收集书目信息。李文先，1938年出生，陇巴二村（拉市洛虑昌）的勒巴舞传人，掌握全套的勒巴歌舞艺术，是云南省文化厅命名的民间舞蹈师，他不仅传承了勒巴舞，还掌握东巴造纸技术，自20世纪90年代起学习东巴文和东巴祭仪，有东巴教祭天仪式等仪式经书。陈四才，1986年出生，小学文化程度，陇巴村委会

2村人，从小跟随外公李文先学习勒巴舞艺术，会唱许多塔城民歌，2000年10月到丽江东巴文化研究院学习东巴经典至今，参加过东巴教祭天、祭署、祭风、开丧等活动，他手抄的东巴经书共有15类115本，抄本依据主要是丽江东巴文化研究所编译出版的纳西东巴古籍译注全集。此卷即在其中。传抄，李国文项目调研成果，收藏于丽江市玉龙纳西族自治县塔城乡陇巴村委会2村（陈四才、李文先）。

0859《祭璪神仪式，给木牌上的鸡献药水经》（上卷） 

纳西族医药古籍，正文为纳西东巴文。2008年1月，和力民在托甸村委会布落村对石佳阿等调查采集书目信息。布落村属拉伯乡托甸村委会的一个村民小组，全村63户人300多人，主要居住有纳西族摩梭人（日柯），全村有8个东巴，每家都保存有数量不一的经书。石佳阿2008年46岁，祖传东巴第四代，目前家中保存的东巴经书共分13类，有100余册，为最全。李国文项目调研成果，收藏于丽江市宁蒗彝族自治县拉伯乡托甸村委会布落村（石佳阿等）。

0860《祭风仪式，请署神，给署神献药经》 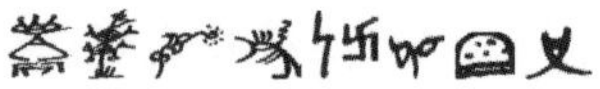

纳西族医药古籍，正文为纳西东巴文。2007年7月，和力民在太安乡天红村委会天红村对杨学红调查采集书目信息。李国文项目调研成果，收藏于丽江市玉龙纳西族自治县太安乡天红村委会天红村（杨学红）。

0861《解开使人生病的疾病之缠绳经》 

纳西族医药古籍，正文为纳西东巴文。2008年1月，和力民在拉伯乡加泽村委会树枝村对石宝寿调查采集书目信息。李国文项目调研成果，收藏于丽江市宁蒗彝族自治县拉伯乡加泽村委会树枝村（石宝寿）。

0862《开丧和超度死者亡灵仪式，给水龙和饶星还债，献药经》 

纳西族医药古籍，正文为纳西东巴文。2008年1月，和力民在托甸村委会布落村对石佳阿等调查采集书目信息。李国文项目调研成果，收藏于丽江市宁蒗彝族自治县拉伯乡托甸村委会布落村（石佳阿等）。

0863《看死因经》 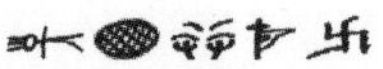

纳西族医药古籍，正文为纳西东巴文。2008年1月，和力民在拉伯乡加泽村委会树枝村对石宝寿调查采集书目信息。李国文项目调研成果，收藏于丽江市宁蒗彝族自治县拉伯乡加泽村委会树枝村（石宝寿）。

0864《念咒能解除三百六十种疾病和灾祸的经》 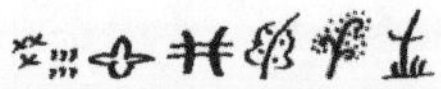

纳西族医药古籍，正文为纳西东巴文。2007年10月，和力民在塔城乡陇巴村委会9村（补妥下村）对和国秀（露鲁支系东巴）调查采集书目信息。此卷经书为和国秀家收藏的东巴经书之一。和国秀，1964 年出生，陇巴村委会 9 村（补妥下村）东巴世家后裔。据他介绍，他家属于纳西族露鲁支系人家。其祖上三代以前是占卜东巴，到了祖父和四洋（1951 年去世）时，向巴甸的大东巴和绍文学习祭祀经典，父亲和玉清（亦名和金堂），1982 年去世，享年 40 多岁，也是东巴。和国秀 15 岁开始向父亲学习查看日子的 4 本占卜经书，之后向洛固村委会的东巴和亮军学习。其祖父传抄下来的东巴经书 70 余本，其中在一本祭素神仪式的除秽燃灯经中，篇末注明“皇帝民国十一年的狗年这年写的啊，和四洋我男儿活到 26 岁时的手迹啊，祝愿健康长寿”，所以这是 1922 年的抄本。他家的书主要是他祖父和四洋时代手抄的，字迹清秀、笔画流畅，经书虽是旧本，但保存完好，没有破损现象。其中祭祀经书的规格为 290 × 100 毫米、占卜经书大者 200 × 110 毫米，小者 150 × 100 毫米（5 本），折叠式左拉占卜经为 200.5 × 110 毫米。此外，他还保存有 3 幅东巴教的神像画幛，均为其祖父和四洋所画。李国文项目调研成果，收藏于丽江市玉龙纳西族自治县塔城乡陇巴村委会补妥下村（和国秀，露鲁支系东巴）。

0865《请素神仪式，求取神药，抹酥油，求神赐威力附体》 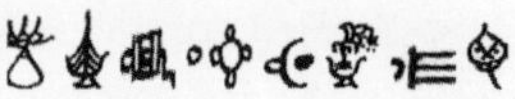

纳西族医药古籍，正文为纳西东巴文。2007 年 7 月，和力民在太安乡天红村委会天红村对杨学红调查采集书目信息。李国文项目调研成果，收藏于丽江市玉龙纳西族自治县太安乡天红村委会天红村（杨学红）。

0866《求胜利神赐寿岁仪式，神药之来历，给三百六十位嘎劳神献药》 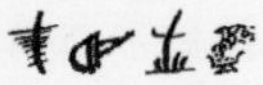

纳西族医药古籍，正文为纳西东巴文。2007 年 12 月，和力民在鲁甸乡新主村委会红光社对和盛典调查采集书目信息。李国文项目调研成果，收藏于丽江市玉龙纳西族自治县鲁甸乡新主村委会红光社（和盛典）。

0867《求胜利神赐寿岁仪式，叙述神药之来历，以神药祭献神灵》 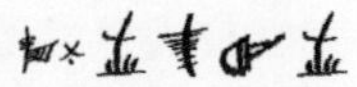

纳西族医药古籍，正文为纳西东巴文。2007 年 12 月，和力民在鲁甸乡新主村委会红光社对和盛典调查采集书目信息。李国文项目调研成果，收藏于丽江市玉龙纳西族自治县鲁甸乡新主村委会红光社（和盛典）。

0868《杀牛，迎请优麻神，给优麻神献药》 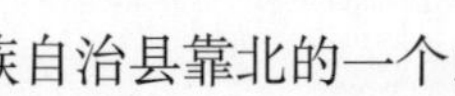

纳西族医药古籍，正文为纳西东巴文。2007 年 10 月，和力民在拉伯乡油米村对石玉吓调查采集书目信息。油米村是丽江市宁蒗彝族自治县靠北的一个山村，全村 353 人，是加泽村委会比较大的一个纳西族摩梭人（日柯）村落，主要有阿姓、杨姓和石姓 3 个。历史上他们就信仰东巴教，有传抄保存和使用东巴象形文字经典的传统，所使用的东巴象形文字中部分与丽江本地纳西族东巴经不同，称为日柯文，经书全用摩梭人（日柯）的语言记录。目前，该村健在的东巴还比较多，全村共有12人，他们每人手中都保存有或多或少的东巴经书。石玉吓东巴是东巴世家后裔，家藏东巴经十分丰富，据不完全统计，其所藏经书仅禳垛鬼大仪式的经书就有100余本，也有其他内容的大量经书，此卷正在其中。李国文项目调研成果，收藏于丽江市宁蒗彝族自治县拉伯乡油米村（石玉吓）。

0869《烧食之来历，药物之来历，粮食之来历，铎鬼之来历经》 

纳西族医药古籍，正文为纳西东巴文。2008年1月，和力民在拉伯乡加泽村委会树枝村对石宝寿调查采集书目信息。李国文项目调研成果，收藏于丽江市宁蒗彝族自治县拉伯乡加泽村委会树枝村（石宝寿）。

0870《射鹿，为鹿治病经》 

纳西族医药古籍，正文为纳西东巴文。该书还记载有为人治病的内容。2008年1月，和力民在拉伯乡加泽村委会树枝村对石宝寿调查采集书目信息。李国文项目调研成果，收藏于丽江市宁蒗彝族自治县拉伯乡加泽村委会树枝村（石宝寿）。

0871《生病做祭水神仪式给署神献祭粮经》 

纳西族医药古籍，正文为纳西东巴文。2008年1月，和力民在拉伯乡加泽村委会树枝村对石宝寿调查采集书目信息。李国文项目调研成果，收藏于丽江市宁蒗彝族自治县拉伯乡加泽村委会树枝村（石宝寿）。

0872《署酷》 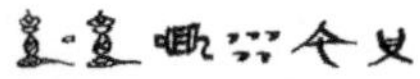

纳西族医药古籍，正文为纳西东巴文。2007年2月，和丽峰在宝山乡吾木村委会吾木村对和学义、和茂春、木光、六十胡等调查采集书目信息。和茂春东巴，男，纳西族，家住吾木村委会吾木村民小组上村。和茂春东巴很忙，村子里凡人家有事都要请他去做仪式的主祭东巴。他非常愿意把自己所拥有的东巴知识传授给村里的年轻人，希望年轻人能够继承他的东巴技艺，遗憾的是，其祖上传承了几代人的东巴，他的儿子却不愿意学习东巴。和其他纳西族人家一样，老东巴家的火塘设在住屋的正房里，常年烟熏火燎，火塘周围每一样东西都熏得黝黑，他家所保存的东巴经典就存放在火塘旁的木柜中，一般不会让外人看。这些经书中有10本是从祖上传下来的，书皮非常黑旧，其余经籍属近年的新抄本。其中《署酷》（又名《祭署　迎署神》）为旧抄本，主要为山区纳西族人家有人生病问卜或家有喜事时，东巴经师诵读此经，书共有14页，书面多黑点、泛黄，内页大部分已脱落，脱落部分已不成装订本，大都散页，有一页散页字迹不清，经书抄写年代无落款。李国文项目调研成果，收藏于丽江市玉龙纳西族自治县宝山乡吾木村委会吾木村（和学义、和茂春、木光、六十胡等）。

0873《为固和饶献药，分清固和饶经》

纳西族医药古籍，正文为纳西东巴文。2008 年 1 月，和力民在拉伯乡加泽村委会树枝村对石宝寿调查采集书目信息。李国文项目调研成果，收藏于丽江市宁蒗彝族自治县拉伯乡加泽村委会树枝村（石宝寿）。

0874《为生病的人念咒化符经》

纳西族医药古籍，正文为纳西东巴文。2007 年 12 月，和力民在鲁甸乡新主村委会红光社对和盛典调查采集书目信息。李国文项目调研成果，收藏于丽江市玉龙纳西族自治县鲁甸乡新主村委会红光社（和盛典）。

0875《寻找神药给素神献神药经》

纳西族医药古籍，正文为纳西东巴文。2006 年 8 月，和力民在四川省木里县俄亚乡拖丁村对英丹茨理等调查采集书目信息。李国文项目调研成果，收藏于四川凉山州木里县俄亚乡（当地民族与云南少数民族跨省而居）拖丁村（英丹茨理等）。

0876《以生病之时刻占卜病之吉凶经》

纳西族医药古籍，正文为纳西东巴文。2007 年 12 月，和力民在鲁甸乡新主村委会红光社对和盛典调查采集书目信息。李国文项目调研成果，收藏于丽江市玉龙纳西族自治县鲁甸乡新主村委会红光社（和盛典）。

0877《占卜类，以生病的日子来查看占卜吉凶经》

纳西族医药古籍，正文为纳西东巴文。2007 年 7 月，和力民在太安乡天红村委会天红村对杨学红调查采集书目信息。李国文项目调研成果，收藏于丽江市玉龙纳西族自治县太安乡天红村委会天红村（杨学红）。

0878《占卜类书，以生病日子查看吉凶经》

纳西族医药古籍，正文为纳西东巴文。2007 年 10 月，和力民在陇巴村委会 12 村对杨俊调查采集书目信息。李国文项目调研成果，收藏于丽江市玉龙纳西族自治县塔城乡陇巴村委会 11 村（杨俊）。

0879《招回嘎劳战神之魂，给战神献药》

纳西族医药古籍，正文为纳西东巴文。2007 年 10 月，和力民在拉伯乡油米村对石玉吓调查采集书目信息。李国文项目调研成果，收藏于丽江市宁蒗彝族自治县拉伯乡油米村（石玉吓）。

0880《玉龙本草标本图影》

纳西族古籍再版影印译注文献，统一书号：14116.19，R281，民族语言题名为纳西语，正文为汉文、纳西东巴文。《玉龙本草》是云南丽江地区的医药集成。该书民国三十四年（1945 年）成书。该书除有介绍“玉龙本草”的短文外，还有照片 95 帧，包括 328 种药材标本的图影，并记载有汉文名称。另外编有药名索引，便于读者查阅。曾育麟摄影、整理主编，云南省卫生厅药品检验所编写。昆明：云南人民出版社 1959 年 6 月第 1 版，纸质，影印本，共 104 页，有插图，右侧装订，平装，保存状况差，保存环境较差，有缺损，收藏于迪庆藏族自治州维西县永春乡拖枝大村三社（吉绍英）。

0881《云南省少数民族古籍译丛（第 07 辑）——纳西东巴古籍译注（01）》

纳西族古籍再版影印译注文献，民族语言题名为纳西语，为东巴文、国际音标、汉文对照本。云南少数民族古籍整理出版规划办公室编写。收藏于云南省图书馆。

0882《纳西东巴古籍译注全集》（第 01 卷） 

纳西族古籍再版影印译注文献，7-222-02540-5，K285.7，并列题名为“An Annotated Collection of Naxi Dongba Manuscripts”，正文为汉文、纳西文。《纳西东巴古籍译注全集》，共 100 卷，每卷收入十来种东巴经典，囊括了中外现存的各类东巴古籍，具有完整性、权威性。全集百卷统一采用直观的照译注体例——古籍象形文原文、国际音标注纳西语音、汉文直译对注、汉语意译，四层次依序并排，具有严谨的科学性，一目了然，便于阅读、研究和检索。象形文原文按古籍逐页扫描实录，保持原貌。全集百卷统一采用国际大 16 开本，精品装帧，体现了国际水平的文化学术品位和收藏品位。千余种东巴古籍在古代主要用于带有浓厚原始宗教色彩的纳西族东巴教仪式中，按其使用的属性，全集 100 卷以东巴教仪式诸类别顺序编卷，分为五大类。第 87—118 页，为祭天、献饭、点洒灵药等民族医药的内容。和开祥等释读，李例芬翻译，和发源校译，和万宝、和家修主编，赵世红、杨世光执行主编，东巴文化研究所编译。昆明：云南人民出版社 1999 年 9 月第 1 版，纸质，影印本，尺寸 290×212 毫米，共 390 页，588 千字，无插图，右侧装订，精装，保存状况良好，保存环境良好，保存完好，收藏于云南中医药大学（原云南中医学院）民族医药学院。

0883《纳西东巴古籍译注全集》（第 02 卷） 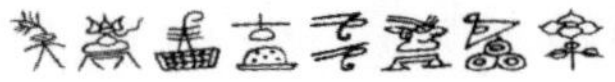

纳西族古籍再版影印译注文献，7-222-02540-5，K285.7，并列题名为“An Annotated Collection of Naxi Dongba Manuscripts”，正文为汉文、纳西文。第 108—251 页，迎素神、送里多敬酒；第 240—251 页，大祭素神、点洒神药、抹圣油、拉福分。和开祥等释读，李例芬翻译，和发源校译，和万宝、和家修主编，赵世红、杨世光主编，东巴文化研究所编译。昆明：云南人民出版社 1999 年 9 月第 1 版，纸质，影印本，尺寸 290×212 毫米，共 381 页，570 千字，有插图，右侧装订，精装，保存状况良好，保存环境良好，保存完好，收藏于云南中医药大学（原云南中医学院）民族医药学院。

0884《纳西东巴古籍译注全集》（第 04 卷） 

纳西族古籍再版影印译注文献，7-222-02540-5，K285.7，并列题名为“An

Annotated Collection of Naxi Dongba Manuscripts”，正文为汉文、纳西文。第 389—419 页，求仁仪式、献饭、施药及祭祀规矩。和开祥等释读，李例芬翻译，和发源校译，和万宝、和家修主编，赵世红、杨世光执行主编，东巴文化研究所编译。昆明：云南人民出版社 1999 年 9 月第 1 版，纸质，影印本，尺寸 290 × 212 毫米，共 452 页，675 千字，无插图，右侧装订，精装，保存状况良好，保存环境良好，保存完好，收藏于云南中医药大学（原云南中医学院）民族医药学院。

0885《纳西东巴古籍译注全集》（第 05 卷） 

纳西族古籍再版影印译注文献，7-222-02540-5，K285.7，并列题名为“An Annotated Collection of Naxi Dongba Manuscripts”，正文为汉文、纳西文。民族医药信息散见于书中各篇。和开祥等释读，李例芬翻译，和发源校译，和万宝、和家修主编，赵世红、杨世光执行主编，东巴文化研究所编译。昆明：云南人民出版社 1999 年 9 月第 1 版，纸质，影印本，尺寸 290 × 212 毫米，共 288 页，429 千字，无插图，右侧装订，精装，保存状况良好，保存环境良好，保存完好，收藏于云南中医药大学（原云南中医学院）民族医药学院。

0886《纳西东巴古籍译注全集》（第 07 卷） 

纳西族古籍再版影印译注文献，7-5367-0023-7，统一书号：M11184.81，K285.7。该书收入纳西族为正常死亡的成年人举行超度仪式诵读的《献冥马》《刺姆孟土》两种东巴古籍。王世英、李静生主编。昆明：云南民族出版社 1987 年 12 月出版，收藏于云南省图书馆。

0887《纳西东巴古籍译注全集》（第 08 卷） 

纳西族古籍再版影印译注文献，7-222-02540-5，K285.7，并列题名为“An Annotated Collection of Naxi Dongba Manuscripts”，正文为汉文、纳西文。第 1—24 页，祭署山、崇忍利恩、红眼仄若的故事；第 123—128 页，祭署、建署塔；第 145—170 页，祭署 · 白“梭刷”的来历，药的来历。和开祥等释读，李例芬翻译，和发源校译，和万宝、和家修主编，赵世红、杨世光执行主编，东巴文化研究所编译。昆明：云南人民出版社 1999 年 9 月第 1 版，纸质，影印本，尺寸 290 × 212 毫米，共 248 页，327 千字，无插图，右侧装订，精装，保存状况良好，保存环境良好，保存完好，收藏于云南中医药大学（原云南中医学院）民族医药学院。

0888《纳西东巴古籍译注全集》（第 09 卷） 

纳西族古籍再版影印译注文献，7-222-02540-5，K285.7，并列题名为“An Annotated Collection of Naxi Dongba Manuscripts”，正文为汉文、纳西文。第 33—43 页，祭署、给署许愿、给署施药、偿署债；第 159—178 页，祭署 · 木牌的出版与崇忍潘迪找药的故事。和开祥等释读，李例芬翻译，和发源校译，和万宝、和家修主编，赵世红、杨世光执行主编，东巴文化研究所编译。昆明：云南人民出版社 1999 年 9 月第 1 版，纸质，影印本，开本 290×212 毫米，共 293 页，441 千字，无插图，右侧装订，精装，保存状况良好，保存环境良好，保存完好，收藏于云南中医药大学（原云南中医学院）民族医药学院。

0889《纳西东巴古籍译注全集》（第 10 卷） 

纳西族古籍再版影印译注文献，7-222-02540-5，K285.7，并列题名为“An Annotated Collection of Naxi Dongba Manuscripts”，正文为汉文、纳西文。第 264—268 页，延寿仪式、设神坛、神箭的来历，和开祥等释读，李例芬翻译，和发源校译，和万宝、和家修主编，赵世红、杨世光执行主编，东巴文化研究所编译。昆明：云南人民出版社 1999 年 9 月第 1 版，纸质，影印本，尺寸 290×212 毫米，共 270 页，405 千字，无插图，右侧装订，精装，保存状况良好，保存环境良好，保存完好，收藏于云南中医药大学（原云南中医学院）民族医药学院。

0890《纳西东巴古籍译注全集》（第 12 卷） 

纳西族古籍再版影印译注文献，7-222-02540-5，K285.7，并列题名为“An Annotated Collection of Naxi Dongba Manuscripts”，正文为汉文、纳西文。第 87—101 页，延寿仪式、寻找散失的战神、迎请优麻神摧毁九个仇寨。和开祥等释读，李例芬翻译，和发源校译，和万宝、和家修主编，赵世红、杨世光执行主编，东巴文化研究所编译。昆明：云南人民出版社 1999 年 9 月第 1 版，纸质，影印本，尺寸 290×212 毫米，共 292 页，435 千字，无插图，右侧装订，精装，保存状况良好，保存环境良好，保存完好，收藏于云南中医药大学（原云南中医学院）民族医药学院。

0891《纳西东巴古籍译注全集》（第 14 卷） 

纳西族古籍再版影印译注文献，7-222-02540-5，K285.7，并列题名为“An Annotated Collection of Naxi Dongba Manuscripts”，正文为汉文、纳西文。第 310—331，延寿仪式、圣灵药的出处、向三百六十尊战神献药，和开祥等释读，李例芬翻译，和发源校译，和万宝、和家修主编，赵世红、杨世光执行主编，东巴文化研究所编译。昆明：云南人民出版社 1999 年 9 月第 1 版，纸质，影印本，尺寸 290×212 毫米，共 358 页，534 千字，无插图，右侧装订，精装，保存状况良好，保存环境良好，保存完好，收藏于云南中医药大学（原云南中医学院）民族医药学院。

0892《纳西东巴古籍译注全集》（第 15 卷） 

纳西族古籍再版影印译注文献，7-222-02540-5，K285.71，并列题名为“An Annotated Collection of Naxi Dongba Manuscripts”，正文为汉文、纳西文。第 57—65 页，

延寿仪式、甘露圣灵药的来历、迎圣灵药。和开祥等释读，李例芬翻译，和发源校译，和万宝、和家修主编，赵世红、杨世光执行主编，东巴文化研究所编译。昆明：云南人民出版社 1999 年 9 月第 1 版，纸质，影印本，尺寸 290×212 毫米，共 309 页，462 千字，无插图，右侧装订，精装，保存状况良好，保存环境良好，保存完好，收藏于云南中医药大学（原云南中医学院）民族医药学院。

0893《纳西东巴古籍译注全集》（第 60 卷） 

纳西族古籍再版影印译注文献，7-222-02540-5K285.7，并列题名为“An Annotated Collection of Naxi Dongba Manuscripts”，正文为汉文、纳西文。第 77—90 页，超度死者、药的来历和点药杀性、占风水削造之灵本身。和开祥等释读，李例芬翻译，和发源校译，和万宝、和家修主编，赵世红、杨世光执行主编，东巴文化研究所编译。昆明：云南人民出版社 2000 年 9 月第 1 版，纸质，影印本，尺寸 290×212 毫米，共 368 页，549 千字，无插图，右侧装订，精装，保存状况良好，保存环境良好，保存完好，收藏于云南中医药大学（原云南中医学院）民族医药学院。

0894《纳西东巴古籍译注全集》（第 61 卷） 

纳西族古籍再版影印译注文献，7-222-02540-5，K285.7，并列题名为“An Annotated Collection of Naxi Dongba Manuscripts”，正文为汉文、纳西文。第 263—281 页，超度死者、绸衣的来历、洒药。和开祥等释读，李例芬翻译，和发源校译，和万宝、和家修主编，赵世红、杨世光执行主编，东巴文化研究所编译。昆明：云南人民出版社 2000 年 9 月第 1 版，纸质，影印本，尺寸 290×212 毫米，共 314 页，468 千字，无插图，右侧装订，精装，保存状况良好，保存环境良好，保存完好，收藏于云南中医药大学（原云南中医学院）民族医药学院。

0895《纳西东巴古籍译注全集》（第 83 卷） 

纳西族古籍再版影印译注文献，7-222-02540-5，K285.7，并列题名为“An Annotated Collection of Naxi Dongba Manuscripts”，正文为汉文、纳西文。第 233—243 页，大祭风、施药。和开祥等释读，李例芬翻译，和发源校译，和万宝、和家修主编，赵世红、杨世光执行主编，东巴文化研究所编译。昆明：云南人民出版社 2000 年 9 月第 1 版，纸质，影印本，尺寸 290×212 毫米，共 273 页，408 千字，无插图，右侧装订，精装，保存状况良好，保存环境良好，保存完好，收藏于云南中医药大学（原云南中医学院）民族医药学院。

0896《纳西东巴古籍译注全集》（第 93 卷） 

纳西族古籍再版影印译注文献，7-222-02540-5，K285.7，并列题名为“An Annotated Collection of Naxi Dongba Manuscripts”，正文为汉文、纳西文。第 249—272 页，

看病经书和开祥等释读，李例芬翻译，和发源校译，和万宝、和家修主编，赵世红、杨世光执行主编，东巴文化研究所编译。昆明：云南人民出版社 2000 年 9 月第 1 版，纸质，影印本，尺寸 290×212 毫米，共 274 页，411 千字，无插图，右侧装订，精装，保存状况良好，保存环境良好，保存完好，收藏于云南中医药大学（原云南中医学院）民族医药学院。

0897《纳西东巴古籍译注全集》（第 94 卷） 

纳西族古籍再版影印译注文献，7-222-02540-5，K285.7，并列题名为“An Annotated Collection of Naxi Dongba Manuscripts”，正文为汉文、纳西文。第 1—22 页，用发病日时之属相及日子占卜。和开祥等释读，李例芬翻译，和发源校译，和万宝、和家修主编，赵世红、杨世光执行主编，东巴文化研究所编译。昆明：云南人民出版社 2000 年 9 月第 1 版，纸质，影印本，尺寸 290×212 毫米，共 230 页，342 千字，无插图，右侧装订，精装，保存状况良好，保存环境良好，保存完好，收藏于云南中医药大学（原云南中医学院）民族医药学院。

0898《纳西东巴古籍译注全集》（第 100 卷） 

纳西族古籍再版影印译注文献，7-222-02540-5，K285.7，并列题名为“An Annotated Collection of Naxi Dongba Manuscripts”，正文为汉文、纳西文。第 237—253 页，医药之书。和开祥等释读，李例芬翻译，和发源校译，和万宝、和家修主编，赵世红、杨世光执行主编，东巴文化研究所编译。昆明：云南人民出版社 2000 年 9 月第 1 版，纸质，影印本，尺寸 290×212 毫米，共 342 页，513 千字，无插图，右侧装订，精装，保存状况良好，保存环境良好，保存完好，收藏于云南中医药大学（原云南中医学院）民族医药学院。

0899《云南省少数民族古籍译丛（第 15 辑）——纳西东巴古籍译著（02）》  

纳西族古籍再版影印译注文献，东巴文、国际音标、汉文对照。云南省少数民族古籍整理出版规划办公室编写。收藏于云南省图书馆。

0900《香格里拉民族医药研究丛书——纳西东巴医药研究》

纳西族医药专著，7-5416-2386-5，R295.7。该书系统研究了纳西东巴医药的发展史和现状，并从纳西东巴医药与东巴文化的结合处切入，研究并初步提出了纳西东巴医药所具有的豁达向上的生命观、注重环境的疾病观、具有辩证思维的诊疗观。王寅、郑进主编，王世英、和丽生编，云南中医学院编写。昆明：云南科技出版社 2006 年 11 月第 1 版，铅印本，共 179 页，144 千字，有插图。

0901《纳西族东巴医学史》

纳西族医药专著。原文献已佚，文献研究中采集，后人多部著作记载和引用过。存目图书。

0902《中国纳西东巴医药学》 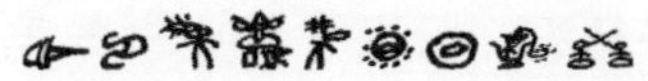

纳西族医药专著，7-5367-3562-6，R295.7/2612，并列题名为“Chinese Naxi Dongba Medicine and Pharmacognosy”，正文为汉文、纳西文。该书全面介绍了纳西医药的发展历史，论述了东巴医学的起源、发展及哲学基础，挖掘整理了东巴经书中记载的对病痛的认识、疾病的治疗方法，药物的起源、发展及近现代研究，纳西民间医生用药经验等；精选介绍了东巴经中及民间广为运用的纳西民族药，同时还重辑了数十年未见原本的纳西族医药典籍《玉龙本草》。该书内容分为三章：纳西东巴医学、纳西东巴民族药、重辑《玉龙本草》。和丽生、马伟光主编。昆明：云南民族出版社 2006 年 12 月第 1 版，铅印本，共 872 页，1566 千字，有插图，精装。

0903《中国少数民族文库——纳西东巴文化》

纳西族综合文献，7-5383-0651-X，K285.7。该书内容包括东巴文化产生和发展的历史背景、东巴教和纳西古文化、东巴文、东巴经、东巴文学和东巴古典绘画及舞蹈艺术等。和志武主编。长春：吉林教育出版社 1989 年 4 月出版。

0904《纳西东巴文化要籍及传承概览》

纳西族综合文献，卜金荣主编。昆明：云南民族出版社 1999 年出版。

0905《民族知识丛书——纳西族》

纳西族综合文献，7-105-05913-3，K285.7/2。该书分别介绍了纳西族发展的简要历史和新中国成立初期的经济社会形态、文化特点和风俗习惯，以及目前的发展状况等。第 60—62 页，科学技术绽开新花。李近春主编，王承权撰（著）。北京：民族出版社 1984 年 9 月第 1 版，铅印本，共 125 页，89 千字，有插图。

0906《中国少数民族简史丛书（修订本）——纳西族简史》

纳西族综合文献，978-7-105-08693-1，K285.7/1。“中国少数民族自治地方概况丛书”是国家民委民族问题五种丛书编辑委员会主持编辑的“民族问题五种丛书”之一，是在各有关地区党委和政府领导下，由各自治地方分别编写的，主要内容包括：各自治地方的行政区划、自然资源、民族分布、历史发展、政权建设、社会变革、经济文化以及名胜古迹、宗教信仰、风俗习惯等。该丛书的出版，对于各民族之间的互相了解、互相学习，进一步增强民族团结，巩固祖国统一，具有重要的作用。本书内含民族医药介绍。赵心愚主编，杨福泉、周智生、卢亚兰编，《纳西族简史》编写组编写。北京：民族出版社 2008 年 4 月第 1 版，铅印本，共 211 页，190 千字。

0907《云南民族文化大观丛书——纳西族文化大观》

纳西族综合文献，7-5367-1839-X，K285.7。该书讲述的是纳西族的民族文化，包含民族医药内容。第615—625页，第十二章医药卫生。格桑顿珠、郭大烈主编，马化清、高广、段金录、袁晓林编，云南省民族事务委员会编写。昆明：云南民族出版社1999年9月第1版，铅印本，共805页，626千字，有插图。

0908《云南少数民族文化史丛书（修订本）——纳西族文化史》

纳西族综合文献，7-5367-2104-8，K285.7/3，正文为汉文、纳西文。"九五"国家重点图书，该书作者以文化史学和民族文化学的视角和方法，全面、系统地对纳西族灿烂文化的历史面貌作了生动明晰的阐论。该书内含民族医药介绍。和少英撰（著），云南省民族研究所编写。昆明：云南民族出版社2001年9月第1版，铅印本，共373页，295千字，覆膜。

0909《纳西族文化丛书——千古奇人生命的最后旅程：徐霞客与丽江》

纳西族综合文献，7-5367-1770-9，并列题名"The Great Geographer's Last Journey to Lijiang"。该书客观系统地介绍了徐霞客游丽江的史实，并对此做了不乏新意的探究，有助于了解纳西族的历史与文化。比如，酥油茶，酥油由牛奶提取制作，以牦牛酥油为上品，先煨好茶汤，在特制的酥油桶中放入核桃仁、花生米等香料，加酥油、盐、鸡蛋等，冲上茶汤，用"打茶棒"上下捣动，直到水乳交融为止。酥油茶是高蛋白、高热量食品，提神醒脑，最适于在寒冷季节食用。米酒，由大米、小麦、大麦、苞谷等发酵而成，可以生食，也可以熟食。熟食时先将水烧开，然后将米酒、鸡蛋、糖、元宵等放入，煮熟食用。这种煮米酒具有滋阴、壮阳、补气等功效，可通经活络、解乏解渴。一般纳西人家常年备有一大罐米酒，以随时食用。夫巴主编。昆明：云南民族出版社1999年4月第1版，铅印本，共99页，55千字。

0910《西南民族研究书集——纳西族历史文化研究》

纳西族综合文献，含民族医药内容。

0911《哈佛燕京图书馆藏书目丛刊·中国纳西族象形文经典分类目录》

纳西族检索工具，Z88：H257，并列题名为"Annotated Catalog of Naxi Pictographic Manuscripts in The Harvard-Yenching Library Harvard University"。本书著录的民族医药文献仅30余种。朱宝田主编。美国：哈佛大学哈佛燕京图书馆1997年出版，共936页。

0912《中国少数民族古籍总目提要·纳西族卷》

纳西族检索工具，7-5000-6731-3，Z838。该书收录了纳西族古籍条目1834条，展示了纳西族丰富多彩的民族历史文化遗产，反映了纳西族人民在共同缔造中华民族文明中所作出的贡献。张公瑾、郭大烈主编，国家民族事务委员会全国少数民族古籍整理研究室编写。北京：中国大百科全书出版社2003年出版，纸质，铅印本，共662页，有插图，精装。

（五）瑶族医药及文献

云南省有瑶族21.9万人（2010年），以文山壮族苗族自治州富宁、麻栗坡、马关、广南4县分布最多，其次是红河哈尼族彝族自治州的河口县、金平县、绿春县、元阳县及屏边县。此外，西双版纳傣族自治州的勐腊县和普洱市的景东、景谷、江城、墨江等县也有少量分布。瑶族的语言比较复杂，因自称不同和分布地区不同而分别讲汉藏语系苗瑶语族瑶语支和苗语支以及壮侗语族侗水语支的“瑶语”“布努语”和“拉咖语”等。由于长期与汉、壮等民族大杂居和频繁接触，各地瑶族一般兼通汉语和相邻少数民族的语言。1949年以前，绝大多数瑶族地区都处于封闭自守的状态中，受其他民族文化的影响较少，更没有中医或西医的传入。为了本民族的健康、繁衍，他们在与恶劣的自然环境和疾病作斗争的过程中，在生产实践中，积累了利用草药同疾病作斗争、防病治病的丰富的经验，形成了独具一格的瑶族医药。瑶族医药有着较系统的医学理论和丰富的临床经验，具有鲜明的民族特色和地方特点，是中国传统医学的重要组成部分。

瑶族在诊疗时所用的方法和技巧多种多样，具有鲜明的民族特色。他们认为人之所以会发病，除了风、气、虫、毒、饮食和外伤之外，是因为体内的五脏六腑、气血与疾病的发生和发展有着密切的联系，诊断方法除望、闻、问、触之外，常用的还有甲诊、掌诊、舌诊、耳诊和面诊等。根据疾病发生的原因和症状特征，他们总结出了风、锁、豆、痧等病症和名称①。由于瑶族居住地多为高山陡坡、悬崖峭壁，蛇虫咬伤、跌打损伤、骨折等外伤病症发病率较高，瑶医因此总结了一套草药外敷、内服、外洗和熏、熨、佩带等的治疗方法，而且疗效显著、疗程短；由于瑶族身处深山老林，当地海拔高，气候寒冷潮湿，风湿痹痛、痧、瘴、蛊、毒等成为多发病、地方病，瑶医对于这些多发病、地方病，也总结了一套内服、外洗、药浴、外敷②，还有放血、点刺、灯划灸、艾灸、骨灸、席灸、药物灸、药棍灸、滚蛋灸、油火灯灸，以及拔罐、针挑、药垫、火攻、杉刺、陶针、捶击、拍击、搔抓、挟捏、推拿和刮痧、指刮、骨弓刮、碗刮、匙刮、青蒜刮、秆草刮、萱麻刮等多种综合治疗方法。瑶医治疗的病种包括内、外、妇、儿、皮肤、五官及神经等各科，许多方法疗效显著。医药结合是瑶医的特点，习医者必懂药，识药者必会医③。瑶医还掌握了一些简单而有效的外科手术方法，如周去非的《岭

① 瑶医药简介［EB/OL］.http://www.chthn.com.

② 瑶族医药简史（民族医药）［EB/OL］.http://.100md.com.

③ 瑶医瑶药——概论［EB/OL］.http://zy.365yiyao.com.

外代答》中记载：瑶人“忽遇药箭，急以刀割去其肉，乃不死”。这是最原始而有效的外科手术方法[①]。瑶族能制造使用药箭（一般用以狩猎），反映了其对毒性药物等药性的认识。从内科服药到外科开刀，瑶医很可能还需具备麻药知识，说明瑶族医药在历史上不但客观存在，而且在宋代已有相当程度的发展[②]。所以，自古以来，瑶医都是自己诊病，自己采药加工，配方制药（民间称为“发药”）。瑶族只有医生诊所，没有专门配方卖药的药师或药店。瑶医将药物归纳为“五虎”“九牛”“十八钻”“七十二风”，其对药物的临床有着重要的指导意义[③]。

瑶药以草木为主，苏颂的《图经本草》称砂仁“今唯岭南泽间有之”。瑶族先民服用砂仁以除瘴、消暑、助消化。作为瑶家一宝的灵香草，也多处见于宋代典籍中。如沈括在《梦溪笔谈》中道：灵香草“唐人谓之玲玲香，亦谓玲子香”。周去非的《岭外代答》则记载了灵香草的生长条件、产地、炮制方法及销路，书中云“瑶洞及静江、融州（今融安和大苗山），象州（今石龙），凡深山木阴沮洳之地，皆可种也”，并将种植所得的灵香草“熏以烟火而阴于之”，然后运往山外出售。700 多年前，瑶族先民就已掌握了灵香草的特殊炮制方法，而且这种方法至今仍然实用，这是很了不起的。生的灵香草其气味并不香，在烈日下晒干也不会香，只有“熏以烟火而阴干之”才能香气四溢，才能使用。灵香草可作药用，曾载于李时珍的《本草纲目》，但距瑶族种植、利用灵香草至少迟 150—200 年。瑶族先民除用灵香草作香料、驱虫、驱蚊外，还将其用于治疗感冒发热、腹痛、腹泻、头痛、腰痛等疾病以及避孕绝育。在周密的《齐东野语》中，有这样的记载：“方春时，瑶女数十，歌啸山谷，以寻药挑菜为事。”可见，在宋代瑶族先民用药已相当普遍[④]，这充分说明了瑶族医药的悠久历史。

瑶医不光重视疾病的治疗，而且在预防医学方面很有研究。他们很早就认识到某些疾病是可以相互传染的，病在早期是可以预防的，并采取一些有效的措施。比如“惧患痘，有出而染者，不得复入”，“有疫疠，则并焚其尸徒居焉”，以及用芭蕉叶当碗、分菜吃饭等。

特殊环境造就的独特瑶族医药，具有浓厚的地方、民族特色。过去由于种种历史原因，瑶族没有形成自己的文字，瑶医药缺乏系统的整理和专著记载。因而，有关瑶族医药的记载，专门的医药典籍很少，只有其他瑶族古籍文献中可查到零星的记载。这些十分粗略的记载，对内涵丰富的瑶族医药虽是冰山一角，但仍可从中了解到源远流长的瑶

① 瑶族医药简史［EB/OL］.http://www.wujue.com.

② 瑶族医药简史［EB/OL］.http://www.wujue.com.

③ 瑶医瑶药——概论［EB/OL］.http://zy.365yiyao.com.

④ 瑶族医药简史［EB/OL］.http://www.wujue.com.

族药史。瑶族医药不仅广泛流传于民间瑶族医生中，还大量存在于民族风俗习惯之中，其内涵十分丰富，诊疗方法多彩独特①。

课题组现将收集到的瑶族医药文献信息整理如下：

0913《急中救患科》

瑶族医药古籍，正文为汉字古瑶文。该书为盘应晓师公收藏的古籍文献。2007 年 2 月，黄贵权在广南县底圩乡同剪村民委员会那洪村对盘应晓调查采集书目信息。该书为道教经典，汇集了度师仪式常用的宗教经文。毛笔手抄，创作者、抄写者、抄写时间不详，尺寸 240×210 毫米，共 136 页，线装，棉质，封底已破损无存。李国文项目调研成果，收藏于文山壮族苗族自治州广南县底圩乡同剪村民委会那洪村（盘应晓）。

0914《急中救患科》

瑶族医药古籍，正文为汉字古瑶文。该书为河口县民族局保存的瑶文古籍的复印本。2007 年 12 月，盘金祥在河口县民族局对李明辉调查采集书目信息。李国文项目调研成果，收藏于红河哈尼族彝族自治州河口瑶族自治县民族局（李明辉）。

0915《救病表书》

瑶族医药古籍，正文为汉字古瑶文。该书为金平县民族局保存的瑶文古籍。2007 年 1 月，盘金祥在金平县民族局对罗文福调查采集书目信息。李国文项目调研成果，收藏于红河哈尼族彝族自治州金平县民族局（罗文福）。

0916《救病表疏》

瑶族医药古籍，正文为汉字古瑶文。此为石桩村和谐村民小组黄金祥家藏的古籍之一，不分卷，1 册，撰者佚名。该书为瑶族宗教献神祭鬼状纸文约书，叙述了求神开恩可免除患者病痛之苦。状纸文约书有救病疏文、救病表文、救苦救病表文、救患赦书、十殿赦书、表书、通连释表意等。旧抄本，本色绵纸，线装，楷体，墨书，尺寸 247×138 毫米，共 11 页，无边栏，7 行 24 字，白口，保存完好，书主落款为黄文保。2007 年 2 月至 2008 年 2 月，盘金祥、罗文福在石桩村等对黄金祥等人调查采集书目信息。李国文项目调研成果，收藏于红河哈尼族彝族自治州金平县石桩村等村（黄金祥等）。

0917《救患科》

瑶族医药古籍，正文为汉字古瑶文。此为广南县的瑶族古籍文献。20 世纪 90 年代以前，云南蓝靛瑶文献古籍基本上都是民间收藏或一些瑶族研究者个人收藏。20 世纪 90 年代以后，除了一些官方机构外，少数瑶族干部、瑶族研究人员也收藏了数量较多的蓝

① 瑶族医药简史［EB/OL］.http://www.wujue.com.

靛瑶古籍文献。据不完全统计，广南县的蓝靛瑶古籍文献大多收藏在民间或一些瑶族干部知识分子的手里。李国文项目调研成果，收藏于文山壮族苗族自治州广南县。

0918《救患科》

瑶族医药古籍，正文为汉字古瑶文。此为麻栗坡县蓝靛瑶古籍文献之一。据不完全统计，麻栗坡县蓝靛瑶古籍文献主要收藏在民间或一些瑶族干部知识分子的手里。李国文项目调研成果，收藏于文山壮族苗族自治州麻栗坡县。

0919《救患科》

瑶族医药古籍，正文为汉字古瑶文。此为富宁县蓝靛瑶古籍文献之一。据不完全统计，富宁县蓝靛瑶古籍文献主要收藏在民间或一些瑶族干部知识分子的手里。李国文项目调研成果，收藏于文山壮族苗族自治州富宁县。

0920《救患科》

瑶族医药古籍，正文为汉字古瑶文。此为盘应晓师公收藏的古籍文献。盘应晓师公，男，瑶族，初中学历，他的古籍文献、法器、法衣有一部分是从其父盘妙诵道公那里继承来的，其收藏的大部分古籍文献为自己抄录，还有一部分是妻子的大哥赠送的。盘应晓用来存放古籍文献的木柜是蓝靛瑶传统用于做嫁妆的有4个支撑脚的衣柜，柜体成正方体，长、宽、高约为700毫米。2007年2月，黄贵权在广南县底圩乡同剪村民委员会那洪村对盘应晓调查采集书目信息。该书为道教经典，用于度师仪式，汇集了度师仪式常用的宗教经文。毛笔手抄，创作者、抄写者、抄写时间不详，尺寸260×210毫米，共372页；线装，棉纸，封面损毁无存。李国文项目调研成果，收藏于文山壮族苗族自治州广南县底圩乡同剪村民委会那洪村（盘应晓）。

0921《救患科》

瑶族医药古籍，正文为汉字古瑶文。此为河口县民族局保存的瑶文古籍的复印本。2007年11月，盘金祥在河口县民族局对李明辉调查采集书目信息。李国文项目调研成果，收藏于红河哈尼族彝族自治州河口瑶族自治县民族局（李明辉）。

0922《看病书》

瑶族医药古籍，正文为汉字瑶文。此为板板桥村罗承阳家的藏书之一。不分卷，1册，共24页，撰者佚名。该书为瑶族宗教看病书，以六十甲子论病日期和行占卜点卦等经文。旧抄本，本色绵纸，线装，楷体，墨书，尺寸205×142毫米，共24页。李国文项目调研成果，收藏于红河哈尼族彝族自治州金平县金河镇板板桥村（罗承阳等）。

0923《看病书》

瑶族医药古籍，正文为汉字古瑶文。此为石桩村和谐村民小组黄金祥家藏的古籍之一，不分卷，1册，共24页，撰者佚名。该书为瑶族宗教看病书，以六十甲子论病日期和行占卜点卦等经文。旧抄本，本色绵纸，线装，楷体，墨书，页面无边栏，8 行 20 字，白口，保存完好，书主落款为黄文保。2007 年 2 月至 2008 年 2 月，盘金祥、罗文福，在石桩村等对黄金祥等人调查采集书目信息。尺寸 205 × 142 毫米，共 24 页。李国文项目调研成果，收藏于红河哈尼族彝族自治州金平县石桩村等村（黄金祥等）。

0924《看病书》

瑶族医药古籍，正文为汉字瑶文。此为金平县民族局保存的瑶文古籍。2007 年 12 月，盘金祥在金平县民族局对罗文福调查采集书目信息。李国文项目调研成果，收藏于红河哈尼族彝族自治州金平县民族局（罗文福）。

0925《送瘟表》

瑶族医药古籍，民族语言题名为民族文字题名，正文为汉字古瑶文。此为金平县民族局保存的瑶文古籍。2007 年 11 月，盘金祥在金平县民族局对罗文福调查采集书目信息。李国文项目调研成果，收藏于红河哈尼族彝族自治州金平县民族局（罗文福）。

0926《送瘟吉凶日书》

瑶族医药古籍，民族语言题名为民族文字题名，正文为汉字古瑶文。此为金平县民族局保存的瑶文古籍。2007 年 11 月，盘金祥在金平县民族局对罗文福调查采集书目信息。李国文项目调研成果，收藏于红河哈尼族彝族自治州金平县民族局（罗文福）。

0927《延生科》

瑶族医药古籍，正文为汉字古瑶文。此为广南县保存的瑶族古籍文献。20 世纪 90 年代以前，云南蓝靛瑶文献古籍基本上都是民间收藏或一些瑶族研究者个人收藏。20 世纪 90 年代以后，除了一些官方机构外，少数瑶族干部、瑶族研究人员也收藏了数量较多的蓝靛瑶古籍文献。据不完全统计，广南县的蓝靛瑶古籍文献收藏在民间或一些瑶族干部知识分子的手里。李国文项目调研成果，收藏于文山壮族苗族自治州广南县。

0928《延生科》

瑶族医药古籍，正文为汉字古瑶文。此为广南县保存的瑶族古籍文献。20 世纪 90 年代以前，云南蓝靛瑶文献古籍基本上都是民间收藏或一些瑶族研究者个人收藏。20 世纪 90 年代以后，除了一些官方机构外，少数瑶族干部、瑶族研究人员也收藏了数量较多的蓝靛瑶古籍文献。据不完全统计，广南县的蓝靛瑶古籍文献收藏在民间或一些瑶族干部知识分子的手里。李国文项目调研成果，收藏于文山壮族苗族自治州广南县。

0929《延生科》

瑶族医药古籍，正文为汉字古瑶文。此为石尧村民委员会那学村卢经龙收藏的瑶文古籍。2008 年 2 月，黄贵权在广南县底圩乡石尧村民委员会那学村对卢经龙调查采集书目信息。该书为道教经典，甲申年二月二十九日卢道德抄用，尺寸 260 × 200 毫米，每页

9行，每行16字，线装，棉纸，保存完好。李国文项目调研成果，收藏于文山壮族苗族自治州广南县底圩乡石尧村委会那学村（卢经龙）。

0930《延生科》

瑶族医药古籍，正文为汉字古瑶文。此为石尧村民委员会那学村卢经龙收藏的瑶文古籍。2008年2月，黄贵权在广南县底圩乡石尧村民委员会那学村对卢经龙调查采集书目信息。为道教经典，壬戌年二月初十日抄完，抄写者不详，尺寸240×190毫米，每页9行。每行5—14个字，线装，棉纸，保存完好。李国文项目调研成果，收藏于文山壮族苗族自治州广南县底圩乡石尧村委会那学村（卢经龙）。

0931《延生科》

瑶族医药古籍，正文为汉字古瑶文。此为盘玄绵道人收藏的古籍文献。盘玄绵道人，男，瑶族，他还不能单独主持度道、丧葬仪式，但他的水平已经接近道公，他收藏的古籍文献绝大多数是从他父亲那里继承的，但个别书籍是他叔父转传给他的。他用于装盛古籍文献的木箱形状大小与盘云明道公装盛古籍文献的木箱相同，但他的木箱是摆放在自己卧室离地40厘米左右的高处。2008年2月，黄贵权在广南县底圩乡同剪村民委员会那洪村对盘玄绵调查采集书目信息。该书为道教经典，用于度道仪式，毛笔手抄，创作者、抄写者不详，癸亥年十二月抄完，尺寸270×200毫米，共86页，线装，棉纸，保存基本完好。李国文项目调研成果，收藏于文山壮族苗族自治州广南县底圩乡同剪村民委会那洪村（盘应晓）。

0932《延生三朝科》

瑶族医药古籍，正文为汉字古瑶文。此为麻栗坡县蓝靛瑶古籍文献之一。据不完全统计，麻栗坡县蓝靛瑶古籍文献收藏在民间或一些瑶族干部知识分子的手里。李国文项目调研成果，收藏于文山壮族苗族自治州麻栗坡县。

0933《延生圣目》

瑶族医药古籍，正文为汉字古瑶文。此为麻栗坡县蓝靛瑶古籍文献之一。据不完全统计，麻栗坡县蓝靛瑶古籍文献收藏在民间或一些瑶族干部知识分子的手里。李国文项目调研成果，收藏于文山壮族苗族自治州麻栗坡县。

0934《延生宿企科》

瑶族医药古籍，正文为汉字古瑶文。此为麻栗坡县蓝靛瑶古籍文献之一。据不完全统计，麻栗坡县蓝靛瑶古籍文献收藏在民间或一些瑶族干部知识分子的手里。李国文项目调研成果，收藏于文山壮族苗族自治州麻栗坡县。

0935《湖南瑶族医药》

瑶族医药专著，978-7-80761-734-1，R295.1。该书全面收集、整理了湖南瑶医瑶药资料，分别归类为药物篇、理疗篇、针灸火灸篇和民间传说篇，另外还收集了一部分流传较广的民间方术。赵辛保主编。长沙：岳麓书社 2012 年出版，共 297 页。

0936《国家自然科学基金研究专著：湖南瑶族医药研究》

瑶族医药专著，7-5357-3427-8，R295.1，并列题名为“Research of Yao Nationality Medicine in Hunan”。该书介绍了瑶医对疾病的认识与治疗方法，湖南流传的瑶族“庞桶药浴”及药浴植物，湖南瑶族传统端午药市调查与比较研究等内容。刘育衡主编。长沙：湖南科学技术出版社 2002 年出版，共 510 页。

0937《国家中医药管理局民族医药文献整理丛书——实用瑶药学》

瑶族医药专著，978-7-80763-216-0，R295.1。该书分为总论和各论两大部分。总论阐述瑶药学的含义、范畴，瑶药的起源、发展，以及瑶药的药性分类和应用特点；各论按瑶医的用药经验对瑶药进行分类，从临床方面对瑶药在相关病症中的实际应用、配方举例等进行阐述，并配有每味瑶药的实物图片。庞声航主编。南宁：广西科学技术出版社 2008 年出版，共 373 页。

0938《实用瑶医学》

瑶族医药专著，7-5067-3063-4，R295.1。该书从理论上全面系统地加以论述，并介绍了瑶医特色诊法、技法以及瑶族用药特色，同时收录了一些疗效确切、临床效果显著的瑶医治疗专科专病的经验。李彤主编，唐农、秦胜军、覃迅云编。北京：中国医药科技出版社 2005 年 1 月第 1 版，铅印本，共 526 页，734 千字。

0939《瑶医效方选编》

瑶族医药专著，统一书号：14138.10，R285.1。该书共选效方 419 条，每方药名包括瑶名、正名、当地汉语别名、用法、疗效，并按其主治病症分类。罗金裕主编，刘扬建、覃显玉编。南宁：广西民族出版社 1987 年 9 月出版，共 159 页。

0940《中国现代瑶药》

瑶族医药专著，978-7-80763-430-0，R295.1，并列题名为“China Modern Yao Medicine”。该书收录具有代表性的传统瑶药“五虎九牛十八钻七十二风”和常用瑶药共 215 味 225 种，附图千余幅，附方千余条，每味药按瑶药名、别名、植物来源及形态、药材性状、显微鉴别及理化鉴别、性味功用及科研资料等项叙述。戴斌主编。南宁：广西科学技术出版社 2009 年出版，共 702 页。

0941《中国瑶药学》

瑶族医药专著，7-105-05289-9，R29。该书分为总论与各论两部分，收载瑶药 970 种。总论介绍瑶药发展简史、瑶药资源与品种、瑶药的采收与炮制、瑶药用药理论；各论分为老班药、常用植物药、动物药、矿物药及其他药五章。覃迅云主编，罗金裕、高志刚编。北京：民族出版社 2002 年出版。

0942《中国瑶医学》

瑶族医药专著，7-105-04753-4，R295.1，并列题名为“China Traditional Yao Medicine”。该书对瑶医药溯源与沿革、疾病的分类与命名、病因病理与病症、诊法治则与方法、方药理论、常用药物、方剂专科专病经验等进行了系统整理，对所收集的几千条瑶医秘方、验方按疾病分类一一列举。全书共计百余万字，40 余幅图片，系统地论述了瑶族医学。覃迅云、李彤主编。北京：民族出版社 2001 年出版，共 780 页。

0943《瑶学丛书——茶山瑶历史与文化》

瑶族综合文献，978-7-105-11700-0，K285.1。该书共十章，内容包括茶山瑶迁居大瑶山及早期社会、明清时期茶山瑶社会的初步发展、茶山瑶的政治制度与伦理道德、茶山瑶的语言和文学艺术等。吴学东主编。北京：民族出版社 2011 年出版，共 348 页。

0944《瑶学丛书——红瑶历史与文化》

瑶族综合文献，978-7-105-09912-2，K285.1 。该书共分十章，内容包括绪论、红瑶的来源与迁徙、红瑶的历史发展、社会主义时期的红瑶社会、红瑶生活文化等。粟卫宏等著。北京：民族出版社 2008 年出版，共 285 页。

0945《瑶族风俗志》

瑶族综合文献，978-7-81108-371-2，K892.351/1。该书主要介绍了瑶族的风俗习惯，内容涉及服饰、饮食、房屋建筑、生产技艺、神灵信仰与禁忌、医药卫生、民族传统艺术、葬礼、民族节日、民族民间文学等。第 88—89 页，瑶医、药浴，约 1400 字。刘保元撰（著）。北京：中央民族大学出版社 2007 年 6 月第 1 版，铅印本，共 143 页，113 千字，有插图。

0946《西南边疆民族研究书系、云南民族村寨调查：瑶族——河口瑶山乡水槽村》

瑶族综合文献，7-81068-240-7，K285.1/3。该书从多学科结合的角度，对新时期瑶族村落的政治、经济、文化、社会方式、科技教育、生态、心理与伦理等方面作了实际调查分析。第 141—142 页，传统中医医疗，约 1200 字。匡自明主编，瑶族调查组编写。昆明：云南大学出版社 2001 年 4 月第 1 版，铅印本，共 225 页，178 千字，有插图。

0947《国家民委民族问题五种丛书、中国少数民族简史丛书之二（修订本）——瑶族简史》

瑶族综合文献，978-7-105-08711-2，K285.1/2。该书的编写以历史唯物主义、马克思主义民族理论以及党和国家的民族政策为指导，立足于当前我国改革开放的实践特别是近年来民族地区政治、经济、文化和社会发展的新形势，充分吸收借鉴了 20 余年国内外相关研究成果。该书客观准确、简明扼要地阐述了我国瑶族这一少数民族的历史发展进程、反映了50年来的发展概貌和成就，集思想性、科学性和资料性于一体。第252—257页，第五节为民族医药。赵庆伟主编，陈桂、张有隽编，《瑶族简史》编写组编写。北京：民族出版社2008年9月第1版，铅印本，共293页，250千字。

0948《20世纪中国民族学人类学经典著作丛书——瑶族调查报告文集》

瑶族综合文献，978-7-105-09012-9，K285.1，并列题名为“Collection of the survey reports on the Yao People”。该文集分广西瑶族卷和广东瑶族卷两部分，收录了《花蓝瑶社会组织》《四上瑶山》《广西象平间瑶民之饮食》《广东北江瑶人的文化现象与体质型》《广东瑶人之今昔观》等20多篇文章。杨成志等著。北京：民族出版社2007年出版，共465页。

0949《瑶学丛书——瑶族文化变迁》

瑶族综合文献，7-105-07416-7，K285.1。该书包括绪论、山地经济文化的变迁、饮食居住文化的变迁、婚姻家庭制度的变迁、丧葬制度的变化、社会组织的变化、语言文字的变化等有关瑶族文化变迁的内容。玉时阶著。北京：民族出版社2005年出版，共331页。

0950《瑶医常用植物药化学与药理研究》

瑶族综合文献，978-7-80653-988-0，R295.1。该书是以介绍瑶医常用植物药的化学及药理研究为主要内容的专业书籍，共分为总论、各论、附录三部分，介绍了瑶医常用植物药233种。尹显洪主编。广州：广东旅游出版社2008年出版，共213页。

（六）壮族医药及文献

壮族是我国人口最多的少数民族，共有1692.6万人（2010年），世代繁衍生息在祖国南疆，其中90%以上聚居在广西，是地道的土著民族。云南省有壮族人口121.5万人（2010年），主要聚居于文山壮族苗族自治州。此外，红河、曲靖、昆明、丽江、楚雄、大理、西双版纳等州市也有分布。壮语属汉藏语系壮侗语族壮傣语支。现代壮族使用新创制的以拉丁字母为基础的拼音文字。新中国成立前，壮医药多以口述文献的形式流传于民间，比较零散，不成体系；新中国成立后，古老的壮医药迎来了发展的春天。

就起源而论，壮医和中医是同时或相继出现的。“神农尝百草”的传说，不仅在中原地区流传，在壮族地区也流传甚广。壮族先民们通过采食植物而识百草，通过对伤痛的治疗发明了针刺疗法，起源于石器时代的壮医药有着非常悠久的历史。

先秦时期是壮医的萌芽时期，针刺技术反映了当时的壮医具有一定水平，同时其对药物也有了初步的认识。

秦至隋时期是壮医药的知识和经验积累时期，广西壮族地区的医药学有了长足进步，具有民族风格的特色医药逐步显现。《五十二病方》是我国目前发现最早的医方帛书，其中记载了部分壮药。晋代葛洪所著的《肘后方》中有关岭南壮医药的记载不少。另外，隋代巢元方的《诸病源候论》是我国第一部比较完善的病因病理学专著，对壮医药也有所记载。

唐宋至民国时期是壮医药的形成和发展时期。壮医药与中医药相互渗透，壮医理论开始萌芽，壮药品种不断丰富，诊疗技术水平提高，产生了不少名医和医学著作，文献记载的壮医药大量增加。唐朝时期，苏敬等编纂的世界最早的国家药典《新修本草》，收载了部分岭南地区药物；陈藏器的《本草拾遗》亦记载了不少壮族地区的药物；刘恂的《岭表录异》虽不是本草学专著，但收录了不少壮药及部分壮药的临床使用经验，确有一定的参考价值。五代李殉的《海药本草》记录有壮族地区药物 100 多种。明代李时珍的医药巨著《本草纲目》收载了不少岭南地区壮族医药。另外，一些地方志不仅记载地方药物的出产、用法，甚至有加工炮制和典型病例的记载，由此可窥探壮医药发展的一斑。随着壮医品种的增多和使用经验的积累，壮医方剂学在这一时期也开始萌芽。如唐代孙思邈著名的《千金要方》和《千金翼方》中收有不少岭南医方。壮医药经过历史的积累，到晚清和民国时期，已形成了比较完整的体系，出现了有关壮医药方面的著作。

新中国成立后，壮医药进入一个崭新的繁荣时期，尤其是 1980 年后，壮医药的发掘和整理工作出现了有计划、有组织、大规模蓬勃开展的局面，并取得了可喜的成绩。壮族医药的历史发展有一定的理论基础，但没有形成系统的理论体系，随着对壮医药研究的深入，目前已经整理出一套相对完整、独具特色的理论体系，并被收载于《中国传统医药概览》一书中，从而确立了壮医药的学术地位。

壮医药的起源很早，如今已形成了比较完整的体系，实现了从民间“土法土方”向系统医学的转变，成为我国的第五大民族医药。大量验方秘方和丰富多彩的诊疗技术在民间源远流长，但目前尚未发现古壮字编写的医药学专著，其医药理论和临床经验在汉文献中体现颇多，从古代汉文献中可以窥探到壮医药产生发展的历史轨迹。壮医的目诊、甲诊等许多有特效的诊疗技法通过科学发掘和整理后，得以推广应用。壮医的医疗经验、单方、验方主要通过口授心传的方式流传，遗失很多，部分由汉文献收录流传至今，如宋代周去非的《岭外代答》详细记述了瘴疾的壮医疗法，百色地区老壮医罗家安撰写的手抄本《痧症针方图解》记载了近百种痧症的独特针挑疗法，唐代著名医家孙思邈的《千金药方》和《千金翼方》，宋代医家合编的《圣济总录》都收录了部分壮医方药。当前，从民间收集到的大量壮医药的验方秘方，通过科学实验和临床检验，被研制成新药或新制剂，创造了良好的社会和经济效益。一批壮医药医、教、研机构的建立，为壮医药事业的进一步拓展提供了重要的物质基础和保障。壮医药古籍发掘、整理的

《壮族医药学》等，以及20世纪80年代以后壮医药事业的蒸蒸日上，促使壮医药学著作不断问世，1998年出版的广西民族医药研究所所长黄汉儒等主编的《壮族医药史》填补了壮医史学上的空白。2000年，黄汉儒又主持编写了《中国壮医学》，从此奠定了壮医学的理论基础，促进了壮医药的发展①。

课题组将收集到的壮族医药文献题录如下：

0951《常用壮药100种》

壮族医药专著，978-7-5363-6556-8，R291.808。该书收录常用壮药100种，均为近年来在临床上应用较为广泛的品种；对每一味药，除了介绍其壮文名、别名、来源、分布、识别要点、采集加工等，还重点介绍其功效主治及用法用量，并附上精选验方举例，每种药物下均有植物形态、药材形态彩色照片。钟鸣、韦松基主编。南宁：广西民族出版社2013年出版，共222页。

0952《常用壮药临床手册》

壮族医药专著，978-7-80763-510-9，R291.8-62。本书收录常用壮药322种，按解毒药、补虚药、调气药、通调三道药、通调两路药、治巧坞病药、止血药、驱虫药、收涩药、专业用药对临床常用壮药进行归类，除介绍别名、来源、植物形态、分布、采集加工及药材性状外，重点介绍其性味功用及用法用量。钟鸣、韦松基主编。南宁：广西科学技术出版社2010年出版，共668页。

0953《广西国家级非物质文化遗产系列丛书——壮医药线点灸疗法》

壮族医药专著，978-7-5304-6230-0，R291.8。该书从药线点灸的概念、对发病机制的认识，以及治病机理、功效、手法和用穴规律等基本内容及其悠久的历史、传承发展情况、研究现状等几方面对壮医药线点灸进行介绍。林辰、薛丽飞编著。北京：北京科学技术出版社2013年出版，共166页。

0954《简明壮医药学》

壮族医药专著，978-7-5363-5722-8，R291.8。本书介绍了壮医常用的药物、诊断技术与治疗方法，并按瘴、蛊、毒、风、湿、气道病、谷道病、水道病、龙路病、活路病等病种，介绍治疗的主要技法和主要方药等。钟鸣主编。南宁：广西民族出版社2009年出版，共184页。

0955《壮学丛书·历代壮族医药史料荟萃》

壮族医药专著，7-5363-5227-1，R-092：R291.8。本书是历代壮医药有关资料的汇集，主要介绍壮族医学起源、形成和发展的历史。王柏灿主编。南宁：广西民族出版社

---

① 卫生编.云南大百科全书·卫生　体育卷［M］.出版信息不详.

2006年出版，共300页。

0956《实用壮医目诊》

壮族医药专著，978-7-5363-6555-1，R291.8。该书共四章，内容包括壮医目诊基本知识、壮医目诊操作方法、常见病壮医目诊眼征、壮医目诊小问答。李珪、容小翔主编。南宁：广西民族出版社2013年出版，共127页。

0957《实用壮医内科学》

壮族医药专著，978-7-80763-681-6，R291.8。该书根据壮医"三道""两路"的生理病理特性，将壮医内科疾病分为五类，分别是"气道"病、"谷道"病、"水道"病、"龙道"病及"火路"病，每一类疾病为一章，共有56个内科病种。庞宇舟、林辰主编。南宁：广西科学技术出版社2011年出版，共211页。

0958《实用壮医学》

壮族医药专著，R291.8。杨顺发主编，谭芝、黄杰之编。纸质铅印本，共177页。

0959《实用壮医药膳》

壮族医药专著，978-7-5363-6557-5，R291.8。本书分别阐述了壮医药膳的起源、壮医药膳的应用原则、常见病壮医药膳、中老年人养生药膳、女性养生美容药膳。容小翔、龙玲、李珪主编。南宁：广西民族出版社2013年出版，共149页。

0960《中国壮学文库——广西壮族地区的医药文化及药材贸易》

壮族医药专著，978-7-105-09289-5，R291.8：F724.722，并列题名为"Medical culture and trade in materia medica in the Guangxi Zhuang Region"。作者通过分析广西壮族地区的药材资源和医疗实践活动，探讨了壮区多样性医疗实践的社会文化基础以及其中的文化内涵，并对该地区药材市场系统的特征进行了分析。杜立平主编。北京：民族出版社2008年出版，共303页。

0961《中国壮药材》

壮族医药专著，978-7-5363-5832-4，R291.8。该书共分为六章，内容包括解毒药、补虚药、调气药、通调三道药、通调两路药、治巧坞病药。韦浩明、蓝日春、滕红丽、邓汝铭等编写。南宁：广西民族出版社2009年出版，共498页。

0962《中国壮药学》

壮族医药专著，7-5363-4938-6，R291.8。本书全面总结了壮药的发掘、整理、研究的最新成果，系统阐述了壮药的起源和发展概况、壮药的基本理论及应用规律；从实际应用出发，对壮族聚居地区重要而常用的壮药500种进行了详细介绍。梁启成、钟鸣主编。南宁：广西民族出版社2003年出版。

0963《中国壮药原色图谱》

壮族医药专著，7-5363-4417-1，R18。本书精选200多种壮药，每种药物结合形态真实的彩图，介绍了其汉、壮、英文名称，以及来源、形态、分布、采集加工、性能、主治、用法用量等。蔡毅、朱华主编。南宁：广西民族出版社2003年出版。

0964《中国壮药志》（第01卷）

壮族医药专著，7-5363-4418-X，R281.4。该书针对中国壮药介绍了药的常用名、壮语名、药材来源、药材性状鉴别、化学成分、功能主治、用法用量、制剂、临床研究等。朱华主编。南宁：广西民族出版社2003年出版，共436页。

0965《中国壮医内科学》

壮族医药专著。该书是壮医临床方面的第一本专著，主要对千百年来壮医在内科方面的诊治经验进行文字上的整理，使其理论化、系统化、规范化。庞声航、王柏灿、莫滚编著。南宁：广西科学技术出版社2004年出版。

0966《中国壮医学》

壮族医药专著，7-5363-3868-6，R291.8。该书介绍了壮医发展史、壮医基础理论、壮医诊断学、壮医治疗学、壮医方药学、壮医临床各科、壮医药现代研究进展等内容。黄汉儒主编。南宁：广西民族出版社2001年出版，共454页。

0967《中国壮医针灸学》

壮族医药专著，978-7-5363-6022-8，978-7-5363-6023-5，R291.8。该书全面阐述了壮医理论体系、病因病机、诊疗方法等，包括壮医针灸学总论和壮医针灸学各论两篇。黄瑾明、宋宁、黄凯编著。南宁：广西民族出版社2010年出版，共300页。

0968《中国传统特色疗法丛书——壮医点灸疗法》

壮族医药专著，978-7-5067-5483-5，R245.82：R291.8。该书介绍了壮医点灸疗法，分为两篇。上篇为基础，包括壮医点灸疗法的源流、作用机制及其研究情况、辨证原则、选穴依据、操作方法、适应证、禁忌证、注意事项、异常情况的处理及预防，以及壮医点灸疗法药线选择、操作方法、治疗疗程等。下篇临床部分介绍了壮医点灸疗法在内、外、妇、儿、骨伤、皮肤、五官及头面躯体痛证等各科疾病的治疗中的应用。朱英、陈日兰主编，常小荣、伦新编。北京：中国医药科技出版社2012年9月第1版，纸质，铅印本，共302页。

0969《壮医基础理论》

壮族医药专著，7-5363-5187-9，R291.8。该书主要内容包括壮医学的阴阳为本、三气同步、三道两路理论，壮医学对人体生理的认识，壮医学的病因病机理论，壮医学的养生治则治法等四个部分。叶庆莲主编。南宁：广西民族出版社2006年出版。

0970《壮医药线点灸疗法》

壮族医药专著，统一书号：14113.59，R245.82。黄瑾明等主编。南宁：广西人民出版社 1986 年出版，共 115 页。

0971《壮医药线点灸疗法技术操作规范与应用研究》

壮族医药专著，978-7-80666-923-5，R291.8：R245.82。全书分为上、中、下三编，包括壮医药线点灸疗法的技术操作规范、壮医药线点灸疗法的临床应用和壮医药线点灸疗法的现代研究等三个方面的内容。吕琳主编。南宁：广西科学技术出版社 2007 年出版，共 212 页。

0972《壮医药学科构建与人才培养》

壮族医药专著，7-5363-5021-X，R291.8。该书比较系统地提出了壮医药的学科分类及其依据，以及壮医药学科构建和壮医药教育的发展思路。黄贵华主编，邓远美编著。南宁：广西民族出版社 2005 年出版，共 244 页。

0973《壮医优势病种诊疗、护理及技术规范》

壮族医药专著，978-7-5363-6174-4，R291.8。该书分为壮医优势病种诊疗、护理规范，壮医常用技术操作规范，壮医经筋疗法手法演示及阐解，经筋疗法“筋结”病灶穴位图谱，黄敬伟教授回顾性医案选五章，图文并茂地详细阐释了壮医优势病种的各种疗法。黄贵华、黄瑾明、黄敬伟主编。南宁：广西民族出版社 2011 年出版，共 144 页。

0974《壮族医学史》

壮族医药专著，7-80619-696-X，R291.8-09 。该书介绍了壮族医学起源、形成和发展的历史，壮医药理论和治疗方法以及壮医药的研究、发掘整理和现状。黄汉儒、黄景贤、殷昭红编著。南宁：广西科技出版社 1998 出版，共 659 页。

0975《壮族医药学》

壮族医药专著，7-5367-1060-7，R291.8。该书是中国少数民族医药丛书之一，内容包括壮医总概括、壮医内科学、壮医外科学、壮医儿科学、壮医妇科、壮医皮肤科、壮医五官科、壮医灸法、壮医针法、拔罐疗法及壮医常用药物等。杨顺发、关祥祖主编。昆明：云南民族出版社 1995 年出版，共 330 页。

0976《高等学校壮医药专业教材——壮药药材学》

壮族医药教材，7-5363-5222-0，R291.8。该书收载常用壮药材 200 种，插图 420 多幅，介绍了每种壮药的名称、来源、形态特征、生境分布、药材性状、性味功能、主治用法和显微鉴别、理化鉴别、药理作用、化学成分、临床应用等方面的研究成果。朱华主编，韦松基编。南宁：广西民族出版社 2006 年出版。

0977《高等学校壮医药专业教材——壮药资源学》

壮族医药教材，7-5363-5188-7，R291.8。全书共6章，重点介绍壮药资源学的含义、范围、任务，壮药资源的生态学分析，壮药资源的调查、壮药资源的开发与利用，壮药资源保护和管理，以及各论。其中，各论精选了100多种常用壮药并按壮名、别名、来源、植物形态、功能主治进行编写，并在每一味药后附该药的资源分布图。辛宁著。南宁：广西民族出版社2006年出版，共183页。

0978《高等学校壮医药专业教材——壮医方药学》

壮族医药教材，7-5363-5223-9，R291.8。该书分为上、下两编，上编系统地介绍了壮药学的基本理论与应用，共收载常用壮药179味；下编主要介绍了壮医方剂组成、剂型、汤剂用法等，共选正方132首，附方37首。易自刚主编，徐冬英、冼寒梅编。南宁：广西民族出版社2006年出版。

0979《高等学校壮医药专业教材——壮医妇科学》

壮族医药教材，7-5363-5191-7，R291.8。该书全面系统介绍了壮医妇科学发展的历史进程、壮医妇科学的基础知识和基本理论，阐述了壮族民间诊疗方法。覃菁主编。南宁：广西民族出版社2006年出版。

0980《高等学校壮医药专业教材——壮医内科学》

壮族医药教材，7-5363-5189-5，R291.8。该书分为壮医内科学概述、各论两部分。概述部分主要包括壮医内科学发展简史、壮医内科学的基本理论、壮医内科学病因病机理论；各论部分有七章共48个病证。董少龙主编。南宁：广西民族出版社2006年出版。

0981《高等学校壮医药专业教材——壮医伤科学》

壮族医药教材，7-5363-5192-5，R291.8。该书分总论及各论两部分，阐述了壮医伤科的理论发掘、诊断和治疗方法，内容包括发展简史、病因病机、壮医伤科辨证诊断技能、治疗方法、骨折、脱位、筋伤。廖小波、钟远鸣主编。南宁：广西民族出版社2006年出版，共260页。

0982《高等学校壮医药专业教材——壮医外科学》

壮族医药教材，7-5363-5190-9，R291.8。该书分上、下篇，上篇包括壮医外科学发展概况、壮医外科学范围和疾病命名及分类、病因病理、诊法、治法等内容；下篇包括疮疡、皮肤病、性病、蛇虫咬伤、肛门直肠疾病、现代外科常见疾病等内容。肖廷刚主编。南宁：广西民族出版社2006年出版。

0983《高等学校壮医药专业教材——壮医药线点灸学》

壮族医药教材，7-5363-5193-3，R291.8。该书介绍了药线点灸的来源、病因病机、治疗依据、操作方法等，并对药线点灸的常用腧穴进行了较系统的论述。黄瑾明等主编。南宁：广西民族出版社 2006 年出版，共 185 页。

0984《高等学校壮医药专业教材——壮医药学概论》

壮族医药教材，7-5363-5186-0，R291.8。该书包含壮族社会历史、壮族地区历史人文地理与壮医药的关系、壮医药的起源、壮医药的积累、壮医药的形成与发展，以及壮医药的发掘整理等内容。庞宇舟、林辰、黄冬玲主编。南宁：广西民族出版社 2006 年出版，共 184 页。

0985 高等学校壮医药专业教材——《壮医诊断学》

壮族医药教材，978-7-5363-5248-3，R291.8。该书共有八个章节，主要内容是望诊、询诊、闻诊、按诊、探诊及疾病判定和诊断病案。伟刚林主编。南宁：广西民族出版社 2007 年出版，共 109 页。

0986《高等学校壮医药专业教材——壮族医学史》

壮族医药教材，7-5363-5221-2，R-092。该书介绍壮族医学起源、形成和发展的历史，展示壮族医学发展的历史规律。戴铭主编。南宁：广西民族出版社 2006 年出版，共 125 页。

0987《常用壮药生药学质量标准研究》

壮族综合文献，7-5363-4416-3，R291.8。该书汇集了 226 种疗效确凿、应用广泛的药物，按照根及根状茎类、茎类、叶类、花类、果实及种子类、全草类的顺序，以基本的鉴定方法和技术为主线，以药材性状、组织结构和粉末特征为要点，进行整理与研究。韦松基、朱华主编。南宁：广西民族出版社 2003 年出版，共 417 页。

0988《广西壮族自治区壮药质量标准》（2008 年版　第一卷）

壮族工具书，978-7-80763-220-7，R291.8-65。本标准收载的品种，均以壮医临床较常用且能以壮医理论进行阐述和说明，基本符合民族性、传统性、地域性的特点和要求作为入选的条件和标准，加强了对原药材、鲜药材的质量控制。广西壮族自治区食品药品监督管理局编写。南宁：广西科学技术出版社 2008 年出版，共 208 页。

（七）苗族医药文化及文献

苗族医药历史悠久，起源很早，苗族古歌和传说中有“千年苗医，万年苗药”之称。在很早的时期，苗族医药就形成非常鲜明的民族特色和地域特色，并流传至今。苗族是一个善于行医治病的民族，苗族医药有着清晰的发展脉络，并对苗族人民的生产生活产生着重要的影响[①]。早期苗医具有“百草皆药、人人会医”“巫医一家、神药两解”“内外结合、擅长外治”的特点。

---

① 瑶族医药简史［EB/OL］.http://www.wujue.com.

苗族早期的医药活动有较强的群众性和普遍性，知医行医者甚多。苗族早期即生活在南方亚热带、温带气候湿润的山区，这些地方的药物资源十分丰富，又由于长期的颠沛迁徙，其较早地了解和掌握了植物的知识和药用价值，锻炼了自己与疾病作斗争的能力，积累了较多的用药经验，形成苗族歌谣中所说的“百草皆药，人人会医”的情况。清道光《凤凰厅志·丧葬篇》载：“苗地多产药饵……其药名诡异，非方书所载，或吞或敷，奏效甚捷……”以后的记载还很多，如《兴仁县志》记载白苗“喜居高山，常采草药，售于市，转徙不恒”;《本草纲目》“菖蒲条”引宋代苏颂的记载说“黔蜀蛮人常将（菖蒲）随行，以治卒心痛。其生蛮谷中者尤佳，人家移种者亦堪用。但干后辛香坚实不及蛮人持来者，皆医方所用石菖蒲也”[①];《植物名实图考》也有不少记载，白芨条有“白芨根苗妇取以浣衣，甚洁白，白芨为补肺要药”的记载。苗族用药品种繁多，疗效独特。苗族早期医药活动极为兴盛，并具有应用草药单方治病极为普遍的特点，苗族民间广泛流传着“一个药王，身在八方”的古老歌谣。

苗族由于社会发展的不平衡性，本身无文字而缺少记载，苗族医学发展的各个阶段无明显的分期，但早期确实存在一段较长的“巫医合一”的时期，这是苗族早期医药活动的显著特点之一。苗族人民喜用铜鼓，并用它祀鬼神以治病。我国汉族地区在春秋时期，巫与医已经完全分离，但经济科学文化落后的苗族却比较完全地保存了“巫医合一”的特点[②]。用苗族的俗语来讲，叫作“巫医一家，神药两解”。苗族的“巫医合一”，到清代还很兴盛。《剑河县志》载：“民知尚稚，笃信鬼神，患病不事医药治疗，惟乞灵于巫祝，有跳神走阴诸名色……”《兴仁县志》载：“黑苗巫日密那，遇病延之，杀犬而禳，名曰打老魔……”上述相关记载很多，诸如清代田雯《黔书》和梁雪绳《黔苗词》中均有生动记载[③]。巫医治病并非个别现象，至今在一些边远苗寨，在治病的过程中仍能见到。一些苗医（或病人自己）主张神药结合，一方面用药治疗，一方面求神请祖。由于对许多疾病的发生无法理解，对危重疾病的发展死亡无法理解，他们只好求助于鬼神，而与巫合作，既彼此利用，又互相对峙，形成“巫医一家，神药两解”的局面[④]。

在云南，苗族人口 120.2 万人（2010 年），居少数民族人口第六位，主要分布在文山、红河、昭通、昆明、楚雄等地。云南苗族分别使用两种苗语方言，即苗语川黔滇次方言和滇东北次方言。苗语属汉藏语系苗瑶语族苗语支。现代苗族使用新创制的以拉丁字母为基础的拼音文字。

---

① 苗族医药简史［EB/OL］.http://www.djdw.com.

② 谭学林.苗族早期医药活动特点初探［J］.中华医史杂志，2000（2）.

③ 苗族医药简史［EB/OL］.http://www.wujue.com.

④ 苗医与“巫医”民族医学［EB/OL］.com.http://zhongyi.9939.

两个次方言人口也分别使用不同的文字形式。川黔滇次方言使用的是新中国成立后政府帮助创制的拉丁字母苗文；滇东北次方言有的使用新创的拉丁字母拼音文字，有的使用在老苗文基础上规范的文字，信教群众则还使用老苗文。20世纪80年代，云南民族出版社开始编辑出版苗文图书。其中，科普类图书《生命知识》《从这里开始——迎接艾滋病的挑战》等现代医学的苗文转译的文献，不属于本次收录范围，不作采集。

课题组收集的苗族医药文献有：

0989《风湿病苗药本草荟萃》

苗族医药专著，7-80174-293-1，R593.21。该书收集了苗药治疗风湿病常用方剂378首，常用药物193种，每个药物按药名、别名、来源、形态特征、生长环境、采集加工、功能主治、民间验方等进行介绍。祝均辉主编。北京：中医古籍出版社2005年出版，共267页。

0990《贵州苗族医药研究与开发》

苗族医药专著，7-80584-875-0，R291.6，正文为外文。该书对苗族医药的发展历程、医理诊治、方药特色、科学内涵及其价值等进行梳理与论述，较为系统地总结了贵州省苗族医药研究与开发的成果。包骏、冉懋雄主编，赵松、王国栋编。贵阳：贵州科技出版社1999年8月第1版，铅印本，共527页，900千字，有插图，精装。

0991《贵州十大苗药研究》

苗族医药专著，978-7-80174-619-1，R291.6。该书主要收录10个苗药研究的资料和成果，分别从本草学、基础研究、开发应用三个方面来进行阐述。邱德文、杜江主编。北京：中医古籍出版社2008年出版，共731页。

0992《湖北苗药》

苗族医药专著，7-80174-340-7，R291.6。该书在前人的研究基础上收集整理了苗药397种，主要收集来源、别名、形态特征、生长环境、采集加工、性味、功能与主治、民间验方等内容；以苗医用药习惯为特点，其中有数十味苗药属首次发掘。彭再生主编，祝均辉、杨长丰、黄昌辉、胡德俊编。北京：中医古籍出版社2006年1月第1版，铅印本，共509页，414千字，有插图。

0993《苗家实用药方》

苗族医药专著，978-7-80174-516-3，R291.6。该书主要介绍了湖南大湘西地区苗族医药人员，以及苗族同胞在生产、生活中常用的单方、验方和少数民族有名的成方，并介绍了云南、贵州、广西等地区的苗族药方。滕建甲、黄爱辉编著。北京：中医古籍出版社2007年出版，共562页。

0994《苗家养生秘录》

苗族医药专著，7-80174-327-X，R291.6/2。该书从传统理念、民间习俗、养生措施、常用方药、解毒方法等几个方面，介绍了苗族同胞在长期的医疗实践中积累起来的养生、保健、防病经验，是一部全面介绍苗族医药养生学的专著。腾建甲主编，腾敏、陈亮编。北京：中医古籍出版社 2005 年第 1 版，铅印本，共 307 页，270 千字。

0995《苗家整病技法》

苗族医药专著，978-7-5152-0071-2，R291.6。该书详细介绍了苗家整病的传统理念、苗家整病的传统习俗、苗家传统的病因认知方法、苗家传统的疾病命名方法、苗家整病的传统措施与方法、苗家内治疗法及内治方法等苗医药整病概念、方法及技术。滕建甲、黄爱辉编著。北京：中医古籍出版社 2011 年出版，共 493 页。

0996《苗药方剂学》

苗族医药专著，978-7-80662-732-7，R291.6。该书共分 16 章，收集方剂 1809 首，重点是收集组方、附方、用法、属经、治则、主治、方解等方面。陆科闵主编，陆彝中撰（著）。贵阳：贵州科技出版社 2009 年 9 月第 1 版，铅印本，共 539 页，1240 千字，有插图。

0997《苗药学》

苗族医药专著，R291.6。该书主要内容为苗药的起源、苗药学的发展、植物药的命名、动物药的命名、矿物药的命名、按药物的自然属性分类、按药物的来源分类、按药物的性味或功效分类等。田振华、杜江、邓永翰主编。北京：中医古籍出版社 2008 年 3 月出版，共 393 页。

0998《苗医绝技秘法传真》

苗族医药专著，978-7-80662-852-2，R291.6/17。该书共分为六章，内容包括苗医特色的外治秘技、苗医常用外治秘技、苗家奇技揭秘、苗家秘传治心术、苗医解毒法举要等。杜江主编，邓永汉、杨志杰编。贵阳：贵州科技出版社 2010 年 11 月第 1 版，铅印本，共 219 页，130 千字，有插图，精装。

0999《苗医正骨》

苗族医药专著，978-7-80174-549-1，R291.6。该书作者是负有盛名的湘西苗医骨伤科专家。该书论述湘西苗医的正骨手法及苗药，在正骨手法上，介绍了张氏祖传正骨手法，包括正骨手法六大步骤和十大技巧、花垣县已故苗医龙玉六生前苗医正骨手术步骤技巧和贵族黔东南苗医正骨法；介绍了张氏祖传“柏林接骨散”、贵州骨伤科苗药制剂 14 种、苗医民间骨伤科方药 566 首及治疗骨伤疾病的苗药 211 种，以及应用苗药内外兼治及恢复期的功能锻炼。为了便于读者理解和掌握苗医正骨手法，该书还附有 140 余幅彩图。该书是对我国苗族东部地区苗医正骨学术思想的整理和临床应用经验的总结，并附有张氏正骨手法照片及临床资料照片。张东海、田华咏主编。北京：中医古籍出版社 2007 年出版，共 280 页。

1000《苗族常用植物药》

苗族医药专著，978-7-80662-861-4，R291.6。该书收载药物 289 种、图片 289 幅，系统介绍了苗族民间常用的植物药，图文并茂，清晰明了。张敬杰、罗迎春主编。贵阳：贵州科技出版社 2010 年出版，共 342 页。

1001《苗族药物集》

苗族医药专著，R932.473 。该书图文并茂，介绍了 163 种苗医常用药物和验方。陆科闵著。贵阳：贵州民族出版社 1988 年出版，共 245 页。

1002《苗族药物学》

苗族医药专著，7-5412-1410-8，R291.6。该书对苗药发展史、苗药用药理论及每种药物的苗语名称、学名、俗名、来源、鉴别方法、药用部位、采集季节、性味归经等方面都有较为系统的论述，并收载了 390 余味苗药。该书介绍了苗族药物及药物学的起源、发展、基本概念、基本理论、用药规律、分类方法、识别知识，并与中草药进行异同比较。唐海华著。贵阳：贵州科技出版社 2006 年出版，共 452 页。

1003《苗族医学》

苗族医药专著，7-80662-433-3，R291.6/4，正文为汉文、苗文。全书分概论、苗医病症、苗族药物三部分。苗医病症收藏 206 个大症、408 个小症；苗族药物收载主要常用品种 330 个。陆科闵主编，王福荣编。贵阳：贵州科技出版社 2006 年 7 月第 1 版，纸质，铅印本，共 738 页，有插图。

1004《中国少数民族医药丛书——苗族医药学》

苗族医药专著，7-5367-1121-2，R291.6。该书论述了苗族医药的基本概念。田兴秀、关祥祖主编。昆明：云南民族出版社 1995 年 12 月第 1 版，铅印本，共 421 页，306 千字。

1005《苗族医药学》

苗族医药专著，7-5412-0216-9，R291.6。该书介绍了苗族医药的发展简史、医理、症治及药物、单验方选等。贵州省民委文教处、贵州省卫生厅中医处、贵州省中医研究所编写。贵阳：贵州民族出版社 1992 年出版，共 907 页。

1006《中国苗医史》

苗族医药专著，978-7-80174-647-4，R291.6。该书为中国苗族医药学史专著，论述了神话传说时代、古代、近代及现代苗族医药的发展史，从而分析和探讨了苗族医药的特点、苗瑶语民族医药文化的源流、文化多样性对苗族医药文化的影响，以及著名苗族医药学家和苗医药学著作。田华咏、杜江主编，滕建卓、田兰、张元忠编。北京：中医古籍出版社 2008 年 8 月第 1 版，纸质，铅印本，共 322 页，有插图。

1007《苗医药系列教材——苗药资源学》

苗族医药教材，7-80174-447-0，R291.6。该书内容包括苗药的概念及特点、苗药化学资源、苗药资源分布概况、苗药资源的调查研究、苗药资源的评价等内容。该书分为苗医药形成发展简史、苗医基本理论、苗药与配方、常见病诊疗等章节，是较为系统的介绍苗药资源的专著。胡成刚主编。贵阳中医学院、贵州省民族事务委员会编写。北京：中医古籍出版社 2007 年出版，共 504 页。

1008《苗医药系列教材——苗医基础》

苗族医药教材，7-80174-447-0，R291.6。该书主要包括基本理论、疾病的诊断方法、疾病的治疗方法、组方特点、传统疾病的分类和证治等内容。杜江、张景梅主编。北京：中医古籍出版社 2007 年出版，共 294 页。

1009《苗医药系列教材——苗医药发展史》

苗族医药教材，7-80174-447-0，R291.6。本教材将苗医药发展史分为远古时期、古代、近代和现代几个历史阶段，介绍苗族医药历史及苗族医药进展和相关的情况。杜江、田华咏、张景梅主编。贵阳中医学院、贵州省民委编写。北京：中医古籍出版社 2007 年出版，共 111 页。

1010《苗医药系列教材——苗族文化》

苗族医药教材，7-80174-447-0，R291.6-43/1。苗医药是苗族创造的医药理论与治疗经验，是我国传统医学的一朵奇葩。该书分苗医药形成发展简史、苗医基本理论、苗药与配方、常见病诊疗等章节，主要供培训苗医药人才使用。张志发、潘炉台、张景梅主编，贵阳中医学院、贵州省民委编写。北京：中国古籍出版社 2007 年 1 月第 1 次印刷，纸质铅印本，共 242 页。

1011《20 世纪中国民族学人类学经典著作丛书——贵州苗夷社会研究》

苗族综合文献，7-105-05974-5，K281.6，并列题名为“A Study on the Society of Miao and Yi People in Guizhou Province”。该书收集了吴泽霖、陈国钧、张少微等学者 20 世纪三四十年代在各种报刊上发表的论文 51 篇，内容涵盖贵州少数民族社会经济、文化教育、风俗习惯、地理分布、语言梗概和习惯法等。吴泽霖、陈国钧等著。北京：民族出版社 2004 年出版，共 309 页。

1012《中国少数民族简史丛书（修订本）——苗族简史》

苗族综合文献，978-7-105-08698-6，K281.6。苗族是我国人口较多、分布较广的少数民族之一。几千年来，苗族一直因其历史悠久、分布面广、文化丰富多彩而著称于世。苗族在古代曾聚居于长江中下游及黄河流域的部分地区，后来西迁聚居于以沅江流域为中心的今湘、黔、渝、鄂、桂五省市（区）毗邻地带，而后再由此迁居各地。现在，他们主要分布于以贵州为中心的中南和西南的各省市山区里。我国的历史文献中有关苗族及其先民的记载极多，该书第 348—353 页为医药部分。柏喜贵主编，孙东方、程苹、吴曙光编，《苗族简史》编写组编写。北京：民族出版社 2008 年 4 月第 1 版，铅印本，共 411 页，350 千字。

1013《苗族社会历史调查》（01）

苗族综合文献，978-7-105-08772-3，K281.6。该书收录苗族社会历史调查报告七编，内容包括台江县巫脚交苗族经济发展状况、台江县反排苗族社会历史调查资料、台江县苗族的节日等。“民族问题五种丛书”贵州省编辑组、“中国少数民族社会历史调查资料丛刊”修订编辑委员会编写。北京：民族出版社 2009 年出版，共 370 页。

1014《中国少数民族现状与发展调查研究丛书·苗族卷（台江县）》

苗族综合文献，7-105-03642-7，D633.3：D633.316 。该书是关于中国台江县苗族社会调查研究的内容。卢勋等撰著主编，陈国安、颜勇、马启忠撰著，中国社会科学院民族研究所编写。北京：民族出版社 1999 年第 1 版，纸质，铅印本，共 316 页。

1015《贵州省中药材、民族药材质量标准》

苗族工具书，7-80662-280-2，R282.7-65。本标准共收集药材品种 420 种，针对药材介绍中文名称、来源、性状、鉴别、含量测定、功能主治及用法用量等。贵州省药品监督管理局编写。贵阳：贵州科技出版社 2003 年出版，共 542 页。

1016《湘西苗药汇编》

苗族工具书，R282.464。该书收录了湘西土家族苗族自治州境内的民族药 478 种、单验方 2000 多个。欧志安编著，湖南少数民族古籍办公室、湖南凤凰县民族事务委员会主持编写。长沙：岳麓书社 1990 年出版，共 822 页。

1017《中国苗族药物彩色图集》

苗族工具书，7-80662-195-4，K291.6-64。该书收集苗族常用药物 368 味，分别按苗族药名、汉族药名、来源、植物形态、生境产地、采集、主要化学成分、属经、效用、主治、用量及苗族常用方例等体例编写，每味药配 2 张原植物的彩色图片。汪毅主编，李朝斗、司晓文、郭锡勇、龙运光编。贵阳：贵州科技出版社 2002 年 11 月出版。

1018《中华本草·苗药卷》

苗族工具书，7-80662-305-1，R281.3/19。该书包括概论、药物、附录及索引 4 个部分。上篇概论，概述苗族医药学发展简史、苗药学基础理论；下篇药物，收载药物 391

味，按正名首字笔画排列，包括药物名称、品种考证、来源、原植（动、矿）物、栽培、采收加工、药材鉴别等；附篇为国家标准民族药（苗药）品种及全书的参考书目；最后为索引。该书共收载苗族药物 391 味，插图 400 余幅，系统全面地反映苗药的使用情况和科研成果，是当代苗药研究的标志性成果，对苗医药教学、科研、临床实践有重要指导意义。宋立人、邱德文等主编，杜江、田振华、冉懋雄、龙瑞敏编纂。国家中医药管理局“中华本草·苗药卷”编委会、贵阳中医学院编写。贵阳：贵州科技出版社 2005 年 12 月出版。

1019《中华本草·苗药卷》（彩色图谱）

苗族工具书，7-80174-346-6，R281.473-64。该书收录了 391 味苗药，经过核查辨识配以原植物彩色图片，配以相应文字说明，反映了每个药物生长的各个阶段。邱德文、杜江、夏同珩主编，贵阳中医学院、贵州省中医药研究院、贵州省中药现代化科技产业协调领导小组编纂。北京：中医古籍出版社 2006 年出版，共 433 页。

1020《黔东南苗族侗族自治州中医民族医医生名录》（第 01 集）

苗族工具书，978-7-80662-715-0，K826.2-61。该书分上、下两篇，上篇介绍了具有特色的中医、民族医医生生平简介、技术专长共 64 人；下篇介绍了他们独特的诊疗技法、秘方验方、论文心得共 32 篇。龙运光、罗建新、袁涛忠主编，黔东南苗族侗族自治州卫生局、黔东南苗族侗族自治州医学会、黔东南苗族侗族自治州民族医药研究所编写。贵阳：贵州科技出版社 2008 年出版，共 235 页。

1021《中国少数民族古籍总目提要·苗族卷》

苗族检索工具，978-7-5000-8457-0，Z838。该书收录苗族的古籍条目 3000 余条，内容包括书籍、铭刻、文书、讲唱等诸多方面，真实记录了苗族的历史发展进程和文化发展轨迹。张公瑾主编，陈乐基编撰（著），国家民族事务委员会全国少数民族古籍整理研究室编写。北京：中国大百科全书出版社 2009 年出版，纸质，铅印本，共 681 页，有插图，精装。

（八）普米族（云南特有少数民族）医药及文献

普米族是云南省特有的少民族之一，人口有 4.2 万人（2010 年），主要分布在兰坪、维西、宁蒗、永胜等地，少部分居住在四川的木里县和盐源县，普米语属汉藏语系藏缅语族羌语支。普米族与其他民族杂居，大多兼通彝族、白族、纳西族、汉族等几个民族的语言。普米族没有本民族的文字，普遍使用汉文。普米族源于古代我国西北部的古羌游牧部落集团，在经过多次的历史迁徙之后，定居于滇西一带，他们大多居住在海拔 1500—3000 米的高寒山区和半山区，多以半农半牧的经济模式为主。长期以来，普米族的社会发展水平相对落后，没有传承至今的文字，所以普米族没有成文史，表现在医药方面也就没有什么理论性的著作问世和流传。由于居住环境恶劣等诸多因素的影响，普米族人很容易受到疾病的侵袭，而这时最简单的方法是依靠本民族所掌握的医药方法来进行治疗，因此大多数普米人都懂得一些医药知识和常用于治病的中草药，并总结了许多的医药经验。如在医治外伤方面，刀伤者，先用细鸡毛止住血，伤口上方用熊胆水涂上一圈，以止痛和消炎；外伤肿痛者用蒿枝外敷以消肿；被毒蛇咬伤者，马上用布袋扎紧伤口上部防止毒液扩散，然后用南星外敷；出现疮疡可用九里光外擦；手上扎刺可外擦酥油；等等。在内科疾病方面，治疗劳伤，用羌活、细辛泡酒服；咳嗽咯血用干地榆粉末；治疗胃病用八角细辛煎汤服；伤风感冒者，服用烧盐烤茶水和生姜汤排汗；受惊者服用牛胆汁壮胆；驱虫常食南瓜籽等；腹泻者使用酸梅止泻。妇科用药方面，催产用川芎和益母草煎汤内服等。此外，还有治红眼病用一种名为三颗针的草药煎汤外滴，牙痛可就地取马鞭草煎汤内服。这些行之有效的医疗经验在帮助普米族先民们与病魔作斗争的过程中，立下了汗马功劳。由于普米族人所居住的地区多属山区和半山区，茫茫林海就是他们的天然药库。因此，他们的药物资源十分丰富。野生植物药材资源主要有天麻、重楼、白前、柴胡、龙胆草、鱼腥草、小红参、大白芨、麻黄、前胡、黄芩、南星、防风、百部、草乌、独定子、山百合、续断、雪莲花、麦冬、射干、苦参、五味子、青木香、白花蛇舌草、千年健、虎掌草、水杨梅、鸡血藤、山胡椒、刺五加皮、猪苓、茯苓、蝉花、雷丸和竹烟袋等；野生动物药材有五灵脂、地鳖虫、蝉蜕、蜂房、龙衣等；家种药材资源则主要有当归、木香、大黄、附子、山药、红花、三分三、川芎、秦艽等。

新中国成立前，普米族的医药卫生也和周围的其他少数民族一样处于较为落后的状态，群众生病多怀疑是鬼神作祟，但是当这些迷信仪式达不到祛除疾病的目的时，他们就会去找本民族的医生进行治疗。这些医生大多是一些民间医生，其所掌握的医药知识除前辈“口传心授”代代相传下来的外，还有一些中草药知识，这些民间医生为本民族人民的健康作出了巨大的贡献。新中国成立后特别是改革开放以来，普米族地区的社会经济有了较大的发展，普米族人的生活水平有了很大的提高，医药卫生条件也有了明显的改善，在区乡一级还建立了医院或医疗点，并有了本民族的大中专毕业的医务人员。然而，普米族对于中草药的使用频率并未因此而降低，尤其是 1992 年兰坪县卫生局组织编写的第一部普米族医书《普米族单方治疗杂病手册》的问世，使得普米族医药越来越受到世人的关注，改写了普米族医药在许多专论民族医药的典籍中基本没有记载的现状。2006 年，国家中医药管理局发布通告，根据 2004 年全国民族医药基本情况调查，普米医已经被列入民族医药资料发掘整理工作的 35 种民族医之一。

普米族生活于地处祖国边陲的云南省，居住在较为偏远、自然环境和生存条件恶劣、交通极不发达的地区。在漫长的历史发展过程中，普米族虽然人数较少但在历经了与自然和疾病作斗争的漫长岁月后，仍然积累和形成了本民族自己的传统医药经验，并在日常生活中切实为群众解决着防病和治病的问题，这些因素无疑是普米医未来发展的肥沃土壤。普米族医药是我国民族医药的组成部分，重视对它的研究无疑是民族医药研究新的切入点，其所蕴藏的无穷的潜力将为云南民族医药的发展注入新的生机，这一朵含苞待放的民族医药之花，也必将为云南省民族医药的研究锦上添花[①]。

课题组现将收集到的普米族医药文献整理如下：

1022《摆空赠》（测一年患病之因经）

普米族医药古籍，民族语言题名为民族文字题名，正文为藏文。该书为丽江市宁蒗彝族自治县普米族韩规古籍及重要附件之一。李国文项目调研成果，收藏于丽江市宁蒗彝族自治县。

1023《伴注恰没尔》（送瘟神经）

普米族医药古籍，民族语言题名为民族文字题名，正文为藏文。该书为普米族祛病除邪拈消类经籍，2册，共12页。李国文项目调研成果，收藏于四川凉山州木里县依吉乡（当地民族与云南少数民族跨境而居）机素村、达都村、后所村（麦色偏处、邀基扎拉、扎西、南卡、东龙·阿巴）。

1024《宝空端宗赠》（占致病方位及原因的书）

普米族医药古籍，民族语言题名为民族文字题名，正文为藏文。该书为普米族占卜巴捞类经籍择运茨罗崃赠的经书，共4页。李国文项目调研成果，收藏于四川凉山州木里县依吉乡（当地民族与云南少数民族跨境而居）机素村、达都村、后所村（麦色偏处、邀基扎拉、扎西、南卡、东龙·阿巴）。

1025《撑注》（长寿经）

普米族医药古籍，正文为藏文。该书为普米族韩规供祀神灵类经籍亚脚中的块消的经籍，7册，页数不详细。李国文项目调研成果，收藏于四川凉山州木里县依吉乡（当地民族与云南少数民族跨境而居）机素村、达都村、后所村（麦色偏处、邀基扎拉、扎西、南卡、东龙·阿巴）。

1026《撑注得觉》（延寿经）

普米族医药古籍，正文为藏文。该书为普米族韩规供祀神灵类经籍亚脚中的块消的

① 王寅，郑进，杨丽萍．一朵含苞待放的民族医药之花——普米族医药简介［J］．云南中医学院学报，2007（5）．

经籍，5 册，其中 2 册页数不详，余 3 册，共 25 页，为李国文等编著的《韩规经籍初步编目资料》中的文献。李国文项目调研成果，收藏于四川凉山州木里县依吉乡（当地民族与云南少数民族跨境而居）机素村、达都村、后所村（麦色偏处、邀基扎拉、扎西、南卡、东龙·阿巴）。

1027《持损》（给食不净之物致病者洗礼经）

普米族医药古籍，民族语言题名为民族文字题名，正文为藏文。该书为普米族祛病除邪拈消类经籍，2 册，共 10 页。李国文项目调研成果，收藏于四川凉山州木里县依吉乡（当地民族与云南少数民族跨境而居）机素村、达都村、后所村（麦色偏处、邀基扎拉、扎西、南卡、东龙·阿巴）。

1028《茨罗崃赠》（择一生命运的书）

普米族医药古籍，民族语言题名为民族文字题名，正文为藏文。该书为普米族占卜巴捞类经籍择运茨罗崃赠的经书，共 10 页。李国文项目调研成果，收藏于四川凉山州木里县依吉乡（当地民族与云南少数民族跨境而居）机素村、达都村、后所村（麦色偏处、邀基扎拉、扎西、南卡、东龙·阿巴）。

1029《茨忍忍销》（延寿经）

普米族医药古籍，民族语言题名为民族文字题名，正文为藏文。该书为丽江市宁蒗彝族自治县普米族韩规古籍及重要附件之一。李国文项目调研成果，收藏于丽江市宁蒗彝族自治县。

1030《茨注茨考》（延寿经）

普米族医药古籍，民族语言题名为民族文字题名，正文为藏文。该书为丽江市宁蒗彝族自治县普米族韩规古籍及重要附件之一。李国文项目调研成果，收藏于丽江市宁蒗彝族自治县。

1031《督楚居你端宗赠》（占得病时辰及原因的书）

普米族医药古籍，民族语言题名为民族文字题名，正文为藏文。该书为普米族占卜巴捞类经籍择运茨罗崃赠的经书，共 4 页。李国文项目调研成果，收藏于四川凉山州木里县依吉乡（当地民族与云南少数民族跨境而居）机素村、达都村、后所村（麦色偏处、邀基扎拉、扎西、南卡、东龙·阿巴）。

1032《读初哥尼争》（测十二时辰患病之因经）

普米族医药古籍，民族语言题名为民族文字题名，正文为藏文。该书为丽江市宁蒗彝族自治县普米族韩规古籍及重要附件之一。李国文项目调研成果，收藏于丽江市宁蒗彝族自治县。

1033《公嘎尔》（驱瘟疫经）

普米族医药古籍，民族语言题名为民族文字题名，正文为藏文。该书为普米族祛病除邪拈消类经籍，共 12 页。李国文项目调研成果，收藏于四川凉山州木里县依吉乡（当地民族与云南少数民族跨境而居）机素村、达都村、后所村（麦色偏处、邀基扎拉、扎西、南卡、东龙・阿巴）。

1034《介布鉴叠》（祛病除邪经）

普米族医药古籍，民族语言题名为民族文字题名，正文为藏文。该书为丽江市宁蒗县普米族韩规经古籍及重要附件之一。川滇藏交界区域的宁蒗、木里、盐源等地的普米族民间藏存着一些韩规经古籍，据有关信息分析，前述区域民间藏存流传的韩规经籍卷帙浩繁，但由于这一带特殊的地理位置——滇川藏交界区域的万山丛中，交通闭塞人迹罕至，不曾听闻有关机构及人员到那里做过任何形式的普查与记录，因此这一带流传的韩规经古籍的情况一直是个谜。近年来，曾有深悉韩规经典内容的措皮・迪吉偏初在他的家乡木里县依吉乡一带做调查，但由于当地的普米韩规对于祖上世传下来的古籍不肯轻易示人，措皮・迪吉偏初首先将自己常用或重要的经典重新加以梳理和记录，并尽可能利用熟人和亲朋好友的关系先后深入到机素、达杜、后所、花依、朴助等村寨，找到一些祖上有名的韩规家寻访。难能可贵的是，措皮・迪吉偏初以一个韩规经师的眼光特别汇集了邀基所拉、边致以极呷、达杜折使、南卡，东龙・阿巴等世传韩规家族的经书，尽管记录还不甚详尽，但这些摘抄已经蔚为大观，足以提供进一步调查思考的线索。据韩规祭司措皮・迪吉偏初所提供的统计表，我们大体上知道了上述区域韩规及其藏书情况——该区域韩规私人家庭收藏有数千卷韩规经籍，除副本外有 100 多种 1000 余册，至于古老而冷僻不常用的经籍，估计收来的 1/2 不到。李国文项目调研成果，收藏于丽江市宁蒗彝族自治县。

1035《拉姆接嘎尔赠》（择病期之书）

普米族医药古籍，民族语言题名为民族文字题名，正文为藏文。该书为普米族占卜巴捞类经籍择运茨罗崃赠的经书，共 4 页。李国文项目调研成果，收藏于四川凉山州木里县依吉乡（当地民族与云南少数民族跨境而居）机素村、达都村、后所村（麦色偏处、邀基扎拉、扎西、南卡、东龙・阿巴）。

1036《拉姆接甲尔争》（测一日患病之因经）

普米族医药古籍，民族语言题名为民族文字题名，正文为藏文。该书为丽江市宁蒗彝族自治县普米族韩规古籍及重要附件之一。李国文项目调研成果，收藏于丽江市宁蒗彝族自治县。

1037《捞喃赠》（择人体放血日子的书）

普米族医药古籍，民族语言题名为民族文字题名，正文为藏文。该书为普米族占卜巴捞类经籍星占夏赞赠的经书，共2页。李国文项目调研成果，收藏于四川凉山州木里县依吉乡（当地民族与云南少数民族跨境而居）机素村、达都村、后所村（麦色偏处、邀基扎拉、扎西、南卡、东龙·阿巴）。

1038《罗更注居》（占五行之书）

普米族医药古籍，民族语言题名为民族文字题名，正文为藏文。该书为普米族占卜巴捞类经籍择运茨罗崃赠的经书，共12页。李国文项目调研成果，收藏于四川凉山州木里县依吉乡（当地民族与云南少数民族跨境而居）机素村、达都村、后所村（麦色偏处、邀基扎拉、扎西、南卡、东龙·阿巴）。

1039《米吨》（给患疯病者送鬼经）

普米族医药古籍，民族语言题名为民族文字题名，正文为藏文。该书为普米族祛病除邪拈消类经籍，6册，页数不详。李国文项目调研成果，收藏于四川凉山州木里县依吉乡（当地民族与云南少数民族跨境而居）机素村、达都村、后所村（麦色偏处、邀基扎拉、扎西、南卡、东龙·阿巴）。

1040《木蒸端》（送难产鬼经）

普米族医药古籍，民族语言题名为民族文字题名，正文为藏文。该书为普米族祛病除邪拈消类经籍，7册，页数不详。李国文项目调研成果，收藏于四川凉山州木里县依吉乡（当地民族与云南少数民族跨境而居）机素村、达都村、后所村（麦色偏处、邀基扎拉、扎西、南卡、东龙·阿巴）。

1041《萨达夏崩》（为病痛者祭祀龙王经）

普米族医药古籍，民族语言题名为民族文字题名，正文为藏文。该书为普米族祛病除邪拈消类经籍，6册，页数不详。李国文项目调研成果，收藏于四川凉山州木里县依吉乡（当地民族与云南少数民族跨境而居）机素村、达都村、后所村（麦色偏处、邀基扎拉、扎西、南卡、东龙·阿巴）。

1042《申依丛罗》（给老者求延年益寿经）

普米族医药古籍，民族语言题名为民族文字题名，正文为藏文。该书为普米族祛病除邪拈消类经籍，50册，页数不详。李国文项目调研成果，收藏于四川凉山州木里县依吉乡（当地民族与云南少数民族跨境而居）机素村、达都村、后所村（麦色偏处、邀基扎拉、扎西、南卡、东龙·阿巴）。

1043《希龙赠》（测死亡之因经）

普米族医药古籍，民族语言题名为民族文字题名，正文为藏文。该书为丽江市宁蒗彝族自治县普米族韩规古籍及重要附件之一。李国文项目调研成果，收藏于丽江市宁蒗彝族自治县。

1044《赞吨》（给病痛者送赞神经）

普米族医药古籍，民族语言题名为民族文字题名，正文为藏文。该书为普米族祛病除邪拈消类经籍，4册，页数不详。李国文项目调研成果，收藏于四川凉山州木里县依吉乡（当地民族与云南少数民族跨境而居）机素村、达都村、后所村（麦色偏处、邀基扎拉、扎西、南卡、东龙·阿巴）。

1045《左拉赠》（测五行相生相克经）

普米族医药古籍，民族语言题名为民族文字题名，正文为藏文。该书为丽江市宁蒗彝族自治县普米族韩规古籍及重要附件之一。此经书均系旧抄本，佚名撰，多为墨书，间有墨朱混书，本色构皮纸，页面宽为100—120毫米，分长、中、短不同的规格，最长的有330毫米左右，现在最常见的是中等长的书，长280—300毫米，这部分经典均以夹板捆装，最后一种是长约200毫米的，多为线定侧页装。除部分经卷略有残损（其中一小部分经页受损，已残缺不全）外，其余基本保存完整。李国文项目调研成果，收藏于丽江市宁蒗彝族自治县。

1046《普米族单方治疗杂病手册》（内治分册）

普米族医药专著，7-5067-0692-X，R289.5：R296.6。普米族今有近3000人，居云南，尚无文字。该书获该族单方、秘方2000余首，依现代医学分为11类；每病述临床表现、辨证施治，并介绍中西医疗法等。和胜主编，云南兰坪白族普米族自治县卫生局主持编写。北京：中国医药科技出版社1992年12月第1版，铅印本，共342页，234千字。

1047《西南边疆民族研究书系·云南民族村寨调查：普米族——宁蒗永宁乡落水村》

普米族综合文献，7-81068-240-7，K286.6。该书共分七章，即重新建设中的落水村生态环境、由传统走向现代化的民族经济、落水村普米族的禁忌与习惯法、婚礼中的宗教仪式等。1. 落水村普米族传统医药：（1）内服元根萝卜汤可治疗消化不良，预防和治疗高山反应；（2）内服野蜂蜜（岩蜂）可化痰、润肺；（3）内服青梅可润肺、止咳，治拉肚子，捣烂后局部外敷可治鸡眼；（4）内服青梅膏可治牛皮癣；（5）内服木瓜可祛风湿，预防感冒；（6）内服菖蒲可治腹胀、腹痛；（7）黄麻线煮水内服可治阴寒；（8）六寒草煮水内服可止咳；（9）用沙达尼山草煮汤或炖肉吃，具有舒筋止痛之效；（10）被马蜂蜇后，可用酸梅水擦拭叮处，可治其肿痛；（11）外敷冬寒菜根可治化脓；（12）外敷五灵脂（飞鼠屎）可治破血，可活血化瘀。2. 落水村普米族对疾病的医治方法：（1）儿科的蛔虫病的医治方法。用适量草乌捣烂，水冲服。草乌有剧毒，掌握不好会引起中毒身亡，因此，只有在村中有经验的普米族民间医师指导下才可服用。（2）孕妇难产的医治方法。死胎不下，则以蓖麻子25粒，炒干研细后包孕妇脚心（涌泉穴）；胎儿不下，孕妇的左右脚均包；胎盘不下，根据生下胎儿的性别，男婴则包孕妇左脚，女婴则包孕妇右脚。（3）外伤流血的医治方法。采用柯麻叶（车前草）捣烂敷创口，可立即止血；或将"从龙草"晒干研成细粉撒于伤口上也能止血。如伤口感染化脓，可采集"灾霉"根煮水擦洗，可以消肿；或将猪下颌骨油抹于患处，也能消肿。（4）"蛊病"的医治方法。每到下午时分，如感到腹胀和腹部隐痛，部位不定，腹鸣如雷，腹泻或腹泻与便秘交替出现，凡这类症状出现，落水村普米族即认为是患了"蛊病"。治疗方法：用大狼毒2钱、山乌龟5钱、山萝卜3—5钱、小霸王3—5钱，研成粉末兑黄酒冲服，便可治愈。（5）疔疮的医治方法。疔疮多由屠宰牲口时感染疔毒引起。落水村普米族民间医师根据疔疮顶部病变程度，把疔疮区分为鸟疔、水疔、大疔、土疔和痱疔。其中土疔与痱疔病症较轻，多可不治而愈，其余三种病情均较重，严重者神志恍惚、周身麻木，需及时治疗。治疗的方法：①内服，用挖耳草5—7棵、大血藤5寸、小翻白3—5棵、续断3—5棵，水煎服；或者用白酒泡一天后服用。②外用，用适量黄芹韭和南瓜合并研细外敷，每天换药一次，待肿消后，用青刺果油调黄芩粉涂抹患处，不久就可治愈。高发元、刘韵涵主编，普米族调查组编写。昆明：云南大学出版社2001年4月第1版，铅印本，共185页，155千字。

1048《云南民族文化大观丛书——普米族文化大观》

普米族综合文献，7-5367-1836-5，K286.6/1。在医治外伤方面，跌、打、痨、伤者，用草药管仲、独定子泡白酒服用，以止痛和舒筋活血。刀伤者，先用细鸡毛止住血后，伤口上方用熊胆水涂上一圈，以止痛和消炎。被毒蛇咬伤者，马上用布带扎紧伤口上部，堵住毒液的扩散，并用麝香水在伤口上部涂上一圈，毒液顺伤口被麝香赶出，几天后就会好转。在内病方面，患痨病者，服用草药五加皮泡白酒以驱痨。患急性肠胃炎者，服用"木香粉"和开水消炎。伤风感冒者，服用"烧盐烤茶水"和"生姜汤"排汗。泻肚者，食用"绵羊油煎苦荞面饼"止泻。发高烧者，服用"青蒿汤水"退烧。育龄妇女月经不调或闭经者，服用猴积（即取自岩洞中的母猴的干经血）泡酒调经。不育妇女，煮食狗鞭（即雄狗的阴茎）、麂、鹿、羊胎盘、鸡爪参、太子参等滋补身体。患阳痿病者，食用猪、鸡、羊睾丸和狗鞭等壮阳。服毒者，即灌以"大便水"，使其吐出毒水。咳嗽者，食用酸木瓜煮猪、羊肺止咳。心慌者，服用猪砂（即结在猪胆中的一种结石）蒸鸡蛋镇静。受惊者，服用牛黄汁壮胆。生毒疮者，用麝香水搽疮上方消毒。眼病者，用熟鸡蛋熏眼球以除秽。在手术方面，在腿、手脚受毒箭伤时，马上用利刀剜去所伤的部位，以烧铁烙伤口防止感染，并用熊油涂伤口上部以消炎。生大毒疮者，待疮化脓后，用瓷碗碎片切开脓包，排出脓血后，同样用麝香水涂围疮上方消毒。患牙病者，在无法消炎的情况下，用细麻线拴住病牙拔除。第237—238页，第九章“医药卫生”。格桑顿珠、杨照辉主编，马化清、高广、段金录、袁晓林编，云南省民族事务委员会编写。昆明：云南民族出版社1999年9月第1版，铅印本，共254页，200千字，有插图。

1049《丽江地区普米族韩规经籍初步编目资料》

普米族检索工具。该书尚未正式出版。2004年2月到2006年9月，李国文课题组经由胡文明、胡镜明、措皮·迪吉偏初调查，木里县依吉乡机素村、达都村、后所村的麦色偏处、邀基扎拉、扎西、南卡、东龙·阿巴等韩规后期整理。

（九）蒙古族医药及文献

蒙古族长期生活在中国北方，逐水草而居，被称为马背上的民族。云南省有蒙古族2.26万人（2010年），主要居住在通海县兴蒙蒙古族乡。蒙古族有自己的语言文字，蒙古语属阿尔泰语系蒙古语族。蒙医药的发展主要经历了萌芽、形成与发展和繁荣三个时期。

远古至12世纪末，是蒙医药的萌芽阶段。蒙古族人民所患的疾病与其饮食习惯、生产方式、自然环境密不可分，民谚曰“病之源为食不消，药之基为白水煎”，饮食疗法在蒙医药中占有一定的地位。为治疗战伤、摔伤、骨折等，早期的蒙医有正骨、正脑和烧灼疗法等重要内容。

13世纪至20世纪中叶，是蒙医药形成和发展的重要时期。随着成吉思汗统一蒙古各部落，创造了蒙古文字，与国内各民族以及印度、阿拉伯和欧洲等国家和地区的交往的推进，蒙医药吸收了藏医药、古印度医学理论，结合自己传统的医疗实践经验和独特的用药、配药方法，创立了以“三元七素”学说为主要内容、具有民族特点的近代蒙医药理论体系，并使之更加丰富和完善。此间涌现了许多著名的蒙医药学家和众多传世的医药典籍，包括蒙医药的三大著名典籍文献——《蒙药正典》《甘露四部》和《方海》。蒙古族医学家伊希巴拉吉尔（1704—1788年）创编的《甘露四部》，是至今所发现的最早的具有蒙医特色的民族医药学系列专著，可谓最早的蒙医药学经典著作之一。公元19世纪上半叶，著名蒙药学家占布拉道尔吉所著的《蒙药正典》（亦名《无误蒙药鉴》），是一部集药草、手术器械、人体解剖图为一体的医药百科全书，是迄今发现的唯一一部图文并茂的蒙医药学经典著作，中国民族医药学界称其为“蒙医药学的《本草纲目》”。蒙医药家明如勒·占布拉却吉丹增璞日来所著的《方海》则是一部完整的蒙药方剂学经典。

20世纪中叶以后，随着新中国的诞生，蒙医药进入繁荣发展的时期。新中国成立60

多年来，先后成立了蒙医医院和蒙医研究所，大力开展医疗和研究工作。通过蒙医学院和医学院的蒙医专业、蒙医学习班和进修班等形式，培养了大批蒙医药人员。同时，对各地搜集来的蒙医古籍进行翻译和整理，并编写出版了《蒙药学》《蒙医简史》《蒙成药标准》《蒙药药理研究》《蒙医验方集》《蒙医学基础知识》等一批现代医药著作，以及一套完整的蒙医药高等学校教材。蒙药产业有了很大发展，不仅供应国内市场，还销往蒙古、俄罗斯等国家。

课题组现将收集到的蒙古族医药文献整理如下：

1050《国家中医药管理局民族医药文献整理丛书——脉诊概要研究》 sudal sinjilek ü i tobči-yin sinjilege

蒙古族医药专著，7-204-07643-5，R291.2。该套丛书包括《脉诊概要研究》等书。nasundalai 主编。呼和浩特：内蒙古人民出版社 2005 年出版，共 132 页。

1051《蒙古医学简史》

蒙古族医药专著，7-5311-3437-3，R291.2-09。该书根据医学史的发展规律，将 1947 年以前的蒙古医学史分为三个发展阶段，以历史唯物主义和辩证唯物主义为指导，对有关资料进行了科学分析，力图反映历史真实面目。巴·吉格木德著，曹都译。呼和浩特：内蒙古教育出版社 1997 年出版，共 126 页。

1052《中国蒙古学文库·蒙古族传统疗法》

蒙古族医药专著，7-80722-106-2，R291.2，民族语言题名为蒙古语，正文为蒙文。该书介绍了蒙医学传统疗法，主要内容包括浸润疗法、温热疗法、峻疗法、内疗法、其他疗法等。郭·道布清主编，图门巴雅尔编。沈阳：辽宁民族出版社 2005 年 12 月第 1 版，铅印本，共 201 页，160 千字。

1053《中国少数民族医药丛书——蒙古族医药学》

蒙古族医药专著，7-5367-1473-4，R291.2。赵宇明、关祥祖主编。昆明：云南民族出版社 1997 年出版，共 701 页。

1054《中国蒙古学文库·蒙古族正骨学》

蒙古族医药专著，7-80722-047-3，R291.2，民族语言题名为蒙古语。该书分六篇，包括正骨研究、骨折、脱位、软组织损伤、内伤，骨、关节疾病的正骨疗法。旺钦扎布主编。沈阳：辽宁民族出版社 2005 年 7 月第 1 版，铅印本，共 524 页，420 千字。

1055《国家中医药管理局民族医药文献整理丛书——蒙药正典》

蒙古族医药专著，7-105-07548-1，R291.2，正文为蒙文。该书记载了 879 种蒙药材，附 570 幅药物插图，详细记述了每一种药材的产地、来源、形态、入药部分、性味、功能、主治、采收季节及炮制方法等。柳白乙拉主编，李振吉、房书亨、佘靖编。北京：民族出版社 2006 年 11 月第 1 版，纸质，铅印本，共 499 页，有插图。

1056《蒙药正典·美丽目饰》

蒙古族医药专著，978-7-204-06949-1，R291.2，民族语言题名为蒙古语，正文为汉文、蒙文。该书是一部反映蒙、藏药的专著。该书对每种药的别名，生长环境，动、植、矿物形态，入药部位，采集时间，炮制方法，性味、功能、主治和用法等作了叙述，并对某些药物的真伪优劣、品种及鉴别方法也有不同程度的记叙，指出对某些用药误认或名物不符等混乱现象；同时对所收载品种绝大多数配有附图，图中列出了蒙、藏、汉、满文字对照，还有藏文注汉字音。占布拉道尔吉原著，罗布桑等译注。呼和浩特：内蒙古人民出版社 2006 年 12 月第 1 版，铅印本，共 609 页，450 千字，有插图。

1057《蒙医甘露四部》

蒙古族医药专著。该书是 18 世纪蒙古族著名医学家伊希巴拉珠尔所写的蒙医药学专著，是蒙医药学综合性经典医籍。钢卓力克主编。呼和浩特：内蒙古人民出版社 2007 年出版。

1058《蒙医药丛书——蒙古贞常用蒙药方剂》 mong γ oljin-u örkölji kereglek ü mong γ ol em nayiral γ -a

蒙古族医药专著，7-80644-976-0，R291.2。该书主要介绍了辽宁省蒙古贞地区（现为阜新地区）流传的 100 多种独特的蒙药方剂，并在书后附录了几种特殊药的炮制方法。刘毅、韩福印主编。沈阳：辽宁民族出版社 2005 年 7 月出版，共 269 页。

1059《蒙医药史概略》 mong γ ol em emnelge-yin te ü ke-yin toyimujinbatu

蒙古族医药专著，7-5380-0341-X，R291.2，qasgerel 著。通辽：内蒙古少年儿童出版社 1996 年出版，共 239 页。

1060《蒙医药学概览》

蒙古族医药专著。该书以蒙医药历史发展脉络为主线，展示了蒙医药丰富的传统文化，阐述蒙医药作用机理和临床经验。佟瑞著。沈阳：辽宁民族出版社 2013 年出版。

1061《蒙医诊疗皮肤病图谱》 mong γ ol emnelge-yin arasun-u ebedčin- ü jiru γ tayilburi

蒙古族医药专著，7-80644-919-1，R291-64，正文为蒙文。该书以图片形式展示了 100 多种皮肤病和性病病例，并介绍了其特征，用蒙医学理论解释了发病原因，论述了治疗方法。吴金香主编，乌日娜、黄精华、李灵匀编。沈阳：辽宁民族出版社 2005 年 3 月第 1 版，铅印本，共 200 页，200 千字，有插图。

1062《内蒙古医学史略》

蒙古族医药专著。该书记述了历史上与内蒙古地区蒙汉等民族医学有关的人和事，时限下至1987年。伊光瑞主编。北京：中医古籍出版社1993年出版。

1063《神奇的蒙医传统正骨》

蒙古族医药专著，978-7-204-11257-9，R291.2。该书详细介绍了蒙医正骨的历史与发展、蒙医正骨手法，同时介绍了散居在通辽等地区的蒙医正骨传承人的情况。韩涛高、都嘎尔著。呼和浩特：内蒙古人民出版社2011年出版，共210页。

1064《生命的长调：蒙医》

蒙古族医药专著，978-7-5633-7072-6，R291.2。该书用通俗的语言、生动的例子、鲜活的图片，以趣话的形式展示了古老而又神秘的蒙医学，包括发展历史、独特诊法、传统疗术、实践医学经验等。色·哈斯巴根、张淑兰著。桂林：广西师范大学出版社2008年出版，共189页。

1065《中国蒙古学文库·现代蒙医学》 orčin ča γ -un mong γ ol ana γ aqu uqa γ an

蒙古族医药专著，7-80722-013-9，R291.2。全书分为上、中、下三篇，包括蒙医基础理论、蒙药与方剂、蒙医临床各科等方面的内容。琪格其图主编。沈阳：辽宁民族出版社2005年7月第1版，铅印本，共711页，390千字。

1066《内蒙古中草药》

蒙古族综合文献，R281.426，R932.4/2218。该书收载有内蒙古地区的中草药、民族药用植物等。内蒙古自治区革命委员会卫生局主编。呼和浩特：内蒙古自治区人民出版社1972年3月第1版，共987页，有插图，简装。

1067《中国社会科学院文库·历史考古研究系列——蒙古族简史》

蒙古族综合文献，978-7-80230-420-8，K281.2/5，并列题名为“A Brief History of Mongolian Nationality”。蒙古族是祖国大家庭中一个历史悠久、勤劳勇敢的民族，长期以来活动生息于我国北方的广阔草原。经过长期的历史发展，现在我国的蒙古族主要聚居于内蒙古自治区，其余多分布于新疆、甘肃、青海、辽宁、吉林、黑龙江等省、区、市。第212—213页，医学天文历象，约600字。《蒙古族简史》编写组编写。北京：社会科学文献出版社2007年5月第1版，铅印本，431页，415千字，有插图，覆膜。

1068《辽宁省蒙医药志》

蒙古族工具书，978-7-5078-2804-7，R291.2。该书记述了辽宁蒙医药的产生、形成及发展、历史地位与现实作用，内容涵盖了辽宁蒙医药的源流、理论体系、治疗原则、传统疗法及医术成就。海龙宝主编。北京：中国国际广播出版社2008年出版，共235页。

1069《蒙医病证诊断疗效标准》

蒙古族工具书。该书由蒙医内科、外科、骨科、妇科、儿科、五官科、温病科、五疗科（传统疗术）等8个学科的432种病症的诊断疗效标准组成，填补了蒙医不具有权威性和影响力的有关蒙医病证诊断与疗效判定标准的空白。内蒙古自治区卫生厅、内蒙古自治区财政厅、蒙医病证诊断疗效标准编审委员会编。北京：民族出版社2007年出版，共694页，420千字。

1070《蒙医志略》

蒙古族工具书，978-7-80723-242-1，R291.2。该书对蒙医药数千年的发展历史进行全面详尽的记述，并从养生、教育、科研等方面进行了论述。胡斯力、郑泽民著。呼和浩特：远方出版社2007年出版，共421页。

1071《中国医学百科全书·蒙医学》

蒙古族工具书，7-5323-2572-5，R-61。该书内容包括祖国蒙医学、基础医学、临床医学、预防医学和特种医学等各个学科和专业，用条目形式撰写。中国医学百科全书编辑委员会编写。上海：上海科学技术出版社1992年出版，共294页。

1072《中华本草·蒙药卷》

蒙古族工具书，7-5323-7582-X，R281.3：R281.426。本卷收载了蒙医临床上常用、疗效确切或有一定研究开发价值的传统蒙药材共422味，每味药以正名、异名、品种考证、形态、栽培、鉴别、化学成分、药理、功能主治等分类描写。柳白乙拉、武绍新卷主编，国家中医药管理局“中华本草”编委会编写。上海：上海科学技术出版社2004年出版，共533页。

1073《内蒙古自治区蒙医药博物馆馆藏古籍文献图解》

蒙古族馆藏古籍文献检索工具。该目录收录了从蒙医药博物馆收藏的1680部古籍中摘选出的经典著作148部，重点介绍了39部，其中蒙医药古籍文献著作20部，阿育吠陀医学著作7部，藏医学古籍文献著作12部。全书按成书年代先后排列，对重点介绍的39部医药著作的书名、著者、版本、收藏等级和内容梗概进行了介绍；其余109部古籍则介绍了书名、著者、版本、备注、藏品等级。全书以蒙、汉两种文字编写，并附有彩色图片。该书除收录蒙医药古籍文献外，还收录了部分藏医古籍文献和古印度阿育吠陀医学的著作，充分体现了藏蒙文化圈中传统医学间的互相影响。遗憾的是全书仅针对蒙医药博物馆中所藏的古籍文献，并不能反映蒙医药古籍文献的全貌。毕立夫主编。呼和浩特：内蒙古人民出版社2009年出版。

（十）回族医药及文献

云南省有回族人口69.8万人（2010年），全省16个州市均有分布，其中以昆明、昭通、曲靖、玉溪、保山、红河、文山、大理等州市人口较多，居住也较为集中。回族使用国家通用文字。

回族医药作为我国传统医药的瑰宝，其药物、诊疗技术以及卫生保健等，都具有浓郁的民族特色。对回族医药学的研究始于中华民国年间，刘凤五的《回教徒对于中国医药的贡献》，陈垣先生、白寿彝先生等亦在著述中多有涉及[①]。

回族医药古籍是指该民族在历史上遗留下来的医药典籍文献资料，它在类别上，分为有文字类与无文字类，有文字类文传医学载体古籍（包括汉文古籍，阿拉伯文、波斯文古籍和汉文译本）和无文字类口传医学古籍。回族医药古籍中的阿拉伯文、波斯文文献数量不多[②]，但其科学价值非常高。《回回药方》是中国目前仅存的一部古代回族医药典籍，包括内、外、妇、儿、五官等各科，现仅存残本4卷，约20万字，主要用汉文表达，其主要内容又多源于阿拉伯、波斯医书，除去汉文，有阿拉伯文、波斯文及维吾尔文药物名，其丰富的内容和极高的学术价值都不亚于《本草纲目》，是回族医药史上的里程碑。如《回回药方》卷12收录的"古阿里失突论只方"就是中世纪伊斯兰世界的伟大哲学家和医学家伊本·西拿的《医典》卷5第三册第358页上的"佛手柑化食丹"，两方内容完全相同。《回回药方》中同一页书上叫作"又一方，先贤卜阿里造，经试验过者"的药方亦是《药典》中的相同的方剂[③]。

宁夏回族自治区卫生厅先后批准成立了宁夏回族医药研究所、宁夏医科大学回族医药研究院，在宁夏中医学会设立了回族医药专业委员会，并积极开展回族医药文献的挖掘整理、研究总结工作[④]。目前，回族医药典籍的整理研究已初见成效，一些成果得到了我国医药学界的瞩目。如中国社会科学院宋岘教授的《回回药方考释》，全书分为上下两册，重点对《回回药方》现存残本4卷进行了全面系统的考证和注释，准确地反映了《回回药方》的科学价值与临床价值，具有拓荒之作用;《古代波斯医学与中国》是一部探讨中古波斯医学怎样产生、如何传入中国的论著，对中国传统医药学的研究具有重要的参考价值。此外，刘迎胜《〈回回药方〉与中国穆斯林医药学》、冯增烈校点本《〈回回药方〉前言》，以及1989年12月在西安召开的"全国首届回族医药学术研讨会"结集出版的《回族医药学术论文集》（陕西科技出版社1990年9月正式出版发行）对回族医药的挖掘、整理、发扬、提高起到了积极的推动作用。继之，1994年4月"宁夏首届

① 陈冬梅，王锋.回族医药典籍文献的整理研究与应用价值初探［J］.图书馆理论与实践，2013（9）.

② 陈冬梅，王锋.回族医药典籍文献的整理研究与应用价值初探［J］.图书馆理论与实践，2013（9）.

③ 王锋，陈冬梅.回族古籍文献在回族学研究中的史料价值初探［J］.民族艺林，2013（1）.

④ 陈冬梅，王锋.回族医药典籍文献的整理研究与应用价值初探［J］.图书馆理论与实践，2013（9）.

回族医药学术研讨会”在银川举行，与会专家从不同层面就回族医药的历史与现状、理论与临床、医药与卫生及研究开发等方面发表了自己的学术见解，从回族医学角度叙述、讨论介绍了回回医药学上自李珣《海药本草》、忽思慧《饮膳正要》，下至清末民国间各地著名医师行医的事迹、成就等。其中，以中国中医研究院医学家安迪光先生的理论研究结合临床实践影响最大，他的《回族药方叙论》于1999年由学苑出版社出版[①]。现代回医药专著《回族医药研究》《回族医学奥义》《回族医药发展简史》和《回药本草》则填补了我国回医药理论的空白。而由马成乖先生主编的《中国回族民间实用药方》，1993年由国际文化出版公司出版发行，这是新中国首部回族民间医药方书，分上下两篇，其载药方立足于临床实践，所收方剂1466首具有较高的应用推广价值。单于德主编的《回族医药学简史》《回族医药奥义》《回药本草》，马成义、陈卫川主编的《中国回族医药》系列专著等于2005年1月正式由宁夏人民出版社出版发行，对回族医药学的发展与繁荣产生了深远的影响[②]。

其他从不同角度和不同侧面记载的有关回族医药学的文献典籍，目前已发现的主要有现存《永乐大典》清抄本目录，全书涉及“回回医书”和“回回药方”者共38卷，即1426卷至1463卷《回回医书·内科》《回回医书·外科》，以及1464卷《回回医书·药方》的部分条目。《回回医书》原名《回回医术》，是元代回族医药学者用汉文编著的综合性临床医学巨著，后收载于《永乐大典》，现仅存清抄本目录[③]。

回族口传医学载体古籍是指该民族在历史上通过口耳相传留下来的具有历史价值的各种医药典籍，内容主要包括民间传说、民间医术方药。回族 民间医药方术源自回族民间口传心授的医药治疗经验，多流传于民间、医馆药铺、经堂寺院、拱北静室。民间拥有“西域医术”“海上奇方”和“回回医人”。回族中的名医、名药、名药房历代都享有盛誉，如宋时梁柱后人开设的御赐名号“滋德堂”、元时“回回名医”白敬宇的眼药、清时安徽回族马春和集祖传秘方配制的马春和膏药、在西安历代行医的“世医丁氏”、沈阳杨登德世代开设的“吉庆堂”、甘肃伊斯兰教嘎德林耶门宦的“大拱北压术”等。这些分布在全国各地的医馆药铺均有秘制的回族医药特有的制剂药方。而大批分散于各地的回族民间乡医、草药医，其治疗经验和药方在历史上得不到系统的发掘整理，尤其得不到文字上的总结和归纳，只能靠口耳相授在民间流传，如他们自制的“红升丹”“白

---

① 陈冬梅，王锋．回族医药典籍文献的整理研究与应用价值初探［J］．图书馆理论与实践，2013（9）．

② 陈冬梅，王锋．回族医药典籍文献的整理研究与应用价值初探［J］．图书馆理论与实践，2013（9）．

③ 陈冬梅，王锋．回族医药典籍文献的整理研究与应用价值初探［J］．图书馆理论与实践，2013（9）．

降丹”等重要外敷散药，都是对回族传统医药的继承[①]。

云南地域范围内收集的回族医药文献信息有：

1074《古代波斯医学与中国》

回族医药专著，7-80127-442-3，R-093.73：R-092。该书是一部探讨中古波斯医学怎样产生、如何传入中国的专著。该书以《回回药方》为例，介绍波斯医药文献传入中国的史实；以《本草纲目》《普济方》为例，介绍波斯医学融入传统中医学的历史过程。宋岘著。北京：经济日报出版社 2001 年出版，共 200 页。

1075《回回药方》

回族医药专著。明初出现的《回回药方》是唐中叶西方伊斯兰医药传入中国后中国人编撰的一部中国回族医药学大型综合性典籍（作者不详），一函 5 册，原有 36 卷，残存 4 卷，现藏于北京图书馆。该书多以汉语书写，内容丰富，包括内科、外科、妇科、儿科、骨伤和皮肤病等，具有中西合璧的特色。北京：学苑出版社 2002 年出版。

1076《回回药方考释》

回族医药专著，7-101-02147-6，R291.3。《回回药方》是中国明初抄本的影印本，原书 36 卷，仅存 4 卷，用汉文表述，上册为考释，下册为原文残本影印。该书是对明初出现的《回回药方》36 卷中存残本 4 卷的全部影印，并对其中的医药名词进行了详细考释，其中特别对回族医药的渊源、古代中国与伊斯兰世界的医学交流、中国各民族文化的交流与融合提出了独到的见解。宋岘考释主编。北京：中华书局 2000 年出版，2 册，分别为 460 页、485 页。

1077《〈回回药方〉研究》

回族医药专著，978-7-80620-753-6，R291.3。该书从特色、整理研究、理论体系及疾病诊治四个方面对《回回药方》进行了详细的阐释，内容包括《回回药方》的特色、《回回药方》的整理研究、《回回药方》的理论体系、《回回药方》的疾病诊治，以及《回回药方》简体版等。牛阳主编。银川：阳光出版社 2010 年出版，共 348 页。

1078《国家中医药管理局民族医药文献整理丛书——回药本草》

回族医药专著，7-227-02844-5，R291.3。该书共收载回族医学常用药物 371 味，上篇 247 味，其中植物药 195 味、动物药 21 味；下篇《海药本草》药 124 味，所载药物下列简介、兴味功效、验方举例等。单于德主编。银川：宁夏人民出版社 2005 年出版，共 201 页。

---

① 陈冬梅，王锋．回族医药典籍文献的整理研究与应用价值初探［J］．图书馆理论与实践，2013（9）．

1079《国家中医药管理局民族医药文献整理丛书——回族医方集粹》

回族医药专著，978-7-227-04004-0，R291.3：R289.2。该书分为上、下两篇共12章，上篇为回族医治疗学，载方420首；下篇为清真食疗方，选撷经方101首。高如宏、陈卫川主编。银川：宁夏人民出版社2008年出版，共343页。

1080《国家中医药管理局民族医药文献整理丛书——回族医学奥义》

回族医药专著，7-227-02842-9，R291.3。该书较系统地论述了回族医学理论，从高层面上揭示了回族医学的内涵，对弘扬回族医学文化产生了积极影响，全书共7章。单于德主编。银川：宁夏人民出版社2005年出版，共206页。

1081《回族医药学简史》

回族医药专著，7-227-02845-3，R291.3 。该书共五章，讲述了回族医学的发展史，对阿拉伯伊斯兰医学的形成与发展、阿拉伯伊斯兰医药输入中国的时代及回族医学理论的形成和崛起一一做了介绍。单于德主编。银川：宁夏人民出版社2004年出版，共156页。

1082《先知医学》

回族医药专著，978-988-15667-5-1，R291.3，民族语言题名为阿拉伯语，并列题名为“Healing with the Medicine of the Prophet”，正文为汉文、回文、阿拉伯文。该书以《古兰经》明文和可靠圣训为依据，对先知穆罕默德（愿主福安之）的医学思想和实践作了全面分析与总结。全书分为三章：第一章简要论述了疾病分类和医疗原则，第二章论述了常见病的治疗方法，第三章介绍了精神治疗和常用药物的指导意见。阅读此书，不仅可了解先知医学，掌握防病治病的方法，促进个人身心健康，更能效仿先知圣行，弘扬治病救人的精神。海默主编，伊斯兰文化协会（香港）编写。香港：伊斯兰文化协会（香港）2015年3月出版，有插图。

1083《中国回族民间实用药方》

回族医药专著，7-80049-214-1，R291.7。该书上篇为清真食疗方，下篇为实用药疗方，共收药方1466首，并介绍其用法、来源等。马应乖主编。北京：国际文化出版公司1993年5月第1版，纸质，铅印本，共587页。

1084《国家中医药管理局民族医药文献整理丛书——中国回族医药》

回族医药专著，7-227-02843-7，R291.3。该书是一部阐述回族医药的形成、发展和学术思想的应世之作，全书共9章，有鲜明的回族特色、学术观点和医疗方法。马成义、陈卫川主编。银川：宁夏人民出版社2005年出版，共242页。

1085《回族医药学术讨论会论文集》

回族论文集。该书精选了1990年在西安召开的回族医药学术讨论会的65篇论文，介绍了回族医药卫生习俗，包含卫生学、营养学、体育学、生理学、心理学以及药物学等丰富内容。“回族医药学术讨论会论文集”编写组编写。西安：陕西科学技术出版社1990年出版。

1086《中国少数民族简史丛书（修订本）——回族简史》

回族综合文献，978-7-105-08727-3，K281.3/1。该书介绍了回族简要历史，介绍了唐宋时期的回族先民、元朝时期的回族人、明朝时期的回族、清朝时期的回族、中华民国时期的回族、中华人民共和国成立以来的回族等。第93—94页，“回回医学”，约1000字。丁俊主编，金云峰、张世海、马建春、周传斌编，《回族简史》编写组编写。北京：民族出版社2008年3月第1版，铅印本，共369页，310千字。

1087《中国少数民族现状与发展调查研究丛书·回族卷（同心县）》

回族综合文献，7-105-03427-0，D633：D633.313。李希等著，中国社会科学院民族研究所编写。北京：民族出版社2010年第1版，纸质，铅印本，共308页。

1088《中国少数民族古籍总目提要·回族卷》

回族检索工具，978-7-5000-8003-9，Z838。该书共收录回族铭刻类古籍条目1454条，按内容分为建修清真寺碑、圣旨敕谕碑、功德记事碑、教义教规碑、人物碑、匾额、楹联、铭文、砖雕等15大类。张公瑾主编，国家民族事务委员会全国少数民族古籍整理研究室编写。北京：中国大百科全书出版社2008年出版，纸质，铅印本，共260页，有插图，精装。

（十一）拉祜族（云南特有少数民族）医药及文献

拉祜族医药，即拉祜族传统医药。拉祜族是云南省特有民族，云南省拉祜族人口有47.5万人（2021年）。云南的拉祜族主要分布在澜沧江西岸，北起临沧市耿马县，南至普洱市澜沧、孟连等县，其中澜沧县是全国唯一的拉祜族自治县；部分分布在澜沧江以东的景东、普洱、景谷、思茅、江城、墨江、元江等县（区），以及西双版纳傣族自治州和红河哈尼族彝族自治州等地，同汉族、傣族、彝族、哈尼族、布朗族、佤族等民族交错聚居或杂居[①]。此外，山东和河南两省仅有少数。另外，作为跨界民族，缅甸、泰国、越南、老挝等国家也有16万多拉祜族人居住。拉祜族主要聚居地澜沧江流域的山区，属于亚热带。这里气候温湿，土地肥沃，药物资源丰富[②]。拉祜族是具有悠久和灿烂文化的民族，在长期同疾病作斗争的过程中，形成和发展了丰富多彩而具有本民族特色的民族医药。拉祜族的迁徙历史造就了拉祜医药在众多民族医药中与众不同的一大

---

① 国家民委门户网站［OL］.http://seac.gov.cn/c.

② 拉祜族［EB/OL］.http://big5.gov.cn/g.

特点——堪称少数民族医药史上广采博纳之最，是拉祜族本民族医药与汉、傣、景颇、藏、羌等多个民族传统医疗经验的交融。也正因为如此，拉祜医药虽然没有文字记载，仅靠口传心记，但内容却非常系统丰富[①]。拉祜语属汉藏语系藏缅语族彝语支。现代拉祜族使用以拉丁字母为基础的拼音文字。

拉祜族认为人是由骨、筋、皮肤等组织内外联系构成的统一整体，气血是这个整体的物质基础和生命动力，而人之所以会生病，在外是因为气候变化，在内是因为气血壅滞，疾病的预防首要应该把握好口（食物）、肛门（排泄）、鼻（呼吸）三关[②]。

拉祜族医生诊断疾病使用望、闻、问、摸和以药试探诊断五法。其在治疗中运用的方法有20种之多，这些疗法包括提风、胸鸡、火功、佩戴、熏洗、坐浴、封刀接骨、推抹、刮痧、拔罐、药粥，以及草药内服、外洗，等等。药物制剂方面，拉祜族特别讲究简易快捷，虽然有酒、香熏、粉、丸、醋、油等制剂，但最常用和最具特色的还是鲜品咀嚼外敷和含漱[③]。

拉祜族医药在诊断、治疗乃至预防上，有着很多和中医、傣医等其他民族医学相似的地方，但又具自身特色。比如农历端午节喝雄黄酒，挂菖蒲、松柏、艾蒿预防疫气，药粥疗法类似中医[④]；熏洗、坐浴疗法又类似傣医；而火功疗法则为拉祜族所独有。火功疗法是将有治疗作用的药物放入高度白酒中点燃[⑤]，然后用燃烧的药酒搓揉患处，对风湿类疾病有较好疗效。

拉祜族的大多数村民，特别是上了年纪的老人大多能认识很多治疗不同疾病的药用植物。老人们通常将他们掌握的药用植物经验和知识，通过口述的方式传授给年轻人，因而很多能治病的植物知识就是祖辈们口传下来的，如小黄伞治疗腹泻，红白根、利肺散、生藤、麻疙瘩治疗伤风感冒、咳嗽，大白根、湿风丹治疗胃痛，节骨丹治疗伤筋断骨等。

20世纪80年代初期，人们开始对拉祜族医药进行整理研究，主要集中在对拉祜族传统医疗经验、特点的调查整理。拉祜族在历史上原本没有文字，曾刻木记事、结绳记数，部分地区的拉祜族曾使用过西方传教士创制的拉丁字母的文字。新中国成立后，在政府的帮助下，拉祜族对原有拉丁字母文字进行了改革[⑥]。例如，普洱地区民族传统医药

① 中国民族——民族的才是最美的，民族的就是世界的［EB/OL］.http://mz.china.com.

② 中国民族——民族的才是最美的，民族的就是世界的［EB/OL］.http://mz.china.com.

③ 中国民族——民族的才是最美的，民族的就是世界的［EB/OL］.http://mz.china.com.

④ 中国民族——民族的才是最美的，民族的就是世界的［EB/OL］.http://mz.china.com.

⑤ 张绍云，郑进，龚谨.猎虎民族的守护者——拉祜族医药简介［J］.云南中医学院学报，2006（6）.

⑥ 拉祜族［EB/OL］.http://big5.gov.cn/g.

研究所编著的《拉祜族常用药》，收集了拉祜族常用有效草药100种，每药下列正名、别名、音译、识别特征、药用部分、性味功能等；张绍云主编的《中国拉祜族医药》介绍了拉祜族对疾病的认识和诊断方法，介绍了105种常用草药的用途、用法；2005年，江苏扬州大学淮虎银教授在完成云南红河州金平县者米乡拉祜族药用民族植物学研究的基础上，主编并出版了《者米拉祜族药用民族植物学研究》，全书共13章，内容涉及拉祜族对植物资源的分类与命名、常用药用植物的编目、药用植物与环境的关系、草医之间有关知识的比较、文献研究、拉祜族传统医药现状与发展趋势、拉祜族传统医药的形成与传承等①；2009年，普洱市民族传统医药研究所将拉祜族医药研究中搜集、调查、采访的资料、药物进行整理和筛选，编著出版了《拉祜族医药验方精选》。目前，国内针对拉祜医药进行的现代医药学理论和方法的研究还很少。

历史上拉祜族没有自己的文字和出版物，20世纪初外国传教士出于传教的需要设计了一套拉祜文，通过教会的渠道在国外出版了一些便于传教的读物，在教堂传授②。其中，用拉祜文编写的读物有《拉祜文赞美诗》《拉祜文圣经》《拉祜语手册》《英拉对照词字典》《拉祜文基督教义手册》等。中华人民共和国成立后，国家根据拉祜族群众的实际需求，制订了一套科学性较强的新拉祜文字，并在拉祜族地区大力推广。1957年6月中央批示试行方案，并开始推行和使用新拉祜文字。拉祜文的创制和使用，对拉祜族文化产生了积极的影响。1957年，云南民族出版社设立了拉祜文图书编辑室，用拉祜文编辑、编译和出版的图书共14种，医药卫生图书《拉祜族常用药》（思茅地区民族传统医药研究所编）、《中国拉祜族医药》（张绍云主编）等荣获国家级、省级图书奖。其他需要转译为拉祜文的《简易急救》（李嘉翻译）等科普读物不收入本目录。

拉祜族医药类读物把百年来流传在民间行之有效的草药验方，第一次用拉祜文和汉文对照的方式载入书籍，结束了拉祜族医药以口头形式世代相传的历史，也促进了拉祜族医学的发展与繁荣，为拉祜族群众的防病治病发挥了积极的作用，为丰富祖国医药宝库作出了贡献③。同时，对于弘扬该民族的优秀传统文化，增强其民族自豪感，也具有十分深远的意义，使拉祜族对自己的民族历史有了较为深刻而又全面的了解。老拉祜文虽然使用时间较长，影响长久，但使用领域始终没有超出宗教范围，而现代出版的拉祜族医药文献多使用汉字出版。

---

① 杨玉琪，方路，马克坚，金锦，贺铮铮．云南跨境少数民族医药研究现状与发展浅析［J］．中国民族医药杂志，2011（1）．

② 杨玉琪，方路，马克坚，金锦，贺铮铮．云南跨境少数民族医药研究现状与发展浅析［J］．中国民族医药杂志，2011（1）．

③ 杨玉琪，方路，马克坚，金锦，贺铮铮．云南跨境少数民族医药研究现状与发展浅析［J］．中国民族医药杂志，2011（1）．

本课题组收集整理的拉祜族医药文献如下：

1089《拉祜族常用药》

拉祜族医药专著，7-5367-0061-X，统一书号：M14184.13，R932.93，正文为汉文、拉祜文。该书收集拉祜族常用有效草药100种，每味草药下列正名、别名、音译、识别特征、药用部分、性味功能等。彭志清主编，思茅地区民族传统医药研究所编写。昆明：云南民族出版社1987年10月第1版，纸质，铅印本，共408页，有插图。

1090《拉祜族民间特色药用植物》 Ladhof Ceol qhatqhaw yied lot ve natzhid zitmawd

拉祜族医药专著，978-7-5367-4527-8，R295.8，正文为汉文、拉祜文。该书收录的普洱市拉祜族常用的药用植物种类，既是药物，又是食物，性味平和，无毒副作用，适用于家庭自我治疗。张绍云、李巧宏、付开聪、杨建昆、叶金科、杨永平主编。昆明：云南民族出版社2009年11月第1版，铅印本，共110页，161千字，精装。

1091《拉祜族医药验方精选》

拉祜族医药专著，978-7-5367-4413-4，R295.8，正文为汉文、拉祜文。该书简要介绍拉祜族医药历史及研究现状和发展趋势，书中收录了大量拉祜族医药验方，以汉语和拉祜语编写，并附有相应图片。付开聪、张绍云编著，普洱市民族传统医药研究所编写。昆明：云南民族出版社2009年7月第1版，铅印本，241页，190千字。

1092《者米拉祜族药用民族植物学研究》

拉祜族医药专著，7-5067-3099-5，R295.8/1，民族语言题名为拉祜语。该书共十三章，内容涉及拉祜族对植物资源的分类与命名、常用药用植物的编目、药用植物与环境的关系、草医之间有关知识的比较、文献研究、拉祜族传统医药现状与发展趋势、拉祜族传统医药的形成与传承等，尤其对药用民族植物学的概念、发展现状和常用研究方法进行了比较详细的论述。淮虎银撰（著）。北京：中国医药科技出版社2005年第1版，铅印本，共235页，112千字。

1093《中国拉祜族医药》 cokawr ladhof natzhid lir

拉祜族医药专著，7-5367-1314-2，R295.8，正文为汉文、拉祜文。该书收集了《拉祜族医药单验方精选》《拉祜族民间特色药用植物》。张绍云主编，倪亚、邓泽、仓汉德、冯德强、戴丽冰编译。昆明：云南民族出版社1996年12月第1版，铅印本，共258页，213千字。

1094《中国少数民族简史丛书（修订本）——拉祜族简史》

拉祜族综合文献，978-7-105-08690-0，K285.8/2。“民族问题五种丛书”共计402本，1亿多字，该项目自1958年启动至1991年基本完成，历时30多年，涉及全国19

个省、区、市及中央有关单位400多个编写组，1760多人参与，分别由全国30多家出版社出版。纵观历史，像这样全面系统地调查研究、编辑出版介绍各个少数民族的丛书在中国前所未有；横看世界，像这样由政府部门组织为国内各少数民族著书立说实属罕见。第222—225页，拉祜族医药。张超主编，梁克生、曾明奇编，《拉祜族简史》编写组编写。北京：民族出版社2008年4月第1版，铅印本，共241页，210千字。

1095《西南边疆民族研究书系·云南民族村寨调查：拉祜族——澜沧糯福乡南段老寨》

拉祜族综合文献，7-81068-240-7，K285.8。该书从历史沿革、自然环境、人口状况、经济、社会、政治、习惯法、文化、教育等方面对拉祜族进行了全面的调查。（1）治疗腹疾的处方："娃夺节"（拉祜语，是一种树种）、"笔达"（拉祜语，是一种树种）、"鸡嗉子果"（方言）树的树根，开水煨服，1日3次。（2）治感冒、咳嗽、发烧、头痛的处方：白虎草、打火草、水香虎（也是一种草）开水煨服，1日3次。（3）治全身浮肿的处方：大芭蕉树根、马蹄土（从马蹄上刮下来的土）、"鹅努"（拉祜语，是一种常见的水草）与两三个鹅卵石放在一起，开水煨服，内服外用皆可。（4）治刀伤的处方：解放草、蒿子草、"不腊"（拉祜语，云南白药的一种配料，是一种白色的块根）拌在一起捣碎，再敷在伤口上。（5）治头晕、头昏较严重的处方：蜂猴脑、老鹰脑、鱼脑、鱼苦胆拌在一起煨服，1日3次。（6）治妇科病的处方：解放草、水香虎、蓖麻树叶、野芹菜拌在一起捣碎后，有时再加头痛粉（解热止痛散），塞入女性的下体，2小时后取出。（7）治风湿关节痛的处方："鼻隔"（音）丹、大将军（一种树叶）、明子树（方言）的根、臭藤子（一种树叶）拌在一起切碎，用芭蕉树叶包好，放在火边烘热后包在患处，一般都有效。（8）治痔疮的处方："奇一枝花"（一种草根，云南白药的配料之一）、"大白改"（一种藤子的根）拌在一起切碎后，开水煨服，1日3次。（9）醒酒的处方："大白改"与龙胆草拌在一起，开水煨服。（10）治眼睛红肿的处方：在一个砂罐内放入一些茶叶，冲入开水，用冒出的热气来熏眼睛。（11）治咽喉痛的处方：取一些攀枝花树皮含在嘴里，如果没有效果，就把攀枝花树皮切碎后用开水煨好，把药液含在嘴里。（12）治皮肤发痒、长疙瘩的处方：苦凉树叶、"阿续机拔"（拉祜语，是一种树的叶子）、"青叶胆"（一种草）拌在一起用水煨好，用药液清洗患处，1日2次。（13）治便秘的处方：把"鼻涕树"（方言）的树皮、"奇一枝花"的根拌在一起，开水煨服，1日3次。（14）治尿路感染的处方：蚯蚓粪放在火上烤红后，用开水冲服，1日3次。（15）治体虚的处方：野三七、家三七、心白改（一种树根）拌在一起，开水煨服。（16）治胃炎的处方：大白改、小白改、心白改拌在一起煨服。高发元主编，拉祜族调查组编写。昆明：云南大学出版社2001年4月第1版，铅印本，共252页，207千字。

1096《云南民族文化大观丛书——拉祜族文化大观》

拉祜族综合文献，7-5367-1845-4，K285.8/3。该书包含很多民族医药的内容：（1）内服外洗法。此法普遍用于小儿内科疾病。如治疗消化不良和消化不良引起的腹胀、腹泻，用天冬、朝天贯、山红稗、盐酸木根、糊饭，熬水内服，外洗胸部。（2）内服外包法。用于内外科疾病。如治疗毒蛇咬伤，用倒提壶茎叶煎水内服，根嚼细后敷患处。（3）生熟药共用法。用于胃肠道患者。如治疗急性胃肠炎、腹痛、腹泻、痢疾、消化不良，用桃子树皮、樱桃树皮、梨果树皮各等量，分一半炒熟后混合，煎水内服。（4）垫坐法。用于妇科病。如治疗顽固性痛经，用五除叶鲜品舂细炒热，在经潮前三五天，每天垫坐一至二小时，同时用少量叶舂细包敷肚脐。（5）熨疗法。用于内外科疾病。如用鲜蒿枝尖一把，置于烧烫的小石块上，用脚板踩在蒿枝上面，徐徐熨烫，专治脚跟痛（骨质增生类），也可用此法治疗急性乳腺炎。（6）热敷法。治疗内外痔，用梅卡次、假烟叶舂细后炒热，纱布包裹敷患处。（7）药食法。多用于体虚患者的肺结核、贫血、肿病。如用树萝卜、竹叶参、荫地蕨、独匹叶煮肉吃。（8）酒泡法。用于内外科疾病和疼痛，分两种用法。一种是直接泡酒服，如月经不调、痛经，用小水茄和通气香泡服；风湿跌打损伤，用老贯藤切片晒干泡酒，内服外搽。（9）嚼含法。用于口腔患者和外伤止血、止痛、消炎。如治疗口腔溃疡，用小叶三点金鲜叶和嫩尖，加十几粒糯米，嚼细后口含。（10）饮疗法。主要用于解暑消渴、开胃生津。如用藤子杀叶、嫩尖或扫把茶，采后晒干备用，泡水当茶饮。（11）点眼法。治疗眼患者，如沙眼、结膜炎、角膜炎等。如将鲜野葡萄藤砍断后，取两端流出的水点眼或洗眼。（12）蒸熏法。用于风湿性关节炎、类风湿、骨质增生、全身肌肉疼痛、坐骨神经痛、小儿麻痹等。如取通气香、吊吊香、小桨子叶、大力丸、叶子兰、麻疙瘩、芦子藤、香樟根、老贯藤鲜品或陈品，各等量混合，用铁锅熬水，待药液溶解后，改用文火熬，将甑子置于铁锅上，治疗时可根据需要局部置入或全身坐在甑子里，至治疗部位感到发热出汗时即可，每次治疗两至三小时。蒸熏过程中注意不能吹风。（13）外洗法。广泛用于皮肤病和烫烧伤。如用大驳骨全珠熬水洗澡治疗各种皮肤病、瘙痒症。（14）外包法。分冷热两种包法。一种是炒热包，多用于无名肿毒、淋巴结核、跌打伤、风湿疾病。如治疗软组织损伤，用石风丹、小罗伞叶舂细加酒炒热外包；另一种方法是直接用生药捣烂外包，适用于内外科疾病。（15）外搽法。用于皮肤病和外伤。如用岩姜涂搽患部治疗蜂、蚁、虫咬刺伤。（16）散剂。有单方或复方，广泛用于内外科疾病。如用大麻药研粉治疗外伤，有消炎生肌、止血止痛的作用。第 261—270 页，第十三章“医药卫生”。格桑顿珠、雷波主编，马化清、高广、段金录、袁晓林、刘劲荣编，云南省民族事务委员会编写。昆明：云南民族出版社 1999 年 9 月第 1 版，铅印本，共 305 页，245 千字，有插图。

1097《双江拉祜族打歌七十二套路》 shuacia ladhof ceol qaf sifchi nidcawt

拉祜族综合文献，978-7-5367-4731-9，正文为汉文、拉祜文。该书集传说、史志、论文、剧本、药方、曲谱、食谱等于一体，较为全面地记录了拉祜族的历史、情感及生产生活的方方面面。罗满英编著。昆明：云南民族出版社 2010 年 7 月第 1 版，铅印本，共 184 页，150 千字，有插图。

1098《双江拉祜族文化风韵》 shuacia ladhof ceol lirvet-thadvet

拉祜族综合文献，978-7-5367-4689-3，正文为汉文、拉祜文。该书讲述了拉祜族世代传承下来的民风民俗和人物故事，涵盖了拉祜族的物质文化、社会文化和精神文化，展现了拉祜族民间文化的丰富多彩，含有拉祜族医药的内容。昆明：云南民族出版社 2010 年 7 月第 1 版，铅印本，共 257 页，360 千字，有插图。

1099《中国少数民族社会历史调查资料丛刊：拉祜族社会历史调查》（2）

拉祜族综合文献，统一书号：11116.62，K285.8。“中国少数民族社会历史调查资料丛刊”是国家民委“民族问题五种丛书”之五，内容包括 20 世纪 50 年代中央访问团收集的资料，全国人大民委、中央民委等组织民族社会历史调查以及民族识别等工作所搜集到的资料，20 世纪 80 年代以后由各省、自治区陆续分别出版，全套社会历史调查资料丛刊共 84 种 145 本。这些资料集中记录了我国少数民族社会历史的基本情况，是民族研究和民族工作中的重要参考资料，受到了各方面的欢迎和好评。云南省编辑组编辑。昆明：云南人民出版社 1981 年出版，共 113 页。

（十二）哈尼族（云南特有少数民族）医药及文献

哈尼族是云南少数民族中历史最为悠久的民族之一，其起源于古代的羌人族群，经过漫长而艰辛的迁徙，逐渐定居在滇南、滇西南的广阔区域，从“逐水草而迁”的原始游牧、游耕民族逐步转化为农耕定居民族。哈尼族有哈尼、雅尼、白宏、碧约、卡多、阿木、多尼、卡别等 20 多个支系，现生活于云南省的哈尼族人口总数为 163 万（2010 年云南省第六次全国人口普查数据）[①]。哈尼族是一个跨境而居的民族，国外主要分布在缅甸、泰国、老挝、越南等国，国内则为云南省特有。从行政区域上看，我国的哈尼族主要分布在云南省红河哈尼族彝族自治州的绿春县、红河县、元阳县、金平县、建水县、石屏县；普洱市的翠云区、墨江县、镇沅县、景东县、景谷县、宁洱县、澜沧县、江城县、孟连县；玉溪市的元江县、新平县、通海县、易门县、峨山县；西双版纳傣族自治州的景洪市、勐海县、勐腊县；楚雄彝族自治州的双柏县、武定县；昆明市的禄劝

① 陈祖琨，蒋燕，赵永刚，杨梅．哈尼族医药特色初探［J］．云南中医学院学报，2013（1）．

县、晋宁县。从自然地理角度看，哈尼族主要分布在无量山和哀牢山之间的广阔区域，即元江水系的元江流域、藤条江流域、李仙江流域和澜沧江水系的澜沧江流域。哈尼族人民在与疾病、自然环境作斗争的过程中，积累和总结了丰富的医药学知识，以及大量用本地草药治病的单方验方和独特的诊疗方法，同时吸纳和兼容了中医药学及彝、苗、傣、壮、瑶等各个民族以及泰国、缅甸、老挝等国传统医学的一些理论、诊疗方法和药物，形成了在祖国民族医学之林中独树一帜的哈尼族医药[①]。

哈尼族聚居在热带、亚热带，海拔800—2500米左右的高山地带，山区立体气候明显，雨量充沛，适合多种类动植物的生长繁殖。得天独厚的动植物资源，为哈尼族人民防治疾病提供了丰富的药物资源，并使其在长期的与疾病作斗争的过程中积累了丰富的独特的用药经验[②]。

由于历史和文化的原因，哈尼族没有自己的文字，哈尼族医学因无文字记载，没有形成自己的医学体系，其医药经验主要以口授身教的方式流传于世，因此，难以考证其起源。其民族的历史传说“人鬼分家”提到，远古时期哈尼族先民已经对“医药”有所认识，并能通过诊断病情对症下药。其医药知识传承的形式主要有父子相传、拜师带徒、大众传承三种。由于群众不专门行医，他们对医药的传承不论是在广度上还是深度上都是有限的。因此，哈尼族医药的传承主要还是靠父子相传和拜师带徒。其中，父子相传一般传男不传女，这种只传男性的纵向传播方式，影响了哈尼族医药的发展；虽然师带徒能招收一些学徒，有利于哈尼族医药的横向和纵向传播，但是受经济利益的影响，师傅一般不会把全部的看家本领传授给学徒，特别是拥有秘方或绝技的，都会留一手，这就出现了学徒学而不精、学而不专、徒不如师的普遍现象，导致秘方和绝技不能得到很好的推广和应用，有的甚至面临失传[③]。

哈尼族信仰的是史前社会的多神化原始宗教，即自然崇拜和祖先崇拜，相信“万物皆有灵”。他们认为凡是人们接触过的物质都具有潜在的看不见的神灵，疾病就是由于这些神灵作祟引起的。在当时，具有判别疾病能力，能驱赶鬼神，使人恢复健康的人——贝摩便成了为人祛疾的“医生”。这类人既是民间歌手，也是本氏族或本村寨的寨佬，他们以主持民间娱乐、祭祀活动及以行医治病为职业[④]。他们为病人诊治疾病时，往往先举行祭祀活动，后用药治病。祭祀活动是他们的一种诊病方法，内容包括跳神、念咒、打卦、占卜等。随着社会的发展，人们通过实践而积累掌握的医药知识逐渐增

① 陈祖琨，蒋燕，赵永刚，杨梅.哈尼族医药特色初探[J].云南中医学院学报，2013(1).

② 陈祖琨，蒋燕，赵永刚，杨梅.哈尼族医药特色初探[J].云南中医学院学报，2013(1).

③ 赵永刚，陈祖琨，郑进.哈尼医药未成体系原因刍议[J].中医学报，2010(1).

④ 施云.哈尼族医药祖国医药文化中的瑰宝[J].中国中医药现代远程教育，2006(5).

多，祭祀活动式的诊病治病方法渐渐消失，并出现了以医为主的专业医生，他们替代了贝摩的“医生”职能，其用药经验往往是祖先几代甚至几十代积累而代代相传下来的[①]。随着时间的推移，这些医药经验逐步进化成独具特色的哈尼族民间医药。

哈尼语属汉藏语系藏缅语族彝语支，发音与彝语、傈僳语、拉祜语、纳西语比较接近。现代，哈尼族使用新创制的以拉丁字母为基础的拼音文字。由于哈尼族没有文字等原因，其医学也就失去了传承和交流的载体，致使大量的医药知识和医疗经验得不到系统的收集、整理、总结和提高，不能将感性的医药知识上升到理论化、系统化的高度，从而制约了哈尼族医学理论体系的形成和发展[②]。

新中国成立后，各级政府都非常重视民族医学的传承和发展，采取了一系列抢救和保护哈尼族传统医药的措施。例如，深入到红河、普洱、玉溪、西双版纳等州、市的哈尼族聚集区，查询资料，走访哈尼族医药人员，积极抢救濒临失传的民族民间医药，调查、收集、整理、出版哈尼族医学书籍。何建疆等《中国哈尼族医药》、阿海等《西双版纳哈尼族医药》、元江哈尼族彝族傣族自治县药检所《元江哈尼族药》（内部资料）收集了哈尼族民间常用药物的起源、功用、配方和用药经验，为抢救濒临失传的哈尼族传统医药作出了较大贡献。陈祖琨等《哈尼族单验方》则收集了哈尼族民间常用方剂，初步分析了用药经验及医药特色。部分哈尼族文化研究者亦对哈尼族医药文化、医学思想进行了研究和论述，如李宣林的《“摩匹”在哈尼族社会中的文化功能》和《哈尼族的原始宗教与民族文化传承》、白玉宝的《哈尼族天道人生与文化源流》。近20年来，关注研究哈尼族医药的人员不断增加，发表了不少研究哈尼族医学的相关论文，如李荣华的《哈尼族辩治初谈》、王君的《哈尼族传统医学初探》、顾明志的《哈尼族民间医疗行为管窥》、赵永刚等的《哈尼族医药特点浅析》和《哈尼医药未成体系原因刍议》、付开聪等的《哈尼族传统医药理论探研》、杨梅等的《哈尼族医药研究的现状及思考》、陈祖琨等的《哈尼族医药特色初探》。目前，云南中医学院、普洱市民族传统医药研究所等单位，都有人员专门从事哈尼族医药研究工作，工作内容涉及哈尼族民间单方验方收集、整理；哈尼族用药经验、特色诊疗方法、饮食保健方法总结；哈尼族医药文化研究等方面，从不同角度、不同层次和不同侧面对哈尼族传统医药进行了阐述，出版了《哈尼族单验方》，发表相关论文10余篇。但是，目前对哈尼族医药挖掘整理的力度仍然不够，对哈尼族传统医药的研究还比较凌乱、分散，哈尼医药知识体系未得到系统梳理，大量蕴藏在哈尼族文化中的医学思想、医学行为和医药经验仍有待于进行系统整理和准确阐释。随着国家对民族医药研究的逐步重视，哈尼族医药将越来越受到重视和关注。

---

① 施云．哈尼族医药祖国医药文化中的瑰宝［J］．中国中医药现代远程教育，2006（5）．

② 施云．哈尼族医药祖国医药文化中的瑰宝［J］．中国中医药现代远程教育，2006（5）．

本课题组收集整理的哈尼族医药文献如下：

1100《云南省少数民族古籍译丛（第06辑）——哈尼阿培聪坡坡（汉文）》

哈尼族古籍再版影印译注文献，统一书号：10184.166，I222。史军超（哈尼族）等译。昆明：云南民族出版社1986年出版，收藏于云南省图书馆。

1101《哈尼族医药丛书·哈尼族医药》

哈尼族医药专著，978-7-5367-5317-4，R295.4。该书对哈尼族主要聚居区普洱、红河、玉溪、西双版纳等州市的哈尼族医药进行了搜集、整理，搜集到800余份哈尼族常用药物标本和3000余个单验方、秘方等。付开聪、张绍云、侯凤飞主编，普洱市民族传统医药研究所编写。昆明：云南民族出版社2012年出版，共268页。

1102《西双版纳哈尼族医药》

哈尼族医药专著，7-5367-1886-1，R282.7-62：R295.4-62，并列题名为“Hani Medicine of Xishuangbanna”。该书共收集200种药物及其配方，其中以植物药为主，有少数动物药和矿物药，哈尼汉英文本，分别注明拉丁名、性味、科属、功用、组方原则、治法与治则、禁忌证、毒副作用和临床应用特点等。阿海等搜集整理；沙朗、黄荣生哈尼文翻译；陈来荣英文翻译。昆明：云南民族出版社1999年出版，共829页。

1103《元江哈尼族药》 yei qjai haqniqcuq naiciiq

哈尼族医药专著。该书介绍了100种药的哈尼族名称及其英译、汉译名称，以及来源和用药经验等。周明康主编，田之良、淘世新、马德润、李学恩编，云南省玉溪地区药品检验所、元江哈尼族彝族傣族自治县药检所编写。1985年出版，纸质，铅印本，共212页，有插图。

1104《中国哈尼族医药》

哈尼族医药专著，7-5367-1812-8，R295.4。该书对哈尼族医药的相关内容给予全面的搜集与整理，收集有哈尼族药物396种。何建疆、黄晴岚主编。昆明：云南民族出版社1999年出版，共409页。

1105《中国少数民族简史丛书（修订本）——哈尼族简史》

哈尼族综合文献，978-7-105-08694-8，K285.4/3。根据国家民委对“民族问题五种丛书”进行修订的指示精神，遵照学校有关部门的要求，组建了《哈尼族简史》修订课题组，从2005年底开始修订工作。该项目是国家民委重点科研项目，其课题组由马廷中（西南民族大学副教授、博士）、姜定忠（哈尼族，云南省地方志办公室编审）、李维纪（西南民族大学教师）和王尔松（哈尼族，中央民族大学教授）4位同志组成。第116—117，历法、医术与文化。马廷中主编，姜定忠、李维纪、王尔松编，《哈尼族简史》编写组编写。北京：民族出版社 2008 年 4 月第 1 版，铅印本，共 247 页，210 千字。

1106《云南民族文化大观丛书——哈尼族文化大观》

哈尼族综合文献，7-5367-1835-7，K285.4。该书讲述了哈尼族的民族文化，包含民族医药内容。第 530—534 页，第十九章“医药卫生”。格桑顿珠、史军超主编，马化清、高广、段金录、袁晓林编，云南省民族事务委员会编写。昆明：云南民族出版社 1999 年 9 月第 1 版，铅印本，共 562 页，450 千字，有插图。

1107《云南省少数民族古籍译丛——斯批黑遮·哈尼族殡葬祭歌》

哈尼族综合文献，7-5367-0343-0，K280.74-51/1，正文为汉文、哈尼文。第 118—124 页，寻找起死回生药。云南省少数民族古籍整理出版规划办公室编写。昆明：云南民族出版社 1990 年 7 月第 1 版，铅印本，共 466 页，91 千字。

1108《中国少数民族古籍总目提要·哈尼族卷》

哈尼族检索工具，978-7-5000-7992-7，Z838。该书收录哈尼族古籍条目 1599 条，按甲、乙、丙、丁四编顺序排列，其中书籍类 25 条、铭刻类 12 条、文书类 6 条、讲唱类 1556 条。该书记录了哈尼族的历史发展进程、文化遗产的总汇，具有重要的历史价值和文化价值。张公瑾等主编，李克忠、普学旺、史军超编，国家民族事务委员会全国少数民族古籍整理研究室编写。北京：中国大百科全书出版社 2008 年出版，共 346 页。

（十三）白族（云南特有少数民族）医药及文献

白族是云南省具有悠久历史和深厚文化传统的少数民族，云南省有白族人口 156.4 万人（2010 年），主要分布在云南西北部苍山脚下、洱海之滨的大理白族自治州，滇西其他区域、滇中，贵州省的毕节、四川省的西昌、湖南省的湘西等地亦有分布。公元前 109 年，西汉王朝向洱海地区移入大批汉民，后唐朝在此设立姚州都督府，建立了以彝族、白族先民为主体的南诏奴隶制政权。公元 937 年，白族首领段恩平在洱海地区建立了“大理国”政权。至此，白族便成了一个居住地较为固定的民族[①]。白语属汉藏语系藏缅语族彝语支（也有人认为语支未定），白语有大量汉语借词，是藏缅语族中汉语借词较多的一种语言。

在漫长的历史长河中，白族人民与大自然和疾病作斗争，创造了灿烂辉煌的医药文化。白族医药学是白族人民世代防病治疗的经验积累和总结。在古代，以洱海为中心的大理地区就已经成为云南政治、经济、文化中心，是云南古代文化的摇篮和西南陆上丝绸之路的重要通道。1966 年 12 月，宋大理国段正兴大宝七年（1155 年）所建造的洱源县三营火焰塔中出土了金箔、珊瑚、珍珠、干姜、檀香、荜拨、草果、槟榔、桃仁、绿

① 郑进．古老神奇的苍洱幽兰——云南白族医药简介［J］．云南中医学院学报，2007（3）．

松石、水晶石、水中石子、贝、琥珀、象牙、胡豆、扁豆、松香、荜澄茄、胡椒、樟木子等 24 种药物。这些药物的出土，对于研究我国西南少数民族民间医药学遗产具有十分重要的科学价值。

为了充实自己的医药文化，大理国于北宋崇宁二年（1103 年）从宋王朝取回药书 62 部。宋政和七年（1117 年），大理国遣进奉使李紫琼、副使李伯祥至京师，进献贡马 380 匹及麝香、牛黄、细毡、碧阡山诸物。南宋乾道九年（1173 年），大理国又从宋廷取得《本草广注》等医药经典以及紫檀、沉香、甘草、石决明等药物。公元 1253 年，元朝统一大理后，在大理设立“惠民药局”，为白族、汉族、彝族、蒙古族、藏族、回族等民族的医药学交流起到了积极的作用。

明清两代，白族的医药学有了新的发展，涌现出不少著名的民族医生，汉族医药逐渐融入，出现的医药著作有明代陈洞天的《洞天秘典注》，李星炜的《奇验方书》《痘疹保婴心法》等。清代则有孙荣福的《病家十戒学十全台刊》、赵子罗的《本草别解》《救瘦奇方》等书。在这些著作中，提出了因时因地分析脉理、区别药物的创造性见解。由于滇藏贸易往来扩大，大理白族地区和藏族地区的经济得到了发展。明清时，下关成为滇西商业中心、交通要道和商业集散地，大理“三月街”、鹤庆“松桂会”、邓川渔潭会更加繁荣，民族药材上市量一年胜于一年，三月街会期，省内外参加集市的不下 10 万人，药材和农副土特产品的交易额至少达数万两白银，楚、粤、黔、桂、蜀、藏、苏杭一带的商人都来进行物资交流，以药材为大宗，缅甸商人还和白族地区的商人进行棉花、黄丝、药材等土特产贸易，很多白族药因而闻名遐迩。如《浪穹县志》载：“产于县城以东九气台的名贵药材‘天生磺’以治疗瘴疠、命门火衰、阳痿虚寒、妇女不孕、痢疾而名扬天下，乃天生之宝，为世所重，其价比金。”光绪三年所立的洱源九气台碑文记载：“云南提督军门因饬该村管事等经营，接年收取解营，以资分散各军备用，籍销炎瘴，军士服之最效。”产于巍山（即蒙化）的石磺，清末每年出口印度及南洋诸国五六千驮，鹤庆马厂归享誉东南亚。1935 年，在印度加尔各答经商的鹤庆商人将木香引到云南丽江试种成功。新中国成立后，木香在丽江、大理、迪庆广为种植，使中国由木香进口国变为出口国，中外驰名的“云木香”畅销国内外。清光绪周宗麟纂《大理县志稿》，将土人参、苍山贝母、契毒回生草、苍参、鹿衔草列为“特别产”，并记载契毒回生草，点苍诸峰皆有之，取根煎服和以白酒，专治疯狗咬伤，屡经试验神效。

据现存的明代以来的各县县志记载，由于与汉、藏等民族医药经过长期的交流，白族地区所产的云防风、滇黄芩、云茯苓、猪苓、龙胆、艾叶、小白芨、天麻、牛黄、麝香、穿山甲等数百种动植物药材，绝大多数都与汉、藏、彝、回、蒙、纳西等民族的医药所通用。史志还记载明代以前大理、洱源、巍山、永平等县就有川芎的栽培，巍山在清以前就种植红花，祥云引种了泽泻，鹤庆引种了当归，还有很多民族药变野生为家种并一直延续至今，这说明大理地区种植药材的历史亦很悠久。随后，再向邻近国家进口上述品种民族药材，为新时期白族、汉族、蒙古族、藏族等民族的医药交流和民族团结作出了新贡献。

在大理州中药资源普查的基础上，1987—1990 年州人民政府组织编写了《大理中药资源志》。这是大理白族有史以来的第一部中草药资源志书，全书 60 余万字，共收载地产动植物和矿物药材 1647 种，还收载了以白族药为主的 83 种民族药和 466 首民族民间验方，介绍了自治州中药资源分布，名贵地道药材的生产和应用史实，资料翔实，内涵丰富，具有白族地区浓郁的民族特色，深受科研、院校、医药工商企业各界读者的欢迎。

各民族世代靠手授口传传承着本民族的医药文化遗产，因而蕴藏在少数民族群众中的单验方、祖传秘方和民族药绚丽多彩，有着广阔的开发前景。发掘、收集、整理、筛选民族医药遗产，取其精华，研制成新药剂型，使之为人类服务，具有重要意义。

白文为新中国成立后创制的以拉丁字母为形体的拼音白文。据史书记载，远在东汉时期，白族就开始学习汉文了。在先进的汉文化影响下，白族先民曾创造过汉字式的“方块白文”，俗称“汉字白读”，但是由于种种原因，这种“方块白文”未能发展成为通用的、规范的书面交际工具[①]。

新中国成立后，中国科学院派出了以白族学者为骨干的少数民族语言调查工作队白语组，让其到大理帮助白族人民创制《白族文字方案》。但因受到当时的“民族融合风”“民族文字无用论”和民族语言可以“突变”“直接过渡”（即直接学习使用汉语文）等思潮的影响，未能试验推行[②]。1982年初，在大理州委、州政府的支持下，大理州成立了“大理白族自治州白文研究组”，聘请中国社会科学院民族研究所专家修订《白文方案》，确定白语是主要交际语，以中部方言为基础方言，以金华镇白语为标准音，适当兼顾南部、北部两个方言，达到了白族只用一套统一的本民族文字方案的目的，既巩固了中部方言区白族人民十多年的试行成果，也提高了南部方言区白族人民学习本民族文字的积极性[③]。

白族医药文献多用汉文出版发行，课题组收集到的白族医药文献和包含有白族医药内容的图书目录如下：

① 白文及白文图书概况［EB/OL］.http://blog.sina.com.

② 白文及白文图书概况［EB/OL］.http://blog.sina.com.

③ 白文及白文图书概况［EB/OL］.http://blog.sina.com.

1109《白族惯用植物药》

白族医药专著。该书介绍了白族医药的起源和发展、白族药的资源状况及用药特点，收录了白族常用植物药263种，每种药物介绍其正名、别名、白语名称、来源、植物形态、生长环境、采收加工、产地、化学成分、药理、性味、功效、主治、用法、白族民间应用、白族民间选方、使用注意等。姜北、段宝忠主编。北京：中国中医药出版社2014年出版。

1110《大理百种健康食用花卉》

白族医药专著，978-7-5367-5173-6，S68。云南大理人民几千年来一直有栽种和食用花卉的习惯，选择性地食用花卉可起到美容养颜和延年益寿的作用。该书具有很强的可读性、实用性和很高的鉴赏价值，书中详细介绍了食用花卉的生物学特性、食用方式，并配有彩图。本书共5章，主要介绍了大理花卉及大理食用花卉，内容包括大理地区自然概况、食用花卉植物的概念和植物的结构、大理地区常见食用花卉的识别及应用等。钱金栿、董晓东、李建昌主编。昆明：云南民族出版社2011年出版，共147页。

1111《香格里拉民族医药研究丛书——云南白族医药》

白族医药专著，978-7-5416-3622-6，R295.2。该书共收集近年在大理州拍摄的常见植物药113种，收载药物主要以白族名笔画排序，每种药物条下，按白族名、别名、基原、生长环境、省内分布、性味、功效、主治、用法、单方验方和禁忌顺序记述。刘毅、郑进主编，杨鸿生、李勇、赵勇、徐畅江编，云南中医学院编著。昆明：云南科技出版社2010年3月第1版，铅印本，共130页，166千字，有插图。

1112《中国少数民族简史丛书（修订本）——白族简史》

白族综合文献，978-7-105-08715-0，K285.2/4。我国是一个统一的多民族国家，在共同缔造伟大祖国的过程中，各族人民都作出过自己的贡献，各民族的历史都是祖国历史不可分割的组成部分。为了激发各族人民对自己历史的自豪感，发扬爱国主义精神，进一步加强民族团结，共同向社会主义现代化迈进，决定出版这一套“中国少数民族简史丛书”。这套丛书的编写和出版，是经过长时期的集体努力实现的。早在1956年，在全国人民代表大会常务委员会民族委员会和国务院民族事务委员会的直接领导下，开展了大规模的少数民族社会历史调查工作。1958年，在国务院民族事务委员会和中国社科院哲学社会科学部领导下，由中国科学院民族研究所具体主持，中央民族学院以及在京和各省区有关单位积极参加，一面继续进行调查工作，一面开始编写各少数民族简史和简志，到1959年底，大部分完成了初稿。第268—269页，建筑和医学知识，约400字。袁定基主编，李学龙、谢道辛、田怀清、李公编，《白族简史》编写组编写。北京：民族出版社2008年11月第1版，铅印本，共360页，310千字。

1113《云南民族文化大观丛书——白族文化大观》

白族综合文献，7-5376-1841-1，K285.2。该书讲述的是白族的民族文化，包含民族医药内容。第518—537页，第十章“医药卫生”。格桑顿珠、李缵绪、杨应新主编，马化清、高广、段金录、袁晓林编，云南省民族事务委员会编写。昆明：云南民族出版社1999年9月第1版，铅印本，共678页，550千字，有插图。

1114《白族研究百年》（第二册）

白族综合文献，978-7-105-09217-8，K285.2。该书内容包括白族社会历史、文化、经济、文学、艺术、考古、宗教信仰、语言文字等，大体囊括了近现代白族文化研究的著名学者各时期、各领域的代表作。赵寅松主编。北京：民族出版社2007年出版。

1115《南诏文化论》

白族综合文献，7-222-00809-8，K289，并列题名为“The Treatises on Culture of Nanzhao Kingdom”。该书收集数十篇论文，探讨了南诏文化的源流和特点，以及南诏大理国的考古文化，内容涉及生殖文化、佛教文化以及民俗服饰、居民建筑等各方面。杨仲录等主编。昆明：云南人民出版社1991年出版，共648页。

1116《白族医药丛书——白族古代医药文献辑录》

白族工具书，978-7-5416-7879-0，R295.2。该书收集整理了唐代以来著作、碑刻等文献中的白族医药资料，记录了一批珍贵的史料。丁一先、郭治中、罗伟建、王瑛、沈锦相、凌发义、张锡禄等编著，大理白族自治州卫生局编写。昆明：云南科技出版社2013年12月出版。

1117《中国少数民族古籍总目提要·白族卷》

白族古籍检索工具，7-5000-7163-9，Z838。该书收录白族古籍条目1707条，分四部分——书籍类、铭刻类、文书类、讲唱类，展示了白族丰富多彩的民族历史文化遗产，反映了白族人民在共同缔造中华民族文明中所作出的贡献。张公瑾、杨恒灿、普学旺主编，国家民族事务委员会全国少数民族古籍整理研究室编写。北京：中国大百科全书出版社2004年出版，纸质，铅印本，共358页，有插图，精装。

（十四）傈僳族（云南特有少数民族）医药及文献

傈僳族是我国民族大家庭中一个人数不多但却古老的成员。傈僳族先民起源于古氐羌部落集团，经过不断的迁徙、融合、发展，到公元8世纪左右，逐渐形成了较为稳定的民族共同体——傈僳族。在所发现的汉文典籍中，“傈僳”的族称，最早见于唐代樊绰所著的《蛮书·名类第四》中，写作“栗粟”，已有1300多年的历史，至今一直沿用这个族称。在国外，傈僳族主要分布于泰国、缅甸、印度、新加坡等国，日本、菲律宾也有零星分布。傈僳族是云南省的世居民族之一，早在公元8世纪前后就形成了相对独立的氏族群体，是典型的山地民族。云南省傈僳族人口为66.8万（2010年）。云南境内的傈僳族主要分布于怒江傈僳族自治州泸水、福贡、贡山、兰坪4个县和迪庆藏族自治州维西傈僳族自治县，保山、丽江、德宏、楚雄、大理、普洱、临沧等州市也有分布。此外，四川省的盐源、盐边等县也有分布。傈僳族居住于举世闻名的"东方大峡谷"，这里有从亚热带到寒温带的多层立体气候，为各种动物繁衍和植物生长提供了良好的条件①。宋代以后，特别是明清时期，傈僳族因部族战争以及反抗官府的封建统治等种种原因，不断开辟新的居住地，不断向西迁徙，出没于三江流域广阔的河谷险滩和山坡台地上，形成"大分散、小聚居"的分布状态。长期以来，傈僳族多居住在偏僻遥远的高山上，以刀耕火种的原始农业和狩猎为生，到20世纪50年代还保留着明显的氏族社会痕迹。傈僳族先民为了生存和种族的繁衍，在与自然和疾病长期抗争过程中，积累了许多民族医药知识。公元800年左右，傈僳族先民就有了"毒箭射虎、草根治病、树叶止血"之传说，清嘉庆二十年（1815年）的史料也明确记载了傈僳族先民与其他民族交易药材的情况②。

历史上，傈僳族的行医人员均为"神药两用"及务农"兼业"人员，没有专职医药人员，所保留下来的传统医药涉及内科、外科、妇科、儿科、皮肤科、五官科等，其传统治疗方法有煎服法、洗滴法、割治法、口吸法、箭穿法、旋转法等。其中，煎服法主治内科疾病，如黄连、茶叶、大烟壳等各种药材或单方煎服，其作用为消炎、止泻、止咳等；洗滴法主治眼科疾病及五官科疾病，如用新鲜蒿子叶泡水清洗伤口，用新鲜野葡萄藤汁吹滴患眼，用新鲜苦马茶叶果汁滴鼻驱除蚂蟥等，其作用为杀菌消炎、驱虫散毒；口服法和割治法主治中毒症状，被毒蛇咬伤、蜂毒刺伤、蜈蚣咬伤或其他有毒昆虫咬伤时，立即用利刃将毒箭头及其周围的软组织割除，用竹刀割治脾脏肿大或割断新生婴儿脐带（防止破伤风）；箭穿法主治痈疔、疮肿等症，如用特制的竹制弓箭射穿上述各症的排脓治疗；旋转法主治口入毒物，毒物被服入胃内时，立即用绳索将患者腰部系牢，吊在空中，来回旋转，其作用为催吐、排除毒物，减轻或避免中毒症状。傈僳族医药的特点是主要以新鲜药物为主药，多用单方，少有配方。傈僳族采集药物的时间比较有特色，傈僳族的先民创造了十分独特的历法——自然历，按照自然历来算，一年有十个月，分别称为花开月（公历3月）、鸟叫月（公历4月）、火烧山月（公历5月）、饥

① 王寅，郑进，盖沂超．东方大峡谷的民族医药之花——云南傈僳族医药简介［J］．云南中医学院学报，2008（1）．

② 王寅，郑进，盖沂超．东方大峡谷的民族医药之花——云南傈僳族医药简介［J］．云南中医学院学报，2008（1）．

饿月（公历6月）、采集月（公历7、8月）、醉酒月（公历9、10月）、过年月（公历1月）和盖房月（公历2月）。他们按照自然历制订周详的年度工作表，采药工作大多集中在采集月进行。药材采集后除少量自用外，大部分出售给民间的“草医”或药商，以换取生产生活用品。傈僳族的常用药有冬虫夏草、茯苓、灵芝、雪茶、云黄连、珠子参、虫楼、贝母、白芨、石斛、辛夷和草乌等，这些均是大量采集出售的药材。20世纪80年代后，大量的外地药商频繁涌入该地区收购药材，使得传统的药用植物资源受到了一定程度的破坏①。

傈僳族语言属汉藏语系藏缅语支。目前，傈僳语和老傈僳文都在通用。傈僳族虽有自己的文字，但医药经验仍是采用口传心授的方式，所以傈僳族没有关于医药的文字记载，更无相关的书籍可考。直至1985年9月，政府派出了专家调查组，对怒江州的药材资源进行实地考察。1989年7月，考察结束后，整理出版了《怒江中草药》一书。中国民族医药学的奠基人之一曾育麟教授在《滇人天衍——云南民族医药》一书中作了如下记述：“《怒江中草药》，云南科技出版社1991年出版。该书由云南省怒江傈僳族自治州卫生局组织周元川、木振荣、木眷富、木顺江等人员执笔，从调查采集标本、鉴定学名，到编写成书出版，历时三年十个月，是我国第一部傈僳族药书。该书包括植物药689种，动物药32种，采用汉文与傈僳文双语对照。”另外，曾育麟教授主编的《中国民族药志》也收载了14种傈僳族医药，《云南药品标准》（1974年）收载了岩血竭和岩陀两种傈僳族医药。周元川于1991年在《中国中药杂志》中将丘西克（鼠尾粟）、纳帕奥南（火筒树）、布鲁兹（大将军）、泽（花椒）、吉（棕榈）、伊夸（多花蒿）、阿莱奥戈洛（石莲子）等12种傈僳族民族药公之于众。在党和政府的支持下，2001年3月成立了怒江州民族医药研究所，怒江州的民族医药学术活动得到进一步开展，傈僳族医药也越来越受到外界的关注②。

由于历史的原因，傈僳族医药没有形成系统的医药知识，许多医药经验还处在待开发的阶段，犹如一个青涩的花蕾。但是，只要精心培育它，在不远的将来，它必将会孕化为一朵美丽的民族医药之花，并绽放出夺人的光彩③。

傈僳语是傈僳族人民的重要交际工具，是傈僳族的重要特征之一。傈僳语属汉藏语系藏缅语族彝语支。新中国成立前，在傈僳族聚居的不同地区使用着三种文字。一种是

① 王寅，郑进，盖沂超．东方大峡谷的民族医药之花——云南傈僳族医药简介［J］．云南中医学院学报，2008（1）．

② 王寅，郑进，盖沂超．东方大峡谷的民族医药之花——云南傈僳族医药简介［J］．云南中医学院学报，2008（1）．

③ 王寅，郑进，盖沂超．东方大峡谷的民族医药之花——云南傈僳族医药简介［J］．云南中医学院学报，2008（1）．

由大写拉丁字母以及正反、颠倒形式组合而成的拼音文字，也称变体罗马字母，为了与新中国成立后创制的新傈僳文相区别，习惯上称为老傈僳文。这种文字结构简单、易学易记，具有广泛的群众基础，主要流行于云南省西北部的傈僳族聚居区，缅甸、泰国等地的傈僳族也使用这种文字。另一种是滇东北苗文字母形式的“格框式”拼音文字，也称柏格里拼音文字，主要在云南省的武定、禄劝等地使用，使用范围不广。再一种是维西傈僳族农民汪忍波先生创制的表意象形的音节文字，主要在维西县傈僳族群众中流行[①]。新中国成立后，组织语言专家以及傈僳族知识分子，创制了以拉丁字母为基础的拼音文字，称为新傈僳文。现今，在傈僳族地区仅有两种文字在继续广泛使用，即老傈僳文和新傈僳文。目前，用傈僳文出版的图书有《生命进行曲》《药材栽培技术》《农村妇幼卫生常识》《农药使用常识》《兽医常识》《杜仲栽培技术》等，均为汉文科普读物转译，故未收录入课题目录。

本课题组收集的傈僳族医药文献及含有傈僳族医药内容的书目如下：

1118《民族医药抢救性发掘整理——傈僳族医药简介》

傈僳族医药专著，978-7-515-20551-9。该书主要介绍傈僳族基本状况，傈僳族医药发展沿革，傈僳族医药理论及传承方式，傈僳族对于疾病的防治和养生保健的认识，傈僳族常用药物，傈僳族医药起源与发展，傈僳族医药理论和民间单方、验方及傈僳族民间医状况等内容。杨玉琪、贺铮铮主编。北京：中医古籍出版社 2014 年 6 月第 1 版，铅印本，共 164 页，143 千字，有插图。

1119《香格里拉民族医药研究丛书——怒江流域民族医药》

傈僳族医药专著，978-7-5416-4186-2，R295.6。该书分 6 章介绍了民族医药的相关知识，内容包括怒江流域概况、怒江流域民族医药研究、傈僳族特色医药诊疗方法、植物药、动物药等。周元川、郑进主编，杨鸿生、李勇、赵勇、徐畅江编，云南中医学院编著。昆明：云南科技出版社 2010 年 11 月第 1 版，铅印本，共 439 页，471 千字。

1120《怒江中草药》

傈僳族医药专著，7-5416-0369-4，R281.474/1，民族语言题名为傈僳语，正文为汉文、傈僳文。《怒江中草药》仅印 1300 册，是第一部收载傈僳族用药的专著。不同于一般的编书，它是作者历经七年，行程数万里，深入州内各乡镇，进行实地调查，采集标本样品，获得了大量第一手资料，并请植物分类学家协助鉴定标本后，经精心整理，用

① 丰庆忠，丰林祥，胡育才．傈僳文图书、报纸出版的历史现状及其发展［A］．玉溪师范学院，拉特罗布大学．第二届中国云南濒危语言遗产保护研讨会论文集［C］．玉溪师范学院，拉特罗布大学，2006.

傈僳文、汉文两种文字编纂而成的。该专著收载怒江州境内现已查明的药用植物药 689 种、常用药用动物 32 种，并指明了药物的采集季节、临床用药等注意要点；名称正确，内容切合实际，科学性强，用途可靠，附图细致逼真，图文对照，便于应用，是一部比较完善的整理总结云南省傈僳族药的有价值的著作，对保护、开发、利用怒江药用资源有着重要的现实意义和深远的历史意义，为继承发扬傈僳族药作出了很大贡献。云南省怒江傈僳族自治州卫生局编写。昆明：云南科技出版社 1991 年 12 月第 1 版，铅印本，共 1001 页，738 千字，有插图，精装。

1121《中国少数民族简史丛书（修订本）——傈僳族简史》

傈僳族综合文献，978-7-105-08717-4，K285.6/1。国家民委“民族问题五种丛书”，包括“中国少数民族”“中国少数民族简史丛书”“中国少数民族自治地方概况丛书”“中国少数民族语言简志丛书”“中国少数民族社会历史调查资料丛刊”，记录了中国 55 个少数民族从起源至 21 世纪初的历史发展进程，涵盖政治、经济、文化各个领域。第 174—176 页，医疗卫生事业健全。秦和平主编，徐整运编，《傈僳族简史》编写组编写。北京：民族出版社 2008 年 4 月第 1 版，铅印本，共 239 页，200 千字。

1122《西南边疆民族研究书系·云南民族村寨调查：傈僳族——泸水上江乡百花岭村》

傈僳族综合文献，7-81068-240-7，K285.6。该书从历史沿革、环境、人口、经济、社会、政治、法律、文化、教育、科技、宗教等 11 个方面对百花岭村进行了深入细致的调查。百花岭村有许多药草，最主要的药用植物为黄连。历史上，黄连就是普通人家的常用药，随着黄连采掘量的增大，许多村民把黄连作为商品出售，致使野生黄连越来越少，逐渐为家种黄连所代替。其次为木棉花（攀枝花）。百花岭河谷至半山坡上有较多木棉树，现该树种已被定为国家二级珍稀保护树种。木棉属乔木，每年 1 月底至 3 月开花，颜色有大红、橘红、黄红。木棉花的药用价值较高，其根、皮均可入药，当地村民利用该植物清热祛湿、收敛止血的特性，治疗慢性胃炎、产后浮肿、赤痢、跌打扭伤等。百花岭村自然环境适宜多种植物生长，其中有许多植物被村民采为药用。最主要的有下面一些：（1）木棉花根：主要用于止血和跌打扭伤。（2）臭灵丹：清热解毒。用于治疗上呼吸道感染、支气管炎和疟疾、痈肿、疮疖等。（3）薄荷：清热润肺。治外感风热、头痛、牙痛、疮疥等。（4）益母草：活血祛瘀、调经消水。治月经不调、瘀血、腹痛、尿血、泻血等。（5）鱼腥草：清热解毒，利尿消肿。治肺炎、疟疾、水肿、痔疮、湿疹、疥癣等。（6）车前子：清热利水，明目祛痰。治小便不通、淋浊、咳嗽多痰、目赤障翳等。（7）砂仁：行气调中，和胃醒脾。治胃呆食滞、噎膈呕吐、寒泻冷痢、妊娠胎动。（8）马蹄叶：除风散寒。治头目昏眩及周身疼痛。（9）野草果：治肚子痛。（10）龙胆草：

泻肝胆实火，除下焦湿热。治肝胆热盛、惊悸狂躁、头痛目赤、黄疸热痢、痈肿疮疡等。（11）紫花草：清暑热，祛风湿，消肿解毒。治暑热痧症、衄血、血痢、痈疽疮肿和妇科疾病。高发元、肖迎主编，傈僳族调查组编写。昆明：云南大学出版社 2001 年 4 月第 1 版，铅印本，共 234 页，200 千字。

1123《云南民族文化大观丛书——傈僳族文化大观》

傈僳族综合文献，7–5376–1844–6，K285.6/2。该书介绍了傈僳族历史渊源、语言文字、宗教信仰、风俗习惯、哲学思想、经济生产、建筑名胜等各个方面，展示了傈僳族丰富多彩的民族文化。第 353—360 页，第十三章“医药卫生”。格桑顿珠、斯陆益主编，马化清、高广、段金录、袁晓林编，云南省民族事务委员会编写。昆明：云南民族出版社 1999 年 9 月第 1 版，铅印本，共 436 页，360 千字，有插图。

（十五）德昂族（云南特有少数民族）医药及文献

德昂族是云南特有的民族之一，我国德昂族总人口为 2.05 万人（2010 年），居住在云南省的有 2.01 万人，主要分散居住在云南省德宏傣族景颇族自治州的芒市、瑞丽、盈江、陇川、梁河等县市，临沧市的镇康、耿马、永德以及普洱市的澜沧等县的部分地区，分布面积达 3 万多平方公里，是一个“大分散、小聚居”的民族，绝大多数的德昂族都和景颇族、佤族、汉族等民族分寨杂居。德昂族有自己的语言，德昂语属南亚语系孟高棉语族佤德昂语支，但无国家认可的本民族文字。德昂族医药无文字记录，目前找不到相关的文献记载，亦无相关的书籍可考证。据文献记载：德昂族使用傣文，有用傣文记载的医书，但至今未收集到。芒市的三台山乡和镇康县的军赛乡是德昂族居住比较集中的地区，这里由于地貌和气候的影响，适宜多种动植物药物的生长，有起源于远古的野生稻、野生蔗等稀有植物，野生动物有马鹿、金钱豹、巨蟒、猴面鹰、穿山甲等。两地中草药药用植物有千余种，如重楼、牛膝、吴茱萸、三叉苦、通光藤、杜仲、黄连、草乌等。勤劳勇敢的德昂族人民在长期与自然和疾病作斗争的过程中，充分利用当地丰富的动植物药物资源，创造了自己独具特色的民族民间医药，积累了一些具有本民族特点的诊疗方法等，以及一些简、便、效、廉的单方和验方，并通过口头传承的方式流传至今。经统计，德昂族民间常用药物有百余种，单方、验方有 60 余剂[①]。

德昂族村寨一般都有一两位懂得草药知识，平时爱采集草药的老人或民间草医。他们虽然不是专职医生，但是亲朋邻里生病时常请他们诊断，所得报酬有钱、米、菜或草烟，送多送少他们都不计较。草医技术大多系祖传，没有横向交流，因此水平也有限，仅能治疗头痛脑热、跌打损伤之类的小病，对于较大的病症如鼠疫、伤寒、霍乱、疟疾

① 金锦，方路，杨玉琪，马克坚. 德昂族医药现状［J］. 云南中医中药杂志，2011（6）.

等是无能为力的。德昂族草医诊断疾病及加工炮制民族草药的方法比较简单，对疾病的诊断是采用观察和诊脉，药物使用方法主要是煎煮敷涂等。其中，号脉法通过号患者脉搏断病。若脉搏微弱不起，说明有病；再通过揉手或揉脊背等方法加速脉搏的跳动，若经过这些方法处理后，脉搏跳动仍微弱，说明有肺结核等重病。观察询问是看患者是否发黄，是否有明显消瘦情况，请患者自述病情，询问是否有全身乏力、肚子疼痛和不思饮食等现象[①]。

德昂族不仅有本民族传统的诊治方法，还独创了一些比较行之有效的偏方，能有效地医治大肠下坠（脱肛）、头痛、腹胀、疟疾、食物中毒等内科疾病，以及骨折、枪伤、刀伤、跌打等外伤。其较为常见的药物偏方、配方有数十种，略举如下：取风流草、芭蕉花适量晒干，碾碎后煮成汤，可医治大肠下坠；取野豌豆、细苦子适量捣碎并以植物油作引子，生食，可治痔疮；取毛丹子、喜碧波适量捣细后，生食或敷于头部，可医头肿；取毛椿、草茶、黄姜、毛丹子、藿香、川芎、臭草、喜逢草、墨蒿、扁扁叶、爬哈适量捣碎后，放于铁锅内煮沸，然后将烧红的鹅卵石投入药锅，使药物蒸汽冒出，肿疾患者用蒸汽熏及用药水擦洗患处，2至3天后即可消肿痊愈；取菖蒲、亚老君根适量同煎，可治疟疾；取黑药、黄龙尾、寄生草、细叶子、龙爪树、树葱、树头萋、剪子麦适量和若干谷物装入竹筒内，密封烘烤，取出筒中药物，用开水浸泡三四日，可服用或擦洗，以治风湿或惊风；取干党香、小花叶、黑泡通、顺心花、阳凤叫、白老君根适量煎汤口服，可治风湿、痨疾等症；取壁虎、台岩参、母夏适量煎服，能治腹痛；取山花草、成茎草、野管鹿、苦灵养、大小口晌保草适量煎服，能治肾炎和头痛发热；取紫金花、小黑牛、过江龙、通子树、五醉子、江家达及斧山草适量煎服，可治跌打摔伤；取癞蛤蟆叶、无名草适量捣成粉末咀嚼，然后吐去，能治口腔肿痛；取青树根、草藤适量捣碎敷用，可治骨折；取灯笼草、细叶黄叶适量捣细，敷用，能治枪伤、刀伤；取铁树、老格果、金刚钻适量舂细，敷用，有消炎作用，可治皮肤脓肿[②]。

德昂族村寨的民间民族医药是中国民族医药之林中的一朵奇葩，其为本民族的繁衍生息作出了积极的贡献。自新中国成立以来，特别是改革开放以来，中央和地方各级人民政府高度重视民族医药工作，民族医药事业得到了较快发展。但由于历史传承、文化背景、自然环境、经济状况、客观条件以及研究方法等多方面因素的制约，德昂族民间的一些特色疗法和经验单方尚未得到系统、及时的传承与发展[③]。

---

① 金锦，方路，杨玉琪，马克坚．德昂族医药现状［J］．云南中医中药杂志，2011（6）．

② 金锦，方路，杨玉琪，马克坚．德昂族医药现状［J］．云南中医中药杂志，2011（6）．

③ 杨玉琪，贺铮铮，方路，马克坚，金锦．云南跨境民族傈僳族医药现状调查［J］．云南中医中药杂志，2010（12）．

近年来，民族医药科研工作者曾对德昂族的民间医药进行过收集整理，并于1990年用汉文出版了有史以来第一本《德昂族药集》。该书对德昂族一些常用的确有疗效的民间医药学知识进行了收集整理，共收录了植物药102种，动物药3种，附单方、验方40个。2008年，国家“十一五”科技支撑计划项目“民族医药发展关键技术示范研究”也对德昂族医药进行抢救发掘整理研究。但是，依据后者项目研究结果分析，随着社会的快速发展，德昂族地区的交通、通信等方面有了较大改善，在不断接受外界的影响同时，德昂族民间医药逐渐被现代医学所替代，民间特色疗法和单、验、秘方面临失传和消亡的危险。

课题组收集整理的德昂族医药文献题录如下：

1124《德昂族药集》

德昂族医药专著，7-80525-071-5，正文为汉文。该书是德昂族第一部药物专著，收集德昂族植物药102种，动物药3种，单验方40个。方茂琴主编，德宏州卫生局药品检验所编写。芒市：德宏民族出版社1990年11月第1版，铅印本，共369页，190千字，有插图。

1125《民族医药抢救性发掘整理——德昂族医药简介》

德昂族医药专著，978-7-515-20553-3。该书主要介绍德昂族基本状况，德昂族医药发展沿革，德昂族医药理论及传承方式，德昂族对于疾病的防治和养生保健的认识，德昂族常用药物，德昂族医药起源与发展，德昂族医药理论和民间单方、验方及德昂族民间医状况等内容。瞿广城、方路主编。北京：中医古籍出版社2014年6月第1版，纸质，铅印本，119页，有插图。

1126《中国少数民族简史丛书（修订本）——德昂族简史》

德昂族综合文献，978-7-105-08714-3，K286.4/1。该书介绍了德昂族的民族分布和地理环境、德昂族的古代社会、滇西南有肩石斧和有肩青铜斧的主人、昆明民族与昆明国、昆明的衰落与茫人的发展等。第182—183页，传统医药，约1000字。杨嘉铭主编，桑耀华、俞茹、尹建东、王田编，《德昂族简史》编写组编写。北京：民族出版社2008年1月第1版，铅印本，210页，180千字。

1127《西南边疆民族研究书系·云南民族村寨调查：德昂族——潞西三台山乡勐丹村》

德昂族综合文献，7-81068-240-7，K286.4。该书采用多种形式结合的方法，真实地反映了德昂族村民的生产、婚俗、社会、经济、文化等方面的发展和变化。一般的对病症诊断的情况有：若痰多、吐血、流鼻涕、四肢无力等，则为支气管炎；若头昏眼花、发烧、四肢无力、小便发黄、便秘、肚痛等，则为肝炎；若皮肤发红，四肢无力、夜盗汗、流鼻涕等，则为肺结核；若腰痛、解小便困难、小便发黄、全身不适，则为肾炎；若胃疼痛，饭前两小时剧痛、恶心、吐酸水等，则为十二指肠或胃溃疡等；若大便秘结、便血、饭后肚胀，则为慢性胃炎；若性情急躁、夜不成眠、四肢无力、头昏，则为神经性疾病。德昂族对草药的加工炮制方法比较简单古朴，一般是晒干、捣细或新鲜草药煎熬，生食和敷用，较常见的偏方、配方有数十种。例如，疟疾，将菖蒲与亚老君根同煎服。肚痛，台参、母夏同煎服。咽喉肿痛，癞蛤蟆叶（车前子）、无名草捣成粉末咀嚼。头肿，将毛丹子、喜碧波捣细后，生食或敷于头部。小便阻塞，用"扯千"叶煎服。肺癌、肝癌，用"一枝花"叶茎炖食。肺结核，用大力肺桑叶数片与猪肉煮食或用丹参 5 两、茴香根数根炖红公鸡食用。肺气肿、肺炎、支气管炎等疾病，用大力肺桑叶 1 两开水煎服；用砂仁 1 两，取红公鸡心肺煮吃；采鱼腥草叶晒干后，煨水炖食；马蹄叶及黄鳝 3 条，泥鳅 1 条，炖食，香菜蘸蜂蜜吃。胃炎、胃溃疡、十二指肠溃疡，用"萝鲁"叶数片煎服；攀枝花树皮晒干，开水煎服。风湿或惊风，将黑药、黄龙尾、寄生草、细叶子、龙爪树、树葱、树头萎、剪子麦等草药与若干谷物装入竹筒内，密封烘烤后取出，用开水浸泡三四天，服用或擦洗。风湿、痨疾等症，用干党香、小花叶、黑泡通、顺心花、阳凤叶、白老君根煎服。神经官能症，用"萝鲁"叶煎服；松树叶和树皮煎服；稻禾的花、叶、根煮食。肾脏炎、头痛发热，用山花革、成茎草、苦灵、野管鹿、大小口晌保草煎服。刀伤、枪伤，用蒿枝水擦洗伤口可消毒；酸水擦洗伤部可减轻疼痛；灯笼草、细叶黄叶捣细敷用。毒蚊咬伤，以马蹄叶数片捣碎敷用。皮肤脓肿，以铁树、老格果、金刚钻舂细敷用。骨折，以青树根、草藤捣碎敷用。中毒，喝大量苦菜叶汁和猪血可解毒；禁同时吃以下两种食物——白薯与蜂蜜，芭蕉与蜂蜜或白薯，鱼与甘草，另外猪肉不能放在柳树的茎、叶上，否则会使猪肉变黑而中毒。高发元、汤芝兰、李韬主编，德昂族调查组编写。昆明：云南大学出版社 2001 年 4 月第 1 版，铅印本，共 194 页，157 千字。

1128《云南民族文化大观丛书——德昂族文化大观》

德昂族综合文献，7-5367-1848-9，K286.4。该书讲述的是德昂族的民族文化，包含民族医药内容。第 163—167 页，医药卫生。格桑顿珠、桑耀华主编，马化清、高广、段金录、袁晓林编，云南省民族事务委员会编写。昆明：云南民族出版社 1999 年 9 月第 1 版，铅印本，共 183 页，160 千字，有插图。

（十六）独龙族（云南特有少数民族）医药及文献

云南特有民族独龙族是我国 22 个人口较少民族之一。由于特殊的历史发展情况和地理环境，新中国成立前独龙族经济社会发展十分落后，各项社会事业建设严重滞后，大部分人听不懂汉语，农村医疗卫生条件差，缺医少药现象突出，整体健康水平与外地差距比较大。新中国成立以来，党和国家高度重视独龙族的发展，尽力调动社会资源扶持独龙族。学界也开展了多方面、多视角的研究，但独龙族的医药文化研究尚很欠缺①。我国独龙族总人口为6930人（2010年），居住在云南省的有6353人。独龙族主要居住在贡山独龙族怒族自治县的独龙江流域，是独龙江地区最早定居的民族。独龙江乡位于贡山独龙族怒族自治县西部，地处中缅、滇藏结合部，与印度接近；县城到乡政府驻地孔当村的独龙江公路全长96.2千米，每年12月至翌年的5月间，大雪封山长达近半年之久，封山期间交通隔断，行人断绝，除用卫星移动通信与外界交流外，独龙江乡基本处于与世隔离的状态②。

独龙江是我国仅存的原生态河流之一，流域内森林覆盖率高达89.03%，动植物物种保存完好，是动植物的基因宝库。独龙江流域是三江并流世界自然遗产的核心区。

历史上，独龙族长期以来受外族土司、蓄奴主和历代统治阶级的压迫和残酷掠夺，加之地处边远国界地区，交通极端不便，生存条件十分恶劣，社会发育层次较低。新中国成立前，独龙族以刀耕火种为主，采集和游牧业占很大的比重，生产工具十分落后，社会分工不明显，生产力水平十分低下，人民生活十分贫困，处于生存没有保障、吃不饱、穿不暖、生病靠杀牲祭鬼的生活状态之中。直到新中国成立后，独龙族人民在党的领导下直接过渡到社会主义社会③。

独龙族由于居住地的特殊地理环境，社会和专家学者对其高度关注并进行了相关研究。学者对独龙族进行的相对系统的研究主要涉及其民族源流、社会形态、民族经济、原始宗教、婚姻家庭、丧葬研究、语言文字、民族文学、民族教育、民族文化等，单就独龙族医药文化进行研究的很少或没有④。因而独龙族除极少的医药经验的相关文献外，几乎没有医药文化的相关记载。

独龙语属汉藏语系藏缅语族，语支归属目前尚无定论。历史上的独龙族没有自己的文字，对自身文化的传承多为口传心授，加之该民族生存环境与世隔绝，对外文化交流较少，客观上没有留下更多的可查文献。而一些关于独龙族民族史和文化史的研究著

① 侯宾，崔瑾，王志红．独龙族医药文化研究的价值及思路［J］．中共云南省委党校学报，2012（4）．

② 侯宾，崔瑾，王志红．独龙族医药文化研究的价值及思路［J］．中共云南省委党校学报，2012（4）．

③ 侯宾，崔瑾，王志红．独龙族医药文化研究的价值及思路［J］．中共云南省委党校学报，2012（4）．

④ 侯宾，崔瑾，王志红．独龙族医药文化研究的价值及思路［J］．中共云南省委党校学报，2012（4）．

作，对于医药文化也只是一笔带过，没有专题论述。如张桥贵著的《独龙族文化史》、云南省民族事务委员会编写的《独龙族文化大观》《中国少数民族简史丛书·独龙族简史》均没有独立章节阐述独龙族的医药文化。可见，对独龙族医药文化的综合性研究尚处于空缺状态。也就是说，目前关于独龙族医药文化的相关文献甚少，对独龙族传统医疗经验、用药特色的调查及整理也还没有系统展开，更没有从民族文化的大视野深入研究。当前，独龙族医药文化研究面临着许多挑战，特别是随着社会的发展与现代化的推进，许多原本传统的生存方式已经被外来因素所干扰，独龙族医药文化也面临逐渐消失的危险[①]。

课题组收集整理的含独龙族医药内容的文献有：

1129《西南边疆民族研究书系·云南民族村寨调查：独龙族——贡山丙中洛乡小茶腊社》

独龙族综合文献，7-81068-240-7，K286.5。该书介绍了独龙族的自然环境与生态状况、人口、经济、社会、政治、习惯法、文化、教育、科技与卫生等方面的变化与发展。独龙族人民将当地生长的一种草药捣碎后放入鼻孔可止鼻血和醒酒，还有蛇伤药、刀伤药、止泻药、风湿药等。他们还从其他民族那里学来了治疗狂犬病和野兽咬伤的药方，利用一种植物炼制一种毒药淬在箭头上制成毒箭，用来猎杀凶猛的野兽，等等。独龙族居住地往往山高林密，各种有毒的蛇虫经常出没于村寨及山中，对外出劳作的人们造成了一定的威胁。在长期的生活实践中，他们学会利用一些草药驱赶蛇虫和治疗蛇伤。此外，独龙族对于妇女儿童的保健也有自己独特的方法，他们认为气味辛、苦、甜或带刺的一些植物对胎儿及孕妇不利。因此，独龙族妇女在怀孕期一般不吃芋头、荞面、大蒜、豆子、糯米、蕨菜等，以防影响胎儿发育或引起流产、早产等恶性后果。产妇产下新生儿后，当天就用漆油煎水煮鸡肉或鸡蛋吃，还用一些草药浸酒早晚给产妇饮用，这些做法有一定的道理，可以起到抗风湿的作用。由于上述措施，产妇产后一般十天半月即可上山劳作。高发元、郑维川主编。昆明：云南大学出版社 2004 年 1 月第 1 版，铅印本，共 285 页，236 千字。

1130《中国少数民族简史丛书（修订本）——独龙族简史》

独龙族综合文献，978-7-105-08721-1，K286.5/3。该书介绍了独龙族人民的反帝反封建斗争、新中国成立前独龙族的社会组织和婚姻制度等内容。第 140 页，医药卫生。魏新春主编，刘俊哲、王岚、陈金龙、黄瑞编，《独龙族简史》编写组编写。北京：民族

① 侯宾，崔瑾，王志红．独龙族医药文化研究的价值及思路［J］．中共云南省委党校学报，2012（4）．

出版社 2008 年 12 月第 1 版，铅印本，共 166 页，150 千字。

1131《云南民族文化大观丛书——独龙族文化大观》

独龙族综合文献，7-5367-1838-1，K286.5。该书讲述了独龙族的民族文化，包含民族医药内容。第 257—261 页，第十二章为民间医药卫生。格桑顿珠、李金明主编，马化清、高广、段金录、袁晓林编，云南省民族事务委员会编写。昆明：云南民族出版社 1999 年 9 月第 1 版，铅印本，共 348 页，285 千字，有插图。

1132《云南少数民族文化史丛书——独龙族文化史》

独龙族综合文献，7-5367-1954-X，K286.5，并列题名为“A Cultural History of the Dulong Nationality”。该书分历史源流、人地关系、社会物质生产方式、语言与文字、宗教信仰等十一章，全面地研究和总结了云南独龙族文化的规律、特点及其发展情况。张桥贵著，云南省民族研究院、云南民族出版社编写。昆明：云南民族出版社 2000 年出版，共 195 页。

1133《藏彝走廊研究丛书——藏彝走廊中的独龙族社会历史考察》

独龙族综合文献，978-7-105-09325-0，K286.5。该书侧重于 20 世纪 80 年代初独龙族生产生活方式中的物质文化方面，特别是对于原始信仰及崇拜活动作了比较细致的观察和记述。蔡家麒著。北京：民族出版社 2008 年出版，共 218 页。

（十七）满族医药及文献

我国满族总人口 1038.7 万人（2010 年），云南省有满族 1 万余人，主要居住在昆明、曲靖、大理、个旧、保山等地。满族有自己的语言文字，满语属阿尔泰语系满—通古斯语族满语支。

满族医药文化是指满族民众创造的、与医药相关的物质文化、精神文化、组织制度文化的总称。满族传统医药是满族文化的精髓部分，即满族民众创造并世代相传的医治手段和药物专方。满族传统医药既是中医药的重要组成部分，又是淹没在我国中医药活动中而未被独立开发应用、未形成独立医药体系的医药方略。它既包括宫廷秘方，又涵盖民间偏方，是藏于民间、具有重要开发应用价值、可供人类共享的宝贵财富①。

满族传统医药的形成和发展具有悠久的历史和独特的地域特色。满族是我国东北古老的民族之一，他们主要生活在长白山和松花江、黑龙江流域，这里是药材生产的重要基地。清太祖努尔哈赤曾歌颂长白山：“其山风劲，气寒奇木，灵药应候挺生，每夏日环山之兽毕栖息其中。”满族人民在长期食用山野菜的过程中，探索出了一系列医药经验。如贯众菜，加食盐或醋、糖制成酸水食用，可防止感冒，咳嗽；口腔糜烂，可生吃杏叶

① 马万学，刘玉忠．满族传统医药的传承与应用［J］．满族研究，2009（2）．

茶；眼疾，可用“空清石”或吃苋菜；祛痰、平喘、杀虫，可吃炒山葱，食用山梗菜。此外，满族先民经常食用的动物性食品也具有食疗作用。如他们总结出来的“猪胎疗法”，具有滋补五脏六腑、补气活血功效；犴达罕制品，具有延年益寿、益气养血的功效；哈什蟆，具有大补、强身功效，用其煮鸡蛋又可治疗妇女早产、失血过多以及痨伤、虚损等症；等等。这些看似古老的内容，却日益被视为“自然疗法”“天然药物”而备受尊崇。满族散见于古籍和流传于民间的医药知识远远不止这些。从一定意义上说，满族民众发展史，就是满族医药文化发展史。目前，新疆锡伯族还比较完整地保留着满医疗法，并被广泛应用和接受①。

满族先民自古便采集和使用当地植物、动物和矿物为药。由史书可知，满族在汉代以前就使用草药，并能辨别一些有毒草木，如蛤蟆酥草、狼毒、乌头等。《魏书》记载：“勿吉人，弓长三尺，箭长尺二寸，以石为镞；常七八月选毒药敷箭镞，射禽兽，中着便死，毒药毒气亦能杀人。”《本草纲目》亦记载：“草乌头取汁，晒为毒药，射禽兽，故有射罔之称。”《后魏书》言：“辽东塞外秋收乌头，为毒药，射禽兽，敷箭射人即死亡者，皆此乌头”，“猎人以敷箭，射禽兽十步即倒，中人亦死”②。

金代女真人在未进入中原之前，就开发利用当地产药材进行贸易了。史书记载，“女真以金、帛、布、蜜蜡和诸药材易于辽”。其中“诸药材”包括硫磺、焰硝、炉甘石、香药、黄蜡、天南星、白附子、松实、猪苓、白芷、茯苓、细辛、东珠、人参等。这些药材是当时与契丹人进行民间交易的热门货。女真人进入中原后，《金史》关于医药内容的记载就更多了。如有内科杂病“急痰”、外科病“疽发脑”、妇科病“损胎气”等记载，有的医理论述相当精辟。另外，女真人在长期同疾病斗争的过程中，也用自己的民族语言对人体生理、病理进行了总结，如称胚胎为“孛论出”，称头为“兀术”，称心为“粘罕”，称牙为“畏可”，称溲疾为“石哥里”，称疡疮为“牙塔”，称目赤而盲为“蒲剌都”，等等。在治疗上，除了采用大量方药外，还有“金丹”，外用“敷药”及“艾灸”等。金朝由于当时医疗水平相对较高，还曾受到邻近国的崇拜，如西夏统治者就多次求医于金王朝。如大定七年（1167 年）十二月，西夏臣任得敬有疾“遣殿前太尉芭里昌祖，枢密都承者赵衎奏告，以其臣任得敬有疾，乞遣良医诊治，诏赐之医”；承安元年（1196 年）五月，“以尚药局副使粘割忠为横赐夏国使”；又承安五年（1200 年）纯佑（西夏嗣子）母病风求医，“诏太医判官时德元及王利贞往，仍赐御药。八月再赐御药”。足见金王朝女真族在同疾病斗争中不断吸收汉族医药文化，已使金代医学水平

① 马万学，刘玉忠．满族传统医药的传承与应用［J］．满族研究，2009（2）．

② 马万学，刘玉忠．满族传统医药的传承与应用［J］．满族研究，2009（2）．

达到了一定高度[①]。

清代是满族医药发展的鼎盛时期。清朝承汉制建立了太医院、御药院、尚药局，并在各路、州、府设置部分地方医疗机构。满族入关以后，为补充本民族医药方面的缺欠，迅速对汉族医药、蒙医药、西方医药加以吸收和借鉴。朝廷的统治者、满族的贵族们遇到疾病，离不开中医药，进而也影响到地方的平民百姓。从大批整理的清代古代医药学著作，如具有代表性的《古今图书集成·医部全录》《医宗金鉴》等，可以看出中医药学的发展在当时占有重要地位。由于清代朝廷的重视，满族医药得到了长足发展，无论是民间药方和传统医治方法，还是宫廷秘方的传承和应用，都在医治人类疾病方面发挥了积极的不可替代的作用[②]。

满族医药用于一般常见疾病的治疗，最早见于记载的应该是《满文老档》等文献。如《满文老档·太祖》卷五十，有一处关于额尔德尼患牙病，希望能用东珠（即珍珠）治疗，向努尔哈赤"乞索之，以研患处"。努尔哈赤所给之东珠，十分珍贵，作为药用的话，也具有一般珍珠的药物功效，即具有镇静、安神，清热息风，明目去翳，解毒、生肌的作用；外用研粉撒敷，治疗咽喉、口腔糜烂。此外，在《宁古塔纪略》中，也载有空青石治眼病。空青石为矿物药，具有凉肝清热、明目去翳、活血利窍的作用可治疗青盲、省目、翳膜内障、赤眼肿痛；可外用点眼，研细水飞，内服研末吞服。奥利草治内伤腰腿痛，艾蒿、百部去邪疾，北方地产药材鹿角、虎骨、麝香、蜂蜜、蛤什蟆等百余种药物治疗疾病的记载也广为流传[③]。

《塔河文史资料》第三辑中记载，鄂伦春族萨满孟庆福就掌握着许多验方，并能研制药材给病人治病。他在《动物类中药在鄂伦春民间的应用》一文中，对鹿、狍子、熊、雪兔、大马哈鱼等药材做了详细介绍。仅鹿的不同部位，就可主治多种疾病。如鹿角研末内服，主治乳房肿痛；鹿茸泡酒或水煎内服，益精血，强筋骨；鹿眼泡水煎服，主治抽风病；鹿心血，温水泡喝，主治心脏病；鹿膝盖骨，泡酒或水煎服，主治关节炎、风湿病、腰腿疼；鹿胎与红糖一起服，主治妇女不生育、月经不调等；母鹿外生殖器泡酒或煎汤服，主治妇女病、大出血；等等[④]。

从生活习惯、祭祀方式上看，满族人非常重视种族的昌盛与繁衍，在益肾壮阳方面有较系统的经验与方式方法。如治疗男子阳萎、遗精有多种单方或复方延续至今，也常被人们采用。另外，满族人还非常重视妇女和儿童疾病的治疗，如对妇女月经病、产后

① 马万学，刘玉忠.满族传统医药的传承与应用［J］.满族研究，2009（2）.

② 马万学，刘玉忠.满族传统医药的传承与应用［J］.满族研究，2009（2）.

③ 马万学，刘玉忠.满族传统医药的传承与应用［J］.满族研究，2009（2）.

④ 马万学，刘玉忠.满族传统医药的传承与应用［J］.满族研究，2009（2）.

病及小儿惊风等病症的治疗达到了一定的水平[①]。

目前，从民间传承的满族医药治疗方法看，有内科、外科、妇科、儿科、耳鼻喉科等若干有效验方。如内科的祛风除湿、散寒止痛、养心安神、强心补血，宣肺止咳化痰、调理肠胃、舒肝利胆、退黄、益肾壮阳、清热解毒、消渴、中风等；外科的痈疮肿毒、外伤、排石等；妇科的月经病、带下病、妊娠病、产后病等；儿科的惊风、疳积等；耳鼻喉科的咽喉肿痛、牙痛、眼疾等，采用植物药、动物药和矿物药等单方或复方治疗都有独特的治愈功效。此外，还有鲜为人知的宫廷秘方、治疗有关疑难杂症的祖传秘方，在治疗腰间盘突出、股骨头坏死和前列腺增生方面有奇特疗效[②]。

课题组收集到的满族医药文献有：

1134《满族传统医药新编》

满族医药专著。全书共分 4 个章节，分别是满族传统医药概述、满族传统治方、满族成方制剂和满族传统医药歌诀。张凌巍、宋玉荣编著。北京：中医古籍出版社 2011 年出版。

1135《民族医药抢救性发掘整理：满族医药》

满族医药专著，978-7-515-20559-5。该书为民族医药专著，主要介绍满族基本状况，满族医药发展沿革，满族医药理论及传承方式，满族对于疾病的防治和养生保健的认识，满族常用药物，满族医药起源与发展，满族医药理论和民间单方、验方及满族民间医状况等内容。北京：中医古籍出版社 2014 年 6 月第 1 版，铅印本，共 182 页，168 千字，有插图。

1136《满族医药文化概述》

满族医药专著，7-206-04316-X，R292.1。该书共分 6 章，系统地介绍了满族民间九大传统疗法、动植矿等药物炮制特技以及常见病的用药和医疗的科研成果，介绍了满族鲜为人知的生产生活风俗，客观地反映了满族民间医药文化的现状。该书主要内容为满族历史概况、萨满教与满族早期医药、满族医药的发展和进步、满族民间常用药物、满族风俗中的医药文化遗存、满族医药文化遗产的挖掘整理及其价值等。崔勿骄主编。长春：吉林人民出版社 2006 年出版，共 239 页。

1137《西南边疆民族研究书系·云南民族村寨调查：满族——保山瓦房乡水沟洼村》

满族综合文献，7-81068-240-7，K282.1。该书介绍了满族的民族溯源、人口、社会婚姻家庭、村级政治组织及村民的政治态度、多民族融合的文化等内容。水沟洼村的

① 马万学，刘玉忠.满族传统医药的传承与应用［J］.满族研究，2009（2）.

② 马万学，刘玉忠.满族传统医药的传承与应用［J］.满族研究，2009（2）.

山上称得上“一屁股坐得着三棵药”，不仅品种多，而且蕴藏量大，主要野生药材有猪苓、党参、苦草、益母、龙胆、牡丹皮、乌头、贝母、虫草、重楼、知母、天麻、当归、茯苓、三七、铜皮等。水沟洼村满族一般人家都懂得按摩、用铜钱刮痧、扎针放血和采集一般草药治病的方法。其药剂多为鲜用，采回来后捣碎，取其汁液加第二次淘米水喝下。如需去火，可加白糖，也有采取煨服的。水沟洼村的满族中有几个专业医生，如柳坝的黄加康、平安寨的黄加贺等。他们还将药物晒干碾成粉，或经过煎煮浓缩，提取药物精华。满族医疗方法有传统的望、闻、问、切，其中切脉的技术一般都较高，医疗采取内服外敷相结合。高发元、冯良方主编，满族调查组编写。昆明：云南大学出版社 2001 年 4 月第 1 版，铅印本，共 208 页，176 千字。

1138《中国少数民族现状与发展调查研究丛书 · 满族卷》

满族综合文献，978-7-105-09311-3，D633.3：D633.321。该书由“综合篇”“典型篇”“专题篇”三部分组成，较为全面、客观地反映了新宾满族自治县政治、经济、文化、教育和社会各方面的现状及发展趋势。郝时远、任一飞、何晓芳等撰。北京：民族出版社 2008 年第 1 版，纸质铅印本，共 351 页。

（十八）佤族（云南特有少数民族）医药及文献

佤族是云南省特有民族。我国佤族总人口 42.9 万，居于云南的有 40 万（2010 年），主要居住于云南西南部的沧源、西盟、孟连、耿马、澜沧、双江等地。佤语属南亚语系孟高棉语族佤德语支。佤族医药即佤族传统医药。佤族居住的地区属于亚热带和热带低纬气候区，过去曾经是瘟疫的流行区，是疟疾、天花、霍乱、痢疾、肝炎、流脑、肺结核等疾病的高发区。过去由于交通闭塞，经济较为落后，新中国成立前，中、西医基本没有传入该地区，佤族只有利用当地的医药资源防病治病，民众主要依靠本民族的医药和一些简单而有效的治疗方法与疾病作斗争，基本处于无现代医药技术的阶段，也因此积累了丰富的医药知识和经验。在医学行为的实践中，他们逐渐形成了对动物、植物、矿物药用价值的认识，并进行有目的的利用，一些简单原始的医疗手段也随之产生。

新中国成立后，我国的医药卫生状况得到改善，同时对民族民间医药予以关注，对民族医生进行培养，举办了民族医培训班，佤族医生的医疗技术也因此得到提高，佤族地区的医疗卫生事业得到较快发展。1977 年，李振先、王国俊推荐了 71 种佤药到《中国民族药志》，并被收录了 23 种。1978 至 1985 年，临沧市卫生局组织在沧源等 10 多个佤族聚居地对佤族药物进行调查，共采集佤族药物标本 260 种，其中植物来源清楚，功效、主治基本确切的有 84 种，编入《佤族中草药选》的单验方有 370 多个，推荐录入《中国民族药志》的有 26 种。

从1982年开始，中国医学科学院药用植物资源开发研究所云南分所对中国佤族医药进行较为系统的调查、收集和整理研究，与云南民族学院共同收集佤族医药临床经验并编写了《中国佤族医药》(全4册)，其中1—3册收载植物药、动物药、矿物药物共300余种，第4册收载佤族医药民间单方、验方270余个，对佤族医药的诊断方法、常用疗法做了较为系统的收集、整理和介绍。1990年至1992年，云南民族出版社陆续出版了《中国佤族医药》1—3册，首次用佤文、汉文对照记载中国佤族医药，填补了佤族医药的空白，结束了千百年来佤族医药仅有口述资料流传、散于民间的历史。《中国佤族医药》第4册于1997年6月完成编写并正式出版，对佤族的民间验方、单方进行了较为系统的整理。此外，沧源佤族自治县佤族医药研究所刘宝林等在沧源县境内能收集得到的、佤族民间医生常用的植物药进行整理研究。1992年，佤族医药的专门研究机构“佤医佤药研究所”在沧源佤族自治县成立，为佤族医药研究工作的开展搭建了一个良好的平台，收集了部分佤族民间单方和验方，为佤族医药的经验整理和应用做了一些基础性的研究工作。研究所附设门诊部，在开展佤族医药的临床医疗服务的同时，在实践中整理、验证和积累佤族医药的临床经验。沧源县人民医院还设立了民族医药科，为佤族医药的临床推广应用发挥了积极的作用。2011年6月编撰出版的《佤族民间常用植物药》(云南民族出版社出版)共收载药物188种，对每一味药物从佤名、别名、来源、用药历史、生长环境、药用部位及采集、性味、功效、主治、用法、选方几个方面进行描述，语言简明通俗、内容丰富而真实，并附有每味药物的彩色图片。2011年，王志红主编的《云南佤族医药》由中国中医药出版社正式出版，作者通过广泛搜索文献资料，特别是对佤族地区(重点是中国仅有的两个佤族自治县沧源佤族自治县、西盟佤族自治县)和实地调研收集得到佤族民间单、验方777首。该书详细记载了这777首单验方的来源、药物组成和剂量、用法、功用、主治。在此基础上，该书还对收集到的佤族医疗经验进行分类整理、统计分析，初步总结了佤族医药的临床用药特点、组方用药规律、常用药物的应用特点，探索了佤族民间医生对临床常见疾病的治疗经验和用药规律。该书对佤族民间医药的收集较为广泛和全面，并进行了科学的统计分析，探索其治病用药的规律，使佤族民间医药的研究提升到了一个新的层次和高度①。

由于历史的原因，佤族的经济、文化长期处于落后状态，又由于佤族过去没有文字，靠刻木记事、结绳记数等方式来传递信息，直到1957年才有自己的文字。佤族文字起步较晚，制约了佤文图书的出版。近几十年来，出版了140多个品种的佤文图书，涉及的内容较为广泛，有政治方面的，比如重要文件、有关国家和地方的法律法规；有

① 王志红，郑进，谢薇，何丹．佤族医药的现状考察及发展思考［J］．云南中医学院学报，2006(5)．

科普知识、对传统民族文化的整理。由汉文转译为佤文的图书，如《疟蚊与疟疾》《彻底消灭口蹄疫》《从这里开始——迎接艾滋病挑战》《艾滋病防治》等卫生保健方面的科普读物，内容不属于佤族医药，故本课题不作采集。目前，佤文出版的佤族医药著作有《中国佤族医药》（一至四册，郭绍荣、段桦、郭大昌等编，陈学明、郭大昌等译，1990年起陆续出版）等。

课题组收集到的佤族医药文献书目信息如下：

1139《民族医药抢救性发掘整理——佤族医药简介》

佤族医药专著，978-7-515-20558-8。该书为民族医药专著，主要介绍佤族基本状况，佤族医药发展沿革，佤族医药理论及传承方式，佤族对于疾病的防治和养生保健的认识，佤族常用药物，佤族医药起源与发展，佤族医药理论和民间单方、验方，以及佤族民间医状况等内容。邓泽等主编。北京：中医古籍出版社 2014 年 6 月第 1 版，铅印本，共 130 页，106 千字，有插图。

1140《云南佤族医药》

佤族医药专著，978-7-5132-0586-3，R295.5。该书收录了许多佤族民间的常用单、验方，并分析和总结了佤族医药中的用药特点和组方规律，同时将佤族医药中的医疗经验进行了初步总结。该书共分七部分，即发展现状、组方用药规律、常用药物应用特点、佤山遗方、临床常见疾病的治疗经验和用药规律、诊断方法。王志红主编，郑进、冯德强、刘宝林编。北京：中国中医药出版社 2011 年 1 月第 1 版，铅印本，共 269 页，187 千字，有插图。

1141《中国佤族医药》（第 1、2、3、4 册） si ndah ba rāog joung gox

佤族医药专著，7-5367-0261-2；7-5367-0597-2；7-5367-1375-4，R295.5/1，正文为汉文、佤文。该书共 4 册，第 1、2 册为植物药，第 3 册为动物药、矿物药，第 4 册为佤族医药方剂选。第 1 册书共收载药用植物 100 种。郭绍荣主编，段桦、郭大昌、陈学明、童江红编译。昆明：云南民族出版社 1990 年第 1 版，铅印本，230 千字，有插图。

1142《佤族民间常用植物药》 si ndah rib ndaing siao gon ba rāog

佤族综合文献，978-7-5367-4982-5，正文为汉文、佤文。该书介绍了七叶一枝花、通光散、刀壳树、灯台树、三丫苦、小红参等佤族民间常用植物药，反映了佤族传统医药的用药经验和特点。刘宝林、田秀兰主编，沧源佤族自治县佤医佤药研究所编写。昆明：云南民族出版社 2011 年 6 月第 1 版，铅印本，共 189 页，100 千字，有插图。

1143《国家民委民族问题五种丛书·中国少数民族简史丛书（修订本）——佤族简史》

佤族综合文献，978-7-105-08705-1，K285.5/2。该书的编写以历史唯物主义、马克思主义民族理论以及党和国家的民族政策为指导，立足于当前我国改革开放的实践，特别是近年来民族地区政治、经济、文化和社会发展的新形势，充分吸收借鉴了20余年来国内外的相关研究成果，客观准确、简明扼要地阐述了我国佤族这一少数民族的历史发展进程，反映了佤族近50年的发展概貌和成就，集思想性、科学性和资料性于一体。随着改革开放和中国特色社会主义现代化建设事业的不断前进，如今佤族经济发展，社会进步，取得了显著成绩，发生了沧桑巨变。为反映中华人民共和国成立，特别是改革开放以来我国佤族社会蓬勃发展的历史风貌，根据国家民委的部署，西南民族大学组织和实施了这次修订《佤族简史》的工作。该书的修订是国家民委重点项目，参加本次修订工作的人员有田继周（中国社会科学院民族学与人类学研究所研究员）、罗之基（中国社会科学院民族学与人类学研究所研究员）、徐学初（西南民族大学副教授）、张立辉（西南民族大学副研究员）。此外，云南省民委办公室主任刘继红先生、云南民族大学郭锐博士（佤族）等人，也参与了本次部分修订工作。第172—174页，医疗卫生事业的继续进步。徐学初主编，张立辉、田继周、罗之基、刘继红编，《佤族简史》编写组编写。北京：民族出版社2008年6月第1版，铅印本，共221页，190千字。

（十九）阿昌族（云南特有少数民族）医药及文献

我国的阿昌族总人口为3.9万人（2010年），居住于云南省的有3.8万人，主要分布在德宏、保山、大理3个州市的芒市、瑞丽、陇川、盈江、梁河、腾冲、龙陵、云龙等8个县（市）。阿昌族在历史上是一个由我国西北向西南不断迁徙的民族，最远的一支进入缅甸境内，形成今天阿昌族跨境而居的格局。

阿昌语属汉藏语系藏缅语族。阿昌族一般兼通汉语、傣语，使用汉字。

依据现有古代文献分析和调查，阿昌族医药至少在唐朝前后就已经出现了，并一直延续至今。清人董善庆的《云龙记往》记载，公元6至7世纪之间，阿昌族部落酋长早概成为云龙地区各部落的首领。早概始传至元末间，阿昌族信仰的原始宗教初步形成。唐朝前后，阿昌族先民万物有灵的认识观已经萌发，阿昌族先民已经对疾病种类和病因形成粗浅认识，如认为被谷神咬眼睛会疼等。《云龙记往》记载，“(早）概十余世……（云龙）多出芦子，商知而采之”。这一记载说明阿昌族在唐朝前后已经有了药材交易。《云龙州志》（雍正本）卷五记载：“凡病者，酬神必宰猪羊，备烧酒纸锭，延巫曰香童者数人，歌舞以乐神。”《云龙州志》（雍正本）卷七记载：“药之属十四：‘大黄、黄芩、黄柏、小黄连、茯苓、黄精、柴胡、何首乌、蓬术、金银花、葛根、香附、枸杞、五倍子’。香之属五：‘木檀香、降真香、桂皮香、青香’。”以上记载表明，明清时期阿昌族生病时主要是依靠祭祀活动，同时使用药材治疗疾病。现今，云龙县漕涧镇有传承关系明晰的五代阿昌族民间医，其诊疗活动可上溯至百年前，现仍然有10余人在从事民间医疗活动。

云龙县漕涧镇的阿昌族民间医对疾病的诊断都传承了祖辈“五观”“四柱脉”的方法。其中，“五观”是观其面色，面色分为青、黄、白、赤、黑。面青，病情可能与肺、胃有关；面黄，病情可能与肝、胆有关；面白，病情可能与妇科流血、肾衰竭有关；面赤，病情可能与脾、胃、肾虚有关；面黑，病情可能与肝有关。“四柱脉”为四肢脉。上肢，病人掌心向上，医生用双手的食指、中指、无名指从病人手外侧摸腕关节旁的脉，食指把寸脉，管头部；中指把关脉，管中部；无名指把尺脉，管下部。下肢，医生用双手食指把脚面上的天平脉，天平脉的位置在踝关节旁脚背中间处，管下盘，腰及以下为下盘。“四柱脉”就像周身四条河，四条河畅通，人体就正常。颈动脉、手动脉、脚动脉三个部位的三道脉代表人体的循环系统，哪里堵就表示哪里有病。左手脉弱提示脑供血不足，而右手脉弱提示心脏供血不足。颈动脉、手动脉、脚动脉三个部位脉搏跳动协调，说明身体的气和血运行正常。他们还认为，人体肾脏为大，心脏第二；肝肺有病难治；头昏、头晕病根在肾脏等。

阿昌族民间医擅长治疗的疾病主要有骨伤、跌打、妇科、肾病、心脏病、糖尿病、泌尿系结石、关节炎、胆囊炎、胃痛、骨质增生等病种；常用药材约300种，自采约100种，收购200余种，特有药材50种。阿昌族民间医除用单方、验方、秘方治病外，还兼施放血疗法（又叫“放毒”）、活袍气功、药浴、揪或刮疗法、刮疗、拔火罐等[①]。

课题组收集的阿昌族医药文献有：

1144《民族医药抢救性发掘整理——阿昌族医药简介》

阿昌族医药专著，978-7-515-20555-7。该书主要介绍阿昌族基本状况，阿昌族医药发展沿革，阿昌族医药理论及传承方式，阿昌族对于疾病的防治和养生保健的认识，阿昌族常用药物，阿昌族医药起源与发展，阿昌族医药理论和民间单方、验方以及阿昌族民间医状况等内容。陆宇慧等主编。北京：中医古籍出版社2014年6月第1版，铅印本，共150页，133千字，有插图。

① 赵景云，马克坚，陆宇惠，和丽生．阿昌族传统医药传承现状调查［J］．云南中医学院学报，2014（4）．

1145《国家民委民族问题五种丛书——阿昌族社会历史调查》

阿昌族综合文献，统一书号：11184.10，K286.2。该书主要内容包括户腊撒阿昌族社会经济调查、梁河县丙盖乡芒展村阿昌族社会历史调查、潞西县（今潞西市）高埂田乡阿昌族社会历史调查、潞西县高埂田乡阿昌族社会历史概况。“民族问题五种丛书”云南省编辑委员会编写。昆明：云南民族出版社1983年出版，共203页。

1146《云南民族文化大观丛书——阿昌族文化大观》

阿昌族综合文献，7-5367-1846-2，K286.2。第127页，巫医术，约400字。格桑顿珠、曹先强主编，马化清、高广、段金录、袁晓林编，云南省民族事务委员会编写。昆明：云南民族出版社1999年9月第1版，铅印本，共312页，250千字，有插图。

1147《德宏傣族景颇族自治州五种世居少数民族发展变迁史料丛书——梁河阿昌族今昔》

阿昌族综合文献，7-5367-2526-4，K286.2/3。该书通过广博翔实的数据实例，介绍了梁河阿昌族的历史变迁，逐一介绍了古老的历史、政治上的解放、经济上的巨大进步及宗教信仰、民族习俗等。第136—137页，民族民间医药，约1000字。段一全主编，杨叶生、赵家富、赵家斌、蔺江编，中国人民政治协商会议梁河县委员会编写。昆明：云南民族出版社2003年2月第1版，铅印本，共397页，310千字，有插图，覆膜。

（二十）布依族医药及文献

我国的布依族总人口为287万人（2010年），云南省有布依族5.8万人，主要聚居在曲靖市罗平、富源、师宗等县。布依语属汉藏语系壮侗语族壮傣语支，与壮语有密切的亲属关系。

史籍载，布依族的先民是古代百越族群系统中的骆越支系的居民，新中国成立后统一名为布依族。布依族医药历史悠久，民间医药十分丰富，历史上虽然没有本民族文字记载的医药专著，但在民间有传记或族系传承。

布依族民间医药随着社会经济的发展而发展，一些确有疗效的民间方药通过实验和临床验证，被开发成不少治疗用药和保健用药，如龙华清肝冲剂、肿痒宁、益肝草袋泡剂、益丝春乳剂等，它们使传统的布依族民间医药走出山寨，产生了很好的社会和经济效益[①]。

布依族民间医药是布依族人民在长期的生产、生活、医疗用药实践中总结的经验，它有一定的医药理论基础。布依医认为危害人们身体健康的因素很多，但主要是气候环

① 韦明勤，吴家其，云雪林，胡成刚，陈德媛．布依族民间医药概述［J］．中国民族医药杂志，1997（3）．

境（如黔西南、黔南地区气候炎热多雨，过去疟疾、脑炎等疾病常流行）、饮食及意外伤害三种因素。疾病的种类虽然很多，但归纳起来不外乎热性病和寒性病两大类病症，所以诊病时要辨其寒热，用药也分凉性药与热性药两大类，即用凉性药清其热，用热性药散其寒[①]。

布依医诊断疾病的方法较多，主要有问诊、望诊、切诊、摸诊，另外部分地区还有刮诊、滚蛋诊、吹米诊、搽药水诊等。①问诊：首先要问清病因，然后问发病的时间、患病部位、二便情况以及病情的变化等，以了解病人的整个病情。②望诊：望病人的体态，望病人的面色，望病人的舌苔，望病人的指甲，对于小儿患者还要望指纹颜色来诊断寒热、轻重及有无疳积，望眼睑，望口唇的颜色，等等。③切诊：又曰诊脉。有的布依医认为人有经气脉，这类脉在体内自然存在，互相不能碰撞，若碰撞就表示体内有病。经气脉能随血液在人体内循环。脉分三步脉及五步脉。切脉部位有手腕部、手肘背部、足背部，常用的部位是手腕部。有的布依医切脉时不需病人主诉，而是凭脉象判断病情。若脉象呈细、沉，弱状态，则属寒性病；反之脉象呈洪、大、滑状态，则属热性病。④摸诊：摸诊的部位主要有手心、手背、额部及病灶所在部位。若病人的手及额热烫，属急性病；反之，手冷、凉，属慢性病。⑤滚蛋诊：其法是将一个鲜鸡蛋对准病人的口，令病人吹三口气，再用诊蛋滚全身，蛋黄中出现隐隐红色，表示患者热重病危；遇风后尽黑色，表示病情加重。⑥吹米诊：其法是盛米一碗，令病人对着米吹三口气，若米立着的多，表示患者病轻、寿长；若米卧着的多，表示患者病重难治。⑦擦药水诊：此诊法多用于跌打损伤的患者。其法是医师用自制的药水擦于患者的伤痛处，若痛处出现红斑或乌黑斑点，表示该部位为病灶所在处，亦可表示伤痛的轻重程度[②]。

布依族对人体疾病的分类和命名既有传统的方法，又有部分现代医学的病名术语。传统的分类命名法是将人体疾病归纳为108症、72惊风、6疔、6癀，具体每个症的名称、症状及治法一般讲述不甚完全，多数民间医只能讲清楚几十症及治法。如6疔分飞疔、乌疔、天门疔、脉门疔、地门疔等；6癀有串皮癀、走油癀、巴骨癀、锁喉癀等；还有各种痧症（如热痧、冷痧、羊毛痧、舌痧、绞肠痧等），中医常用的不少症名布依医也常用。较年轻的布依医常用现代医学上的病名，如胃炎、肠炎、肝炎、胆囊炎、痢疾、肺结核等[③]。

---

① 韦明勤，吴家其，云雪林，胡成刚，陈德媛．布依族民间医药概述［J］．中国民族医药杂志，1997（3）．

② 韦明勤，吴家其，云雪林，胡成刚，陈德媛．布依族民间医药概述［J］．中国民族医药杂志，1997（3）．

③ 韦明勤，吴家其，云雪林，胡成刚，陈德媛．布依族民间医药概述［J］．中国民族医药杂志，1997（3）．

布依族民间医治疗疾病的方法在临床上分为内治与外治。内治法多采用民间单、验方，以草药煎水、泡酒或炖服，外治法常用的有以草药捣烂外敷，磨汁外搽以及用针灸、拔罐、针挑、刮痧、打火针、放血、爆灯火、推拿、按摩、结扎等方法。也有少数民间医同时采用现代医学的某些手段以达到治疗的目的[①]。

布依族民间药物资源丰富，种类繁多，常用药近 200 种。无论是在省城还是在县市赶场天设摊，肩执卖草药的布依人均不少，所出售的草药既有常见的如地星宿（天胡荽）、头晕药（蓝布正）、客妈兜（车前草）、大小血藤、虎耳草、须须药（海金沙）、岩白菜（牛耳朵）、岩豇豆（石吊兰）、八爪金等，也有少见的如三叶青、八角莲、竹节人参、蛇莲、和气草（一种兰科植物）、一支箭等。布依族传统的用药方式多为鲜药，很少炮制，只有为了方便外出行医或批量售药才将药物加工成饮片药，因而无统一的标准，多凭经验取量。布依族将药物的药性分为寒、热、甘、苦，有毒或无毒，用药亦注重禁忌及某些食物禁忌。布依药有自己的民族药名，其名称是根据药物的功效、类别、性状、药用部位、生境习性等特征命名的。现今多数布依医对于同一种药物不仅使用本民族语称谓，还能用汉语给予命名，从而方便了民族之间的交流应用[②]。

大约 80% 的布依族聚居于贵州省，尤以黔南、黔西南两个自治州最为集中。布依族是喜山爱水的民族，布依族村寨多依山傍水而建。布依族喜欢聚族而居，有本民族的语言，因而形成了丰富多彩的民族传统和独具特色的本民族医药。

课题组整理的布依族文献有：

1148《布依族医药》

布依族医药专著，7-5412-1120-6，R296.8，正文为汉文、布依文。该书对布依族医药进行了概述，全书分为医史、基础理论和治疗方法、药物、单验方四部分。潘炉台主编，赵俊华、张景梅编，贵阳中医学院等编写。贵阳：贵州民族出版社 2003 年 7 月第 1 版，铅印本，共 718 页，600 千字。

1149《中国少数民族简史丛书（修订本）——布依族简史》

布依族综合文献，978-7-105-08700-6，K286.8/1。国家民委“民族问题五种丛书”之二——“中国少数民族简史丛书”，共计 55 本，于 20 世纪 80 年代陆续出版。该丛书记述了 1949 年中华人民共和国成立以前中国各少数民族的历史发展进程，出版后受到

① 韦明勤，吴家其，云雪林，胡成刚，陈德媛. 布依族民间医药概述［J］. 中国民族医药杂志，1997（3）.

② 韦明勤，吴家其，云雪林，胡成刚，陈德媛. 布依族民间医药概述［J］. 中国民族医药杂志，1997（3）.

广泛关注和好评。第 201—202 页，卫生事业逐年发展。李庆福主编，许宪隆编，《布依族简史》编写组编写。北京：民族出版社 2008 年 4 月第 1 版，铅印本，共 282 页，240 千字。

1150《西南边疆民族研究书系·云南民族村寨调查：布依族——罗平鲁布革乡多依村》

布依族综合文献，7-81068-240-7，K286.8。该书运用多学科结合的方法，从多渠道了解多依村布依族在改革开放 20 年中社会、经济、旅游资源、风俗习惯、生态环境等方面的巨大变化。杨南丽主编，布依族调查组编写。昆明：云南大学出版社 2001 年出版，纸质，铅印本，共 158 页，有插图。

1151《布依族研究资料目录》

布依族检索工具，7-80060-242-7，K286.8-63。该书是一部有关布依族文献的索引，力图全面反映布依族、布依族地区的过去和现在。贾忠匀主编。北京：学苑出版社 1988 年 10 月出版，共 297 页。

（二十一）基诺族（云南特有少数民族）医药及文献

基诺族是一个古老的土著民族，全国基诺族总人口为 2.3 万人，居住在云南的有 2.2 万人（2010 年），主要聚居在西双版纳的基诺山，广及四邻的勐旺乡、勐养镇、勐罕镇、勐腊县。当地为热带、亚热带地区，气候潮湿多雨，是疟疾、瘟疫、流行性脑膜炎、肺结核、痢疾以及风湿性关节炎等疾病的多发地区。基诺族由于长期与外界相隔绝，主要利用当地的药物资源防治疾病，积累了丰富的用药知识和医疗经验，但未能形成系统的理论体系。基诺语属汉藏语系藏缅语族彝语支。基诺族没有文字，他们大多使用汉字。由于基诺族没有自己的文字，基诺族“雌师”（民间医生）都是通过口传心授、世代沿袭获得民族医药知识的。

基诺族医学对病因、病理有明确的解释，有独特的诊断、辨病方法，认为疾病的产生是“内因”和“外因”作用的结果，诊断疾病有“三诊法”，即口问、眼望、手摸。其中“眼望法”又分“三看”，即看面色、看指甲、看二便。基诺族医依据“三诊”所得的资料分析和诊断疾病。治疗方法除了内服药物外，还有按摩疗法、火罐疗法、刮痧疗法、放血疗法、叩击疗法以及精神疗法等。

基诺族用药的特点，一是内病外治，如对于疟疾患者多采用外包法治疗，采集新鲜药物捣烂外包左手腕部、右脚踝部，发热时冷包，未发热时炒热外包。二是多用鲜药，现采现用，植物药多用叶、枝、根或全草，很少用果实，如砂仁也是用根茎而不用果实。他们认为药物的成分会随一天的变化而改变，早上地气上升，药力随之上升而多在枝叶中；中午及下午乃至晚上，地气回落，药力亦随之下降至茎、根。因此，他们一般上午采集枝叶，中午采集茎秆，下午至晚上采集根部。基诺族医药的组方原则是，根据疾病的性质和药物的性味功能组成专病专方，如寒病用热药、热病用寒药、虚病用补药。除单方外，方中药物均按主药、辅药、引药的结构配伍。

基诺族地区雨量充沛，土壤肥沃，自然环境优越，药用资源丰富，有700余种药物（包括植物药、动物药及部分矿物药），既是全国产量最高的砂仁生产基地，还是抗癌植物美登木、麻醉药用植物锡生藤和多种名贵药材的天然宝库。2001年出版的《基诺族医药》一书收载了基诺族常用药319种（含植物药292种、动物药24种、矿物药3种），单验方251个。

课题组收集到的基诺族医药文献有：

1152《基诺族医药》

基诺族医药专著，7-5416-1328-2，R297.81。该书分为上、中、下三篇，上篇为基诺族医，中篇为基诺族常用药，下篇为常用方剂，共收载基诺族常用药物319种，常用方剂248个，并附药物墨线形态图303幅。杨世林主编，郭绍荣、郑品昌、李学兰、段桦编。昆明：云南科技出版社2001年11月第1版，铅印本，351页，850千字，有插图，覆膜。

1153《中国少数民族简史丛书（修订本）——基诺族简史》

基诺族综合文献，978-7-105-08699-3，K287.8/4。"民族问题五种丛书"共计402本，1亿多字。该项目自1958年启动至1991年基本完成，历时30多年，涉及全国19个省、区、市及中央有关单位400多个编写组，1760多人参与，分别由全国30多家出版社参与出版。纵观历史，像这样全面系统地调查研究、编辑出版介绍各个少数民族的丛书在中国前所未有；横看世界，像这样由政府部门组织为国内各少数民族著书立说实属罕见。第108页，现代医疗卫生事业的建立；第137—138页，医疗卫生事业的发展。张世均主编，杜玉亭、白珍编，《基诺族简史》编写组编写。北京：民族出版社2008年4月第1版，铅印本，共164页，140千字。

1154《西南边疆民族研究书系·云南民族村寨调查：基诺族——景洪基诺山基诺族乡》

基诺族综合文献，7-81068-240-7，K287.8。该书从民族政治、民族经济、民族文化、民族教育、民族人口、民族科技等10个方面完整地反映了基诺族生活的变化与发展。高发元、张锡盛主编，基诺族调查组编写。昆明：云南大学出版社2001年4月第1版，铅印本，共278页，228千字。

1155《云南民族文化大观丛书——基诺族文化大观》

基诺族综合文献，7-5367-1840-3，K287.8/1。在基诺族的生活中，辣椒、姜、蒜、葱、芫荽、香茅草、荆芥、香椿、大薄荷、野八角、野花椒、麻根等佐料的消耗较大，因此他们一般在房前屋后或村边地脚围一小块园圃地，种上这些佐料。这种对辛辣食品的偏爱，与其所处环境的气候有较大的关系。一方面这些佐料可使食物更加入味，也能帮助消化；另一方面还有杀菌解毒的功效。例如，用萝芙木、山登花煎水吃治感冒；用麻梨嘎叶和红糖、胡椒煨水止泻；用马鞭草、蒿子和淘米水煎服通小便；用野八角嚼碎敷在肚脐上治肚子痛……他们还知道用松明子削成碎屑放在竹筒内烧着后拔火罐，用美登木的叶子煮水吃防癌症，用野生砂仁的鲜果泡酒吃或炖肉吃消食调气。第251—255页，第二节医药卫生。格桑顿珠、刘怡主编，马化清、高广、段金录、袁晓林编，云南省民族事务委员会编写。昆明：云南民族出版社1999年9月第1版，铅印本，共285页，220千字，有插图。

（二十二）水族医药文化及文献

水族，自称“睢（suǐ）”，水族总人口数为41.1万人（2010年），云南省有水族8834人。水族有本民族的语言和传统文字。水语属汉藏语系壮侗语族侗水（侗台）语支，水族古文字体系保留着图画文字、象形文字、抽象文字兼容的特色。水书是夏商文化的孑遗，属水族的精神支柱。

水族主要聚居在贵州省黔南州的三都县及与三都县毗邻的荔波县、独山县和黔东南州的榕江县、丹寨县等地。其中以三都县最为集中，三都县是全国唯一的水族自治县。云南也有水族居住，主要分布在富源县。在水族聚居区，还住有汉族、苗族、布依族、侗族、瑶族等民族。

水族已有3000余年的历史，水族人民在与疾病作斗争、保障人民身体健康的历史过程中，形成了具有自己民族特色的理疗理论和治疗疾病的手段和方法。

水族源于古代百越族系，是由其中的骆越一支发展演变而来的。唐代以来，水族就世居在这块地方，是当地土著民族之一，与布依族的源族相近。水族的名称最早出现在明朝末年的文献中。水族曾被统称为“百越”“僚”“苗”“蛮”等，直到清代中叶之后才有所区别，改称为“水家苗”“水家”。1956年，确定称其为“水族”。

水族是信鬼神的民族，他们把所有疾病的产生归结于鬼怪作祟，因而水族医药长期处在巫医一家的状态中。巫医看病总是占卜与治疗兼施，从而形成“巫医结合，神药两解”的局面。在巫医盛行时，医术总是巫术的附属物。至今，个别人上山采药，为病人治病还要搞一些軅祝活动，可见巫术影响之深远。这既是水族医药发展的一大障碍，也是水族医药发展长期停滞不前的重要原因。

在传统的节日里，水族要打扫室内外环境卫生，他们认为清洁是崇高美好的象征，而肮脏是邪恶丑陋的象征，是鬼怪喜居之地，是招来鬼怪的根源，会使人生病。由此可以看出，水族人民的这种卫生习惯，起源于古朴的巫术信仰。随着社会的发展，科学卫生知识的普及与提高，水族人民讲求环境卫生成为一种预防疾病的良好习惯。

历史上，水族人民相对独立地进行适应自然、改造自然的活动，与各种疾病进行抗争。水族和其他少数民族一样，都是最先以“织绩木皮，染以草实，好五色衣服”，这是人类本能的最起码的需要。水族医药以草木和矿物质为主，水族会利用木皮来织绩衣服，以草实来染五色，所以，他们同样也会拿来“食”，拿来“敷”，拿来“洗”，拿来“擦”，这是水族先民最早用药的初步研究。从历史的发展长河中考察，水族人民在长期的生活实践中，对所处的自然环境有着自己的认知和领悟，在不断开发生产和生活资源的同时也创造了带有浓郁特点的水族医药文化。水族医药在形成和发展过程中，不断吸取其他民族思想文化的知识成果，与古代的多种文化形态发生碰撞，彼此交融渗透，互为影响，最终成为独具特色而又有突出优势的传统水族医药文化[①]。

水族自古以来就是一个笃信鬼神的民族，水族人民信仰多神、万物有灵的原始宗教，崇拜自然物。清末时天主教传入水族地区，因而有少数人信奉天主教，认为神灵主宰了一切。水族现存最早的古篮书《水书》记载，凡遇事必先求助于神，包括疾病、自然现象、灾难等。所以，水族医药的起源，也不可避免地染上了巫医的色彩，把所有疾病产生的原因归于鬼怪作祟。

虽然水族医药源于巫医结合，但在实践中，水族人民逐渐认识了疾病，找到治疗疾病的方法。水族民间医生往往根据病人的症状，结合个人经验，去寻找所需要的医药（包括动物药、植物药和矿物药）为病人治病，问病发药是水族民间医生诊疗的主要传统模式。水族医对病因的认识是很纯朴的，他们认为环境卫生、气候、病从口入、过度劳累、房事不节以及意外伤害等六个方面均可致病。水族对于疾病的命名则更为简单，什么样的疾病叫什么样的病名，这对他们来讲并不重要，而对出现什么样的症状，该用什么样的药，才是最主要的。根据这一原则，按疾病的主要症状来命名成为其疾病命名的主要特点[②]。

水族先民在用草药治疗疾病的同时，还受原始“神灵”“鬼魂”观念和宗教信仰思想的影响。历史上，水族医药与其他兄弟民族医药一样经历了原始本能医学、医巫结合、以医药为主导地位的历史发展过程。

---

① 韦正初，韦宗元．水族医药的研究和发展［J］．中国民族医药杂志，2010（12）．

② 韦正初，韦宗元．水族医药的研究和发展［J］．中国民族医药杂志，2010（12）．

因此，人们会简单地认为水医就是单纯的巫术。实际上，当时的巫医也认识到医药的作用，在用巫术治病的同时，也用药物来治疗，并积累了丰富的医药经验。

水族医药泛指具有水族文化背景，用于预防、治疗、保健和康复的一门自然科学，是在特定的自然环境条件和历史文化背景下与自然界相互作用的产物。水族医药的起源、形成和发展与水族文化、信仰、环境、生态密切相关。水族医药具有鲜明的继承性和地域性。它是水族先民在其生存环境中，与疾病作斗争所产生和形成的医药理论知识、技术技能与物质世代积累的总和，是水族人民数千年来传承至今的宝贵文化财富，是中国传统医药的重要组成部分，具有突出的传承性、民族性和地域性[①]。

水族有自己的语言、文字和历法，属汉藏语系壮侗语族，水族的文字被称为“水书”或“水文”，即水家的文字或水家的书，是一种古老的文字符号。现存的水书仅有200余字，形体类似甲骨文或金文。水书因文字较少，还不能作为人们交流思想、记录医疗实践的工具，但其所记载的干支、五行、星相、方位、吉凶对水族人民的人生观和认识论有着深刻和深远的影响。水书记载了水族的古代天文、地理、宗教、民俗、伦理、哲学、美学、法学等文化信息，多在宗教活动中使用，被誉为象形文字的“活化石”。水书造字方法有象形、会意、谐音和假借，通用单词100多个，水书古文字2000多个，现在则通用水语和汉文。其中，水药水语被称为“哈睢”。由于水书主要靠手抄、口传，流失比较严重。对此，近些年来进行了大量的征集和抢救工作[②]。

由于水族文字大多在天文、地理和宗教活动中使用，水族对自己亲手创造的医药文化的起源、特征及演变过程等，未能作出系统的理论解释，故水族医药没有专门的典籍。清朝时期的水族现存的最早的古篮书《水书》记载，水族凡遇事必先求助于神。水族医药最早源于医巫结合，“医巫一家，神药两解”是水族先民通用的诊疗方法。这些十分粗略的记载，对于内涵丰富的水族医药来说虽是风毛麟角，但仍可从中了解到源远流长的水族医药史。水族先民长期以来，依深山而居，交通不便，生产技术落后，生活条件艰苦，采用刀耕火种，以“善识草药，取之疗人疾，辄效”；“耕作之暇，入山采药，沿寨行医”，为老百姓看病就医。这是水族先民长期以来利用草药治疗各种病痛的丰富经验。直到现代，水族医药还留存在水族民间，它是水族人民最宝贵的物质文化财富，故非常值得研究和开发[③]。

新中国成立以来，各级政府大力提倡发展民族医药，水族医药同其他民族医药一样，在各级党委、政府的高度重视下，已被提高到了重要议事日程进行研究、开发利用

---

① 韦正初，韦宗元．水族医药的研究和发展［J］．中国民族医药杂志，2010（12）．

② 韦正初，韦宗元．水族医药的研究和发展［J］．中国民族医药杂志，2010（12）．

③ 韦正初，韦宗元．水族医药的研究和发展［J］．中国民族医药杂志，2010（12）．

和保护。虽然在抢救水书的基础上，经过近十年来的研究、开发利用和保护工作取得了一定的成绩，但仍有许多水书还没有得到具体的研究开发和利用。一是因为水族分布较广，地域的差异造成了一定程度的水族医药经验和思想理论的不同，不同的经验和理论各具特色，在诊断治疗以及组方用药方面也有差异。二是由于水族医药无文字记载，水族医药主要保留在水族民间老医生的脑子里，靠口手"单线"传承的方式世代传承。这种传承方式极易造成水族医药经验的丢失。目前，水族民间尚健在的年龄在 70 岁以上的知名水族民间老医生已为数不多，又因受传统观念、市场经济、社会偏见等因素的影响，以及保护传承机制缺乏，后继乏人的现象极其严重。加之受现代医学的冲击，水族医药临床应用空间缩小，以致许多水族医药经验随着水族老医生的自然减员而丢失，文物因不被重视而遭到遗弃。尽管长期以来民族医药有中医政策给予的有力支持，但因对整体民族医药的保护与传承工作缺乏全面的规划和实施步骤，重药弃医现象仍然没有转变；又由于无序的灭绝性的采集，水族医药资源受到严重破坏，危在旦夕，如再不加以重视，水族医药可能会完全丢失①。

在这样的背景下，《三都水族自治县条例》明文规定：自治县的自治机关重视民族传统医药的发掘、整理和利用，鼓励民族民间医生合法行医，禁止生产和销售假药、劣药，取缔非法行医。同时，先后出版了《水族医药》《中国水族医药宝典》等重要论著。其中，《水族医药》系统地收集整理了水族药物 182 种，单验方 395 个，内容包括水族医药简史、水族医药基本理论和治疗方法、水族药物、水族单验方选 4 个部分，较全面地反映了水族民族医药状况，填补了水族医药无文字记载的空白，对继承发掘民族文化，开发利用水族医药资源具有重要意义。由此，标志着水族医药理论的基本形成。

2007 年，《中国水族医药宝典》问世，共收集、整理和编辑 216 科 1068 种水药标本，总结出医治各种疾病配方 200 多种。该书对每种药的药物名称、水药名、形态特征、生长习性、性味、功用、如何采集加工等都做了详细描述，是一部比较全面系统地反映水药资源和总结医治各种疾病经验的药物书籍。该书收集的药物品种和验方具有鲜明的民族性和地方性，为解决水族农村防病治病问题提供了方便和科学依据。

水族人民长期居住在树木茂密的亚热带高山丘陵地区，当地高温炎热、潮湿多雨，深山瘴疟、瘟痧疫疠多发，交通不便，经济落后。在这种特定的地理环境中，水族人民在长期生产、生活实践中，积累了丰富的医疗经验，逐步形成了适应自身特点的、具有民族特色的水族医药。因此，水族先民十分注重未病先防，并总结出了一些颇具特色的防病方法。如将草药扎成药把挂于门旁或置放房中，以辟秽驱邪。《靖西县志》记载："五月五日，家家悬艾虎，持蒲剑，饮雄黄酒，以避疠疫。"又如家中若有未成年的孩

① 韦正初，韦宗元. 水族医药的研究和发展［J］. 中国民族医药杂志，2010，12.

童，则令其佩挂各种香药制成的药囊，以扶正驱瘴；在瘴疠流行的季节，村寨中无论男女老幼，均佩戴药囊，以避邪防瘴，这些习俗一直沿用至今。随着社会的发展，这些医药习俗逐步形成内容丰富而独特的水族医药文化。水药是水族人民传统用于预防、治疗和保健的天然药物。据记载，杜仲、板蓝根、桔梗等药材很早就为水族先民所认识和应用。水族民间传说中的药神“六铎哈”，就是水族人民在与疾病作斗争的长期医疗实践中，获取丰富医疗经验的化身。由于历史因素及地理环境的制约，水族医药长期流传在民间。水族民间医生传授医技多“单线”往下传，且“传内不传外”，以师带徒式传授，多数传给儿子，也有不传给自己家人的，但只传给最亲的外人，如传给外甥等。他们利用当地的药物，利用赶场（集）天摆摊设点，或在家等病人上门求医，或应病人请求出诊等。他们主要治疗农村中的常见病，多发病或中、西医难以治疗的各种疑难杂症，如跌打损伤、伤风感冒、中暑、疮病、风湿、妇科病、消化不良、腹泻、虫蛇咬伤、肿块、各种传染病等。诊疗形式较为保守，从而制约了水族医药的发展[①]。

特殊环境造就的独特水族医药，具有浓郁的民族特色。过去由于种种历史原因，水族医药缺乏系统的整理和专著记载。但是在水族民间，水族医药已形成自己的传统。它不仅广泛流传于民间水族医生中，还大量存在于民族风俗习惯之中，其内涵十分丰富，诊疗方法多彩而独特[②]。

水族医生看病第一是问诊。一般先问疾病的主要症状及伴随症状、患病的原因、病变部位及二便情况、得病时间的长短、是新病还是老病复发等，诊断往往一经明确即对症下药。如小儿泻痢、大便带血诊为红痢，治疗时主药加白糖。第二为望诊。望诊主要根据病变部位的表现来诊断疾病。如对飞疔（皮肤炭疽）就是根据局部皮肤的颜色来加以诊断治疗的，若患处皮肤为红色诊为红疔，患处皮肤为白色诊为白疔，患处皮肤为黑色则诊为黑疔，用药各不相同。又如长在背部的痈疖，已化脓的诊为背花，不化脓的诊为背搭，用药各异。毒蛇咬伤则要看伤口的痕迹，若伤痕为横的，诊断为母蛇咬伤，主药用白色；若伤痕为直行的，诊断为公蛇咬伤，主药选用非白色的。第三为触诊。触诊主要用于外科疾病的诊断。对长在下腹部，中医诊为痈的一类疾病，水医则诊为肚花和肝痈，其共同点为二者均好发于脐下，局部皮肤颜色均为红色，但肚痈为质地稍硬的圆形包块，而肚花包块的质地更硬，且形状是长形的，用药亦不同。水医对骨折病人也以双手轻轻触摸，摸清骨折端的移位情况后，判断骨折部位及病情之轻重，以利于采用有关手法治疗，如复位、固定，然后才进行下一步的治疗。第四为听诊。听诊也是水医诊断疾病的方法之一。如对癫痫病人，水医主要根据病人昏倒时发出的声音来诊断；对骨

① 韦正初，韦宗元．水族医药的研究和发展［J］．中国民族医药杂志，2010（12）．

② 韦正初，韦宗元．水族医药的研究和发展［J］．中国民族医药杂志，2010（12）．

折病人，也结合有无骨擦音来确诊。弹诊常用于四肢骨折，为水医诊断骨折时所特有的诊断方法。医者用手指弹叩对应的手指或足趾，骨折病人会产生牵扯性疼痛。水族医生在诊病方法上，除了采用望、闻、问、触并以问诊为主的方法外，常用的还有目诊、耳诊、舌诊、掌诊、足诊、甲诊、腹诊、药物诊等，并总结出了风、锁、痘等病症名称[①]。

在治疗方法上，除了采用水族地区丰富的动植物药内服、外敷、外擦、药浴、药挂、药佩、药熨、药灸、药垫等之外，还有放血、拔罐、针挑、瓦刺、挟捏、竹烫、捶击、推拿、按摩、针灸、磁灸、骨灸、火灸、艾灸、阴阳火攻、熏洗、割治、植物刺、指刮、骨弓刮、碗刮、青蒜刮、秆草刮等治疗方法。治疗的病种有内科、外科、妇产科、儿科、皮肤科等。此外，水族医生对于毒蛇伤害、跌打刀伤、风湿瘫痪及避孕绝育的治疗，也有许多特效良方[②]。

水医用药大多就地取材，医、药结合是水族医学理论的特点。自古以来，水族民间医生都是自己诊病，自己采药、加工、配方、发药。水族居住的自然山区是天然药物资源库，由于鲜药的有效成分未被破坏，疗效比干药好，因而水族群众都有种植草药的习惯。经过长期的实践，水族医药将药物分为消炎解毒、利水消肿的凉药，如竹叶伸筋、铁马鞭等；解除表证，治疗疳积病的表药，如泽兰、甜酿草等；驱逐寒湿活血的暖药，如满山香、石龙藤等；治疗跌打损伤、毒蛇咬伤和打胎的药，如竹叶老根等。

水医用药形式多种多样，如煎剂、内服膏剂、散剂、药汁丸剂、酒剂、鲜药捣汁内服、鲜药含服、搽剂、外敷剂、滴耳（眼）剂、烟熏剂、熏洗剂、沐浴剂、食疗剂、佩挂剂等形式。水族医药还常以动物之间相克来指导用药。如猫捉老鼠，就用猫骨配合其他药物来治疗老鼠疮（即淋巴结核）；狗怕老虎，就用虎骨配他药来治疗狂犬病；蜈蚣怕公鸡，就以公鸡的唾液来治疗蜈蚣咬伤；等等[③]。水族医药为其民族的繁衍兴盛作出了巨大的贡献。

课题组收集的水族医药文献有：

1156《水族民间用药选编》

水族医药专著，统一书号：M14138.14，R932.467/6。方鼎主编，罗金玉、苏广询、陶一鹏等编。南宁：广西民族出版社 1985 年 6 月第 1 版，铅印本，300 页，9.375 千字，有插图。

---

① 韦正初，韦宗元．水族医药的研究和发展［J］．中国民族医药杂志，2010（12）．

② 韦正初，韦宗元．水族医药的研究和发展［J］．中国民族医药杂志，2010（12）．

③ 韦正初，韦宗元．水族医药的研究和发展［J］．中国民族医药杂志，2010（12）．

1157《水族医药》

水族医药专著，7-5412-0718-7，R296.9/1，并列题名为“Shui Nationality’s medicine”。该书系统地收集整理了水族药物182种、单验方395个，内容包括水族医药简史、水族医药基本理论和治疗方法、水族药物、水族单验方选四个部分，较全面地反映了水族民族医药状况，填补了水族医药无文字记载的空白。王厚安主编，贵州省民委文教处、贵州省中医管理局、贵州省中医研究所编写。贵阳：贵州民族出版社1997年7月第1版，铅印本，共476页，270千字，有插图，精装。

1158《中国水族医药宝典（全彩集）》

水族医药专著，978-7-5412-1473-8，R296.9。该书总结了医治各种疾病的配方200多种，并对每种药的药物名称、水药名、形态特征、性味、功用、如何采集加工等都做了详细描述，是一部比较全面系统地反映三都水族医药资源和总结医治各种疾病经验的书籍。司有奇、陆龙辉主编，中共三都水族自治县委员会、三都水族自治县人民政府、贵州省民族事务委员会编。贵阳：贵州民族出版社2007年出版，共583页。

1159《西南边疆民族研究书系·云南民族村寨调查：水族——富源古敢乡都章村》

水族综合文献，7-81068-240-7，K286.9。该书从人口、经济、历史沿革、政治、习惯法及其变迁、文化、教育、宗教等方面介绍了水族生活的变化与发展。高发元、张巨成主编，水族调查组编写。昆明：云南大学出版社2001年4月第1版，纸质，铅印本，共236页。

（二十三）布朗族（云南特有少数民族）医药及文献

布朗族起源于新石器时代晚期云南三大原始族群之一的百濮（孟-高棉）族群，属于南亚语系孟-高棉语族，史书中也称其为濮人，与德昂族、佤族有族属渊源关系。我国的布朗族人口2010年第六次全国人口普查为119639人，居住于云南省的有11.6万，主要分布在云南省西双版纳傣族自治州、临沧地区及普洱地区等。云南勐海布朗乡是全国唯一一个单一布朗族民族乡。布朗语属南亚语系孟高棉语族布朗语支。布朗族没有文字，医药知识传承靠家传口授和经验积累。布朗族认为人体有上火、中火、下火之分，如各部位的火不协调，人体即发病。布朗族没有本民族特有的病名称谓，诊病方法与中医大致相同，主要为望诊（望神、色、形、舌）、问诊、切脉，个别同时使用叩诊。布朗族民间医生用药品种约百余种，多用单味药治疗疾病，复方较少。布朗族医生治疗的常见病有小儿不思饮食、小儿夜哭、小儿惊骇、小儿抽搐、小儿腹泻、小儿红白痢疾、妇女生育后腹部疼痛、产妇奶水不足、月经不调、妇科疾病引起的腰腹疼痛、发烧、流行性感冒、疮等病症；用药手段多以煮服，或用酒、水送服，外搽等。还有外治法，如火罐疗法、京竹筒疗法、口哑治疗、放血疗法、按摩、推拿、隔火、刮痧、石头疗法等。

布朗族生活的地区生长着各种药用植物。据调查，布朗族药用植物有3100多种，药物来源广泛、就地取材、就地加工、就地使用。常用药主要有“什保龙”“龙勒克”“抱龙”“娘郎燕”、荆芥、臭灵丹、草果、胡椒、“窝艾”树、月英草、“定叶”、含羞草、臭牡丹、苍云树叶、倒刺树叶、香茅草等几十种。布朗族还有家庭种植草药的习惯，他们主要栽种息风草、小黄伞、定叶、臭灵丹等。

布朗族产妇的沐浴很有特色，布朗族妇女在生孩子后半月内，要采集新鲜草药煮出药液洗澡，一般10天1次。布朗族常用来做保健沐浴的植物有10种以上，其中以九岭关（菊科）、吸风草（忍冬科）两味为基础，外加青松叶、青蒿等，能预防产褥感染，加快身体康复。

课题组收集的布朗族医药文献目录如下：

1160《民族医药抢救性发掘整理——布朗族医药简介》

布朗族医药专著，978-7-515-20554-0。该书主要介绍布朗族基本状况，布朗族医药发展沿革，布朗族医药理论及传承方式，布朗族对于疾病的防治和养生保健的认识，布朗族常用药物，布朗族医药起源与发展，布朗族医药理论和民间单方、验方及布朗族民间医生状况等内容。金锦等主编。北京：中医古籍出版社2014年6月第1版，铅印本，共111页，101千字，有插图。

1161《西南边疆民族研究书系·云南民族村寨调查：布朗族——勐海布朗山乡新曼峨村》

布朗族综合文献，7-81068-240-7，K286.1。该书力图通过深入的调查，展示新曼峨布朗村寨的社会面貌，探索在改革开放中当地民族发展所面临的新情况、新问题及其对策。医药方面主要涉及肚子胀痛、扭伤、头痛、眼疾、腹泻、外伤、耳聋、耳痛、咽喉病、便秘、过敏、嘴角痛、腋窝痛、头晕、心绞痛的治疗方法等。在日常生活中，碰到一些常见的小病，布朗族人也会采用“口功”的办法，对着患处念念经，据说这样病很快就会消失。现在，随着布朗山现代科技卫生工作的开展，当地群众的科学卫生保健意识已有明显的提高，人们生病时更多的是去找村医生或去卫生院。高发元、王晓珠、谭晓健主编，布朗族调查组编写。昆明：云南大学出版社2001年4月第1版，铅印本，共324页，265千字。

1162《云南民族文化大观丛书——布朗族文化大观》

布朗族综合文献，7-5367-1843-8，K286.1，正文为汉文、布朗文。该书讲述的是布朗族的民族文化，包含民族医药内容。第247—251页，第十一章医药卫生。格桑顿珠、穆文春主编，马化清、高广、段金录、袁晓林编，云南省民族宗教事务委员会编写。昆明：云南民族出版社1999年9月第1版，铅印本，共283页，224千字，有插图。

（二十四）景颇族（云南特有少数民族）医药及文献

景颇族是云南特有的少数民族之一，包括景颇、载瓦、勒期、浪速、布拉五个支系。景颇族源于青藏高原上古代氐羌部落，属于汉藏语系藏缅语族，我国景颇族总人口有14.7万（2010年），居住于云南省的景颇族人口为14.2万（2010年），主要聚居于德宏傣族景颇族自治州境内的陇川、盈江、芒市、瑞丽、梁河等五县市，其余则散居于怒江傈僳族自治州的片马、岗房、古浪及临沧地区的耿马佤族自治县等地，少部分散居于保山市的龙陵县及缅甸。景颇族和汉族、德昂族、阿昌族、傈僳族等民族交错杂居于高山密林地区，有“雄狮般勇猛的民族”之称。

景颇族的传统医药，是景颇族文化的重要组成部分，是景颇族防治疾病的经验总结。这些经验世代相传，成为景颇族人民维护健康和控制疾病的一件法宝，在缺医少药的环境中为景颇人的生存繁衍作出了巨大的贡献。

景颇族医药来源有三个方面：第一，景颇族有丰富、优美的口头文学流传，包括反映本民族起源、迁徙历史的叙事长诗及神话、传说、寓言、谚语、谜语。第二，景颇族居住的山区土质肥沃、气候温暖、雨量充沛，极适宜多种植物生长和动物生存。肥沃的土地和丰富的资源给予了景颇人民极为丰富的野生植物及野生动物药源。景颇山区主要盛产名贵的野生植物和动物药材，在过去，他们的野生植物药主要有砂仁、诃子、荜茇、团花、肉桂、郁金、黄连、黄山药、山奈、使君子、金鸡纳、美登木、龙血树、红花、大血藤、石斛、七叶一枝花等[①]，以及八角、草果、野香橼、山苍子、核桃等名贵药材和可供药食两用植物；常用动物药材主要来源于虎、豹、鹿、岩羊、犀牛、熊、长臂猿、大象、香獐子、穿山甲、孔雀、马鹿、蛇等珍禽兽鸟；还有可供药用的铁、云母、水晶、金、银等矿产资。景颇族人民在长期与疾病作斗争的过程中，不断发掘利用身边的自然资源来防病治病，逐渐积累了丰富的医药经验，创造了独特的景颇族民间医药，并以口头文学方式流传至今。景颇族医生诊断疾病主要采用眼看、耳听、口问、手触摸等方法[②]，与中医的四诊方法相似。第三，景颇族过去重视鬼魂观念，人们的生、老、病、死，庄稼的丰歉、牲畜的兴衰，各种生活、生产活动无不与鬼魂发生联系。他们认

① 杨梅，郑进．民族医药“富矿”中的一颗明珠——景颇族医药简介［J］．云南中医学院学报，2007（6）．

② 何开仁．景颇族医药的历史现状与发展［J］．中国民族医药杂志，2009（10）．

为，鬼有好坏之分，有的可为人造福，有的则招致灾祸。过去，在景颇族中盛行杀牲祭鬼魂的习俗，就是因为人们祈求鬼魂保佑。但凡有人染疾患病，就使用祭祀祈祷的神奇招法，以求得鬼灵帮助并战胜病魔。景颇族的很多民间医生都通晓宗教知识，而董萨（祭司）一般也都是懂医识药的。在行医过程中，他们采取的方法是祷医并用，即一面念咒施法逐走病魔，一面选用药物治疗疾病。所以说，景颇族医药的发展与原始宗教有着密切的关系，具有很强的社会性和群众性[①]。

景颇族有景颇、载瓦、浪峨、勒期、布拉5个支系，并且每个支系都有自己独特的支系方言，语言属汉藏语系藏缅语族景颇语支。过去，景颇族没有自己的文字，直到19世纪末才创制了拉丁字母拼写的景颇文字。景颇族在使用本民族语言的同时，也使用汉文。由于19世纪末才形成文字，景颇族没有用本民族文字记载的古代史，医学理论体系的形成也受到极大限制，没有形成自己独特系统的医药理论体系。但他们在长期与疾病作斗争的过程中，在与众多兄弟民族的接触、交往中，不断吸收借鉴其医药经验，加之本民族积累的丰富医疗和用药经验，还是形成了独具特色的景颇族医药并世代相传[②]。

景颇族治疗疾病多采用内服草药汤剂，外用生药研细如泥状外敷，以及用小夹板接骨、烧麝香、蜂针、火针、拔罐、艾条灸等疗法。景颇族传统的用药方法有内服法、外包法、外洗法、外搽法、饮疗法、药食法、拔罐子疗法、生食法等。其技术特点有以下几方面：一是绝大多数配方都要求使用药引，药引一般以酒类为主，以食物（主要是肉类）为辅助原料；二是大都就地取材，常用药材中植物药多于动物药，也有少量的矿物质药材；三是组方通常比较严谨、简单，有单方、验方、复方，效用也比较突出，治疗方法一般为里外并重等。景颇族在医药疗效的总结和医学知识的传授方面积累了许多丰富而独特的诊疗经验[③]。据盈江县志记载，民国末期盈江县有景颇族民间医生7人，著名医药家有传说中的龚潭、恩昆等。近代，有恩昆对荣、都空瓦、衮载鲁、早八瓦等人。新中国成立后，政府积极培养和扶持景颇族民间医生。例如，瑞丽县勐秀乡户瓦村的梅干，等扎村的蛾保仁，高丽村的唐兴福，姐勒乡贺派村的岳喊，团结乡弄喊寨的当姐；潞西县五岔路乡石板村的尚勒丁、张老二、尚勒准，崩果寨的尚奇约，西山乡帮角村的包开秀等，他们活跃在景颇山寨开展防病治病工作，深受景颇族人民的欢迎。截至1988年，德宏州内有景颇族民间医生34人（瑞丽县有14人，盈江县有11人，陇川县有9

① 杨梅，郑进．民族医药“富矿”中的一颗明珠——景颇族医药简介［J］．云南中医学院学报，2007（6）．

② 杨梅，郑进．民族医药“富矿”中的一颗明珠——景颇族医药简介［J］．云南中医学院学报，2007（6）．

③ 杨梅，郑进．民族医药“富矿”中的一颗明珠——景颇族医药简介［J］．云南中医学院学报，2007（6）．

人）。他们组织中医专家对景颇旅民间方药进行了挖掘、整理，对部分验方进行了科学研究[①]。他们在景颇族医药的传承过程中，都作出过很大贡献。居住在德宏地区的景颇族人民，在长期的生产活动及与疾病斗争的过程中，充分利用当地药物资源防治疾病，创造和积累了许多行之有效的单、验方和特色诊疗技术，并以口头文学方式流传至今，形成了独具特色的景颇族医药体系，但现已面临失传。

中华人民共和国成立以后，景颇族地区发生了翻天覆地的变化，社会经济得到了很大的发展，景颇族聚居的山乡普遍建立了卫生所，并通过大力开展除病灭害工作，有效地控制了流行病的发病率。同时，其传统医药也得到了当地政府的支持，不少专家对景颇族的药物进行收集整理，并帮助景颇族医生进行科学研究，但针对景颇族医药理论的研究很少，至今尚无专门的医药书籍。景颇族医药大多收载于其他民族药材中，如《德宏民族药志（一）》是收载景颇族医药较多的一部书籍。另外，《中国民族药志》第一卷也收有15种景颇族药。此外，景颇族胡蜂酒被推荐上了《中华人民共和国药典》，腹泻丸也被开发出来，两药还被《云南省药品标准（1974）》收载[②]。

景颇文是美国学者汉森在总结前人经验教训的基础上，于19世纪下半叶在缅甸创制成功的。20世纪50年代，党和政府组织民族语文专家到景颇族地区进行景颇语和景颇文调查研究，确认了景颇文的科学性和实用性，并积极推广使用。云南民族出版社、德宏民族出版社陆续出版景颇文科普图书，给景颇族群众传授医药卫生常识。其中，以景颇文出版的汉文转译医药科普读物有《传染病的防治》《疟疾》《疟疾的防治》《从这里开始——迎接艾滋病挑战》等，属西医学文献；兽医的文献如《牛瘟的防治》《猪瘟的防治》《畜禽瘟疾的防治》《兽医常用土药》等，本次不作收录。

课题组收集的包含有景颇族医药内容的文献有：

1163《中国少数民族简史丛书（修订本）——景颇族简史》

景颇族综合文献，978-7-105-08689-4，K285.9/1。国家民委“民族问题五种丛书”之二——“中国少数民族简史丛书”，共计55本，于20世纪80年代陆续出版。该丛书记述了1949年中华人民共和国成立以前中国各少数民族的历史发展进程，出版后受到广泛关注和好评。第129—131页，卫生事业。郑长德主编，钟海燕、潘俞先编，《景颇族简史》编写组编写。北京：民族出版社2008年4月第1版，铅印本，共158页，130千字。

---

① 何开仁.景颇族医药的历史现状与发展［J］.中国民族医药杂志，2009（10）.

② 杨梅，郑进.民族医药“富矿”中的一颗明珠——景颇族医药简介［J］.云南中医学院学报，2007（6）.

1164《西南边疆民族研究书系·云南民族村寨调查：景颇族——瑞丽弄岛乡等嘎村》

景颇族综合文献，7-81068-240-7，K285.9。景颇族常用药材紫金藤、仙鹤草、龙胆草、大将军、含羞草、红紫珠、龙葵、大血藤、山乌龟、回心草、重楼等，往往一治见效，十分灵验，对治疗肺结核、鼻出血、腹泻、感冒、消化不良、跌打损伤、风湿关节炎等均有疗效。服法广泛应用于景颇族多种疾病的治疗，可分为水煎服法和吞服法。水煎服法类似于中医煎药的方法，不过药材不同，草本、木本、寄生植物、灌木、水生草木、藤类植物均有入药。吞服法多是将入药的动植物药研成粉状，用水冲服。外服法广泛用于内科、外科等疾患的治疗。外服疗法通常有热包治疗、蒸熏治疗等方法。其中，热包疗法主要是将药捣碎后，放入布袋加热和熏热后，直接包于伤口或疾患处；蒸熏疗法是将药舂碎装入锅中加热，用蒸气熏蒸疾患处，也可将装有药的容器加热，用水蒸汽熏患者的全身。外洗法主要用于妇科疾患、眼病和皮肤病，如艾蒿、石灰、黄泡果叶子和盐常常被配以其他草药熬水洗身。外搽法主要用于外伤的治疗。刀伤、烫伤、蛇虫咬伤多用外搽法治疗。例如，被毒蛇咬伤立即给伤口放血，并用相关药物搓擦伤口。拔竹筒疗法类似于中医的拔火罐，常用于治疗虫鼠咬伤、毒蛇咬伤、关节痛和伤口发炎、水肿等。其中草药方有40余种，较常用的有7种：（1）用“万丈深”治支气管炎、肿炎、痛疽、疽积、乳汁不足、结膜炎，每次用量为15—30克，水煎服，日服2次；治小儿疳积，用量3克，犁头尖2克，白芨3克，剁肉炖食。（2）用“飞龙掌血”治跌打损伤、风湿疼痛、胃病。治胃病每次用10—15克，水煎服，日服2次；治风湿对配半截叶、钩藤等量煎服。（3）用“三对节”治痢疾、脾脏肿大，煮鸡蛋内服。（4）用“水红木”治神经衰弱，每次用量15克，水煎服，日服2次。（5）用“红紫珠”治月经过多、鼻出血，每次用量为10—15克，配用诞树等量，水煎服，日服1次。（6）用“回心草”治肺结核，每次用15克，配龙胆草、苦藤等量，水煎服。（7）用“胡蜂酒”治风湿（该药剂已载入《中国药典》1977年版），或制成腹泻丸治痢疾（已载入《云南药品际准》1974年版）。高发元、王皎主编，景颇族调查组编写。昆明：云南大学出版社2001年4月第1版，铅印本，共231页，192千字。

1165《云南少数民族文化史丛书——景颇族文化史》

景颇族综合文献，7-5367-2455-1，K285.9/2，并列题名为“A general history of the jingpo nationality”，正文为汉文、改良景颇文。该书对云南景颇族的民族文化进行了全方位的扫描，反映了本民族文化的全貌，勾勒出本民族文化的起源、发展、演变的历史轨迹，描绘了本民族奇异、多姿的风貌。第314—317页，民族医药，约2000字。刘刚主编，石锐、王皎撰（著），云南省民族研究所编写。昆明：云南民族出版社2002年9月第1版，铅印本，共355页，280千字，覆膜。

（二十五）怒族（云南特有少数民族）医药及文献

怒族医学即怒族传统医药。怒族是一个跨境而居、有着悠久历史的民族，也是云南省特有的少数民族之一。我国怒族总人口为3.7万人（2010年），居住于云南省的有3.1万人，主要分布在云南怒江傈僳族自治州的泸水县、福贡县、贡山独龙族怒族自治县，以及迪庆藏族自治州的维西县和西藏自治区的察隅县等地。怒语属汉藏语系藏缅语族。由于和傈僳族长期共处，怒族普遍会讲傈僳语。怒族没有文字，通用汉文。其古代社会历史情况，史籍中记载得很少。明末及清朝时期，随着宗教巫术、祭祀、原始文化的发展，怒族民间应用食物、药物治疗疾病的技术方法也得到了发展。怒江境内的各少数民族，由于居住在深山峡谷之中，生活几乎与世隔绝，与外界交往极少，也无外来医药。在与疾病斗争的漫长过程中，怒族同胞逐步积累了较为丰富的医药知识和经验，出现了一批本民族的民间医生。由于无本民族文字，怒族对生命运动的规律、疾病和健康的认识都较为粗浅，多停留在感性、表浅的阶段，尚未达到理性认识阶段，未能形成医药理论。但在长期与疾病斗争的过程中，他们积累了一定的医疗经验。除了使用药物防治疾病之外，怒族民间还形成了一些独具特色、行之有效的外治方法。怒族传统的医药不仅体现在丰富的用药知识和独具特色的治疗方法方面，更多的还体现在衣、食、住、行的各个方面，体现了怒族同胞们的生存智慧和健康智慧。直至1912年，国民政府派出殖边队进驻怒江，中医才随之传入怒族地区。1927年，外国传教士深入怒江地区进行传教活动，才有西医传入怒族地区①。

民间传承是怒族传统医药发展过程中的一种重要形式。怒族过着半农半猎的生活，由于没有文字记录，民间民族医生的诊疗技术和验方秘方，主要是在父子、师徒关系中传承。民间医药知识与经验的积累、传承主要依靠口传身教的方式代代相传，没有专门的职业行医者，因而其传承不论是在广度上还是深度上都是有限的。一方面，一部分简单易行的外治疗法和饮食疗法流传较广，但更多的医药经验只是在小范围内以秘方、验方的形式流传于民间。另一方面，怒族只有语言，没有文字，失去了传承和交流的重要载体，致使大量的医药知识和医疗经验难以记载下来，容易随着时间的推移而湮灭。因此，怒族民间医药存在如下特点：第一，零碎性。表现在它门类不清晰，还未发挥系统性和整体性的功能。第二，简单性。不难看出，其医药方法还带有一定的盲目性、片面性。人们只知其然而不知其所以然。怒族地区有中草药1000余种，其中146种为国家药典收载，44种为地方药品标准收载；不乏珍稀药材物种，如黄连、贝母、茯苓、天麻、鹿茸、熊胆等各种名贵药材。怒族还有较长的栽种药材的历史，如胡黄连、黄连、贝母就有100多年的栽种历史。怒族同胞因地制宜，利用这些生长在田间地角、房前屋后的

① 谢薇、王志红，怒族民间医药调查概述［J］．云南中医中药杂志，2015（2）．

天然药物来防病治病，往往一病数方，一方数药，一药数用。所以，怒族民间几乎是家家懂几方，人人识几药。近年来，怒族的用药经验逐渐得到了人们的关注，部分学者对怒族地区的药物从资源调查、作用机理、临床总结等方面进行了探索性研究，对怒族传统疗法进行了经验总结①。

课题组收集的怒族医药文献有：

1166《民族医药抢救性发掘整理——怒族医药简介》

怒族医药专著，978-7-515-20556-4。该书为民族医药专著，主要介绍怒族基本状况，怒族医药发展沿革，怒族医药理论及传承方式，怒族对于疾病的防治和养生保健的认识，怒族常用药物，怒族医药起源与发展，怒族医药理论和民间单方、验方及怒族民间医状况等内容。郭世民、余永琼主编。北京：中医古籍出版社 2014 年 6 月第 1 版，纸质，铅印本，共 99 页，有插图。

1167《云南民族文化大观丛书——怒族文化大观》

怒族综合文献，7-5367-1837-3，K286.3/2。第 227—232 页，第十三章医药卫生。刘达成主编。昆明：云南民族出版社 1999 年 9 月第 1 版，铅印本，共 345 页，260 千字，有插图，覆膜。

1168《云南少数民族文化史丛书——怒族文化史》

怒族综合文献，7-5367-1577-3，K286.3，并列题名为“A cultural history of the Nu Nationality”。怒族同胞在与疾病斗争的漫长过程中掌握了一些治病的方法。例如，他们割破脾肿者肋骨附近的皮肤，并用竹筒吸出血后，贴上一点麝香，再让患者到温泉里泡一泡，便可治好。大便不通，他们就用生葱与蜂蜜相拌注入肛门，顷刻即可排泄。外伤出血，就用青蒿叶和麻布包扎止血。臂折者就上夹板，外涂熊油、岩羊骨髓等药治疗。被蚊虫叮咬后，就用烟锅屎涂于患部；被毒蛇咬伤就涂上麝香；遇腹痛腹胀，就用竹片在肚皮、耳朵、脊背、手腕及指尖上划几个刀口，让毒随血流出，如能再涂点麝香或草乌效果更佳。过去，怒族治箭毒的方法令人咋舌，其方法是在没有麻醉及消毒的情况下，用利刀将毒箭周围的肉割去，直至将箭头处的肉也割除，以保住伤者性命。除此以外，怒族会用一种叫“黑心解”的药来治箭毒，当时一个“黑心解”的价值可与一条壮牛相当。陶天麟著，云南省民族研究所、云南民族出版社编写。昆明：云南民族出版社 1997 年 12 月第 1 版，铅印本，共 331 页，260 千字。

① 刘因华，郭世民，俞永琼，赵景云．云南省怒族医药的研究现状与发展前景［J］．云南中医中药杂志．2014（12）．

二、云南境内采集的其他省份的民族医药文献

除云南省之外，其他省份也存在各个民族大分散、小聚居，民族医药融合的现象。课题组在采集文献信息时也采集到综合论述少数民族医药状况的著作和论述多个民族医药文化现象的文献。还有一些少数民族的主要聚居地不在云南，如维吾尔族，其医药为“四大民族医药”之一，理论体系非常完善，且省外民族医药专家对维医药及维医药文献做过很多专题研究，相关的书目等也有论述，大量的该民族文字的民族医药文献在新疆、内蒙古等省份发行和馆藏，而在云南较为少见。因而，此次调研编目，课题组在采集文献信息的时候以云南境内实体图书馆收集到的民族医药籍和现代文献信息为主，尤其以民族医药古籍文献信息采集为重中之重，尽量使用各种途径和方法查检 25 个少数民族（含 15 个云南特有少数民族）的相关民族医药文献信息并将其汇集入表。同时，深入研究和梳理这些文献，采集相关文献信息并汇入表格，在课题研究地域范围内突出云南本土流通和存世的民族医药文献的存藏情况。另外，我国其他省份世居少数民族的医药古籍基本收藏保存于该省份，虽然文献量大，但调研难度大，亦不属于本课题研究范畴，未做扩展采集；在文献普查、检索和研究过程中采集到的省外世居少数民族医药现代文献均已录入信息表，而通过超星、读秀、国家图书馆等才能采集到的网络上的书目信息超出课题研究范畴，故未做扩展采集。同时，因经费、精力所限，课题组不可能完成全国民族医药古籍和现代文献的普查和信息采集，故存在非云南世居少数民族医药文献未收录的情况。

此外，有的古籍文献虽然只是文献中的存目文献，但由于其历史价值、文献文物价值等方面的特殊性，均采集著录入本目录；以网络文献信息检索为辅，补充核实我国其他省份少数民族医药文献信息。收集到的数据经审核后全部著录，编入《目录提要》。

（一）维吾尔族医药文献

1169《维吾尔药材真伪鉴别》

维吾尔族医药专著，978-7-80744-091-8，R281.445 。该书以维吾尔医学理论为指导，选择维吾尔族常用的传统药材 85 种，以及与之相应的代用品、混淆品 100 多种，对其进行了确认并对药材基源、历时进行了考证。张彦福主编。乌鲁木齐：新疆美术摄影出版社 2007 年出版，共 484 页。

1170《维吾尔医常用药材》

维吾尔族医药专著，978-7-5372-0089-9，R281.445。该书收录了近 400 种常用药

材，并介绍其名称、识别特征、产地、性味、主治功能、使用方法、剂量等方面的知识。顾永寿、顾永福译主编。乌鲁木齐：新疆科技卫生出版社 1992 年出版，共 553 页。

1171《维吾尔医气质、体液论及其现代研究》

维吾尔族医药专著，R29。该书比较全面地阐述了维吾尔族医药学的历史及概况，以维吾尔医独具特色的气质、体液论为切入点，将应用现代科学技术进行研究的成果进行归纳，罗列出气质、体液论现代研究方面的成就及学术思想。哈木拉提·吾甫尔主编。乌鲁木齐：新疆科学技术出版社 2003 年出版。

1172《维吾尔医药常用药材》 uyghur tébabitide kōp ishlitilidighan dorilar

维吾尔族医药专著，978-7-5372-0083-7，R291.5。qeshqer uyghur t é babet shipaxanisi 主编。乌鲁木齐：新疆人民卫生出版社 1991 年出版，共 522 页。

1173《维吾尔医药复方制剂》

维吾尔族医药专著，7-5372-4313-1，R291.5，民族语言题名为维吾尔文。该书主要介绍了处方的成分、制剂方法、使用药物剂量、不良反应等内容。茹仙古丽·沙吾尔主编。乌鲁木齐：新疆人民卫生出版社 2006 年出版，共 411 页。

1174《维吾尔医药简史》 uyghur t é babet chilik qisqiche tarixi

维吾尔族医药专著，978-7-5466-1260-7，R291.5。该书主要介绍了民族风俗对维吾尔医的影响，原始社会的维吾尔医学，维吾尔医外科学相关记载，维吾尔医医学家、药物学家及其经典著作，对伊斯兰文化与维吾尔医产生影响的其他医药学家等内容。enwer toxti 主编。乌鲁木齐：新疆科学技术出版社 2012 年出版，共 127 页。

1175《维吾尔医药经典著作选》 uyghur tébabiti kilassik eserliridin nemuniler

维吾尔族医药专著，978-7-5466-1311-6，R291.5。该书主要介绍了伊本·阿拉依丁·默罕默德和田尼编写的《治疗原则精髓》、阿克萨拉依编写的《阿克萨拉依》、胡都英汗·阿基参与编写的《回回药方三十六卷》等 9 本专著图书的编写年代、历史背景、作者简介、内容提要等内容。abduréhim yüsüp，erkinqasim 主编。乌鲁木齐：新疆科学技术出版社 2012 年出版，共 316 页。

1176《维吾尔医药炮制学》 uyghur tébabiti dorilirini layiqlashturush ilmi

维吾尔族医药专著，978-7-5372-4968-3，R291.5。该书是维吾尔医高等专科学校第二代教材之一，主要介绍了维吾尔医炮制学概念、方法和标准等内容。abduréhim yüsüp 主编。乌鲁木齐：新疆人民卫生出版社 2011 年出版，共 195 页。

1177《维吾尔医药思维学》 uyghur tébabiti tepekkur ilmi

维吾尔族医药专著，978-7-5466-1315-4，R291.5。该书主要介绍了思维学的知识，维吾尔医学思维学的研究对象、内容、方法，以及维吾尔医药在现代文化环境中的特殊状况及其教育的特点等。abduréhim yüsüp，enwertoxti 主编。乌鲁木齐：新疆科学技术出版社 2012 年出版，共 177 页。

1178《维吾尔医药统论学》 uyghur t é babiti omumiy bayanliri

维吾尔族医药专著，978-7-5466-1261-4，R291.5。该书主要介绍了维吾尔医的课程，分为基础部分、药学部分和临床部分。基础部分包括维吾尔医基础理论，维吾尔医病理学、诊断学、治疗技术等；药学部分包括维吾尔医的药学。abduréhim yüsüp 等主编，nur mu hem mete met 编。乌鲁木齐：新疆科学技术出版社 2012 年出版，共 459 页。

1179《维吾尔医药学》

维吾尔族医药专著。该书分为维吾尔医学基础理论、常见病、常用药物三部分。朱琪主编。昆明：云南民族出版社 1995 年出版。

1180《维吾尔医药学名著：艾力卡农非提比（01）——elqanun fit-tib diki dorilarni tonushqa da'ir bayanlar》 uyghur tébabitidin nemuniler-（1）-《elqanun fit-tib》diki dorilarni tonushqa da'ir bayanlar

维吾尔族医药专著，978-7-5372-4947-8，R291.5。该书主要介绍了地黄、川芎、甘草、蒲公英、芦荟、红花、玫瑰花等维吾尔医常用的各种生药的认识方法、产地、性质、药效、毒性等内容。（shimali sung）abu eli ibin sina 著；abdujélil bekri 译，abdughé nitursun 书法。乌鲁木齐：新疆人民卫生出版社 2011 年出版。

1181《维吾尔医药学名著：艾力卡农非提比（08）——elqanun fit-tib diki dorilarni tonushqa da'ir bayanlar》 uyghur tébabitidin nemuniler-（8）-《elqanun fit-tib》diki dorilarni tonushqa da'ir bayanlar

维吾尔族医药专著，978-7-5372-4940-9，R291.5。该书主要介绍了地黄、川芎、甘草、蒲公英、芦荟、红花、玫瑰花等维吾尔医常用的各种生药的认识方法、产地、性质、药效、毒性等内容。（shimali sung）abu eli ibin sina 著，abdujélil bekri 译，sirajidin mutellip 书法。乌鲁木齐：新疆人民卫生出版社 2011 年出版。

1182《维吾尔医药学名著：艾力卡农非提比——uyghur t é babitidin nemuniler-《elqanun fit-tib》diki köz k é selliklirige da'ir bayanlar》 uyghur tébabitidin nemuniler-《elqanun fit-tib》diki köz késelliklirige da'ir bayanlar

维吾尔族医药专著，978-7-5372-5190-7，R291.5。该书中有关眼部疾病的论述主要介绍了眼部疾病的病因、病症，以及在维吾尔医中的诊断与治疗、预防与保健等内容。（shimali sung）abu eli ibin sina 著，abdujélil bekri 译，réhim hebibulla 书法。乌鲁木齐：新疆人民卫生出版社 2012 年出版。

1183《维吾尔医药学名著：米扎尼提比——mizani tibdiki bash,besh eza we öpke késelliklirige da'ir bayanlar》 uyghur tébabitidin nemuniler-《mizani tib》diki bash,besh eza we öpke késelliklirige da'ir bayanlar

维吾尔族医药专著，978-7-5372-5166-2，R291.5。该书中有关头颅、五官、肺部疾病的论述主要介绍了头颅、五官、肺部疾病病因、症状，以及在维吾尔医学中的诊断与治疗方法。(ching) muhem medek berer zani 著；ejmel xan he bi bulla 译，ablik imjan zunun jew lani 书法。乌鲁木齐：新疆人民卫生出版社 2012 年出版。

1184《维吾尔医药制学》

维吾尔族医药专著，7-5372-0017-3，R291.5，民族语言题名为维吾尔文。阿布都热依木·阿布都克日木主编。乌鲁木齐：新疆人民卫生出版社 2006 年出版，共 387 页。

1185《维吾尔医异常黑胆质新论》

维吾尔族医药专著，978-7-228-12375-9，R281.445：R291.5，并列题名为"New conception on the theory of abnormal savda in traditional Uighur medicine"。该书诠释了维吾尔医学异常黑胆质病证及其诊断和临床用药。哈木拉提·吾甫尔主编。乌鲁木齐：新疆人民出版社 2009 年出版。

1186《中国少数民族医药丛书——维吾尔族医药学》

维吾尔族医药专著，7-3567-1001-1，R291.5。维吾尔民族医药学的介绍。朱琪主编。昆明：云南民族出版社 1995 年第 1 版，共 330 页。

1187《中华本草·维吾尔药卷》

维吾尔族医药专著，7-5323-7865-9，R281.3：R281.445。全书分上下篇，包括概论、药物、附篇和索引四大部分，收载维吾尔药 423 种，药物插图 320 余幅；药物以正名、异名、品种考证、来源、原植物、采收加工、药材鉴别、化学成分、药理等项目分别给予详细介绍。阿不都热依木·卡地尔等主编，国家中医药管理局《中华本草》编委会编写。上海：上海科学技术出版社 2005 年出版，共 524 页。

1188《天下只有一个和田：文化、教育、民族医药 3》

维吾尔族综合文献，7-228-08242-7，K924.52。阿布都拉·苏莱满主编。乌鲁木齐：新疆人民出版社 2003 年出版，共 367 页。

1189《阿、波、乌、维——维吾尔医药学名词词典》 erebche,parsche,orduche,uyghur che uyghur tébabiti atalghuliri lughiti

维吾尔族工具书，978-7-5372-4451-0，R291.5-61。abdukéririm tursuntoxti 著。乌鲁木齐：新疆人民卫生出版社 2009 年出版，共 491 页。

1190《维吾尔药志》（上、下册）

维吾尔族工具书，统一书号：14098.25　7-5372-1987-7、7-5372-1201-5，R281.445：R291.5，并列题名为“Pharmacography of Uighur”。该书上、下册共收录维吾尔族常用药材和少部分民间用药材328种，其中包括进口药材66种。书中介绍了各种药材的植物来源、药材性状、显微鉴别、理化鉴别、化学成分、药理作用、功能主治、采集保管等。刘勇民、沙吾提·伊克木编著。乌鲁木齐：新疆科技卫生出版社1986年出版上册，1999年出版下册。2册分别为618、491页。

1191《中国医学百科全书·维吾尔医学》

维吾尔族工具书，7-5323-7793-8，R-61：R291.5-61 。该书是一部专业性的医学参考工具书，内容包括维吾尔医药史以及维吾尔医基础理论、生理、病理、五官科学、内科学、外科学、皮肤科学、男性病学、妇科学、儿科学、骨伤科学、维药学、方剂学等临床各学科。易沙克江·马合穆德卷主编。上海：上海科学技术出版社2005年出版，共407页。

1192《中华人民共和国卫生部药品标准·维吾尔分册》

维吾尔族工具书。新疆维吾尔自治区维吾尔医医院研制了100多种内部制剂，其中36种被收入此书，如祖卡木颗粒、石榴补血糖浆等19个品种投放市场后，取得良好效益。

1193《医学与文学著作目录（1951—2005）》（上、下册）

维吾尔族检索工具书。该书是一部综合性维文目录著作，收录了新中国成立后新疆地区数十种杂志发表的约108135篇论文摘要，以及新疆各出版社出版的2594种书籍目录。其中维吾尔医药学专著约100种，论文2725篇，涉及医学史、古籍与古典、民间医学、民俗与健康、医学论文写作、名医介绍、兄弟民族医学等主题。著录的信息包括书名、论文篇目、著者、出版者、杂志名称、出版地点、出版年月。该书收录的论文及专著均为现代出版物，提供了大量有关维吾尔医学古籍的各类信息，对维吾尔医药古籍文献的收集、编目、整理和研究具有一定的参考价值。艾则孜·阿塔吾拉·萨尔特肯主编。乌鲁木齐：新疆人民卫生出版社2006年出版。

1194《中国少数民族古籍总目提要·维吾尔族卷》

维吾尔族检索工具书，978-7-5000-8741-0，Z838。该书是一部系统介绍维吾尔族古籍总体情况，反映维吾尔族古籍概貌的资料性工具书。它展示了维吾尔族丰富多彩的民族历史文化遗产，反映了维吾尔族人民在缔造中华文明过程中所作出的贡献。本书共收录维吾尔族铭刻类古籍条目19条，文书类古籍条目333条，讲唱类古籍条目1189条。张公瑾主编，国家民族事务委员会全国少数民族古籍整理研究室编写。北京：中国大百科全书出版社 2011 年出版，纸质，铅印本，共 390 页，有插图，精装。

（二）土家族医药文献

1195《国家中医药管理局民族医药文献整理丛书·湖北民族学院医学文库——玲珑医鉴》

土家族医药专著，7-80174-446-2，R297.3。该书上卷为基础理论，中卷为内科、外科，下卷为妇科、儿科，包含诊法、脉学、方药及内科、儿科等治验 30 余万言，是秦氏毕生行医之成果。该书内容包括诊法、方药及临床各科证治等，极具土家族医学特色及鄂西地域特色。全书长期以抄本形式在民间流传，现经精心整理，校注面世。秦子文主编，赵敬华等校注。北京：中医古籍出版社 2006 年出版，共 315 页。

1196《名老土家医周大成医案》

土家族医药专著，978-7-5152-0042-2，R297.3。该书选录了湖南省湘西土家族苗族自治州名老土家医周大成从医的医案 182 例，所选医案包括内科、儿科、妇科、外伤科、皮肤科、孔窍病类等各科疾病。田华咏、周青松、马伯元主编。北京：中医古籍出版社 2011 年出版，共 290 页。

1197《实用土家族医药》

土家族医药专著，978-7-216-05484-3，R297.3。该书系统全面地收集、挖掘、整理了散落在黔、湘、渝、鄂四省市边区的土家族医药，分土家族医学总论、土家族基本诊法、土家族药物、土家族病症治疗四章。袁德培主编。武汉：湖北人民出版社 2007 年出版，共 279 页。

1198《谭氏土家伤科本草》

土家族医药专著，978-7-5067-3680-0，R297.3/5。本书系统整理了鄂西谭氏家传的伤科本草，主要介绍了其别名、性味、功效、主治、家承传授、临床应用等，对土家族民族药物研究与应用具有一定的推动作用，同时对伤科临床有一定的指导作用。谭祖纯、谭敏枝主编，彭庆尧、周学卫、田祚萍编。北京：中国医药科技出版社 2007 年 6 月第 1 版，铅印本，共 175 页，147 千字，有插图，覆膜。

1199《国家中医药管理局民族医药文献整理丛书——土家医病证诊疗规范》

土家族医药专著，978-7-515-20353-9。该书内容包括土家医诊法技术操作规范 4 种，土家医看诊、问诊、脉诊及摸诊；土家医传统外治技术操作规范 18 种，土家医挑刺疗法、扑灰碗疗法、麝针疗法、蛋滚疗法、烧灯火疗法、推油火疗法、烧艾疗法、放痧疗法、雷火神针疗法、扯罐疗法、小儿提风疗法、泡脚疗法、酒火疗法、翻背掐筋疗法、瓦针疗法、接骨疗法、斗榫疗法、放血疗法；土家医常见病证诊疗规范 80 余种，分为内科、妇科、儿科、眼科、耳鼻喉科、外科、骨伤科、肛肠科、皮肤科 9 个学科；每种疾病的诊疗规范，按疾病简述、诊断依据、治疗原则、治疗方法、疗效评价体例编写。附篇是常用土家药名与中药名对照，便于临床应用。该书内容简要、易于掌握与操作，突出了土家医诊断与治疗特色，是我国第一部土家医病证诊断与治疗技术操作规范性的土家医药专业参考书。田华咏主编。北京：中医古籍出版社 2014 年 1 月第 1 版，纸质，铅印本，共 291 页。

1200《国家中医药管理局民族医药文献整理丛书——土家医方剂学》

土家族医药专著，978-7-80174-489-0，R297.3：R289。该书分上、下两篇。上篇介绍土家医方剂的起源和发展、土家医常用方剂与治法、药物鲜用方剂的分类原则、方剂的组成与变化、方剂的剂型和用法等内容。下篇按治法分为表出剂、清败剂等 16 章，收入常用代表方 335 首、附方 193 首、单验方 253 首。彭芳胜主编。北京：中医古籍出版社 2007 年出版，共 502 页。

1201《国家中医药管理局民族医药文献整理丛书——土家医方药精选》

土家族医药专著，7-51-520483-4。土家族民间药物资源丰富，防病治病方法多种多样，简、便、效、廉的民间方药流传甚广，深受群众喜爱。本书在编排上，疾病按大科分类，分为内科、外科、妇产科、儿科、五官科、皮肤科等；各科疾病病名，采用土家族医病名、中医病名及现代医学病名分类介绍，在病名下立方，一病一方或一病多方，有些常见病、多发病选法选方达数十种，如蛇伤方药达 57 方，痢疾 44 方，带下病 28 方，痔疮方 24 方，供临床应用时选择。该书从几千首土家族民间方药中遴选出近千首单方、验方、秘方、偏方，这些多是当地名老土家族医传家之宝或经验之方，可供读者在阅读时参考。田华咏、梅之南主编。北京：中医古籍出版社 2014 年 1 月第 1 版，纸质，铅印本，共 168 页。

1202《土家医雷火神针疗法、提风疗法技术规范与应用研究》

土家族医药专著，978-7-5152-0185-6，R297.304 。该书对土家医雷火神针的历史源流，从历代医学文献及土家医药民间流传进行了考证与文献整理；对土家医雷火神针与传统中医雷火神针技法特点进行比较研究和评述。彭芳胜、田华咏编著。北京：中医古籍出版社 2012 年出版，共 127 页。

1203《国家中医药管理局民族医药文献整理丛书——土家医药双语词汇》

土家族医药专著，7-51-520484-0。该书是用汉字直音或汉语意思与土家文字记录的土家医药名词，分为土家医药基础词汇、常见病症名词、土家药物名词、土家医药常用名词简释四章，包括有土家医常用技法名词简释、土家医常用疾病名词简释、常用药物名词简释等内容，所选土家医药名词主要来源于土家族母语存留区名老土家医药人员介绍的相关土家族医药述语。田华咏、梅之南、田禹顺主编。北京：中医古籍出版社2014年1月第1版，纸质，铅印本，共284页。

1204《土家族名医黄子均医案精选》

土家族医药专著，7-03-014329-9，R249.75。该书搜集整理了著名土家族名医黄子均先生的部分医案，精选了163种疾病，按内科、妇科、外科、儿科、五官科进行分类，每一病按证型选择若干病例，共精选了441个病例，每个病例分为基本情况、症状、证候、方药、用法等。刘杰书、黄云春、黄子均等著述。北京：科学出版社2004年出版，共181页。

1205《中国特色医药丛书——土家族女科》

土家族医药专著，978-7-80174-652-8，R297.3。该书共分为三部分。第一部分为总论，包括绪言、女人的生理特点、病因病机、诊断概要、土家女科治法概要、女科预防与保健等六个方面；第二部分为各论，主要记叙了月经病、带下病、怀胎病、产后病及女科杂病等用方及用药特色；第三部分以阐述女科疑难杂症为主，用附篇的形式讲述了土家医匠在月信、产前、产后、不孕症等几个方面的诊治心得，凸显了本土特色的医治理论和医治方法。祝均辉主编。北京：中医古籍出版社2009年出版，共170页。

1206《国家中医药管理局民族医药文献整理丛书——土家族药物志》（上、下册）

土家族医药专著，978-7-5067-3568-1，R297.3/3。该书收录了土家族常用药物2172种原动物和原矿物，除了概括其基原、生境、分布、加工外，特别珍贵的部分是“民族用药经验”，包括性味、功能、主治和应用举例。方志先主编，赵晖、赵敬华、刘杰书、朱云超编。北京：中国医药科技出版社2007年1月第1版，铅印本，共651页，2046千字，有插图，精装。

1207《土家族药学》

土家族医药专著，978-7-225-03394-5，R297.3。该书收载土家族同胞常用和较为常用药物380味，附药75味，既有系统理论，又侧重于临床应用，对防治山区的常见病、多发病具有较高的实用价值，是研究土家族药物的基本理论和指导临床应用的书籍。杨德胜主编。西宁：青海人民出版社2009年出版，共380页。

1208《国家中医药管理局民族医药文献整理丛书——土家族医学史》

土家族医药专著，7-80174-273-7，R294.3/2。该书紧紧掌握传统医药的人文特点，从历史学、文化学、民族学的角度对土家族医药产生的历史文化背景作了全面论述，其中包括基础理论、诊法、治则、疗法、药物、养生等。田华咏主编，滕建卓编。北京：中医古籍出版社2005年1月第1版，铅印本，共480页，380千字，有插图，覆膜。

1209《国家中医药管理局民族医药文献整理丛书——土家族医药》

土家族医药专著，7-80174-448-9，R297.3/2。该书分为土家族医药发展简史、土家族医学基础、土家族医学临床病治、土家族药物、土家族医药学术价值与开发前景展望五个章节。朱国豪主编，杜江、张景梅、潘炉台编，贵阳中医学院编写。北京：中医古籍出版社 2006 年 1 月第 1 版，铅印本，共 502 页，620 千字，有插图，精装。

1210《土家族医药学》

土家族医药专著，R297.4。该书内容分为四部分，包括概述、土家医基础、药物及临床诊治等。田华咏等编著。北京：中医古籍出版社 1994 年出版，共 246 页。

1211《中国少数民族医药丛书——土家族医药学》

土家族医药专著，7-5367-0911-0，R297.3。该书综合概括了土家族医学、药学的理论体系，疾病命名，诊断方法，药物分类，治疗方法，药物采集加工，药物剂型等，附录载入土家族医药术语名词解释、中文名索引、拉丁名索引。彭延辉主编，关祥祖、田奇伟、廖博儒、张贵赋编。昆明：云南民族出版社 1994 年 10 月第 1 版，铅印本，共 50 页，197 千字。

1212《国家中医药管理局民族医药文献整理丛书·湖北民族学院医学文库——土家族医药学概论》

土家族医药专著，7-80174-317-2，R297.3/4。该书介绍了土家族医药学基础理论、诊法、治则、药物以及内、外、妇、儿、推拿、五官等各科疾病的诊治内容，系统地介绍了土家族医药的概貌。赵敬华主编，袁德培、颜益志、杨其政、朱云超编。北京：中医古籍出版社 2005 年 6 月第 1 版，铅印本，共 389 页，655 千字，覆膜。

1213《湘西土家族医药调查与临床研究》

土家族医药专著，978-7-5023-7345-0，R297.3。该书介绍了湘西土家族医药的概况，包括对全州土家族聚集中的龙山、保靖、永顺、桑植、大庸进行了实地调查；还介绍了土家族医药临床研究，将疾病分为六大类，包括内科疾病、外科疾病、妇产科疾病、五官科疾病、瘟疫、儿科疾病等。该书共收载 829 个病症，并对其中的 200 个病症进行举证、诊断、治疗、方药辨析，可供科研教学临床参考。潘永华主编。北京：科学技术文献出版社 2013 年出版，共 210 页。

1214《中国当代医疗百科专家专著：土家族医药研究新论》

土家族医药专著，7-80174-364-4，R297.3。该书选录论文 30 余篇，包括《湘西土家族医药论述》《土家族医药发展史略》《土家医脉学简析》《土家族药文化资源的开发与保护》等。田华咏主编。北京：中医古籍出版社 2006 年出版，共 262 页。

1215《中国少数民族古籍总目提要·土家族卷》

土家族检索工具，978-7-5000-8312-2，Z838。该书共收录土家族古籍条目 4000 余条。全书分为甲、乙、丙、丁四编。其中甲编为书籍类，分经卷、史志、谱牒、艺文、科技及其他五个部分；乙编为铭刻类，分石碑、牌坊、墓碑、摩崖石刻及其他铭刻五个部分；丙编为文书类，分朝廷文书、地方文书、民间文书三个部分；丁编为讲唱类，分神话、传说、故事、歌谣四个部分。张公瑾主编，梁先学编撰（著），国家民族事务委员会全国少数民族古籍整理研究室编写。北京：中国大百科全书出版社 2010 年出版，纸质，铅印本，共 493 页，有插图，精装。

（三）朝鲜族医药文献

1216《朝鲜族医药学》

朝鲜族医药专著，R291.9。该书内容包括朝医发展史、朝医基础理论、朝医诊断学、朝医药物及方剂学、预防保健学和四象内科学六个部分。卢得子、许香兰、关祥祖主编。昆明：云南民族出版社 1995 年出版。

1217《中国朝鲜族医药学丛书——朝鲜族医药学发展史》

朝鲜族医药专著，978-7-5449-2421-4，R291.9-09，为朝汉对照文本。该书介绍了朝医学的渊源、朝医药的形成和发展、朝医药的独特优势、朝医药的古籍、朝医药主要人物、朝医药学术论文、朝医药大事记年表等内容。崔海英、张斗元主编。延吉：延边人民出版社 2012 年出版，共 246 页。

1218《朝医学概要》

朝鲜族医药专著。朝医学以四象辨证辨病为其特色，以天、人、性、命整体观和四维之四象结构理论为指导，是具有自己独特理论体系的一门学科，对它的继承、发扬、整理、提高是一件很有现实意义和历史意义的大事。尹明浩、金明玉、韩一龙著。延吉：延边大学出版社 2007 年出版。

1219《国家中医药管理局民族医药文献整理丛书——〈东洋医学要论〉校释》

朝鲜族医药专著，7-80698-377-5，R291.9。该书通过东洋医学理论，对四性医学进行了实验及临床研究，内容包括总论、四性论、四性治疗论、药性论、四性别治疗各论和四性别治疗处方大要。朴仁范主编。延吉：延边人民出版社 2005 年出版，共 232 页。

1220《国家中医药管理局民族医药文献整理丛书——〈东医寿世保元〉校释》

朝鲜族医药专著，7-80698-377-5，R291.9。该书分为 4 卷，载医论 625 条，方剂 113 条。首卷包括性命论、四端论、扩充论、脏腑论；后三卷分别论述少阴人、少阳人、太阴人、太阳人的各种病症，主要涉及外感病的证治。玄哲男干校释。延吉：延边人民出版社 2005 年出版，共 325 页。

1221《国家中医药管理局民族医药文献整理丛书——〈汉方医学指南〉校释》

朝鲜族医药专著，7-80698-377-5，R291.9。该书是中国朝医学家李常和先生 20 世纪 30 年代初的医学著作，主要论述了“凡病总不外乎脏腑自病及相干为病，因人之脏腑而选其药，就古今之疑团以释”的人禀脏理说。许香兰主编、校释。延吉：延边人民出版社 2005 年出版，共 451 页。

1222《〈乡药集成方〉76—85 卷校释》

朝鲜族医药专著，7-80089-660-9，R289.5 。该书共 85 卷，内容包括针灸、目录、医门、乡药本草等，医学部分大体分为 54 门，共收载 959 种病症；药学部分，通过石部、草部、木部等十大类详述了药性和适应证。朴明杰主编。延吉：延边人民出版社 2005 年出版，共 964 页。

1223《中国朝鲜民族医学史（修订本）》

朝鲜族医药专著，7-80648-135-4，R291.9-09。该书论述了朝鲜族民族医学的医学史。张文宣主编，延边朝鲜自治州民族医药研究所编纂。延边：延边人民出版社 1999 年出版，共 105 页。

1224《中国朝鲜民族医学真髓》

朝鲜族医药专著，7-80698-697-9，R291.9。该书由中国朝鲜民族医药学历史渊源，“天、人、性命”整体观，阴阳论，四行论，脏腑论，病理学，药理学，方剂学，太极针法，诊断学，临床学和预防保健养生学等 12 个部分组成，比较全面地论述了朝医四象医学理论。孙永锡主编。延吉：延边人民出版社 2006 年出版，共 697 页。

1225《中国朝医妇科学》

朝鲜族医药专著，978-7-5132-0019-6，R291.9。该书由上、中、下三篇组成，内容包括朝医妇科学的定义、范围及发展简史，女性的生理生殖特点，朝医妇科学的护理，月经病，妊娠病，妇科杂病，女性生殖器官解剖与生理等。尹明浩、金明玉主编。北京：中国中医药出版社 2010 年出版，共 217 页。

1226《朝鲜民族医学系列参考丛书——中国朝医基础学》

朝鲜族医药专著，978-7-5132-0019-6，R291.9。该书共分 16 章，内容包括绪论、朝医学的基本特点、朝医学的阴阳论、朝医学的四行论、朝医学的四象人论、朝医学的脏腑论、朝医病因学等。尹明浩、朴仁范主编。北京：中国中医药出版社 2010 年出版，共 330 页。

1227《朝鲜民族医学系列参考丛书——中国朝医内科学》

朝鲜族医药专著，978-7-5132-0019-6，R291.9。该书分为上、中、下篇，内容包括朝医学基本理论、朝医病因病理学、朝医辨象学、伤寒病、外感诸病、内伤杂病等。尹明浩、金明玉主编。北京：中国中医药出版社 2010 年出版，共 290 页。

1228《朝鲜民族医学系列参考丛书——中国朝医体质学》

朝鲜族医药专著，978-7-5132-0019-6，R291.9。该书分为 8 章，内容包括朝医体质学概论、四象人体质的形成、朝医体制分类、四象人体质特征、四象人体质病理、朝医辨象诊断等。尹明浩、朴仁范主编。北京：中国中医药出版社 2010 年出版，共 314 页。

1229《国家中医药管理局民族医药文献整理丛书——中国朝医学》

朝鲜族医药专著，7-80698-377-5，R291.9。该书选编了中国朝鲜族医学发展历史、基础医学、临床医学、朝药学、预防保健学、太极针法等内容，是一本比较全面、系统地反映朝医学特点的综合性书籍。李济禹、崔正植主编。延吉：延边人民出版社 2005 年出版，共 545 页。

1230《朝药志》

朝鲜族工具书，7-80599-256-8，R291.9。该书收载朝鲜医药 200 种，并选择 100 种最常用的、有代表性的药物，记述其药名、别名、拉丁学名、功能、主治、用法、用量及近代化学成分、药理作用及临床研究，是一部既有系统理论研究又有实际应用意义的民族药学的专著。崔松男主编。延吉：延边人民出版社 1995 年 6 月第 1 版，纸质，铅印本，279 页，有插图，精装。

1231《中国朝医学全书》

朝鲜族工具书，7-5634-1192-5，R291.9。该书内容有中国朝医学基础理论、辨象辨（证）学、朝药药理学、朝药方剂学、临床疾病学、朝鲜族医学家著作选编等，后附中草药中文索引。金弘德、张文宣著。延吉：延边大学出版社 2001 年出版，共 381 页。

1232《中国医学百科全书·朝医学》

朝鲜族工具书，7-5323-2415-X，R-61 。该书选编了中国朝鲜族医学发展史、基础理论、诊断学、临床学、朝药学、方剂学、预防保健说等内容。蔡春锡主编。上海：上海科学技术出版社 1992 年出版，共 108 页。

（四）侗族医药文献

1233《侗药大观》

侗族医药专著，7-105-07906-1，R281.464.4。该书介绍了侗族常用的中草药，分根及根茎类、全草类、花叶类、藤木类、果实及种子类、皮及其他类等六章，每种药材都按侗文名称、学名、别名、拉丁名、性味功能、临床应用、用量与用法详细介绍，具有严格的科学性和实用性，每种药都配以照片。陆中午、吴炳升主编。北京：民族出版社

2006年出版，共369页。

1234《侗族常用药物图鉴》

侗族医药专著，978-7-80662-758-7，R297.2-64/1，并列题名为“Tujian Gaeml meenh gongh Ems”。该书分为四部分，即植物药、动物药、矿物药和附录，分别介绍侗族常用药物的基源、形态、生境、采集、分布、现代研究、应用、用量等内容。龙运光、袁涛忠主编，龙运光摄影。贵阳：贵州科技出版社2009年第1版，铅印本，共536页，450千字，有插图，精装。

1235《国家中医药管理局民族医药文献整理丛书——侗族药物方剂学》Fanghjilxoc ems gaeml

侗族医药专著，978-7-80662-795-2，R297.2/1。该书按侗族药物分类，以药物侗语名称的拼音字顺为序，按植物药、动物药排列，收载了侗医应用较广泛的植物药138种、动物药13种。龙运光，袁涛忠主编，金鸣昌，周茜编，国家中医药管理局、《侗族药物方剂学》编委会编写。贵阳：贵州科技出版社2009年9月第1版，铅印本，共315页，520千字，有插图，精装。

1236《侗族医学》

侗族医药专著，7-80584-116-0，R297.2。该书分上、下篇，上篇介绍侗医的基础理论和常见的218个病症；下篇介绍侗药的基本知识和常用的294种药物。陆科闵主编。贵阳：贵州科技出版社1992年6月出版，共397页。

1237《侗族医药探秘》

侗族医药专著，7-80665-392-9，R297.2。该书内容包括侗族医药简史、民间故事传说、侗医药古籍藏书及对疾病的命名和分类、预防医学点滴、临床医学选录、民间单方拾萃、验方集锦、偏方歌诀50首等。萧成纹主编。长沙：岳麓书社2004年出版，共324页。

1238《中国侗族医药》

侗族医药专著，978-7-5152-0063-7，R297.2。该书详细介绍了侗族医药在不同历史时期的发展过程，系统总结了侗族医药完整的理论学术体系和丰富的实践经验，阐释了侗族医药天、地、气、水、人五位一体的核心学术思想和问病、望诊、摸审、切脉的诊疗方法，收集了大量的侗族医药民间秘方药方。龙运光等主编。北京：中医古籍出版社2011年出版，共739页。

1239《国家中医药管理局民族医药文献整理丛书——中国侗族医药史》

侗族医药专著，978-7-515-20338-6。田华咏主编。北京：中医古籍出版社2014年3月第1版，纸质铅印本，共418页。

1240《中国侗族医药研究》

侗族医药专著，978-7-5357-6595-6，R297.2，并列题名为“Research of Dong nationality medicine in China”。该书采用社会—心理—生物—医学的研究模式，不仅在国内侗族主要聚居地调查研究侗族医药中的病征、药物、医方，而且将侗族医药视为一种文化现象进行考察，研究侗族所特有的生态环境、社会活动、宗教文化、民族心理、民族习俗、经济活动等因素与医药的关系。该书分为上下两篇。该书上篇为总论，包括中国侗族及其医药发展简史、侗族医学概述、侗族药物研究等。下篇为各论，包括中国侗医病征录，收录侗医病名1655种，病征615种；中国侗药谱，收录侗药856种；中国侗族医方类聚，收录医方2007首。刘育衡主编，丁锋编著撰（著）编。长沙：湖南科学技术出版社2012年出版，共550页。

1241《龙卷风文库——侗乡药膳》

侗族综合文献，978-7-104-02853-6，R247.1；TS972.161。该书分为三部分，第一部分介绍侗乡饮食文化的渊源及趣味神话；第二部分收集了芷江侗乡部分药膳秘方的配伍、制作方法和功效及临床适应症；第三部分分别介绍了侗乡中医、民间名医的治病特长及其独到之处。龙文忠主编，芷江侗族自治县民间医药学会、芷江民族宗教事务局编著。北京：中国戏剧出版社2008年出版，共207页。

1242《中国少数民族古籍总目提要·侗族卷》

侗族检索工具，978-7-5000-8499-0，Z838。该书按甲、乙、丙、丁四编的顺序排列。甲编为书籍类，乙编为铭刻类，丙编为文书类，丁编为讲唱类。张公瑾主编，国家民族事务委员会全国少数民族古籍整理研究室编写。北京：中国大百科全书出版社2010年出版，纸质铅印本，共422页，有插图，精装。

（五）畲族医药文献

1243《福安畲医畲药》

畲族医药专著，978-7-80597-942-7，R298.3。该书以挖掘抢救传承畲医畲药为主线，介绍了福安市和全省唯一的畲族开发区及坂中、穆云、康厝三个畲族乡的畲族分布概况和风俗；叙述福安畲族医药历史和渊源；阐述了畲医“望、问、切”辨证施治，将疾病分为“寒、气、风、血”类型，治疗方法以内服、外敷、挑病珠、刮捏痧为主等，以及自制治疗刀具、接骨医疗用具；对福安知名畲医，特别是“四大名畲医”，进行逐一介绍；对福安畲族单验方、民间单方和食疗、药膳等进行整理和总结；编入畲族青草药300多种。钟隐芳主编。福州：海风出版社2010年出版，共390页。

1244《三明畲族民间医药》

畲族医药专著，7-5615-1959-1，R298.3。该书主要介绍三明市畲族医药的历史、现状、特点、用药经验、民间疗法、卫生习俗，收载常用青草药280种、动物药63种、附方1457首。宋纬文、许志福主编，福建省三明市医学科学研究所编写。厦门：厦门大学出版社2002年出版，共361页。

1245《浙江省非物质文化遗产代表作丛书——畲族医药（痧症疗法）》

畲族医药专著，978-7-5514-0487-7，R298.3。该书主要内容包括畲医痧症概况、畲医痧症疗法、畲医常用畲药、畲族民间医药特点、畲族医药的抢救与保护等。鄢连和主编。杭州：浙江摄影出版社2014年出版，共171页。

1246《畲族医药学》

畲族医药专著，7-5367-1196-4，R298.3。该书为中国少数民族医药丛书之一，共有八章：畲族概况、畲族医药现状与特点、畲族临床简介、畲族特殊疗法、畲族的预防医学和流行病学、畲族的盘瓠信仰和民族养生、畲族单验方选辑和畲族常用中草药。陈泽远、关祥祖主编。昆明：云南民族出版社1996年出版，共447页。

1247《闽东畲族文化全书·医药卷》

畲族医药专著，978-7-105-09945-0，K288.3：R298.3。该书介绍了畲族医药的特点、历史和现状，畲族临床简介，畲族特殊疗法，畲族的疾病预防与保健，畲族单验方选辑，畲族常用青草药等内容。钟雷兴主编，陈泽远、陈利灿、林品轩编撰。北京：民族出版社2009年出版，共446页。

1248《中国畲族医药学》

畲族医药专著，978-7-80231-251-7，R298.3。该书以课题为主线，以课题研究结果为主要资料，介绍了畲族概况、畲族医药的历史与现状、畲医药理论基础、畲医常用病名、畲医的特色疗法、畲医病症论治、畲医用药特点、常用畲药及民间常用处方选等内容。雷后兴、李永福主编。北京：中国中医药出版社2007年出版，共506页。

（六）哈萨克族医药文献

1249《哈萨克药志》（第01、02卷）

哈萨克族医药专著，978-7-5067-5523-8，R293.6。第一卷辑录阿勒泰地区药用植物158种，每种植物的叙述内容依次包括植物名称、哈萨克语名、拉丁名、药用基源、形态特征、生境分布、采集加工、化学成分、性味功能、主治功能、附方等项。第二卷记载了新疆阿尔泰地区哈萨克民间特效植物药材161种，描述了每种药的拉丁学名、生态分布、形态特征、采收加工、性味功能、主治用法及附方应用等。巴哈尔古丽·黄尔汗、徐新主编。北京：中国医药科技出版社 2012 年出版，共 489 页。

1250《哈萨克医药常用处方选集》

哈萨克族医药专著，978-7-5425-1111-9，R293.6。该书将传统哈医药与现代科技相结合，搜集整理了上百个常用的协定处方，用于哈医内外科、哈医骨伤科，含有丰富的防病治病经验和医疗技术。叶尔肯、吾古力汗主编，伊犁哈萨克自治州哈医药研究所编写。奎屯：伊犁人民出版社 2010 年出版，共 286 页。

1251《哈萨克族医学概论》

哈萨克族医药专著，978-7-80174-797-6，R293.6/11。该书从哈萨克民族的哲学观和自然观出发，系统阐述了反映自然万物和人体生命的“六元”学说，即天元、地元、明元、暗元、寒元、热元。这“六元”学说奠定了哈萨克医学的理论基础，贯穿于哈萨克医学的诊疗思想的始终。努巴河提·斯马胡勒主编，巴合达吾列提·阿力太、努尔太·土曼拜、王仁编。北京：中国古籍出版社 2010 年 1 月第 1 版，铅印本，共 264 页，353 千字，有插图。

1252《医药志解析》

哈萨克族医药专著。该书内容分三部分——基础医学、临床医学和预防医学，作者通过对医药学的研究，分析了古今哈萨克传统医学在内的各兄弟民族医学观点和中医、西医的异同，以及他们之间的辩证关系，并提出了新的见解。巴贺道列提著。乌鲁木齐：新疆科学技术出版社 2005 年出版。

1253《中国少数民族古籍总目提要·哈萨克族卷》

哈萨克族检索工具，978-7-5000-8711-3，Z838。该书对 1949 年以前哈萨克族的书籍、铭刻、文书、讲唱等方面的古籍，以条目的形式，分别介绍其作者、成书年代、主要内容、文献价值、版本及保存、流传等情况。该书共收入哈萨克族条目约 1916 条。该书哈萨克族卷按甲、乙、丙、丁四编的顺序排列，甲编为书籍类，乙编为铭刻类，丙编为文书类，丁编为讲唱类。张公瑾主编，国家民族事务委员会全国少数民族古籍整理研究室编写。北京：中国大百科全书出版社 2011 年出版，纸质，铅印本，共 454 页，有插图，精装。

（七）羌族医药文献

1254《尔玛思柏·中国羌药谱》

羌族医药专著，978-7-109-16429-1，R297.4。该书收录药材 600 种，涵盖了羌药中的动物、植物、菌类及矿物类，从科名、中药名、地方名、学名、性味归经、药用部位、中药效用、羌药效用、形状、生长生态环境等方面介绍羌药；还将羌药药效、用途与中药药效、用途进行比较，以此突出羌药的独特性。李荣贵主编。北京：中国农业出版社 2013 年出版，共 506 页。

1255《羌族医药》

羌族医药专著。该书对羌医药基本理论作了初步整理和表述。张艺、钟国跃主编。

1256《羌族医药文化的保护与传承》

羌族医药专著，978-7-564-32836-8。该书是研究羌族医药文化保护与传承的学术专著，主要内容包括羌族医药文化的历史和生存环境、基本理论、特色实践、文化价值和传承模式，羌族宗教信仰、释比文化与羌医药的保护、传承以及主要影响因素，羌族医药特色档案的建立、文化遗产的申报和发展前景分析。该书主要收录汶川地震后羌族医药文化保护、传承的现状和面临的挑战、地震对羌族医药文化的影响、地震后羌族医药文化的艰难处境、地震后羌族医药的保护与传承中存在的问题等内容。成都：西南交通大学出版社 2014 年 1 月第 1 版，纸质，铅印本，共 211 页。

1257《中国少数民族简史丛书（修订本）——羌族简史》

羌族综合文献，978-7-105-08692-4，K287.4/3。“民族问题五种丛书”共计 402 本，一亿多字，该项目自 1958 年启动至 1991 年基本完成，历时 30 多年，涉及全国 19 个省、区、市及中央有关单位 400 多个编写组，1760 多人参与，分别由全国 30 多家出版社出版。纵观历史，像这样全面系统地调查研究、编辑出版介绍各个少数民族的丛书在中国前所未有；横看世界，像这样由政府部门组织为国内各少数民族著书立说实属罕见。第 143—147 页，卫生和体育。郎维伟主编，王永正、王康编，《羌族简史》编写组编写。北京：民族出版社 2008 年 4 月第 1 版，铅印本，共 274 页，230 千字。

1258《中国少数民族古籍总目提要·羌族卷》

羌族检索工具，978-7-5000-8128-9，Z838。该书收录羌族的古籍条目 1592 条，内容包括宗教、政治、经济、文学、艺术等诸多方面，真实记录了羌族的历史发展进程和文化发展轨迹。张公瑾主编，龙彦编撰（著），国家民族事务委员会全国少数民族古籍整理研究室编写。北京：中国大百科全书出版社 2009 年出版，纸质，铅印本，共 264 页，有插图，精装。

（八）黎族医药文献

1259《黎族医药》

黎族医药专著，978-7-5443-2615-5，R298.1。该书系统总结梳理了黎医诊断理论和黎药给药方法，是全面系统阐述黎族医药的开山之作，分“医”和“药”两部分。钟捷东主编。海口：海南出版社 2008 年出版，共 449 页。

1260《黎药学概论》

黎族医药教材，978-7-117-10011-3，R298.1 。该书从黎药名、别名、来源、植物形态、药材性状、分布、性味、功能主治、用法用量、使用注意、化学成分等 15 个方面，对 128 种黎族习用药用植物做了介绍。刘明生主编。北京：人民卫生出版社 2008 年出版，共 191 页。

1261《黎药的 DNA 条形码鉴定研究》

黎族综合文献，978-7-5067-6299-1，R298.1。该书分总论、各论两部分，介绍了黎药植物资源，共收载黎药植物 82 种；采用目前国际上流行的 DNA 条形码技术，对黎药植物进行标准化鉴定，对每一个黎药介绍其中文名、汉语拼音名、拉丁名、材料来源、DNA 条形码序列特征、序列鉴定方法与判定标准，书后附药材彩图。唐历波主编。北京：中国医药科技出版社 2013 年出版，共 107 页。

1262《黎族药志》（第 1、2、3 册）

黎族工具书，978-7-5046-5143-3，978-7-5046-5580-6，并列题名为“Records of Li Folk medicine”。第 1 册共收录黎药 200 种，从药名及其别名、植物来源、植物特性、产地、采收加工、性味功能、化学成分、药理和民间应用几方面进行整理和综述。第 2 册介绍了每种黎族药物的中文名、黎语名和拉丁名，并对药物的性味功能和化学成分做了分析，同时收入黎族民间对各种药物的应用经验。第 3 册收录多种海南药用植物，大多为近 10 年来的研究热点，分别从原植物及其分布、性味归经等方面进行整理和综述，并且增加了黎族语名称。第 1 册由戴好富、梅文莉主编；第 2、3 册由戴好富主编。北京：中国科学技术出版社 2008 年出版第 1 册，2010 年出版第 2 册，2014 年出版第 3 册。

（九）毛南族医药文献

1263《毛南族医药》

毛南族医药专著，7-5412-1364-0，R297.6/1。该书在广泛普查调研的基础上，对毛南族医药的历史和现况进行了介绍，全书分为医史、医药基础理论和治疗方法、医药、单验方等四个部分。孙济平主编，胡成刚、马四补、韦波、罗迎春编，贵阳中医学院编写。贵阳：贵州民族出版社 2006 年 5 月第 1 版，铅印本，共 485 页，386 千字，有插图，覆膜。

1264《毛南族医药》

毛南族医药专著，978-7-5363-5355-8，R297.6。该书搜集的毛南族民间中草药 231 种，按病种处方 5000 余方，其中有内科、外科、妇科、儿科、五官科及其他疑难杂症等内容。谭恩广主编。南宁：广西民族出版社 2007 年出版，共 589 页。

1265《中国少数民族古籍总目提要·毛南族卷　京族卷》

毛南族检索工具，978-7-5000-8244-6，Z838。该书毛南族卷、京族卷均按甲、乙、丙、丁四编的顺序排列。甲编为书籍类，乙编为铭刻类，丙编为文书类，丁编为讲唱类。张公瑾主编，国家民族事务委员会全国少数民族古籍整理研究室编写。北京：中国大百科全书出版社 2009 年出版，纸质，铅印本，共 219 页，有插图，精装。

（十）其他民族医药文献

1266《鄂伦春民族习惯用药》

鄂伦春族医药专著，978-7-80231-228-9，R292.4/11。该书为我国第一部全面介绍鄂伦春民族习惯用药的书籍，分为上篇总论及下篇各论两部分，总论介绍了鄂伦春族民族特点、鄂伦春族民族医药的起源与发展、鄂药的资源状况及鄂药用药特点；下篇为单味鄂药的具体介绍，其中包括植物药 130 多种、动物药 30 多种，具体介绍了 160 多种鄂药的性味功效、临床应用等内容。孙保芳、刘树民主编，刘树民、郝亚琴、张琳编。北京：中国中医药出版社 2007 年 8 月第 1 版，铅印本，共 224 页，221 千字，有插图。

1267《中国少数民族古籍总目提要·鄂伦春族卷》

鄂伦春族检索工具，978-7-5000-8365-8，Z838。该书收入的鄂伦春族古籍条目分为文书类和讲唱类两大类，介绍了鄂伦春族古籍的总体情况。张公瑾、吴长林主编，国家民族事务委员会全国少数民族古籍整理研究室编写。北京：中国大百科全书出版社 2010 年出版，纸质铅印本，共 340 页，有插图，精装。

1268《民族医药抢救性发掘整理——鄂温克族医药简介》

鄂温克族医药专著，978-7-515-20549-6。该书主要介绍了鄂温克族基本状况，鄂温克族医药发展沿革，鄂温克族医药理论及传承方式，鄂温克族对于疾病的防治和养生保健的认识，鄂温克族常用药物，鄂温克族医药起源与发展，鄂温克族医药理论和民间单方、验方，以及鄂温克族民间医状况等内容。北京：中医古籍出版社 2014 年 6 月第 1 版，铅印本，共 170 页，156 千字，有插图。

1269《中国少数民族古籍总目提要·鄂温克族卷》

鄂温克族检索工具，978-7-5000-8331-3，Z838。该书充分体现了党和政府对保护和发展少数民族传统文化的高度重视，顺应了建设中国特色社会主义事业的需求，具有深远的历史意义和重大的现实意义，收集了我国各少数民族落之于笔墨、传之于口头的各种古籍文献。该书收录鄂温克古籍条目 2143 条，内容包括历史、宗教、政治、经济、文学、艺术等诸多方面，真实记录了这个民族的历史发展进程和文化发展轨迹。吴长林主编，国家民族事务委员会全国少数民族古籍整理研究室编写。北京：中国大百科全书出版社 2010 年出版，纸质，铅印本，共 352 页，有插图，精装。

1270《仫佬医药》

仫佬族医药专著，978-7-5363-6665-7，R297.5。该书全面总结和记载了 301 种仫佬医药病症及验方，以及 308 种仫佬族医药常用药物、26 种特色诊疗技法，首次总结了仫佬族及其先民对大自然与人体关系的宏观认识，提出了“灵气”“意念”“和调”“七窗四门”“气、血、精、骨、筋肉”等仫佬族医药生理病理理论，从而使仫佬医药的临床实践有了相应理论指导。梁栋、全永健主编。南宁：广西民族出版社 2013 年出版，共 600 页。

1271《中国少数民族古籍总目提要・仫佬族卷》

仫佬族检索工具，978-7-5000-8245-3，Z838。该书收录仫佬族古籍条目 829 条，按甲、乙、丙、丁四编的顺序排列。甲编为书籍类，收录 122 条；乙编为铭刻类，收录 58 条；丙编为文书类，收录 258 条；丁编为讲唱类，收录 391 条。张公瑾主编，欧薇薇编撰（著），国家民族事务委员会全国少数民族古籍整理研究室编写。北京：中国大百科全书出版社 2009 年出版，纸质，铅印本，共 211 页，有插图，精装。

1272《中国少数民族古籍总目提要・达斡尔族卷》

达斡尔族检索工具，978-7-5000-8248-4，Z838。该书达斡尔族卷按甲、乙、丙、丁四编的顺序排列。甲编为书籍类，乙编为铭刻类，丙编为文书类，丁编为讲唱类。吴长林主编，国家民族事务委员会全国少数民族古籍整理研究室编写。北京：中国大百科全书出版社 2009 年出版，纸质，铅印本，共 257 页，有插图。

1273《中国少数民族古籍总目提要・赫哲族卷》

赫哲族检索工具，978-7-5000-8498-3，Z838。该书按甲、乙、丙、丁四编的顺序排列。甲编为书籍类，乙编为铭刻类，丙编为文书类，丁编为讲唱类。张公瑾主编，都永浩、谷文双编撰（著），国家民族事务委员会全国少数民族古籍整理研究室编写。北京：中国大百科全书出版社 2010 年出版，纸质，铅印本，共 282 页，有插图，精装。

1274《中国少数民族古籍总目提要・柯尔克孜族卷》

柯尔克孜族检索工具，978-7-5000-8002-2，Z838。该书收录新疆维吾尔自治区、黑龙江省的柯尔克孜族古籍条目 1571 条，其中书籍类 4 条、讲唱类 1567 条。该书全面反映柯尔克孜族现存古籍铭刻的面貌，涵盖书籍类、讲唱类等古籍资料，展现柯尔克孜族丰富多彩的民族文化遗产。张公瑾主编，马克来克・玉买尔拜编撰（著），国家民族事务委员会全国少数民族古籍整理研究室编写。北京：中国大百科全书出版社 2008 年出版，纸质，铅印本，共 323 页，有插图，精装。

1275《中国少数民族古籍总目提要·塔吉克族卷》

塔吉克族检索工具，978-7-5000-8688-8，Z838。该套书将把我国各少数民族落之于笔墨、传之于口头的各种古籍文献一一清点入册。该书是塔吉克族古籍总目提要，收录的塔吉克族古籍条目分为书籍类和演唱类两类，其中书籍类条目有52条、演唱类条目有1573条。本书按甲、乙、丙、丁四编的顺序排列，甲编为书籍类，乙编为铭刻类，丙编为文书类，丁编为讲唱类。张公瑾主编，国家民族事务委员会全国少数民族古籍整理研究室编写。北京：中国大百科全书出版社2011年出版，纸质，铅印本，共422页，有插图，精装。

1276《中国少数民族古籍总目提要·锡伯族卷》

锡伯族检索工具，978-7-5000-7763-3，Z838。该书收录锡伯族古籍条目2338条，内容包括宗教、政治、经济、文学、艺术等诸多方面，真实记录了锡伯族的历史发展进程和文化发展轨迹。张公瑾主编，贺忠德编撰（著），国家民族事务委员会全国少数民族古籍整理研究室编写。北京：中国大百科全书出版社2007年出版，纸质，铅印本，共376页，有插图。

1277《仡佬族医药》

仡佬族医药专著，7-5412-1057-9，R297.1/1。该书分为医药简史、基础理论、治疗方法、药物、单验方等五部分，书后附有药用动植物拉丁学名索引、中文名索引。赵俊华主编，潘炉台、张景梅、杜江编，贵州省中医药研究院编写。贵阳：贵州民族出版社2003年1月第1版，铅印本，共511页，403千字，有插图，精装。

三、多民族综合医药文献

我国是多民族的文明古国，在漫长的历史长河中，由于地理环境、自然因素、生活方式不同，加之哲学宗教等影响，56个民族在长期与自然界和疾病斗争、防治疾病以及应用药物的过程中，积累了丰富多彩的具有本民族特色的民族医药，并共同构成了我国的传统医药，为民族的繁荣和社会进步作出了巨大贡献[①]。

中医药学是总结汉民族医药学的传统医药学，其与藏族、蒙古族、维吾尔族、傣族、壮族、苗族、瑶族、彝族、侗族、土家族、回族、朝鲜族、水族等各民族医药学相互渗透、相互影响。各民族医药之间，不断吸收、引入其他民族的医药经验来丰富自己，并不断完善提高，共同构成了极具特色的中国传统医药体系，成为中国乃至世界医药的重要组成部分，是我国和世界的优秀文化瑰宝[②]。云南的少数民族医药资源丰富多

① 马万学，刘玉忠．满族传统医药的传承与应用［J］．满族研究，2009（2）．

② 韦正初，韦宗元．水族医药的研究和发展［J］．中国民族医药杂志，2010（12）．

彩，在少数民族聚居的地区流传，发挥了保障少数民族人民的繁衍生息的作用。

近几年来，国家在民族医药的整理、发掘和研究方面取得了一系列突出成果，涌现出一大批少数民族医药研究方面的科研成果和学术专著，如藏族医药、蒙古族医药、维吾尔族医药、壮族医药、苗族医药、瑶族医药、彝族医药、侗族医药、土家族医药、朝鲜族医药等研究成果的应用，都取得了重大突破①。众多民族医药产品在医疗临床上取得了神奇效果，在医治民间疑难杂症方面日益显示出独特的作用，在国内外产生了一定的影响。

改革开放以来，发展传统民族医药被写入了国家宪法，《中华人民共和国宪法》明确规定："国家发展医药卫生事业，发展现代医药和我国传统医药。"《中共中央国务院关于卫生改革与发展的决定》也强调："各民族医药是中华民族传统医药的组成部分，要努力发掘、整理、总结、提高，充分发挥其保护各民族人民健康的作用。"② 在此基础上，我国相继开展了藏族医药、蒙古族医药、维吾尔族医药、傣族医药、壮族医药、苗族医药、瑶族医药、彝族医药、侗族医药、土家族医药、回族医药、朝鲜族医药的整理，出版了大量的民族医药文献的专著，并加强各省（区）、各民族的文化交流和沟通，使得自治州等多民族杂居地区出现了多种少数民族医药文献大融合的现象；各州市政府也大力扶持民族医药发展，一个地区多种民族的医药在用药习惯、诊治疾病的方法和特点上有很多相似之处。

例如，云南省文山州不仅民族医药资源很丰富，10多个少数民族都有自己防病治病的经验乃至医药理论，特别是壮族医药、苗族医药、彝族医药等，犹如民族医药百花园中的奇葩，已形成了自己独特的民族医药体系③。各民族医药长期共存发展，保持相对独立又互相融合，文山州府有文山州传统民族民间医药科学技术研究所、文山州壮苗天然药物研究所、文山州壮医壮药学术研究会、文山州彝族医学研究所等民族医药协会、研究会等，为全州民族医药工作稳步发展奠定了坚实基础④。

文山城威远街是全州民族医药的传统集散地，这里不仅卖壮族草药、苗族草药、彝族草药，还有专治各种疑难杂症的民间医生，已经形成"文山民族民间传统医药一条街"。壮族名医沈绍林说，文山州民族医药历史悠久、博大精深，虽然发展缓慢，但它还是形成了自己的特色，从事草药行业、医治疾病的民间医生不断增多。在威远街，壮医占民族民间医生的80%，他们大多摆摊卖草药或租住房子开药店，且以妇女居多。壮

① 马万学，刘玉忠．满族传统医药的传承与应用［J］．满族研究，2009（2）.

② 诸国本．民族医药与文化自觉［A］// 中国民族医药学会 .2005 全国民族民间医药学术研讨会论文集［C］．中国民族医药学会，2005.

③ 倾心的三七文化，传承中华民药［EB/OL］.http://blog.sina.com.

④ 倾心的三七文化，传承中华民药［EB/OL］.http://blog.sina.com.

族医药对于慢性病和疑难杂症治疗效果较为显著，深受壮乡人民的推崇。在谈到苗族医药时，当地民族医生沈绍林说，苗医以出售新鲜草药为主，他们较少摆摊。因而，这里形成了“壮族平时摆摊卖草药治病，而苗族则是街天挖新鲜草药来卖”的格局。

另外，文山州彝族医药也有显著的民族性。彝族医药虽然与中药基源相同，但药用部位不同，药用部位相同的功效或用法也不相同，彝医擅用药酒。而州内其他民族的传统医学，同样受到本民族以及其他民族群众的喜爱和欢迎[①]。壮苗医药的传统治疗精华，应当发扬光大，突出特色优势。药食同源治“未来病”，开展“预防、养生、保健”活动，尤其是提倡“三土”（土法、土药、土治），以改善人们的身体状况。

近年来，很多综合性的民族医药著作得到出版发行，还有一些文献如《安多藏蒙医药学史研究》《象形医学：彝族苗族传统医药学精要》，论述了几个少数民族医药之间的关系和影响等。

课题组收集的综合多个民族医药文化的文献目录有：

1278《象形医学：彝族苗族传统医药学精要》 [illegible]

彝族、苗族医药专著，7-5367-1143-3，R291.7：R291.6。该书概括论述了彝族、苗族的民族医药学。陶永富、戈隆阿弘执笔，红河州彝族学学会编写。昆明：云南民族出版社 1996 年 3 月第 1 版，铅印本，共 253 页，190 千字，覆膜。

1279《安多藏蒙医药学史研究》 ཨ་མདོ་བོད་སོག་མི་རིགས་ཀྱི་གསོ་རིག་ལོ་རྒྱུས་ཞིབ་འཇུག

藏族、蒙古族医药专著，7-5421-0326-1，R291.4-09：R291.2-09。国家自然科学基金资助项目，王弘振主编。兰州：甘肃民族出版社 1994 年第 1 版，共 218 页。

1280《藏蒙医学词典》 བོད་སོག་གསོ་རིག་བརྡ་ཡིག

藏族、蒙古族工具书，统一书号：M17089.29，R29-61。t ü bed mong γ ol emnelge-yin toliči · γ alsang 主编。呼和浩特：内蒙古人民出版社 1982 年出版，共 795 页。

1281《常用民族医药验方 100 首》

多民族医药专著，978-7-219-06160-2，R29。该书分为内科、外科、妇科、小儿科、皮肤科、五官科六部分，采用一病一方或多方的形式进行介绍，共计 41 种病症 100 首处方。韦浩明、钟鸣、覃文波主编，广西壮族自治区中医药管理局编写。南宁：广西人民出版社 2008 年出版，共 40 页。

1282《德宏世居少数民族医药概观》

多民族医药专著，978-7-5482-1285-0，R29。该书旨在展示德宏傣族、景颇族、阿

① 龙符，熊启鑫，王帮菊．民族医药奇葩——文山州民族民间医药现状一瞥［N］．民族时报，2010-09-28.

昌族、傈僳族、德昂族五个世居少数民族的医药风貌，编者在编写过程中致力于本土资料的收集、挖掘，通过诊疗特色、常用药物、常用验方的举例，反映五个世居少数民族医药的特点。苏玲丽主编。昆明：云南大学出版社 2012 年出版，共 148 页。

1283《广西民族药简编》

多民族医药专著，R281.467。该书记载了壮族、瑶族、侗族、仫佬族、苗族、毛南族、京族等少数民族常用的、来源清楚的植物药、动物药、矿物药 1021 种，药方 303 条。黄燮才、周珍诚、张骏主编。南宁：广西壮族自治区卫生局药品检验所 1980 年出版。

1284《广西民族医验方汇编》(第 6 辑)

多民族医药专著。该书汇集了广西多个少数民族民间治疗疾病的经验方。王鉴钧、黄汉儒、黄瑾明、周增锐主编，广西民族医药研究所编。南宁：广西民族出版社 1991 年出版。

1285《广西少数民族常见病便方选》

多民族医药专著。该书收集广西壮族、瑶族、苗族、侗族、仡佬族、毛南族、京族、彝族等少数民族治疗常见病的简便方 1048 个，每一便方后都附有民族地区来源等内容。张超良、苏广洵、冯礼华、曹庆荣、李挺千、葛爱发、陆小鸿、朱贵宝主编。南宁：广西民族出版社 1985 年出版。

1286《贵州民族医药卫生事业发展历程：病有所医的回望》

多民族医药专著，978-7-5647-0860-3，R29。该书介绍了贵州民族自治区医药卫生发展历程、贵州民族自治县医药卫生发展历程、贵州世居民族医药概述、贵州民族医药资源调查与研究等内容。谭厚锋主编。成都：电子科技大学出版社 2011 年出版，纸质，铅印本，153 页。

1287《贵州少数民族药物集》

多民族医药专著，7-5412-0617-2，R29/6。该书在深入贵州省民族地区、走访民族名医、收集病种验方、采集药物标本，做了大量调查研究工作的基础上，收集了 91 种药物、1144 个单验方，可防治多种疾病且对骨折、蛇伤、肝炎、心脏病等有显著疗效。罗廷华主编，于俊生编，贵州省民委文教处编写。贵阳：贵州民族出版社 1997 年 7 月第 1 版，铅印本，共 291 页，140 千字，有插图，覆膜。

1288《湖南世居少数民族医药宝典》

多民族医药专著。该书对湖南土家族、苗族等 8 个世居少数民族的简史，民族医药起源、形成与发展，各民族医药的基本理论、医药特点、常用药物、民族医药诊疗技术经验及其长期在临床上应用的单验方药作了详尽的论述。邓星煌、肖成纹、刘逢吉、罗康隆主编。北京：光明日报出版社2005年出版。

1289《瘤结新治：民族医药特色疗法》

多民族医药专著，978-7-5363-5448-7，R730.5。瘤结这类疾病，古来就被列为难症。言其难，难之于医理弗明，难之于治法未清，难之于无良方、良药。“削坚汤”是该书治疗瘤结的基本方，以“去菀陈莝”为理论依据，采用广西民间名贵药材配伍而成。该书主要从“水浊、淤血合结发为瘤结”的观点来研究探讨肿瘤、结块、组织硬化症的治疗方法，观点新颖，别开生面，是一本富有实用价值之书。覃显明主编。南宁：广西民族出版社2008年5月第1版，共136页。

1290《论民族医药：医学类型和表达范式的比较研究》

多民族医药专著，978-7-80174-951-2，R29。该书主要包括导论、濒危失落的医药文明、部分民族医药卫生史料分析、民族医药学术源流、辽夏金元医药制度、民族医药哲理比较研究、医药文化类型研究、讨论与结论、结语等九个部分。该书从医药史学、医药人类学、社会医学、宗教医学等多个视角，反映出疾病医学向健康医学模式转变过程中民族医药学存在的客观潜能，并且预言其必将彰显出惊人的价值。梁峻主编。北京：中医古籍出版社2011年出版，共444页。

1291《生物多样性与传统知识丛书——民族地区医药传统知识传承与惠益分享》

多民族医药专著，978-7-80209-983-8，R29/13，并列题名为“Inheriting and benefit-sharing of traditional medicinal knowledge in ethnic areas of China”。该书基于对我国部分少数民族的传统医药知识的调查和案例研究，特别是针对贵州黔东南地区的侗药和苗药、四川凉山地区的彝药、西藏日喀则等地区的藏药，以及内蒙古地区的蒙药等五类民族医药的实地调查和典型案例分析，系统地总结了我国民族医药珍贵的传统知识。薛达元主编，赵富伟、须黎军、成功编。北京：中国环境科学出版社2009年5月第1版，铅印本，共224页，320千字，有插图。

1292《民族药》

多民族医药专著，978-7-5136-2480-0，R281.4。该书共九章，内容包括各族人民健康的守护神——民族药，藏药、蒙药、维药、傣药、彝药、苗药、朝药、壮药、侗药和羌药，民族药产业化存在的问题与政策建议等。中央民族大学民族药课题组编写。北京：中国经济出版社2013年出版，共450页。

1293《民族药研究开发概论》

多民族医药专著，978-7-81108-943-1，TQ461。该书分为四章，即民族药和新药概念等、药品注册管理办法解读、民族药新药研究的技术指导原则、民族医药文献的手工检索。刘同祥、李银生主编。北京：中央民族大学出版社2012年第1版，纸质，铅印本，共326页。

1294《民族医药名老专家：成才之路》

多民族医药专著，978-7-513-21694-4。该书精选了20位来自9个民族的民族医药专家，讲述其成才之路，其中不乏国医大师、藏医活佛、傣族民间医生等行医生涯中的传奇故事。黄福开主编。北京：中国中医药出版社2014年1月第1版，纸质，铅印本，共135页。

1295《民族医药名老专家：典型医案集》

多民族医药专著，978-7-5132-1671-5，R29。该书为汇集当代全国民族医药界名老专家从医经验的传承集萃之作。该书在对来自藏族、蒙古族、维吾尔族、傣族、朝鲜族、壮族等9个民族的20位名老民族专家2000多份医案充分整理的基础上，进一步精选编辑完成，充分反映了这些专家们的临床学术思想与治疗特色，是各位专家毕生临床实践的经验总结，为广大民族医药工作者提供了第一手研究资料，弥足珍贵。黄福开主编。北京：中国中医药出版社，2013年11月第1版，纸质，铅印本，共452页。

1296《中国民族医药外治大全》

多民族医药专著，7-5367-0931-5，R29-62。该书作者分布在辽宁、内蒙古、北京、河北、新疆、青海、山西、江苏、福建、广西、湖南、湖北、河南、云南、贵州、四川等16个少数民族聚居的省（区、市），共有180位者和献方人，共收到民族医药方子3523首，病症401个。该书共分为8章，编写条款和分类以全国高等中医院校教材为蓝本，以科统病，以病统方，条理清楚，层次分明，通俗易懂，药源易找，方法简单。昆明：云南民族出版社1994年出版，共1065页。

1297《民族医药文献检索与利用》

多民族医药专著，978-7-81108-752-9，G252.7。该书介绍了常用中文医药文献检索数据库、常用外文医药文献检索数据库、网络医药信息资源检索、重要医药信息网站、特种信息资源检索、医药卫生科技查新、医药综述及学位论文撰写等内容。刘同祥主编。北京：中央民族大学出版社2009年出版，共472页。

1298《民族医药研究》

多民族医药专著（自编自印未出版）。1987年4月成书，纸质，铅印本。

1299《民族医药与方剂学》

多民族医药专著，7-80666-744-X，R29。该书收集各少数民族民间常用中草药防病治病的经验及精华，并结合有关文献及编者多年的临床实践经验总结汇集而成。该书共收集传统常用中草药300种，每种药后附有2—3个方，共600多条方，民间常用方共分为20章。覃道光主编。南宁：广西科学技术出版社2006年出版，共233页。

1300《恩施州民族医药研究丛书：医学萃精》

多民族医药专著，R29 。该套丛书共 3 部——《医学萃精》《恩施州名中医医案集》《恩施本草精选》，将湖北鄂西百年民族医药发展史较全面地展现给世人，是当今鄂西民族医药发展史上重要的里程碑。湖北省恩施土家族苗族自治州卫生局、州中心医院、州中医药学会组织编著。北京：国际文化出版公司 2002 年出版。

1301《菩提树下的藏医学和蒙古医学》

多民族医药专著，7-105-03502-1，R291.4：R291.2 。该书主要内容包括藏族、蒙古族医学的历史渊源，随藏传佛教而来的西藏医学，藏医学在内蒙古地区的传播等。苏诺著。北京：民族出版社 2001 年出版，共 201 页。

1302《殊方异药：出土文书与西域医学》

多民族医药专著，7-301-07953-2，R29，民族语言题名为民族文字题名。该书论述了我国医学界长期空白的西域医学、中印医学交流等问题，从整体上勾勒出古代西域医学的大致轮廓。同时，该书对研究中外医学文化关系史、重构封建西域社会生活史都是很有帮助的。陈明著。北京：北京大学出版社 2005 年出版，共 391 页。

1303《思维的和谐：中国民族医药思想研究》

多民族医药专著，978-7-5352-6320-9，R29。该书分为七章，内容包括中国传统医药思想概述、中国民族医药系统化与比较研究、瑶医药、壮医药、土家医药、中国其他民族医药简介。作者取各民族医药的精髓，通过解读医学思想，研究医药特点，反映民族医药的最新研究成果，有利于研究者快速、准确地获取各种民族医药信息，了解民族医药的背景。洪荒主编，吕丰著。武汉：湖北科学技术出版社 2013 年出版，共 378 页。

1304《文山三七治奇症 · 三七古道》

多民族医药专著，978-7-117-09346-0，R221。任怀祥主编，谭伟森、杨正明、张开云编。北京：人民卫生出版社 2008 年 1 月第 1 版，铅印本，共 216 页，170 千字，有插图。

1305《西南少数民族医药古籍文献的发掘利用研究》

多民族医药专著，978-7-105-11565-5，R29。该书是一部探讨研究西南地区少数民族医药古籍文献的文化起源、产生形成、形制种类、内容价值、现状问题和发掘利用等方面的学术专著。陈海玉主编。北京：民族出版社 2011 年出版，共 293 页。

1306《云南民族医药文化浅探》

多民族医药专著，978-7-222-05293-2，R29。该书比较全面系统地研究了云南民族医药，分概述、医药史、理论体系、巫医同源、民间验方、文献简介、医家简介、医药产业、大产业植物药资源品种简介等九章。龙鳞主编。昆明：云南人民出版社 2008 年出版，共 224 页。

1307《云南民族医药研究》（2008）

多民族医药专著，978-7-5367-4040-2，R29-53/1。该书由民族医药发展论坛、民族医药基础理论研究、民族医药文献整理研究、民族医药开发研究、民族医药临床研究等 5 个板块组成。郑进、张超主编。昆明：云南民族出版社 2008 年 11 月第 1 版，铅印本，共 422 页，350 千字，有插图。

1308《云南民族医药研究》（2010）

多民族医药专著，978-7-5367-4890-3，K29。该书由民族医药发展论坛、民族医药基础理论研究、民族医药文献整理研究、民族医药开发研究、民族医药临床研究、民族医药文化研究、民族医药教育研究等七个板块组成。郑进、张超主编，吴永贵、王寅编，云南中医学院民族医药研究发展中心编写。昆明：云南民族出版社 2010 年 2 月第 1 版，铅印本，共 433 页，372 千字，有插图。

1309《云南省文山壮族苗族自治州医药志》

多民族医药专著，R281.4：R291.8。该志上限追溯到有史可考，下限至 1995 年。全书设有机构、中药材资源、中药材生产、三七、工业、商业、管理和党群组织等八章内容。施冠杰主编，文山壮族苗族自治州医药管理局编撰的地方志。文山：1998 年出版，共 390 页。

1310《云南省中医（民族医）药临床基层适宜技术》（第一辑）

多民族医药专著，978-7-5367-4345-8，R29 。2000 年，国家中医药管理局设立了中医临床诊疗技术整理与研究项目，决定对中医临床诊疗技术进行系统的整理与科学严谨的技术规范研究，最终鉴定筛选出一批临床安全、有效、规范的诊疗技术加以推广，从而进一步提高中医临床疗效，提高中医服务能力。该书分为上、下两篇，上篇收录基层临床常见、多发病 48 种 / 类，并附西医症候诊断要点；下篇收录中医、民族医习用的药用植物原色图谱 134 种，附注常用名、别名、基原、省内分布、生长环境、性味、功效、主治、用法用量和注意事项。杨鸿生主编，陈觉民、赵勇、姜旭、杨镔辑，云南省卫生厅、云南省中医管理局编写。昆明：云南民族出版社 2009 年 3 月第 1 版，铅印本，共 183 页，135 千字，有插图。

1311《中国八个民族体质调查报告》

多民族医药专著，统一书号：11116.71。中国人类学会编写。昆明：云南人民出版社 1982 年 11 月第 1 版，铅印本，共 137 页，200 千字，有插图。

1312《中国传统医疗绝技大全》

多民族医药专著，7-5377-1019-8，R407。该书分为两编：上编介绍疾病治疗的各家绝招妙法，下编阐述方药、气功、骨伤、毒蛇咬伤等治疗绝技的基本技法、适应范围、注意事项。刘智壶主编。太原：山西科学技术出版社 1994 年 10 月第 1 版，铅印本，共 1138 页，900 千字，有插图，精装。

1313《中国传统医药概览》

多民族医药专著，7-80089-744-3，R2/53。该书是我国第一部全面反映各民族医药状况的专著，内容包括各民族医药的发展简史、事业现状、理论体系、诊疗方法、药物资源等，为了解各民族医药提供了较为翔实的资料。陈士奎、蔡景峰主编。北京：中国中医药出版社 1997 年 11 月第 1 版，铅印本，共 726 页，510 千字，覆膜。

1314《中国当代民族医药集成》（卷一）

多民族医药专著，7-5364-3201-1，R2-53，并列题名为“Symposium on contemporary Chinese minority nationality medicine and drugs”。该书是一部临证综合类中医著作。全书包括上篇“少数民族医药”、下篇“传统中医药”两部分，收录有蒙古族、侗族、傣族、基诺族、瑶族、壮族、朝鲜族、高山族、哈萨克族、回族、藏族、维吾尔族等多个少数民族医药和传统中医药研究论文 320 多篇，论述了民族医药的起源、形成及发展、现状与未来、医学基本知识、药学基本知识及临床经验等，是研究中华民族医药的重要参考文献。蔡谷荣等主编。成都：四川科学技术出版社 1995 年出版，共 625 页。

1315《中国民族药炮制集成》

多民族医药专著，7-80013-918-2，R29/3。该书共收载蒙古族、藏族、维吾尔族、傣族、朝鲜族、苗族、土家族、彝族、壮族、侗族等民族所用的约 1100 种药物的 30 多种炮制方法，并分别详述每种药物的具体炮制方法、炮制作用及来源、性味、功用主治、贮存等。该书对中医药临床、科研、教学人员有开拓视野、培益学识之用。田华咏主编，瞿显友、熊鹏辉、孔增科编。北京：中医古籍出版社 2000 年 9 月第 1 版，铅印本，共 548 页，773 千字，覆膜。

1316《中国民族药食大全》

多民族医药专著，7-5377-0836-3，R247.1/131。该书汇集了 51 个民族的食疗方共 4598 首，按病种分 344 类编排，分为内科、外科、妇科、儿科、眼科等 11 个部分。张力群主编，关祥祖、王光辉、白乙拉、包兴华编。太原：山西科学技术出版社 1994 年 1 月第 1 版，铅印本，共 1791 页，1400 千字，覆膜。

1317《中国民族药物学概论》

多民族医药专著，978-7-5409-3562-7，R29 。该书由“世界及中国民族传统医药概论”“中国各民族医药概论”“中国各民族常用药物”三大篇组成，收载药物82味，插图359幅，近75万字。刘圆、张浩主编。成都：四川民族出版社2007年出版。

1318《中国民族医药理论与实践》

多民族医药专著，7-80079-321-4，R29-53。马忠堂、周其全主编。北京：中国人口出版社1996年出版，共444页。

1319《中国民族医药散论》

多民族医药专著，7-5067-3462-1，R29-53。该书对民族医学的概念、内涵、与中医学的联系和区别做了明确阐述，对民族医学的历史、现状和当前存在的问题做了具体分析，并提出了相应的发展方略和意见。诸国本主编。北京：中国医药科技出版社2006年出版，共524页。

1320《中国民族医药外治大全》

多民族医药专著，7-5367-0931-5，R29-62/8033。该书分为8章53节，共收录各民族医药方子3523首、病症401个，其中内科疾病124方。全书以外治为原则，包括内病外治和外病外治，药源广泛，通俗易懂，是一本科普性的民族医药书籍。关祖祥主编。昆明：云南民族出版社1994年6月第1版，铅印本，共1065页，859.2千字，精装。

1321《中国少数民族传统特色医疗技法》

多民族医药专著。该书包括中国少数民族传统医疗技法的形成、发展简史；蒙古族、藏族、苗族等少数民族诊疗技法的沿革、具体诊疗技法的应用方法、适应证、注意事项等。庞宗然编著。北京：中央民族大学出版社2012年出版。

1322《中国少数民族传统医疗技法》

多民族医药专著，978-7-811-08736-9。该书涉及民族医药文献典籍的发掘整理，民族医药医、教、研的发展，民族药物资源调查，民族药品的研发等。庞宗然著。北京：中央民族大学出版社2009年8月出版。

1323《中国少数民族传统医学概论》

多民族医药专著，978-7-81108-292-0，R29。该书为全国少数民族优秀图书出版资金资助项目，内容涉及藏族、蒙古族、维吾尔族、壮族、苗族、傣族、瑶族、彝族、土家族、朝鲜族、回族、哈萨克族、畲族等民族医药学，阐述了近几十年来发掘整理的十几个少数民族的医学基本理论、特色诊疗方法和基本用药概况。崔箭、唐丽主编，云南省少数民族古籍整理出版规划办公室编写。北京：中央民族大学出版社2007年6月第1版，共436页。

1324《中国少数民族传统医药大全》

多民族医药专著，978-986-126-389-2，986-126-389-6，R29，并列题名为“Collection of Chinese minorities medicine”。奇玲、罗达尚主编。台北：合记图书出版社 2007 年出版，共 1494 页。

1325《中国少数民族传统医药大系》

多民族医药专著，7-5380-0755-5，R29，并列题名为“Collection of Chinese Minorities Medicine”。国家科学技术学术著作出版基金资助出版。全书共收载我国 35 个少数民族的医药发展简史、医药基础理论、疾病分类及治疗、药物资源概况等，也涉及部分民族哲学、宗教、历史、文化等内容，药物项包括名称、入药部位、性味功能、主治、用法用量等内容。该书是目前我国民族医药研究方面包括族别医药最多和较系统的专著。奇玲、罗达尚主编。呼和浩特：内蒙古科学技术出版社 2000 年 3 月第 1 版，共 1446 页，2438 千字，精装。

1326《中国少数民族科学技术史丛书·医学卷》

多民族医药专著，7-80619-458-4，N092。作为一部中国民族医学史，该书不仅搜罗了现代 55 个少数民族的医药知识，而且也对古代的匈奴、契丹、党项等民族医药加以研究和探讨。该书十分尊重各民族医自己的首创精神，书后附有少数民族医学史大事年表。李迪主编，洪武娌卷主编，田敬国等执笔。南宁：广西科学技术出版社 1996 年出版，共 447 页。

1327《中国少数民族特色医疗技法》

多民族医药专著，978-7-81108-736-9，R29。该书共分 8 章，包括藏医学特色技法、蒙医学特色技法、维吾尔医学特色技法、回回医学特色技法、壮医学特色技法等。庞宗然编著。北京：中央民族大学出版社 2009 年 8 月第 1 版，铅印本，共 173 页，200 千字。

1328《中国少数民族医术绝招》（上、下卷）

多民族医药专著，7-80595-509-3，R29。该书收载各民族医治内科、妇科、儿科、五官科百病的简便易学、操作容易的民族传统疗法，详尽介绍了每一种疾病的中医、西医及民族医病名、发病原因、临床症状和 1200 余首经过验证、疗效理想的处方及其治法和用法。王文安编著。呼和浩特：远方出版社，上卷 1998 年出版，下卷 2000 年出版。

1329《中国少数民族医学》

多民族医药专著。该书分民族医药学概论、民族医药学特色基础理论、民族医药学特色诊断、民族医药学特色治疗、民族医药学特色药物、民族医药学饮食与保健方法等 6 章。李峰、马淑然主编。北京：中国中医药出版社 2009 年出版。

1330《中国少数民族医药保健》

多民族医药专著，978-5085-1000-2，R29/9。该书为“中国民族多元文化丛书”之一，主要对中国民族医药进行了简要的概述；介绍了中国民族医药基础理论、中国民族药物、特色诊断、疾病治疗、饮食与保健等知识；分析了中国民族医药理论的共同特征，药物理论及用药原则等。余言主编，任可撰（著）。北京：五洲传播出版社 2007 年 8 月第 2 次印刷，纸质，铅印本，共 96 页，有插图，覆膜。

1331《中国少数民族医药文献研究》

多民族医药专著，978-7-510-08725-7。该书主要内容包括中国少数民族医药概论、中国少数民族医药文献概述、中国少数民族医药文献研究与保护、中国少数民族医药文献的开发利用、少数民族医药文献检索与利用和中国少数民族医药文献成果简介等。郭凌云、李敏、张桂民主编。广州：世界图书出版广东有限公司 2014 年 10 月第 1 版，纸质，铅印本，共 196 页。

1332《中华文化通志 · 医药学志》

多民族医药专著，7-208-02317-4，K203。该志是一部全方位反映我国中医药学发展状况和基本内容的专志。余瀛鳌、蔡景峰撰（著）。上海：上海人民出版社 1998 年 10 月出版，铅印本，共 386 页，306 千字，有插图，精装。

1333《中国民族医药学概论》

多民族医药教材，978-7-80231-638-6，R29。该书分为中国民族医药学概论、中国民族医药学特色基础理论、中国民族医药学特色诊断、中国民族医药学特色治疗、中国民族医药学特色药物等 6 章。李峰、马淑然主编。北京：中国中医药出版社 2009 年出版，共 176 页。

1334《国际民族医药 · 首届国际民族医药科技研讨会及展览会文集》

多民族医药论文集。麻仲学主编。北京：世界科学出版社 1997 年出版。

1335《民族医药发展论坛论文集》

多民族医药论文集，R29。该论文集系大湄公河民族医药发展论坛暨第四届湄公河次区域传统医药交流会的论文集，汇集了湄公河流域区域的民族医药研究相关论文。牟双江主编，郑进、李毅、张超编，云南省科协编写。2010 年出版，纸质，铅印本，共 344 页。

1336《民族医药论文集》

多民族医药论文集，978-7-105-10577-9，R29-53。该书收录了《著名藏医学家斋康 · 强巴土旺》《维吾尔医重点专科专病建设思路与实践》《维吾尔医治疗白癜风疗效分析》《发展中的哈萨克医药》等文章，收录内容涉及藏族、维吾尔族、哈萨克族、蒙古族、回族、苗族、畲族等民族医药的论文 29 篇。国家民委文化宣传司编写。北京：民族出版社 2010 年出版，共 250 页。

1337《全国第二届民族民间医药学术交流会论文专集》

多民族论文集。该书为全国第二届民族民间医药学术交流会大会形成的论文专集。纸质，铅印本，共 1130 页。

1338《全国民族医药图情工作委员会成立全国首届民族民间医药学术交流会论文专集》

多民族论文集。该论文集为全国民族医药图情工作委员会成立时，举办全国首届民族民间医药学术交流会形成的论文专集。昆明：《中国民族民间医药》（增刊）1992 年 10 月出版，纸质，铅印本，共 1048 页。

1339《常见病民间便方》

多民族综合文献，统一书号：14113.33，R289.5。该书记载有常用民间土方。王鉴均主编，黄燮才编。南宁：广西人民出版社 1982 年第 1 版，铅印本，共 176 页，57 千字。

1340《常用中草药手册》

多民族综合文献。宜良县革命委员会中草药展览馆编写。1970 年 10 月出版，纸质，铅印本，共 879 页，有插图。

1341《大理州中药资料选编》

多民族综合文献。大理白族自治州革命委员会卫生组编写。内部发行，大理州人民印刷厂印刷。1971 年 12 月出版，纸质，铅印本。

1342《贵阳民间药草》

多民族综合文献，统一书号：14115.22，R932/16。贵阳市卫生局编写。贵阳：贵州人民出版社 1959 年 9 月第 1 版，铅印本，共 281 页，131 千字，有插图。

1343《贵州民间方验集》

多民族综合文献，统一书号：14115.24，R289.5。该书记载了贵州省民间单方（中药）、秘方等。杨济秋主编，杨济中编。贵阳：贵州人民出版社 1958 年第 3 版，铅印本，共 571 页，112 千字，有插图。

1344《红河中草药》（第一册）

多民族综合文献。红河州卫生局编写。1971 年 5 月出版，纸质，铅印本，608 页，有插图，简装。

1345《红河中草药》（第二册）

多民族综合文献。红河州卫生局编写。1972 年 3 月出版，纸质，铅印本，有插图，简装。

1346《昆明草药志》

多民族综合文献。昆明市卫生局药品检验所编写。每种草药后面都附有许多验方。1966年10月出版，纸质，手抄油印本。

1347《昆明民间常用草药》(内部发行)

多民族综合文献。该书收载各种中草药功效、主治及常见处方。昆明市卫生局编写。昆明：昆明市卫生局1970年11月第1版，纸质，铅印本，共713页，有插图，精装。

1348《丽江中草药》

多民族综合文献。该书为丽江地区中草药、民族药的汇集。云南省丽江地区革命委员会生产指挥组卫生组编写。1971年7月出版，纸质，铅印本，有插图。

1349《蒙自中草药通讯》

多民族综合文献。蒙自中草药科研领导小组编写。1973年3月出版，纸质，铅印本，共24页。

1350《弥勒县民间验方选编》

多民族综合文献。弥勒县科学技术委员会编写。1984年8月出版，纸质，铅印本，共133页。

1351《民间常用草药汇编》

多民族综合文献，统一书号：14118.35，R281.471。成都市卫生局编写。成都：四川人民出版社1965年第1版，铅印本，共226页，153千字，有插图。

1352《民间单方(中草药)》(第二集)

多民族综合文献。通海县人民卫生防治院编写。1970年5月出版，纸质，铅印本，有插图。

1353《民间单方汇编》(第01集)

多民族综合文献。通海县人民卫生防治院编写。1969年6月出版，纸质，铅印本，61页。

1354《民间秘方偏方精选》

多民族综合文献，7-80020-171-6，R307。该书系作者祖传五代抄本，其中有祖传秘方、验方及实用偏方。郑庆良撰(著)。北京：人民军医出版社1990年10月第1版，纸质，铅印本，共390页。

1355《民间祛病偏方验方1600例》

多民族综合文献，978-7-5091-1152-9，R289.5。该书收集民间治病的偏方、验方1600例，为便于查阅使用，按呼吸系统、消化系统、血液系统、泌尿系统、神经系统、内分泌系统，五官口腔科、皮肤科、男性性功能障碍、妇产科、儿科、外科等分类介绍。于宇、由能力主编。北京：人民军医出版社 2007 年出版，纸质，共 279 页。

1356《民间药膳药酒良方选》

多民族综合文献，7–5363–1130–3。该书从药膳、药酒两方面详细介绍了来源于民间的有关饮食、健身、养生的各种良方。梁兴才主编，沈成英撰（著）。南宁：广西壮族出版社 1991 年 5 月第 1 版，铅印本，共 224 页，140 千字。

1357《民间医药秘诀》

多民族综合文献，7–5363–0452–8，R289.5/6。该书为本草、方歌的古籍著作。韦炳智主编。南宁：广西民族出版社 1989 年 1 月第 1 版，铅印本，共 249 页，15 千字，有插图。

1358《民间御草》

多民族综合文献。该书是论述云南民间珍奇草药的专集。布云南撰（著）。纸质，铅印本，有插图。

1359《民族民间医药丛书——民间诊病奇术》

多民族综合文献，7–5363–1771–9，R241。该书共收编各种民间诊病方法 167 条，包括性格预测疾病、观察大便诊病、目诊术、诊产妇危症、肺经痘等。牙廷艺主编。南宁：广西民族出版社 1992 年出版，共 113 页。

1360《民族民间方剂选》

多民族综合文献，7–5367–0270–1，R289.2。该书选药 667 种，选方 198 个，每个药方均收载了所用药物、药物民族药名、民族药用经验等内容。方文才主编，龚继民编。昆明：云南民族出版社 1990 年 5 月第 1 版，铅印本，共 214 页，161 千字。

1361《民族民间实用小验方》

多民族综合文献，R295.5。该书为佤文、汉文对照记录民族民间小验方，积累了很多强身治病的方法、经验和知识，实用有效。聂勒、鲍明秀编译。昆明：云南民族出版社 1994 年出版。

1362《民族民间特异疗法大全》

多民族综合文献，7–5377–2503–9，R242。该书收集的 100 多种“特异疗法”，有药物和非药物疗法，内治和外治疗法，整体特异疗法，少数民族医药的秘验方疗法等，更有鲜为人知的宗教医药特异疗法，大多为首次披露。张力群主编。太原：山西科学科技出版社 2005 年出版。

1363《民族民间药物治疗内科病症》

多民族综合文献，7–5367–0178–0。龚继民主编，方文才编。昆明：云南民族出版社

1989年7月第1版，铅印本，共252页，200千字。

1364《民族民间医药千方集萃》

多民族综合文献，7-5367-0596-4，R289.5/76。该书收集了1950—1983年国内医药刊物上发表的单方、验方及秘方共1474首，涉及内科、妇科、外科、儿科等临床各科，分8个系统254个病种。关祥祖主编，王清仁、晏桂芬、王敏、任怀祥编。昆明：云南民族出版社1992年11月第1版，铅印本，共467页，350千字，覆膜。

1365《中国民间名医偏方大全》

多民族综合文献。该书包括全国民间著名老中医简介、内科常见病防治偏方、外科常见病防治偏方、妇科常见病防治偏方、儿科常见病防治偏方、皮肤科常见病防治偏方、五官科常见病防治偏方、男性科常见病防治偏方、肿瘤防治偏方、长寿滋补偏方及解毒偏方共11篇。良石主编。延吉：延边大学出版社2006年出版，共311页。

1366《曲靖专区中草药手册》

多民族综合文献，R282。该书为内部发行。云南省曲靖专区革命委员会生产指挥组卫生组编写。1970年8月出版，纸质，铅印本，共1023页，有插图，简装。

1367《少数民族民间治疗疑难怪病绝技》

多民族综合文献，978-7-5377-4074-6，R29。该书是继张力群主编的《中国各民族民间秘方全书》《中国各民族民间外治秘方全书》《中国各民族民间药食秘方全书》（均系再版）以及《中国民族民间特异疗法大全》出版之后的又一部力作。该书介绍了各民族民间治疗疑难怪病的处方和单方，以及各种民间治疗疑难怪病的经验和绝技。作者通过多年对民族民间奇方异草、古籍、手抄本的研究，广收少数民族民间特色疗法，针对内外科常见病，编制了实用性较强的这本书。该书分内科、外科、妇产科、小儿科、皮肤科、眼科、耳鼻喉科、口腔科、男科、肿瘤科，收集有抗癌中草药及治疗效果和绝技，以及性病、其他病症等的少数民族民间特殊疗法。对于疑难怪病，作者通过多年研究民族民间奇方异草、古籍、手抄本得出结论：一是诊断上的误差，如傣族的“批扒”可分几种临床表现；二是对病症的称谓，彝族医书《聂苏诺期》称“咪西豪”为风邪染疾，如抽风、荨麻疹等。张力群、李友刚主编。太原：山西科学技术出版社2012年5月第1版，铅印本，共244页，350千字。

1368《思茅专区单方验方秘方选编》（初稿）

多民族综合文献。思茅专区革命委员会中草医药学习班编写。1970年4月出版，纸质，铅印本，线装。

1369《天宝本草新编》

多民族综合文献，7-80013-972-7，R281.471/1。该书是清代人整理编写的一部四川省民间草药书，内容包括药物别名、形态特征、药图、生境分布、采集加工、性味功能、现代临床应用及校注、附注等。龚锡麟主编，谢宗万、邬家林编。北京：中医古籍出版社2001年6月第1版，铅印本，共311页，245千字，有插图，覆膜。

1370《文山中草药》

多民族综合文献。云南省文山壮族苗族自治州革命委员会生产指挥组卫生组编写。1970年6月第1版，纸质，铅印本，有插图。

1371《西藏植物志》(第01卷)

多民族综合文献，Q948.2/5。“青藏高原科学考察丛书”中医科学院青藏高原综合科学考察队编写。北京：科学出版社1983年3月第1版，铅印本，共794页，1172千字，有插图，精装。

1372《西藏植物志》(第02卷)

多民族综合文献，Q948.2/5。“青藏高原科学考察丛书”中医科学院青藏高原综合科学考察队编写。北京：科学出版社1985年1月第1版，铅印本，共965页，1417千字，有插图，精装。

1373《西藏植物志》(第03卷)

多民族综合文献，Q948.2/5。“青藏高原科学考察丛书”中医科学院青藏高原综合科学考察队编写。北京：科学出版社1986年11月第1版，铅印本，共1057页，1552千字，有插图，精装。

1374《永平县中草药资料选编》

多民族综合文献。永平县革命委员会生产指挥组编写。1971年出版，纸质，铅印本，共160页。

1375《玉溪中草药》

多民族综合文献。云南省玉溪地区革命委员会卫生组编写。1971年5月出版，纸质，铅印本，简装。

1376《云南常用中草药彩色图谱》

多民族综合文献，7-5443-1023-X；978-7-5443-1023-9，R282-64。本图谱共收录云南省民间在防病、治病工作中较常用的中草药258种；翔实准确的形态描述和实用有效的功能介绍，是基层医师和中医药爱好者就地取材、防病治病的指南。朱成兰主编。海口：海南出版社2003年9月第1版，影印本，共287页，180千字，有插图。

1377《云南常用中草药单验方荟萃》

多民族综合文献，978-7-5416-2552-7，R282/51。该书选择云南省各地常用中草药200种，目录名称为云南多数地方习用的名称，并附上科种、生长环境、省内分布、性味功效、主治用法和常用单验方，具有较强的指导性及实用性。刘毅主编，陈羲之编。昆明：云南科技出版社 2007 年 4 月第 1 版，铅印本，共 218 页，170 千字，有插图，覆膜。

1378《云南抗癌中草药》

多民族综合文献，统一书号：14116.68，R932.474.3。该书汇编了多个云南省的抗癌中草药品种。胡月英主编，宣明盛编。昆明：云南人民出版社 1982 年 3 月第 1 版，铅印本，共 349 页，275 千字，有插图。

1379《云南民族民间单验方集》

多民族综合文献，7-5367-0737-1。该书介绍了云南各族民间单方验方 2700 余个，分为呼吸系统疾病、泌尿系统疾病、妇科疾病等 15 章。邓勇主编，王鹏瑞、刘清明、朱兆云编，云南省药材公司编写。昆明：云南民族出版社 1993 年 11 月第 1 版，铅印本，256 千字。

1380《云南思茅中草药选》

多民族综合文献。该书选录云南省思茅地区的中草药和民族药辑录成册。云南省思茅地区革命委员会生产指挥组文卫组编写。1971 年 1 月出版，纸质，铅印本，共 676 页，有插图，简装。

1381《云南药用植物》

多民族综合文献，978-7-5416-5900-3。该书汇集了云南 300 种常见药用植物。金航、李晚谊著。昆明：云南科技出版社 2012 年出版，共 304 页，平装。

1382《云南中草药》

多民族综合文献，统一书号：14116.33，R281.474。该书共分药物、处方、附录三个部分，收载云南省各地常用中草药 435 种，选录常见疾病防治处方 900 余个。云南省卫生局革命委员会编写。昆明：云南人民出版社 1971 年 2 月出版，纸质，共 1077 页。

1383《云南中草药（40 年经典版）》

多民族综合文献，978-7-222-07339-5，R281.474。该书是在《云南中草药》（1971 年版）、《云南中草药（续集）》（1975 年版）的基础上，经过整理、修订而成，共收录云南常见、常用中草药 757 种，常用医方 1500 余个。云南中草药整理组编写。昆明：云南人民出版社 2011 年 9 月第 1 版，铅印本，共 482 页，670 千字，有插图，覆膜。

1384《云南中草药（续集）》

多民族综合文献，统一书号：14116.41，R281.474：R932.474/1。该书共分药物介绍、药物配方选、药物效用索引、别名索引、学名索引等五部分，并附重量换算表。在《云南中草药》的基础上继续收集云南省各地常用中草药 322 种，选择防治疾病的药物配方

500 多个。云南省卫生局编写。昆明：云南人民出版社 1975 年 11 月第 1 版，纸质，铅印本，共 805 页，有插图，覆膜。

1385《云南中草药处方选》（初稿）

多民族综合文献。云南中医中药展览馆编写。1969 年 12 月出版，纸质，铅印本，共 39 页，线装。

1386《云南中草药选》

多民族综合文献。昆明军区后勤部卫生部编印发行。该书为云南中草药的汇集，介绍了云南的中草药及民族药资源。昆明军区后勤部卫生部编写。1970 年 8 月出版，铅印本，共 787 页，320 千字，有插图，简装。

1387《云南中草药展览资料选编》（第一卷）

多民族综合文献。1970 年出版，纸质，手抄油印本，共 267 页。

1388《云南中药资源名录》

多民族综合文献，7-03-002895-3。该书共收载药用植物、动物、矿物 6000 多种，主要介绍了中药名、别名、生态环境、分布、药用部分、性味、效用等。北京：科学出版社 1993 年 9 月第 1 版，铅印本，共 878 页，1394 千字，精装。

1389《中草药单方验方》

多民族综合文献。玉溪专区革命委员会卫生组中草药展览馆编写。1970 年 5 月出版，纸质，铅印本，共 101 页。

1390《中草药单方验方选编》（第 01 集）

多民族综合文献。巍山县革命委员会生产指挥组卫生组编写。1971 年 8 月出版，纸质，铅印本，共 168 页，简装。

1391《中草药单方验方针剂汇集》

多民族综合文献。楚雄县东风公社中草药展览办公室编写。1970 年 11 月出版，纸质，手抄油印本。

1392《中草药单验方选编》

多民族综合文献。下关市革委会生产指挥组卫生组编写。1970 年 9 月出版，纸质，铅印本。

1393《中草药功效归类大全》

多民族综合文献，7-5416-0471-2。白洪龙主编，黄传贵、路红云、白玲、白涛编。昆明：云南科技出版社 1994 年 5 月第 1 版，铅印本，950 千字，覆膜。

1394《中草药讲义》

多民族综合文献。云南省玉溪地区卫生局编写。1977 年 2 月出版，纸质，铅印本，共319页，有插图。

1395《中草药新针疗法验方选编》

多民族综合文献。嵩明县医院革委会编写。纸质，手抄本，共59页，有插图。

1396《中草药验方》

多民族综合文献。楚雄彝族自治州卫生科编写。纸质，铅印本。

1397《中草药验方（红河州中西医结合成就展览）》

多民族综合文献。该书收录382例方子，均有来源，部分有病例。红河州革命委员会生产指挥组卫生局编写。1970年10月出版，纸质，铅印本。

1398《中草药验方汇编》

多民族综合文献。保山地区革委会驻军中草药展览馆编写。1970年11月出版，纸质，铅印本，共217页。

1399《中草药验方集》

多民族综合文献。禄劝县革命委员会文卫组编写。1970年7月出版，纸质，复印件，共66页。

1400《中草医民间单方、验方、秘方介绍》

多民族综合文献。思茅专区卫生防治院防疫科编写。纸质，铅印本，共63页。

1401《中草医药方剂汇编》

多民族综合文献。临沧专区革命委员会生产指挥组文卫组编写。1970年6月出版，纸质铅印本，240页。

1402《中国各民族民间外治秘方大全》

多民族综合文献。978-7-5337-3205-5，R244/30，并列题名为“Tibetan medicine”。张力群主编，赵贵铭、江文全、蔡昌化、肖正南编。太原：山西科学技术出版社2008年8月第1次修订再版，铅印本，共698页，670千字，覆膜。

1403《中国各民族民间药食全书》

多民族综合文献，978-7-5377-3204-8，R247.1。该书收集了我国51个民族民间的有关食疗的经验配方，并且以病统方，以方配料，取材方便，突出了我国各民族之间的中医理论，形成了各民族的独特配膳方法。张力群、赵贵铭主编。太原：山西科学技术出版社2008年出版，共655页。

1404《中国民间医学丛书——中国民间百病良方》

多民族综合文献，7-5364-2099-4。该书介绍了治疗急症、四季病、常见病和疑难杂症共计100个病症的700余个方剂。刘光瑞、刘少林、黄再军编著。成都：四川科学技术出版社1992年4月第1版，铅印本，共234页，150千字。

1405《中国民间百草良方》

多民族综合文献，7-5357-1035-2，R289.5/86。该书汇集了常用药草 352 种、验方 300 余首，描述了药物的形态特征，并附有插图。周萍主编，周力勤、周晓波、彭汉忠、刘汉胜编。长沙：湖南科学技术出版社 1992 年 1 月第 1 版，铅印本，共 785 页，893 千字，有插图，覆膜。

1406《中国民间百草良方》（第 2 版）

多民族综合文献，7-5634-2030-4，R289.2/190。王国防主编。延吉：延边大学出版社 2006 年 1 月第 1 版，铅印本，共 455 页，2000 千字，有插图。

1407《中国民间百草良方》（彩色插图版）

多民族综合文献，7-80106-313-9，R289.2/190。该书选择 300 多种常见中草药，分别从形态特征、生长环境、性味功效等方面进行详细介绍，并收录了民间验方、秘方 3000 多例。王维主编。北京：线装书局 2005 年 12 月第 2 版，铅印本，共 528 页，300 千字，有插图。

1408《中国民间草药方》

多民族综合文献，7-5364-0917-6，R244.1。该书介绍了草药方近 3000 种，每方有药物组成、用量及用法。刘光瑞主编，刘少林撰（著）。成都：四川科学技术出版社 1992 年 5 月第 5 版，铅印本，共 191 页，110 千字。

1409《中国民间传统疗法》

多民族综合文献，7-5359-1780-1，R242。黄明河、林涛主编。广州：广东科技出版社 1997 年出版，共 688 页。

1410《中国民间疗法大全》

多民族综合文献，7-80089-432-0，R242。陈鹤秀、李柏主编，马宗娟等编写。北京：中国中医药出版社 1996 年出版。

1411《中国民间民医偏方》

多民族综合文献。该书介绍了民间名医治疗各种疾病的偏方、验方、单方、秘方，针对病症共 270 种，方剂共 2394 首。张宏才、周银贤主编。北京：科学技术文献出版社 2001 年出版，共 547 页。

1412《中国民间偏方大全》

多民族综合文献。王国防主编。延吉：延边大学出版社 2005 年 5 月第 1 版。

1413《中国民间奇特灸法》

多民族综合文献，7-5323-7057-7，R245.8/11。该书在全面系统地收集古今有关灸疗文献的基础上，通过加工筛选，共收集民间的各种灸疗方法 115 种，各种灸法均详细介绍其具体操作之法及在临床各类病证中的应用和病案，介绍病证达300余种之多。张仁主编，刘坚编。上海：上海科学技术出版社2004年6月第1版，铅印本，共337页，500千字，有插图，精装。

1414《中国民间实用偏方大全》

多民族综合文献。冯雅芝主编。北京：国际文化出版公司1999年出版。

1415《中国民间外治独特疗法》

多民族综合文献，7-5323-7291-X，R244。该书分总论、各论两部分，介绍了传统外治法70种、现代外治法6种的具体操作方法、适应范围、注意事项等，阐述了内科、外科、皮肤科等各科疾病的具体外治法。唐汉钧、汝丽娟主编。上海：上海科学技术出版社2004年出版，共316页。

1416《中国民间小单方》

多民族综合文献，7-5364-1914-4，R244.1。该书除采用了作者祖传单方外，还广泛收集了民间实用的单方710个，适于治疗常见各科病症55种。刘少林、刘光瑞主编。成都：四川科学技术出版社1992年4月第1版，铅印本，共344页，220千字。

1417《中国民间穴位疗法》

多民族综合文献，978-7-5082-2015-4。该书分为8章，分别介绍了我国民间常用的经络综合治疗法等在170余种常见病治疗中的应用。陈国珍主编。北京：金盾出版社2002年10月第1版，共366页，平装。

1418《中国民族民间秘方大全》

多民族综合文献，7-5377-0413-9，R289.5。该书共征集处方8500余首，录用44个民族的秘方、验、单方3760首，按科分别为内科、外科、妇科、儿科、眼科、口腔科、肿瘤科等12章。张力群等主编。太原：山西科学技术出版社1992年出版，共1274页。

1419《中国民族民间秘方大全（修订版）》

多民族综合文献，R289.2。作者通过多年对民族民间奇方异草、古籍、手抄本的研究，广收少数民族民间特色疗法，针对内外科常见病，修订了《中国民族民间秘方大全》，实用性较强。张力群、李友刚主编。太原：山西科学科技出版社2012年出版。

1420《中国民族民间特异疗法大全》

多民族综合文献，7-5377-2503-9，R242/111。该书汇集100多种“特异疗法”，包括药物和非药物疗法、内治和外治疗法、整体特异疗法、少数民族医药的秘验方疗法、宗教医药特异疗法，大多为首次披露，是半个世纪以来民族民间医药特异疗法的结晶。张力群主编，田华泳、吴德远、侯启年、钟庆良编。太原：山西科学技术出版社2006年1月第1版，铅印本，共888页，1294千字，有插图。

1421《中国民族民间药物外治大全》

多民族综合文献，7-5377-1284-0，R289.6。该书收集近50个民族民间药物外治疗法方药4015首，其中涉及内科134种病942首方药、妇产科46种病249首方药、儿科48种病280首方药、外科53种病858首方药、骨伤科28种病407首方药、眼科33种病166首方药、口腔科54种病443首方药，以及皮肤科56种病670首方药。张力群、赵贵铭、姚越苏主编。太原：山西科学技术出版社1997年出版，共1255页。

1422《中国少数民族民间验方精选》

多民族综合文献，7-5363-4673-5，R29，正文为多种文字。该书收集约1000条实用、简便、有效的藏族、蒙古族、回族、壮族、布依族、瑶族、土家族、白族、纳西族、满族、高山族、独龙族等44个少数民族民间医药验方。罗日泽、罗东波主编。南宁：广西民族出版社2004年第1版，铅印本，共452页，352千字。

1423《滇医汇讲·国庆60周年优秀论文集》

多民族综合文献，978-7-5416-3524-3，R29-53。该书分主题讨论、理论探讨、方药研究、临床报告、民间绝技、医话医事、药食同源、单方验方等8个栏目。吕光荣主编，云南省民族民间医药研究会编写。昆明：云南科技出版社2009年出版，共250页。

1424《甘肃古代医学》

多民族综合文献，978-7-5077-3527-7，R-092/93。该书共分4篇，主要内容有庆阳岐伯与《黄帝内经》、武威汉代医学、灵台皇甫谧针灸学、敦煌医学。第588—590页，少数民族之医方书《藏医杂疗方》。鄢卫东主编，李顺保、何天有、安定祥、张延昌编，甘肃省中医药管理局编写。北京：学苑出版社2010年5月第1版，铅印本，共620页，921千字，有插图。

1425《岭南本草集锦》

多民族综合文献，978-7-03-029191-2，R281.465/1。该书概述了岭南中草药资源及历史文化背景，内容包括岭南道地药材、岭南草药、民族药及外来药；岭南常见观赏植物的药用，特色水果、蔬菜、天然饮品及粮食作物的药用价值；药典中含岭南药的成方制剂和单味制剂。马骥、张宏伟主编，刘传明、袁立霞、陈兴兴编。北京：科学出版社2010年1月第1版，铅印本，共256页，398千字，有插图，精装。

1426《南方草木状考补》

多民族综合文献，7-5367-0392-9，Q94/15。《南方草木状》是世界上最早的一部区系植物志，该书对其进行了考证和研究，书中有部分民族药物。中国科学院昆明植物研究所编写。昆明：云南民族出版社1991年1月第1版，铅印本，共446页，344千字，有插图。

1427《实践与探索：中国高等中医药教育四十年》

多民族综合文献，7-80089-912-8，R-092/76。该书主要论述了中国医药学高等教育的历史。第63—65页，民族传统医学院校办学现状；第251—258页，民族医药教育的形成和发展。刘振民主编，崔文志、漆浩、张书斋、马健编。北京：中国中医药出版社1998年10月第1版，铅印本，共417页，341千字。

1428《医林朝暮》

多民族综合文献，978-7-80174-642-9，R2-53/113。该书分中医药、民族医药和《梦边吟》诗稿三部分，每部分基本上按写作年代排序，文章是对中医中药的深刻理解，研究的是当代中医药的传承发展等。诸国本撰（著）。北京：中医古籍出版社2008年8月第1版，铅印本，共571页，455千字。

1429《云南医药卫生简史》

多民族综合文献，7-5416-0039-3；统一书号：14466.24，R-092/9。该书介绍了云南从古代、近代直至现代各个历史时期医药卫生的发展情况和规律，并对云南多民族所积累的丰富医药经验做了概述、分析和评价。第1—42页，云南少数民族医学历史概述；第190—192页，中医和民族医药的振兴。田敬园主编，常鹏、赵鹏远、张仁明、李本孝编。昆明：云南科技出版社1987年9月第1版，铅印本，共210页，160千字。

1430《春华秋实，继往开来·中国医学文献研究所建所二十周年纪念文集》

多民族综合文献，7-80174-100-5，R-092/49，并列题名为“Anthology in Commemoration of the 20th Anniversary of the China Institute for History of Medicine and Medical Literature”。该书分为贺信贺辞、医史探赜、基础文献、临床文献、信息研究、医药通论、临证治疗、大事记8部分。第7—24页，中国民族医学史研究的回顾与展望；第24—44页，壮医发展史与学术体系概述；第88—91页，关于藏汉（中）医诊脉部位名称的探讨；95—98页，壮族医药史上的里程碑。彭春龙主编，陶广正、朱定华、王森林、刘从明编，中国中医研究院中国医史文献研究室编写。北京：中医古籍出版社2002年9月第1版，铅印本，共335页，524千字，有插图。

1431《中国传统医学丛书——中国传统医学史》

多民族综合文献，7-03-002911-9，R-092/32。该书阐明了医学实践和理论在发展过程中的辩证关系；论述了社会政治和经济、科学文化与医学发展的关系；介绍了中国人民和医学家作出的贡献、历代医学发展特点和主要成就、重大医事活动及中国传统医学发展的规律。第139—143页，少数民族医学；第200—201页，少数民族医学；第316—318页，少数民族医学。史兰华主编。北京：科学出版社1992年8月第1版，铅印本，共349页，281千字。

1432《中国近代药学史》

多民族综合文献，7-117-01641-8，R-092/30。该书反映了1840年以后百余年间，我国传统的中药业在内外反动势力重压之下为生存而不断斗争的历史。第197—207页，少数民族药学简史及近代发展概况。陈新谦主编，张天禄编撰。北京：人民卫生出版社1992年4月第1版，铅印本，共306页，254千字。

1433《中国医学通·古代卷》

多民族综合文献，7-117-03436-X，R-092/37，并列题名为“A general history of chinese medicine”。该书论述了中国古代的医学史。第150—158页、第206—210页、第271—280页、第443—450页、第627—637页为少数民族医学，有关民族医学的重要著作的介绍散见于其中。李经纬主编，林昭庚、赵璞珊、傅芳、马伯英编，“中国医学通史”编审委员会编写。北京：人民卫生出版社2000年1月第1版，铅印本，共764页，1436千字，有插图，精装。

1434《中国医学通史·文物图谱卷》

多民族综合文献，7-117-03347-9，R-092/37，并列题名为“A general history of chinese medicine”。该书为中国医学的历史文物的图谱。第369—392页，少数民族。傅维康主编，李经纬、林昭庚、张厚墉、廖果编，“中国医学通史”编审委员会编写。北京：人民卫生出版社2000年3月第1版，彩印本，共578页，287千字，有插图，精装。

1435《中国医学通史·现代卷》

多民族综合文献，7-117-03434-3，R-092/37，并列题名为“A general history of chinese medicine”。第477—497页，民族医学的发展。蔡景峰、“中国医学通史”编审委员会主编，李庆华、张冰浣、朱克文、张文编。北京：人民卫生出版社2000年1月第1版，铅印本，共650页，1259千字，精装。

1436《中国医药卫生学术文库》(第01辑)

多民族综合文献，7-5023-2793-2，R-53/9，并列题名为“Papers on medical sciences of China”。第1805—1818页，民族医学。王镭主编，田翠华、李裕镒、朱预、罗慰慈编，“中国医药卫生学术文库”编委会编写。北京：科学技术文献出版社1997年3月第1版，铅印本，共1358页，17565千字（六册合计），精装。

1437《中国医药卫生学术文库》(第02辑)

多民族综合文献，7-5023-2794-0，R-53/9，并列题名为“Papers on medical sciences of china”。第1743—1763页，民族医学。王镭主编，田翠华、李裕镒、朱预、罗慰慈编，“中国医药卫生学术文库”编委会编写。北京：科学技术文献出版社1997年4月第1版，铅印本，共1308页，17274千字，精装。

1438《中国中医药发展五十年（1949—1999）》

多民族综合文献，7-81048-336-6，R-092/36。该书记录了中国医药学 1949—1999 的医学发展历史。第 597—700 页，中国民族医药的发展。孟庆云主编，刘艳骄、周永生、鞠大宏、于家菊编，中国中医药发展五十年编辑委员会编写。郑州：河南医科大学出版社 1999 年 9 月第 1 版，铅印本，共 960 页，1660 千字，有插图，精装。

1439《茶马古道上的民族文化》

多民族综合文献，978-7-222-09141-2，K280.7。该书包括悠远而长存的古道、茶马古道上的文化特征、茶地的考察、八百岁老人谈茶说古道、人类生活的布景——丽江五部分。木霁弘主编。昆明：云南人民出版社、云南大学出版社 2012 年出版，纸质，铅印本，共 315 页，有插图。

1440《云南民族文化知识丛书——滇人天衍：云南民族医药》

多民族综合文献，7-5415-1868-9，K203。该书是“云南民族文化知识丛书”之一，全面系统地研究了云南民族医药，内容包括云南民族医药史话、云南民族医药理论概说、云南医药故事、从民族中寻找新药等。曾育麟主编。昆明：云南教育出版社 2000 年 12 月第 1 版，铅印本，共 162 页，115 千字，有插图，精装。

1441《敦煌学研究文库——敦煌佛儒道相关医书释要》

多民族综合文献，7-105-07951-7，R2-52。该书分六部分对敦煌佛、儒、道相关医书进行了释要，其包括写在佛书正面或背面的医书。该书含民族医药内容。李应存主编，史正刚编。北京：民族出版社 2006 年出版，共 320 页。

1442《中国少数民族自治地方概况丛书——禄劝彝族苗族自治县概况》

多民族综合文献，7-5367-0278-7，K297.44/26。该书阐述了云南省禄劝彝族苗族自治县的概况，含民族医药内容。第 148—152 页，医药卫生。禄劝彝族苗族自治县概况编写组编写。昆明：云南民族出版社 1990 年 5 月第 1 版，铅印本，共 174 页，138 千字，有插图。

1443《南涧彝族自治县概况》

多民族综合文献，统一书号：11184.61，K297.44。《南涧彝族自治县概况》编写组编写。昆明：云南民族出版社 1986 年出版，共 128 页。

1444《西南民族大学民族经济研究文库——西部少数民族文化资源开发走向市场》

多民族综合文献，978-7-105-04746-8，K280.4/1。该书是一本立足于西部大开发的实践，综合运用民族学、发展经济学和社会学等多种学科的理论和方法，探索西部少数民族文化资源开发的理论和实践的应用性研究专著。第 178—208 页，西部少数民族传统医药文化与医用资源开发。来仪撰（著）。北京：民族出版社 2007 年 2 月第 1 版，铅印本，共296页，250千字，覆膜。

1445《国家民委民族问题五种丛书·中国少数民族自治地方概况丛书——云南大理白族自治州概况》（修订本）

多民族综合文献，978-7-105-08558-3，K297.44/12。该书全面反映了云南大理白族自治州的地理环境、历史沿革与社会变革、民族区域自治、农业、工业、交通通信、财政金融、贸易、旅游、对外开放、社会事业、城乡建设、环境保护等方面的内容。第365—369页，民族医药。赵立雄主编，赵波、马健全、杨秀星、杨宴君编。北京：民族出版社2007年12月第1版，铅印本，共454页，350千字，有插图。

1446《国家民委民族问题五种丛书·中国少数民族自治地方概况丛书——云南河口瑶族自治县概况》（修订本）

多民族综合文献，978-7-105-08587-3，K297.44/41。该书介绍了云南河口瑶族自治县的地理环境、历史沿革与社会变革、民族区域自治、农业、工业、交通通信、财政金融、贸易、旅游、对外开放、社会事业、城乡建设、环境保护等。第226—229页，民族医药。邓永和主编，侯开华、杨军、王家强、邓福旺编。北京：民族出版社2008年5月第1版，铅印本，共276页，223千字，有插图。

1447《国家民委民族问题五种丛书·中国少数民族自治地方概况丛书——云南红河哈尼彝族自治州概况》（修订本）

多民族综合文献，978-7-105-08567-5，K297.44/5。该书介绍了云南红河哈尼族彝族自治州的地理环境、历史沿革与社会变革、民族区域自治、农业、工业、交通通信、财政金融、贸易、旅游等内容。第370—384页，民族医药。杨福生主编，松万明、马子凡、谭智荣、李相如编。北京：民族出版社2008年3月第1版，铅印本，共439页，370千字，有插图。

1448《国家民委民族问题五种丛书·中国少数民族自治地方概况丛书——云南兰坪白族普米族自治县概况》（修订本）

多民族综合文献，978-7-105-08566-8，K297.44/35。该书介绍了云南兰坪白族普米族自治县的基本概况，内容涵盖地理环境、历史沿革与社会变迁、农业、工业、交通通信、财税金融、贸易、旅游、社会事业等方面。第245—247页，民族医药。羊明主编，熊元德、和松堂、罗德胜、李松发编。北京：民族出版社2008年3月第1版，铅印本，共280页，248千字，有插图。

1449《国家民委民族问题五种丛书·中国少数民族自治地方概况丛书——云南禄劝彝族苗族自治县概况》（修订本）

多民族综合文献，978-7-105-08560-6，K297.44/26。该书介绍了云南禄劝彝族苗族自治县的地理环境、历史沿革与社会变革、民族区域自治、农业、工业、交通通信、财政金融、贸易、旅游等内容。第234—235页，民族医药。王桂泽主编，张光文、张丽仙、吴明泽、张映华编。北京：民族出版社2007年12月第1版，铅印本，共286页，220千字，有插图。

1450《国家民委民族问题五种丛书·中国少数民族自治地方概况丛书——云南墨江哈尼族自治县概况》（修订本）

多民族综合文献，978-7-105-08568-2，K297.44/3。该书主要介绍了云南墨江哈尼族自治县的地理环境、历史沿革与社会变革、民族区域自治、农业、工业、交通通信、财税金融、旅游、对外开放、社会事业等。李洪武主编，黄显学、王斌、罗俊才、王建国编。北京：民族出版社2008年3月第1版，铅印本，共259页，210千字，有插图。

1451《国家民委民族问题五种丛书·中国少数民族自治地方概况丛书——云南怒江傈僳族自治州概况》（修订本）

多民族综合文献，978-7-105-08581-1，K297.44/37。该书主要介绍了云南怒江傈僳族自治州基本概况、历史沿革与社会变革、民族区域自治、农业、工业、交通通信、财政金融、贸易、旅游、对外开放、社会事业、城镇建设等。第327—329页，为民族医药。侯新华主编，杜绍林、丁秀花、马义民、邓文学编，《怒江傈僳族自治州概况》编写组、《怒江傈僳族自治州概况》修订本编写组编写。北京：民族出版社2008年4月第1版，铅印本，共371页，330千字，有插图。

1452《国家民委民族问题五种丛书·中国少数民族自治地方概况丛书——云南屏边苗族自治县概况》（修订本）

多民族综合文献，978-7-105-08578-1，K297.44/18。该书介绍了云南屏边苗族自治县的地理环境、历史沿革与社会变革、民族区域自治、农业、工业、交通通信、财政金融、贸易、旅游、对外开放、社会事业、城乡建设、环境保护等。第205—206页，民族医药。杨国椿主编，杨旺林、刘翔、李洪能、陆永奎编，《屏边苗族自治县概况》编写组、《屏边苗族自治县概况》修订本编写组编写。北京：民族出版社2008年4月第1版，铅印本，共226页，190千字，有插图。

1453《云南少数民族传统科技文物》

多民族综合文献，7-5367-2842-5，K872.74/2，并列题名为“Cultural Relics of Tradition Science and Technology of the Yunnan Ethnic Groups”。该书对云南世代居住的25个少数民族世代创造的涉及社会制度、社会生产、社会生活各个层面的神话、天文历法、民族医药、民族纺织技术等科技文物进行介绍。普卫华主编，杨松海、桂榕、秋么尔布、张红云编。昆明：云南民族出版社2004年3月第1版，铅印本，共298页，300

千字，有插图。

1454《云南少数民族概览》

多民族综合文献，7-222-02597-9，K280.74/17。该书介绍了云南少数民族概况及医药文化知识与艺术部分包含对民族医药的介绍。郭净主编，段玉明、杨福泉编。昆明：云南人民出版社 1999 年 7 月第 1 版，铅印本，共 919 页，740 千字，有插图。

1455《云南少数民族社会历史调查资料汇编》(05)

多民族综合文献，978-7-105-08839-3，K280.74。该书汇编了云南少数民族社会历史调查报告 43 篇，涉及苗族、瑶族、蒙古族、彝族、基诺族、白族、傣族、普米族、布依族、水族等民族。云南省编辑组、“中国少数民族社会历史调查资料丛刊”修订编辑委员会编写。北京：民族出版社 2009 年出版，共 435 页。

1456《云南特色文化》

多民族综合文献，7-80230-094-0，K280.74/7。该书分为历史文化、民族文化和地域文化三篇，论述了云南的史前文化、抗战文化、神话文化、生态文化、烟草文化、书画文化等。第 682—700 页，医药文化。杨寿川主编，郑良、耿德铭、鲁刚、段炳昌编，云南省社会科学界联合会编写。北京：社会科学文献出版社 2006 年 5 月第 1 版，铅印本，共 883 页，1127 千字，有插图，精装。

1457《社会文化人类学丛书——云南特有族群社会文化调查》

多民族综合文献，7-81112-154-9，K280.74/18，并列题名为“Social and cultural surveys on some unique ethnic groups in Yunnan Province”。国家社会科学基金暨云南省省院省校合作项目基金资助。该书对云南境内的部分特有族群进行了较为全面深入的调查研究，系统、客观、科学地记录和保存生动丰富的资料。卫生与健康、生育部分包含民族医药信息。和少英主编，王正华编。昆明：云南大学出版社 2006 年 9 月第 1 版，铅印本，共 288 页，350 千字，有插图。

1458《国家民委民族问题五种丛书·中国少数民族自治地方概况丛书——云南文山壮族苗族自治州概况》(修订本)

多民族综合文献，978-7-105-08563-7，K297.44/39。该书介绍了云南文山壮族苗族自治州的行政区划、自然资源、民族分布、历史发展、政权建设、社会变革、经济文化以及名胜古迹、宗教信仰、风俗习惯等内容。第 346—350 页，民族医药。王承才主编，钱磊、刘卓武、陆庆怀、马斌编，“文山壮族苗族自治州概况”修订本编写组编写。北京：民族出版社 2008 年 2 月第 1 版，铅印本，共 388 页，316 千字，有插图。

1459《国家民委民族问题五种丛书·中国少数民族自治地方概况丛书——云南西盟佤族自治县概况》(修订本)

多民族综合文献，978-7-105-08572-9，K297.44/15。该书介绍了西盟佤族自治州概况的地理环境、历史沿革与社会变革、民族区域自治、农业、工业、交通和通信等。第220—223页，民族医药。岩再主编，鲁斌、魏岩斋、杨绍武、李正洪编。北京：民族出版社2008年3月第1版，铅印本，共273页，200千字，有插图。

1460《云南医林人物》

多民族综合文献，7-5416-0331-7，R60。该书选收时限从宋代开始，至1987年止，主要记述云南的医林人物及其在当时当地对中医学、民族医学、草医学的影响等，书中收录了一些在医学方面有贡献的民族医药、草药。邱纪凤主编，顾琼珠、赵国志、张延瑜、尚华编，云南中医学院科研处、图书馆编写。昆明：云南科技出版社1992年3月第1版，铅印本，共404页，285千字。

1461《国家民委民族问题五种丛书·中国少数民族自治地方概况丛书——云南玉龙纳西族自治县概况》(修订本)

多民族综合文献，978-7-105-08593-4，K297.44/36。该书主要介绍了云南玉龙纳西族自治县各自治地方的行政区划、自然资源、民族分布、历史发展、政权建设、社会变革、经济文化以及名胜古迹、宗教信仰、风俗习惯等内容。第249—250页，民族医药。和慧军主编，陈彪、杨承新、木志英、张赛东编。北京：民族出版社2008年6月第1版，铅印本，共288页，230千字，有插图。

1462《国家民委民族问题五种丛书·中国少数民族自治地方概况丛书——云南元江哈尼族彝族傣族自治县概况》(修订本)

多民族综合文献，978-7-105-08564-4，K297.44/38。该书介绍了云南元江哈尼族彝族傣族自治县的地理环境、历史沿革与社会变革、民族区域自治、农业、工业、交通通信、财政金融、贸易、旅游等内容。第250—256页，民族医药。杨忠武主编，吉寿海、白友光、李松阳、郑荣编。北京：民族出版社2008年3月第1版，铅印本，共294页，240千字，有插图。

1463《国家民委民族问题五种丛书·中国少数民族自治地方概况丛书——云南镇沅彝族哈尼族拉祜族自治县概况》(修订本)

多民族综合文献，978-7-105-08569-9，K297.44/40。该书主要介绍了镇沅彝族哈尼族拉祜族自治县的地理环境、历史沿革与社会变革、民族区域自治、农业、工业、交通通信、财政金融等。第218—219页，民族医药。李向华主编，王兴、祁海、肖再全、郝金文编。北京：民族出版社2008年3月第1版，铅印本，共242页，215千字，有插图。

1464《云南中医学院建院四十周年论文汇编》(1949—1989)

多民族综合文献，R2-53/52。第17—19页，从民族医药中寻找新药；第112—120页，纳西族的本草书——《玉龙本草》。吕光荣主编，马逢生、吴帆、岳胜难编。昆明：云南中医学院2003年10月出版，纸质，铅印本，共286页，有插图。

1465《中国中医药科技成果获奖项目汇编》(1978—2002)

多民族综合文献，7-80174-024-6，R2-53/73。该书介绍了我国中医药的发展，包括基础研究、医史文献研究、软科学研究、临床研究、中药学等内容，同时还有中医药1987—2002年的科技成果。第559—573页，少数民族医药学。李振吉主编，何惠宇、刘保延、贺兴东、洪净编，国家中医药管理局编写。北京：中医古籍出版社2003年3月第1版，铅印本，共636页，1100千字，精装。

1466《中华医学会双江分会会员论文选集》(1990—1992)

多民族综合文献。该书为云南双江中华医学会分会组织编印的论文集，有民族医药的专题论文。纸质，铅印本，共53页。

1467《民族药物高通量筛选新技术》

多民族综合文献，978-7-81108-590-7，R29/12，正文为汉文、外文。该书介绍了如何利用高通量药物筛选技术快速开发民族药物，以及民族药物高通量筛选新技术的内容、特点、方法、应用等问题。刘庆山主编。北京：中央民族大学出版社2008年8月第1版，铅印本，共386页，410千字，有插图。

1468《民族植物学手册》

多民族综合文献，7-5416-1214-6，Q94-62/3。该书为"'人与植物'保护手册丛书"之一，论述了民族植物学的相关内容。第72—100页，民族药物学及相关领域。盖利·J.马丁主编，裴盛基、贺善安编译。昆明：云南科技出版社1998年1月第1版，铅印本，共322页，290千字，有插图。

1469《传统知识与资源可持续利用丛书——民族植物学与植物资源可持续利用的研究》

多民族综合文献，7-5416-1353-3，Q948.12/1，并列题名为"Ethnobtany and sustainable utilization of plant resources"。该书分概念和方法、植物资源和可持续利用、生物多样性保护三章，收录了《民族植物学研究方向和研究方法》《社区药用植物资源和可持续管理》《我国杀虫植物资源开发利用研究进展》等20余篇论文。第65—75页，藏药。许建初主编，王正友、王雨华、王建华、王春编。昆明：云南科技出版社2000年5月第1版，铅印本，共295页，250千字，有插图。

1470《少数民族地区药用植物多糖的化学与药理》

多民族综合文献，978-7-81108-509-9，R284/15。该书分为上、下篇，上篇为总论，主要以多糖化合物为主线，介绍多糖的各个方面——生物活性、来源、分布、结构、性质以及分离提纯结构鉴定方法；下篇为各论，对少数民族地区药用植物不同部位多糖类化合物的提取、纯化、结构测定和药理作用进行了综合分析和整理归纳。刘春兰主编，徐靳凡、崔箭编。北京：中央民族大学出版社 2008 年 6 月第 1 版，铅印本，共 324 页，373 千字，有插图，覆膜。

1471《西双版纳药用植物名录》

多民族综合文献，7-5367-0324-4，Q949.95-1，并列题名为“Index of medicinal plants in Xishuangbanna”。郭绍荣主编，段桦编，中国医学科学院药用植物资源开发研究所云南分所编写。昆明：云南民族出版社 1991 年 5 月第 1 版，铅印本，共 522 页，390 千字，有插图。

1472《西双版纳植物名录》

多民族综合文献，统一书号：13184.18，Q948.32/1，并列题名为“List of plants in Xishuangbanna”。中国科学院云南热带植物研究所编写。昆明：云南民族出版社 1984 年 4 月第 1 版，纸质，铅印本，共 509 页。

1473《药草与人类健康：中国’99 昆明世界园艺博览会药草园》

多民族综合文献，7-5416-1430-0，S567/20。该书内容由药草园散记、药用植物简介、室内展简介等几个部分组成，通过对药草园概况的介绍，反映中国人民应用天然植物防病治病的灿烂历史和发展现状。刘七一主编，李国光、张启贤、杨国祥、钱子刚编，云南中医学院药草园工程办编写。昆明：云南科技出版社 2000 年 1 月第 1 版，铅印本，共 194 页，188 千字，有插图。

1474《药物集成［Ⅴ］——中成药及民族药制剂》

多民族综合文献，978-7-5067-3868-2，R97：R286。该书收载中成药 1632 种，民族药制剂 775 种。按药品通用名的汉语拼音排序，截稿时间为 2007 年 9 月。各药品记载有药品编号、名称（正名药品及其他名称）、药物管理信息、药物应用信息和药物成分信息五部分内容。梁安鹏、李玉龙总编，王满恩主编，王孝敏、郝日晋、王娜、白而力编。北京：中国医药科技出版社 2008 年 6 月第 1 版，铅印本，共 5053 页，1840 千字，精装。

1475《云南资源植物学》

多民族综合文献，7-5415-1374-1，Q94/17。第 74—92 页，药用及保健植物。熊子仙主编。昆明：云南教育出版社 1997 年 8 月第 1 版，铅印本，共 144 页，110 千字。

1476《中国少数民族药用植物学》

多民族综合文献，978-7-81108-577-8，R29/11。该书主要内容为中国少数民族药用植物的分类、中国少数民族药用植物资源与保护、中国少数民族传统医学的发展前景、学习少数民族药用植物学的方法等，可供民族医学和药学专业的本科生和研究生使用。该书讲解了少数民族药用植物的细胞、组织、器官的形态特征，营养器官和繁殖器官形态解剖的基本知识、技能和技巧，少数民族药用植物与其特有环境的相关性，少数民族药用植物资源研究的基本理论和技能。崔箭主编，阿里穆斯、朴香兰、徐斯凡、杨若明编。北京：中央民族大学出版社 2008 年 7 月第 1 版，铅印本，共 268 页，290 千字，有插图。

1477《中国少数民族地区有毒药物研究与应用》

多民族综合文献，978-7-5660-0015-6，R29。该书由上、下两编组成，上编总论主要介绍了我国民族药的应用与研究现状、少数民族有毒药物应用与毒性反应、中药及民族药不良反应的预防与监控、毒理学基础、药物毒性评价方法等内容；下编各论则介绍了我国白族、布依族、朝鲜族、傣族等近 30 个少数民族使用的有毒药物 400 余种，每味民族药根据文献资料现代研究分别列出药物的民族药名、别名、来源、民族用药经验等内容。李志勇主编。北京：中央民族大学出版社 2011 年出版，共 395 页。

1478《德宏民族药名录》

多民族工具书，7-80525-092-8，R29，正文为汉文、傣文。该书共收集 60 余种民间常用的动物药、植物药、矿物药，并注明各民族用药经验及配伍禁忌。李荣兴主编，段国明编。芒市：德宏民族出版社 1990 年 10 月出版。

1479《德宏民族药志》

多民族工具书，正文为汉文、傣文。云南省德宏州卫生局药品检验所编写。云南省德宏州卫生局药品检验所 1983 年 8 月出版，纸质，铅印本，共 272 页，有插图。

1480《鄂西民族药志》（第 01 册）

多民族工具书，R281.463。湖北省鄂西土家族苗族自治州民委卫生局编写。1985 年出版，共 289 页。

1481《西双版纳州卫生志》

多民族工具书。内部资料，共 558 页。

1482《香格里拉民族医药研究丛书——香格里拉民族药图鉴》

多民族工具书，978-7-5416-2921-1，R291.4-64。该书是一本民族药图谱，收载近年在迪庆州香格里拉地区拍摄的常见植物药 289 种，每种药物条下，按别名、基原、生长环境、省内分布、性味、功效、主治、用法、选方顺序记述，每种药物均附原色图片并注明性味、功效、用法和选方。香格里拉为云南省主要藏区，民族医药以藏医为主，藏医常用的药物大多以当地药物为主，所以书中大多为藏医习用的药材，同时附上相应的功效、用法。另外，书中选择的药物多为藏医所用，故对藏医药学的基本特点作了简介。刘毅、郑进主编，杨鸿生、李勇、赵勇编，云南中医学院编写。昆明：云南科技出版社 2008 年 7 月出版。

1483《云南民族药名录》

多民族工具书。该书为油印本，云南省药品检验所编写。云南省药品检验所 1983 年 8 月出版，纸质，手抄油印本。

1484《云南民族药志》（第一卷）

多民族工具书，978-7-5367-3857-7，R281.474/5，并列题名为“The Annals of National Medicine in Yunnan”，正文为汉文、多种文字。2008 年出版第一卷，2009 年出版第二卷，2010 年出版第三卷，2012 年出版第四卷。该书汇集了云南各民族的认药知识和用药经验，收录云南民族药物 208 种，以及各民族验方 1000 余个，每种药物均记录了民族药名、民族药用经验，每种药物还附有鲜活植物图片、植物形态的描述、分布环境和现代研究成果。朱兆云、韦群辉主编，高丽、赵毅、王京昆编撰（著），云南省药物研究所、云南省民族药工程技术研究中心编写。昆明：云南民族出版社 2008 年 3 月出版。

1485《云南民族药志》（第二卷）

多民族工具书，978-7-5367-4549-0，R281.474/5，并列题名为“The Annals of National Medicine in Yunnan”。云南民族出版社，2008 年出版第一卷，2009 年出版第二卷，2010 年出版第三卷，2012 年出版第四卷。该书汇集了云南各民族的认药知识和用药经验，收载云南民族药物 208 种，以及各民族验方 1000 余首，每种药物均收载了民族药名、民族药用经验，每种药物还附有鲜活植物图片、植物形态的描述、分布生境和现代研究等内容。朱兆云主编，高丽、韦群辉、赵毅、王京昆、包·照日格图编撰（著），云南省药物研究所、云南省民族药工程技术研究中心编写。昆明：云南民族出版社 2009 年 12 月出版。

1486《中草药与民族药药材图谱》

多民族工具书，7-81071-747-2，R282-64/18。该图谱收载的是《中华人民共和国药典》中常用的中药材品种和苗族、藏族等民族药材的珍稀品种，并按药用部位分为根茎类、藤木类、皮类、叶类、果实及种子类、全草类、动物类、矿物类和其他类。该书共收载中草药与民族药药材 910 种，并论述了其来源、主产地、性状特征、品质、性味功效、附注、鉴定人和编号等。黄璐琦主编，邵爱娟、陈虎彪、谢宗万、王敏编。北京：

北京大学医学出版社2005年6月出版。

1487《中国民族药志》(第1—4卷)

多民族工具书，7-117-00990-X，978-7-5409-3759-1，统一书号：14048.4354，R29/1。第一卷，人民卫生出版社1984年出版；第二卷，四川民族出版社1990年出版；第三卷，四川民族出版社2001年出版；第四卷，四川民族出版社2007年出版。该书中民族药名、民族药用经验、药材检验等三项内容，均系实地调查和科学实验结果，大部分系首次发表，可供中药研究、生产、药检、教学等有关部门参考。中国药品生物制品检定所、云南省药品检验所、《中国民族药志》编委会编写。北京：人民卫生出版社1990年4月出版。

1488《中国民族药志要》

多民族工具书，7-5067-3251-3，R281.4。该书引用了当前已出版的各少数民族著作50余部，近几年公开发表的民族用药的文章200余篇，涉及少数民族44个、药物5500余种（含植物、动物和矿物）。该书的体例包括每味药的拉丁学名、中文名（科名）、民族药名、不同药用部位及主要治疗的疾病、文献来源。该书对上述各项进行提纲式的归纳简介。该书的特点是以物种的拉丁学名统一了一种民族药物在几十个民族中使用情况和进一步查阅的文献；因同科属名排在一起，有助于功效的归并与新疗效的学习和推广；有助于各民族间的学习交流；引文中虽以民族药品种和功效为主，但不少药有较深入的生药学和化学成分研究的内容；用物种的拉丁学名排序，不需要拉丁目录就可以直接查找，速度很快，不用拉丁学名者，也可直接查找附录中的中文名和民族药名。该书是一部民族用药的工具书，适于与民族工作有关的科研、教学、生产、检验技术人员、民族医药工作者参考。同时，对国际传统药的学习交流（不少民族药直接来自国外）和新药的研究开发均有帮助。贾敏如、李星炜主编，张浩、严诗云编。北京：中国医药科技出版社2005年11月出版。

1489《大理中药资源志》

多民族工具书，7-5367-0391-0，R281.474。该书介绍了大理州中药资源产销历史、地理环境及分布，对名贵药材进行了专述，并介绍了当地的民族药。朱兆云主编，大理白族自治州人民政府主持编写。昆明：云南民族出版社1991年出版，纸质，铅印本，共389页，有插图。

1490《宁夏药事志》(1032—2000)

多民族工具书，978-7-227-04360-7。《宁夏药事志》(1032—2000)是一部“专业志”，也是宁夏地方志的组成部分，全书除“卷首篇目”和“卷尾篇目”外，“志”的主体篇目共20篇，该书从宁夏药学事业的各个方面全方位、客观系统地反映了宁夏药学事业发展的历史轨迹。该书内容包括药材资源、民族药学、药品研发、药品生产（医药商业）、药品经营、药品检验、药疗器材、医院药学、药学教育、药学科研、科技成果、药学交流、行业管理、药政管理等。宁夏药监局、宁夏药学会、“宁夏药事志”编纂委员会编写。银川：宁夏人民出版社 2009 年出版，共 978 页。

1491《卫生医药志》

多民族工具书。景谷傣族彝族自治县卫生医药志领导小组编写。昆明：云南大学出版社 1996 年出版，共 263 页。

1492《云南省卫生通志》

多民族工具书，7-5416-1144-1，R199.2/2。第 387—403 页，少数民族医学。云南省卫生厅编写。昆明：云南科技出版社 1999 年 10 月出版。

1493《云南省中药材标准 2005 年版》（第 01 册）

多民族工具书，7-80695-331-0，R282-65/3。该书收载 50 个药材品种，每种药材包括“中药材标准”“中药材标准起草说明”“中药材彩色照片”三部分。孙学明主编，黄显初、乐开礼、郑博仁、罗天诰编，云南省食品药品监督管理局编写。昆明：云南美术出版社 2005 年 12 月出版。

1494《中国卫生年鉴》（1983）

多民族工具书，统一书号：14048.4597，R1-54/1。该套书是综合反映我国卫生工作各方面情况、进展、成就的资料性工具书，是由卫生部主办，由卫生部、全国爱国卫生运动委员会、国家发展和改革委员会、劳动和社会保障部、国家中医药管理局、国家质量监督检验检疫总局、解放军总后勤部卫生部共同编写的。该套书自 1983 年卷出版以来，已出版 24 卷。本卷为 1983 年卷。第 150 页，草医草药；第 155—156 页，发展中的民族医药事业、西藏自治区继承和发展藏医藏药；第 157 页，傣医学；第 470—471 页，积极发展藏医藏药事业，为创造祖国的新医药学贡献力量。“中国卫生年鉴”编辑委员会编写。北京：人民卫生出版社 1984 年 2 月出版。

1495《中国卫生年鉴》（1984）

多民族工具书，统一书号：14048.4886，R1-54/1。本卷为 1984 年卷。第 224 页，培养少数民族高级医药卫生人才；第 227 页，贵州、广西、云南重视发展少数民族中等医学教育；第 414—415 页，民族医药遗产得到发掘继承；第 418 页，藏医藏药有了很大发展。“中国卫生年鉴”编辑委员会编写。北京：人民卫生出版社 1985 年 3 月出版。

1496《中国卫生年鉴》（1986）

多民族工具书，统一书号：14048.5408，R1-54/1。本卷为 1986 年卷。第 105—106 页，民族医药工作进展，约 400 字；第 337—338 页，民族医药，约 200 字。“中国卫生年鉴”编辑委员会编写。北京：人民卫生出版社 1987 年 6 月出版。

1497《中国卫生年鉴》(1987)

多民族工具书，7-117-00604-8，R1-54/1。本卷为 1987 年卷。第 146—147 页，民族医学教育发展情况；第 169—170 页，少数民族地区卫生工作考察；第 427—428 页，发展中的藏医藏药事业。“中国卫生年鉴”编辑委员会编写。北京：人民卫生出版社 1988 年 1 月出版。

1498《中国卫生年鉴》(1988)

多民族工具书，7-117-00942-X，R1-54/1。本卷为 1988 年卷。第 168 页，发展中的民族医药；第 435—436 页，民族医药获新生。“中国卫生年鉴”编辑委员会编写。北京：人民卫生出版社 1989 年 2 月出版。

1499《中国卫生年鉴》(1990)

多民族工具书，7-117-01481-4，R1-54/1。本卷为 1990 年卷。第 175 页，全国民族医院工作会议；第 178 页，西藏大学藏医学院和新疆维医专科学校成立。“中国卫生年鉴”编辑委员会编写。北京：人民卫生出版社 1991 年 1 月出版。

1500《中国卫生年鉴》(1992)

多民族工具书，7-117-01803-8，R1-54/1。本卷为 1992 年卷。第 117—118 页，西藏藏医药状况；第 470—471 页，发展藏医药。“中国卫生年鉴”编辑委员会编写。北京：人民卫生出版社 1992 年 11 月出版。

1501《中国卫生年鉴》(2003)

多民族工具书，7-117-05764-5，R1-54/1。本卷为 2003 年卷。第 279 页，21 世纪藏医本科教育规划教材名称和编写人员确定；第 482—483 页，中医药工作；第 490 页，藏医藏药工作。“中国卫生年鉴”编辑委员会编写。北京：人民卫生出版社 2003 年 12 月出版。

1502《中国卫生年鉴》(2004)

多民族工具书，7-117-06470-6，R1-54/1。本卷为 2004 年卷。第 283 页，全国民族医重点专科（专病）建设工作；第 288 页，21 世纪藏医本科教育规划教材审定出版；第 470 页，藏医藏药工作。“中国卫生年鉴”编辑委员会编写。北京：人民卫生出版社 2004 年 12 月出版。

1503《中国卫生年鉴》(2008)

多民族工具书，978-7-117-10559-0，R1-54/1。本卷为 2008 年卷。第 418—419 页，中医药和民族医药；第 420—421 页，藏医药事业发展。“中国卫生年鉴”编辑委员会编写。北京：人民卫生出版社 2008 年 12 月出版。

1504《中国医学疗法大全》

多民族工具书，7-5331-0738-1，R242/54。全书疗法39类、300余种、1000余法。第817—833页，藏族、蒙古族、傣族、壮族、维吾尔族、朝鲜族民族医学疗法简介。麻仲学主编，毛德西、傅延龄、胡国庆、曹宏欣编，“中国医学疗法大全”编委会编写。济南：山东科学技术出版社2000年4月出版。

1505《中国中医·中西医结合·民族医医疗机构大全》

多民族工具书，R199.2-61。中华人民共和国国家中医药管理局主持编写。北京：北京科学技术出版社1994年出版，共1687页。

1506《中国中医机构志》

多民族工具书，7-80013-235-8，R197.4-62/1。该书是关于中国中医机构的志书。在“云南省”部分，有关于思茅地区民族传统医药研究所、西双版纳傣族自治州民族医药研究所、迪庆藏族族自治州藏医院的介绍；在“西藏自治区”部分，有关于藏医学校、医院的介绍；在“其他少数民族省份”也有部分民族医院、学校、研究所的介绍。史宇广主编，傅景华、单书健、胡熙明、田景福编，“中国中医机构志”编委会编写。北京：中医古籍出版社1989年9月出版。

1507《中国中医药年鉴》(1989)

多民族工具书，7-117-01252-8，R2-54/2。《中国中医药年鉴》创刊于1983年，是由国家中医药管理局主管的反映中医药事业进展的综合性、史料性工具书。首卷名为《中医年鉴》，由卫生部原中医司主办、人民卫生出版社出版发行；1991年国家中医药管理局成立后，更名为《中国中医药年鉴》，并改由中国中医药出版社出版；2003年起，《中国中医药年鉴》拆分为行政与学术两卷，行政卷由中国中医药出版社出版。第364页，彝医名著《聂苏诺期》；第374页，拉祜族传统医学简介；第380—383页，民族医药。“中国中医药年鉴”编辑委员会编写。北京：人民卫生出版社1990年8月出版。

1508《中国中医药年鉴》(1990)

多民族工具书，7-117-01476-8，R2-54/2。本书记录了1990年我国中医药事业的发展情况和学术进展情况，共分为七部分。第435—443页，民族医药。“中国中医药年鉴”编辑委员会编写。北京：人民卫生出版社1991年5月出版。

1509《中国中医药年鉴》(1991)

多民族工具书，7-80089-008-2，R2-54/2。第483—484页，藏族医史学家第巴·桑结嘉措；第484—485页，吐蕃时期的藏医学发展简史；第486页，藏医历算大师绕罗布；第491—497页，民族医药。张伯讷主编，李军、肖敏材、肖德馨、沙凤桐编，“中国中医药年鉴”编辑委员会编写。北京：中国中医药出版社1992年1月出版。

1510《中国中医药年鉴》(1992)

多民族工具书，7-80089-164-X，R2-54/2。第38—40页，西藏藏医药有待发展；第450—451页，藏医珍贵文物系列挂图“曼汤”；第475—482页，民族医药。张伯讷主编，李军、肖敏材、肖德馨、沙凤桐编，“中国中医药年鉴”编辑委员会编写。北京：中国中医药出版社1993年2月出版。

1511《中国中医药年鉴》(1993)

多民族工具书，7-80089-270-0，R2-54/2。第4页，藏医事业要走向全国走向世界；第480—481页，藏医名著《月王药诊》考；第490—491页，藏医妊娠生理及胚胎学简介；第500—506页，民族医药。张伯讷主编，肖敏材、许志仁、李军、肖德馨编，“中国中医药年鉴”编辑委员会编写。北京：中国中医药出版社1994年1月出版。

1512《中国中医药年鉴》(1994)

多民族工具书，7-80089-406-1，R2-54/2。第475—482页，民族医药。张伯讷主编，肖敏材、许志仁、李军、肖德馨编，“中国中医药年鉴”编辑委员会编写。北京：中国中医药出版社1994年12月出版。

1513《中国中医药年鉴》(1996)

多民族工具书，7-80089-578-5，R2-54/2。第455—464页，民族医药。施杞主编，肖敏材、许志仁、李军、肖德馨编，“中国中医药年鉴”编辑委员会编写。北京：中国中医药出版社1996年11月出版。

1514《中国中医药年鉴》(1997)

多民族工具书，7-80089-748-6，R2-54/2。第502—510页，民族医药。施杞主编，肖敏材、许志仁、傅芳、沈施德编，“中国中医药年鉴”编辑委员会编写。北京：中国中医药出版社1997年12月出版。

1515《中国中医药年鉴》(1998)

多民族工具书，7-80089-942，R2-54/2。第438—445页，民族医药。施杞主编，肖敏材、许志仁、傅芳、沈施德编，“中国中医药年鉴”编辑委员会编写。北京：中国中医药出版社1998年12月出版。

1516《中国中医药年鉴》(1999)

多民族工具书，7-80156-064-7，R2-54/2。第386页，古代彝族医史；第392—397页，民族医药。施杞主编，肖敏材、阎树江、傅芳、沈施德编，“中国中医药年鉴”编辑委员会编写。北京：中国中医药出版社2000年1月出版。

1517《中国中医药年鉴》(2000)

多民族工具书，7-80156-101-5，R2-54/2。第17—18页，民族医药的可持续发展之路；第383—389页，民族医药。施杞主编，沈施德、阎树江、傅芳、肖敏材编，“中国中医药年鉴”编辑委员会编写。北京：人民卫生出版社2001年1月出版。

1518《中国中医药年鉴》（2002）

多民族工具书，7-80156-347-6，R2-54/2。第25—27页，中国民族医药走向世界面临的机遇和挑战；第479—484页，民族医药。严世芸主编，沈施德、周雷、傅芳、张玉萍编，“中国中医药年鉴”编辑委员会编写。北京：中国中医药出版社2002年12月出版。

1519《中国中医药年鉴》（2005）

多民族工具书，7-80156-919-9，R2-54/2。第77页，我国第一套藏医专业本科教材出版；第78页，《中国壮医内科学》出版发行；第78页，“全国民族医药文献整理丛书”出版；第78页，藏医药学巨著《四部医典八十幅彩色挂图蓝琉璃说》出版；第147页，加强中医药、民族医药科研工作。严世芸主编，“中国中医药年鉴”编辑委员会编写。北京：中国中医药出版社2005年12月出版。

1520《中国中医药年鉴》（2006）

多民族工具书，7-80231-138-1，R2-54/2。第127页，《中华本草》民族药卷出版；第191页，进一步挖掘、整理、完善民族医药古籍文献；第268页，中国民族医药学会。严世芸主编，“中国中医药年鉴”编辑委员会编写。北京：中国中医药出版社2006年12月出版。

1521《中国中医药年鉴（学术卷）》（2006）

多民族工具书，7-81010-944-8，R2-54/2。第273—275页，民族类药材中的化学成分研究；第364—365页，《黄帝内经》与《四部医典》的历史渊源；第385—390页，名中医药。谢建群主编，刘平、张玉萍、蒋健、陈秋生编，“中国中医药年鉴”（学术卷）编辑委员会编写。上海：上海中医药大学出版社2006年12月出版。

1522《中国中医药年鉴（学术卷）》（2008）

多民族工具书，978-7-81121-132-0，R2-54/5。第422—429页，民族医药。谢建群主编，刘平、张玉萍、王志勇、王克勤编，“中国中医药年鉴”（学术卷）编辑委员会编写。上海：上海中医药大学出版社2009年3月出版。

1523《中国中医药年鉴（学术卷）》（2009）

多民族工具书，978-7-81121-167-2，R2-54/4。第392—398页，民族医药。谢建群主编，刘平、张玉萍、王志勇、华卫国编，“中国中医药年鉴”（学术卷）编辑委员会编写。上海：上海中医药大学出版社2010年3月出版。

1524《中国中医药年鉴（学术卷）》（2010）

多民族工具书，978-7-81121-192-4，R2-54/6。第 413—419 页，民族医药。谢建群主编，闫树江、刘平、张玉萍、华卫国编，“中国中医药年鉴”（学术卷）编辑委员会编写。上海：上海中医药大学出版社 2010 年 12 月出版。

1525《中国中医药学术年鉴》（2003）

多民族工具书，7-81010-721-6，R2-54/3。该年鉴设有中医药管理、学术进展、中医医疗机构、科研机构等类目，翔实地反映了 2002 年中国中医药事业的发展情况。第 188—189 页，藏药资源的开发与利用；第 287 页，《四部医典》中的针灸学；第 306—312 页，民族医药。严世芸主编，沈施德、周雷、朱邦贤、张玉萍编，“中国中医药学术年鉴”编辑委员会、国家中医药管理局主管、上海中医药大学主办、编写。上海：上海中医药大学出版社 2003 年 12 月出版。

1526《中国中医药学术年鉴》（2004）

多民族工具书，7-81010-840-9，R2-54/3。第 204—205 页，云南省药用植物资源的研究；第 325—329 页，民族医药。严世芸主编，沈施德、周雷、朱邦贤、张玉萍编，“中国中医药学术年鉴”编辑委员会编写。上海：上海中医药大学出版社 2004 年 12 月出版。

1527《中医年鉴》（1985）

多民族工具书，统一书号：14048.5180，R2-54/1。《中医年鉴》为浩如烟海的祖国医学文献宝库增添了一部长期的、连续性的重要工具书，这是中医药界的一件大事，也是中医药事业兴旺发达的重要标志之一。《中医年鉴（1985）》是中医药专业的综合性、资料性工具书。第 447—448 页，湘西苗族医药简介；第 459—460 页，《晶珠本草》简介；第 531—534 页，在全国民族医药工作会议闭幕式上的讲话；第 535—537 页，重视发展民族医药；第 537—541 页，民族医药事业在“七五”发展规划的意见；第 541—543 页，关于加强全国民族医药工作的几点意见；第 565—566 页，少数民族传统医药情况。张伯讷主编，肖敏材、张令铮、陆鸿元、马钟媚编。上海中医学院编写。北京：人民卫生出版社 1986 年 6 月出版。

1528《中医年鉴》（1986）

多民族工具书，统一书号：14048.5180，R2-54/1。《中医年鉴》为浩如烟海的祖国医学文献宝库增添了一部长期的、连续性的重要工具书，这是中医药界的一件大事，也是中医药事业兴旺发达的重要标志之一。《中医年鉴》是中医药专业的综合性、资料性工具书。第 422—428 页，民族医药。张伯讷主编，肖敏材、张令铮、陆鸿元、朱宝贵编。北京：人民卫生出版社 1987 年 12 月出版。

1529《中医年鉴》(1987)

多民族工具书，7-117-00610-2，R2-54/1。《中医年鉴》为浩如烟海的祖国医学文献宝库增添了一部长期的、连续性的重要工具书，这是中医药界的一件大事，也是中医药事业兴旺发达的重要标志之一。《中医年鉴(1987)》是中医药专业的综合性、资料性工具书。第338页，《四部医典》的创伤外科成就；第368—373页，民族医药。张伯讷主编，肖敏材、张令铮、陆鸿元、朱宝贵编，上海中医学院编写。北京：人民卫生出版社1988年7月出版。

1530《中华人民共和国地方志丛书——沧源佤族自治县志》

多民族工具书，7-5367-1498-X，K297.44。本志上限可追溯至事物发端之时，下限至1990年。李明富主编，沧源佤族自治县地方志编纂委员会编写。昆明：云南民族出版社1998年出版，共1025页。

1531《峨边彝族自治县志》

多民族工具书，7-80543-406-9，K297.14。峨边彝族自治县志编纂委员会编写。成都：四川辞书出版社1994年出版，共681页。

1532《峨边彝族自治县志》(1988—2003)

多民族工具书，978-7-80238-057-8，K297.14。峨边彝族自治县志编纂委员会编写。北京：方志出版社2007年出版，共716页。

1533《中华人民共和国地方志丛书——峨山彝族自治县志》

多民族工具书，7-101-02920-5，K297.44。该书上至有资料记载的年代，下至1993年，记录了自然到社会、经济到政治、生产活动的各个领域到社会各项事业、物质生产活动到思想意识等县情资料。中华人民共和国地方志丛书云南省峨山彝族自治县志编纂委员会编写。北京：中华书局2001年出版，共905页。

1534《建国40年中医药科技成就》

多民族工具书，7-80013-199-8，R2/35。该书包括针灸、推拿、气功、中药、医史文献、图书情报等诸多方面内容，设122个专题进行介绍。第708—714页，民族医药。胡熙明主编，田景福、吴咸中、唐由之、任继学编，国家中医药管理局编写。北京：中医古籍出版社1989年8月出版。

1535《景东彝族自治县志》

多民族工具书，7-80543-383-6，K297.44。景东彝族自治县志编纂委员会编写。成都：四川辞书出版社1994年12月出版，共616页。

1536《景谷傣族彝族自治县志·医药卫生志》

多民族工具书，7-80543-321-6，K297.44。该书以述、记、志、传、图、表、录的形式，全方位展示了改革开放 30 年景谷深化改革、锐意进取，建设中国特色的社会主义事业的伟大实践，记述了全县经济发展、政治稳定、文化繁荣、社会进步、民族团结、边疆巩固的历史经验和成就，包含民族医药内容。云南省景谷傣族彝族自治县志编纂委员会编写。成都：四川辞书出版社 1993 年 11 月出版，共 763 页。

1537《马边彝族自治县志》

多民族工具书，7-5616-2973-7，K297.14。马边彝族自治县地方志编纂委员会编写。成都：成都科技大学出版社 1994 年出版，共 643 页。

1538《孟连傣族拉祜族佤族自治县志》

多民族工具书，7-222-02625-8，K297.44。孟连傣族拉祜族佤族自治县志编纂委员会编写。昆明：云南民族出版社 1999 年 6 月出版，共 433 页。

1539《南方药用植物图鉴》

多民族工具书，7-81036-859-1，R282.71-64。该书借助 2000 幅彩色图片介绍中国南方常见的 558 种药用植物的植物特征、药用部位、功能主治、主要成分等。该书为中国药用植物图鉴系列之一。王玉生主编，蔡岳文编。广东：汕头大学出版社 2005 年 12 月出版。

1540《中华人民共和国地方志丛书——南涧彝族自治县志》

多民族工具书，7-80543-271-6，K297.44。该书由述、记、志、传、图、表、录等部分组成，以事物发端和有据可查者为上限，下限至 1989 年。中华人民共和国地方志丛书南涧县志编纂委员会编写。成都：四川辞书出版社 1993 年出版，共 571 页。

1541《中华人民共和国地方志丛书——普洱哈尼族彝族自治县志》

多民族工具书，7-108-00596-4。云南省普洱哈尼族彝族自治县地方志编纂委员会编写。北京：生活·读书·新知三联书店 1993 年 3 月出版，共 767 页。

1542《中华人民共和国地方志丛书——双江拉祜族佤族布朗族傣族自治县志》

多民族工具书，7-5367-1080-1，K297.44。赵成龙主编，双江拉祜族佤族布朗族傣族自治县志编纂委员会编写。昆明：云南民族出版社 1996 年出版，共 945 页。

1543《西藏百科全书（2009 年修订版）》བོད་ལྗོངས་ཀྱི་རིག་གནས་ཀུན་བཏུས་དཔེ་དེབ།

多民族工具书，7-223-01900-X，K927.5-61，并列题名为“Encyclopedia of Tibet”。该书主要由西藏自治区（专文）、正文及附件（大事年表、索引等）三部分组成，条目总数 1284 条，涵盖了历史、地理、政治、经济、文化等各个方面，并以大中条目为主体，内含藏医、藏药相关词条。崔玉英主编，旺堆次仁、刘立强、张虎生编。拉萨：西藏人民出版社 2005 年 10 月出版。

1544《中华人民共和国地方志丛书——西盟佤族自治县志》

多民族工具书，7-222-02180-9，K297.44。西盟佤族自治县志编纂委员会编写。昆明：云南人民出版社 1997 年出版，共 442 页。

1545《新编云南省情》

多民族工具书，7-222-02069-1，K297.4/7。该书是一部系统反映云南基本情况的资料工具书。第 618—619 页，民族医药，约 1000 字。沈安波主编，莫泰尧、戴炽昌、吴锡藻、徐平编。昆明：云南人民出版社 1996 年 11 月出版。

1546《漾濞彝族自治县志》

多民族工具书，7-222-02578-2，K297.44。云南省漾濞彝族自治县地方志编纂委员会编写。昆明：云南人民出版社 2000 年出版，共 824 页。

1547《云南省情》（1949—1984）

多民族工具书，统一书号：17116·65，K297.4/7。该书既全面概述了云南历史、地理、气候、资源、民族、宗教等基本情况和新中国成立以来云南经济、社会的发展历程，又着重叙述了改革开放以来尤其是近十几年来云南在经济建设、政治建设、文化建设、社会建设以及生态文明建设和党的建设等方面的新变化、新发展。第 1128—1129 页，民族卫生，约 600 字。中共云南省委政策研究室编写。昆明：云南人民出版社 1986 年 1 月出版。

1548《中华人民共和国地方志丛书——云南省志·民族志》

多民族工具书，7-222-03540-0，K297.4，正文为汉文、藏文。该书各民族的医药介绍部分有民族医药的相关内容。格桑顿珠主编，高广、杜玉婷、段发和、郭大烈编撰（著），云南省地方志编纂委员会编写。昆明：云南人民出版社 2002 年 12 月出版。

1549《中华人民共和国地方志丛书——云南省志·卫生志》

多民族工具书，7-222-03198-7，K297.4。第 380—393 页，少数民族医学。尧挥彬主编，詹海峰、田敬国、包佶、伍法同编。昆明：云南人民出版社 2002 年 7 月出版。

1550《中华人民共和国地方志丛书——云南省志·医药志》

多民族工具书，7-222-01044-0，K297.4。李文辉主编，李铁军、李昌府、胡月英、戚育芳编，云南省地方志编纂委员会编写。昆明：云南人民出版社 1995 年 5 月出版。

1551《中国大百科全书——中国传统医学》

多民族工具书，7-5000-0373-0，7-5000-0374-9，Z227/1，正文为汉文、英文。《中国大百科全书》的内容包括哲学、社会科学、文学艺术、文化教育、自然科学、工程技术等各个学科和领域。全书总卷数为 80 卷，每卷 120 万—150 万字。全书各学科的内容按各该学科的体系、层次，以条目的形式编写，收条目 10 万个左右。本册为中国传统医学卷，病症名、经络、穴位名用英文。施莫邦主编，邓铁涛、陆广莘、陈绍武、傅世垣编辑。北京：中国大百科全书出版社 1992 年 9 月出版。

1552《中国古文献与传统文化学术研讨会论文集》

多民族工具书，7-5075-1857-4，G256.1-53：K203-53。该书收录暨南大学中国文化史籍研究所于 2004 年举办的以弘扬传统文化为中心的“中国古文献与传统文化学术研讨会”上的论文 33 篇。张玉春主编。北京：华文出版社 2005 年出版，共 431 页。

1553《中国图书年鉴》

多民族工具书。《中国图书年鉴》与《中国图书大辞典》（1949—1992）的收书截止时间相衔接，对从 1993 年起国内出版的图书资料进行收集整理，每年编辑出版一卷。年鉴主要反映每年度全国图书出版工作的状况和信息，其主要栏目有“专论”“图书分类评述”“图书出版研究”“图书市场分析”“新书简介”“获奖书目”“统计资料”“图书出版纪事”“索引”等，其中含有民族医药文献信息。

1554《大理古籍书目提要》

多民族检索工具，978-7-5367-5603-8，Z838 。该书以云南省图书馆、大理州公共图书馆及部分高校馆藏古籍为收录对象，反映其版本特征，收录古籍 1167 种，主要是关于大理籍人物的有关感知著述和外籍人物记述大理的感知著述等，含有少量白族医药古籍信息。孙沁南、杨萌主编，杨锐明、刘丽校注。昆明：云南民族出版社 2013 年 11 月出版。

1555《二十世纪中国少数民族文献分布及学术研究成果：国际性书目之书目》

多民族检索工具，978-710-0045-001。该书是迄今为止世界上收录范围较为广泛、收录内容较为全面的中国少数民族学术研究书目。作为书目之书目，该书不仅开创了中国书目之书目将收录内容拓展到世界范围的先例，开创了中国专题书目之书目的先河，而且填补了中国学者编撰世界书目之书目的空白，具有里程碑式的目录学价值。作为中国少数民族学术研究的必备参考工具书，该书不仅为海内外学者提供了极其珍贵的治学门径，而且全面地勾勒了世界各国有关中国少数民族学术研究和文献收藏的概貌，极大地开拓了我国专家学者的研究视野，具有促进中国少数民族学术研究国际交流的重要学术价值。张海惠主编。北京：商务印书馆 2006 年出版。

1556《新中国六十年中医图书总目》（1949—2008）

多民族检索工具，978-7-117-12290-0，Z88：R2。该目录收录了 1949—2008 年全国各地公开出版的中医药著作共 37572 种，内容涉及中医药学的各个领域，集中反映了中医药事业在科研、临床、教育以及管理等方面所取得的成就。其中民族医药方面的出版物 730 种，涉及藏族、蒙古族、维吾尔族、傣族、苗族、彝族、壮族族、瑶族、朝鲜族、满族、鄂伦春族、哈萨克族、哈尼族、佤族、纳西族、拉祜族、德昂族、普米族、布依族、水族、仡佬族、侗族、土家族、畲族、黎族、毛南族、基诺族共27个少数民族。本目录著录的信息有书名、文种、著者、著者朝代（针对古籍）、版本（针对古籍）、版次、出版地、出版者、出版年、页数或册数、尺寸、丛书书名、国际标准书号和价格。本目录所收录的均为民族医药的现代出版物，包含1949年后整理的、以现代著作形式出版的民族医药古籍96部。裘俭、何远景、段青主编。北京：人民卫生出版社2010年出版，共2225页。

1557《云南史料目录概说》

多民族检索工具，统一书号：11018.1176，K297.4。方国瑜将目录学研究与云南史地研究紧密结合，深入探讨了史料目录与历史研究的关系，并强调史料目录是历史研究的基础，确立了编撰边疆民族地区史料目录要以阐明真实历史为目的的指导思想。方国瑜主编。北京：中华书局1984年出版，共1345页。

1558《中国科技期刊中医药文献索引》（1988）

多民族检索工具，7-80013-593-6，Z89：R/1。该书为中医药文献的检索工具，内含民族医药相关信息。第440页，民族医药学。薛清录主编，毕俊英、马芳莉、巴恩荣、曹小玉编。北京：中医古籍出版社1994年12月出版。

1559《中国科技期刊中医药文献索引》（1989）

多民族检索工具，7-80013-672-8，Z89：R/1。该书为中医药文献的检索工具，内含民族医药相关信息。第448—449页，民族医药学。薛清录主编，马芳莉、毕俊英、曹小玉、方玲编。北京：中医古籍出版社1996年12月出版。

1560《中国科技期刊中医药文献索引》（1990）

多民族检索工具，7-80013-869-0，Z89：R/1。该书为中医药文献的检索工具，内含民族医药相关信息。第497—499页，民族医药学。薛清录主编，马芳莉、毕俊英、邓青青、范为宇编。北京：中医古籍出版社1999年12月出版。

1561《中国科技期刊中医药文献索引》（1991）

多民族检索工具，7-80013-829-1，Z89：R/1。该书为中医药文献的检索工具，内含民族医药相关信息。第525—526页，少数民族医学。薛清录主编，周继贤、毕俊英、邓青青、范为宇编。北京：中医古籍出版社1998年12月出版。

1562《中国科技期刊中医药文献索引》（1992）

多民族检索工具，7-80013-913-1，Z89：R/1。该书为中医药文献的检索工具，内含民族医药相关信息。第485—486页，中国少数民族医学。薛清录主编，周继贤、毕俊英、邓青青、范为宇编。北京：中医古籍出版社2001年1月出版。

1563《中国科技期刊中医药文献索引》(1993)

多民族检索工具，7-80013-913-1，Z89：R/1。该书为中医药文献的检索工具，内含民族医药相关信息。第576—577页，少数民族医学。薛清录主编，周继贤、马芳莉、巴恩荣、毕俊英编。北京：中医古籍出版社2001年7月出版。

1564《中国科技期刊中医药文献索引》(1994)

多民族检索工具，7-80013-776-7，Z89：R/1。该书为中医药文献的检索工具，内含民族医药相关信息。第748—752页，中国少数民族医学。薛清录主编，周继贤、马芳莉、毕俊英、温先荣编。北京：中医古籍出版社1998年5月出版。

1565《中国科技期刊中医药文献索引》(1995)

多民族检索工具，7-80013-873-9，Z89：R/1。该书为中医药文献的检索工具，内含民族医药相关信息。第674—676页，少数民族医学。薛清录主编，周继贤、马芳莉、毕俊英、程英编。北京：中医古籍出版社2000年4月出版。

1566《中国少数民族古籍总目提要·东乡族卷　裕固族卷　保安族卷》

多民族检索工具，7-5000-7515-4，Z838。该书收录的是东乡族、裕固族、保安族三个民族的古籍条目，内容包括历史、宗教、政治、经济、文学、艺术等诸多方面，真实记录了这三个民族的历史发展进程和文化发展轨迹。东乡族卷由马自祥主编，裕固族卷由贺卫光主编，保安族卷由马少青主编，国家民族事务委员会全国少数民族古籍整理研究室编写。北京：中国大百科全书出版社2006年出版，纸质，铅印本，共284页，有插图，精装。

1567《中国少数民族古籍总目提要·土族卷　撒拉族卷》

多民族检索工具，978-7-5000-7648-3，Z838。该书收录的是土族和撒拉族的古籍条目2942条，内容包括历史、宗教、政治、经济、文学、艺术等诸多方面，真实记录了这两个民族的历史发展进程和文化发展轨迹。张公瑾主编，国家民族事务委员会全国少数民族古籍整理研究室编写。北京：中国大百科全书出版社2007年出版，纸质，铅印本，共536页，有插图，精装。

1568《中国少数民族古籍总目提要·乌孜别克族卷　塔塔尔族卷　俄罗斯族卷》

多民族检索工具，978-7-5000-8689-5，Z838。该书将我国各少数民族落之于笔墨、传之于口头的各种古籍文献一一清点入册，包括书籍类和讲唱类。该书是一部系统介绍乌孜别克族、塔塔尔族、俄罗斯族古籍总体情况，反映其古籍概貌的书籍。它不仅是一部了解这三个民族历史文化的读物，也是研究其政治、经济、历史、宗教、文化的参考工具书，展示了丰富多彩的民族历史文化遗产，反映了这三个民族人民为缔造中华民族文明所作出的贡献。张公瑾主编，国家民族事务委员会全国少数民族古籍整理研究室编写。北京：中国大百科全书出版社2011年出版，纸质，铅印本，共411页，有插图，精装。

第七章 《云南民族医药文献目录提要》编纂研究

古籍目录整理既可以资源共享、方便读者，又有利于古籍保护和学术发展，但是现有的古籍目录收录书目数量与我国的古籍总量存在一定差距，质量也参差不齐。云南省整理出版了一些少数民族古籍文献著作，但民族医药古籍文献的揭示体系尚未建立，编撰者受信息技术、地域、学科背景等限制，编撰的目录型工具书以综合性的为主，对民族医药典籍文献的著录和揭示不足，没有提到其资源建设如何开展、其价值如何揭示等重要问题。如《红河彝族文化遗产古籍典藏总目》《云南德宏傣文古籍编目》《彝族古籍文献概要》《纳西象形文东巴目录》等均属综合性目录，编撰年代较早，且著录的民族医药文献只有30余种，不能反映文献存佚、保护的情况。

学术界对于少数民族医药文献价值和资源建设问题，特别是文献目录的编纂是十分有限和不到位的，少数民族医药古籍文献更加缺乏广泛调研和联合目录的编撰。因而，民族医药文献资源的挖掘整理、分类编目显得越发重要和紧迫了。所以，在书目分类的科学化、文献著录的标准化、检索手段的多样化方面均有大量工作要做。

云南民族医药文献资源的挖掘和整理工作方兴未艾，民族医药文献学研究尚未厘清脉络、建立体系，其文献的目录学、信息情报学研究应成为重点。

第一节 调查研究的发现

云南民族医药古籍文献大多为云南各少数民族所保存，拥有着上千年或几百年的历史，涉及云南各少数民族的民族语言、文字及其宗教信仰、医药文化和医药古籍传承人等，范围非常广，仅靠课题组十几个人是不可能完全地收集、整理的。尽管困难很多，但课题组仍然努力认真地开展调研工作。经过长达5年较为普遍广泛的调查和文献研究后，通过多种途径和方法，课题组搜集了大量云南少数民族医药古籍文献、复印复制件和现代民族医药文献及含有民族医药文献内容的书目信息，整理录入Excel表格，并在此基础上分类整理，开展联合目录的编纂研究。课题组力求编纂出一本能较全面地反映我省民族医药古籍和现代文献收藏情况，且数据较为准确、实用性强、参考价值高、便于使用的工具书，从而为广大学者提供服务。

经过实地调查，课题组发现了不少有价值、有规律和值得概括总结的共性规律。此外，云南民族大学的李国文老师在这方面做了大量深入的研究和探讨，并著有专著《云南少数民族古籍文献调查与研究》，给课题组提供了大量信息和指导。

在云南少数民族社会中，在乡村民间，有相当数量的民族文字医药古籍文献得以流传和保存。这个现象的重要意义，不仅在于有利于民族文字医药古籍文献调查研究的本身，而且为系统研究民族医药文化提供了重要信息。

各民族民间对民族文字医药古籍文献的传承，因地域不同、民族不同，或同一民族的地域、村寨不同而存在着很多差别。比如傣族大部分人信仰南传上座部佛教，其傣文经典或医药文献首先在佛寺（奘房）供奉，再到家庭保存、供奉，再到佛寺赕（供）保存，如此循环传承和循环传抄、保存，是普遍而有规律的。但在其他较边远、偏僻的山区，在信仰原始宗教的民族中，其医药学文字经典的传抄、使用、保存，则为民间掌握文字并主持宗教和民俗信仰活动的经师或祭司们（诸如纳西族的东巴经师、祭司，彝族的毕摩经师、祭司）掌管，文字古籍的传承基本上是以个体家庭为单位的传承，情况较为复杂，如父亲去世，儿孙不识文字，很难子承父业，于是文字医药经典文献或随便被弃置，或成“死书”；或父亲去世，按民俗传统要将经籍烧与父亲，以作陪葬物；或父亲去世，祖传经籍转移到他人之手，逐渐自然地损毁、消失①。这些现象较为普遍。

除傣族民间保存传统的抄写佛经医书、在家庭和佛寺赕（供）佛经的循环传抄、保存、流传古籍文献外，在其他民族民间中，同样存在世代转抄、传抄文字经典（包含有医药的相关内容）的传统，只是其他民族，诸如纳西族、彝族、瑶族对经典的传抄一般仅限于民间宗教生活组织者、主持者②。从调查中得知，纳西族、彝族、瑶族民间普遍存在着古老经籍的新抄本、转抄本、传抄本。这些现象为揭示民族文字医药古籍内部流传、传承的规律提供了重要参考。

各民族民间保存文字古籍文献的原生态环境不一样。这里讲的原生态环境的重要内容之一就是古籍的保存条件。总体来讲，各民族民间保存文字古籍文献的环境、水平有差别，同一种民族内部不同地区、不同村寨、不同人家的保存条件和方式方法也有所差

① 李国文. 云南少数民族古籍文献调查与研究［M］. 北京：民族出版社，2010.

② 李国文. 云南少数民族古籍文献调查与研究［M］. 北京：民族出版社，2010.

异，这种差别更多的是由各地各民族社会生产生活环境和经济发展水平所决定的。比如，在傣族社会，无论在佛寺（奘房）或个体家庭中，佛教经籍的保存条件一般较好。他们的藏经柜较为讲究，刷漆鎏金，置放严整，管理细心、认真。但也有例外，在经济发展相对滞后的地区和山村或佛寺中，保存条件明显简陋。再就是其他居于山区的民族，保存经籍的条件一般较差，保存工具简陋，较讲究的可能会用购置的塑皮箱子，有的用自制的木箱，有的用竹箩、竹篮，有的用纸盒，有的用家屋里的供台、木柜。古籍存放位置可能是楼上、床下、墙台、楼台处，很少讲究通风、光线、卫生、防虫、防鼠、防潮、防火、防烟等条件。这些古籍保存方法既与当地社会经济文化发展水平有关，也与当地生活环境条件有关，还与人们对古籍及其文化的综合性认识有关[①]。这些古籍保存习惯和条件对于古籍的影响是显而易见的。

在调查研究云南少数民族医药古籍文献的过程中，我们发现有的地方所流传、保存的古籍，在过去是很少被人们重视的。比如过去某一地区由于交通不便、条件艰苦，很少有人去做深入调查和研究。比如丽江市宁蒗彝族自治县部分山村与相邻的四川省木里、盐源县部分山区普米族民间流传的韩规古籍，在过去除有人做部分收集外，也很少有人去做系统调查和研究。实际上，还有很多类似的偏远乡村和民族散居山区是缺乏深入调查的[②]。

在文献信息调查研究过程中，我们也接触到了云南少数民族民间口承医药文献，因此项内容可单独立项开展大量工作，且口承医药之献有别于传统意义上的文献，故不作为本次收录的内容。比如佤族老医师带领我们上山采药谈及很多传统医药知识及其来历时讲的“佤族口承古籍”等。此外，西双版纳州傣医医院的专家们也开展了深入的调研，采集多媒体信息，积累了不少经验。

云南少数民族医药古籍文献目录采集调查研究所起到的社会作用、学术作用是多方面的。本研究成果至少让课题组对目前云南少数民族民间流传、保存的民族医药古籍文献的情况有了一个大概了解，同时可为同行们进一步研究本领域和相关领域的民族医药奠定扎实的信息基础。

第二节　民族医药文献的分类与编目

编纂民族医药文献目录，特别是古籍目录，著录有关古籍的信息，并不是简单的文献登记录入工作，而是从学术研究的角度着眼，使用一整套的工作程序——广搜异本、

① 李国文.云南少数民族古籍文献调查与研究［M］.北京：民族出版社，2010.

② 李国文.云南少数民族古籍文献调查与研究［M］.北京：民族出版社，2010.

比勘异同、考订是非、类次归属、撰写书录、编纂目录。所形成的目录不只反映历代民族医药古籍的存佚，还可以为研究民族医药知识发生、发展、演变的历史过程助益。因此，编纂一部能全面反映云南省少数民族医药古籍整体状况和现代文献信息的《云南民族医药文献目录提要》，对推动中国民族医药研究、云南民族医药研究具有重要的价值和意义。课题组与国家中医药管理局于2010年启动了国家公共卫生资金项目——“民族医药文献整理和适宜技术筛选推广”，为编纂《全国民族医药古籍文献总目》提供古籍目录信息。本课题得到多位学科专家直接和间接的指导，同时课题组借鉴以往的一些工作经验，结合云南少数民族医药以及民族医药古籍文献自身的特殊性，积极思考探索和解决面临的新问题，最后编纂《云南民族医药文献目录提要》这本检索书目。

第三节 《云南民族医药文献目录提要》编纂体例及标准

在文献信息调查中，课题组发现有部分收藏单位收藏有云南世居少数民族以外的其他少数民族医药文献，如维吾尔族、土家族、朝鲜族、侗族、黎族等的医药文献，为了真实反映各地医药文献收藏情况和便于读者利用，课题组也对其认真做了采集，并统计汇入Excel表中。

课题组在调研实践中，咨询、参考专家意见，反复研究《云南民族医药文献目录提要》的文献收录范围：以云南省境内收藏的以民族语言文字或汉文字撰著的云南世居少数民族医药古籍文献或近现代出版发行的图书文献为主，以民族医药古籍文献为重中之重，而在文献研究中发现的少量云南民族医药古籍文献信息虽只是文献中的存目文献，但鉴于其历史价值、文献历史研究价值等方面的特殊性，均采集著录入目录；为突出云南本土流通和存世的民族医药文献的存、藏、佚情况，以我国其他省份少数民族医药文献为辅，将实地调研或文献研究中采集到的文献信息全部收入目录。对于收集到的数据，通过与CALIS、国家图书馆等权威数据库中的相关数据核对各项信息后全部著录入表格，去重后编入本目录。

本目录不收录民族医药相关期刊、报纸、电子书等类型文献，宜另题研究。

一、著录项的设定

编目研究中著录项的设定须准确、合理，因为它直接关系到目录的使用。本目录中古籍的著录项包括古籍文献序号、古籍文献原有编号、使用语种、使用文种、古籍文献类别、书名（包括正书名全称、简要书名、书名异名、并列书名）、民族语言题名、正书名拉丁转写、汉译书名、著者、版本类型、成书年代、刻抄年代、刻抄地点、材质、破损情况、卷册情况、古籍文献首页面尺寸、页数、有无序跋、有无插图、有无评注和按语、古籍文献基本内容（包括著者生平、古籍文献各章节目录、主要内容介绍、学术价值、版本及流传情况）、整理情况（如已得到整理，则附上出版信息）、保存现状、缺存情况、收藏情况[①]，以及信息著录人、著录时间、审核人、审核时间和备注。现代文献则著录版权信息项以及内容提要等相关项。编撰云南民族医药古籍和现代文献的目录类专书《云南民族医药文献目录提要》时，课题组首先以汉文编纂，但对原著以民族文字编著的少数民族医药文献，在著录信息时使用汉文和少数民族语言文字著录，原文为手写无法用计算机录入的民族文字，则标注“民族语言题名”的语种，这样可以最大程度保留民族医药文献的原始信息，减少由于汉译造成的不准确和信息缺失。同时，对历史上曾经存在但今日已亡佚的少数民族医药古籍也做了著录，以便与现存古籍的目录相互补充，全面体现云南少数民族医药古籍的整体面貌。

二、前言

《云南民族医药文献目录提要》的编撰，基于国家社科基金项目“云南少数民族医药文献联合目录编纂与研究”，实施了长达5年的基层调查和文献研究，通过多种途径和方法，搜集了大量云南少数民族医药古籍文献、复印复制件、影印译注版本和现代民族医药文献的书目信息，并在此基础上进行整理分类编纂，它是一部民族性、文献性、学术性、专科性都很强的专业目录工具书。

“民族医药古籍文献”时限的划分，按目前国内主要观点以1949年10月中华人民共和国成立为界，收录版本类型包括多种少数民族文字或与汉文字对照的手抄本、绢帛本、木刻本、石印本、铅印本、油印本、贝叶经及上述文献的复制品等。本书收录的“民族医药古籍文献”共429种，载体形式多为贝叶、自制构树皮纸、绵纸等，手抄、刻写、石印或木刻油印的经籍多为民族文字刻写，这些古籍抄本、写本或刻本等，分别为藏族48种、彝族97种、瑶族22种、傣族182种、纳西族56种、普米族24种。很多珍贵的古籍文献是第一次被调研和采集，从未被报道或译注，未参加过任何普查，未被其他文献或工具书记载，具有重要的民族医药、民族文化和历史文献价值。

“民族医药现代文献”收录范围限国内出版物，以在云南地域收藏和流通的为主，包括在国家图书馆、超星、CALIS系统等公开网络信息中能查询到出版物信息的。

编纂本书目时，课题组将调研采集到的2634条原始书目数据经核对、考证后，删除不含民族医药内容的古籍文献、经书、期刊以及考订后数据不完整的条目后，有效数据

① 甄艳．对藏医古籍文献目录编制的几点思考［J］．青藏高原论坛，2013（2）．

为 1938 条；经反复审核比对去除重复的数据、合并古籍的复本信息后，最终数据为 1568 条，随后进行分类著录和编目。按“文献属性”归类后的书目信息再按文献的“民族属性”分类组织，具体分为：

（1）民族医药古籍文献及影印再版译注文献目录共 591 种，包含民族医药古籍文献 429 种，民族医药古籍影印再版译注文献 120 种，民族古籍影印译注再版等含医药内容的文献 42 种。

（2）民族医药图书等现代文献共 782 种，包含民族医药专著 410 种，民族医药教材 112 种，民族医药论文集 19 种，民族民间草药验方疗法专著 88 种，中医药类综合类含民族医药内容的图书 121 种，民族药用植物及现代研究 16 种。

（3）民族医药文献检索工具、参考工具书共 196 种，包含民族医药专科工具书 65 种，医药学综合类含民族医药内容的工具书 80 种，综合类检索工具含民族医药内容的文献 51 种。

每一大类后再按“民族属性”先列出多民族综合文献目录，再分列每个民族的，按照条目数量的多少排序，并按音序进行编排。小类目下文献数量较少或某个民族的文献目录数量少于 3 种的，不再分民族类别，而是合并归入“其他民族”一并列出。

课题组从云南 25 个世居少数民族中收录到的文献种数（有的文献有复本，故以种为单位计）为：藏族文献 388 种、彝族文献 182 种、瑶族文献 38 种、壮族文献 38 种、苗族文献 33 种、蒙古族文献 24 种、回族文献 15 种、满族文献 5 种、布依族文献 4 种、水族文献 4 种、傣族文献 253 种、纳西族文献 89 种、普米族文献 28 种、拉祜族文献 11 种、哈尼族文献 9 种、白族文献 9 种、傈僳族文献 6 种、德昂族文献 5 种、独龙族文献 5 种、佤族文献 5 种、阿昌族文献 4 种、基诺族文献 4 种、布朗族文献 3 种、景颇族文献 3 种、怒族文献 3 种。同时，本书还著录我国其他省份的少数民族的医药文献，包括维吾尔族文献 26 种，土家族文献 21 种，朝鲜族文献 17 种，侗族文献 10 种，畲族文献 6 种，哈萨克族文献 5 种，羌族文献 5 种，黎族文献 4 种，毛南族文献 3 种，鄂伦春族、鄂温克族、仫佬族文献各 2 种，达斡尔族、赫哲族、柯尔克孜族、塔吉克族、锡伯族、仡佬族文献各 1 种，多民族综合文献 291 种。

《云南民族医药文献目录提要》收录的民族医药专科文献目录信息数量较多，范围较广，著录项目较为丰富，能全面地反映云南民族医药文献的收藏和出版状况，可以为广大学者提供较好的参考和专题检索帮助，希望能对云南少数民族医药工作者乃至全国的医药工作者的研究和学习有所裨益。

三、凡例

《云南民族医药文献目录提要》收录云南少数民族医药专科或综合文献，著录民族医药古籍和现代文献书目信息，旨在较全面、准确地反映云南少数民族医药古籍和现代文献的存藏现状。课题组将各古籍收藏单位（包括个人和私人收藏机构）收藏的图书资料普查信息登记入调查表，作为文献收藏信息登记档案长期留存以备查考，并按拟订的编写计划编纂《云南民族医药文献目录提要》初稿，再三考订后予以出版。

《云南民族医药文献目录提要》的编纂体例和内容参照《全国中医图书联合目录》《中国中医古籍目录》《全国古籍普查登记目录》的编纂体例、正文格式等，同时结合云南民族医药文献自身的特点，突出民族医药古籍不同于中医古籍的载体、文字、刻抄等特点，突出鲜明的民族性、地域性和学术性。

《云南民族医药文献目录提要》的体例为前言、目录、凡例、文献收藏单位（或个人）一览表、书目正文、附录、索引、参考文献等。

（一）民族医药古籍文献及影印再版译注文献收藏单位和个人名录

经统计，本项目收录古籍收藏单位（或个人）共100余个。因为少数民族医药古籍文献大部分为孤本，大多具有唯一性的特点，存在复本的情况极少，很少出现多个单位或个人都收藏有同一版本的情况，故而在编撰目录提要时，直接著录每一种古籍文献的收藏单位和个人信息，以便于读者直接检索到文献的收藏情况并利用。本目录只列出古籍收藏单位和个人名录表，在正文部分后附“民族医药古籍、影印再版译注文献收藏单位和个人音序索引”，对每个收藏单位或个人所藏图书目录的流水号进行标引，不制作收藏馆代码表。现代文献因复本数量巨大，在网络或各大书店均可购买，各大图书馆也有收藏，便于检索和利用，且涉及单位太多不具著录意义，故不作收藏单位和个人统计，也没有使用收藏馆或个人代码来描述。

（二）书目正文

“书目正文”分列少数民族医药古籍文献（含古籍复印复制件及抄本、影印再版译注等）、现代民族医药图书资料、民族医药文献检索工具参考工具书三个部分。每一大类文献再细分为二级类目，按民族属性归类后又按书目正题名音序排列，以方便查找。

每种民族医药文献目录信息的基本著录内容因文献类型的不同而有所区别：

1. 古籍的著录

突出民族医药古籍的特点，反映古籍的主要内容、载体形式、版本及收藏情况（包含复本），注重内容提要、版本信息、存佚、收藏及普查出版情况的著录。此类文献属民族医药类文献，大多单独保存和收藏，很多没有分类，多为自行编号，故不著录中国图书馆图书分类号。

（1）流水号：民族医药文献目录编号。

（2）题名项：主要书名、民族语言题名、并列书名、附录及其卷数等。

（3）民族语言题名项：民族语言题名及语种说明。

（4）正文文种：正文的文种。

（5）内容提要：文献的主要内容及相关说明。

（6）著者项：主要著者、其他著者姓名、著作方式等，包含团体责任者信息。

（7）字数：古籍文献大约字数统计。

（8）版本项：成书年代、刻抄年代、刻抄地、文献载体形式、版本类型、文献尺寸等。

（9）页数：总页数。

（10）版式项：插图、书口装订、装帧形式等。

（11）保存状况项：对保存状况、保存环境、古籍缺损情况等补充说明。

（12）普查及整理项：说明普查、出版、整理译注的情况。

（13）收藏情况：古籍文献的收藏单位或个人及地址。

2. 古籍复印影印译注本的著录

现代译注影印再版的古籍，注重反映古籍主要内容及译注再版信息的著录，著录版权信息页的ISBN号、中国图书馆图书分类法分类号、撰著者信息等，以方便查检利用。

（1）流水号：民族医药文献目录编号。

（2）题名项：主要书名、民族语言题名、并列书名、附录及其卷数等。

（3）民族语言题名项：民族语言题名及语种说明。

（4）正文文种：正文的文种。

（5）内容提要：文献的主要内容及相关说明。

（6）ISBN号或统一书号：ISBN号或CN的标识号。

（7）普通主题词：主题词。

（8）中图分类号：文献收藏单位分配的中图分类号。

（9）著者项：主要著者、其他著者姓名、著作方式等，包含团体责任者信息。

（10）版本项：成书年代、刻抄年代、刻抄地点、出版者、出版地、出版社、出版年月、文献载体形式、版本类型等，如为常规纸质、铅印等则不做著录。

（11）页数：总页数。

（12）字数：出版字数统计。

（13）版式项：插图、书口装订、装帧形式等，常规左侧装订等不做著录。

（14）普查及整理项：说明普查、出版、整理译注的情况。

（15）收藏情况：文献的收藏单位或个人及地址。

3. 现代图书文献及资料等的著录

由于现代图书文献在各馆的收藏量和复本量较大，因而注重文献版权项的著录。读者可根据文献题名、ISBN 号、著者项等多种信息进行查检和获取现代图书文献及资料，故以内容提要、普通主题词、中图分类号和版权页信息的著录为主。

（1）流水号：民族医药文献目录编号。

（2）题名项：主要书名、民族语言题名、并列书名、附录及其卷数等。

（3）民族语言题名项：民族语言题名及语种说明。

（4）正文文种：正文的文种。

（5）内容提要：文献的主要内容及相关说明。

（6）ISBN 号或统一书号：ISBN 号或 CN 的标识号。

（7）普通主题词：主题词。

（8）中图分类号：文献收藏单位分配的中图分类号。

（9）著者项：主要著者、其他著者姓名、著作方式等，包含团体责任者信息。

（10）版本项：出版地、出版社、出版年月。

（11）字数：出版字数统计。

（12）版式项：插图、书口装订、装帧形式等，常规左侧装订等不做著录。

4. 参考工具书及检索工具等的著录

此类图书专业性较强，因而注重文献利用的各版权项的著录，以内容提要和版权页信息著录为主，以方便学者们利用题名、ISBN 号、著者项等信息进行查检。

（1）流水号：民族医药文献目录编号。

（2）题名项：主要书名、民族语言题名、并列书名、附录及其卷数等。

（3）民族语言题名项：民族语言题名及语种说明。

（4）正文文种：正文的文种。

（5）内容提要：文献的主要内容及相关说明。

（6）ISBN 号或统一书号：ISBN 号或 CN 的标识号。

（7）普通主题词：主题词。

（8）中图分类号：文献收藏单位分配的中图分类号。

（9）著者项：主要著者、其他著者姓名、著作方式等，包含团体责任者信息。

（10）版本项：出版地、出版社、出版年月。

（三）索引

书后附有民族文献汉译题名索引。

（1）民族医药文献题名音序索引。

（2）民族医药文献按少数民族分类音序索引。

（3）民族医药古籍、影印再版译注文献收藏单位和个人音序索引。

读者可通过民族分类途径、书名途径、收藏者途径进行查检，检索途径的选择根据已有的文献线索而定。

（四）附件

附件 1：中国少数民族主要分布区域地图。

附件 2：云南少数民族名录。

附件 3：中华人民共和国成立以来民族医药大事记：课题组编撰了中华人民共和国成立以来民族医药的大事记，特别突出民族医药文献工作编纂的相关情况。

（五）其他

（1）民族医药古籍文献历史悠久，其保存环境和保存状况，字迹清晰或字迹模糊，完好无损或残缺破烂、纸张变色腐蚀以及保管人等，课题组均做了调查，并著录在条目中；尽量采用拍照、复印、影印、扫描等一种或多种方法复制复件，同时填写《云南少数民族医药文献信息采集表》等，记录文献的收藏保存情况，详细著录各项信息，将其归入民族医药古籍类目中；采集中发现，很多文献是以前普查时没有收录过的，有较高的价值。此外，在古籍的文献条目中作出相关说明，以利于学者们了解文献的基本情况，以利于古籍文献的挖掘和整理研究。例如，虽然有的傣族家传的纸板经只提供复制件或做了封面、封底、部分正文的拍照采集等，但经最后核对无误后还是把信息录入《云南少数民族医药文献信息数据表》中，并编撰《云南民族医药文献目录提要》中。

（2）很多古籍文献为非公开查阅，且为少数民族语言编撰，较为珍贵，有的收藏于专门的柜子中或供奉于神龛之上，由专人保管和使用，相关信息采集难度较大。但在调研和著录信息时，为保证全面反映古籍情况，课题组经多方协调，在收藏单位及管理人员、当地民族医生的协助、翻译下，还是尽可能全面地采集民族语言题名（或汉译名）、内容提要、题名语种、版本、字数、总页数等项，并著录入条目信息。

（3）有些珍贵的古籍文献使用民族语言和文字刻写，语言艰涩难懂，且日久风化，年久破损，少数文字缺失，加之后人亦未及对其内容进行研读破译，只对文献首页书名进行翻译归类收藏，尚未整理出内容提要，故有的条目只按民族医药文献条目归类，未著录内容提要项。

（4）有的古籍书名是用民族语言手抄或刻写的，因而在录入《云南少数民族医药文献信息采集表》和编撰本目录时均以汉语书名著录。少数民族文字题名因民族语言种类太多（如“古傣文”“老东巴文”等），且年代久远，很多文字字迹不清，识得该文字的老民族医也极少，无法译读，因而只能摘取其图片信息。虽然我们对研究人员提出了很高的要求，需掌握和解决20余种少数民族语言的文字，但是录入还是很困难，故均统一著录为：“民族语言题名：（该民族语言语种）”。例如，纳西族东巴文字的古籍《挪尼书》（音译）文献题名为“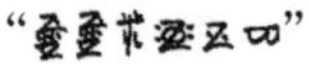”，《查看药物书，占卜，巴格占卜经》（音译）文献题名为“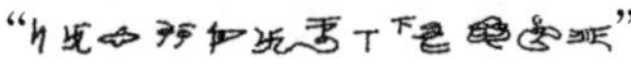”，均著录为“民族语言题名：民族文字题名”。此外，本书中涉及的各地区彝族文献题名的书写，统一使用规范彝文。

（5）近现代傣医传抄的古傣医药经书等的纸板经、贝叶经、构树皮书的手抄、手刻文献，因其珍贵性和不可再生性，也被著录入古籍目录中。

（6）民族医药古籍文献部分，由于民族不留姓名的习俗，很多原著中没有著者姓氏名称，由多代高僧或民众传承，无法考证著者，本目录中均不著录责任者（著者）项。

（7）遇有民族纪年时，考证准确的则按实际年代录入，描述不够详尽且考证后仍不能确定年代的，则据调查表信息录入。例如，藏族医药古籍《藏药学》成书年代原文记载为“木兔年”，属藏历的纪年方式，考证的信息为“藏历由于受到汉历的影响，从9世纪以来，藏历也一直采用干支纪年法，不同之处是以五行代替十干：甲乙为木，丙丁为火，戊己为土，庚辛为金，壬癸为水；以十二生肖代替十二地支即子为鼠、丑为牛……依此类推。木－寅、卯，火－巳、午，金－申、酉，水－亥、子，土－辰、戌、丑，农历中的年份是天干地支的组合的循环，跟十二生肖结合起来，木兔年就是寅兔年了”，但更具体的时间没有详注，为真实反映文献信息，也按“木兔年”著录，读者可深入研究。

（8）民族医药古籍文献多用民族文字手抄或刻写，因数量较大，传抄次数太多，加上民族语言难懂等因素，内容识别翻译工作未能完成，更谈不上版本鉴定和考证，故未著录版本项。

（9）书名相同、年代和版本不同的文献，分别著录为不同的条目，在正文部分按文献类型、民族、题名编制流水号，信息相对集中；在正题名音序索引中按音序排列，并标识流水号，文献信息全部集中，以便于读者查询。

（10）同一民族的很多医药古籍文献有一个相同的名称，但内容各不相同，且由不同的民族医生撰著刻写，即产生了“同名异书”现象，因而分条著录。例如，傣族的医药书统称为“档哈雅”，不同地区由不同的摩雅撰写和传承下来；瑶族的很多医药书统称为“救患科”“看病书”，因而分别著录为多条《救患科》《看病书》，并分述每种文献的详细信息，强调每本文献的存、藏、佚信息。此外，在书后正题名索引中，在同一书名下著录所有流水号，以查全文献。

（11）著录信息时，为忠实于原文献内容提要和信息采集表登记人的记述，对于语言描述不准确但不影响对内容的理解的情况，不做改动；如有明显错漏，则予以补正。对于收集的现代民族医药文献信息，在国家图书馆联合目录数据库、超星、读秀学术搜索、CALIS系统中进行检索，通过书名、作者、ISBN进行补充、核实、查重，去除重复题录，并核对修正数据后予以采用和著录，保证数据的准确性和质量。

（12）规范文献的正题名、民族语言题名、简要题名、并列题名项和各版权项信息的著录，以便于检索。

（13）通过网络或其他研究者的研究报告、专著等，查找搜集到一些存目古籍，并采集记载其基本情况，对于现已佚失的文献，则著录为“存目古籍”。此外，补充和核实文献版权项，收录编目。

（14）对于同书异名的情况，则均以统一的“正题名”加上“又名：……”来著录，在正题名音序索引中以轮排来标注流水号。例如，彝文医药古籍《娃娃生成书》又名《小儿生长书》，且版本相同，则两条信息均著录为《娃娃生成书（又名：小儿生长书）》，正题名音序索引中则用“娃娃生成书”和“小儿生长书”进行轮排，并标两个流水号，以利于检索。如《聂苏诺期》《元阳彝医书》《尼苏诺期》《聂苏若期》《元阳彝族医药》为同一本书的不同版本，收藏于不同地点，名称也各异，实则为同书异名，则每条书目在正文处分别著录，分别给予单独的流水号，在书末正题名索引中对所有书名进行轮排，并著录所有流水号。

（15）大部分丛书和类书全书名因前缀无实质内容意义，且不便于分册（卷）的查找，故而在编排正文条目时以分册（卷）正题名音序来排序，著录时仍使用全书名，把每个民族的文献归属到相应类型和民族文献中，并分配流水号。同时，为了把丛书类书聚类，编制一条丛书、类书的文献题录，总体描述丛书和类书的卷册情况，并在“民族医药文献题名音序索引”中按音序编入，标引收录的该套丛书、类书分册的流水号。例如，“云南省少数民族古籍译丛”包含彝族的《尼苏夺节·彝族创世史诗》《夷僰榷濮（六祖史诗）》《裴妥梅妮苏嫫（祖神源流）》《尼补木司：彝族撒尼祭奠词》；哈尼族的《斯批黑遮·哈尼族殡葬祭歌》《哈尼阿培聪坡坡》；纳西族的《纳西东巴古籍译著》和其他不同民族卷册等，均按分册正题名《尼苏夺节·彝族创世史诗》《夷僰榷濮（六祖史诗）》《裴妥梅妮苏嫫（祖神源流）》《尼补木司：彝族撒尼祭奠词》《斯批黑遮·哈尼族殡葬祭歌》《哈尼阿培聪坡坡》《纳西东巴古籍译著》的音序排列编入各民族文献类别中，但使用文献全名《云南省少数民族古籍译丛——××》著录，虽然增加了编排的难度，但是利于按丛书、类书归类检索和单本图书的检索，提供了更实用的检索途径，保和经费的限定等原因，课题组无法完全把这些文献信息全部采集，这是课题组目前的遗憾。但今后我们会继续运用各种条件或调研的便利，努力发掘和补充这些信息。

（2）闭塞地区文献信息采集难度大。有很多少数民族医药文献敬奉于神龛上，不轻易示人，这给信息采集造成很大困难。因而，课题组要在翻译协助下，克服语言障碍，花大量时间和精力与收藏人培养感情，还要遵循其民族习惯，尽量采集书目信息。工作量巨大且工作细致，必须真诚谦虚、一丝不苟、耐心认真，才能取得良好效果。

（3）努力克服民族语言文字交流障碍。还有一部分用民族文字记载的文献，不可能整部进行翻译，需要求助于懂医药的民族医生翻译，而这类交叉学科的人才较少，这也给课题组的工作增加了难度。民族医药文献的语言文字多样，古文字难以辨识，著录难以规范，需要考证、补充等，都是工作中的困难。

民族医药古籍文献调研工作还需持续投入，如散落在民间的文献信息需要继续采集和核实，也要与民族医药人士继续接触并培养更深的感情等。对此，本课题组成员认真践行，努力工作，借鉴了许多经验和方法，终于很好地完成了调研和编纂的各阶段工作。

第七节　创新之处

《云南民族医药文献目录提要》的编纂是对少数民族医药文献的调查和整理，从而构建少数民族医药文献保障体系，此项工作目前未见其他机构或个人做过。《云南民族医药文献目录提要》的编纂为首创，其填补了云南少数民族医药文献检索工具书的空白。本课题组拟努力改善云南省民族医药文献资源状况不清、底数不明的情况，为广大研究者提供便利、准确的文献检索工具，还从文献学、民族医药学多学科角度挖掘少数民族医药文献的价值，从目录学、历史学、版本学等方面综合考察资源建设问题[①]，为专家学者及政府决策提供查考依据。

① 徐士奎，罗艳秋．编纂《少数民族医药文献总目提要》的意义及方法［J］．中华医学图书情报杂志，2014（11）．

第八章 《云南民族医药文献目录提要》编纂研究的思考

少数民族医药古籍文献中含有大量医药资源、诊疗技法、用药经验，对其进行整理研究，不仅能为人类健康谋福祉，还可以促进祖国的医疗保健事业。随着民族医药事业的快速发展，民族医药工作者在开展民族医药理论研究、临床医疗、教育及设计开发新产品时，急需完整、系统、可靠的文献资源，以减少科研上的重复研究，缩短研究时间，降低研究成本，更快更好地开发出疗效显著、安全、质量可靠的新产品，从而准确把握病情，对症下药。民族医药文献目录的编纂和出版，不仅可以满足研究者的以上要求，还能提供深入研究的重要信息。因而，编纂《云南民族医药文献目录提要》是很有必要和紧迫的。但是受到各方面因素的影响，目前民族医药文献目录的编纂研究仍存在诸多问题。

第一节 民族医药文献目录学研究的价值

民族传统医药以其对某些疾病确切的疗效、独特的诊疗技法和众多的验方秘方，受到人们的信赖，成为医药界关注的热点。民族医药古籍文献作为可开发的资源，具备供市场开发的经济要素和经济价值。当前，一些民族院校和药物研究机构，在民族医药古籍文献，包括口碑古籍文献的整理和研究中，发现有效预防和治疗疾病的方剂和药物，并运用现代科学技术手段将其投入市场，服务人民群众，创造经济效益。这离不开民族古籍文献资源的有力支撑，民族医药古籍文献资源有较强的经济增值优势，对其进行合理开发利用，必能带动地方医药产业的发展[①]。

对于民族医药现代文献纸质图书或电子图书，人们可通过书商、图书馆、网络、数

① 张桂民．民族医药古籍文献研究价值述论［J］．黑龙江史志，2014（3）．

据库、检索平台等多种途径获取，但民族医药古籍文献的检索和利用与之不同，必须借助检索工具来查找和发掘，故给古籍文献目录提要的编纂提出了更高的要求。资料是否充足，无疑对学术研究起着至关重要的作用，一手资料的匮乏将直接影响学术研究的可信度。编撰古籍目录，不仅可实现书目资源共享、为读者提供方便的初衷，同时也可获得一些有益的客观效果。首先，抢救了一批古籍，促进了古籍原生性保护工作。在编目之前，有部分图书馆并没意识到古籍的珍贵性，未对其加以特殊保护，借编目调研之机才对本馆古籍进行清理，加以原生性保护。例如，《四川省高校古籍善本联合目录》在序言中提到，15 个参与单位在编纂过程中"各馆对馆藏线装古籍进行了系统的清理，摸清了家底，也发现了古籍保护中存在的一些问题，同时采取了相应的保护、抢救措施"①。因此，开展目录学研究，编纂目录提要也促进了各图书馆文献收藏单位对线装古籍的保护工作。目录学成果不仅为读者利用各馆所藏善本古籍提供了方便，也为今后保护和开发古籍奠定了基础。

利用好民族医药文献的目录辨章学术，考镜源流，对民族医药古籍文献进行发掘利用，寻找和验证更多的有效验方等，是人类追求更自然、更健康、更和谐的医疗保健所需，是当前振兴民族医药的大势所趋。

民族医药联合目录（union catalogue）、目录提要可揭示与反映多个文献收藏单位所藏民族医药文献的目录，特别是对民族医药古籍文献信息的揭示，意义更加重大。民族医药目录类工具书能扩大民族医药读者检索和利用民族医药古籍和现代文献的范围，是民族医药文献书目资源共享的基础。要发挥好民族医药古籍提供学术研究、传播民族医药文明的功能，首先要调查了解实际的存藏情形②。而深入开展民族医药文献目录学研究，编制民族医药文献联合目录、提要，提供查询线索具有很大价值，这也是公共、专业图书馆所肩负的基本职责之一。我国古籍收藏具有地域广泛性和分布离散性的特点，在没有古籍目录书的情况下，读者想找一本书却不知何处藏有，而部分中小型藏书单位尚未对馆藏加以清理，一些存世的书或不为人知，或被误认为亡佚，极大地降低了文献利用率。查找困难，加上信息不通，使得学者在资料匮乏的情况下，只好暂时放弃某项研究，或者被不实的二手资料误导，影响了学术研究的健康快速发展③。

云南少数民族医药目录学研究成果能为学者提供比单个、分散的馆藏目录更多的原始资料信息和获得途径，提高了学术研究的可靠性。古籍联合目录既能实现资源共享、方便读者，又有利于古籍保护和学术发展，编制古籍联合目录是对学术界和我国文化事

① 李国文. 云南少数民族古籍文献调查与研究［M］. 北京：民族出版社，2010.

② 李国文. 云南少数民族古籍文献调查与研究［M］. 北京：民族出版社，2010.

③ 李国文. 云南少数民族古籍文献调查与研究［M］. 北京：民族出版社，2010.

业的有益贡献[①]。

第二节 民族医药文献目录研究存在的不足和问题

云南民族医药文献资源丰富，但大部分收藏分散，未经整理编目，或各馆分类不统一，古籍破损严重，给利用和发掘古籍造成了巨大障碍，制约着少数民族医药遗产的继承和发展。目前，存在的主要问题和不足有：

一、民族医药学科分类体系尚未建立和完善

课题组在调研统计中发现，由于历史原因，大部分现代民族医药文献的分类基本上参照的是中医典籍的分类，设类依据是当时的图书，而不是学科本身的体系分类结构，因而有很大的局限性。

虽然大多数图书馆的古籍编目多使用四部分类法，还有的图书馆使用中图分类法，但使用其他分类法的也不罕见，如没有按中图法分类的地方民族医药文献，基本依据各地各自的习惯或理解自行分类。所以，全省各地区民族医药图书文献的分类并不一致，各馆使用着不同的分类法。比如有的图书馆凡是线装书都归入古籍，所出版的书目都称为"线装书目"。不同的分类法均有各自不同的类目表，这并不妨碍各馆管理自己的古籍，只要方便读者查找即可。但是若要编制古籍目录等检索工具，一部共同认可、共同使用的类目表，就必不可少了。因为类目表在机读目录中，几乎相当于古籍主题词表的作用，甚为重要[②]。

故民族医药古籍编目需要更进一步建立和完善学科分类体系，重新拟订与《中医药主题词表》相统一、符合民族医药文献特点、方便专业人员使用的学科分类体系编目分类表。

二、古籍联合目录编纂效率低

数十年前，在中医药类文献目录集中编纂的时期，还没有计算机和网络，无法迅捷地将书目数据远距离传递，查重、核实均依靠人工。如今，电子技术的发展，使得异地共同编写书目的想法成为现实。而且书本式的书目仅是联合目录的一种形态，利用网络实现一个古籍联合书目数据库已成为可能。全面地审视各馆古籍整理的状况，就会比较清醒地认识到，古籍编目中存在着很多需要解决的问题，只有这些问题解决了才能真正

① 李国文．云南少数民族古籍文献调查与研究［M］．北京：民族出版社，2010.

② 王菡．中国古籍联合目录与目录学史研究［J］．国家图书馆学刊，2003（1）.

着手利用网络建设联合书目数据库①。网络环境下，古籍联合目录的编纂需要提高效率，种类、数量、质量等也有待增强。原有的、通行的古籍联合目录编目运作模式有周期长、效率低的弊端，在编制民族医药文献联合目录时同样要避免这些模式中的弊端，要统一协调各古籍收藏机构来编制一个联合目录。例如，上海古籍出版社于1985年出版了我国第一部系统完整地反映现存古籍善本的联合目录——《中国古籍善本书目》。该书是对全国各图书馆所藏古籍善本的全面普查与总检阅，著录了各省、区、市图书馆、博物馆、文物管理委员会、高等院校、科学院系统图书馆、中等学校、文化馆、寺庙等单位的藏书，使得许多过去不为人知的古籍善本得见于此书目中。《中国古籍善本书目》是目前查考中国古籍善本最具集成性、权威性的参考工具书，其面世后意义重大，利用率高，因而引发了古籍联合目录的编纂潮，各种地方性的、专科性的古籍联合目录如雨后春笋般出现，20世纪80年代后期的20年来，学界已连续编纂出版数十种性质各异的古籍联合目录②。但是现有的古籍联合目录收录书目数量与我国的古籍总量存在一定差距。比如，现已编纂出版的民族医药联合目录很少，中医药类古籍文献各种联合目录之间收录条目互有交叉重复，收录标准也宽严不同，从收录量上反映出的古籍品种数量离古籍实际总量还有很大差距；著录体例也是优劣杂陈，被读者指出各种各样的缺陷。我国古籍联合目录在种类、数量、质量上都有待提高，民族医药联合目录的编纂也应更多地汲取好的经验，科学编排，加快编纂速度，提高编纂效率。

三、传统古籍联合目录编纂模式存在弊端

造成我国古籍联合目录数量少、编纂效率低的原因，固然有古籍数量多、分布较散的客观因素，但是陈旧编纂模式造成的效率低下是不能回避的主观原因。传统的联合目录编制方式一般采用“一馆牵头，多馆合作，协调分工”的方式，虽然也取得了不少成绩，但是最大的缺点是效率低，周期过长③。例如，《中国古籍善本书目》编纂了18年才完成。《东北地区古籍线装书联合目录》参与单位为51个，历时15年出版，主编之一韩锡铎在出版预告中说道：“联合目录完全是协作……是困难重重的，几乎夭折，在有关图书馆和有关同志的不懈努力下，才得以坚持下来，但时间拖后了许多。到1998年才进行三省汇总，2003年初才完成总编著作，原计划5年完成的项目，用了15年才完成……可以肯定地说，该联合目录质量不会很高，在各个方面都存在这样那样的毛病。”辽宁省图书馆馆长王清原说：“《东北地区古籍线装书联合目录》编纂旷日持久，出于众手，

① 王菡．中国古籍联合目录与目录学史研究［J］．国家图书馆学刊，2003（1）．

② 李国文．云南少数民族古籍文献调查与研究［M］．北京：民族出版社，2010.

③ 李国文．云南少数民族古籍文献调查与研究［M］．北京：民族出版社，2010.

在著录体例、分类性质、版本签定、品种分合、书目排序、校对质量等方面，都存在不少错误[①]。”此外，《中国少数民族古籍总目提要》启动于1997年，现出版了多个民族共10余卷，而《中国古籍善本书目》的参与单位达781个，可以想见协调的难度。专家在卡片汇总阶段进行审核和讹误修正，尽量发函或亲自到有关单位查对原书，但是委员专家人数有限，为征信起见，只能采取统一删除的方式，不仅删掉了大量条目，甚至删除了信息著录项。这给读者造成了极大不便，引发了未删稿的市场需求，导致未删稿盗版侵权事件。虽然未删稿中信息比正式书目丰富，但也存在不少未经专家修正的讹误，未删稿的流通造成谬误流传，误导读者。云南民族医药文献目录提要在编纂时总结和吸取前辈们的经验，设计调研方案和采集目录时尽量采用现代化的通信联络方式和严格的审核程序，以确保数据的质量和采集的效率。

四、民族医药古籍文献流失状况堪忧

历史上由于种种原因，民族医药文献不仅遭受了各种自然环境因素造成的损坏，还受到许多人为因素的损毁，如历代统治阶级对少数民族文献的排斥和歧视、帝国主义对民族文献的掠夺、我国政治运动对民族文献的损毁等，由此造成的民族医药文献散失和损残无法估算。多年来，党和政府十分重视民族医药的传承和发展问题，但云南少数民族医药文献的保护现状仍不容乐观，民族医药文献流失依然非常严重。民族古籍抢救整理工作任务艰巨，特别是散存于民间的少数民族古籍，因保管不善等其他诸多原因，流失之快，是始料不及的，有些还会出现“历史性断代”。据初步统计，目前云南省少数民族古籍正以每年上千册（卷）的速度流失[②]。照此，十几年后大部分少数民族古籍将会消失，从而造成云南民族文化史上的重大损失。

（1）民族医药文献分布分散，收藏机构和个人复杂，不利于文献的保存和整理。云南少数民族种类多、分布广，民族医药古籍文献资源丰富。尽管随着我国文化事业的不断发展，许多民族医药研究所、档案馆、博物馆、大学的图书馆、出版社、寺院等机构都收藏了不少少数民族医药文献，但是与各民族聚居地区分布的民族医药文献相比还是有一定的差距。同时，由于这些机构管理上的条块分割，所保存的少数民族古籍处于相对封闭的状态，保存条件参差不齐，认识不统一，致使一些保管条件差的古籍文献损坏，不利于对各民族医药古籍进行科学管理、综合利用和资源的社会共享。

（2）熟悉民族医药文献、精通民族语言的人才流失严重。一个少数民族老人的去世可能意味着一个藏量丰富的民族档案馆的逝去。在云南少数民族地区，流散于民间的民

① 王清原.《东北地区古籍线装书联合目录》及索引的编纂［J］. 中国索引，2004（1）.

② 云南省少数民族古籍整理出版规划办公室［EB/OL］.http://www.ynethnic.gov.cn.

族医药文献多保存在各民族的民间医生、草医、乡村医生和与当地文化、宗教活动有关的人员（毕摩、和尚、喇嘛、东巴、巫师等）手中，由于文献保存条件简陋，文献不可避免地出现老化、破碎、发霉、受潮和虫蛀等现象。20世纪60年代以来，由于原有的学医识药的传承机制已被废止或中止，这类人员数量已大幅度减少，目前尚存的已年过古稀，且后继乏人①。随着岁月流逝，精通医药文献的人才先后离去，掌握医药知识文献的人越来越少，医药文献变成了“天书”，而大部分“口述文献”更是随时面临“人逝籍灭”的危险，势必导致原生态民族医药文献的永久消失。例如，云南西双版纳州182名傣医中，60岁以上的有80多人。在云南金平县深山的拉祜族村寨中，没有年轻人愿意学习传统医药。1983年，在云南丽江地区召开的一次东巴文化座谈会上，有60位东巴到会；20年过去，这些东巴大多辞世。据统计，目前丽江真正的东巴只有10多位。人才流失了，少数民族医药文献知识也因无人传承而间接流失②。

（3）口述医药古籍文献的自然流失非常突出。少数民族口述医药文献的收集整理涉及面广，政策性强，时间紧、任务重、难度大，需要大量的人、财、物作保证，仅靠几个部门是难以办到和办好的。同时，由于经费的限制，从事文献保护的人员越来越少，收集保护整理工作举步维艰。已收集到的口述医药文献也因技术保护问题自然损耗，逐渐消失，或因缺少经费而无法整理出版。另外，在各民族地区，许多掌握本民族传统医药知识的人员缺乏记录意识，未把历代积累的大量临床施治经验记录成册，且他们大都年事已高，有的尚未找到接班人进行学习传承，因此流传于世的口述文献也会随着他们的相继离去而消失③。

（4）人为和自然因素导致民族医药古籍文献原件流失。由于历史原因，民族医药古籍文献未能得到及时收集和有效保护。“文化大革命”期间，不计其数的民族医药档案文献遭到严重破坏。还有傣族生活的西双版纳、德宏等地，由于和泰、缅、老等国接壤，边民通婚、通商、通医，很多医药文献因此流失到东南亚地区难以找回，如很多的傣医经典。又如历史上大量珍贵的东巴经古籍文献为外国学者、传教士、探险家所购买收藏，其中包括含有纳西族丰富医药学内容的东巴经。中国医药企业竞争力课题组组长李磊透露，目前日本许多医药机构纷纷派专业人员到我国少数民族地区收集验方、偏方，希望以极其低廉的成本换取较大的经济利益④。

（5）从民族医药古籍文献保存的方法和传承方式来看，以纸质手抄的形式流传于民

① 陈海玉.西南少数民族医药历史档案保护现状及对策［J］.兰台世界，2009（24）.

② 陈海玉.西南少数民族医药历史档案保护现状及对策［J］.兰台世界，2009（24）.

③ 陈海玉.西南少数民族医药历史档案保护现状及对策［J］.兰台世界，2009（24）.

④ 陈海玉.西南少数民族医药历史档案保护现状及对策［J］.兰台世界，2009（24）.

间的少数民族医药古籍文献，其纸张多是用含植物纤维的麻、树皮制成的，使用寿命较短，并且由于年代久远，保管不善，受到温湿、酸化、污染、辐射及有害生物等因素的影响，破损和老化程度日趋严重。一些其他载体的民族医药古籍文献，如刻写于石崖或石板上的文献，大多存于室外，长期受到风霜雨露的洗礼，大部分已老化，文字风蚀现象极为常见，损毁很严重。受保守思想和家族观念的影响，民族医药多以相对闭塞的方式在内部进行传承，使得一些有价值的民族医药文献收集困难重重。如彝族医药知识的传承，有些地区是代代相传，且传男不传女；有的地区只在毕摩之间传习。传承方式保守限制了民族医药文献的继承和弘扬，也使得民间保存的古籍医药文献极易损坏。

（6）在现代医学高度发展的今天，作为一种重要的医疗手段和卫生服务资源，传统医学虽然没有停止发展的步伐，但仍然不可避免地受到现代医学的强烈冲击，而民族医药较中医药受到的影响更大，少数民族传统医学已日渐衰微。经过了西医 100 多年的冲击后，民族医、民族药失去了原有的地位与作用，药物资源被严重浪费和破坏。随着越来越多的年轻人接受现代文化教育，与外界信息交换增多，他们更愿意选择其他新兴学科，不愿意继承父辈所学，使得众多单方、验方、秘方失传，一些少数民族的整个医药知识面临失传的危险。可见，掌握民族医药知识的人越来越少，认识其价值而主动保护的人更是凤毛麟角。于是，大量的民族医药文献在遭到严重损毁的同时也得不到及时保护而正在消亡[①]。

（7）政府、社会支持力度不够也是造成民族医药古籍文献流失的原因之一。早期的许多民族医药文献不是被当作陪葬品被掩埋或烧毁，就是在动乱、战火中化为灰烬。现存的民族医药古籍文献由于人们缺乏保护意识等原因，对其搜集整理保护投入不够，致使其仍散落于民间，搜集到的文献也因资金、人手缺乏而得不到妥善的保存和利用。一般古籍文献的收藏与保存以图书馆、档案馆、博物馆等文博系统居多，而民族医药古籍文献的收藏机构则较为复杂。除上述机构外，还有很多医药古籍分别收藏在寺院、民族医药研究所、民委古籍办等地，由于专业整理研究人员不足、经费短缺、管理不到位、保存条件差等原因，大量搜集的民族医药古籍文献堆积在一起，没有被整理，开发利用也无从谈起，许多文献出现虫蛀、受潮粘连、破损等二次损毁现象。

五、文献整理研究受限、方法单一

首先，由于我国各民族医药发展状况不同，民族医药文献交流方面存在很大的差异，文献的研究和开发利用有明显的局限性，研究范围主要局限在文献资源数量较多的

① 陈海玉．西南少数民族医药历史档案保护现状及对策［J］．兰台世界，2009（24）．

藏族医药、蒙古族医药、维吾尔族医药、傣族医药、壮族医药、朝鲜族医药、回族医药、土家族医药、苗族医药、彝族医药、侗族医药等，其他民族医药文献研究成果则很少见，甚至有的民族的医药文献工作存在空白。其次是在民族医药文献的研究过程中，有重药不重医的现象，方法较单一，对土方、单方、验方的搜集较多，但忽视了对医学理论的系统整理和深入研究。再就是民族医药文献的研究缺乏时代特征和实用性，在文献研究利用的过程中保持了原始文献的真实性，却没有与现代多种科研手段结合起来，使得文献研究没有发挥应有的作用。我国民族医药古籍文献整理研究还处于初级的抢救、发掘、继承、整理阶段。民族医药文献整理研究起步晚、底子薄，文献工作者对民族医药古籍文献的整理研究主要是运用古文献学整理方法，对辛勤搜集的文献进行真赝辨别、书名校正、作者考证、出处核实、校改讹字、勘正误倒、查补脱漏及辑录遗佚、分类编排等，缺乏系统、科学的研究方法①。因此，民族医药文献在研究利用时要克服以上局限，充分发挥其民族特色和医药功能，为民族医药发展决策提供更多的依据。

六、民族医药文献深层次研究不足

受各种因素的影响和制约，目前研究民族医药文献的学者并不多，理论研究稍落后于民族医药文献工作，虽然出现了一些少数民族医药文献整理研究及开发利用的论文和专著，但是数量上相对较少。目前，民族医药文献主要研究内容包含少数民族医药文献的概念界定、特点、价值、作用和范围；民族医药古籍的搜集、整理与出版；抢救保护民族医药古籍的意义；民族医药文献的书目控制；民族医药文献的数字化研究；民族医药文献的开发利用等，如《云南少数民族医药口述文献研究探讨》《试论傣医药文献的文献目录学研究》《云南少数民族医药文献数字化现状及思考》等。从总体上看，民族医药文献理论研究水平不高，侧重于对民族医药文献资源的阐释，大多停留在现象描述和对经验的总结。就编研质量来看，编研内容单薄，缺乏深度和广度，缺乏突破性和建树性，民族医药文献研究者的理论素养有待提高。因民族医药文献本身具有记载分散、分类简单、系统性差的特点，其内容又有显著的跨文化性、民族差异性、医药专业性，再加上民族医药古籍囊括多种语言和文字类型，文字古奥，寓意精深，甚至出现同一民族在不同地区用字不统一、自成体系、相互难以辨识的情况，使得整理研究十分困难。这些都加大了民族医药文献研究和开发利用的难度，不利于民族医药文献的纵深研究，要迅速产生有相当深度的研究成果的确不容易。

① 张桂民，郭凌云，李敏．中国少数民族医药文献研究［M］．北京：世界图书出版公司，2014.

七、民族医药的社会认同度不高

目前，社会对民族医药文献整理开发重视程度不够，本民族文化认同感淡化，社会认同度不高。随着中国社会现代化进程的加快，偏远地区的少数民族同样受到强势主流文化冲击，少数民族传统文化环境被破坏，被忽视，日益边缘化，呈现衰落、淡化的发展态势，尤其是少数民族中青年人对本民族文化的认同感逐渐淡化，使得许多优秀的民族传统文化正面临逐渐消失的危险。此外，出现了少数民族的传统文化逐渐被主流文化所取代的现象，具体表现有：一部分的少数民族语言文字正淡出日常生活，会说会用的人越来越少，使用范围也在缩小，接受现代教育的少数民族青年越来越远离本民族文化，已经基本丧失了使用本民族语言文字交流的能力。

少数民族地区经济发展迅速，社会生产方式和经济方式随之发展演变，民族的传统生存方式和生存观念也遭到挑战，甚至被现代文明完全否定。由于人们的物质和文化需求不断增加，无法抗拒外来文化和现代先进技术的冲击，一些独具特色的民族传统文化因外在社会环境的变化逐渐走向消亡。不仅各少数民族对其自身的民族医药认同感降低，而且社会大众对民族医药的认同度也不高，对民族医药的科学性和独特价值认识不足，对民族医药持怀疑、轻视甚至否定的态度。由于教育和宣传力度不够，现在仍有不少人认为民族医药是过时、落后的，导致民族医药发展投入不足，自我发展和市场竞争能力弱，民族医药文献研发不被重视，项目审批困难。特别是在全球化和现代化的影响下，民族医药文献失去了生存的土壤，有的甚至还没来得及抢救就已经永久消失了。

需要课题组引起重视的不足方面还有很多。课题组已经认识到保护、整理少数民族医药文献的紧迫性，因此大家齐心协力努力改变现状，改善民族医药文献研究的环境，并促进研究成果的产出。

第三节 解决方案和努力方向

针对以上不足和存在的问题，经过思考，课题组提出今后工作的努力方向和解决方案——大力保护、整理各少数民族医药文献。珍贵的云南少数民族医药文献正面临现代化的冲击，形势严峻，加大云南少数民族医药文献的保护和利用开发刻不容缓①！

① 陈海玉.西南少数民族医药历史档案保护现状及对策［J］.兰台世界，2009（24）.

一、深入研究民族医药文献学科分类体系

四部分类法是最能完整体现中国古代文化学术渊源的图书分类法。但古籍编目的类目设置应当有所调整，特别是民族医药学科领域要与之对接，使之能包容近代学术与文化的发展。学术界已数次编纂过中医药古籍目录，对中医药古籍的分类已有相对成熟的认识。民族医药古籍的分类主要借鉴中医药古籍的分类方法。相较之，民族医药古籍目录的编纂还不成熟，中医药古籍的分类是否完全适用于云南少数民族医药古籍，仍需要再斟酌探讨。例如，藏医在藏传佛教系统中属于“五明学”中的“医方明”。对于藏医而言，这种分类是一种比较稳定的分类，比较清晰地表述了部分藏医知识与宗教之间的关联。如果参照中医药古籍的分类，藏医与宗教之间的关联便难以体现。此外，还有多个少数民族医药文献的分类体系之间的关联关系和一致性关系等均需要思考周全。因此，如何在尊重民族医药自身特点的前提下，借鉴其他分类，仍是学界需要进一步探索的问题[①]。

因而，必须在民族医药学发展的历史动态中研究民族医药文献的分类，在分类体系中客观地反映中国民族医药学术发展和文献发展的客观规律；应从建立全民族以及民族医药分类交流语言的全局出发，走标准化的道路，同时和叙词法研究相结合，与《中医药主题词表》的标引体系相结合，为快速发展的自动化、机械化检索方式创造条件。中国民族医药文献和现代文献的分类经过历代有识之士的创造、变革，积累了一定的经验。在中国民族医药事业蓬勃发展的形势下，课题组对民族医药文献分类编目工作的前途充满了信心，同时也清醒地认识到还需不断努力才能将云南民族医药文献科学分类，同时期盼一个崭新、完善、科学、实用，体现民族医药特色，既符合我国民族医药发展规律也符合广大民族医药研究者、工作者的传统习惯，又能很好地融入中国图书分类法的分类方法诞生[②]。

课题组对目录学和目录学史继续深入研究学习，尝试完善民族医药分类体系类目，使调整后的类目表更符合民族医药学术发展的规律。课题组需要批判和继承类目在历史上的演变渊源、相关类目的区别与联系，还有了解和掌握多部重要目录专著编纂的历史背景，才能更好把握调整类目的尺度与原则[③]。

① 甄艳，胡颖翀．对民族医药古籍目录编纂的探讨［J］．中华医史杂志，2013，43（4）．

② 刘婷，张兰．中医药古籍分类的现状分析［J］．国际中医中药杂志，2009，31（1）．

③ 王菡．中国古籍联合目录与目录学史研究［J］．国家图书馆学刊，2003（1）．

二、高效编纂古籍联合目录模式的探索

在方法学上，课题组编纂《云南民族医药文献目录提要》时借鉴了冯骥才《中国民间文化遗产抢救工程普查手册》等的具体做法。另外，《全国蒙文古籍总目》《中国中医古籍总目》等古籍联目在操作实践方面取得的宝贵经验、成熟方案也给课题组提供了很好的借鉴。课题组通过翻译、校对、数字化、审核等多种方法，对云南少数民族医药文献信息进行处理，同时，参照《中国图书馆分类法》《中国少数民族文献目录学》的分类原则，结合云南民族医药文献的特点，按照“民族医药文献分类体系”对云南民族医药现代图书文献做科学归类，进行目录分类组织工作，编纂目录。与其他全国性联合目录编纂的进程相比，本课题的调查面、工作量、难度相对小，因而周期缩短也是正常的，但编纂的模式和方法上仍有很多欠缺，需要总结以供后来者参考。

要提高古籍联合目录的编纂效率，提高编纂质量，就必须解决多数编目操作模式中的根本弊端，如执行团队人员多、素质差异大。由于每一个藏书单位都是一个参与执行团队，人员全部来自藏书单位本身，并且藏书单位级别不同，业务水平差异较大，藏书单位人员业务水平差异也较大。多重差异相交织，编目与校对过程必然复杂化。如今后遇到这类困难，可以参照《全国中医古籍总目》《全国蒙文古籍总目》这类专科性古籍联合目录提供的借鉴方案。《全国中医古籍总目》的编者说：“在《总目》的编撰过程中，为了吸纳中医文献学、目录学的最新研究成果，对一些著录不准确的书目数据进行准确的修订，课题组邀请了多年从事专科文献研究的学者、专家担任各学科的分类主编，以保证他们在文献调研、目录学、版本学研究中所积累的丰富经验和所取得的研究成果能够在《总目》中得到充分体现。”同时，它还设立了“分类主编”。《全国蒙文古籍总目》则设立了“分地主编”，由每个主编带领一个团队，虽然也是多个执行团队，但是每个团队的人员业务水平有保障，所采集到的信息质量有保证①。

本课题组编目团队的模式也存在人手过少的问题。但在课题研究中，我们借鉴了很多编目团队与藏书单位分离的操作模式，制订统一著录标准和收录规则的经验，尽量让编目的团队与藏书单位分工明确，由课题组专门人员负责编目，课题组人员亲自参与重点单位大批量数据的实地信息采集，把统一标准贯彻到每一条信息，规范填写每一张信息采集表。这样，每次汇总结果都能保证规则一致，校对修正的过程也相对快捷。所幸目录编纂中有大量的计算机技术辅助，大大节约了人力成本。同时精细工作做了很好的补充，编纂的效率也得到了提高，出版的质量也会随之提升。如此，云南少数民族医药古籍联合目录数量偏少与古籍实际总量较多的矛盾可以逐步弱化。

① 李国文．云南少数民族古籍文献调查与研究［M］．北京：民族出版社，2010.

和挖掘。例如，按照病名、症状、病因、方药等进行结构化处理，聚类分析，挖掘出文献中蕴含的多方面信息，进行多角度、多层面的分析，发现规律，实现民族医学理论体系的深化研究。相关文献学、统计学、聚类学的研究手段，课题组也已掌握，准备先从现代民族医药文献入手，再攻克民族医药古籍文献。课题组已经做好了耐得住寂寞，坐得了冷板凳的打算。

此外，还可参照中国中医科学院信息研究所（中医药虚拟研究院）的大量中医药数据，对古籍中记载的民族药材进行考证和规范化研究，以名医医案和学术思想的研究充实民族医学理论等，从而使民族医药文献在保障人民健康、防病治病领域发挥更大的作用。

九、民族医药文献及学科的建设思考

根据现阶段民族医药古籍发掘整理的情况看，有些有文字记载的民族医药已经上升到了学科的水平，建立了完整的医学理论体系，如藏族医药、蒙古族医药、维吾尔族医药、傣族医药和壮族医药等；有些民族医药虽具有丰富的医疗经验和一定的理论体系，但理论体系尚不够完整，需进一步整理使其完整化，将来也能上升到学科水平，属于这一类型的有苗族医药、彝族医药、侗族医药、土家族医药和朝鲜族医药等。课题组希望通过对这些民族医药古籍文献的收集和整理，对其内涵做更深入的研究，总结出一些规律性的、理论化的、有实用价值的经验，并将最新研究成果以现代出版物的形式呈现给世人，从而使民族医药学术理论水平上升到更高的层次①。基于民族医药本身所具有的特色优势、民族文化多样性的需要及民族团结的政治需求，少数民族医药文化传承已经引起关注，继续探索可行的传承模式，推动传承实践，唤起公众对文化传承意义及紧迫性的认识，民族医药文献的整理研究及其相关学科的发展显得尤为重要，其开发利用需要以学科的高度来系统规划。民族医药学的研究逐步深入，目前国内学者也开展了民族医药文献学的相关研究，也可利用研究所长和积累，努力在民族医学、民族药学、民族医药文献学、目录学等方面继续探索，促进学科建设。此外，同行们也有几点建议：一是尽快出台少数民族古籍管理方面的法律法规，以加强、改进、创新为基本要求，进一步明确少数民族古籍工作部门的行政执法职能，提高管理水平。二是建议国家民委从少数民族古籍工作的特殊性角度研究出台扶持少数民族古籍工作的政策措施，在宏观调控中更加关注古籍文化的地位和积极作用，切实解决基础条件差、经费困难等问题。三是加大少数民族古籍人才队伍建设力度，夯实基础，深化改革，完善少数民族古籍事业发展的体制机制。

---

① 张桂民．民族医药古籍文献研究价值述论［J］．黑龙江史志，2014（3）．

发掘、整理民族医药古籍是传承民族医药知识的重要途径，是造福人类的重要举措。加强民族医药文献的发掘利用是发展民族医药事业的需要，随着民族医药资源调查和开发利用的研究日趋深化，民族医药文献的翻译、整理和编著工作相应开始。30 多年来，在党的民族政策和医疗卫生工作方针的指导下，各级政府积极组织专业人员开展民族医药文献的搜集、整理、出版和研究工作，逐步完善了民族医药的文字资料，用汉文字总结梳理了没有文字的民族医药理论和诊疗经验，使各民族医药的知识脉络更系统，理论体系的轮廓更清晰，民族医药文献工作成效明显。民族医药文献及相关学科的交叉研究，领域宽广，结合点丰富，效用性强，在云南民族大省更应发挥其天时、地利、人和的优势，做大做强，以支撑云南经济文化建设。民族医药文献研究同人更应齐心协力，共创佳绩。

发现提供基础。

（3）本项目组织和联合了历史文献学、民族医药学等学科人员开展联合研究。从文献学角度来研究民族医药文献，可揭示民族医药文献中蕴含的宝贵财富，促进民族医药文献学、目录学和医药学研究，对文献学特征进行归纳分类，采用大视角、全方位的文献学研究模式进行民族医药学目录系统揭示。

（4）本研究能很好地帮助民族医药学领域专家获得全面的民族医药文献信息资源。对民族医药古籍文献有鉴别、有重点、全面地进行深入的文献内容和医药理论的研究，进而促进对古籍文献资源及其价值进行比较全面系统的揭示和研究。

（5）编纂了民族性、学术性都很强的专科性目录型检索工具。《云南民族医药文献目录提要》在历史学、民族学、医药学、文献学上都具有很大价值，可改变云南民族医药古籍文献目录研究较零散、系统性差、读者无法鉴别文献价值等现状，加大民族医药古籍文献资源开发和建设的力度，为开展专项少数民族医药文献专业化、特色化资源建设工作奠定信息基础，发挥了民族医药文献目录组织编撰工作的指示性作用。

（6）在云南少数民族医药文献信息共享建设方面，探索了可供检索利用的民族医学信息学分类体系，并编纂相应检索工具。在目录分类学上做了尝试，有利于学者对文献的研究向纵深发展；呈现云南省民族医药文献收藏地图，清晰呈现文献存、佚、藏的情况，为整理、出版民族医药古籍等进行总体规划提供信息支撑；为政府制订古籍文献保护（原生性和再生性）、挖掘政策和抢救方案提供决策参考，有利于深度挖掘和保护民族文化遗产。

（7）少数民族医药古籍文献的研究不仅在民族学科研究的各个方面占有极其特殊的地位，而且在少数民族医药文献研究中也显示出其独特性与重要性，而相关调查研究、编纂工作能起到积极的示范作用，为其他民族医药古籍文献研究提供可供借鉴的思路和方法。

（8）《云南民族医药文献目录提要》的编纂，实现了云南民族医药文献资源信息共享，能帮助读者扩大视野、了解内容概况，准确选择并提取文献，鉴别考证文献、学术源流，使分散的文献打破时、空间的限制，为建立文献资源保障体系奠定基础；有利于辅助广大学者全面了解云南民族医药的医疗卫生情况，维护民族团结，为西部大开发中存在的缺医少药、创造经济增长点等社会问题的解决提供了突破口和途径。

第四节　研究的不足之处

（1）深藏于民间的文献信息有待继续采集。整个调研的过程中，专业人员、时间、精力皆不足。各民族文化背景差异很大，民族民间医药文献丰富，55个少数民族散居于云南境内129个县份，其中16个民族跨境而居，虽然基于前期多年的普查基本掌握了民族医药文献的分布情况，较集中的和前期有工作基础的文献信息较容易采集，但还有很多从来没有被发现的文献可能散布在各民族村寨的村民家中，由于语言障碍、时间和经费的限制等诸多原因，无法完全做到把这些文献信息全面采集，是目前的遗憾，但今后仍会继续运用各种条件或调研的便利，努力发掘和补充信息。

（2）闭塞地区文献信息采集难度大。很多少数民族医药文献敬奉于神龛上，不轻易示人，也给课题组采集信息造成了很大困难，不仅要在翻译协助下克服语言障碍，花大量时间精力与收藏人沟通情感，还要遵循兄弟民族习惯，尽量采集书目信息。因而，工作量巨大且工作细致，成员必须真诚谦虚、一丝不苟、耐心认真，才能取得良好效果。

（3）努力克服民族语言文字交流障碍。有一部分用民族文字记载的文献，不可能整部进行翻译，需要求助于懂医药的民族医生翻译。这类交叉学科的人才较少，给工作增加了难度。此外，还有民族医药文献的语言文字多样，翻译人才匮乏，古文字难以辨识，著录不规范，需要考证、补充等客观困难。

（4）成员深感学识浅薄，学科交叉知识不够，理论整合能力不强，凝练能力不足，理论论述资料引用较多，原创略显不足，还需向前辈们学习。

www.ynethnic.gov.cn.

［35］陈海玉．珍贵的西南少数民族医药历史档案及其抢救保护［J］．中国民族民间医药，2009（22）．

［36］桃木殳子．莲花法藏心常悟，贝叶经文手自书——鲜为人知的傣族传统文化［J］．青年与社会，2011（10）．

［37］索聪．浅析档案与图书之异同［J］．黑龙江科技信息，2010（2）．

［38］欢迎光临西藏藏医学院［EB/OL］.http://www.ttmc.edu.com.

［39］姚晓武．藏医向・初称江楚治疗“真布病”临床经验的整理研究［J］．中国民族民间医药，2013（11）．

［40］戴翥．傣医药文献整理研究综述及思考［J］．中国民族医药杂志，2009（10）．

［41］蒋振忠，冯德强．傣族医药简述［J］．中医药学报，1992（4）．

［42］贝叶经的瑰丽奇葩：傣族的文学艺术［EB/OL］.http://www.china.com.

［43］陈园园．傣族贝叶档案在云南民族文化产业发展视野下的发掘研究［D］．昆明：云南大学，2011.

［44］神秘的纳西古族医药简史（民族医药）［EB/OL］.http://www.100md.com.

［45］程鹏飞．纳西东巴医药文化社会功能的研究［D］．昆明：云南中医学院，2014.

［46］云南民族出版社民族文字出版中心．云南少数民族文字图书出版的历史与现状［Z］．

［47］瑶医药简介［EB/OL］.http://www.chthn.com.

［48］瑶族医药简史（民族医药）［EB/OL］.http://100md.com.

［49］瑶医瑶药——概论［EB/OL］.http://zy.365yiyao.com.

［50］瑶族医药简史［EB/OL］.http://www.wujue.com.

［51］郑进，杨鸿生，杨宁，尹勇．云南大百科全书　卫生　体育［M］．北京：中国大百科全书出版社，2019.

［52］谭学林．苗族早期医药活动特点初探［J］．中华医史杂志，2000（2）．

［53］苗族医药简史［EB/OL］.http://www.djdw.com.

［54］苗族医药简史［EB/OL］.http://www.wujue.com.

［55］苗医与“巫医”民族医学［EB/OL］.com.http://zhongyi.9939.

［56］王寅，郑进，杨丽萍．一朵含苞待放的民族医药之花——普米族医药简介［J］．云南中医学院学报，2007（5）．

［57］陈冬梅，王锋．回族医药典籍文献的整理研究与应用价值初探［J］．图书馆理论与实践，2013（9）．

[58] 王锋，陈冬梅．回族古籍文献在回族学研究中的史料价值初探［J］．民族艺林，2013（1）．

[59] 中华人民共和国国家民族事务委员会门户网站［EB/OL］.http://neac.gov.cn/c.

[60] 拉祜族［EB/OL］.http://big5.gov.cn/g.

[61] 中国民族——民族的才是最美的，民族的就是世界的［EB/OL］.http://mz.china.com.

[62] 张绍云，郑进，龚谨．猎虎民族的守护者——拉祜族医药简介［J］．云南中医学院学报，2006（6）．

[63] 杨玉琪，方路，马克坚，金锦，贺铮铮．云南跨境少数民族医药研究现状与发展浅析［J］．中国民族医药杂志，2011（1）．

[64] 陈祖琨，蒋燕，赵永刚，杨梅．哈尼族医药特色初探［J］．云南中医学院学报，2013（1）．

[65] 赵永刚，陈祖琨，郑进．哈尼医药未成体系原因刍议［J］．中医学报，2010（1）．

[66] 施云．哈尼族医药祖国医药文化中的瑰宝［J］．中国中医药现代远程教育，2006（5）．

[67] 郑进．古老神奇的苍洱幽兰——云南白族医药简介［J］．云南中医学院学报，2007（3）．

[68] 白文及白文图书概况［EB/OL］.http://blog.sina.com.

[69] 王寅，郑进，盖沂超．东方大峡谷的民族医药之花——云南傈僳族医药简介［J］．云南中医学院学报，2008（1）．

[70] 丰庆忠，丰林祥，胡育才．傈僳文图书、报纸出版的历史、现状及其发展［A］//玉溪师范学院，拉特罗布大学．第二届中国云南濒危语言遗产保护研讨会论文集［C］．玉溪师范学院，拉特罗布大学，2006.

[71] 金锦，方路，杨玉琪，马克坚．德昂族医药现状［J］．云南中医中药杂志，2011（6）．

[72] 杨玉琪，贺铮铮，方路，马克坚，金锦．云南跨境民族傈僳族医药现状调查［J］．云南中医中药杂志，2010（12）．

[73] 侯宾，崔瑾，王志红．独龙族医药文化研究的价值及思路［J］．中共云南省委党校学报，2012（4）．

[74] 马万学，刘玉忠．满族传统医药的传承与应用［J］．满族研究，2009（2）．

[75] 王志红，郑进，谢薇，何丹．佤族医药的现状考察及发展思考［J］．云南中医学

院学报，2006（5）.

［76］赵景云，马克坚，陆宇惠，和丽生．阿昌族传统医药传承现状调查［J］．云南中医学院学报，2014（4）.

［77］韦明勤，吴家其，云雪林，胡成刚，陈德媛．布依族民间医药概述［J］．中国民族医药杂志，1997（3）.

［78］韦正初，韦宗元．水族医药的研究和发展［J］．中国民族医药杂志，2010（12）.

［79］杨梅，郑进．民族医药“富矿”中的一颗明珠——景颇族医药简介［J］．云南中医学院学报，2007（6）.

［80］何开仁．景颇族医药的历史现状与发展［J］．中国民族医药杂志，2009（10）.

［81］诸国本．民族医药与文化自觉［A］// 中国民族医药学会.2005 全国民族民间医药学术研讨会论文集［C］．中国民族医药学会，2005.

［82］倾心的三七文化，传承中华民药 _ 弹指轻柔［EB/OL］.http://blog.sina.com.

［83］龙符，熊启鑫，王帮菊．民族医药奇葩——文山州民族民间医药现状一瞥［N］．云南日报 – 民族时报（1）.

［84］李国文．云南少数民族古籍文献调查与研究［M］．北京：民族出版社，2010.

［85］郑春汛，赵伯兴．古籍联合目录编目运作模式研究［J］．图书馆建设，2008（9）.

［86］王菡．中国古籍联合目录与目录学史研究［J］．国家图书馆学刊，2003（1）.

［87］王清原．《东北地区古籍线装书联合目录》及索引的编纂［J］．中国索引，2004（1）.

［88］陈海玉．西南少数民族医药历史档案保护现状及对策［J］．兰台世界，2009（24）.

［89］自由人．探秘民族药的发展前景以及发展状况［EB/OL］.http://blog.sina.com.

［90］刘婷，张兰．中医药古籍分类的现状分析［J］．国际中医中药杂志，2009, 31（1）.

［91］杨增明.1989—2008 年傣医药文献计量分析［J］．云南民族大学学报（自然科学版），2009（4）.